江苏省高等学校重点教材（2021-2-206）

全国船舶工业职业教育教学指导委员会推荐教材

U0869106

海洋工程建造

主编　魏莉洁　谢云飞

主审　雷夕勇

哈尔滨工程大学出版社
Harbin Engineering University Press

内容简介

本书包括船舶与海洋工程建造准备、放样与号料、钢料加工、装配技术基础认知、船体结构预装焊、船体总装、海洋平台建造方案制订、海洋平台预装焊、海洋平台总装、舾装与涂装、下水与试验11个项目。每个项目有若干个工作任务,每个任务配有相关的任务训练,且项目最后还有拓展提高和项目自测。本书以最新的船舶与海洋平台建造规范为依据编写,其内容涵盖了船舶与海洋平台建造的新技术、新工艺、新设备、新方法。书中配有二维码,扫描二维码即可进行拓展知识学习和相关资源学习。

本书可作为高职海洋工程装备技术专业和船舶工程类相关专业的教材,也可作为海洋工程和船舶企业相关技术人员的参考书。

图书在版编目(CIP)数据

海洋工程建造 / 魏莉洁, 谢云飞主编. — 哈尔滨 : 哈尔滨工程大学出版社, 2023.8

ISBN 978-7-5661-4083-8

Ⅰ. ①海… Ⅱ. ①魏… ②谢… Ⅲ. ①海上平台-建设②造船 Ⅳ. ①TE951②U671

中国国家版本馆 CIP 数据核字(2023)第151606号

海洋工程建造
HAIYANG GONGCHENG JIANZAO

选题策划 史大伟 雷 霞
责任编辑 张志雯 唐欢欢
封面设计 李海波

出版发行 哈尔滨工程大学出版社
社 址 哈尔滨市南岗区南通大街145号
邮政编码 150001
发行电话 0451-82519328
传 真 0451-82519699
经 销 新华书店
印 刷 哈尔滨午阳印刷有限公司
开 本 787 mm×1 092 mm 1/16
印 张 26.25
字 数 688千字
版 次 2023年8月第1版
印 次 2023年8月第1次印刷
定 价 68.00元

http://www.hrbeupress.com
E-mail:heupress@hrbeu.edu.cn

前　言

21世纪是海洋世纪,随着海洋产业的高速兴起,海洋工程已成为世界主要造船企业新的发展方向。海洋工程装备产业是实施海洋强国、制造强国的重要战略性产业,是全面建设社会主义现代化国家的重要组成部分。我国也将海洋工程的研发和建造作为重要发展目标,按照高端化、智能化、绿色化的发展方向,以高质量的发展向海洋工程前列进军。

与传统船舶建造相比,海洋工程建造更为复杂,要求技术人员在专业水平上不断提高,并且拓宽相邻专业知识,成为综合型的海洋工程人才。为了培养出更多的海洋工程高技能人才,在船舶与海洋工程装备制造领域人才培养中,应立足于“海洋强国”国家战略,根据船舶与海洋工程制造领域的发展趋势和区域经济发展需要,将思想政治教育融入人才培养中,在教材内容中注重工匠精神培养,体现数字化、智能化和绿色化理念及内容,为国家海洋强国建设培养德才兼备的高素质人才。

海洋工程装备建造是一项复杂的系统工程,涉及很多专业和技术领域,包括工程制图、工程力学、材料、加工以及相关设备与设施、数控技术、焊接技术、控制变形及精度控制技术、计算机辅助建造、材料防腐、自动控制及智能制造、工程管理等诸多应用技术。

随着海洋开发的深入,造船企业已不局限于建造一般船舶,而是扩展到海洋工程装备,如各种工程船舶、海洋石油钻井平台、浮式生产储油船等。海上石油钻井平台是海上钢质建筑物,尤其是移动式钻井平台,无论从设计原理、建造工艺、技术特点,以及在建造中所使用的标准、规范、生产设备、地理位置条件、生产场地,甚至在组织生产、工艺流程诸方面均与船舶建造有很多的相似之处。目前,许多造船厂都相继开展了海上石油钻井平台的施工建造。因此,本书在介绍船舶建造工艺的基础上,介绍了海洋平台的建造工艺相关内容。

海洋工程装备建造与船舶建造虽有相似之处,但在材料加工、安装、焊接、防腐等方面有特殊的要求。本书的主要任务如下:

(1)介绍国内外最新的生产工艺流程和先进的工艺方法,以及如何缩短建造周期,降低生产成本,提高生产质量,改善生产和环境条件,达到高端化、智能化、绿色化的发展要求。

(2)介绍海工和造船企业采用的新工艺、新技术,积极引入国外先进造船技术、先进设备和先进管理办法,不断提高我国海洋工程装备制造的工艺水平和管理水平,以满足我国海洋工程装备制造业的不断发展。

(3)提高学生的思想政治素养、专业知识和综合能力。加强爱国主义教育和提升职业道德水平;在知识学习方面,以放样、构件加工、装配焊接几个部分为重点,进而展开与此相关联的其他综合性知识的讲授;在能力训练方面,以典型的生产施工案例作为训练内容,加强实际工作能力培养,以满足学生将来的就业需求。

本书包括船舶与海洋工程建造准备、放样与号料、钢料加工、装配技术基础认知、船体结构预装焊、船体总装、海洋平台建造方案制订、海洋平台预装焊、海洋平台总装、舾装与涂装、下水与试验等知识。课程教学内容以企业中实际应用的技术为背景，其深度和学生应掌握的程度都以实际应用情况为依据。

本书由江苏航运职业技术学院魏莉洁、谢云飞主编。江苏航运职业技术学院魏莉洁编写了项目1、项目5、项目7，江苏航运职业技术学院谢云飞编写了项目2、项目3，江苏航运职业技术学院陆萍编写了项目4，江苏航运职业技术学院刘建明编写了项目6，江苏航运职业技术学院景磊编写了项目10，江苏航运职业技术学院夏苏编写了项目11，启东中远海运海洋工程有限公司朱波波编写了项目9，中集来福士海洋工程有限公司赵玉红编写了项目8。全书由江苏航运职业技术学院魏莉洁统稿，由启东中远海运海洋工程有限公司高级工程师雷夕勇主审。本书编写过程中得到招商局重工（江苏）有限公司和启东中远海运海洋工程有限公司技术人员的帮助和指导，在此表示深深的谢意！

由于编者水平有限，书中难免有疏漏之处，敬请读者批评指正。

编　者

2023年5月

目　录

绪　论

一、海洋工程建造概述

“海洋工程”这一术语是20世纪60年代提出的,其内涵是在近四五十年随着海洋石油、天然气等矿产资源的开采而逐步发展充实起来的。按照开发利用海洋资源的海域地理位置,海洋工程可分为海岸工程、近海工程(或称离岸工程)和深海工程。从20世纪下半叶开始,人类对海洋资源的开发和空间利用规模不断扩大,与之相适应的近海工程成为近几十年来发展最迅速的工程之一,其主要标志是出现了钻探与开采石油的海上平台。

“海洋工程装备”是人类开发、利用和保护海洋活动中所使用的各类装备的总称。主要是指海洋资源(特别是海洋油气资源)勘探、开采、加工、储运、管理及后勤服务等方面的大型工程装备和辅助性装备,是集信息、新材料、新能源和先进制造等技术为一体的高新技术装备。目前,国际上通常将海洋工程装备分为三大类:海洋油气资源开发装备、其他海洋资源开发装备和海洋浮体结构物。海洋油气资源开发装备是目前海洋工程装备的主体,它主要包括钻井平台、生产装置、海洋工程辅助船舶。

海洋工程装备制造是指海上工程、海底工程、近海工程的专用设备制造。为了开发利用海洋资源,海洋工程装备制造业应运而生,不仅是石油、天然气企业迅速进入并发展海上油气生产装备制造业,很多船舶修造企业也通过创新转型纷纷进军海洋工程装备制造业。

海洋平台是钢质建筑物,尤其是移动式钻井平台,无论是设计原理、建造工艺、技术特点,还是对制造厂生产设备、地理位置条件、生产场地诸方面的要求,均和船舶建造有很多相似之处。因为造船厂一向以制造各种钢结构件而著称。因此,目前很多国家的造船业已兼顾船舶与海洋工程装备制造,且综合性更高,我国也不例外,这样可以在少投资甚至不投资的情况下设计制造出所需要的平台。我国自行设计制造的移动式平台全部是在有关造船厂内建造的。固定式平台,除其导管架外,导管帽和甲板模块等也由有关造船厂制造。

此外,也有人将船舶工程中的工程船舶划入海洋工程范围,海洋工程装备中除了各种海洋平台、钻井船等,还有很多用于海上石油加工贮存,海上运输,海底铺管,海上平台燃料、钻井装置、钻井设备和管线的供应,海上抛锚、收锚作业等的海工船舶,如FPSO浮式生产储卸油船、穿梭油轮、铺管船、平台供应船、操锚拖船等。

在船舶与海洋工程制造企业从事海洋石油平台设计和建造的工程技术人员,除了要进行石油平台、钻井船的设计和建造外,通常也要设计和建造相应的运油船、交通船、海上补给船及常规船舶。因此,这里所介绍的海洋工程建造包括船舶及海洋平台等的建造工艺。

海洋工程建造主要研究钢质海洋工程结构物(包括船舶与海洋平台)焊接船体的制造方法与工艺过程。

二、船舶与海洋工程装备建造的规模及发展情况

船舶与海洋工程装备建造规模受诸多因素影响,建造船舶、近海石油钻井平台和其他水上浮动装置是造船工业的中心内容。造船企业有着独特的、固有

的特点,它和与其关联的其他工业部门关系密切,互相依存、共同发展,还与周围环境、国家政策、世界政治经济的形势有着密不可分的联系。

独特的、固有的特点是:船舶与海洋工程装备建造企业属于技术类型,对于配套工业依赖性很强;产品的品种与批量具有极不确定性,属于多品种小批量或单件生产,特别是海洋平台;对基础设施如吊车、船坞(或船台)、码头、大型平台等有很高的要求;工人素质的提高、工程技术人员能力的发挥至关重要;国际造船及海工市场又是多变的,世界政治格局、军事形势、国际贸易、科技进步、金融市场、海运事业、配套工业等都能直接或间接地影响造船工业的发展。

国家干预或者说国家政策上的扶持仍是我国造船工业发展的关键所在。改革开放以来,国家和政府给予造船工业极大的支持。现在我国造船工业发展迅速,大型造船基地不断涌现,并且配套产业不断发展,船舶动力、电气、自动控制系统、船用钢材、船用专门设备,以及船厂的配套设备和仪器绝大部分已国产化,但是仍然存在很多不足,在特殊钢材的研制、冶炼和轧制,设备与技术指标的提高和完全国产化,特殊性能和高技术含量的船舶设计与建造等方面还有很长的路要走。

我国于20世纪80年代引进了美国的"造船成组技术"理论和日本的造船生产设计方法,对船体分道建造技术、预舾装技术、精度控制技术、高效焊接技术等进行了初步的研究与应用,分别取得了一定成果。目前,一些大型骨干船厂实施分道建造,平面分段和曲面分段分别在不同的车间内建造,形成部分中间产品分道建造;管系和铁舾件预舾装率为85%左右,造船焊接高效率为95%以上,其中机械化、自动化率达65%,船体分段无余量制造率达70%以上,分段无余量上船台为95%以上,船舶分段区域涂装和管件族制造技术仅在大型骨干船厂有所应用。我国造船技术水平已有了较大进步,但各项关键技术的衔接、协调较差,某些单项先进技术获得的高效率被其他环节的低效率所抵消,工艺集成度有待提高。在近期,我国船厂的技术水平从整体上看已经得到了较大的提升,部分船厂还得到了更快的提升,缩短了与世界领先船厂的差距。

海洋工程装备制造水平与国家海洋资源开发利益密切相关,因此我国政府高度重视该领域的发展,先后出台了多项扶持政策。《中国制造2025》中就明确提出了海洋工程装备和高技术船舶是我国十大重点发展领域之一。海洋工程装备制造业已成为我国海洋开发及国防建设技术装备支持的战略性高新技术产业,发展海洋工程装备是国家海洋开发的首要任务与战略重点。

海洋石油开发和海洋平台开发均受世界环境影响,但从世界资源的分布情况看,海洋石油资源属于重要的开发资源,其发展前景广阔。海洋工程装备属于高投入、高风险产品,因此从事海洋工程装备建造的厂商须具有完善的研发机构、完备的建造设施、丰富的建造经验,以及雄厚的资金实力。目前,全球主要海洋工程装备建造商集中在新加坡、韩国、美国及欧洲部分国家。其中,新加坡和韩国以建造技术较为成熟的中、浅水域平台为主,目前也在向深水高技术平台的研发、建造发展;而美国、欧洲部分国家则以研发、建造深水、超深水高技术平台装备为核心。

我国海洋工程装备从20世纪60年代起步,经过五十多年的发展,已和国际接轨。我国自主研究、设计与制造了一些钻井和生产装置(大多是浅水装置),诸如自升式、半潜式和座底式钻井平台,固定式生产平台,浮式生产储油船等。进入21世纪以后,国内外对海洋工程装备的需求快速释放,我国海洋工程装备制造业抓住了市场高峰期的战略机遇,承接了一批具有较大影响力的订单，实现了快速发展，能力也明显提升。我国先后自主设计建造了国内水深最大的近海导管架固定式平台，国内最大、设计最先进的30万t浮式生产储油轮装置FPSO，当代先进自升式钻井平台，具有国际先进水平的3 000 m深水半潜式平台等先进的海洋工程装备。

总体而言，我国海洋工程装备制造业还存在不足，高端海洋工程装备设计建造方面与国外还存在差距，主要配套设备大多采用进口的技术成熟的成套设备。目前，我国也在加大研发力度，加快研发速度，不断创新制造工艺技术，提高配套设备国产化比例，希望将来会在激烈的国际竞争中拔得头筹，进入世界海洋工程产业第一阵营。

三、船舶与海洋平台建造工艺内容

1. 船舶建造工艺内容

目前造船工艺分为船体建造、船舶舾装和船舶涂装三种相互关联、相互影响的制造技术。

船体建造就是将材料加工制作成船体构件，再将它们组装焊接成中间产品(部件、分段、总段)，然后吊运至船台上(或船坞内)总装成船体的工艺过程。船体所用材料多为钢材，其作业内容一般包括船体号料、船体构件加工、中间产品制造和船台总装等。

船舶舾装是将主船体和上层建筑以外的机电装置、营运设备、生活设施、各种属具和舱室装饰等安装到船上的工艺过程。它不仅使用钢材，还使用铝、铜等有色金属及其合金，以及木材、工程塑料、水泥、陶瓷、橡胶和玻璃等多种非金属材料。舾装作业涉及装配工、焊工、木工、铜工、钳工、电工等十多个工种。船舶舾装按专业内容可分为机械舾装、电气舾装、管系舾装、船体铁舾装、木舾装等；按舾装作业阶段可分为舾装件制作(采买)、舾装托盘、分段舾装、总段舾装、船内舾装等；按区域舾装法可分为机舱舾装、甲板舾装、住舱舾装和电气舾装等。

船舶涂装是在船体内外表面和舾装件上，按照技术要求进行除锈和涂敷各种涂料的工艺过程。涂装可使金属表面与腐蚀介质隔开，达到防腐蚀处理的目的。船舶涂装按作业顺序一般包括钢材预处理、分段涂装、总段涂装、船台涂装和码头涂装等几个阶段。

以区域造船法为基础的现代化造船模式，将船体建造、船舶舾装和船舶涂装这三种作业系统相互协调和有机结合，形成壳舾涂一体化，按区域/类型/阶段一体化组织生产，以此建立造船生产工艺流程。

2. 海洋平台建造工艺内容

海洋平台建造与船舶建造具有很多相似之处，建造工艺包括平台结构建造、舾装和涂装。

海洋平台的建造工艺流程，依然是在施工要领的统率下进行放样、号料、边缘加工、成形加工、部件装配、分段(或分片)装焊、大合龙至码头舾装、试验验收，最后交货。对于模块中的各种设备、机械、管道、电器等舾装部件，同样使用分段舾装、舾装组件及舾装单元。

由于海洋平台极为庞大，一般船厂的船台或船坞难以满足要求，因此在实际建造时，往往在船厂沿海岸地域觅一场地进行建造，也可利用海域进行建造，方式不一。此外，海洋平台产品种类繁多，不同海洋平台的形状、结构、布置和设备相差很大。因此，在建造方式及建造设施上均有不同，并且在材料、加工、安装、焊接、防腐等方面均有特殊的要求，海洋平台建造相比常规船舶更为复杂。

海洋平台与船舶在制造方面也是有一定区别的,海洋平台施工质量要求更高,技术管理更细致,合理组织施工比造船工程更为突出,业主和验船师监督更为严格。

四、船舶建造与海洋工程装备制造工艺技术的发展趋势

1. 船舶建造工艺技术的发展趋势

目前,船舶建造工艺技术的发展趋势主要有低碳高效的船舶生产技术、绿色造船技术、数字化造船技术和智能化造船技术。

(1)造船的高效化

高生产效率造船:巨型总段、大型单元、舾装单元流水线、激光或电感应加热外板成形、曲面分段流水线、船体结构机器人焊接和高效焊接技术等。

低资源消耗造船:不设置中间堆场的船厂生产流程、造船活动前移与并行、先焊法兰后弯管加工的工艺等。

(2)造船的绿色化

绿色造船是对生产资源利用率最高、对环境影响最小的船舶制造技术。造船时船厂负有环境保护的责任;船舶营运中须减少对海洋的污染;船舶报废后,绝大部分材料能再利用。绿色造船包含“绿色船厂”和“绿色船舶”两个方面。

“绿色船厂”的特征:对材料和能源的使用效率很高,充分利用钢材;气态、液态和固态的污染物排放很少;改善壳舾涂作业环境,达到流程顺畅。

“绿色船舶”的特征:造船和用船中采用环保的设计、无害的材料、高效的工艺和防污染的设备等,“减少”物资和能源的消耗以及对陆海环境的污染;在维修船舶时,零部件能方便地分类回收,并“再循环”使用;当船舶退役时,其绝大部分材料能被“重新利用”。

例如,全面实现船体加工和装焊的自动化,提高钢材利用率;以单道焊替代多道焊,减少对焊接区域环境的污染;无排放的钢材预处理和涂装技术;对密闭的造船场所进行空气的滤清等。

(3)造船的数字化

数字化造船的目标:由计算机系统精确定义造船的全过程,以电子工艺图表的形式规定所有的壳舾涂作业、系统试验任务,以及用于执行该任务的生产资源与操作方法。然后,要将一体化的工艺图表发布到含分包商的所有施工部门。为此,数字化造船中制造部分的数据库必须存储,解决方法的历史数据、相互关系的逻辑数据、所有各方的能力数据等要实时更新。

数字化造船要进行“船舶”和“船厂”的三维建模,以便在设计时使用船厂的3D环境制成工艺过程、作业计划、机器人操作、数控切割(NC)模拟和物流仿真。生产前,在计算机中模拟船舶每条切割缝、装配缝和焊接缝作业,获取相关技术数据和管理数据。

(4)造船的智能化

随着造船技术的发展,必将出现与之相适应的大量智能化软件和智能化硬件。

我国正在开发船舶数字化智能设计系统,该系统以我国造船界使用的国产和进口的主流软件系统为基础,内容包括数字化样船库、实海域性能预报系统、结构分析系统、资源消耗控制系统、建造精度控制系统、智能化系统和可视化演示验证系统。它将融合各学科、各专业的最新成果,对船舶的设计和建造做优化处理。

我国自主开发的管子加工软件能将国产和进口的多型软件系统,转换为统一的管子加

工车间数字化制造和管理模式。管子定长切割生产线能自动识别管件,并将它们分别输送至不同的后续工位。管法兰焊接装备能适应椭圆度较大的管子与法兰的焊接。肋骨冷弯机和弯板机能根据被弯型材与钢板的实际特性和成形目标,设定数控程序和参数。

(5)造船的全球化

全球经济一体化(即全球化)是指产业结构在世界范围内调整,生产要素在全球范围流动,因超越国界配置生产资源而形成统一的发展态势、发展进程和发展结果。其主要特征是"异地并行、无缝整合"。"异地并行"旨在获取总装效率最大化(采用巨型总段、巨型舾装单元)和造船成本最小化(船舶组件的加工园区、跨国生产船舶分段)。依靠全面模块化和制造数字化实现船舶建造全过程在技术上和时间上的"无缝整合"。

2. 海洋工程装备制造工艺技术的发展趋势

海洋工程装备制造工艺技术的不断发展,能够提高生产效率、缩短建造周期和降低建造成本,同时也可以改善工人的作业条件和环境。

(1)制造工艺技术

①数字化制造技术:自动化、柔性化和计算机集成化,可提高生产过程的技术水平,建立工艺阶段和制造流水线的柔性自动化生产方案,应用计算机辅助系统对生产进行严格控制,以改进生产过程,提高效率,增加产量。

②绿色制造、全生命周期制造技术:借助各种先进制造技术不断创造新的海洋工程装备制造模式、资源、工艺和组织等,使产品在设计、制造、营运、报废拆解的全生命周期中,做到废弃物最少、对环境的负面影响最小、对原材料和能源的利用率达到最高,实现企业经营和社会效益协调优化。

③总承包技术:海洋工程装备项目采用总承包模式成为海洋工程项目管理的大趋势。总承包模式即建设单位在工程实施阶段只对应一个设计施工总承包企业。这一模式在资源节约、质量安全、节省投资、缩短工期等方面体现了明显的优势,取得了显著成效。总承包技术能够实现设计、采购、施工、试运行的深度合理交叉,让技术、人力、资本、资源环境等因素高效组合,克服了各市场主体分阶段、分部位、发散型管理的弊端,大大提高了工程建设的整体效益和技术水平。

(2)海洋工程装备制造关键技术

①巨型组块制造和吊装技术:在分段舾装和涂装后实施分段平地总组,即进行总段建造和总段舾装,在船坞船台仅进行总段搭载。基本摒弃过去采用的船坞船台分段吊装塔式建造方式。

②高强度海洋用钢高效焊接技术:海洋工程装备中广泛采用高强度钢来达到节约成本、提高生产效率、减小产品质量、优化结构、提高承载能力的目的。在高强度钢焊接节点、选材、焊接过程控制及焊后处理方面,国内外都涌现了许多新的技术,如激光焊接、复合焊接等。

(3)长效防腐技术

海洋工程装备长寿命服役的要求促进了海洋工程装备涂装防腐技术的发展,25 年的服役期和有关规定将促使各种新颖涂料、涂装工艺和设备不断创新。

(4)模块制造技术

管系、舾装设备的复杂性是海洋工程装备建造的难点之一,应用管系、舾装模块设计及制造技术能大大缩短造船周期,提高管系、舾装的安装质量,减少维修时间。

(5)轻量化技术

海洋工程装备对可变载荷的严格要求,加上结构强度的保证,使得轻量化技术对产品的质量控制逐渐在设计制造过程中起到指导性作用。

(6)新概念无损检测技术

针对海洋工程装备的复杂性以及强度的特殊要求,不同的对象往往需要选择不同的无损检测方法。无损检测技术利用材料内部结构异常或缺陷对热、声、光、电、磁等反应进行评价。

海洋工程装备和高技术船舶是《中国制造 2025》的十大战略产业之一,被国家确定为高端制造产业的重点,还被列入战略性新兴产业行列。同时,国家还制定了《海洋工程装备制造业中长期发展规划》。该规划提出未来发展的重点是"围绕勘探、开发、生产、加工、储运以及海上作业与辅助服务等环节的需求,重点发展大型海上浮式结构物、水下系统和作业装备等海洋工程装备及其关键设备与系统,掌握核心关键设计建造技术,提高总承包能力和专业化分包能力",进而促进产业化和规模化发展。作为海洋工程装备制造业核心技术和最直接生产力的海洋工程装备制造工艺技术要通过集成创新,引入各类新兴技术,如数字技术,新材料应用技术,智能控制技术,绿色、轻量化技术,新能源技术等,形成具有自主知识产权的、具有国际先进水平的海洋工程装备制造工艺技术体系,从而提高我国海洋工程装备制造业的国际竞争力。

项目1　船舶与海洋工程建造准备

【项目描述】

海洋工程装备建造要按一定的流程进行,并且在建造前要做好准备工作。海洋工程装备制造企业应设有与生产钢质船舶和海洋平台相适应的生产场所,包括生产场地、材料堆放处、仓库、生产车间、办公场所。生产场所布局要合理,主要设施要齐全,要有良好的交通环境和供电供水能力,以满足生产管理需要。

造船模式是造船体制和技术的总称,它整体地、动态地表达了船舶制造业的存在形式和活动方式,造船模式并不反映具体的造船方法。对于复杂的造船工程,由于不同的船厂具有不同的技术水平和生产条件,即使它们造船的基本特征相同,但具体采用的造船方法却不尽相同。此外,为了保证造船质量,在船舶建造过程中采用精度管理。

本项目主要包括海洋工程建造工艺流程设计及建造准备、船舶与海洋工程装备制造企业厂区布置及主要设施选择、船舶建造机械化与自动化设施选用、造船模式的选择、船体建造的精度管理五个任务。通过本项目的学习,学习者能够对船舶与海洋工程装备建造的基础知识有初步的了解和认识。

知识要求

1. 熟悉船舶与海洋平台建造工艺流程和建造的准备工作;
2. 了解船舶与海洋工程装备制造企业厂区布置及主要建造设施;
3. 了解海洋工程装备建造机械化与自动化;
4. 掌握现代造船模式的基本知识;
5. 了解造船精度管理基本知识。

能力要求

1. 能够描述船舶与海洋平台建造常规工艺流程,能够做好建造准备工作;
2. 能够区分船舶与海洋工程装备制造企业厂区布置形式和不同建造阶段采用的主要建造设施;
3. 能够区分海洋工程装备建造不同阶段机械化与自动化设施;
4. 能够区别不同阶段的造船模式,正确选择现代造船模式;
5. 能够描述造船精度管理基本内容,进行精度管理。

思政和素质要求

1. 具有实业兴国的爱国主义精神和国家安全意识;
2. 具有发展国家海洋工程装备制造业的事业心和责任感;
3. 具有良好的职业道德,遵守行业规范的工作意识和行为意识;
4. 具有较强的自主学习能力、新知识掌握能力和语言表达能力。

【项目实施】

任务 1.1　海洋工程建造工艺流程设计及建造准备

PPT

任务解析

船舶建造常规流程是按照现代造船模式来实施的。海洋平台与船舶相比，两者有相似之处，也有其独特之处，海洋平台结构和布置更为庞大和复杂，所用材料也不完全相同，因此建造方案及流程也有其特点。在船舶与海洋平台建造准备工作做好的基础上，根据建造合同要求，按照建造计划完成建造工作。

本任务主要是认知船舶与海洋平台建造的工艺流程和建造准备工作。通过本任务的学习和训练，学习者能够合理地设计船舶与海洋平台建造流程，做好建造前的准备工作。

背景知识

一、船舶与海洋平台建造工艺流程

1. 船舶建造工艺流程

船舶建造工艺流程，实质上就是根据造船工业特点，结合船厂的设备设施、组织机构等，将船舶产品做最适合工厂生产实际的工程分解。一般应以船体为基础进行工程分解，使其各种生产组织有序，各种作业能够并行，推进后道工序连续均衡前移。

尽管船舶种类不同，其船体结构形式、机械设备、电气设备、舾装件、涂装要求等也有很大的区别，但其总体制造工艺流程却基本相同。

钢质船舶焊接船体常规建造工艺流程如下(图 1-1)。

(1)船体放样和样板制作

船体放样是把设计好的船体型线图按照 1:1 的比例绘在地板上或较大比例在放样台上进行手工放样，或运用数学方法编程在计算机中进行数学放样。无论采用何种放样方法，均需要先进行船体理论型线三向光顺，再绘制肋骨型线图并进行纵横结构线放样及板缝排列，展开船体构件和各种舾装件，并为后续工序提供各种放样资料，包括样板、草图、投影底图、仿形图及数控加工信息等，以作为后续工序生产依据和质量检验标准。目前放样已由手工放样发展到数学放样。采用造船设计软件进行数学放样后，船体放样作为设计工作的一部分融入船舶生产设计中。

(2)钢材预处理和号料

对船体钢材进行机械矫正、喷砂除锈和涂漆防护等作业，即钢材预处理。然后再把按草图、样板、样箱等放样资料进行放样展开后的各零件图的图样及其加工、装配符号，画到平直的钢板或型钢上，这个过程称为号料。有时号料工序还与切割工作结合进行，如数控切割机，就是在号料的同时将零件外形切割完毕，实际上取消了号料工序。

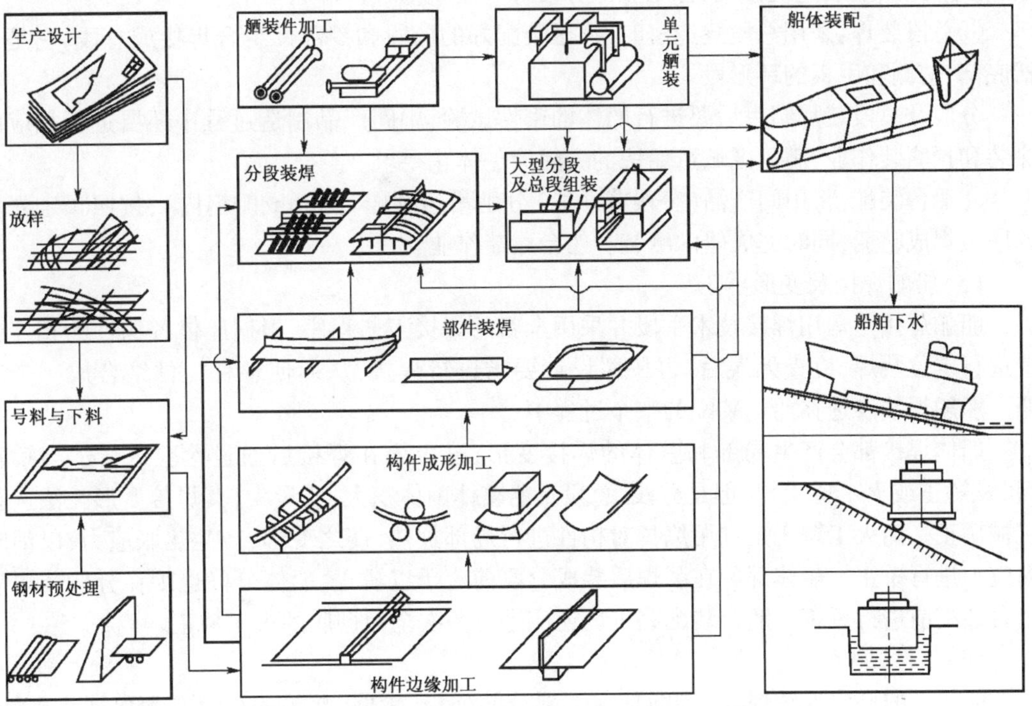

图 1-1　钢质船舶焊接船体常规建造工艺流程示意图

(3)船舶构件加工

在号料后的钢材上制造各种船体零件,需要进行切割分离、开坡口和磨边等作业,这个过程称为船体构件边缘加工。边缘的形状有直线和曲线两种,它是通过机械剪切(剪、冲、刨、铣)或火焰切割、等离子切割、激光切割等加工工艺方法来完成的。坡口的加工是根据焊接和装焊技术的要求进行的。有些边缘如自由边和人孔是用砂轮进行打磨加工的,以满足船体构件的不同技术要求。

有些构件经过边缘加工后需要弯曲、折角、折边、成形,这种弯制成所需形状的过程称为船体构件的成形加工。成形加工是通过各种机械设备(如压力机、弯板机、折边机等)在常温状态下进行冷弯成形加工。当然,比较复杂的少数构件则需在高温下进行热弯成形加工,或采用水火弯制成形加工。通过上述种种工艺完成各种构件的最终加工。

舾装自制件的加工还有许多方式方法,它们所使用的材料涉及钢材、有色金属和某些非金属材料,其种类繁多,涉及的加工部门也不同。

(4)船体的装配

船体装配是把船体构件组合成整个船体的过程。为缩短造船周期、降低成本、提高产品质量和改善生产条件,根据产品制造原理将船舶产品分解为若干不同制造级的中间产品,如部件、分段、大型分段、总段、舾装单元。再按相似性原理和制造级将它们分类成组,然后分别在相应的装焊成组生产线上进行制造,即分道建造。中间产品的制造顺序如下:

①部件装焊:由船体零件组合焊接成船体部件,如 T 型梁、板列、肋骨框架、主辅机基座、艏柱、艉柱、舵、烟囱等。

②分段装焊:由船体零件和部件组合焊接成船体分段,如底部分段、舷侧分段、甲板分

段、舱壁分段、上层建筑分段、首尾立体分段等。

③总段装焊:采用总段建造法时,将已装配好的分段和零部件组合焊接成总段,它是包括底部、舷侧和甲板的环形段。

分段及总段装焊结束后要进行船体的密性试验,中间产品制造过程中还要进行相应的涂装和预舾装作业,满足区域造船法的壳舾涂一体化要求。

④船台装配:将中间产品(分段或总段)分别吊运到船台上(或船坞内),按照预定先后顺序装焊成整船,同时完成船内舾装和船台涂装作业。

(5)船舶焊接及变形矫正

船舶焊接是运用焊接技术手段并采用全新的焊接工艺程序,根据船体各构件的相互位置进行定位装焊,检查无误后,再按照设计要求进行焊接,从而使各种构件结合成一个整船。船舶焊接渗透在船体装配的整个过程中。

船体焊接都会产生局部和整体的焊接变形,这应该在焊接后通过检验进行适当矫正(机械矫正或火工矫正)。但是分段、总段及船整体因体积大、质量大,其焊接变形无法进行机械矫正。而火工矫正是利用焰具对构件进行局部加热,使之变形,产生热胀应力,以消除内应力进行矫正。船体部件在装焊后装成分段前应予以矫正,船体分段也须在分段装焊后船台装配前进行矫正。船台装配完工后还应进行一次全面彻底的火工矫正。

(6)密性试验

船体上的许多连续焊缝,特别是水下部分的外板、舱壁、舵等的焊缝必须保证水密性,船上的油舱和油船的各舱则要保证油密性。因此,这些部位的焊缝需要进行密性试验(灌水、冲水、气压)来检查其质量,以防航行中漏水、漏油,确保航行安全。有些重要船舶或重要部位的焊缝质量还需运用仪器来检查,如超声波探伤、X 光探伤等。

(7)船舶舾装与涂装

船舶舾装包括船舶住舱舾装、甲板舾装、机舱舾装、电气舾装、船舶管系舾装等,涉及设备、管系、电气、木业、绝缘、舱室房间修饰等安装。船舶舾装工作量庞大,内容繁杂,需要各专业工种彼此协作与配合,还要在生产安排上合理利用空间与时间,其目的是缩短造船周期,降低生产成本。

为了防止钢材腐蚀,延长船舶的使用时间,除了采用电化学腐蚀系统、牺牲阳极防腐蚀系统外,还必须对钢材和船体内、外表面进行清污除锈处理,这一作业系统,称为船舶涂装。涂装还起到表面装饰和标志的作用。

(8)船舶下水

当船舶建造完工之后,将其从船台或船坞移至水中,这个过程称为船舶下水。船舶下水方式很多,但一般可以分为三种方式:重力式下水、漂浮式下水和机械化下水。

(9)船舶试验

船舶试验分为系泊试验、倾斜试验和海上航行试验三种。其可分为两个阶段。

第一阶段是系泊试验和倾斜试验阶段。系泊试验是泊于码头的船舶基本竣工,船厂取得用船单位和验船部门同意后,根据设计图纸和试验规程的要求,对船舶的主机、辅机、各种设备系统进行试验,以检查船舶的完整性和可靠性,这是航行试验前的一个准备阶段。倾斜试验是将船舶置于静水区域进行试验,以测得完工船舶的重心位置。

第二阶段是海上航行试验阶段。它是将建造船舶通过试航做一次综合性的全面考核,有轻载和满载试航两种。该阶段由船厂、船东和验船机构一起进行。试航应按照船舶类型、试航规定在海上或江河中进行。试航前应备足燃料、滑油、水、生活给养、救生器具，以及各种试验仪器、仪表和专用测试工具。试航中应测定主机、辅机、各种设备系统、通信导航仪器的各项技术指标，并进行各种航行性能的极限状况的试验，以检查是否满足设计要求。

(10)交船与验收

船舶试验结束后，船厂应立即组织实施试验中发现的各种缺陷的返修和拆验工作，同时按照图纸、说明书和技术文件将船舶及船上一切设备逐一向船东交验。

当上述工作结束后即可签署交船验收文件，并由验船机构发放合格证书，船东便可安排该船参加营运。

2. 海洋平台建造工艺流程

海洋平台建造之前要经过准备阶段、设计阶段和投标阶段，在签订建造合同后才开始进行建造。海洋平台建造总的流程与船舶建造基本相同，但由于海洋工程装备与船舶的组成、结构、布置和设备有较大差异，因此装配和设备安装还是有较大不同的。此外，海洋平台因本身结构及功能不同，各企业生产设施也不同，因而其结构建造工艺流程也有很大差异。

海洋平台建造过程大致如下：

按施工要领进行放样、号料、边缘加工、成形加工、部件装配、分段(分片)装焊、大合龙至码头舾装、试验验收，最后交货。

以导管架平台为例，其建造流程如下：

①确定建造方案、分段(分片)划分及其必要的计算文件、施工要领。

②陆地预制：

a. 订购和接收材料；

b. 专门项目的制造；

c. 放样、排料，各种样板和模型制作及各种部件加工；

d. 焊工资格确认；

e. 部件装焊；

f. 将部件、构件组装成组合体或分段；

g. 组合体(或分段)涂装、防腐保护；

h. 陆地合龙。

③装载运输至海区及下水。

④海上安装(对导管架而言)：

a. 水下部分的就位；

b. 桩基的固定；

c. 水上部分及设备安装；

d. 其他有关构筑物安装。

⑤试验、验收，交业主使用。

二、建造的准备工作

在船舶与海洋平台建造前，必须做好充分的准备工作。这里通过船舶建造来说明建造的准备工作内容。

船舶建造准备工作的主要内容包括技术准备、生产准备、材料与设备准备、工厂场地与设备准备、人员与管理准备等。

1. 技术准备

船舶建造的技术准备应该包括船舶建造技术、船舶舾装技术、船舶涂装技术、船舶焊接技术、船舶建造精度控制技术、船舶建造编码技术、船舶建造计算机应用技术，各技术彼此互相支承、互相协调、互相补充，有机结合为一体，供船舶建造之用。

在船舶建造技术当中，目前应用比较广泛的是船体分道建造技术，它是现代造船模式的重要组成部分，是现代造船模式的基础技术；与船体分道建造技术相关的是区域舾装技术、区域涂装技术、高效焊接技术、信息控制技术及精度控制技术。分道建造技术在很大程度上决定了舾装、涂装及高效焊接的场所、时间、范围、内容和效果。按照分道的原则，各项施工作业有机结合，有利于实施空间分道、时间有序、壳舾涂一体化的现代化造船。

分道建造技术以成组技术为理论基础，根据相似性原理，以中间产品为导向，按系统部件、多系统模块、分段和总段的建造过程，合理配置场地、设施、人员，组成几个相对独立、最大限度平行推进作业的生产单元，形成逐级制造的设计、作业和管理一体化的船舶建造新的工艺流程。可以这样说，船舶建造技术中的分道建造技术是其他技术的龙头，它同时也包含了其他技术。因此，我们在进行技术准备时，一定要综合考虑。

2. 生产准备

造船生产准备是指产品开工前的准备工作。它的任务就是通过生产要素进行充分的准备，以保证产品按时开工和开工后能连续有效地进行造船生产。

(1)设计准备

船舶设计包括初步设计、详细设计、生产设计三个阶段。生产设计中的纲领性工艺文件，诸如建造方案的决定、建造方针和施工要领的编制等，是与初步设计和详细设计平行进行的；而各工艺阶段、区域和单元的工作管理图表，则是在详细设计的基础上进行的。

生产设计是解决“怎样造船”的工程技术问题，也是对承建船舶的建造工艺及其流程的设计。因此，纲领性工艺文件的编制是根据承建船舶特点和船厂生产条件，以综合效益最优为目标，来决定承建船舶的建造策略、建造原则和程序、生产资源利用、施工的作业顺序、作业方法和质量要求等。工作管理图表的编绘，则是根据产品作业任务分解结果和组合要求，详细表达中间产品或船舶总装的详细结构、施工信息、工艺技术要领和生产管理数据等。此外，生产设计还应完成船舶总装以后的各工艺阶段的技术文件和图表的编绘工作。

初步设计、详细设计和生产设计是相互关联的。初步设计是详细设计和生产设计的依据；详细设计又是生产设计的依据，而生产设计的意图和要求又反映在初步设计和详细设计阶段的工作中。

(2)工艺和计划准备

现代造船模式中的工艺准备工作是通过造船生产设计来体现的。由于生产设计提供的工作图表已表达了必要的工艺要求和管理信息，从而使工艺准备的内容相应减少。工艺准备的主要工作是制定工艺原则、划分工艺项目和编制工艺进度表。

而现代造船模式的组织生产方式是与造船工艺流程中的工艺阶段密切相关的。工艺阶段是在船舶建造周期中，按生产性质或生产区域划分的一部分船舶建造工程，也就是把造船工艺流程划分为若干个具有相对独立性的工艺阶段，以便于组织生产和编制计划。

计划准备就是编制生产管理中的各种生产计划。工程计划按其计划的性质、范围和深度被分为订货计划、日程计划。它们的内容是从整体到局部、从总计划到细化的月度作业计划。

船体建造日程计划在船舶建造中占有重要的地位，建造日程计划是生产计划通过日程管理来实施的一种计划方式。造船生产计划与生产负荷分析是相互关联的，日程计划与生产计划平行协调地进行。日程管理是将工艺项目或日程内容按工艺流程和工作日程进行分解，以确定每个工作日的工程完成量，从而制订出各类日程计划。

编制船体建造日程计划的依据是全船工艺进度表、图纸发送计划和材料供应计划。此外还要考虑船体车间的实际生产情况。船体建造日程计划主要有船台总装日程表和分段制作日程表等。

船体建造日程计划是否合理将关系到舾装和涂装计划能否顺利实施。特别是船台总装日程表的编制要考虑到分段舾装和分段涂装的方便性，以便提高造船的总装效率。

3. 材料与设备准备

船舶建造需要的材料种类十分复杂，而且数量庞大。供应部门应根据原材料和主要机电设备供应交货期表及大型铸锻供应交货期表，按计划向有关厂商进行订货。对到厂的材料和设备按照要求与造船用材规范进行验收和入库保管。

4. 工厂场地与设备准备

根据承建船舶的需要，对专用工装和工夹模具提前进行设计、制造和订货。对船厂原有的场地设施，如平台、船台、滑道、船坞、码头、起吊设备等进行供应，应根据造船的新要求和特点进行必要的扩建或改造。

5. 人员与管理准备

对全厂人员要首先做好安全教育、爱厂如家教育、敬业和团队精神教育。根据需要，对劳动组织和人员进行合理的调整和补充；对在建造中应用新技术、新工艺和特殊工艺的有关人员以及计划补充人员，分别进行组织和技术培训。

任务训练

训练名称：钢质散货船船舶建造工艺流程设计。

训练内容：查找资料，分析钢质散货船船型及结构特点，研究船舶建造常规工艺流程，制定钢质散货船船舶建造常规工艺流程，绘制散货船建造工艺流程框图，并列出各阶段的主要工作内容。

任务1.2　船舶与海洋工程装备制造企业厂区布置及主要设施选择

PPT

船厂用于船体建造的设施和装备主要有船台、船坞、钢料加工车间，船体装配车间，车间内和露天装配场地的平台和胎架，各种吊重设备，各类焊机和动力能源设施。海洋工程装备制造企业根据产品的特点，在厂区布置和设施上会稍有区别。现代造船模式的采用、船舶的日趋大型化以及海洋平台的建造，对建造设施和装备提出了更高的要求。

本任务主要是认知船舶与海洋工程装备制造企业厂区布置形式及船厂主要设施，了解船舶与海洋工程装备制造企业及其在生产时采用的设施和场地的特点。通过本任务的学习和训练,学习者能够根据厂区特点选择船舶与海洋工程装备制造企业的厂区布置形式,并能选择不同建造阶段所采用的主要建造设施。

背景知识

一、造船作业主流程

造船作业主流程一般是指从钢料堆场和预处理、船体构件下料、加工、装焊到船台(或船坞)合龙、下水试航等主要工艺过程。在船厂新建或改造时,都应力求这一流程最短,最好是直线形式,但由于各船厂客观存在的地形、岸线和水域情形各不相同,因此作业主流程的布置形式也不尽相同。

实施造船总装化后,一个大型船厂只从事与造船直接有关的生产作业,而由其他企业供应船厂必需的配套设备和制品。造船总装作业主流程是船厂在船舶建造中的作业程序(空间、时间、区域、所使用的设备等的顺序),是按总装化原则布置的船体为基础、舾装为中心、涂装为重点的壳舾涂一体化造船作业流程。图 1-2 所示为现代造船总装作业主流程。

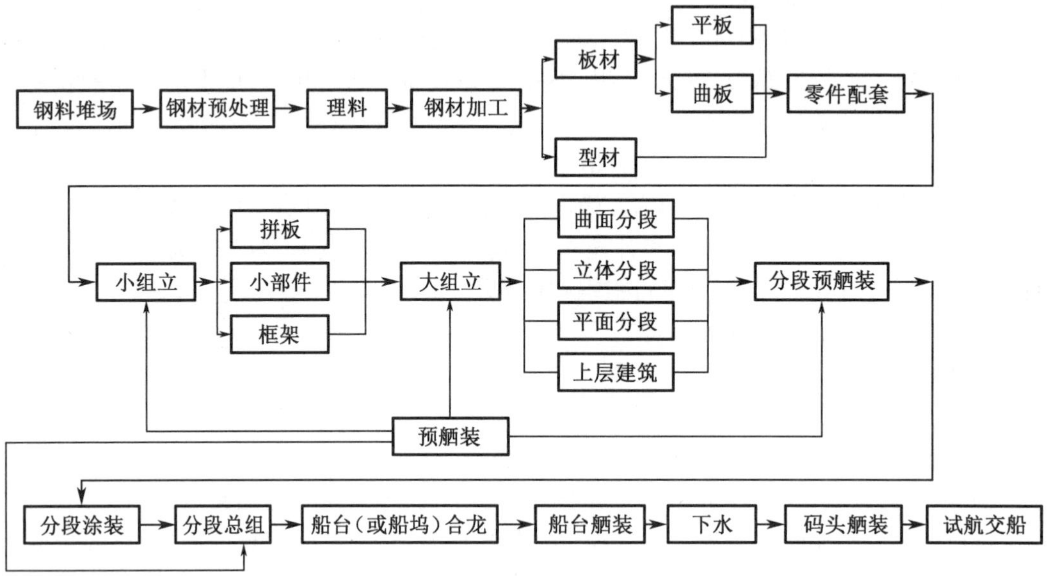

图 1-2 现代造船总装作业主流程

二、船厂及海洋工程装备制造企业厂区布置形式

1. 船厂厂区布置形式

根据造船作业的主流程,现代化船厂的车间和建造物的布置应选择最短和最方便的材料、零件、部件、分段、舾装件等物流路线,不使物件倒流、迂回和交叉;布局要合理,功能分区明确,满足生产工艺流程要求,并要求采用流水化系列布置;确保各工序间能力的平衡。各道工序应以船台(或船坞)为中心进行布置。从材料消耗和运输情况来看,船体的钢材加工和装配的比例较大,所以应优先保证从钢材堆场、构件加工、装焊场地到船台(或船坞)的

距离尽可能缩短。

(1)船厂总布置类型

船厂造船作业主流程实际是以船体建造流程为主流程:钢料堆场、船体加工、船体装焊、船台(或船坞)合龙、码头舾装。因此,船厂总布置按造船作业主流程大致可分为 I 型、L 型、T 型、U 型四种类型,如图 1-3 所示。

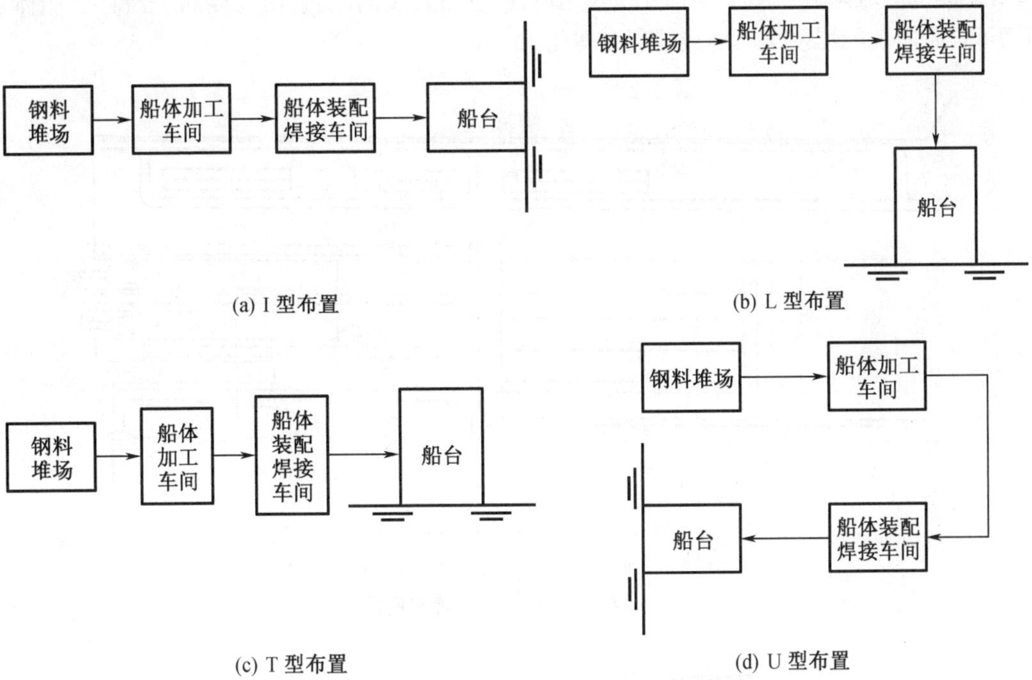

图 1-3 各种布置形式的船体建造工艺流程示意图

①I 型布置。I 型布置的船体建造工艺流程如图 1-3(a)所示。采用这种布置,船体建造工艺路线最简单,完全呈直线形式,其运输途径最短,而且便于各种运输工具的衔接。但是,这种布置只能在有较大的纵深或濒临水域有狭长的岸线时才能实现。

②L 型布置。当厂区受地形条件限制,面对岸线的纵深较小时,则可将船体建造的车间与船台(或船坞)布置成直角或一定角度的 L 型。其船体建造工艺流程如图 1-3(b)所示。采用这种布置时,船体建造工艺流程在分段装配焊接结束后转一个方向。只要布置好各车间和仓库设施的相对位置,配置好运输工具之间的衔接,此方法便仍然保持着工艺流程的合理性。

③T 型布置。当面对岸线的纵深较小时,也可将船体建造的有关车间布置成与船台(或船坞)的中央垂直的 T 型。其船体建造工艺流程如图 1-3(c)所示。

这种布置的特点是向船台(或船坞)中央提供分段,可以使船台(或船坞)起重机吊运分段的距离最短。但是,必须解决好分段的运输方法,使它能与船台起重机衔接。

④U 型布置。有的厂区不仅纵深较小,而且沿岸线的长度在布置了船台后,已不能按上述三种方式布置船体建造工艺流程,有的厂区地形甚至利用岸线的全长也无法按 L 型方式布置船体建造工艺流程,此时可采用如图 1-3(d)所示的 U 型布置方式。

(2)国内船厂总布置实例

图 1-4 为 I 型船厂总布置实例图,从钢材料堆场到船台、船坞成一条直线布置;图 1-5 为 L 型船厂总布置实例图,其钢料堆场、船体车间与船台(或船坞)布置成直角。为兼顾造船和修船,舾装车间布置在造船坞和修船坞一侧。图 1-6 为 T 型船厂总布置实例图。为了缩短采用预舾装工艺的运输距离,管子铜工车间与舾装件仓库均布置在靠近船体分段和总段装配焊接区域附近。图 1-7 所示为 U 型船厂总布置实例图,它由放样间、号料区、船体加工车间、船体装配焊接车间和造船船台等组成。

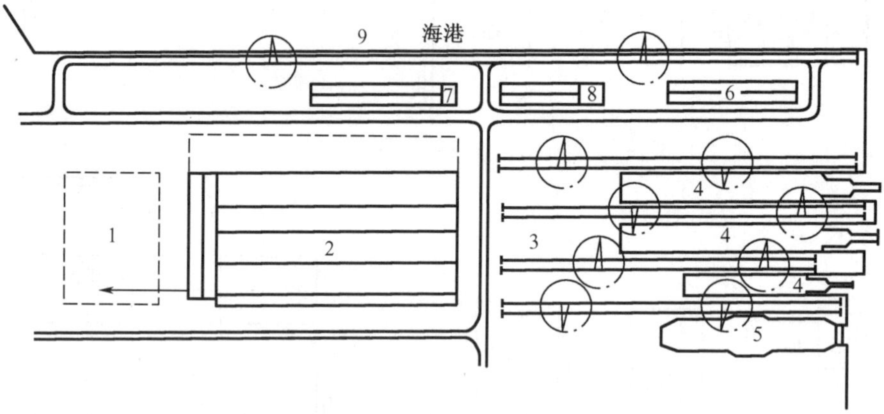

1—钢料堆场;2—船体车间;3—电焊平台;4—船台;5—船坞;
6—船台安装车间;7—舾装车间;8—油漆车间;9—码头。

图 1-4 I 型船厂总布置实例图

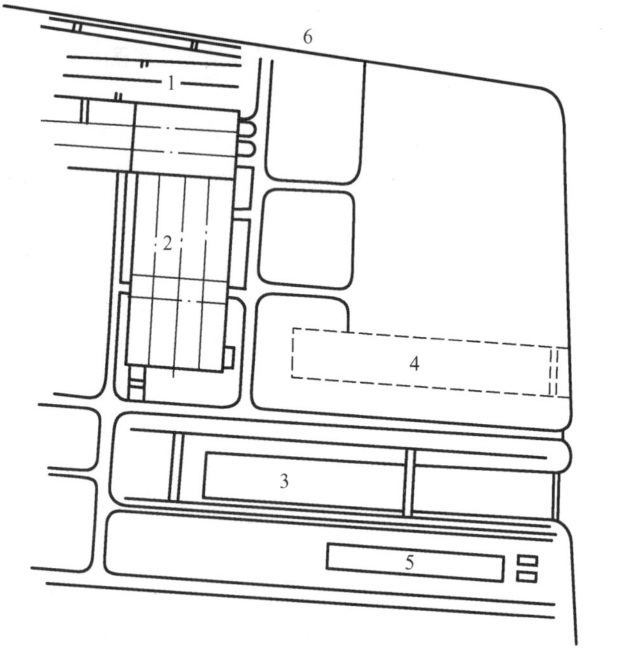

1—钢料堆场;2—船体车间;3—造船坞;4—修船坞;5—舾装车间;6—码头。

图 1-5 L 型船厂总布置实例图

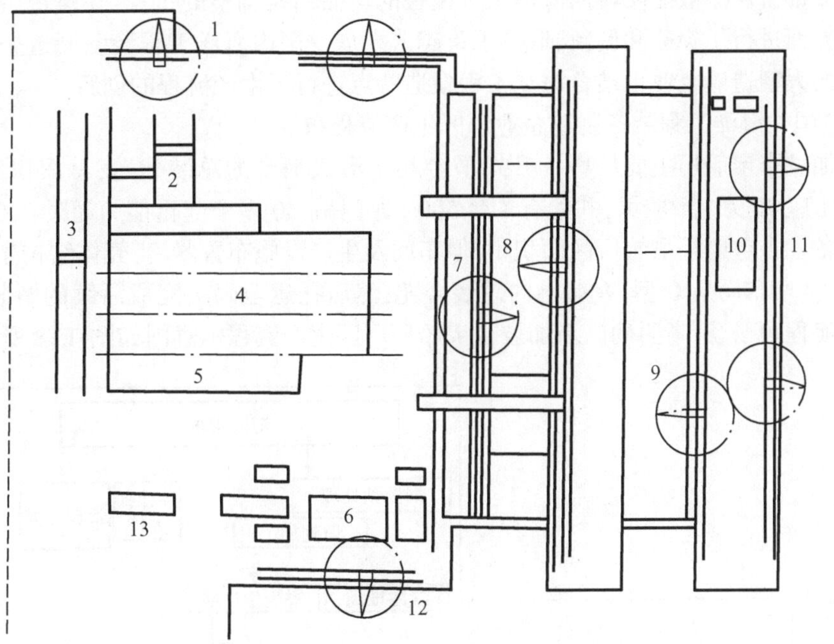

1—钢材卸货码头；2—钢板堆场；3—型钢堆场；4—船体车间；5—管子铜工车间；6—舾装件仓库；7—总段装配场地；8—造船坞；9—修船坞；10—修船车间；11—修船码头；12—舾装码头；13—办公楼。

图 1-6　T 型船厂总布置实例图

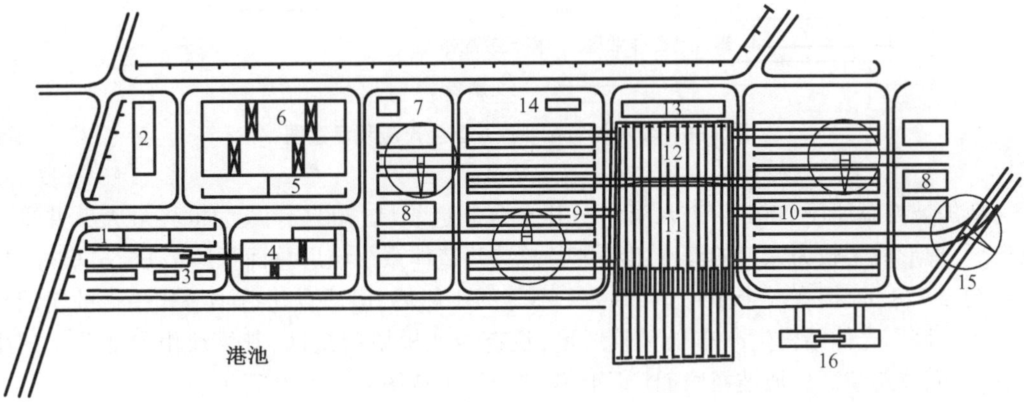

1—钢料堆场；2—放样间；3—号料区；4—船体加工车间；5—船体零件库；6—船体装配焊接车间；7—船体分段除锈间；8—电焊平台；9—造船船台；10—修船船台；11—横移区及下水滑道；12—横移架；13—绞车室；14—配电变电所、空压站；15—舾装码头（固）；16—舾装码头（浮）。

图 1-7　U 型船厂总布置实例图

2. 海洋工程装备制造企业厂区布置特点

建造海洋平台用的场地与常规船舶有些不同，专门建造海洋平台的船厂可建有特制的干船坞或专用岸边总装场地，甚至海上总装场地，并配备大起重能力的浮吊。海工坞的长宽比小，造船坞则是狭长形。此外，海工坞需要配置大跨度、大起重能力的吊机。

海洋工程装备制造企业，很多是由船舶企业转型过来的。新加坡和韩国海洋工程装备制造企业都有从一般船舶转向海洋工程装备的产品结构调整的过程,在建造生产流程和建造方案方面进行了突破和创新,取得了跨越式发展。国内海洋工程装备制造企业和建造海洋工程的大型造船企业也结合海洋工程建造特点进行了生产流程的创新。

(1)国外海洋工程装备制造企业厂区生产流程布置

新加坡吉宝船厂主要从事自升式平台和半潜式平台的总装建造,总面积约 28 万 m^2。其拥有 1 座 40 万 t 干船坞,并配有 1 台 500 t 龙门吊、40 多个起重能力超过 300 t 的移动式吊装设备。吉宝船厂虽然厂区面积小,但车间及生产设施布置紧凑,壳体结构生产布局呈 L 型,模块生产布局呈 U 型,在船坞内总装合龙,然后托运至码头完成后续的舾装和涂装,整个厂区流程顺畅,清晰明确。新加坡吉宝船厂厂区生产流程示意图如图 1-8 所示。

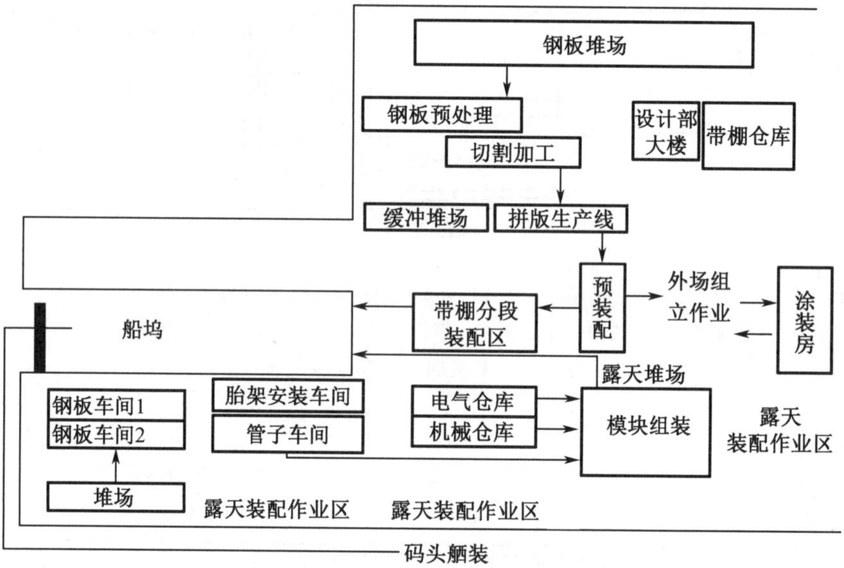

图 1-8 新加坡吉宝船厂厂区生产流程示意图

新加坡裕廊船厂 2002 年进入海洋钻井平台制造领域,2007 年成为世界最大钻井平台制造厂,现形成了较为完善的海洋工程装备总装建造体系。该厂总面积约为 65.6 万 m^2,码头长约 2 728 m,拥有 5 个 10 万~50 万 t 不等的干船坞,但适合建造半潜式平台的船坞只有一个。该厂壳体结构生产布局呈直线形,没有专业模块制造区,其模块由专业化工厂生产,船厂完成总装。新加坡裕廊船厂厂区生产流程示意图如图 1-9 所示。

(2)国内典型海洋工程装备制造企业厂区生产流程布置

经过几年探索与实践,中国海洋石油股份有限公司、烟台来福士海洋工程股份有限公司、上海外高桥造船有限公司等国有大型企业,积极抢占国际海洋工程市场,将船企改造成海洋工程装备制造企业。

海洋石油工程(青岛)有限公司厂区生产流程示意图如图 1-10 所示,一、二期建造场地总面积约为 120 万 m^2,有四条滑道、五个车间、设计年加工钢材 20 万 t,三期船坞已建成投产。针对导管架平台、自升式平台和半潜式钻井平台以及船舶等产品,其厂区布置合理,可以很好地兼顾管架结构建造、模块制造和板架结构制造。

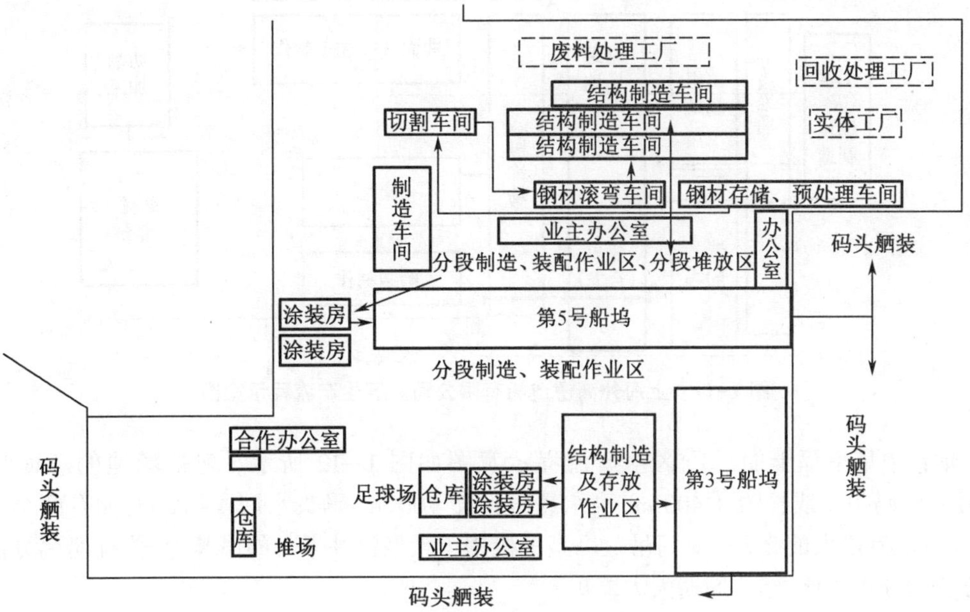

图1-9　新加坡裕廊船厂厂区生产流程示意图

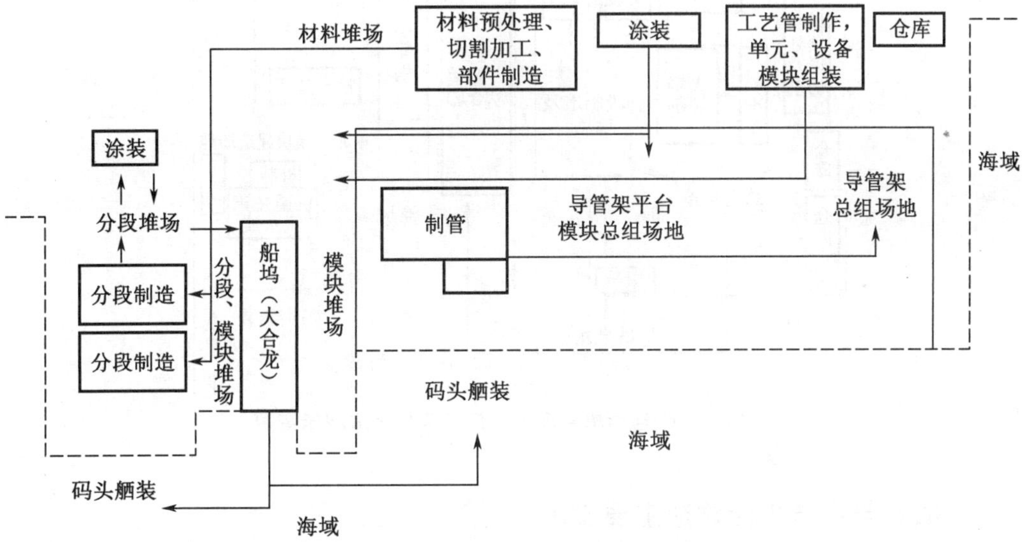

图1-10　海洋石油工程(青岛)有限公司厂区生产流程示意图

上海外高桥造船有限公司厂区生产流程示意图如图1-11所示。一期工程占地144万m^2，设200万t船坞两座，一号船坞配置两台600 t龙门吊，二号船坞配置600 t、800 t龙门吊各一台，舾装码头长约1 300 m，主要工艺设备500台，是建造超大型船舶和海洋工程装备的理想场所。其基本沿用造船流程，壳体结构生产布局为U形，在船舶上层建筑制造区完成模块组装。

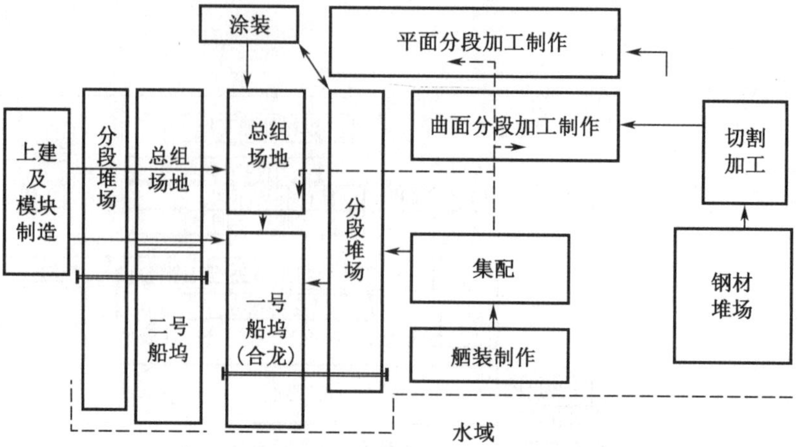

图 1-11　上海外高桥造船有限公司厂区生产流程示意图

烟台中集来福士船厂厂区生产流程示意图如图 1-12 所示。建造场地的总面积为 70 万 m^2，码头岸线长约 1 400 m，高承载码头长 700 m，码头水深 4～12 m，拥有两个干船坞，以及世界最大的 2 万 t 龙门吊。巨型吊机用于大型钻井平台的吊装，与传统船坞分段吊装总装的方式相比，建造周期大大缩短。

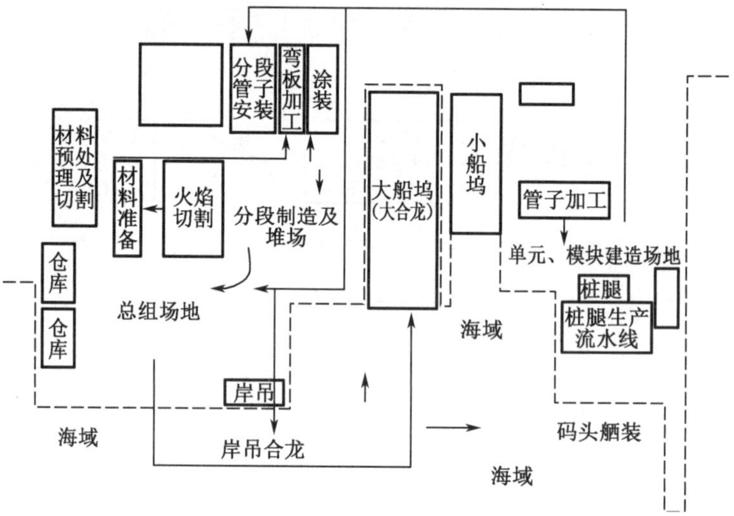

图 1-12　烟台中集来福士船厂厂区生产流程示意图

三、船舶与海洋平台建造主要设施

船舶与海洋平台建造一般在陆上船台或船坞中进行，建造完成以后移至水中。所以建造场所应在河边、江边或海边，该处水域要求流速低、风速小，以便船舶与海洋平台下水。船舶与海洋平台建造室外作业较多，受天气影响较大，在夏热冬冷、降雨天数多且雨量大的地区建造时，要采取降温防寒措施和遮蔽措施，以保证工作正常进行。

厂区内用于船舶及海洋平台建造的区域及装备、设施主要有船台、造船坞、钢料加工车间、船体装配车间、车间内和露天装配场地的平台和胎架、各种吊重设备、各类焊机和动力能源设施等。

船舶的日趋大型化及海洋平台的特点，对建造的设施和装备提出了更高的要求。

1. 总装场所设施

船台（或船坞）是船体建造成整体的场所，建造好的船体分段或总段，最后在船台上（或船坞中）合龙成完整的船体，它是船舶的总装场地。在船台上（或船坞中）还要同时完成大量的舾装工作。完工的船体或海洋平台结构从陆上移至水中的过程也是通过船台（或船坞）下水装置完成的。因此，船台（或船坞）是造船企业重要设施中不可缺少的组成部分。船台（或船坞）都布置在船体装配车间附近而又靠近水域的地方。这样既可缩短部件、分段、总段的运送路线，又便于船舶下水。在船坞侧面及端部布置有总装平台，大型龙门吊车的吊运范围可将其覆盖。图 1-13 所示为造船坞及起重设备。

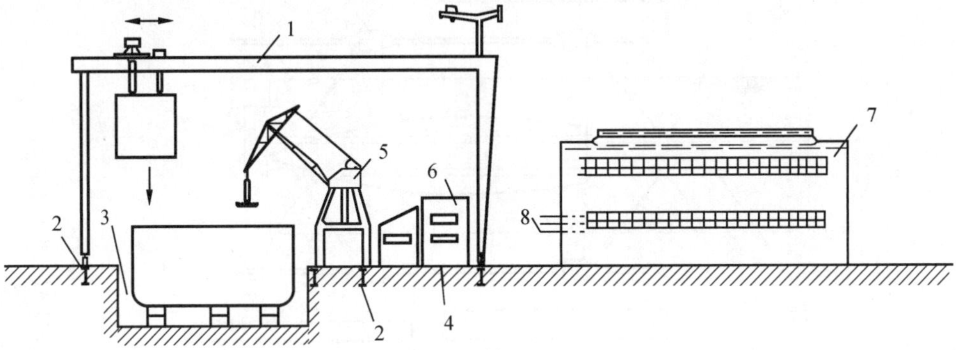

(a)

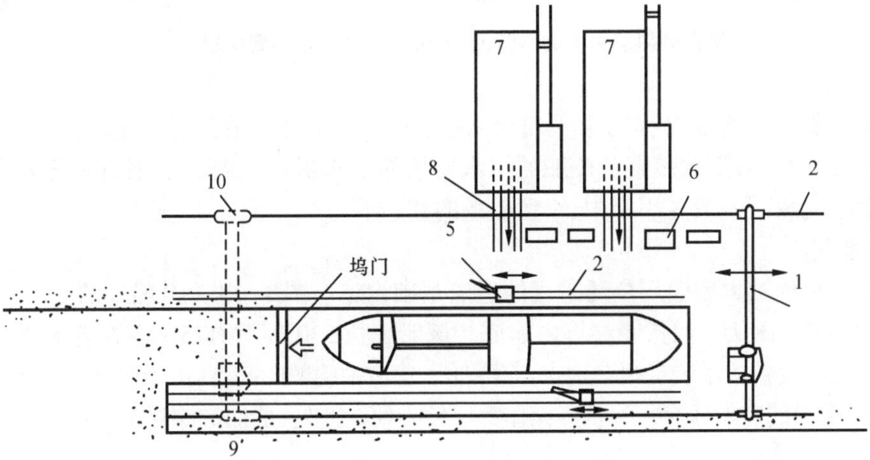

(b)

1—大起重门式起重机；2—轨道；3—造船坞；4—坞侧场地；5—门座式起重机；6—船体大分段；7—装配焊接车间；8—分段流动方向；9—水域；10—门式起重机水上卸货位置。

图 1-13 造船坞及起重设备

（1）纵向倾斜船台

纵向倾斜船台是目前广泛采用的船台形式。船台的表面与水平成一倾角。船舶建成后，在滑道上依靠自重即可滑行下水。图 1-14 为纵向倾斜船台上的滑道、起重机和配套场地布置情况。

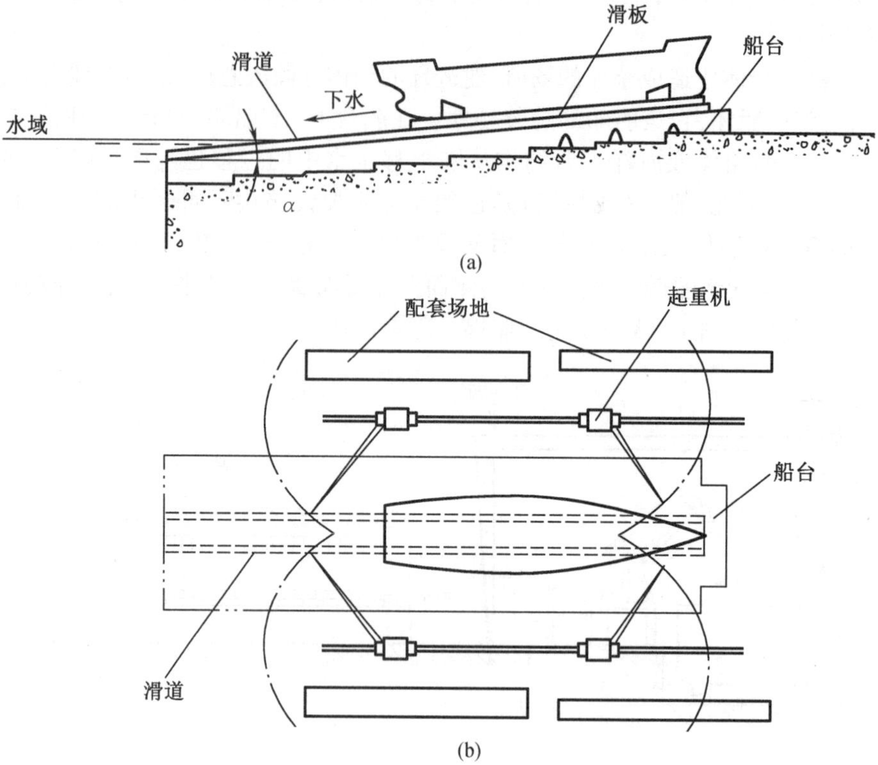

图 1-14　纵向倾斜船台上的滑道、起重机和配套场地布置情况

纵向无倾斜角度的船台称为水平船台，这种船台一般布置在下水横移区的单侧或两侧，多个船台共用一套下水装置。船舶的下水要依靠下水滑车、卷扬机、钢轨和移船小车等一系列装置来完成。一般多用于中、小型船舶的建造。

(2)造船坞

造船坞是目前被大型船厂广泛采用的造船基础设施。图 1-15 为某船厂的 50 万 t 级造船坞，图中为两艘 18 万 t 散货船在坞内建成。该船坞长 530 m，宽 125 m。在造船坞中进行船体的大合龙和设备的吊装有很多优点：它降低了建造中船舶的高度，由于船舶是在水平状态下建造的，装配中的定位、画线、测量等操作都比较方便。此外，船舶的漂浮出坞也比重力式下水简便而安全。

(3)船台和船坞中的工艺设施

为支撑分段、移动和固定分段、登高作业，以及在装配过程中进行定位、测量和画线作业，船台和船坞中设有中心线槽钢、基线标杆、高度标杆、地面拉桩、脚手架、墩木和支撑等。

2. 钢料加工车间设施

钢料加工车间主要从事钢材预处理、钢材边缘加工及钢材成形加工。船厂均建有大型钢材加工车间，配备有钢材预处理流水线、钢材切割设备和成形加工设备。

钢材预处理流水线包括钢材的矫正、除锈及设备的防护与处理。钢材边缘加工包括钢材切割和开坡口。边缘切割主要设备有各种剪切机、氧乙炔气割机(手动、半自动、自动及数控)、数控等离子切割机等，坡口加工设备有刨边机和铣边机。钢材成形加工包括板及型材成形加工，即对有曲度构件进行弯制成形。板材成形加工设备主要有辊弯机、液压机、数控弯板机等,型材成形加工设备主要有肋骨冷弯机等。

图 1-15 造船坞

3. 船体装配车间设施

装配场地是进行零部件、分段和总段制造的区域。现代化船厂一般是平面制造中心、曲面制造中心承担了分段制造的全部工作量,且这一部分的作业都已移至室内,作业条件得到极大改善。

船体的部件和分段都是在平台或胎架上装配的。平台和胎架是船体装配的主要工艺装备。平台和胎架设置在装配车间内、船台(或船坞)附近的分段装配场地上。

由于结构预装配比例的不断扩大,因此用于分段建造的平台、胎架区的总面积应和船台面积保持一个合适的比例,这样才能使分段装配与船台合龙的进度相适应,避免出现分段积压或分段满足不了船台吊装需求的现象。

4. 起重设备

船舶(或海洋工程装备)建造场地(船台、船坞、码头区)都配备有相应的起重设备,以满足船体零部件和分段的吊运、翻身,并担负各种机电设备的吊装作业。

船体装配车间内主要使用桥式行车,外场设置门式行车,这两种起重设备工作灵活、效率高且较安全。

船台和船坞两侧则设置高架吊车和门式吊车,供分段或总段上船台安装时使用,分段或总段的质量应控制在两台高吊起重负荷量的90%以内,以确保安全。吊车的能力主要指最大吊重、吊高和跨距。图 1-16 所示为船厂主要的吊重设备。随着船舶和船体分段大型化和海洋工程的建造,船台、船坞区配备的起重设备也趋向大型化。目前,船厂门式起重机起重量自数十吨至九百吨,跨距自数十米至二百余米,起重高度自数十米至一百余米。

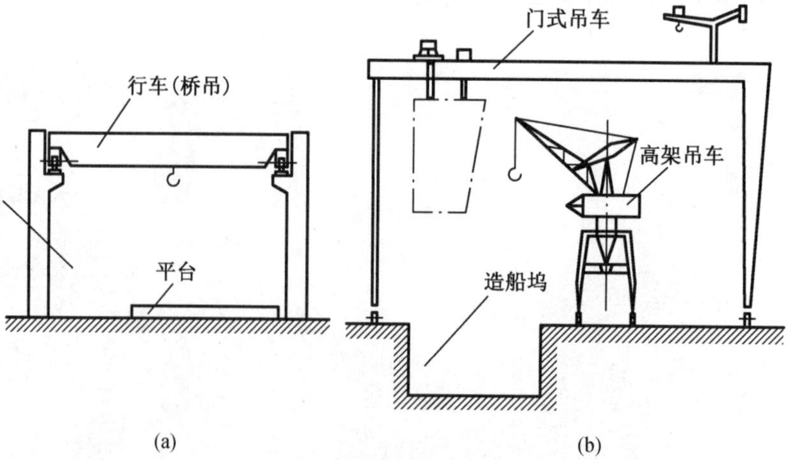

图 1-16　船厂主要的吊重设备

除了陆地上的起重设备，吊装大型船体总段通常采用大起重量的起重船，目前用于吊装大型船体总段的起重船的起重量已达 3 000~3 600 t，用于安装海洋工程的大型起重船的起重量已达 7 500 t。

5. 焊接设备

现代钢质船体均为焊接结构，船体结构焊接使用的设备有交流焊机、直流焊机、埋弧自动焊机、埋弧半自动焊机、CO_2 气体保护焊装置等。高效焊接在船体结构焊接中应用较多。经过 30 多年的发展，现在高效焊接技术已进入一个更高级的阶段，即进入使用焊接机器人的时代。

6. 动力能源设施

整个船体建造区域除了应具备以上所述的条件外，还应配备风、水、电、气等动力能源设施。各种气体和水通过专用管路输送到车间、船台和船坞，便于现场使用。

(1)压缩空气

压缩空气是风砂轮、风刷、风钻等风动工具及碳弧气刨的动力源。

(2)自来水

自来水供火工矫正和密性试验等作业使用。

(3)工业用电

工业用电供焊接、照明、通风及各种电动工具、仪器使用。

(4)氧气、乙炔、丙酮、天然气和二氧化碳

氧气、乙炔、丙酮、天然气和二氧化碳供气割、焊接和火工矫正操作使用。

船舶下水后系于码头，并在码头进行余下的部分舾装工作和系泊试验工作。因此，船体建造完工下水后还必须有足够的泊位供船舶停靠。码头上也应配置高吊和风、水、电、气等动力能源设施，这是码头进行各项工作的基本条件。

任务训练

训练名称：判断船厂厂区布置形式及配备的主要设施。

训练内容：根据图 1-17 所给某船厂总布置实例图，判断其是哪种类型厂区布置形式，

根据车间或区域名称，在表1-1中写出车间内部或区域应配备的主要设施。

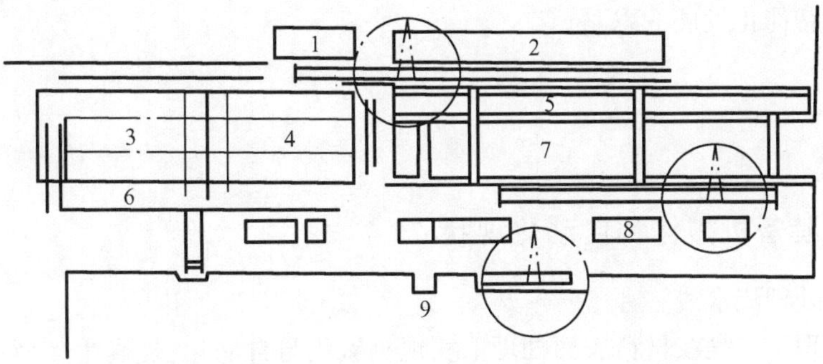

1—装配场；2—堆场；3—加工车间；4—装配车间；5—总段装配平台；
6—钢料堆场；7—造船坞；8—舾装车间；9—舾装码头。

图1-17 某船厂总布置实例图

表1-1 车间内部或区域应配备的主要设施

序号	区域	配备的主要设施
1	装配场	
2	堆场	
3	加工车间	
4	装配车间	
5	总段装配平台	
6	钢料堆场	
7	造船坞	
8	舾装车间	
9	舾装码头	

图1-17中布置形式是将装配焊接完工后的分段或总段侧向运上船台进行合龙，这样可以减少起重吊运的行程，直接将各分段（或总段）送至合龙的部位。

任务1.3 船舶建造机械化与自动化设施选用

PPT

任务解析

要实现造船机械化与自动化，首先必须要研究、了解造船的特点和规模，同时还要不断将世界上先进的新技术、新工艺、新材料、新设备，甚至是新理念、新的管理方法消化吸收，为造船所用，并加以创新和发展。

本任务主要是认知船舶与海洋工程装备建造的机械化与自动化发展现状和发展趋势。

通过本任务的学习和训练，学习者能够了解现代化船舶与海洋工程装备建造的机械化、自动化设备情况，能够区分不同建造阶段的机械化与自动化设施，并能提出船舶与海洋工程装备制造系统智能化发展的思路。

背景知识

一、造船装备机械化和自动化现状

1. 钢材预处理流水线

钢材预处理工艺是在材料表面处理上实现机械化与自动化，提高生产效率和改善工作环境。它把钢材的矫平、清洗、预检、抛丸除锈、喷漆和烘干等预处理工序的机械设备，用传送滚道连接起来，组建成控制流水生产、检验等预处理的生产流水线，实现了生产全过程自动化。

2. 新的切割技术

钢材的切割、成形都已采用专用设备。近年来研究的切割技术，主要有以下几点：

①等离子技术的迅速发展，提高了造船中的切割生产率和切割质量，因此出现了以数控等离子切割机代替数控火焰切割机的趋势。

②对大量型钢构件的切割和自动化号料的开发，研究了具有自动号料功能的数控装置，组建了直接与 CAD/CAM 系统连接的，包括上料、切割、号料、零件分类、运出等工位的型钢切割与号料自动流水线。在流水线中又采用了专门工业机器人和数控等离子切割技术。

③激光切割技术已在一些骨干船厂开始运用，尝试用数控激光切割机来切割船用钢板。

数控水火弯板技术的基础研究也在不断完善之中。

3. 舾装自制件的加工自动化

舾装自制件的加工自动化，主要体现在开发研究管子的加工自动化上。目前一些骨干船厂应用成组技术原理，相继组建管子成组加工成形自动、半自动流水线。自动、半自动流水线是根据管子的材料、管径、管件形状与结构、加工工艺，特别是管子的连接方式等要素，应用相似性原理对管子进行分类成组，再根据材料和管径等特征归类成若干管件族，然后根据先焊后弯工艺，按管件族设计和组建管件族成组加工自动流水线。

4. 焊接工艺的机械化、自动化和高效化

在中间产品组装和船舶总装工作中，焊接是一项举足轻重的关键性作业手段，焊接总工时占船体建造总工时的 1/3 左右，因此国内外造船业都极其重视焊接工艺的机械化、自动化和高效化，并在造船中广泛采用各种气体保护焊。例如，使用便宜且简易的 CO_2 气体保护自动焊，极大地提高了焊接生产效率，确保了焊接质量，降低了焊工的劳动强度，缩短了造船周期，从而提高了造船效率。骨干船厂应用此焊接技术的焊接设备占到了焊接设备总量的 60%。此外，国外对高速旋转电弧焊接和焊接机器人等新技术的开发与应用也是卓有成效的。具有高效率、高质量等优点的高速旋转电弧焊接技术，已广泛应用于窄间隙焊、多丝自动焊接装置和多关节焊接机器人等。焊接机器人技术已逐步用于部件装焊的水平角焊、平面分段框架组装法中的各种角焊缝焊接、船台上（或船坞中）船体外板对焊缝的焊接、管子加工自动流水线中的焊接作业等。

5. 中间产品制造中的装配作业机械化与自动化

自采用以中间产品为导向的壳舾涂一体化区域造船法以来,应用成组技术原理,按分道建造原则,组建了各类中间产品成组制造生产线,使中间产品稳定在相应的成组生产线上制造,这就给今后研究开发中间产品,提高生产制造过程的机械化和自动化创造了极有利的先决条件。

6. 船舶建造的辅助作业机械化

船舶建造的辅助作业(包括各工艺阶段的起重、运输,零件加工的供料、保管、运输与分类,中间产品制造时使用胎架、脚手架等)在整个船舶建造的过程中占有相当大的比例。如何提高船舶建造辅助作业的机械化程度,对确保造船质量、缩短建造周期、降低生产成本和改进施工环境以及确保安全作业是至关重要的。

在材料保管和各构件加工时,起重、吊运、转向、传递滚动等机械化运输线,解决了绝大部分的搬运作业。小型电磁起重机、传动滚道、限位器、转盘、翻落架、供料装置等组成联动线,使零件加工的供料、进给、定位和出料等辅助作业实现了机械化。

在中间产品制造的各条作业线上,各种起重机、传送滚道、转盘和搬运平车等可组成合理的机械化运输线,担任零部件、单元、分段的运送、翻身和吊装等任务;也可与装焊机械装置连接起来,组成中间产品机械化生产线。

7. 船台辅助作业机械化

从中间产品制造工场到船台(或船坞)的运输和船舶总装的辅助作业,使用分段载运车和船台起重机械来实现运输作业机械化;使用具有自动调整船体纵横倾功能的液压式船台小车、机械式墩木、船底千斤顶、各种自行式(或固定式)可升降脚手架装置或作业台等来实现船台辅助作业机械化。

模块式设计是造船机械化(或自动化)一种很好的思路。在造船工程中,研究标准化、系列化、规范化,进行模块式组装,可以最大限度地降低劳动成本(包括人工成本、材料成本、一般管理费用)。在造船中引进可靠性设计和可维修性设计,能够减少中间环节,减少失误,从而提高综合效率。

二、造船装备的发展趋势

造船装备的发展趋势是智能化,综合起来可分为以下三个阶段:

1. 单机自动化

造船技术先进的国家基本上都已实现了单机自动化,如型钢切割自动化、肋骨自动弯曲机,以及数控弯管机等。这些单机主要采用数控技术、计算机技术和机器人技术,其目的是使造船过程中某一工位实现自动化加工,以此减轻人工劳动强度,提高生产效率和加工质量。

2. 柔性自动化生产线

柔性自动化生产线的基础是单机自动化。它在国外的先进船厂应用较普遍,如平面分段流水线、预处理流水线、型钢加工流水线、管子柔性生产线等。它是采用自动化单机,充分运用传感和检测技术、监控自诊断和自维修技术、自动物流技术及机器人等高新技术,使造船生产过程某一流程和某一制造阶段实现自动化。由于船舶及其设备具有多品种、小批量生产的特点,因此有的自动化生产线会建成柔性生产线或柔性制造系统(FMS),以适应产品多样的需求。

3. 智能化造船

该阶段是造船生产的最高阶段。它是以企业为对象，在系统学的指导下，采用软件硬件相结合的方法，将企业的全部生产经营过程(包括市场研究、经营决策、产品设计、加工制造、生产管理、销售及服务等)集成为一个系统。

任务训练

训练名称：列出船体钢材加工车间及船体装配车间的主要机械化和自动化设施。

训练内容：查资料，了解目前我国船舶及海洋工程企业采用的最先进的钢材加工设备和船体装配车间自动化及智能化设施，填写表 1-2。

表 1-2 船舶及海洋工程企业自动化及智能化设施

序号	钢材加工车间	船体装配车间
1		
2		
3		
4		
5		

任务 1.4 造船模式的选择

PPT

任务解析

模式是指事物的标准形式，或可照着做的标准样式。造船总有其特定的模式。各厂有相同的模式，也会有不同的模式。但不管相同与否，总存在一种较另一种更有利于提高造船生产效率、确保建造质量和缩短造船周期的模式。壳舾涂一体化是现代造船模式，它建立在成组技术、以中间产品专业化为导向组织生产的基础之上。

本任务主要是认知现代造船模式形成的基础，以及造船模式的内涵及演变。通过本任务的学习和训练，学习者能够掌握造船模式的相关知识，熟悉造船模式的演变，并且能够列出造船模式的演变过程。

背景知识

一、造船模式的内涵、演变及现代造船模式的定义和特点

1. 造船模式的内涵

造船模式的内涵指的是组织造船生产的基本原则和方式。它既反映组织造船生产对产品作业任务的分解原则，又反映作业任务分解后的组合方式。这种分解原则和组合方式

体现了设计思想、建造策略和管理思想的结合。造船模式与造船方法是两个完全不同的概念,造船模式并不反映具体的造船方法。

研讨造船模式的内涵必须立足于如何确立船舶产品的作业任务分解原则和组合方式,在分析各种类别及其差异的基础上,用科学、先进的模式规范各厂“怎样造船”和“怎样合理组织造船生产”。

2. 造船模式演变

随着科学技术的进步和造船需求量的急剧增长,造船模式也在不断发展和变化,但在一段时间内又是相对稳定不变的。造船模式的演变过程可分为四个阶段。

第一阶段:按功能/系统组织生产的造船模式。这是造铆接船年代的造船模式。

第二阶段:按区域/系统组织生产的造船模式。这是20世纪40年代中后期建造全焊接船初期形成的造船模式。焊接技术在造船中的应用开创了船体分段建造技术。

第三阶段:按区域/阶段/类型组织生产的造船模式。这是20世纪50年代末、60年代初形成的造船模式。促使这一模式形成的主要因素是成组技术在造船中的应用,以及当时建造超大型船舶的需求日益急增。

第四阶段:按区域/阶段/类型一体化组织生产的造船模式。这是20世纪70年代初期形成的造船模式。

按区域/阶段/类型一体化组织生产的造船模式,被认为是体现了现代造船技术发展水平的现代造船模式。传统造船模式与现代造船模式的区别如图1-18所示。

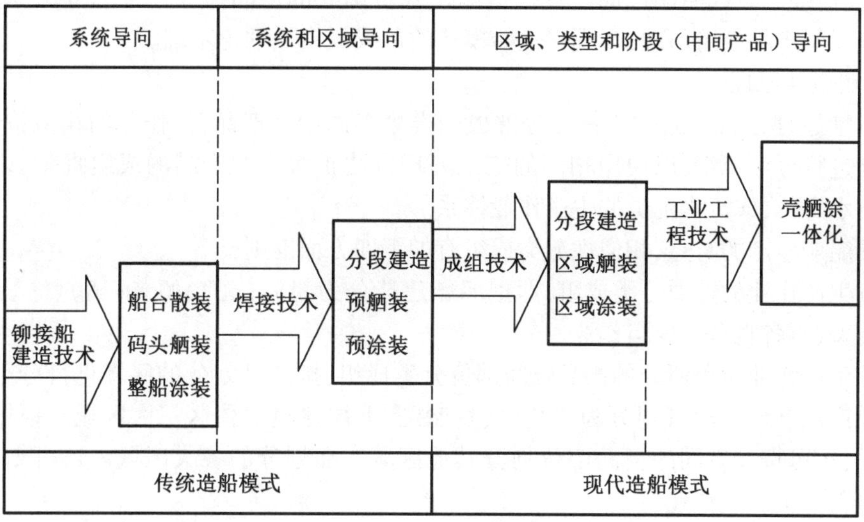

图1-18　传统造船模式与现代造船模式的区别

3. 现代造船模式的定义和特点

现代造船模式是以统筹优化理论为指导,应用成组技术原理,以中间产品为导向,按区域组织生产,壳、舾、涂作业在空间上分道,时间上有序,实现设计、生产、管理一体化,均衡、连续地总装造船。

现代造船模式的特点:

①产品作业任务的分解和组合,除按区域/阶段/类型的分解原则和组合方式外,更体现船体建造、舾装、涂装三大作业系统的相互结合;

②产品作业任务的分解与组合，是通过船体（壳）、舾装（舾）、涂装（涂）的生产设计加以规划和体现的；

③船舶设计、造船生产与生产管理相互结合，并通过生产设计融为一体。

二、现代造船模式形成的基础

1. 现代造船模式中应用成组技术原理

成组技术是研究事物间的相似性，并将其合理应用的一种技术。它是促使现代造船模式形成的主要技术基础之一，运用了中间产品导向型的作业分解原理和相似性原理。

（1）中间产品导向型的作业分解原理

中间产品导向型的作业分解原理简称产品制造原理。该原理是把最终产品按其形成的制造级，以中间产品的形式对其进行作业任务的分解和组合。所谓中间产品是指生产的作业单元，是对最终产品进行作业任务分解的一个组成部分，也是逐级形成最终产品的组成部分。它具有明显的“产品”特征，那就是：

①有特定的“产品”作业任务，而且其作业任务并非由单一工种完成；

②有明显的“产品”质量（尺寸精度）指标；

③有完成“产品”作业任务所需的全部生产资源（含人、财、物），或称生产任务包。

上述原理应用到造船中，是把船舶作为最终产品，船舶建造从采购材料（设备）、加工零件开始，然后以中间产品的生产任务包形式组装成配件，进而再组装成更大的装配件，这样逐级组装，最终总装成船舶产品。现代造船模式所确立的产品作业任务的分配原则，实质上就是应用了产品制造原理，为现代造船模式的形成提供了理论基础。

（2）相似性原理

相似性原理是将产品作业任务分解成门类繁多的中间产品，按作业的相似特性，遵循一定准则进行分类成组，以便用相同的施工处理方法扩大中间产品的成组批量，以建立批量性的流水定位，或流水定员的生产作业体系。

根据船舶生产的特点，相似性分类成组有如下四方面准则：

①按生产作业的性质分类成组，即把船舶建造分为船体（壳）、舾装（舾）、涂装（涂）三种作业类型，再各自分类成组作业。

②按生产作业对象所处的产品空间部位分类成组，按产品划分的区域进行分类成组作业。船舶产品区域一般可划分为机舱区、货舱区、上层建筑居住区三大区域。根据船舶类型的不同，还可按其不同的空间部位划分其他区域。在划分的各大区域内还可划分中、小区域以进行分类成组作业。

③按生产作业生产过程中的相似内容分类成组，即区域划分的中间产品按其类型进行分类成组作业。以船体分段作为中间产品为例，可分为平面、曲面和上层建筑三种类型的分段。以舾装的中间产品为例，则可分为各类舾装托盘（或单元）。

④按生产作业在生产过程中的作业时序分类成组，即区域划分的中间产品按其所处的作业阶段或制造级进行分类成组作业。船体建造可划分为零件加工、部件（含组合件）装配（小组）、分段装配（中组及大组）、分段组合（总组）和船台合龙五个作业阶段；舾装可分单元、模块、管件等制作，托盘集配，分段舾装，总段（总组）舾装，船内舾装五个作业阶段；涂装则可分为原材料处理、分段涂装、船台涂装以及码头涂装四个作业阶段。

(3)相似性分类成组需要考虑的因素

满足作业场地、设施要求;充分考虑分段组立过程中的工艺,如搬运、堆放等;为工人施工提供良好的作业环境;为实行高效焊接方法和提高焊接质量提供便利;有利于实行先行舾装,提前完成结构化舾装件,尽量做到通用化;最大限度地扩大中小组立,大组立时间、胎位时间最短;在各组立阶段需要控制精度控制点;分段吊马利用本身船体结构来处理,最大限度减少在外板上设置吊马;各阶段所用的脚手架马板全部在中小组立阶段完成;等等。

2. 现代造船模式中应用系统工程技术的理论

系统工程是组织管理“系统”的一门工程技术。其应用已波及各行各业。应用成组技术的产品制造原理和相似性原理建立起来的现代造船模式,实际上是把船舶建造作为一个大系统,将其分解为壳、舾、涂三种作业系统,再按区域/阶段/类型逐一分类成组而形成了各类作业的子系统,如图 1-19 所示。对于这样一个极为复杂的生产作业系统,需要从组织“系统”的角度处理好各作业系统之间及其系统内各子系统之间的各种相关问题,才能有效、合理地组织生产。系统工程技术的基本原理是运用统筹优化理论。其基本准则是:

①体现整体观点、综合观点、动态观点和寻优观点处理组织“系统”的问题;

②充分运用大系统的分解协调、定量分析和优化等方法。

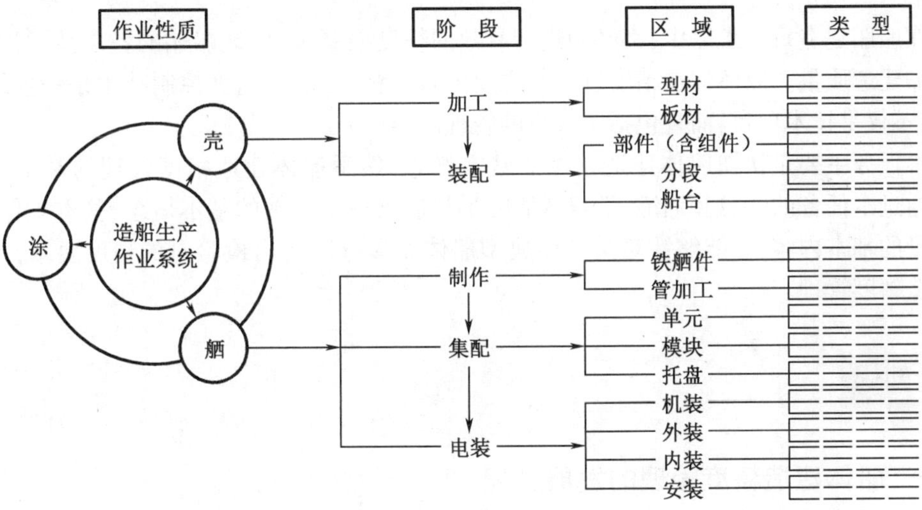

图 1-19 复杂的造船生产作业系统示意图

为此,系统工程需要运用现代数学的统计管理方法和电子计算机进行系统分析、综合、优化、评价和规划。但在实际运用时,仍有许多难以用数学模型描述的问题,有时仍只能依赖于经验,采取定性与定量相结合的方法。

在造船中应用系统工程技术处理组织“系统”的上述准则,通常可概括为统筹、协调、优化的准则。两个“一体化”(图 1-19)即壳舾涂一体化和设计、生产、管理一体化,也就是合理的船舶建造应是壳、舾、涂三类作业互相结合,船舶设计、造船生产、生产管理互相结合,从全局、全厂、全船的角度统筹、协调系统的各方面问题,使船舶建造整体优化。系统工程技术在造船中的应用进一步从组织“系统”上充实、完善了已形成的现代造船模式,并为其提供建模的又一理论基础。

现代造船模式的形成,除将上述成组技术和系统工程技术作为其建模的主要技术基础外，还需有当代其他新技术的应用做支撑，如电子计算机技术、管理科学等新技术的应用。

总之，现代造船模式的形成是当代新技术在造船中应用的综合体现，是推进现代化的船舶设计、造船生产和生产管理的动力。

任务训练

训练名称：造船模式各阶段的比较和选择。

训练内容：学习现代造船模式相关知识，熟悉造船模式演变过程，列出造船模式四个阶段的演变过程，画出造船模式演变框图，对其进行比较分析，选择现代造船采用的模式，并写出其优势。

任务 1.5　船体建造的精度管理

PPT

任务解析

在船舶建造每道工序中，都必须进行有效的精度控制，以保证船舶的各项技术性能，保证船舶建造质量。船体建造精度管理其主要内容是精度控制，精度控制技术是一项综合技术，它不仅是技术项目，而且包括了大量的管理内容。

本任务主要是认知船体建造精度的基本概念，熟悉船体建造精度管理的基本工作内容。通过本任务的学习和训练，学习者能够了解造船精度管理的基本概念、基本工作，以及补偿量的基本内容，并能够针对某货船典型船体立体分段指出检验时的精度要求，进行船体建造精度管理。

背景知识

一、船体建造精度管理的发展过程

钢质船体建造是按船舶设计图纸，经过放样、号料、加工、部件装焊、分段（或总段）装焊、船台装焊等一系列工序完成的。在整个施工过程中，因受种种客观条件的限制，船体零件、部件、分段、总段和船体主尺度等不可避免地会产生实际尺寸偏离放样时的公称尺寸，造成尺寸偏差。这种尺寸偏差的产生与很多因素有关，要精确地求取造船尺寸偏差的余量补偿值是相当困难的。因此，在船体建造中，一般都采取留有大于补偿值的造船工艺余量，装配中，经过定位、测量、画线后再切除实际多余的余量。船体建造余量分为总段余量、分段余量、部件余量、零件余量和其他余量。其大小是通过实际工作中积累的经验来制定的。船体构件的余量是为补偿构件在各工序中所产生的误差而留的尺寸裕度，它保证了各工序作业的顺利进行和建造质量。

在取得大量生产实践测量数据的基础上，国内外运用数理统计的方法，研究、制定、修改和完善船体建造公差标准，从而控制施工精度。

我国从 20 世纪 70 年代初期就开始了船体建造精度控制技术的研究和实践，在各大船厂不同程度地取得了一些成果和经验。精度管理实施经历了以下三个发展阶段：

①分段上船台前进行预修正以适应船台装配的尺寸精度要求（分段无余量上船台装配）；

②平直分段进行建造全过程的尺寸精度控制与曲面分段进行预修正后上船台相结合；

③对全船所有分段进行建造全过程的尺寸精度控制。

国内精度控制水平已经基本上达到内部构件无余量号料、全船分（总）段无余量上船台合龙。精度管理目前比较成功之处：

①数学放样、数控切割全面应用精度管理，提高了零部件精度；

②CO_2 气体保护焊热量低，使焊接变形明显减少了；

③大接头处大间隙焊采用精度管理等，确保其全面推行。

二、船体建造精度管理的基本概念

1. 船体建造精度管理的含义

船体建造精度管理，就是以船体建造精度标准为基本准则，通过科学的管理方法与先进的工艺技术手段，对船体建造进行全过程的尺寸精度分析与控制，以达到最大限度减小现场修整工作量，提高工作效率，降低建造成本，保证产品质量。

2. 船体建造过程中的尺寸偏差和误差

造船公差的标准与生产条件密切相关。必须从船厂的实际生产条件出发，探索最佳的余量和公差标准，将其作为造船生产的指南。

（1）尺寸偏差

尺寸偏差是制造的零部件或分段测量得到的实际尺寸与公称尺寸之间的偏差。

（2）生产误差

在造船生产中的各道工序中所产生的图示尺寸与完工尺寸之间的偏差，称为生产误差。按照造船生产的特点，造船生产误差分为草率性误差、规律性误差与随机性误差。

①草率性误差：这是由施工人员主观原因（如看错尺寸、违反工艺操作规程、使用年久失修的设备进行加工等）所产生的生产误差。这种误差在贯彻实行精度造船的工艺中必须消灭、杜绝。

②规律性误差：在一定的生产工艺条件下存在的有一定规律性并被人们所掌握的一种确定性关系的生产误差。例如，在拼板过程中，其板缝焊接的收缩将影响拼焊后整块板材的尺寸，由此产生误差，误差的大小与板材厚度、焊缝的数量和长度、焊接方法、施焊的规范有关。规律性误差又称条件误差。

③随机性误差：在造船过程中，由于受到很多不可控因素的偶然影响，即使在同一生产工艺条件下，重复进行同一性质的工艺操作，也要产生大小不一、正负不定的有一定范围限制的偶然性生产误差。例如，肋板框架装配工作，由不同的人员操作，会发现其结果是不完全相同的，有的误差为±0.5 mm，有的误差为±1 mm、±2 mm，甚至更大。如果施工人员不粗心大意，那么这些误差值大部分会集中在某一数值范围内。

造船生产中的草率性误差通过教育培训的方法可以解决；规律性误差通过总结的方法可以控制；随机性误差通过实际观察和概率统计的方法可以控制。公差标准是以随机性误差为主要依据而制定的。

3. 船体建造精度标准

船体建造精度标准是船舶设计、制造与质量管理部门为确保船体建造质量而制定的技术文件，又是推行船体建造精度管理、实施尺寸精度控制的依据。

船体建造精度标准按内容分为精度检验标准、补偿量标准和工艺标准。检验标准是精度造船目标在工序上的细化；补偿量标准规定了船体构件在各种加工工序中精度补偿量的具体数值，为精度设计提供依据；工艺标准是指为达到精度造船目标应采取的必要的工艺措施。

船体建造精度检验标准一般安排"标准范围"及"允许极限"两挡，主要内容包括：对钢材表面缺陷的规定；放样、画线和号料精度；零部件制造精度；分段制造精度；船台安装精度；焊缝质量及外形质量等要求。

4. 船体建造精度管理的理论基础

船体建造精度管理的理论基础是数理统计、尺寸链理论；技术核心是尺寸补偿量的加放，使之以补偿量取代余量；管理内容是健全精度保证体系、建立精度管理制度、完善精度检测手段与方法、提出精度控制目标、确定精度计划、制定预防尺寸偏差的工艺措施等。

三、船体建造精度管理的基本工作

船体建造精度管理是根据造船的最终质量要求，应用统计分析的原理和方法，制定出各工序中每个零件、部件、分段直至总段的最合理的公差，以控制和掌握零件与分段的尺寸精度，保证制造精度均在公差范围以内。

实施造船精度管理必须做以下基本工作：

①鉴定加工设备的精度。

②鉴定和统一检测量具的精度。

③测定气割割缝值，以确定零件切割割缝的补偿值，保证零件的切割尺寸精度。

④测定各种焊接变形：

a. 压力架拼接焊缝的收缩值；

b. 分段铺板焊缝的收缩值；

c. 分段装焊后纵横向的收缩值；

d. 船台大接头纵横向的收缩值。

掌握各种收缩变形的规律，计算误差和系统补偿值。

⑤测定热弯成形外板的变形，以掌握热变形规律，计算加工补偿值。

⑥编写各种工艺文件和标准。

⑦建立各种必要的规章制度，以提高工作效率和保证产品质量。

⑧加强技术培训和教育工作，不断提高操作者、管理人员的专业技术和业务水平。

船体建造精度管理的工作流程如图 1-20 所示。

船体建造精度管理的水平等级的提高在很大程度上受船厂的生产技术、管理水平、设备能力、工人技术素质、建造船舶的类型与等级、经济合理性等一系列因素的制约。

船体建造精度管理是当代造船的重大新技术之一，是船厂现代化科学管理的重要内容，也是企业发展生产、加快科技进步的客观需要。

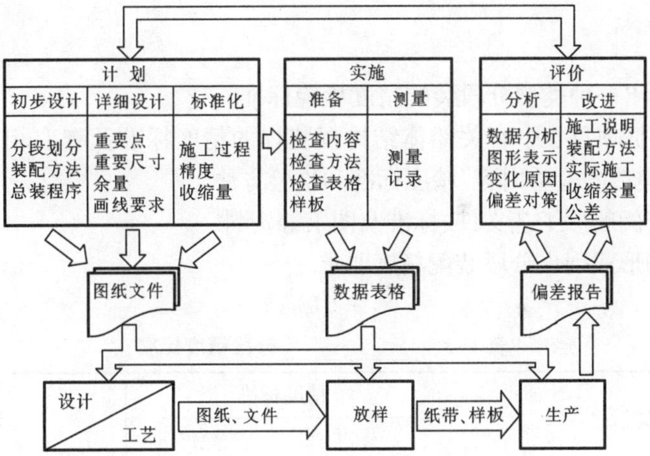

图 1-20　船体建造精度管理的工作流程

四、补偿量加放

过去，各船厂均采用加放余量等方法控制船体建造精度，但这种方法已不再适应当前造船生产发展的需要。在现代造船中，各个建造阶段的每一道工序都必须进行有效的尺寸精度控制，诸如加放必要的补偿量（或反变形）、（水火）矫正等，才能保证船舶的各项技术性能。

船体在建造过程中，有众多因素能造成工件基本尺寸的收缩变形。因此，相应的尺寸精度补偿也有多种类型，归纳起来可分为非系统补偿和系统补偿两大类。

①非系统补偿是指单独地对一个因素、一道工序、一种变形的工件尺寸的补偿，如气割补偿、焊接补偿、船坞搭载环缝补偿等。

②系统补偿是指在船体建造的全过程中，应用数理统计的方法，探索由各种因素引起变形的一般规律而给予尺寸的全面补偿。

根据各种因素综合分析，对分段长度和宽度进行补偿是为了保证船体精度，使完工尺寸处在允许的公差范围内。将船体零件、部件或分段的尺寸计入各种因素造成的影响值，使分段在装焊完工后其影响值基本消失，这种做法称为尺寸补偿，该影响值称为补偿量。

在保证质量的前提下，补偿方法也会因船舶类型、结构形式、工厂设备情况和工艺技术水平的不同而有所差异，不同的施工阶段、不同的焊接方式等补偿方法也应区别对待。一般补偿方法可分为如下三种：

①从加工中心下料开始采取尺寸补偿。各工艺阶段实行全面精度控制，当零部件经历若干工艺阶段后，仍然能满足船坞搭载各项技术指标的精度要求。

②在船中分段装配过程中选择有利时机，对端缝加放补偿量后切除余量。

③在立体分段组装结束后，对搭载大接缝加放补偿量。

以上三种方法各有利弊，从现代造船发展水平来看，要采用第一种补偿方法是完全可能的，或者说这种方法必须达到一定的比例。后两种方法对船坞快速搭载和精度管理方面来说都是不利的。

任务训练

训练名称:写出一种类型分段装配精度检验标准。

训练内容:根据项目5中有关船体结构预装焊的精度标准及查取相关资料,在表1-3中写出船体分段建造的检验内容、精度标准和检验方法。

(1)收集并查阅船厂工艺文件、标准及图书等资料;

(2)以表格的形式列出分段装配精度要求。

表1-3 ________分段精度标准

检验内容	精度标准		检验方法
	标准	允许	

【拓展提高】

拓展知识:造船方法和造船主流程发展趋势。

【项目自测】

一、填空

1. 船舶建造分为(　　)、(　　)和船舶涂装三种类型生产作业。

2. 船体建造工艺流程是从钢材堆场到构件加工、(　　)、(　　)、船坞(船台)装配焊接、(　　)、码头舾装等。

3. 号料后的钢材上有各种船体零件,需要进行切割分离,称为船体构件的(　　)。

4. 船舶下水的方式一般分为三种:(　　)、(　　)和(　　)。

5. 船舶建造准备工作包括技术准备、(　　)、(　　)、工厂场地与设备准备和人员与管理准备等。

6. 船台根据工作表面可分成(　　)和(　　)。

7. 码头上应配置(　　)和风、水、电、气等动力能源设施,这是码头进行各项工作的基本条件。

8. 金属脚手架有(　　)、(　　)和(　　)等多种。

9. 现代造船模式形成的技术基础是(　　)和(　　)。

10. 中间产品导向型任务分解是将(　　)分为若干级(　　)的分类方法。
11. 船舶设计应包括初步设计、(　　)设计和(　　)设计三部分。
12. 产品设计解决(　　)的问题,生产设计解决(　　)的问题。
13. 船舶产品区域划分为机舱区、(　　)、(　　)三大区域。
14. 船体建造分为零件加工、(　　)、(　　)、分段组合、船台合龙五个作业阶段。
15. 第四阶段的造船模式是按(　　)/(　　)/类型一体化组织生产的造船模式。
16. 误差分(　　)误差、规则性误差和(　　)性误差。

二、判断(对的打"√",错的打"×")

1. 船坞(船台)是船体建造成整体的场所。(　　)
2. 装配场地配置起重设备,外场设置桥式行车,内场设置门式行车。(　　)
3. 船体钢材号料是把设计型线按 1:1 的比例绘在放样间的地板上,或运用数学方法编成程序输入电子计算机进行数学放样。(　　)
4. 船体部件焊接变形只能采用机械矫正,不可采用火工矫正。(　　)
5. 系泊试验是对完工船舶重心位置的测定,要求在静水区域进行。(　　)
6. 船厂总布置类型有 L 型、T 型、U 型三种。(　　)
7. 高度标杆设于船台或船坞中心的两侧,一般都呈铅直状态,其上标有基线高度,作为分段合龙时基线定位的基准。(　　)
8. 平台和胎架是船体装配的主要工艺装备。(　　)
9. 船体装配车间内主要使用高架吊车和门式吊车,船台和船坞上则设置桥式吊车。(　　)
10. 船体的部件和分段都是在船台上装配的。(　　)
11. 将原材料制成船体零件的过程是船体装配。(　　)
12. 对钢材和船体进行除锈、涂漆处理的工程作业称为船舶涂装。(　　)
13. 成组技术运用中间产品导向型的作业分解原理和相似性原理。(　　)
14. 生产设计解决的是造什么样的船,初步设计和详细设计解决的是怎样造船。(　　)
15. 尺寸偏差是制造的零部件或分段测量得到的实际尺寸与公称尺寸之间的偏差。(　　)
16. 船体构件的余量是为补偿构件在各工序中所产生的误差而留的尺寸裕度。(　　)
17. 现代造船模式中的工艺准备工作是通过造船生产设计来体现的。(　　)

三、名词解释

1. 现代造船模式
2. 成组技术
3. 相似性原理
4. 中间产品
5. 精度管理
6. 补偿量

四、简答

1. 简述钢质船舶焊接船体常规建造的工艺流程。
2. 简述海洋平台建造的工艺流程。
3. 简述船厂总布置类型。
4. 造船生产准备主要包括哪些内容？设计准备有哪几项,分别解决什么问题？
5. 船厂主要设施有哪几类？
6. 船舶建造的机械化和自动化体现在哪几个方面？试说明钢材切割采用哪些先进技术及设备？
7. 造船模式有哪四个发展阶段？现代造船模式是哪个阶段,其表现形式是什么？
8. 成组技术包括哪些原理？
9. 什么是中间产品？什么是中间产品导向型任务分解？
10. 实施造船精度管理必须做哪几项基本工作？
11. 公差造船的基本思想是什么？如何处理草率性误差？
12. 补偿量加放方法一般分哪三种？

五、拓展思考题

1. 船舶建造智能化发展目前主要体现在哪些方面？
2. 精度管理对造船企业有哪些作用？

项目 2　放样与号料

【项目描述】

船体放样是在船体建造过程中，根据设计图纸，将船体型线或结构图，按一定比例进行放样展开，以获得光顺的型线或构件在船上的正确位置、真实形状和实际尺寸；然后，将船体放样已经展开的零件，在钢板或型材上进行实尺号料。

船体放样是一个技术性强、难度大、精度高的工种，它不仅是船体建造的首道工序，而且为船体建造的其他后续工序提供各种确切可靠的施工依据。目前船体放样基本上是数学放样。

船体放样的目的不仅仅是将设计图放大，更重要的是将设计图上因比例限制而隐匿的型值误差和曲线（面）不光顺因素予以消除，即对型线进行光顺。此外，还要补充设计图中尚未完全表示出的内容，并依据放大光顺的图样求取船体构件的真实形状和几何尺寸，为后续工序提供施工资料（样杆、样板和草图等）。

船体放样的主要内容包括船体理论型线放样、肋骨型线放样、船体结构线放样、船体构件展开（包括外板展开和纵向构件展开）和为后续工序提供资料（包括样板、样箱的钉制和草图的绘制等）。海洋平台有线型部分的放样与船体放样相似，此外比较典型的是管节点，其节点部位需要放样并展开，以便加工和装焊。

本项目包括船体型线放样，船体结构线放样，船体构件展开，样板、草图制作及号料，海洋平台典型管节点的放样与展开五个任务。通过本项目的学习，学习者能够熟悉船体放样与号料的主要内容及工艺。

知识要求

1. 掌握船体型线放样的主要内容及工艺；
2. 掌握船体结构线放样的主要内容及工艺；
3. 熟悉船体构件展开工艺及注意事项；
4. 了解样板类型及用法，并且熟悉号料工艺；
5. 熟悉海洋平台典型管节点的放样与展开工艺及注意事项。

能力要求

1. 能正确进行船体型线放样及船体结构线放样；
2. 能正确选择合适的展开方法进行船体构件及海洋平台管节点展开；
3. 能正确区分样板及草图类型，并正确使用样板和草图等进行号料。

思政和素质要求

1. 具有爱岗敬业、精益求精、勤奋踏实和吃苦耐劳的工匠精神；
2. 具有全局意识，较强的质量意识、安全意识和环境保护意识；
3. 具有较强的自主学习能力、新知识掌握能力和语言表达能力。

【项目实施】

任务 2.1　船体型线放样

PPT

任务解析

船体型线放样分理论型线放样与肋骨型线放样。理论型线放样，就是以设计部门的船体理论型线图上给出的理论型值为依据，进行型线图的绘制，绘制的原理和方法同船体制图中型线图的绘制。理论型线放样包括绘制格子线、绘制理论型线、型线的检验与修改。肋骨型线放样是在理论型线放样的基础上，在纵剖线图和半宽水线图上按实际肋骨间距插值，求得横剖线图上每根肋骨的高、宽型值，并绘制肋骨型线图。

本任务主要是认知船体理论型线放样和肋骨型线放样的原理、方法及工具的使用。通过本任务的学习和训练，学习者能够用激光经纬仪等放样仪器和工具进行船体型线放样。

背景知识

一、理论型线放样

船体理论型线放样步骤主要包括：绘制格子线→绘制轮廓线→绘制理论型线（横剖线、水线和纵剖线）→型线修改→型线检验。下面以手工放样为例，讲解理论型线绘制内容。

1. 理论型线放样内容

船体表面是光顺的空间曲面。船体理论型线图是完整表示船体表面形状的图样，它是根据三面投影的原理，用三组互相垂直的平行剖面（纵剖面、横剖面和水线面）与船体表面相交得到的三组型线（纵剖线、横剖线和水线）在三个投影面上投影，绘制成三个投影图（纵剖线图、横剖线图和半宽水线图）来表示的，如图 2-1 所示。这里所说的船体表面是船体型表面，对于钢质船舶来说，是指船体骨架外缘所形成的曲面，不包括船体外板及甲板厚度。

绘图时视图布置形式主要根据船舶尺度大小、线型变化情况及放样场地大小而定。通常尺度小或线型变化大的可采用分离布置，尺度大并带有平行中体的可采用重叠布置。如将纵剖线图与半宽水线图重叠或将首半段与尾半段重叠，甚至在场地紧张时，还有将首、尾半段重叠布置的纵剖线图和半宽水线图再行重叠起来的布置形式。采用数学放样，其布置与型线图三视图布置一致。

船体理论型线放样时采用的作图原理及画线顺序，与图纸上画型线图的原理和方法基本相同，只是场地和采用的工具不同。船体理论型线放样大致过程如下：

（1）作格子线

格子线是绘制型线图的基准线，型线图的绘制精度很大程度上取决于格子线是否准确，因此作格子线时必须十分仔细、谨慎。

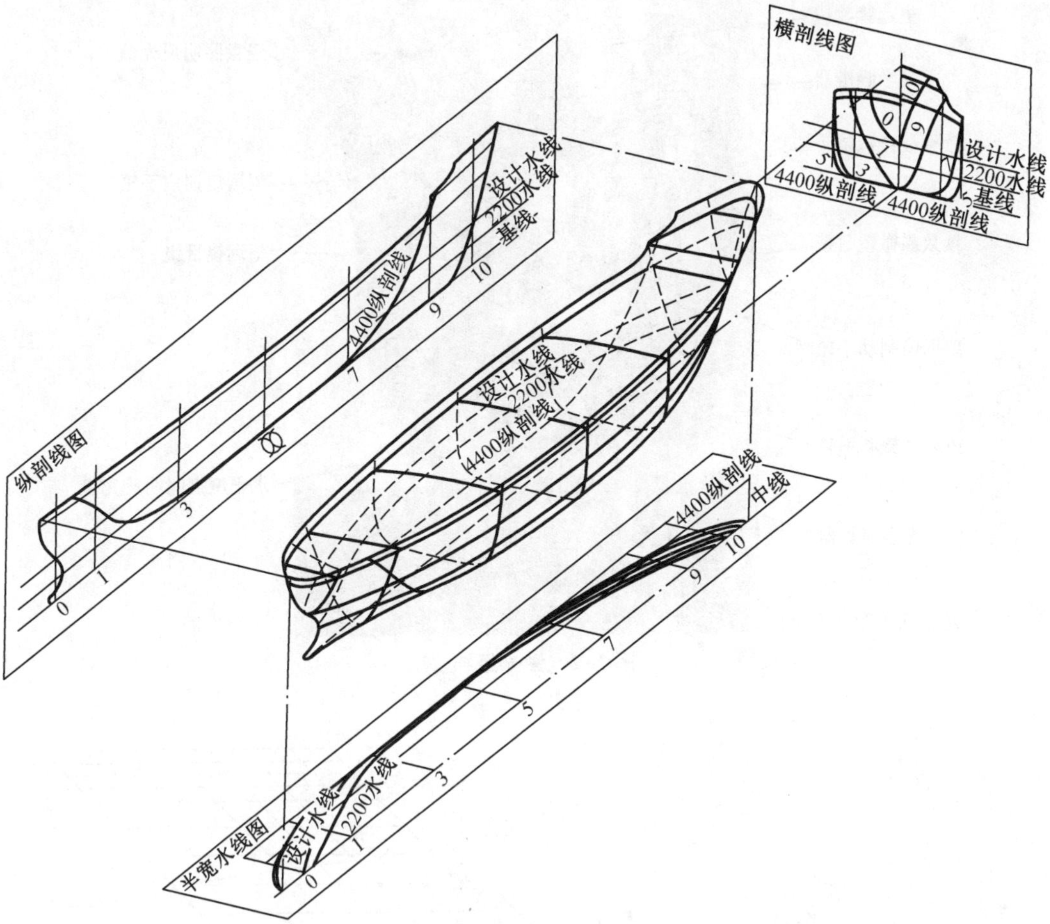

图 2-1 船体型线图的投影关系

①作基线。

根据视图的布置形式和船体主尺度，在地板上合理地布置各视图的位置，画出基线。一般情况下采用激光经纬仪或全站仪画基线。图 2-2 所示为激光经纬仪。

用激光经纬仪作基线和格子线方法如下：

如图 2-3 所示，将激光经纬仪安置在三脚架上，架下线锤正好对准所设基线端点 O 上，仪器置中，调好水平，并用铅笔记下 O 点。用望远镜照准基线的另一端点 A，发射激光光点至 A 点定向（A 点应超过船长 1.5~2 m），并用铅笔记下 A 点。固定水平度盘，旋转望远镜筒，向地板上扫描，并用铅笔记下各点（间距一般取 1.5~2 m）。用粉线将标记点连成直线，即为所求基线。

②作其他格子线。

a. 作基线的垂线（站线）：将激光经纬仪调好水平并置于基线某垂足点上，水平转动经纬仪，使水平度盘处于基线的角平分线位置并锁定，再用上述作基线的方法，作出的直线就是基线的垂线。另一种方法是用光学仪器五棱镜配合激光经纬仪，可较方便地绘制站线。

b. 作水线和纵剖线：在选定的几条站线上，将各水线、纵剖线的间距用标准钢皮尺找出，并注明号数。通过站线上号数相同的各点，弹出粉线，画上色漆，即得水线和纵剖线。

c. 作横剖线图上的格子线（方法同上）。画好的格子线如图 2-4 所示。

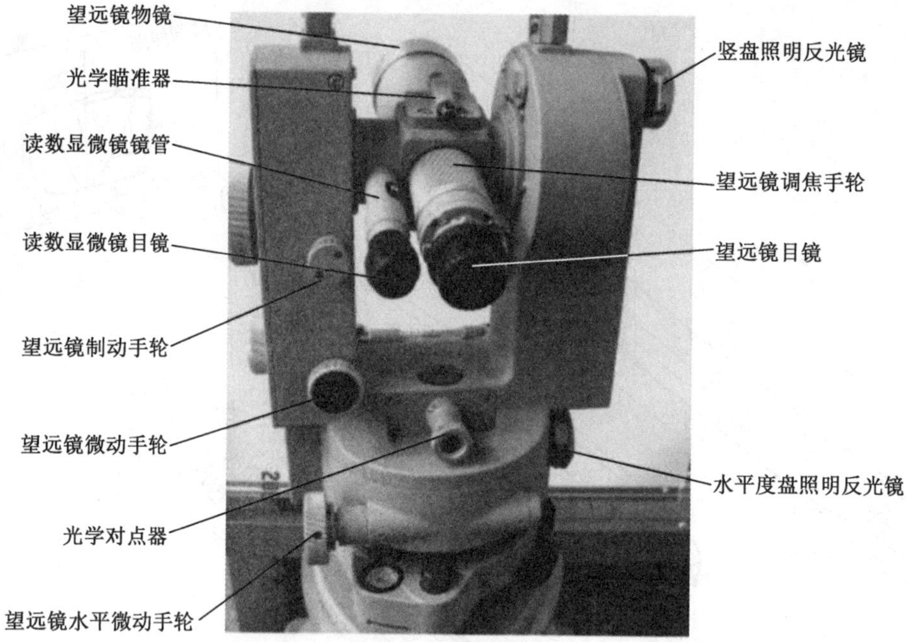

图 2-2 激光经纬仪

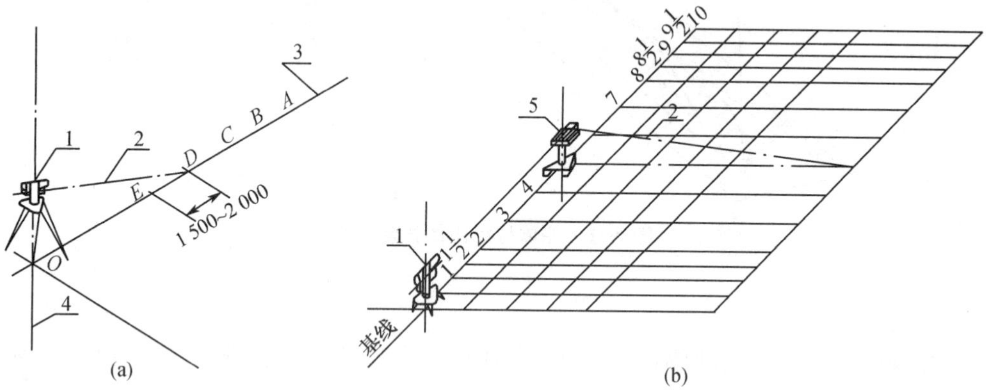

1—激光经纬仪;2—激光束;3—基线;4—经纬仪中心线;5—五棱镜。

图 2-3 用激光经纬仪作基线和格子线①

③检验格子线。

格子线画好后,需对其精度进行检验。一是检验对应的格子线间距在三个视图中是否相等,二是检验格子线是否等分、平行和垂直。检验方法如下:

a. 在大矩形中用粉线拉出对角线,观察粉线通过各小矩形的对角点时,对角点是否与粉线重合,其误差应不超过±1 mm。

b. 测量大矩形的对角线是否相等,其误差每 10 m 内应不超过±1 mm,每 10 m 以上不超过±3 mm。如误差超过允许范围,须再次检查站距、水线和纵剖线间距,要求相邻站距误差不超过±0. 5 mm,水线和纵剖线相邻间距误差不超过±0. 3 mm。基线与格子线的直线度为每 10 m 不超过±0. 5 mm,线宽为 0. 3~0. 5 mm。

---

① 本书图中长度单位为 mm,为遵循行业习惯予以省略。

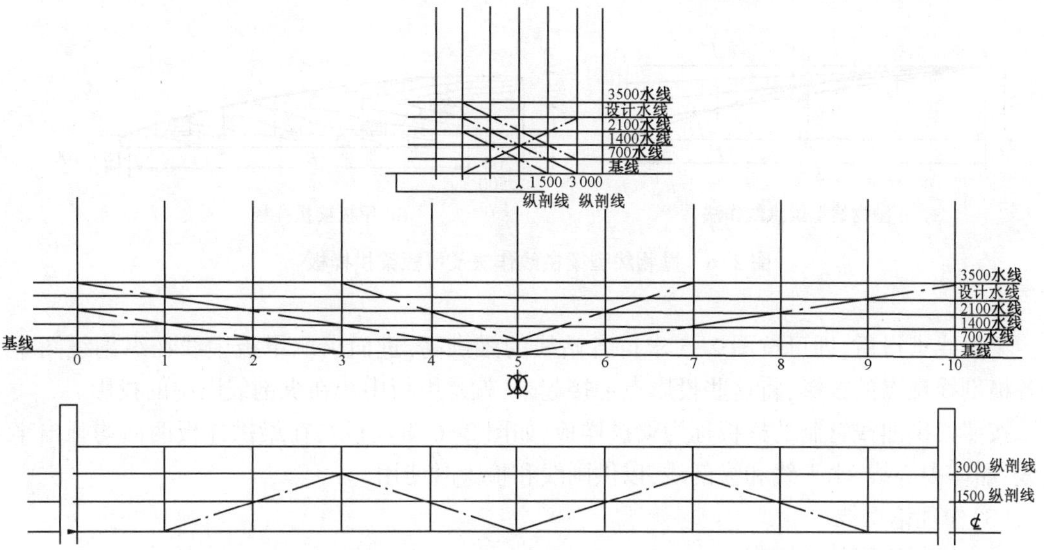

图 2-4　格子线

(2)作三个投影面的轮廓线

①根据型线图中提供的龙骨线、首尾轮廓形式和尺寸以及型值表右边的高度型值,在纵剖线图上绘制并光顺首、尾轮廓线及甲板边线、外板顶线、舷墙顶线。

②根据型值表左边的半宽型值在半宽水线图上绘制并光顺甲板边线、外板顶线、舷墙顶线。

③根据型值表中最大横剖线的型值绘制最大横剖线,并与船底线相切。用样条将纵剖线图及半宽水线图上的甲板边线、折角线等的高度及半宽型值转录到横剖线图上,进行三向光顺,最后绘制出光顺后的甲板边线、外板顶线、舷墙顶线。

④绘制纵剖线图的甲板中线。甲板中线通常是根据甲板边线作出的。这是由于甲板在横向具有梁拱,因此甲板边线与甲板中线在同一站线处就相差一个梁拱高,如图 2-5 所示。当然,在不同站线处,随着甲板宽度的改变,其梁拱高也随着改变。所以,绘制甲板中线的关键是求取各站线的梁拱值。

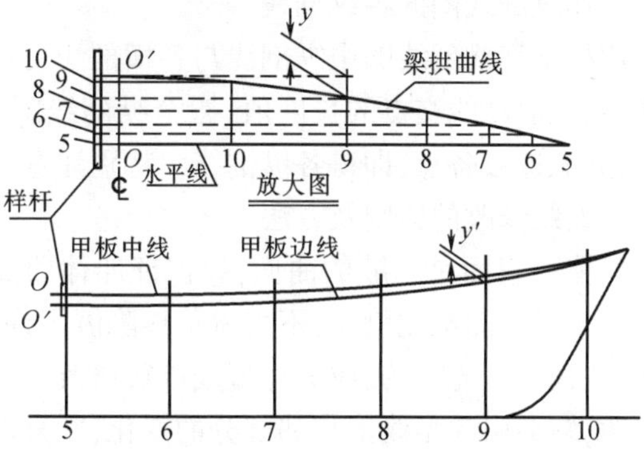

图 2-5　甲板中线的绘制

梁拱线的形状在全船是相同的,所以通常只需作甲板宽度最大处的梁拱线即可。常用的梁拱曲线有抛物线型、大半径圆弧型和折线型。下面介绍较复杂的抛物线型梁拱线作法:

如图 2-6(a)所示是一种常用的抛物线型梁拱线作法。取直线 $OA=B/2$(B 为型宽),作 $OC\perp OA$、$AD\perp OA$,且 $OC=AD=H$;取点 d、e、f 为 OA 的等分点,取点 1、2、3 为 AD 的等分点,点 d'、e'、f'分别是直线 $C1$ 与 dd''、$C2$ 与 ee''、$C3$ 与 ff''的交点,用样条光顺地连接 C、d'、e'、f'、A

各点，即得到所求的抛物线型梁拱线。

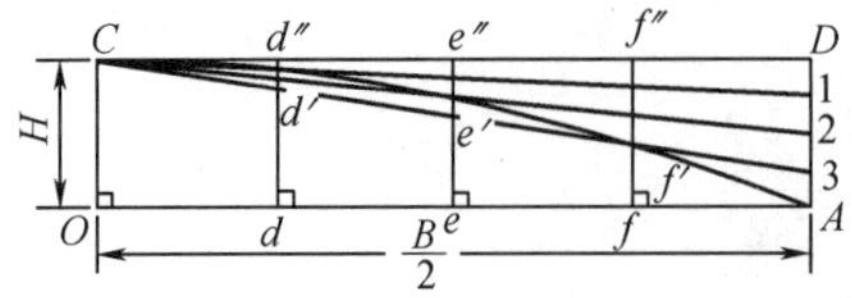

(a) 抛物线型梁拱线作法

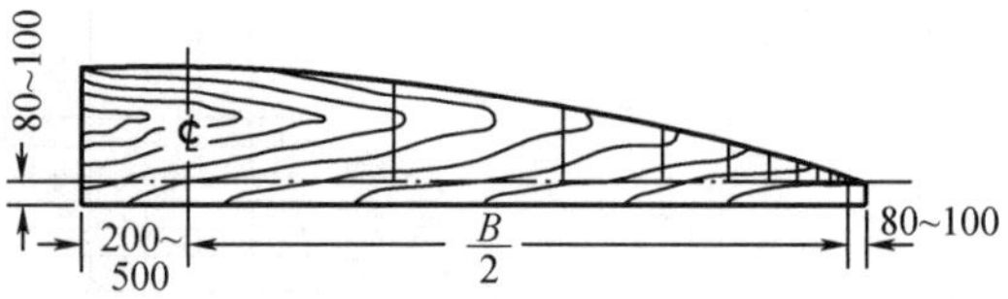

(b) 甲板梁拱样板

图 2-6　抛物线型梁拱线作法及甲板梁拱样板

梁拱线求得后，即可按图 2-5 求得各站线的梁拱高，进而求取甲板中线在纵剖线图中与各横剖线交点的投影，将这些投影点连接起来，就是甲板中线在纵剖线图中的投影。

按照梁拱曲线钉制的样板称为梁拱样板，如图 2-6(b) 所示，在梁拱样板两面均画出半宽线、船体中心线、水平线和纵剖线，以供画线和检验时使用。

(3) 作理论型线

①作横剖线图的各横剖线。

根据型值表左、右两部分各横栏中的型值，用尺沿各水线量取半宽值，沿各纵剖线量取高度值。横剖线与设计水线的交点，须用样条在半宽图上量取；与中纵剖线的交点，可通过纵剖线图中横剖线与中纵剖线的交点用样条搬取；与甲板边线及舷墙顶线的交点，已经得到。连接各点并与船底线及最大半宽线相切即得各横剖线。当横剖线各点不能连成光顺曲线时必须修改某些交点的型值，直到型线光顺为止。在修改时，设计水线各点的型值不允许修改。

②作半宽图上各水线。

用样条量取横剖线图中的水线与各横剖线交点的半宽值，然后搬至半宽图中相应的横剖线上，与船体中心线的交点可根据投影规律从纵剖线图中找到，光顺连接各点，即得各水线。

③作纵剖线图的各纵剖线。

用样条将横剖线图中纵剖线与各横剖线交点的高度值和半宽图中纵剖线与各水线、甲板边线、舷墙顶线交点的长度值，搬至纵剖线图上相应的横剖线、水线、甲板边线及舷墙顶线上，光顺连接各点，即得各纵剖线。特别注意，当型线不光顺时应进行修改。

2. 型线修改的原则及方法

船体型表面是光顺的曲面，要保证船体曲面光顺，应该使横剖线、水线、纵剖线达到光顺。由于设计图纸比例小，不可避免地隐匿了许多误差。放样时按型值表给定的型值绘制型线，往往是不光顺的，应该对型线进行修改。修改型线是一项细致的工作，对型线某一处的修改，常会引起型线上相邻部分的变化，并且涉及其他型线。所以在修改型线之前，要对型线有关部分加以观察和分析，然后着手进行，以求得船体型线三向光顺。

(1) 修改原则

型线修改是一项技术性高、难度大的工作，需要多次反复才能完成。型线修改的原则：型值一致性误差不大于±2 mm；设计水线以下各点的修正量应以小于图纸上的比例尺寸的分母值为原则，设计水线以上各点的修正量可以放宽些；船体型线修改前后排水量保持不变；对总体性能、船体容积有关的设计部位（船体主尺度、载重水线进水角及中横剖面型线）

不能任意修改;主甲板边线型值在一般情况下不宜改动。

(2)修改方法

修改型线是一个反复修正、互相对应、逐步达到船体型线光顺的工作过程。如果光顺方法不当,容易使光顺过程出现多次反复,影响光顺的进度和效果。型线修改方法要根据光顺的部位,操作者的习惯和经验而定。一般修改交角较小的型线,并应减少修改点的数量及型线修改量。修改交角较小的型线的方法举例如下:

如图 2-7 所示,4500 水线和 2500 纵剖线(虚线为修改前的型线,实线为修改后的型线)的交点,在纵剖线图和半宽水线图内的投影分别为 b'和 a,其投影不一致。在半宽水线图内 a 点处的交角为 α,在纵剖线图内 b'点处的交角为 β,则 $\angle\alpha<\angle\beta$,故修改半宽水线图型线影响较小。所以将纵剖线图上 b'点投至半宽水线图上得 b 点,过 b 点作修改后的 4500 水线;将半宽水线图上 a 点投至纵剖线图内得 a'点,过 a'点作修改后的 2500 纵剖线。由图 2-7 可见,新旧水线之间距离小于新旧纵剖线之间距离,修改变动面积小,所以,修改的水线为宜。修改后的水线对 1,2 号站线影响小,且光顺水线也比较容易。

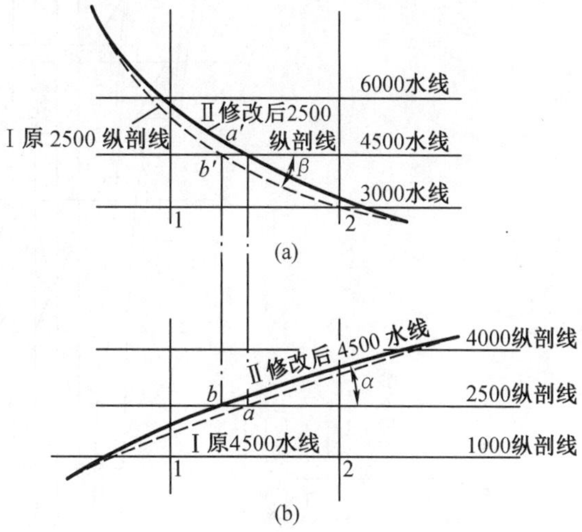

图 2-7 修改交角较小的型线

3. 型线检验

型线绘制结束后,需要对型线的精确性进行检验。型线的精确性体现在型线的光顺性、协调性和投影一致性三方面,通常型线检验就是从这三方面入手的。

(1)检验型线的光顺性、协调性和投影一致性

型线的光顺性是指各型线的曲率应和缓地变化,不应有局部凹凸起伏和突变现象存在;型线的协调性是指同组型线间的间距大小应有规律地变化,不应有时大时小的现象存在;型线的投影一致性是指型线上任一点在三视图中的投影应符合长对正、高平齐、宽相等的投影规律。型线的光顺性和协调性可以通过目测来检验,投影一致性可用样条来检验。

(2)绘制斜剖线检验型线

对型线精度综合检验的方法通常是绘制斜剖线,如图 2-8 所示。斜剖线一般是侧垂面与外板型表面的交线。若得到的斜剖线是一条光顺的曲线,则表明该处的型线绘制正确,即这部分型线的光顺性、协调性和投影一致性是满足要求的。若得到的斜剖线不光顺,则需要修改斜剖线上某些点,使斜剖线光顺,并以此修改相应的型线。

二、肋骨型线放样

1. 肋骨型线绘制(图 2-9)

①在纵剖线图和半宽水线图上,根据设计规定的肋骨位置,自 0 号肋位沿基线等分肋骨间距,然后过各肋位点作基线的垂线(各肋骨剖面的投影直线)。

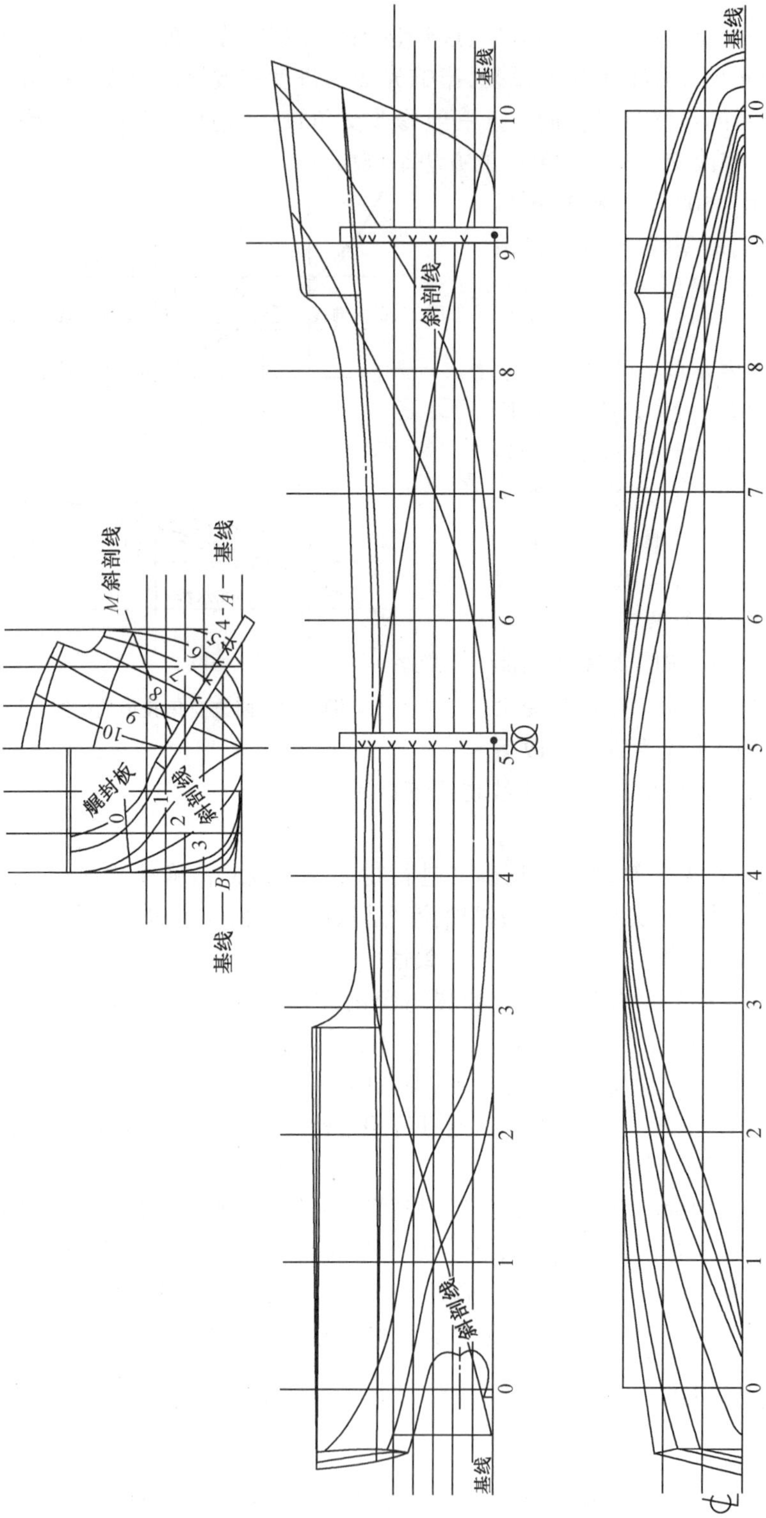

图2-8　在纵剖线图中绘制斜剖线的真实形状曲线

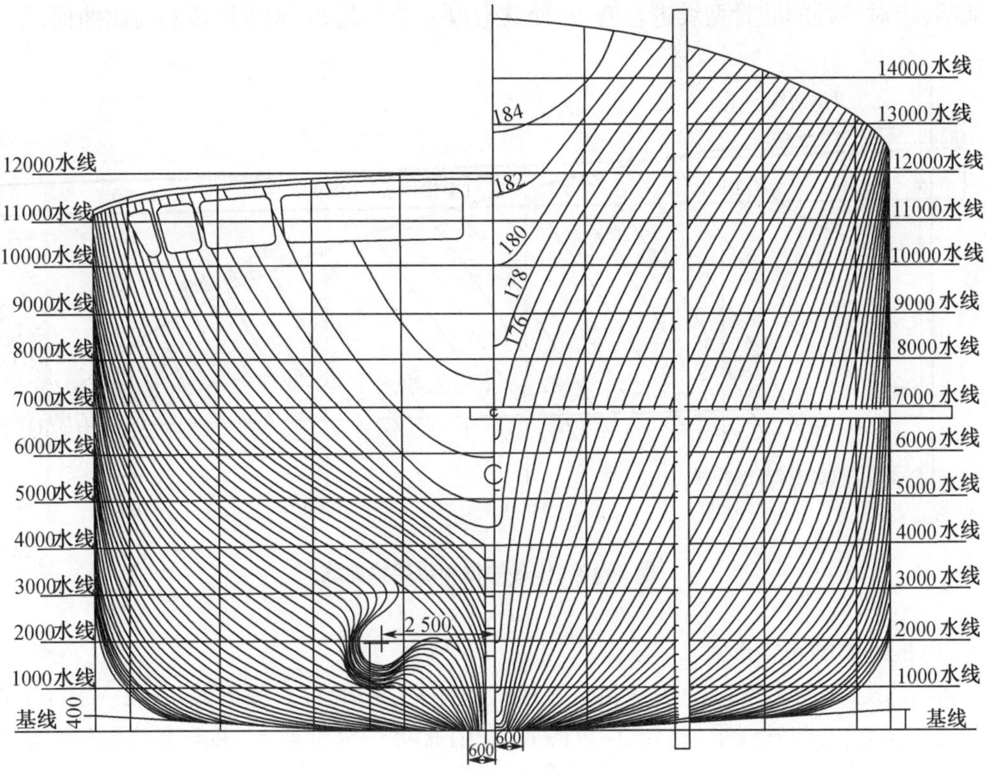

图 2-9　肋骨型线图

②用两根样棒分别在纵剖线图和半宽水线图上量取同一肋骨号的高度型值和半宽型值。

③将这两根样棒的型值转录到横剖线图上,用样条光顺连接各型值点,就是所求肋骨型线。若所得肋骨型线不光顺应予以修正。肋骨型线通常按从中向首尾的顺序逐条绘制。

④将纵剖线图上肋骨站线与甲板中线交点的高度值转画到横剖线图的中心线上,然后用梁拱样板连接中线交点与边线点,并检验样板上的水平线,使其必须与水线格子线平行。

肋骨型线的检验方法仍是用斜剖线光顺与否鉴别,对曲率变化大的地方可多作几根斜剖线。对于没有纵剖线与水线相交的或相交距离较远的肋骨线,斜剖线还能起到光顺修正的作用。

2. 作各肋位甲板梁拱曲线

斜剖线检验结束后,在光顺的各肋骨线上作出甲板梁拱曲线。

①将纵剖线图上肋骨线与甲板中线交点的高度值(可从最高一根水线量起)转画到横剖线图的中心线上,或将每根肋骨线的甲板半宽值置于梁拱曲线样板上,求出各肋骨线的甲板梁拱高度值后,画在船体中线对应位置上,即得甲板中线高度。

②将梁拱样板上的分中线对准甲板中线高度(图 2-10),其边端对准同一肋骨号的甲板边线点,检查样板上的水平线,使其必须与水线格子线平行,沿梁拱样板上缘曲线画出每根肋骨的梁拱曲线。

3. 艉轴出口处肋骨型线的放样

在推进器穿出船体的地方,船体表面的光顺性和某些内部构件遭到破坏,为了弥补这一缺陷,应对该处的肋骨型线进行修正,使其形成一个凸起的、和缓过渡的封闭曲面。

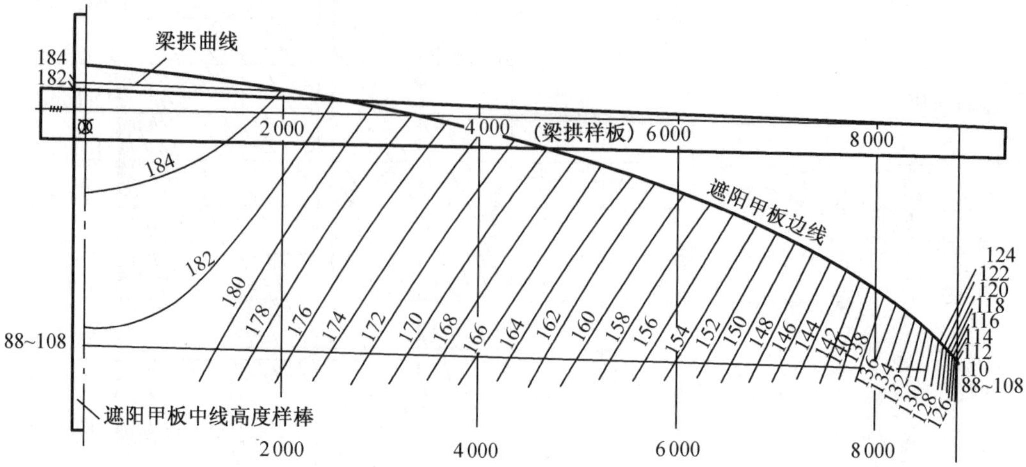

图 2-10　作各肋位甲板梁拱曲线

(1)推进器的布置形式

船舶的类型不同,艉轴的数量和布置形式也不同,一般有六种形式(图 2-11):①在船体中纵剖面上,并与基线平行(图 2-11(a));②在船体中纵剖面上,并与基线倾斜(图 2-11(b));③在船体两侧,且平行于船体中纵剖面和基线(图 2-11(c));④在船体两侧,平行于船体中纵剖面,但与基线倾斜(图 2-11(d));⑤在船体两侧,平行于基线,但与船体中纵剖面成一角度(图 2-11(e));⑥在船体两侧,与船体中纵剖面及基线都成一角度(图 2-11(f))。

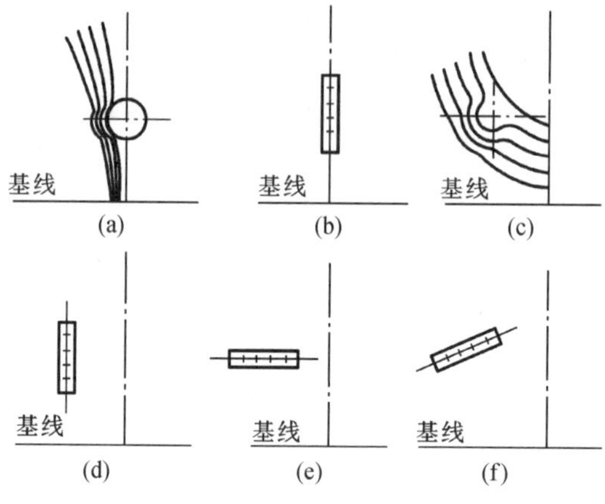

图 2-11　推进器的布置形式

(2)艉轴出口处的曲面光顺要求

由于轴壳板的肋骨型线是圆弧形的,放样时只需求出相应肋骨线处的圆弧半径值,以相应的轴心为圆心作圆弧,再用反圆弧与原肋骨型线连顺,这是轴壳板与船体连接的横向光顺性要求。另外,这些圆弧半径所组成的轴壳型线,既要保证本身的纵向光顺性,又要保证其与船体连接的纵向型线能光顺过渡。轴壳板与船体相连的反圆弧处也应保证纵向型线的光顺性，这是轴壳板与船体连接的纵向光顺性要求。

(3)艉轴出口处肋骨型线的放样

根据设计部门给定的轴中心线布置、轴壳半径(艉轴出口处肋骨剖面的圆弧半径)及开始凸起的肋位等，即可进行艉轴出口处肋骨型线的放样。

现以图2-12为例，说明艉轴出口处型线的放样。根据设计提供的图纸，轴中心线在船体的两侧，且与中线面和基平面平行，又已知轴壳在#8肋骨处的半径为R_8，轴壳从#11～#12肋骨之间某处开始凸起，到#8肋骨止。根据上述条件，轴壳放样步骤如下：

①在横剖线图上绘出轴中心线的投影，本例中重合于O点。

②在横剖线图上，过轴心点O作#12肋骨线的垂线，即得所求斜剖面的投影直线OA。

③在横剖线图上，将各原肋骨线与直线OA的交点到基准点A的距离，用样棒转录到纵剖线图的各对应肋骨线上(使A点始终对准基线)，再用样条将各点连成光顺的曲线，即得到斜剖船体曲线。将横剖线图上各轴心点(本例中重合于O点)到基准点A的距离，也转录到纵剖线图的各对应肋骨线上，并作出轴中心线。

④在纵剖线图上，从轴中心线与#8肋骨线的交点O_8向下量取R_8，得点B，过点B作直线或和缓曲线，并在#11与#12肋骨间与斜剖船体曲线光顺连接，得到斜剖轴壳曲线。该曲线与轴中心线在各肋骨线上的距离，即为相应肋骨处轴壳圆弧半径。

⑤在横剖线图上，以点O为圆心，分别以各半径画圆弧，圆弧两端应接近对应的肋骨线。

⑥在横剖线图上，以同样的半径作反圆弧(半径也可按比例任选)，光顺地连接轴壳圆弧与原肋骨线。

⑦在横剖线图上，将各反圆弧的圆心连成光顺的曲线，检查反圆弧的纵向光顺性。若有个别圆心不在曲线上，应修改反圆弧，使圆心落在曲线上。

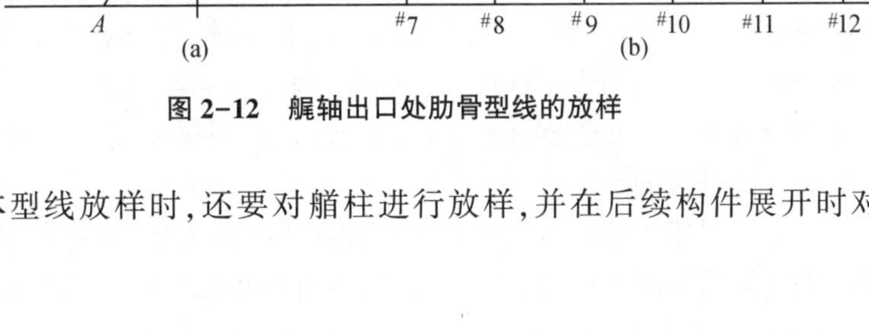

图2-12　艉轴出口处肋骨型线的放样

此外，在船体型线放样时，还要对艏柱进行放样，并在后续构件展开时对艏柱进行展开。

任务训练

训练名称：型线图上投影点的确定及肋骨型线求取。

训练内容：

图 2-13 所示为某船船首部分的型线图，试求：

(1)图中 A、B、C、D 各点在另外两个投影图上的投影位置；

(2)已知曲线 EF 在半宽水线图上的投影，试求出其在另外两个投影图上之投影；

(3)已知#40 肋骨线位置，画出其在三视图中的投影(横剖线图上应光顺)。

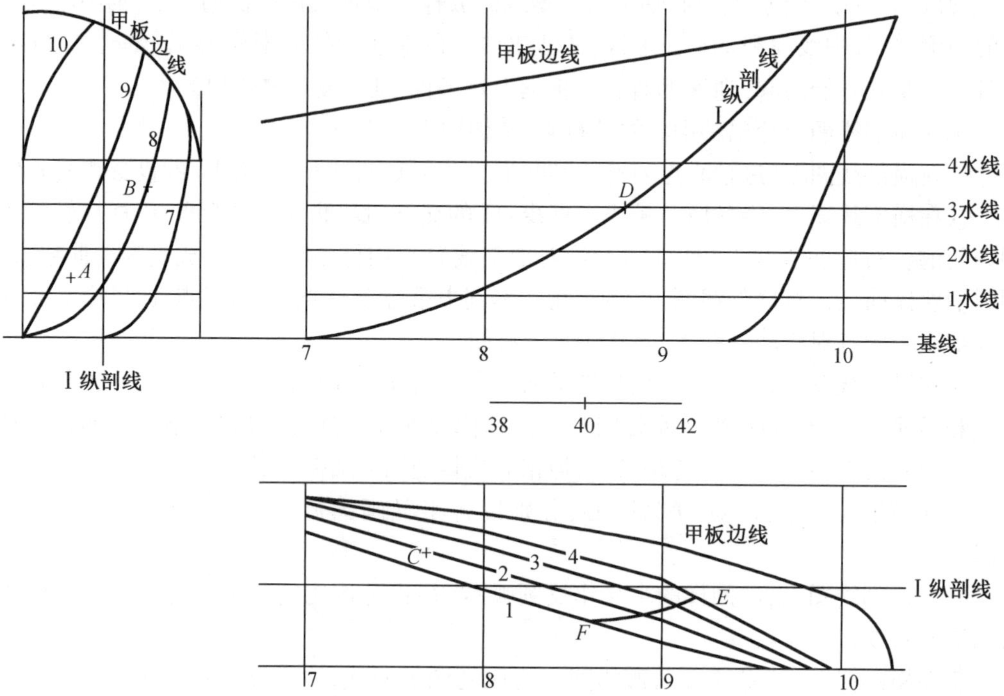

图 2-13　某船船首部分的型线图

任务 2.2　船体结构线放样

PPT

任务解析

船体结构线放样主要是在肋骨型线放样的基础上，补绘出全部的结构理论线或其投影线。横向结构线放样主要是肋骨型线放样，纵向结构线放样就是在肋骨型线的基础上画出纵向构件与船体型表面及各肋骨剖面相交线的投影。外板接缝线的排列，主要是参照肋骨型线图和外板展开图进行的。

本任务主要是学习船体结构线放样方法和板缝线排列方法，并进行纵向构件放样的任务训练。通过本任务的学习和训练，学习者能够进行简单的船体结构线放样和外板的初步排列。

背景知识

一、纵向构件放样

纵向构件是指中桁材(中内龙骨)、旁桁材(旁内龙骨)、舷侧纵桁、各种纵骨等纵向骨架和纵舱壁、内底边板、舭龙骨等纵向结构。其放样主要内容是在肋骨型线图上绘出纵向构件与船体型表面及各肋骨剖面相交线的投影。

现以图 2-14 所示旁内龙骨(双层底中为旁桁材)为例,介绍纵向构件的放样方法。旁内龙骨与船体外板的交线称为下口线,与面板(或内底板)的交线称为上口线。Ⅰ、Ⅱ旁内龙骨放样步骤如下:

①按图纸规定的尺寸,在半宽水线图中绘出旁内龙骨与船底外板的交线(即下口线)。

②将它在各肋骨上的半宽值转画到肋骨型线图中的对应肋骨线上,并连成一条光顺曲线,即为旁内龙骨的下口线。

③过下口线与肋骨线交点,作所在肋骨线的垂线(Ⅱ旁内龙骨),并在其上截取旁内龙骨的高度值,得各高度点。再将全部高度点连成一条光顺曲线,即为旁内龙骨的上口线。上口线与下口线之间的各垂线就是旁内龙骨的横向理论线(即肋骨剖线)。

按上述方法作出的旁内龙骨一般都是扭曲的。有时,为了便于加工和装配,设计给出的旁内龙骨不要求垂直于外板,而是垂直于基线,即其肋骨剖线均相互平行。所以,这样的旁内龙骨不是扭曲的(Ⅰ旁内龙骨)。

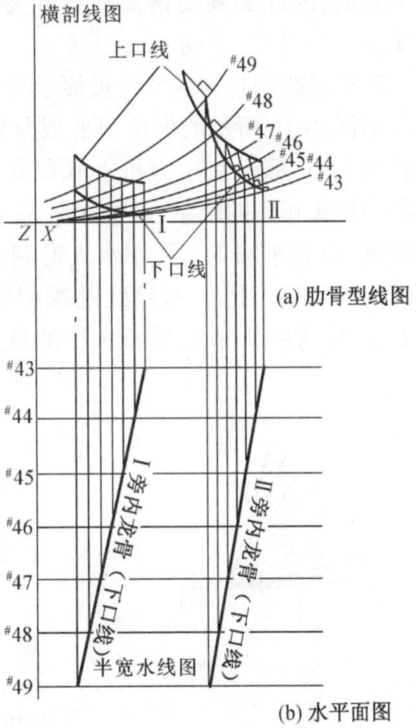

图 2-14 旁内龙骨放样

其他各种纵向构件的放样与上述方法类似,如甲板纵桁与甲板的交线称为上口线,与其面板的交线称为下口线;舷侧纵桁与船体外板的交线称为外口线,其腹板与面板的交线称为内口线。

二、外板接缝线的排列

外板接缝线的排列,主要是参照设计提供的肋骨型线图和外板展开图进行的。外板接缝线要根据船体分段的划分、外板的厚度和板材的规格,以及工艺和结构上的要求来布置。一般情况下,先排纵接缝线,后排横接缝线。

平板龙骨和舷顶列板的宽度由《钢质海船入级与建造规范》或强度计算决定,通常先布置外板的接缝线;然后再由工艺性决定舭列板的纵接缝;最后布置其他纵接缝线。

纵接缝线和纵向分段接缝线通常为纵向的光顺曲线,在设计水线以上,应与甲板边线或折角线平行。横接缝线和横向分段接缝线平行于肋骨剖面，通常布置在 1/4 或 3/4 肋距处。

板缝线排列时，还必须注意以下几点。

1. 板缝线的排列应能充分利用原材料

如充分利用钢板的规格，尽可能减少钢板的剪裁；在排列纵缝线时，应尽可能使纵缝线与肋骨线正交，如图 2-15 所示，这样展开后的外板形状接近于矩形。另外，由于钢板边缘实际上不是完全平直的，因此必须使钢板的长和宽留出必要的余量。

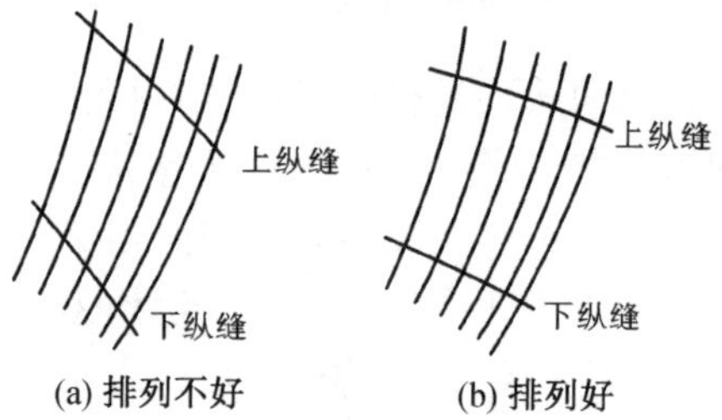

图 2-15　纵缝线与肋骨线的相对关系

2. 板缝线的排列应使外板便于加工

如图 2-16 所示的折角型平板龙骨，如果纵缝线排列不当，那么在压力机上轧制折角时会发生构件与压头相碰的现象，以致无法加工。对于双向曲度都较大的外板，应适当缩短其长度和宽度，以利于加工。采用水火弯制的艏艉柱，应适当将板宽排窄，以降低弯制时的刚性，提高成形效果。此外，板缝线的排列应尽可能使每块外板的弯曲方向单一，即避免出现同时有正、反弯的情况，以降低加工的复杂性。

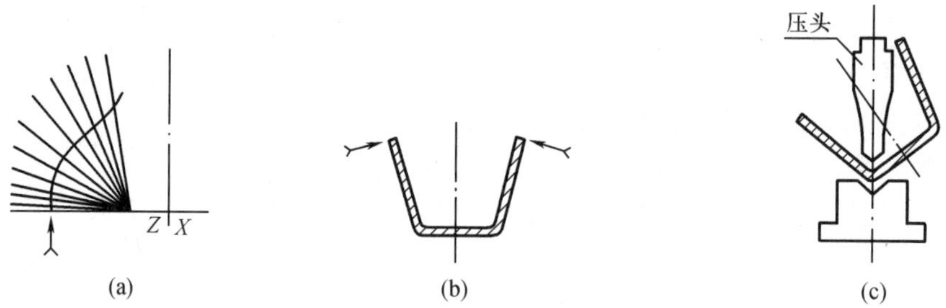

图 2-16　平板龙骨纵缝线的排列

3. 板缝线的排列应考虑焊缝质量

当外板纵接缝之间或外板纵接缝与内部纵向构件结构线之间呈小角度相交时，会影响焊接的质量。为此，必须调整纵缝位置，使两者夹角至少大于 30°，最好成垂直相交或阶梯形，如图 2-17 所示。根据船舶建造规范的要求，对接缝与对接缝之间的平行距离不小于 100 mm，对接缝与角接缝之间的距离不小于 50 mm。

4. 纵缝线的排列应便于装配和焊接

如图 2-18 所示的双层底分段的上口纵缝，若其与内底板的距离过大，则自由端太大，容易出现荷叶边变形，影响装配的精度；反之，若太小，则会形成装配硬点和死角，使施工条件变坏。平行中体的纵缝线，应尽可能平行于中线面和基平面，使接缝线为直线，既提高钢板利用率，又便于实施自动焊。

5. 板缝线的排列应美观

排列满载水线以上的纵缝线时，应该在保证强度和施工工艺性的前提下，使这些纵缝线与甲板边线（或折角线）近似平行，并沿船体全长光顺贯通，以保证满载水线以上船体外板的美观。

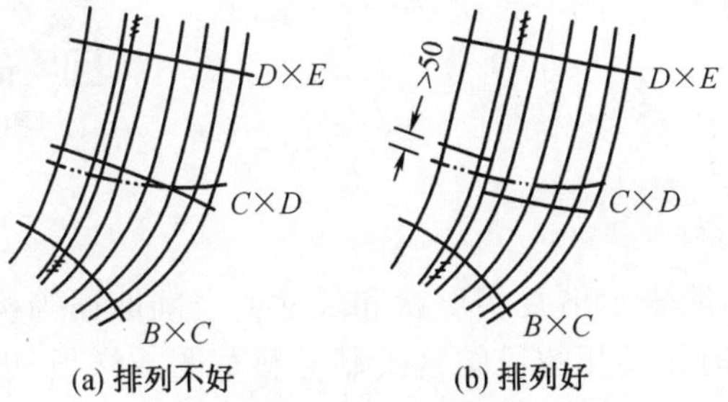

图 2-17　外板纵缝线与内部纵向构件结构线的相对位置

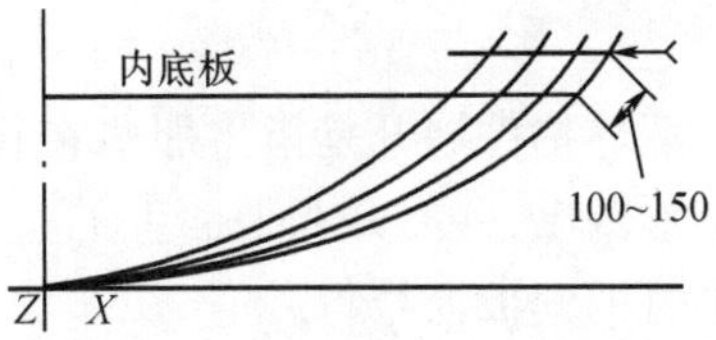

图 2-18　双层底分段的上口缝

6. 横向接缝线排列注意事项

横向接缝线的排列取决于分段划分情况，所有的分段横向大接缝都是外板的横缝线。此外，在每一分段中还应按照提高钢板利用率、便于加工和装配等要求，做适当的横向划分。各列板横缝线应在同一横剖面处，且平行于肋骨剖面，并要求布置在 1/4 肋距或 3/4 肋距附近。

外板排列要综合考虑上述各种因素，经过反复斟酌和调整，才能确定符合要求的板缝排列。

船体型线放样与结构线放样结束后，应将所有的构件线、板缝线的名称标注在肋骨型线图上。此外，还应编制完工型值表，并写好肋骨编号、结构名称。这样就完成了船体型线放样的全部工作。

任务训练

训练名称：舷侧纵桁的内、外口线放样。

训练内容：在图 2-19 中左侧的横剖面图上画出舷侧纵桁的内、外口线，该舷侧纵桁腹板的肋骨剖线与基线平行。

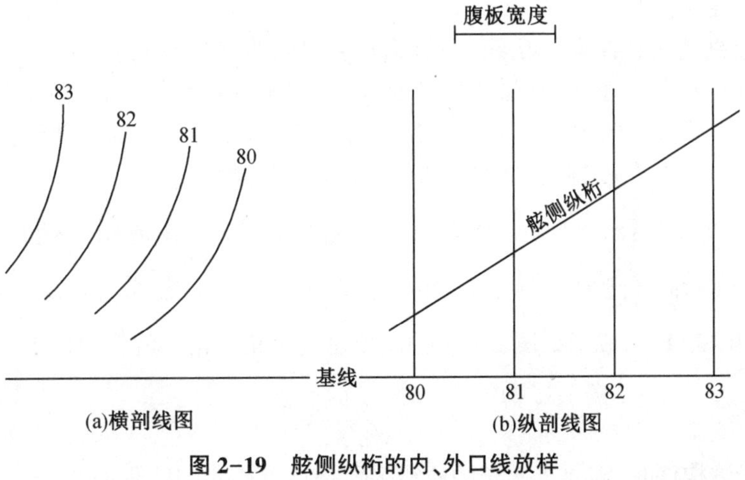

图 2-19　舷侧纵桁的内、外口线放样

任务 2.3　船体构件展开

PPT

任务解析

船体构件展开是指将那些在投影图上不能表示出真实形状和尺寸的空间曲面等构件的实形求出，并摊开在平面上的过程。船体构件展开的目的是绘制号料草图或样板，以便在平直的钢板上号料。

构件展开是以肋骨型线图为基础的，因此要先在肋骨型线图上作准线，并求出在肋骨型线图上不能反映实际形状的线段的实长、肋骨的弯度，然后才能展开构件。

本任务主要是学习船体构件展开的原理和方法，介绍外板展开典型方法和船体结构件展开基本方式。通过本任务的学习和训练，学习者能够选用合适的方法进行船体外板展开，能够对舷侧纵桁等纵向构件进行展开。

背景知识

船体构件分平面构件和曲面构件。平面构件包括横向平面构件和纵向平面构件，横向平面构件（如肋骨框架、横舱壁等）因平行于中横剖面，其形状在肋骨型线图上已表示出来，因此不需另求；纵向平面构件（如各种桁材、纵向板材等）即在肋骨型线图上只表示出投影并可精确地展开的平面构件。而曲面构件的展开相对复杂，曲面又分可展曲面和不可展曲面。可展曲面能通过几何作图法精确地求出其展开的真实形状，大部分船体的内部构件和舾装件属于可展曲面构件。船体外板多数属于不可展曲面，不可能用几何作图法求得其精确的展开图形，手工放样中需要用近似展开法展开。

一、求投影线实长、肋骨弯度及作准线

利用肋骨型线图求船体构件的展开图时，求投影线实长、求肋骨弯度和作准线是船体构件展开中起决定作用的因素，称为船体构件展开的三要素。

1. 求投影线实长

船体外板纵缝线和纵向结构线，一般是具有双向曲度的空间曲线，在三个投影面投影均未反映其真实长度，因此展开船体构件时，必须求出这些投影线的实际长度（即实长）。一般船体表面沿船长方向的曲度变化是和缓的，故船体表面上的纵向曲线，在很短的间距（一个肋距）内可视为一段直线，这在造船生产中是足够精确的。

如图 2 - 20(a) 所示，$\overset{\frown}{AB}$ 是船体表面上的纵向曲线段，$\overset{\frown}{A'B}$ 是 $\overset{\frown}{AB}$ 在肋骨型线图上的投影，其长度为 K（沿曲线量取），$\overline{AA'}$ 的长度是肋骨间距 L。若视 $\overset{\frown}{AB}$ 为直线段 $\overline{AB}$，并取 $\overline{A'B}=\overset{\frown}{A'B}$，则 $\overline{A'B}$、$\overline{AB}$ 和 $\overline{AA'}$ 组成了如图 2 - 20(b) 所示的直角三角形的斜边长 L' 近似为 $\overset{\frown}{AB}$ 的实长，即有

$$L'=\sqrt{L^2+K^2}$$

在展开船体构件时，需要求实长的曲线多数是跨越许多挡肋骨的曲线。如图 2-20(c)

所示，用一根样杆沿该曲线在肋骨型线图上的投影，录下其与各肋骨线的交点 1′、2′、3′、4′；利用纵剖线图或半宽水线图上的肋骨线，将伸直后的样杆上的各交点依次转画到各肋骨线上，得到如图 2-20(d)所示的 1、2、3、4 点，然后将它们连成光顺曲线，这就是所求空间曲线的实长线。

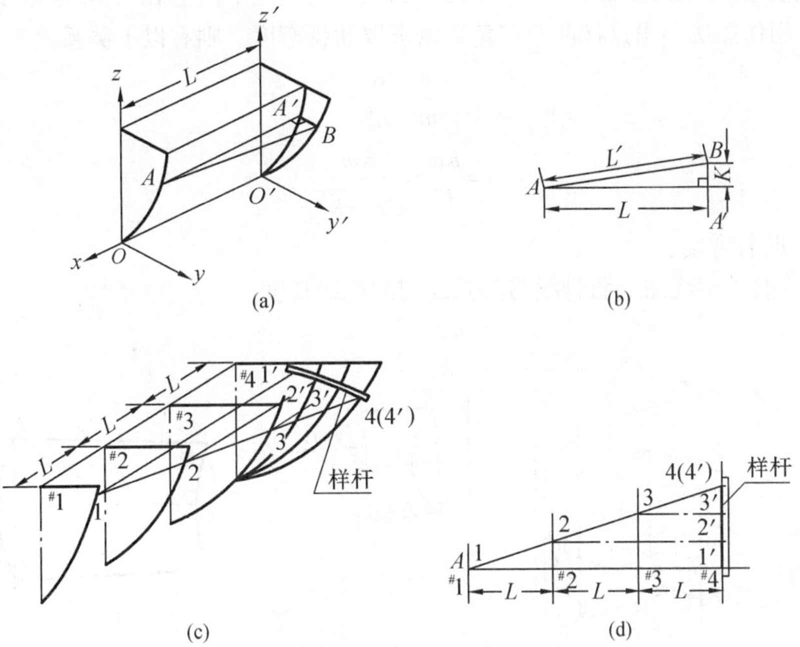

图 2-20　空间曲线实长的求法

2. 求肋骨弯度(冲势)

(1)肋骨弯度的几何概念

确定肋骨线在外板展开图上的形状时，可将船体外板近似地看成圆柱面，如图 2-21 所示。平行中体部分，由于圆柱面的母线与船体中心线平行，且垂直于肋骨剖面，因此圆柱外板的法面与肋骨剖面平行(或重合)，在展开图上肋骨线呈直线，且与圆柱面的母线垂直。在艏艉部分，由于圆柱外板的母线与船体中心线不平行，因此外板法面与肋骨剖面斜交，在展开图上肋骨线呈曲线。这种展开后的肋骨曲线与相应法面展开线间的最大拱度，称为肋骨弯度，如图 2-21 中的 s。

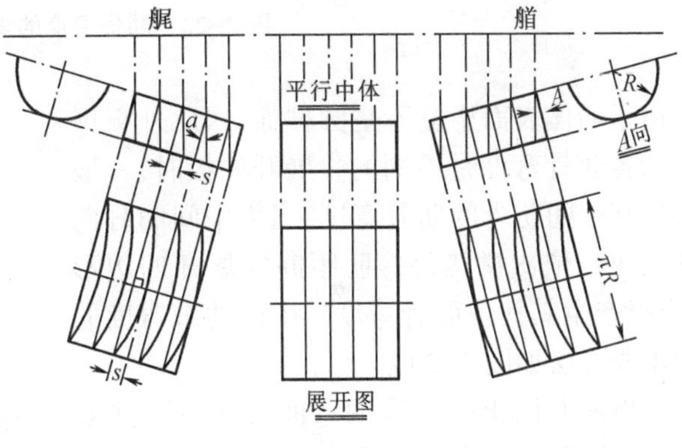

图 2-21　肋骨弯度的几何概念

(2)求取肋骨弯度的方法

如图 2 - 22 所示是作图法求取肋骨弯度的方法。其中图 2 - 22(a) 中$\overset{\frown}{PQ}$和$\overset{\frown}{OR}$是外板的纵缝线，$\overset{\frown}{AB}$是展开外板时用的准线(相当于圆柱面的母线)，$\overset{\frown}{A'B}$是$\overset{\frown}{AB}$在肋骨型线图上的

投影线，$\overline{QR}$ 是#3 肋骨线所对应的弦线，过弦线$\overline{QR}$ 的法面与外板的交线是$\overset{\frown}{QDR}$，法面与准线所在平面的交线$\overline{CD}$ 在空间垂直于$\overset{\frown}{AB}$。图 2－22(c) 为该外板的展开图，图上曲线$\overset{\frown}{QBR}$ 为#3 肋骨的展开线，直线$\overline{QDR}$ 为法面上曲线的展开线，两者之间的最大拱度为#3 肋骨的肋骨弯度(即$\overline{DB}$ 的长度)。图 2－22(d) 表示图 2－22(a) 中准线平面上 Rt△$AA'B$ 和 Rt△BCD，手工放样就是用作图法画出这样两个三角形以求取肋骨弯度。则有以下关系式：

$$\frac{s}{m}=\frac{K}{L'}$$

或

$$s=\frac{Km}{L'}=\frac{Km}{\sqrt{L^2+K^2}}$$

式中 s——肋骨弯度；

m——肋骨型线图上肋骨线与其弦线间的准线长度。

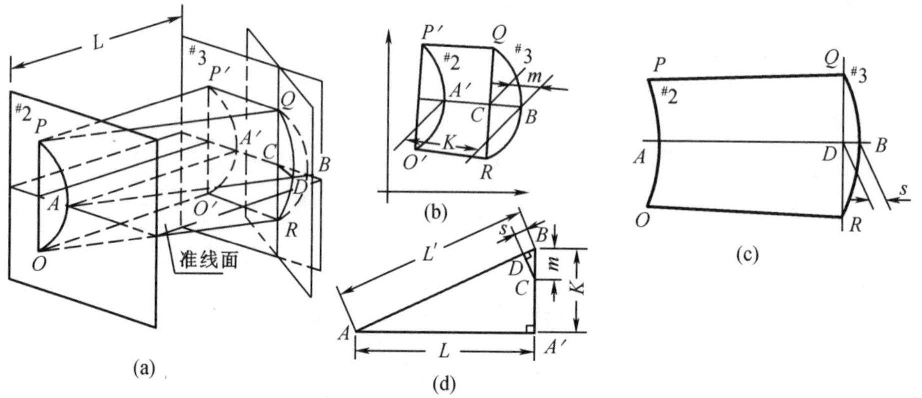

图 2-22　肋骨弯度的求法

由于船体表面毕竟不是圆柱面，因此外板展开后的各肋骨弯度是不同的。展开外板时，一般只求出其中间肋骨的肋骨弯度，当由中间肋骨向该外板两端依次拼接每一肋距间的展开四边形时，自行产生其他各肋骨弯度。中间肋骨弯度的作图求取方法如图 2-23 所示。

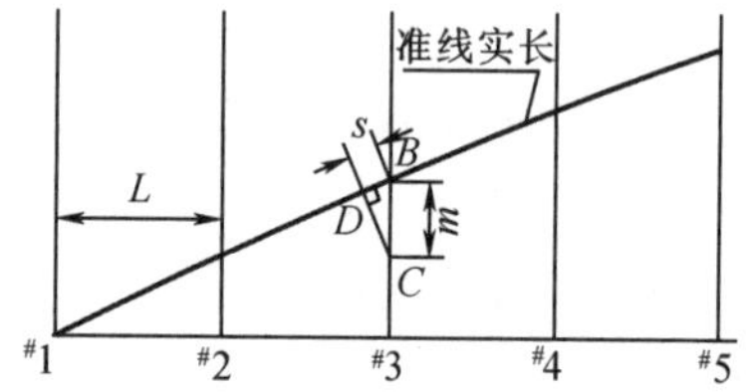

图 2-23　中间肋骨弯度的作图求取方法

外板展开图上肋骨线的弯曲方向按下述规律分布：凡属正弯形外板，展开后肋骨弯度的方向一律朝向船体中部(即向船中方向拱出)；反弯形外板的肋骨弯度方向，在首部朝向艏，在尾部朝向艉。但不论哪种情况，都有以下规律：外板展开图上的肋骨弯度的方向应与肋骨型线图上对应肋骨曲线的弯曲方向一致。

3. 作准线

船体构件展开后的形状，是由许多被肋骨剖面剖切的四边形组成的。但是，已知四边形的四个边长，可以作出无数个形状不同的四边形，因此必须作一根能够确定四边形各边相对位置的准线，才能按四边形作图方法逐步求出展开的图形。

船体构件展开中使用的准线有很多种，如测地线、十字线、定线等，准线不同，其作法也不同。准线的作法将在展开船体构件时加以介绍。

二、船体外板展开

船体外板位于平行中体部分，比较平直，而艏艉部分随着线型的逐渐变化和加剧，出现了单曲度和双曲度。按其不同程度的曲率，采用不同的展开方法。近年来广泛采用的有测地线法和十字线法，此外还有定线法、轴线法等。

1. 测地线法展开船体外板

所谓测地线就是连接曲面上两定点的最短曲线，如果此曲面是可展的，则展开图上的测地线就成为一直线。而一般船体曲面虽然是不可展的，但其曲度较和缓，因此其测地线在展开图上可近似地视为直线。用它作为准线，可以很方便地展开船体外板。这种利用测地线作为准线的方法，称为测地线法。运用测地线法的关键，是在肋骨型线图上作出测地线的投影线（一般不是直线），使它展开后为直线。

测地线的作法根据船体外板的形状，可分为扇形板测地线法和菱形板测地线法两种。这里以扇形板测地线法为例来说明测地线法展开外板的过程。菱形板测地线法与扇形板步骤一样，只是测地线作法和肋骨弯度量取方向有些不同。

（1）扇形板测地线法

扇形板测地线法所作的测地线与中间肋骨的弦线垂直，如图 2-24 所示。

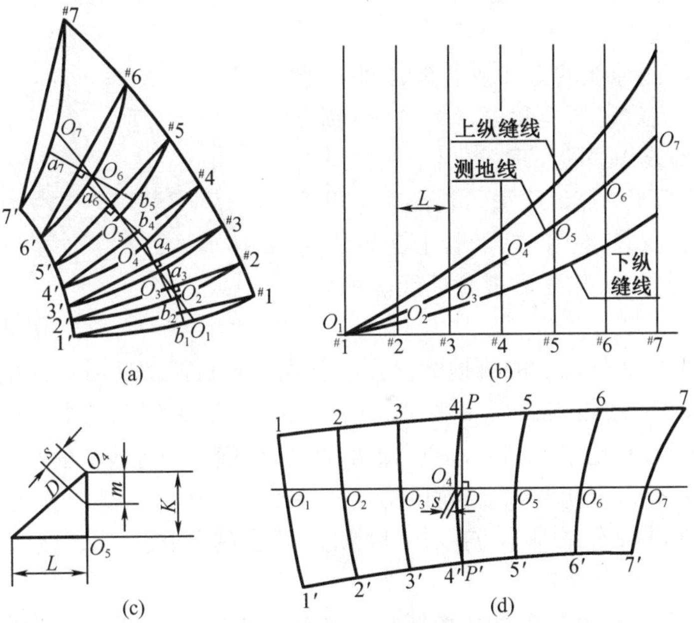

图 2-24 测地线法展开扇形外板

①作测地线，如图 2-24(a)所示。把各肋骨线与上、下纵缝线的交点连成弦线；过中间肋骨（#4 肋骨）线的中点（或弧形最大点）O_4 作本身弦线的垂线，与#3 和#5 肋骨线交于 O_3

和 O_5 点，这三点都是相应肋骨线上的测地线交点；过 O_3 点作#3 肋骨弦线的垂线，与#4 和#2 肋骨线交于 a_4 和 b_2 点，沿#2 肋骨线量取 $\overset{\frown}{b_2O_2}=\overset{\frown}{a_4O_4}$（此两弧量取方向应相反，即若 O_4 在 a_4 下方，则 O_2 应在 b_2 上方，反之亦然，下同），得#2 肋骨线上的测地线交点 O_2；过 O_2 点作#2 肋骨弦线的垂线，与#3 和#1 肋骨线交于 a_3 和 b_1 点，沿#1 肋骨线量取 $\overset{\frown}{b_1O_1}=\overset{\frown}{a_3O_3}$，得#1 肋骨线上的测地线交点 O_1；同样，可以求得 O_6 和 O_7 点。用样条光顺地连接 O_1、O_2……O_7 各点，得到测地线在肋骨型线图上的投影线。

②用求投影线实长的方法求上、下纵缝线和测地线的实长，如图 2-24(b)所示。

③求中间肋骨的肋骨弯度，如图 2-24(c)所示。以肋距 L 作一水平线，在其一端作水平线的垂直线，并在其上量取 O_4O_5 长度（即 K 值），作一直角三角形，求出肋骨弯度 s。

④作展开图，如图 2-24(d)所示。作一直线，即为展开图上的测地线，并定出其首尾方向，过其中点 D 作垂线 PP'（即为过#4 肋骨弦线的外板法面与外板的交线）；在展开的测地线上，从 D 点向#3 肋骨方向量取#4 肋骨的肋骨弯度值 s，得 O_4 点，并以它为准，用样杆将测地线各段实长转录到展开的测地线上，得到 O_1、O_2……O_7 各点；用样杆沿肋骨型线图上#4 肋骨线量取 O_4 点到上、下纵缝交点间的肋骨长度，然后将样杆上的 O_4 点对准展开图上的 O_4 点，并使样杆上的上、下纵缝交点均落在垂线 PP' 上，得 4 和 4′点，将 4、O_4、4′三点连成光顺曲线，就是展开的#4 肋骨线；以 4 点为圆心，#4 和#5 肋骨间上纵缝的实长为半径作弧，以 O_5 点为圆心，以肋骨型线图上的测地线到上纵缝之间的#5 肋骨长为半径作弧，两弧的交点 5 就是#5 肋骨与上纵缝的交点，同样可以求出#5 肋骨与下纵缝的交点 5′；如此从中间肋骨向首尾两端逐步展开，可得到上、下纵缝与各肋骨的全部交点 1、2……7 和 1′、2′……7′；用样条分别将所得的上、下纵缝各交点光顺连接，并光顺地连出各肋骨线，即得外板展开图。

(2)统一测地线法

用模拟手工作测地线的方法进行船体外板数学展开时，为了避免对扇形板和菱形板进行判别，通过分析两种测地线作法的原理，提出了一种通用的测地线作法，称为统一测地线法。其作法与普通测地线法的区别仅仅在于中间两肋骨上测地线交点的选取不同，其他作法与菱形板测地线法相同，如图 2-25 所示。

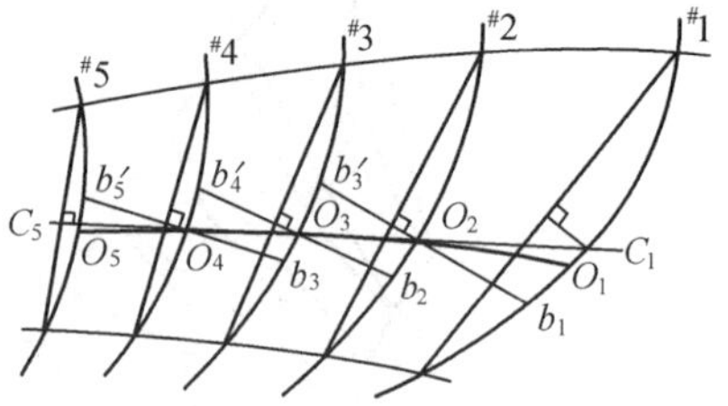

图 2-25　统一测地线的作法

①选取中间两根肋骨线上的测地线交点。首先过外板两端肋骨弦线的中点作本身的垂线，分别与本身肋骨线相交于 C_5 和 C_1 点，过 C_5 和 C_1 作一直线，与中间肋骨（#3 肋骨）线及其相邻的#4 肋骨线相交于 O_3 和 O_4 点，这两点即为中间两肋骨线上的测地线交点。

②从 O_3 和 O_4 这两点向两端，用前述的作测地线方法作出完整的测地线。由于 O_3 和 O_4 两点定出了所作测地线的基本方向，因此测地线不会越出上、下纵缝线。

2. 十字线法展开船体外板

在肋骨型线图上，若外板各肋骨弦线相互平行，且它们中点的连线为垂直于肋骨弦线的直线，则它实际上相当于柱形面（或锥形面、回转面）上的一根母线，由测地线的作法可知，这一直线就是测地线的特例。这种垂直于中间肋骨弦线的直线形测地线投影，称为十字线（或称十字准线）。十字线法的准线作法十分简单，还兼有测地线法的优点，因此常用它近似地展开肋骨线近乎平行的单向、双向曲度外板。

图 2-26 所示为一舭部外板的十字准线的作法。过中间肋骨弦线中点作其本身的垂线，并与各肋骨相交 O_1、O_2……O_7 各点，此垂线就是准线投影线。其展开步骤和方法与测地线法相同，这里不再详述。

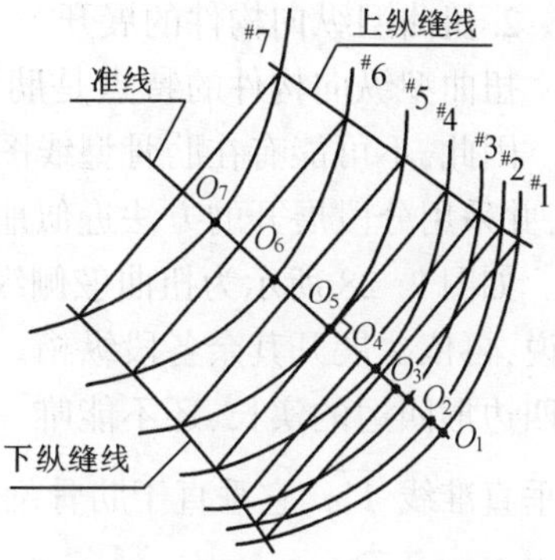

图 2-26　一舭部外板的十字准线的作法

三、船体构件展开

船体构件可分为横向和纵向两大类，通过船体结构线放样，可以在肋骨型线图上直接得到横向构件的真实形状和尺寸；对于纵向构件，可以在肋骨型线图上得到它们投影的光顺曲线，利用它就可以进行纵向构件的展开。

船体上的许多纵向构件（如纵桁的腹板、纵舱壁等）与肋骨剖面的交线（肋骨剖线）是直线，其展开后仍为直线，即冲势为零，因此可以用垂直准线法展开。它们的展开图形是由每两根肋骨剖线分割成的四边形拼接而成的。

1. 非扭曲型纵向构件的展开

非扭曲型纵向构件的特点是肋骨剖线为相互平行的直线，若在肋骨型线图上作一根垂直于各肋骨剖线的基准直线，则在展开图中这根基准直线也应该和各肋骨剖线保持垂直。我们只要求出基准线的实长并确定基准线与肋骨剖线之间的相对位置，就可以很方便地进行展开。

如图 2-27 所示为上、下口线有斜升的旁底桁的展开方法。

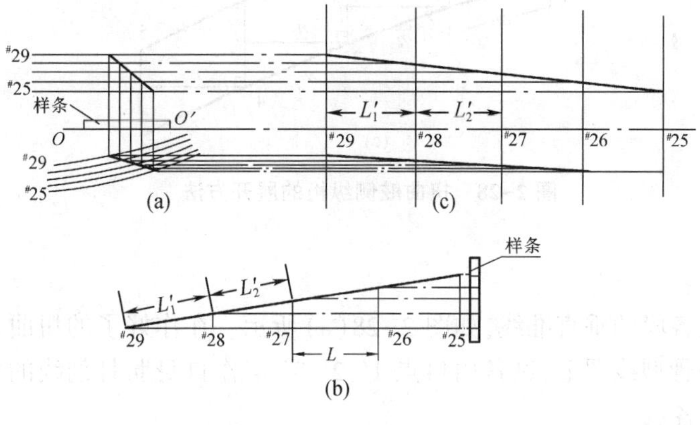

图 2-27　旁底桁的展开方法

①作准线：在构件的中间肋骨剖线之中点处作肋骨剖线的垂线，以便它能贯穿所有的肋骨剖线，如图 2-27(a)中的基准直线 $\overline{OO'}$。

②求准线实长：作法如图 2-27(b)所示。

③作展开图：如图 2-27(c)所示，作一直线，并在其上按准线实长线的各伸长肋距标出各相应肋骨位置点，得到展开的准线，过各肋骨位置点作其垂线，用样杆将准线至上、下口线的各肋骨剖线长转录到展开图相应的垂线上，得到与上、下口线的各交点；分别光顺地连

接上、下口线各交点，得到展开的旁底桁图形。

2. 扭曲型纵向构件的展开

扭曲型纵向构件的特点是肋骨剖线垂直于本身肋骨线，肋骨剖线为相互不平行的直线。因此，不可能有在肋骨型线图和展开图上均为直线的准线存在。故通常分段作垂直准线，并采用分段展开的方法近似地展开。

如图 2-28 所示为扭曲舷侧纵桁的展开方法。首先展开#35 和#36 肋骨剖线间一段纵桁来说，再依次展开其余各段纵桁。对于其中#35 和#36 肋骨剖线间一段纵桁来说，若只求出该四边形四边的实长，还不能唯一地确定其展开形状，则在肋骨型线图上作该四边形的一条垂直准线 $\overline{1'a}$，它垂直于肋骨剖线 $\overline{11'}$，在展开图上可近似地视之为 $\overline{11'}$的垂线 $\overline{1'a}$。由于垂直准线 $\overline{1'a}$将四边形 $11'2'2$ 分成了四边形 $1'a21$（有一直角，故形状确定）和三角形 $1'a2'$ 两部分，因此求出这两部分的展开图形，就得到了该四边形 $11'2'2$ 的展开图形。

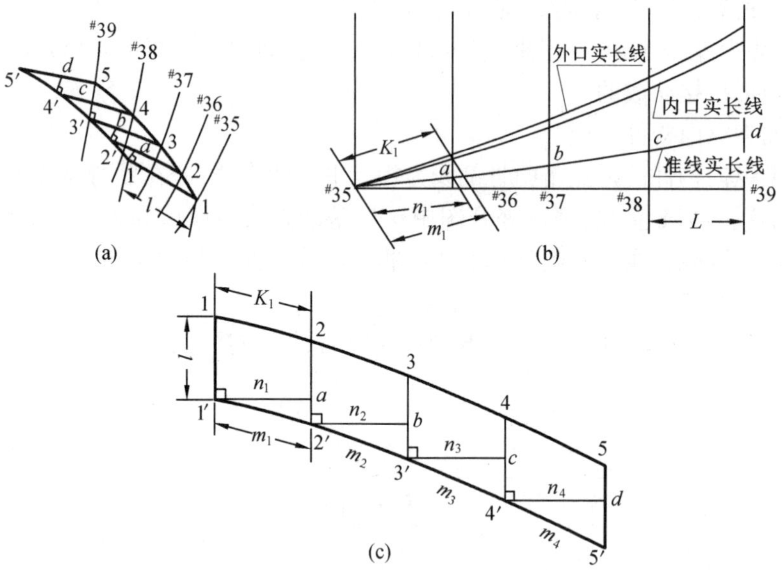

图 2-28　扭曲舷侧纵桁的展开方法

具体步骤如下：

①作舷侧纵桁各段的垂直准线，如图 2-28（a）所示。在作好了的扭曲纵桁内、外口线和横向理论线的肋骨型线图上，过各内口点 1′、2′、3′、4′作自身肋骨剖线的垂线，交相邻肋骨剖线得 a、b、c、d 各点。

②分别求出内、外口线和垂直准线的实长，如图 2-28（b）所示。

③求展开图形，如图 2-28（c）所示。在展开图上作一直线 $\overline{11'}$等于纵桁高度，过内口点 1′作垂线等于 $\overline{1'a}$的准线实长 n_1 得 a 点。然后用交规法：以 1 点为圆心，K_1 为半径画弧，并以 a 点为圆心，以肋骨型线图中 $a2$ 为半径画弧，可得展开图外口点 2，同样方法可得展开图内口点 2′。连接 $2a2'$，其应为直线且等于纵桁高度值（注意此线与 $1'a$ 不垂直）。以此类推可得纵桁展开图上内、外口线各点。分别将内口线上 1′、2′、3′、4′、5′各点和外口线上 1、2、3、4、5 各点用样条连接起来，即得舷侧纵桁的展开图形。

任务训练

训练名称:船体构件展开。

训练内容:

(1)展开外板:根据图 2-29 所示肋骨型线,选取合适的方法展开该外板。

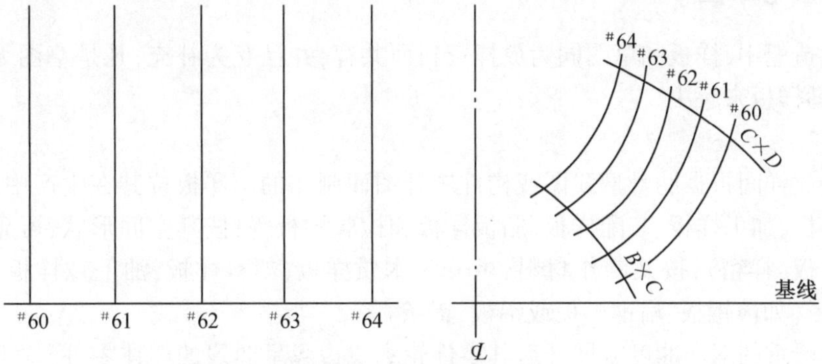

图 2-29　求作外板展开图

(2)展开舦侧纵桁:根据图 2-30 所示舦侧纵桁投影线,判断其舦侧纵桁类型,选取合适的方法展开该舦侧纵桁。

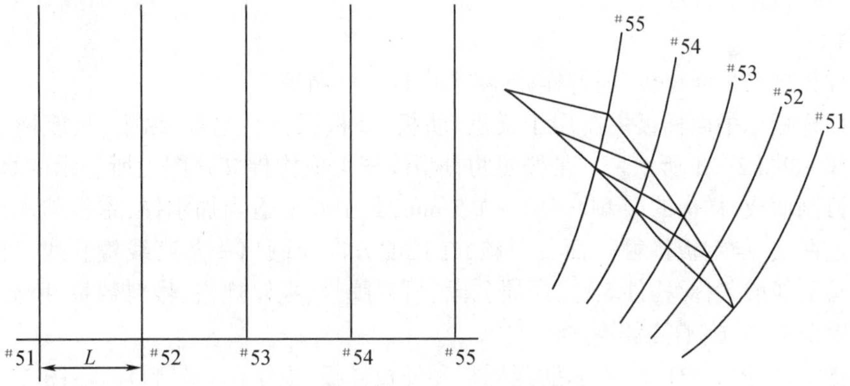

图 2-30　求作舦侧纵桁展开图

任务 2.4　样板、草图制作及号料

PPT

任务解析

船体型线放样和构件展开工作结束后,就要向船体车间提供号料、加工、装配以及质量检验等用途的放样资料,这些资料包括样板、草图、投影底图、仿形图及数控加工信息等。

对于没有实现数控加工的情况,加工前应根据上述放样资料,将船体构件精确地画在平直的钢板和型钢上,并标上船名、构件名称及加工符号等,即进行船体号料。

本任务主要学习样板、草图及号料的相关知识,掌握样板、草图制作方法。通过本任务的学习和训练,学习者能够进行草图绘制和加工样板模拟制作。

背景知识

一、样板与草图

在现代造船中,样板和草图同为放样资料而共存,并且互为补充,凡是草图无法解决的问题,均借助样板来解决。

1. 样板

样板是放样间根据肋骨型线图或构件展开图而制作的。样板按其在生产中的用途,可分为号料样板、加工样板、装配样板、胎板样板和检验样板等;按其空间形状,可分为平面样板和立体样板(样箱);按其制作材料,可分为木质样板、塑料样板、油毛毡样板、硬纸板样板、金属样板(如薄钢板、扁钢样板或铝板、铝条)等。

凡具有严重的双向曲度或展开后其零件轮廓线边缘呈曲线的船体零件,均不宜绘制草图,而需用样板进行号料。很多船体零件在成形加工的过程中,就需依靠样板来保证加工质量。另外,在胎架制造、分段装配和船台安装、检验等过程中,也需用到一定数量的各种样板。可见,在整个船体建造的过程中,各道工序都与样板有关,样板的钉制是保证船体建造质量的重要依据和标准。

(1)号料样板

号料样板多为平面样板,还有样棒、格子样板及样箱等。

①平面样板。平面样板主要用于梁拱、肋板、外板、舱壁、龙骨、纵桁、机座桁板等构件的号料工作,如图 2-31 所示。它是按照肋骨型线图上或构件展开图上所表示的真实形状,用木板条钉制而成,样板的误差不大于±0.5 mm,其中间要适当加木撑,木板与木板相重叠处不应超过两层,与钢板接触一面要平整,在长度方向要画出一条直线检验线。在钉制好的样板上写明船舶名称、构件名称、所属分段、材料牌号、板厚规格、号料数量、所处部位、余量加放位置及大小、施工符号等。

图 2-31(a)、图 2-31(b)所示肋板样板和外板样板,主要作为号料样板;图 2-31(c)所示甲板横梁样板,既可作为画线样板,又可作为横梁加工的检验样板,还可作为甲板分段的安装样板。

②其他号料样板。当平直钢板边缘呈平缓曲线时,可以用样棒来代替平面样板。对于肋板、舭肘板、胎板等相类似的构件,将其外形轮廓线重叠在同一块样板上,用很窄的曲条钉在格框上表示不同曲度的曲线,这就是格子样板。

(2)胎板样板

胎架是装配焊接曲面分段和带曲面的立体分段、总段的工作台。它的曲形工作面应与分段和总段外形曲面相符合。其作用是保证分段或总段的型线和尺度,并使分段或总段装配焊接时具有良好的工作条件。为了节省材料和保证良好的施工条件,应选择合理的胎架基准面,以便为胎架制作提供胎板样板和胎架画线草图。目前,胎架基准面的切取方法有正切、正斜切、斜切、斜斜切四种。

胎架基准面选定以后,根据不同船体分段的需要确定胎架的种类。胎架种类较多,按其胎板方向分为横向胎架、纵向胎架和支柱胎架。横向胎架的胎板样板是一种平面样板，其画线与钉制方法类似于平面样板。图 2-32(a)为底部分段胎架横向胎板样板，由于底部分段的肋骨型线左右对称，其样板的工作边缘只需按照船底分段半宽的对应肋骨型线录制。图 2-32(b)为舷侧分段胎架横向胎板样板，由于沿整个舷侧分段的肋骨型线曲率有变化，故其样板的工作边缘需依照整个舷侧分段宽度的肋骨型线录制。至于甲板分段胎架的横向胎板样板可借用梁拱样板来代替。在胎板样板上应画出外板或甲板接缝线、船体中心线(或距中的检验线)、水平检验线及胎架中心线等。

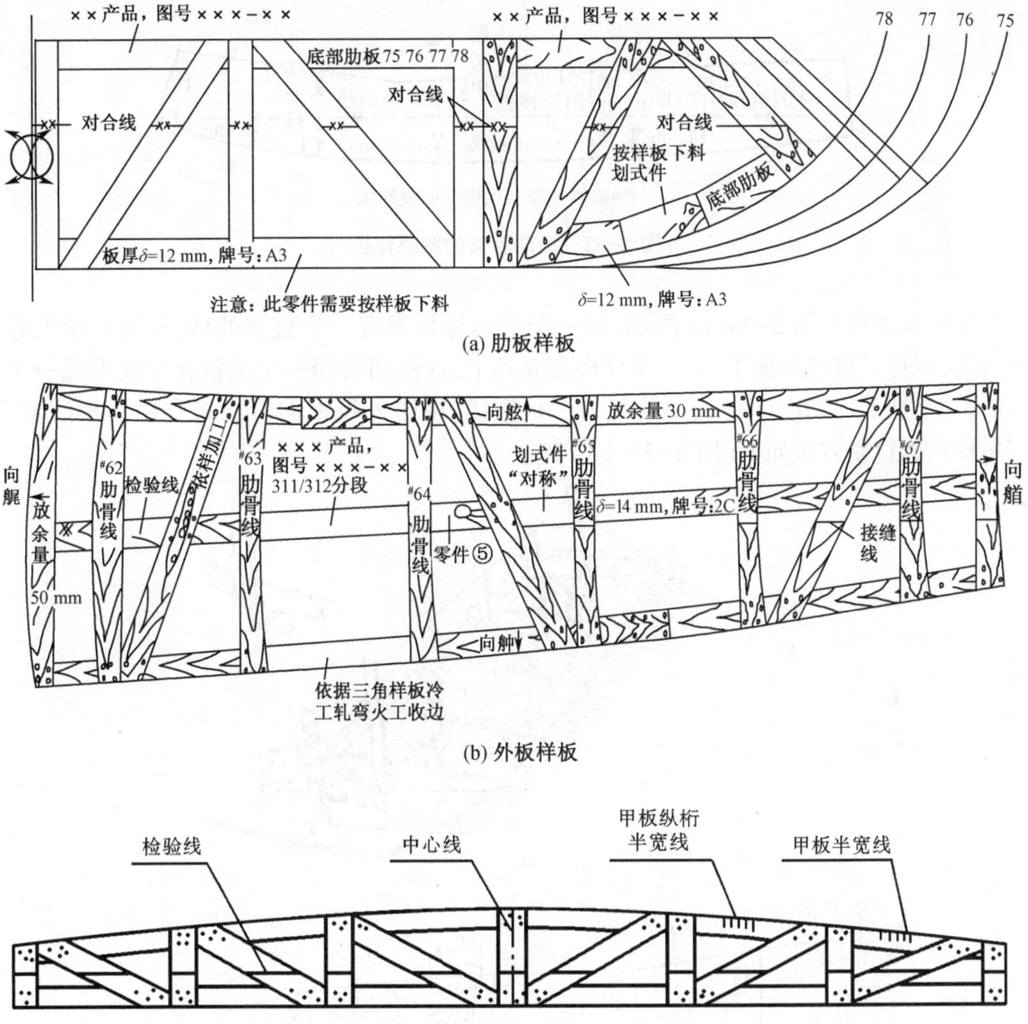

图 2-31　肋板和外板木质平面样板

在胎架的制造过程中，胎板样板和胎架画线草图常常对照着同时使用。

(3)加工样板

经过号料和边缘切割加工后得到的船体零件都是平直的，除了平直构件外，凡是具有弯曲度的构件(如外板等)，还需根据构件的曲型要求进行弯曲成形加工。为了保证构件加工的准确性，必须钉制加工样板，作为构件成形加工时测量弯曲度的依据。对于一般能用近似方法展开的外板，过去采用木质三角样板或扁钢样条，现在采用活络三角样板，而对于具有严重双曲度的外板则需采用样箱。

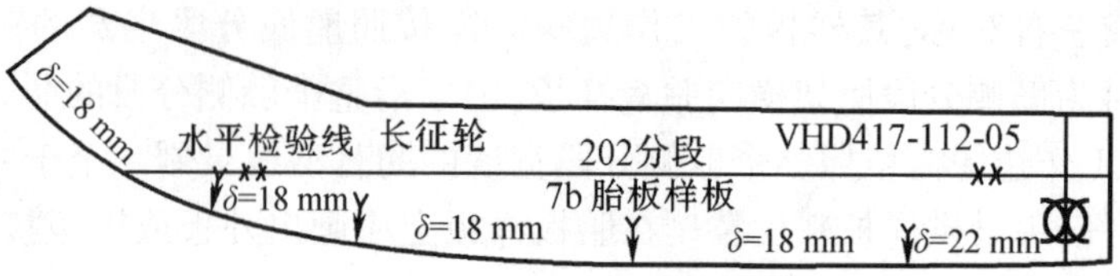

(a)底部分段胎架横向胎板样板

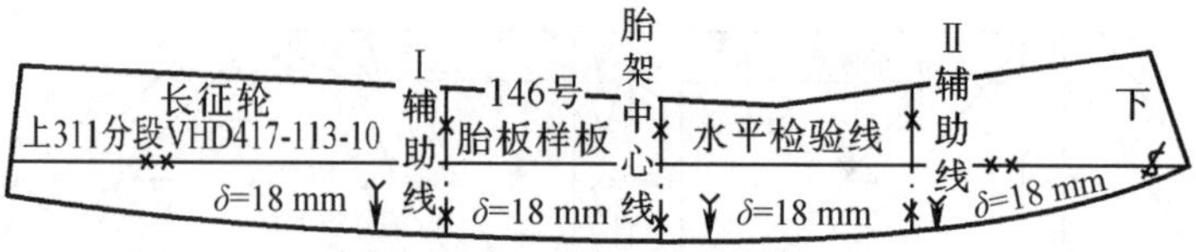

(b)舷侧分段胎架横向胎板样板

图 2-32　横向胎架的胎板样板

①三角样板如图 2-33(a)所示，每一个三角样板都有一个直立的柄，在这些柄上有一个刻度，钢材经过成形加工后，三角样板直立其上，这些柄的同一个边就在空间形成一个平面，每一个柄上的刻度连接起来就成为一根直线，说明外板纵向弯曲符合船体型线要求。三角样板的钉制方法如下(图 2-33(b))：

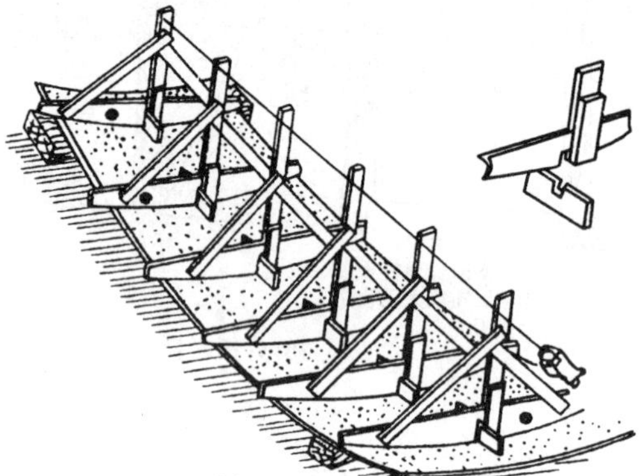

(a)

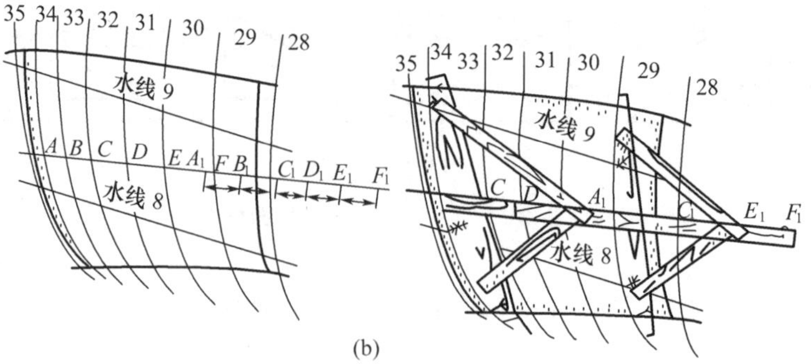

(b)

图 2-33　三角样板及其钉制

a. 在肋骨型线图上外板的适中位置作一直线，和各肋骨线相交于A、B、C……各点。

b. 在该直线上作两点A_1和F_1，使$AA_1=FF_1$。

c. 按肋骨挡数等分A_1F_1得到B_1、C_1各点。A_1、B_1、C_1……交点即为各块三角样板对合线的基准点。三角样板的基准点也可以重合在一起。

d. 分别钉制三角样板，使直柄的一条边与A_1F_1直线重合，曲型样条与肋骨型线吻合，两端加撑，并在三角样板上录画下基准点、外板纵缝点及外板展开基准点等。如果外板的纵向弯曲度不大，那么三角样板可以隔一挡肋骨钉制一块；如果外板的纵向弯曲度较大，那么三角样板必须每一挡肋骨都钉制一块。

②活络三角样板。

活络三角样板在使用时可以垂直外板放置，弥补了以往由于肋骨弯曲度而形成样板与外板呈夹角而倾斜放置的缺点。它是通过计算机处理，计算出肋骨的法向面，所以使用简便，在实际操作中更体现了良好的实用价值。一次性投资，可长久反复地变换调节使用，因而节省了大量的木材和人工。材料为铝质结构，质量小，且有一定的刚度，在调节、使用、搬运和堆放过程中不易变形。活络三角样板主要用于滚压成形加工外板以及水火弯曲板材构件。除船体K形折角龙骨底板、折角外板、轴包板、小半径圆弧板以及S形双向大弯曲度板外，全船90%以上的外板均可以使用活络三角样板。

a. 活络三角样板的功能：活络三角样板主骨架为槽铝，调节伸缩杆为薄铝板，由立杆和横杆组成“土”字形。以主立杆为中心，通过伸缩杆带动弹簧钢带形成光顺的弯曲型线。活络三角样板的各个节点均用元宝螺母紧固定位，通过粗调和微调形成任意内外相切的连续弧形。其调节范围有正弯曲、反弯曲及S形双向弯曲。调节幅度为：正弯曲最大幅度300 mm；反弯曲最大幅度300 mm；S形双向弯曲最大幅度150 mm。

b. 活络三角样板的形式与规格：活络三角样板的形式有耙式标尺样板、梳状式样板和二翼扇形梳状式样板等。其作用与原理均相同，但功能各异。活络三角样板的规格是根据不同种类的船型、船体的不同部位、不同规格的外板排列而设计的，通常有1 000 mm、1 200 mm、1 400 mm、1 500 mm、1 600 mm、2 000 mm、3 000 mm几种。

图2-34所示为二翼扇形梳状式活络三角样板，其主要构件有立杆、横杆、扇形连接板、伸缩杆、吊紧螺母、弹簧钢带和各种规格的固定螺母。其特点是：既有二翼上下煽动的粗调节结构，又有伸缩杆的微调节结构。

此外，与活络三角样板配套使用的设施还有坐标钢平台、磁铁、样板型值表、样板周转存放库等。活络三角样板的调节，可根据计算机提供的样板型值表在坐标钢平台上进行。

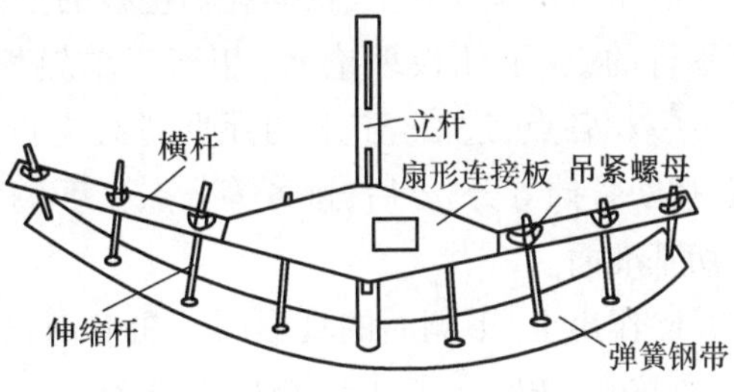

图2-34 二翼扇形梳状式活络三角样板

③样箱。

对于一部分纵横向弯曲度严重的外板、艏柱板、艉柱板、轴壳包板等船体型线特别复杂而又不能近似展开的外板，需要钉制样箱来供展开、号料、加工、检验用。样箱相当于从船体上切割下来的一个立体部分，样箱的外表面就是外板的内表面，即船体理论表面。样箱钉制的主要工作是剖面选取与展开，为了保证型线正确，必要时可以加中间辅助剖面；其次是要保证样箱的结构具有足够的强度和刚度。图 3-25 所示为艉轴包板样箱的钉制。

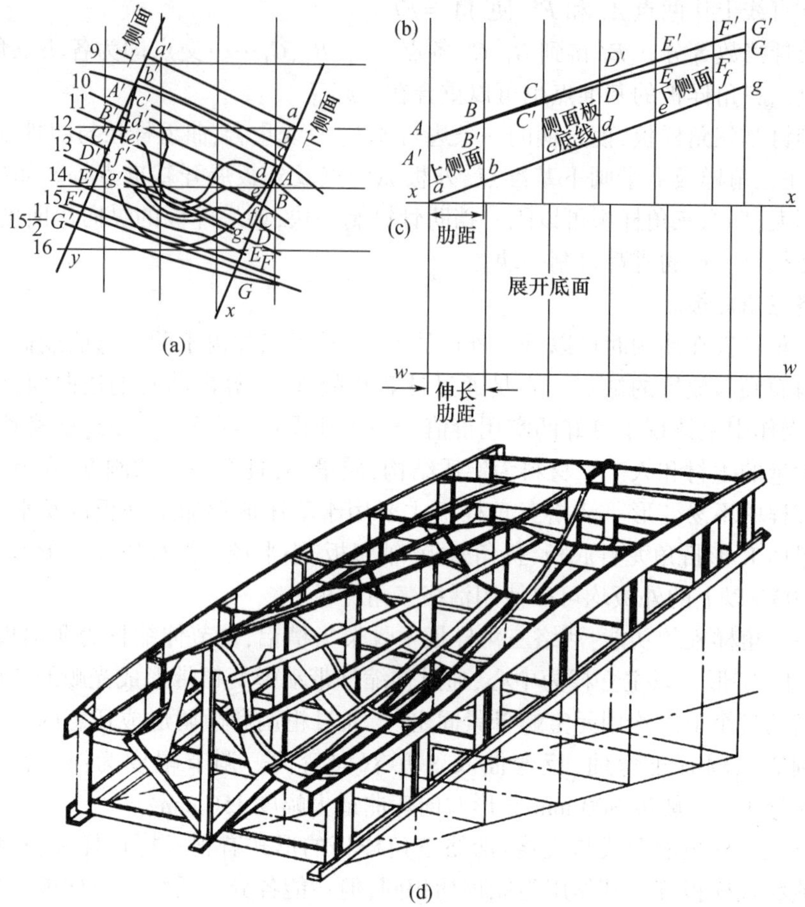

图 2-35 艉轴包板样箱的钉制

a. 在肋骨型线图上，根据艉轴包板的型线变化情况，在其接缝线外作垂直于 W 面且相互平行的上、下侧板理论面（相当于单斜切面），分别与肋骨型线相交 A、B……G 和 A'、B'……G'各点，过轴壳包板首尾肋骨线交点 A 与 G，截取 $Aa=Gg=500\sim800$ mm，得 a、g 两点，按肋骨挡等分 ag 后，过各等分点作下侧面线的垂线并与上侧面线相交，则 $aa'g'g$ 为双斜切基准面。

b. 作出上、下侧面的真形图。在 V 面格子线上作出 a、b……g（a'、b'……g'）的伸长肋距，再按 Aa、Bb……Gg（$A'a'$、$B'b'$……$G'g'$）截取后在格子线上画出 AB……G（及 $A'B'$……G'）线，即得下（上）侧面的真形图。

c. 作出样箱双斜切底面的真形图。在肋骨型线图上钉制每一挡肋骨的肋骨剖面样板框，按纵倾角 α 对号立于底面图上。再将按照上、下侧面真形图钉制的样板框也立于底面图上，并与各肋骨剖面样板框连接。各种样框之间适当加支撑和牵条，以增加强度和刚度来保证型线光顺性，并在样框上画上各水线、纵剖线、接缝线，即成艉轴包板样箱。双桨船的另一舷需按上述同样方法钉制对称的样箱。

综上可知，钉制样箱费时费料，凡可用平面样板或草图解决问题的，均不钉制样箱。

(4)装配样板

船舶建造进入装配工序时,为了保证装配质量,需要用到装配样板,如装配画线样板、装配角度样板(即开挠尺样板)等。

①装配画线样板。

装配画线即二次号料,是对于船体部件或分段在其制造过程中,为修正因焊接变形而引起的误差所采取的工艺措施。即为一次号料时,对有些船体零件的轮廓线不予切割,待整个部件或分段装焊结束以后,再复画一次,准确切割第二次画的轮廓线。这种用来复画的样板,就称为装配画线样板。如图 2-36 所示的横舱壁装配画线样板,既可作为一次号料样板又可作为二次号料样板。

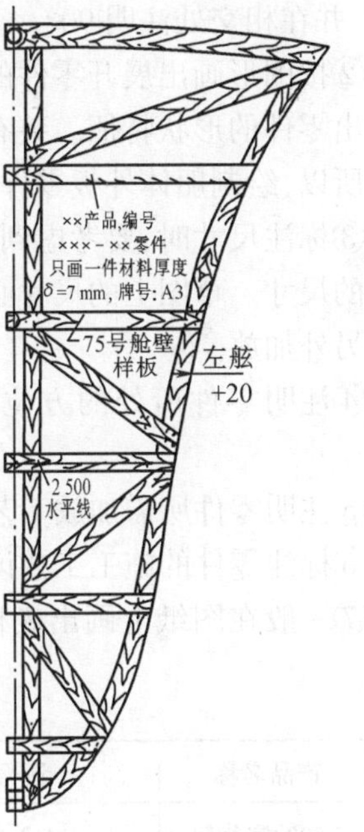

图 2-36　横舱壁装配画线样板

②装配角度样板。

图 2-37 所示为各种装配角度样板。在船体装配工序中,为了提高装配质量,保持构件与构件之间的夹角符合要求,都要用到装配角度样板。

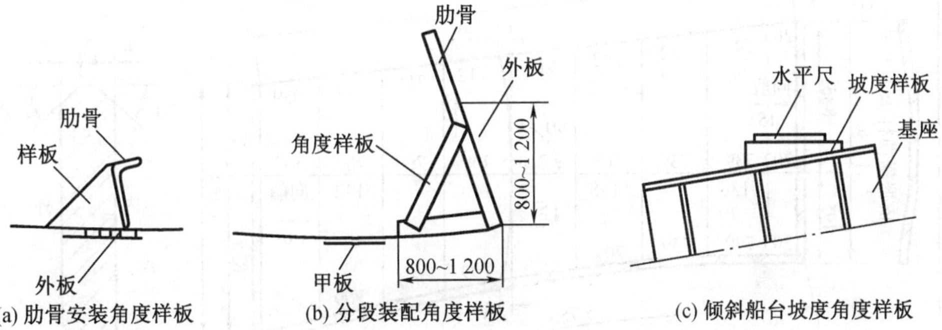

图 2-37　各种装配角度样板

2. 草图

草图可将放样所取得的船体型值记录在纸上,用来进行号料和画线,以补充施工图纸的不足。草图具有节省样板制作材料、易保存的优点,它适用于小批量、形状简单的船体构件。在放样展开或计算后,通常约有 50%以上的零件能以草图形式来代替样板进行号料。

草图分为号料草图、胎架画线草图、装配草图和加工草图四类。草图的绘制,应先在图纸上定出直角坐标系(一般取展开后的直准线作为横轴),构件图形不必严格按比例绘制,只是在表示出基本形状的基础上,用标注尺寸的方式确定其准确的图形。草图上还应标出必需的标记、符号及说明。

(1)号料草图

零件草图是号料草图中的一种,即为号料的施工依据。零件草图的使用范围较广,如船体外板、内底板、甲板、中内龙骨、舱壁板、肋骨、横梁、各种桁材和肘板等。如图 2-38 所示为船体外板草图。其简要绘图步骤如下:

①按展开零件的图形特征,在图纸的适当部位,绘两根互相垂直的细直线,作为直角坐

标轴,并在相交处注明 90°。若零件图形本身有直角边,坐标轴就直接选在直角边上。

②按图形画出展开零件的图形。图形尺寸并不要求严格按比例绘制,但一定要确切地反映出零件的形状特征。装有骨架的一面向上,草图左端为艉,右端为艏,上端为零件的上部。所以,绘制船体外板零件草图时,均以左舷外板零件为准。

③标注尺寸时,要考虑到下道工序的实际情况,应便于号料时画线,在图中不应出现需换算的尺寸。草图上的尺寸必须标注正确、完整、简洁明了。所标尺寸均为展开净值,工艺余量另外加放。

④注明零件所处的方位。如肋骨号码、向艏、向艉、向舯、向舷、向左、向右、向上、向下等。

⑤注明零件所需加放工艺余量的大小及方向。

⑥标注零件的施工工艺说明和加工符号。

⑦一般在图纸上画出表格,填写产品名称、图号、零件名称、件号、数量、材料牌号和规格等。

产品名称	图号	零件名称	件号	数量	材料牌号	规格
7 500 t客货船	VHD413-113-17	外板	2	工件“对称”	3C	δ=18 mm

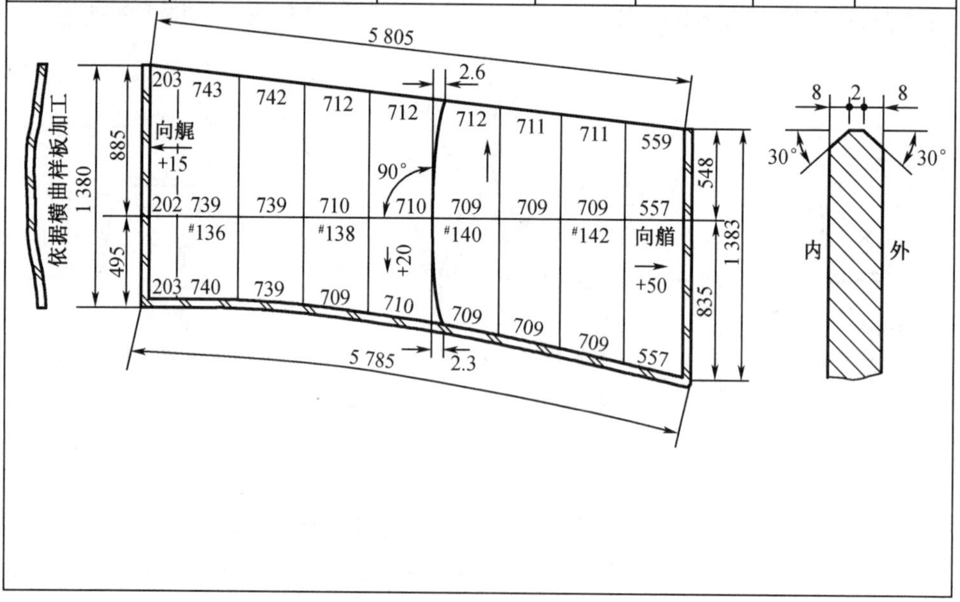

图 2-38　船体外板草图

在实际生产中,还要注意以下一些习惯上的规定和要求:

①零件草图上的图形,习惯上以构架面为正面,左端为向艉方向,右端为向艏方向,如船体外板零件以画出左舷形状为准。

②对称性的船体零件,必须在图面上标写出“对称”字样。

③草图中所注尺寸均系展开净值,工艺余量另用红色笔醒目标出数值和方向(刨边余量不应计入理论尺寸,号料时另行加放,但须作出刨边标记符号及坡口形式)。

④通常情况下,一张草图限画一个零件。在实际工作中,会出现一些零件形状相似,而

尺寸不同的情况，这时可画出简要图形和增设表格（表格栏内有件号、材料规格和数量，对应填入即可）。

⑤为节省纸张、时间和方便下道工序施工，有时也可将同一分段的若干相连零件绘制在一张统一格式的标准大草图上，但标注尺寸和工艺图形符号时，应简洁明了，使人一目了然。

⑥零件草图的绘制份数视生产需要而定，通常是一式两份，一份供号料使用，另一份作为样台存据。若需刨边的零件则应一式三份，将其中一份交刨边工序使用。

⑦零件草图绘制完毕，并经自验无误后，应在草图所规定的格栏内，签署工作者姓名和完工日期，提交专职检验员检验认可。同样应签署检验者姓名、日期，作为今后查核的依据。

根据船舶的结构特点，有很多船体零件的形状是相似的，仅尺寸大小各异。为了减少绘制零件草图的工作量，提高工作效率，可将常见的各种零件分门别类，确定数种形式，将其图形和尺寸指箭线事先印好，应用时直接填入实际尺寸即可，这种草图称为通用零件草图。

（2）胎架画线草图

在胎架基准面、结构形式和各种结构的主要尺寸确定之后，应绘制胎架施工草图。在施工草图中，除了应标明必要的尺寸大小和材料规格外，还必须说明施工的技术要求。如在专用胎架上注明在胎板上必须画出的各种位置线和外板接缝线、分段纵向构件位置线、中心线、水线等检验线。

图 2-39 所示为舷侧分段双斜切基准面横向胎架画线草图，横向胎架的胎板与船体外表面为横向线接触形式，放样间除了为胎架制造提供胎板样板外，还要画出胎架画线草图。这时需要注意，胎架画线草图均以理论面和理论线的尺寸为准，在具体制造胎架时，因胎板与船体外板的外表面接触，需要扣除外板厚度。

胎板肋位	H_1	H_2	H_3	H_4	H_5	B_1	B_2
136	299	122	139	291	556	3 514	2 611
138	297	143	158	289	532	3 482	2 666
140	291	163	168	283	503	3 449	2 718
142	294	183	184	275	472	3 415	2 770
144	310	208	203	270	436	3 377	2 822
146	330	232	223	269	400	3 338	2 872
148	355	260	243	265	360	3 296	2 911
150	390	294	266	262	321	3 252	2 964
152	438	303	292	261	278	3 203	3 010
154	493	384	325	266	234	3 154	3 055
156	564	445	361	272	164	3 101	3 099
158	647	517	404	279	136	3 043	3 142
160	735	600	461	292	76	2 984	3 183

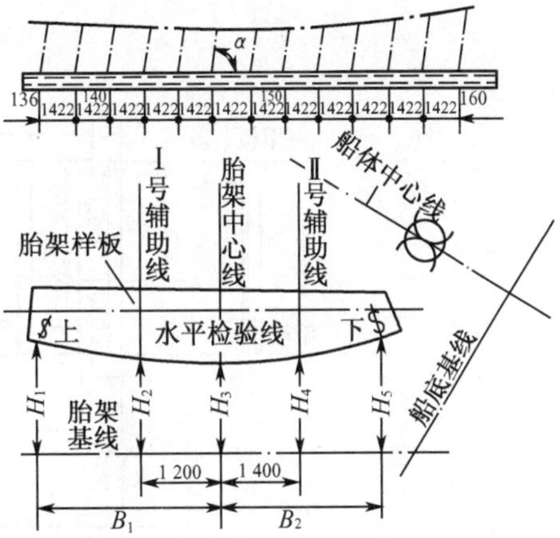

图 2-39　舷侧分段双斜切基准面横向胎架画线草图

（3）装配草图

①装配拼板草图。

对于平直的或曲度不大的板列及平面分段上的板列，使用草图拼板后，再进行整块板列的号料比较方便，这类草图称为拼板草图。图 2-40 所示为甲板拼板草图。

产品名称	图号	名称	件号	数量	牌号	规格
7 500 t客货船	VHD413-132-01	甲板	见图	见图	2C,3C	见图

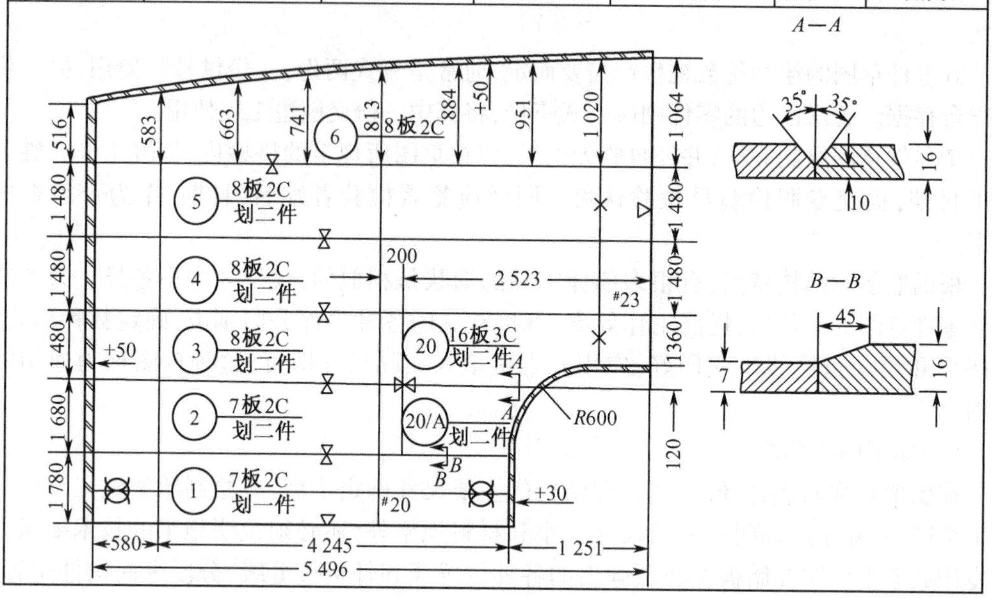

图 2-40 甲板拼板草图

②装配画线草图。

船体分段在建造时，为了满足装配画线的需要，按照各个分段的结构特点，绘成简明草图，列出表格，注明尺寸，专供分段装配时画线用，称为装配画线草图。图 2-41 所示为横舱壁装配画线草图。

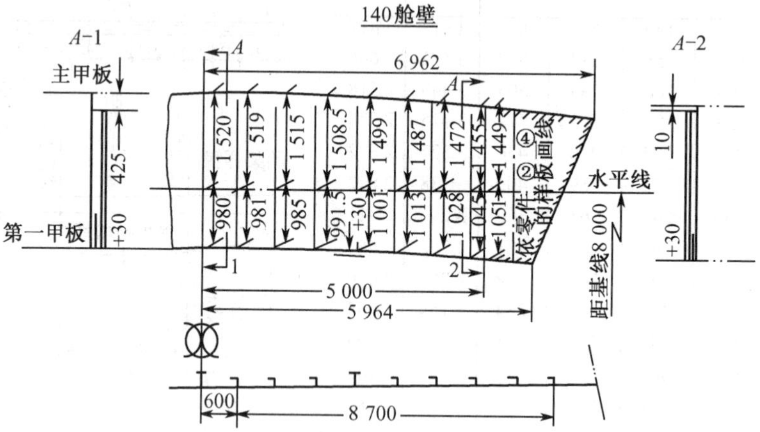

图 2-41 横舱壁装配画线草图

(4)加工草图

加工草图是用于构件加工的一种草图,如逆直线草图就是用于型钢冷弯加工的一种草图。一般弯曲的型钢在加工时要根据弯曲的型值(数控肋骨冷弯机弯制)、弯曲加工样板或铁样(自由成形弯制工艺)进行弯曲。采用自由成形弯曲型钢工艺时,还可以采用逆直线法。

逆直线法的原理是:如果在弯曲的型钢上作一根或几根直线(图 2-42(a)),将这根型钢矫直时,这些直线就成了曲线(图 2-42(b));反之,如果在未弯曲加工的直型钢上作出了弯曲的准线,那么经过加工后,这些弯曲的准线会分别变成直线,同样可以据此获得准确的弯曲形状。

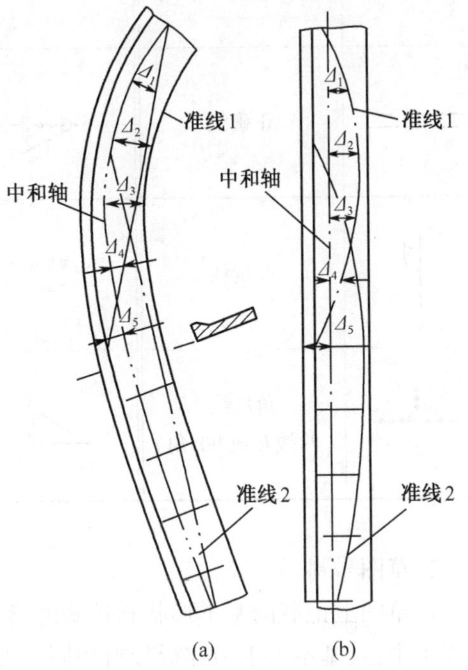

图 2-42 逆直线法

逆直线草图作法如下:

①在肋骨型线图上以对应的肋骨型线为型钢的边线,根据所用的规格而得出其中和轴距离边线的尺寸,画出中和轴的位置,作为画准线的依据。型钢弯曲度不大时,也可近似地以边线作为画准线的依据。

②画出一根(型钢弯曲度较小时)或几根(型钢弯曲度较大时)直准线。

③等分中和轴实长并过等分点作中和轴实长线的法线(垂线)。

④沿这些法线量出中和轴到准线的距离 Δ_1、Δ_2、Δ_3……。

⑤在草图上画好直型钢并作出中和轴线且等分之,过各等分点作中和轴线的垂线,在垂线上对应截取 Δ_1、Δ_2、Δ_3……各线段得各准线点,连接这些点即为逆直线之准线。

用以上画成的逆直线草图在加工前的型钢上画出逆直线,可以取代肋骨加工样板,且可以提高冷弯加工工效。

二、号料

号料是放样后船体建造的第二道工序。所谓号料,就是将放样展开后的船体构件的真实形状和尺寸通过样板、草图、光、电、数控等不同的号料方法,实尺划(割)在钢板上或型材上,为下道加工工序提供依据。

1. 样板号料

用样板直接在钢板或型材上描出船体构件的实际轮廓线、构件安装线、加工检验线和规定要求的余量线等,并作出必需的各种标记、符号等。

号料时,为保证后续工序能够顺利进行,须标出各种工艺符号,如表 2-1 所示列出了《船体建造工艺符号》(CB/T 3194—1997)中规定的几种常用的工艺符号。

表 2-1 常用的工艺图形符号

符号	说明	符号	说明	符号	说明
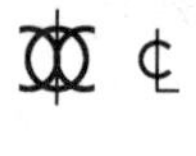	船体长度分中线 船体宽度分中线	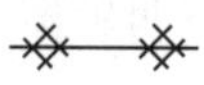	对合线 检验线		余量线
	正确线	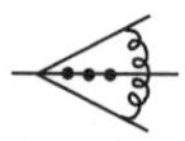	折角线 （工件折边）		板材轧曲
	厚度线		型钢折钝角 （轧开尺）		板材轧圆
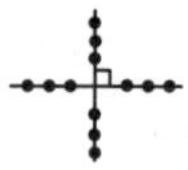	角尺线 （两线互成 90°角）	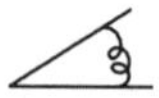	型钢折锐角 （轧拢尺）		双边断线

2. 草图号料

用草图上记载的基本形状和精确的形状尺寸，在钢板上通过作图的方式将其真实图形再现出来，其基本要求与样板号料相同。大批量生产时，不宜采用草图号料。

3. 光学投影号料

在比例放样的基础上，将展开的各构件图形经过套料，绘制成精确的投影底图，或通过摄影制成更小比例的投影底片，然后在光学投影放大装置上放大，在钢板上投射出 1:1 的构件图样，最后对投影的构件各线条进行手工复描号料。

4. 电印号料

在光学投影号料的基础上，将放大成 1:1 的构件图形影像投射到覆盖有一层带负电的光导电粉末的号料钢板上，使其曝光，再经显影和定影处理，在钢板上留下号料的线迹，实现自动号料。

5. 数控套料

利用电子计算机确定船体构件的图形，再将这些构件图形置于钢板边框内进行合理排列的过程，称为数控套料。目前，使用比较多的有数控绘图机套料和图形显示系统套料两种数控套料方法。

（1）数控绘图机套料

首先，用数控绘图机按 1:10 的比例在纸上绘出各个单独构件，并用手工剪下各个构件的纸样，再根据套料条件，在和构件比例相同的钢板边框内进行手工套料。套料完毕后，即可用图形处理语言编写出整块钢板的构件程序，并输入电子计算机中，由计算机处理和输出数控切割程序。此程序经数控绘图机校验后，即可供数控切割机使用。

（2）图形显示系统套料

该系统的硬件配置有微型计算机、显示器、键盘、光笔及传感板等。各构件的几何形状和原材料信息，事先应存放在数据库中备用。操作者根据要套料构件的名称及主要尺寸，操作系统进行套料。基本过程如下：显示钢板和要套料的构件；通过传感板和光笔（或通过键盘）移动、旋转构件在钢板上的位置，进行套料；套料结束后，在各构件间布置连割线；最后将套料结果存入数据库或输出，供数控切割机使用。

任务训练

训练名称：(1)绘制号料草图；(2)三角样板的制作。

训练内容：

(1)根据任务2.3任务训练中已展开的外板(图2-43)，按零件草图绘制步骤和要求，绘制钢板零件号料草图；

(2)制作外板的三角样板。

按图2-43中肋骨型线绘出#60、#64肋位三角样板，并用纸板制作成三角样板。

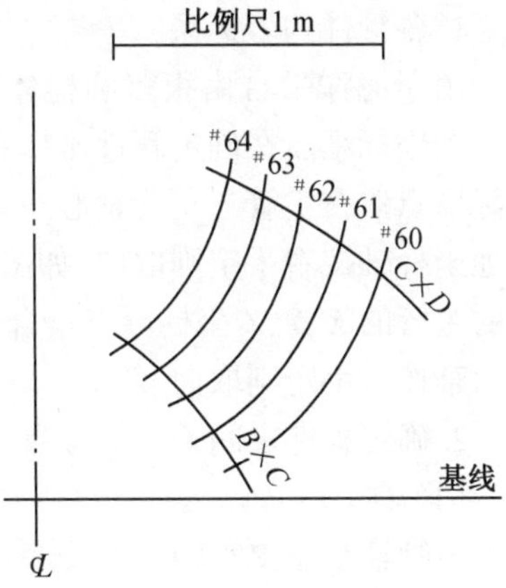

图2-43　部分肋骨型线

训练要求：

(1)号料草图的绘制

号料草图型值准确，误差在±0.5 m以内，并正确标注。步骤如下：

①根据展开后的外板尺寸，选择合适的比例将外板展开草图绘制在图纸上；

②对草图进行必要的标注。

(2)三角样板的制作

三角样板制作准确，与肋骨型线的误差在±0.5 m以内，并正确标注。步骤如下：

①根据肋骨型线图中的板缝线选择一块外板(图2-43，即任务2.3任务训练中展开的外板)；

②按照三角样板的制作步骤进行三角样板的绘制；

③根据绘制的型值，用纸板制作三角样板。

任务2.5　海洋平台典型管节点的放样与展开

PPT

任务解析

海洋平台结构与船舶结构的重要不同之处是大量使用圆柱形构件或钢质管件，如半潜式平台的立柱、自升式平台的腿柱或支腿、固定式平台的导管架，以及它们的各式支撑等。这些管件组成的结构，其连接点称为管节点。管节点的形式多样，结构复杂。

本任务主要学习海洋平台管节点各式管接头的放样与展开。通过本任务的学习和训练，学习者能够掌握简单管节点的放样过程和方法，能够进行管板及管管相交节点的展开。

背景知识

一、概述

海洋平台的支撑结构是由圆柱体或圆管组成的。两管件相交时组成管节点，两管交接线是一空间曲线，称为相贯线。在焊接连接时，大直径筒一般不切割，称为主管（或弦管）。小直径管称为支管（或撑管），连接端切出相贯线（厚壁管要切出相贯面）。

1. 各管件的坐标系

由于海洋平台由很多圆柱体或圆管相互连接构成，因此要确定相互之间关系，就要确定一个坐标系。在确定管件坐标系时，以主管为基准来确定。主管坐标系用 X、Y、Z 表示，坐标原点取在主管与支管轴心线的交点处，主管轴心线为 X 轴，钝角方向为 X 轴的正方向，其他坐标轴按右手定则取向，如图 2-44 所示。支管坐标系用 x、y、z 表示，坐标原点取与相关的主管的 X、Y、Z 坐标原点重合，支管的轴心线为 x 轴，指向支管另一端节点方向为正，其余两轴按右手定则取向。

2. 确定管件之间关系的参数

（1）轴交角 θ

主管轴线与支管轴线的交角叫作轴交角。若两轴线不相交，即存在偏心时，将主管轴线向支管轴线平行移动至相交而得的交角定义为轴交角。轴交角总是取大于 90°的值作为轴交角的计算参数。

（2）偏心值 e

主管轴线与支管轴线不相交时称为两管偏心。这时两轴线间的垂直距离叫作偏心值。如图 2-45 所示，Q 点和 P 点分别是主管和支管的坐标原点。

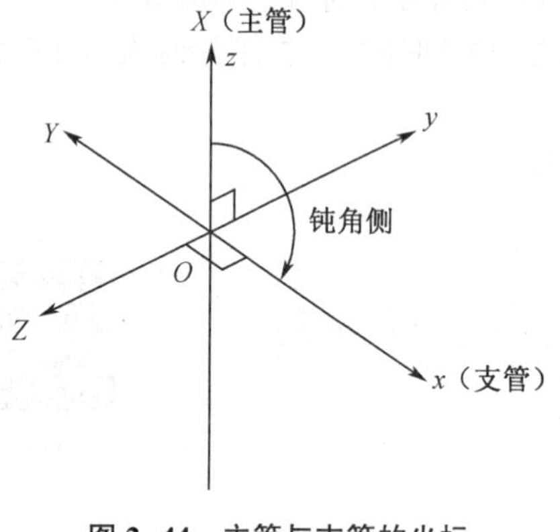

图 2-44　主管与支管的坐标

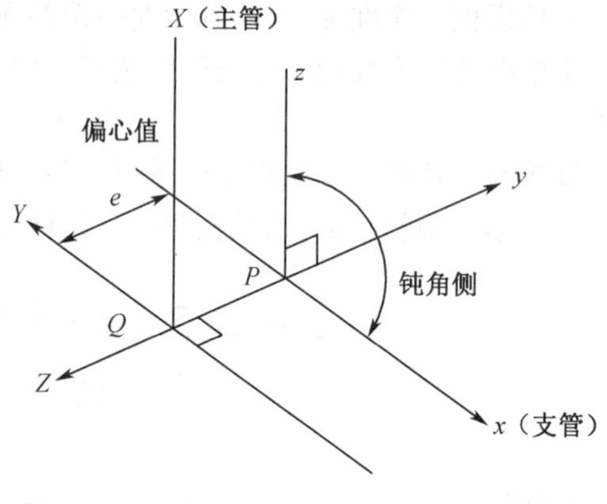

图 2-45　主管和支管有偏心 e 的坐标表示法

主管和支管按前述规定选取时，偏心的方向不同，管接头的相贯性不同，管节点与管焊后的位置也不同。管节点偏心及方向的确定如图 2-46 所示。

（3）不同心度

海洋平台中两个管件以上的节点为数不少，若各管轴心线在同一平面内即无偏心，但各管轴收线并不交于一点，故有节点的各管件的轴心不同心，用不同心度 δ 表示，如图 2-47

所示。不同心度的正负以主管轴心线为基准加以确定。如果两支管轴心线的交点不在主管轴线上，该点在主管与支管之间，定义 δ 为负值；该点在主管轴线远离支管的一侧，定义 δ 为正值；该点正好在主管轴心线上，$\delta=0$。由图 2-47 可以看出，当 $\delta<0$ 时，两支管有重叠相交的可能；当 $\delta>0$ 时，两支管间的距离有被拉开的趋势。

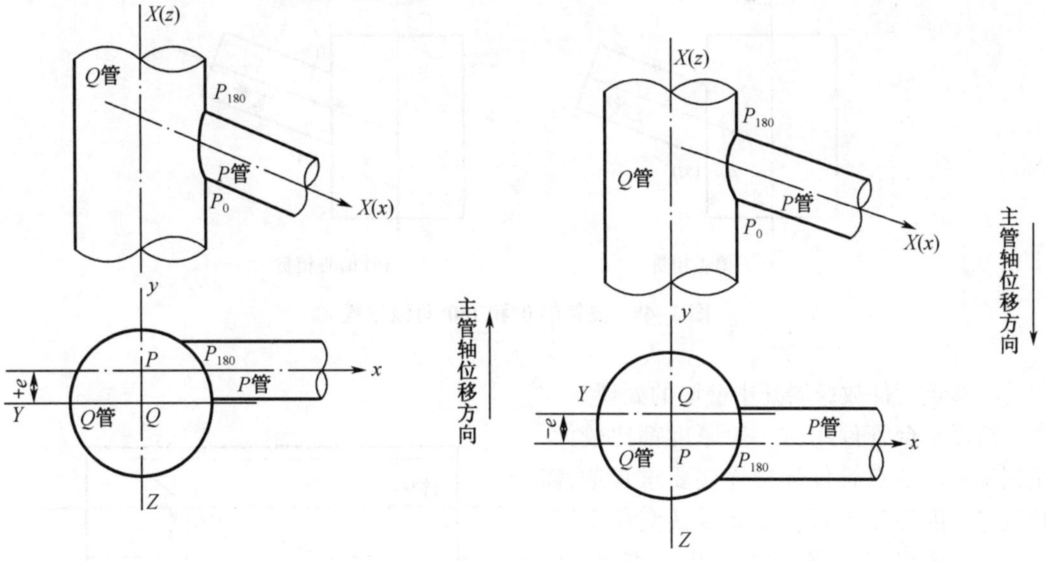

(a) 正偏心　　(b) 负偏心

图 2-46　管节点偏心及方向的确定

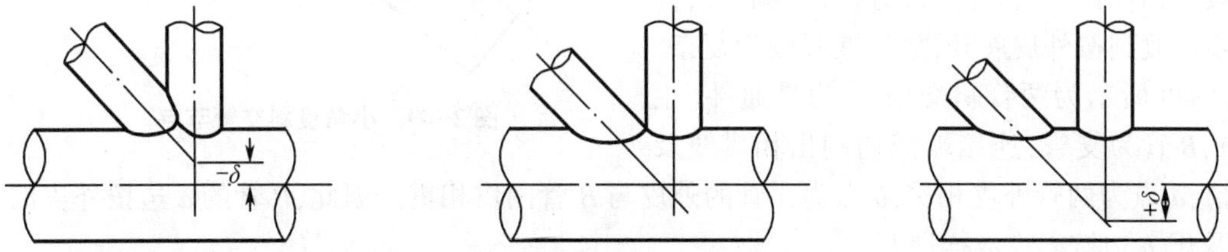

(a) 负不同心度连接　　(b) 零不同心度连接　　(c) 正不同心度连接

图 2-47　节点的不同心度

3. 主管和支管母线位置

海洋平台管节点各管件连接形式各式各样，有各种不同角度，有偏心，有重叠。为后边施工方便，在各管件放样展开时要规定出各管的 0°和 180°母线，作为展开和切割、安装定位的基准。

支管的 0°和 180°母线位置确定：以加工图左端为基准，即在支管加工图上的左端定出 0°和 180°点作出的母线，为该管的 0°母线和 180°母线。0°点取在轴交角的锐角侧，180°点取在轴交角的钝角侧，如图 2-48 所示。当主管与支管交角为 90°时，支管坐标轴的正方向为 0°点，负方向为 180°点，x 轴取节点号大的一方为正方向，且取右手坐标系。

主管上的相贯线，是指两管相贯时，支管外壁（或内壁）在主管上相贯的痕迹线。支管上的 0°点在主管相贯线上的印痕，为相关相贯线上的 0°点；支管上的 180°点在主管相贯线上的印痕，为相关相贯线上的 180°点。这样才能使节点装配时相吻合，以保证装配精度要求。

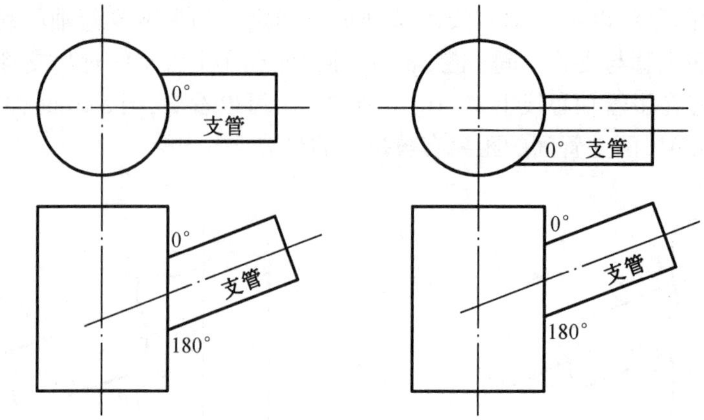

(a) 无偏心相贯　　(b) 偏心相贯

图 2-48　支管的 0°和 180°母线位置

4. 节点管件放样展开中壁厚的处理

海洋平台管件用材一般厚度都比较大，尤其是平台节点管件焊接连接要求焊透，需开坡口。因为节点两管相交时其交角不同，支管有时内皮相贯，有时由内皮相贯逐步转到外皮相贯，其过渡区开 X 型坡口，相贯线为 X 型坡口钝边(根部)位置线，所以节点管件展开，有时一个管件一部分按内皮展开，并逐步过渡到按外皮展开，放样展开较为复杂。图 2-49 所示为两管斜交，A 管为贯通件(主管)，B 管为支管，连接端需切割出相贯线及坡口，a 点为两管外皮相贯，b 点为 A 管的外皮与 B 管内皮相贯。因此，B 管的 a 边按外皮放样展开，b 边按内皮放样展开。

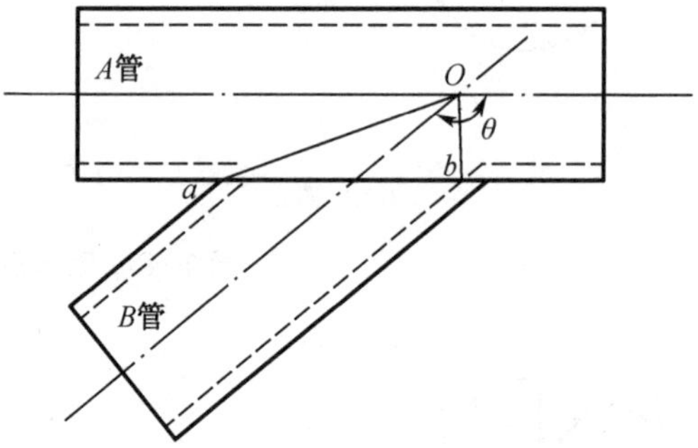

图 2-49　小角度斜交管节点

二、管节点的类型与构造

1. 管节点的类型

如果从三维空间几何形状考虑，管节点的布置形式不胜枚举，即使只考虑常见的位于同一平面内的管件连接，仍有许多种类，但基本形式有三种：T 型、Y 型和 K 型。由这三种节点形式可以派生出各种形式的节点，如图 2-50 所示。

①T 型节点：支管与主管正交。

②Y 型节点：支管与主管锐角相交，交角通常为 30°~60°

③K 型节点：支管与主管锐角相交，交角一般为 30°~60°。

④TK 型节点：T 型节点与 K 型节点的组合，支管交于主管的同一侧，三根管中一根与主管正交，另两根与主管锐角相交，通常为 30°~60°。

⑤TY 型节点：T 型节点与 Y 型节点的组合，有时也称 N 型节点。

⑥X 型节点：交于主管两侧的支管与主管 X 型相交，也称十字型节点。

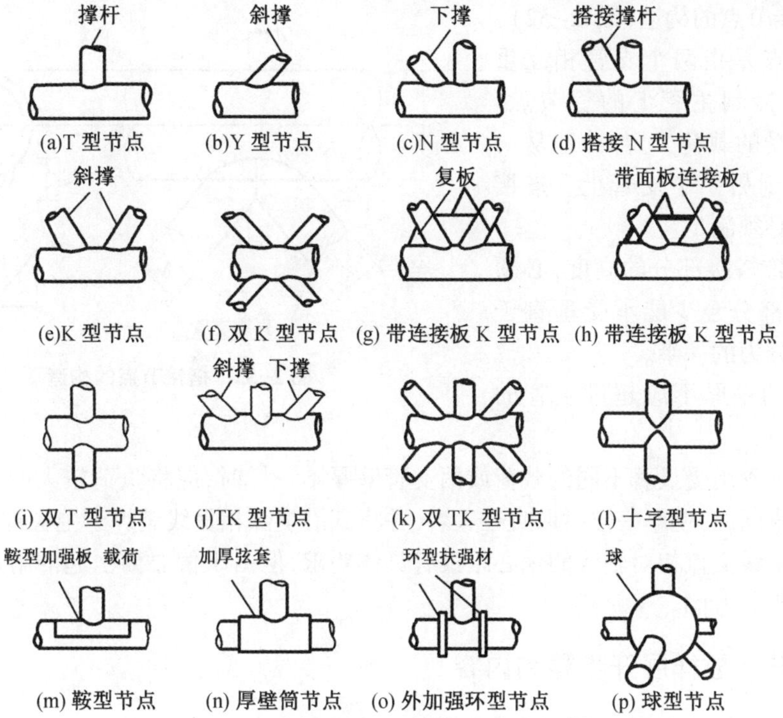

图 2-50　管节点类型

若考虑有无偏心及不同心度，又可得出许多种类型的节点。若对节点采取加强措施，如设置加强板、内外加强环、隔板等，则称该节点为加强节点。支管间相互搭接，则称为搭接节点。若支管连接端部分管段截面扩大，以改善应力状态，则称之为扩大节点。

2. 管节点的构造

（1）简单管节点的构造（图 2-51）

①支管不应穿过主管管壁，支管与主管的轴交角不宜小于 30°。

②节点处主管管壁若需加厚，则主管加厚部分长度应超出支管外边缘（包括焊角）至少 $D/4$ 或 300 mm，取其较大的值。

③节点处支管，若需加厚或采用特殊钢材，则其加厚部分长度应从连接端起延伸最小等于支管直径 d 或 600 mm，取其较大者。

④工程上非搭接节点的支管间至少有 50 mm 的间隙，为了使主管节点管段部分不致过长，支管轴线和主管轴线的交点与过支管间隙中点对主管垂线的距离，不要超过 $D/4$。

在简单节点中，若支管间的间隙小于 50 mm，则应设计成搭接节点。

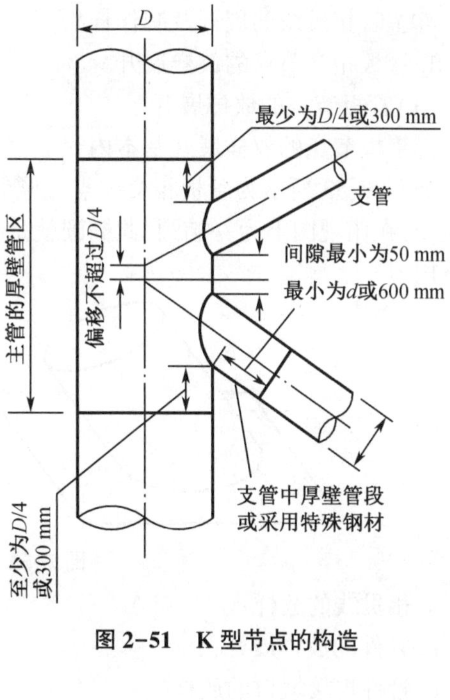

图 2-51　K 型节点的构造

(2)搭接节点的构造(图 2-52)

搭接节点是指两个支管相互重叠在一起焊接到主管上的管节点。搭接节点承受的载荷,可部分地从一个支管传递到另一个支管上。搭接节点的构造必须满足:

①两支管搭接部分的高度,必须保证一搭接部分至少能承受垂直于主管的支管分力的一半。

②支管的壁厚不应超过主管的壁厚。

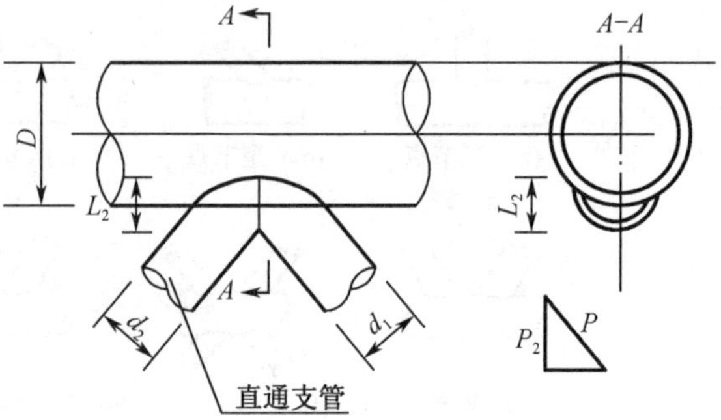

图 2-52 搭接节点的构造

③当各支管承受显著不同的载荷或两支管壁厚不一样时,应将负荷较大的或壁厚较厚的支管做成直通的,壁厚一样时取直径大者,并将其沿全部相贯线满焊于主管管壁上。

④支管轴线交点相对轴线的偏心距没有具体要求,但由于偏心而引起的附加弯矩在结构分析中应予以考虑。

三、管节点放样展开步骤和内容

这里主要介绍管板相交和管管相交节点放样展开方法。

一般管节点放样展开的步骤和内容如下:

①节点的两向(或三向)投影图放样,并确定其各自的 0°和 180°母线点的位置;

②节点相贯投影线的放样;

③节点支管切割线的放样;

④支管的展开及制作样板;

⑤主管相贯线的展开及制作样板。

1. 管板相交节点的放样展开

(1)管板节点的放样展开

①管板节点的放样展开基本内容。

如图 2-53 所示为管板相交节点。圆管和钢板斜交时,其相贯线的投影在正视图上为一直线,在俯视图上为一椭圆,此椭圆就是相贯线的真实形状,如图 2-54(a)所示。它包括如下内容:

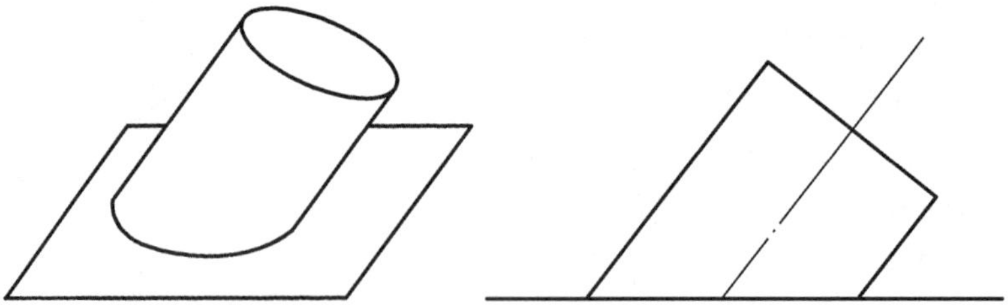
图 2-53 管板相交节点

a. 相贯线的放样;

b. 管件的放样展开;

c. 管件焊接坡口的放样。

②作相贯线投影图的基本原理。

以图2-54(b)说明相贯线投影图的作图原理。按管节点坐标系规定建立坐标系,在主视图中管上端与X轴交点O'处画出直径为圆管直径的圆,将圆等分为8,12或16个等分点;在俯视图x轴线处选一点圆心O作同等直径的圆并进行相同等分;求出等分点A在主视图(图中A_1点)、俯视图(图中A_0点)上的投影点,按A点同样方法求出各等分点在主俯视图中投影点,光顺地连接俯视图中各投影点,即得到了两投影图上相贯线的投影。

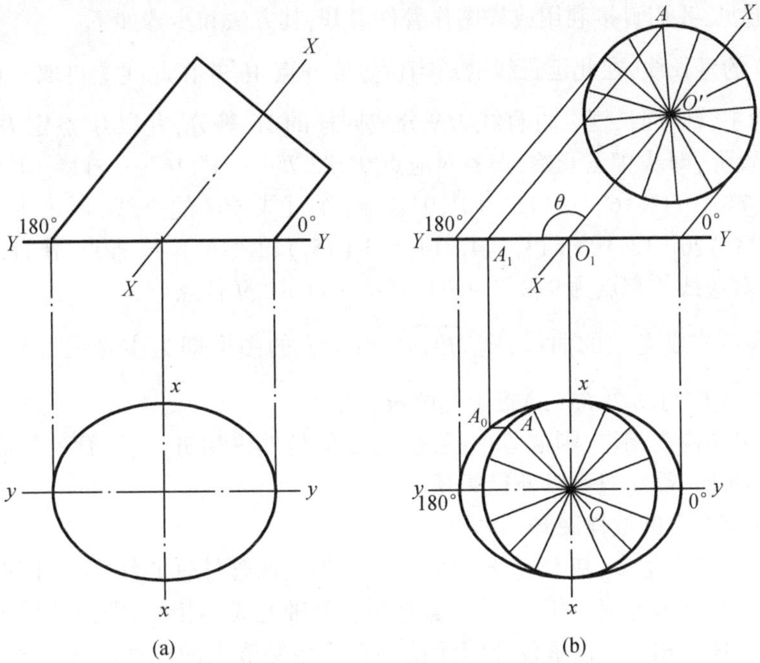

图2-54 管板节点相贯线及作图原理

(2)管板相交节点放样展开实例

管板相交,管直径为600 mm,管壁厚为20 mm,板尺寸为1 000 mm×1 000 mm,轴交角为120°,如图2-55(a)所示,求作相贯线、主管相贯的展开图。作图方法如下。

①相贯线的放样。

管板斜交的相贯线在正视图上的投影为一直线1_1—9_1,在俯视图上的投影为一椭圆,0°点定在9_1点,180°点定在1_1点。其放样方法如下。

a. 取坐标系,按以前的规定,取主管中心线为X轴,AB线为板的Y轴,X轴与Y轴的交角为θ,交点为O_1(即5_1点),管径为D。

b. 以CD与X轴的交点O'为圆心,以$0.5D$为半径作圆,以C为起点,将圆弧分成16等分,并按顺序编号,过各圆弧等分点作X轴的平行线,交Y轴于1_1、2_1(16_1)、3_1(15_1)、4_1(14_1)、5_1(13_1)、6_1(12_1)、7_1(11_1)、8_1(10_1)、9_1各点。

c. 过X轴与Y轴的交点O_1(即5_1点处)作Y轴的垂线,并在其上任取一点O,过O点作O_1O的垂直线,得板的y轴,O_1O作为板的x轴。

d. 以O为圆心,以管半径($0.5D$)作圆,以y轴180°点为起点,将圆弧分成16等分,并以主管圆同样的顺序编号,得1、2、3……16各点。

e. 过1、2、3……16各点作y轴的平行线。

f. 过 1_1、$2_1(16_1)$、$3_1(15_1)$、$4_1(14_1)$、$5_1(13_1)$、$6_1(12_1)$、$7_1(11_1)$……$8_1(10_1)$各点作 y 轴垂线。

g. 连接平行线和垂线相对应的交点 1_0、2_0、3_0……16_0 各点，即得相贯线的投影椭圆，如图 2-57(b)所示。

如果是外皮相贯，则取管件外表面作投影，如果内皮相贯，则取管件内表面作投影，只需注意内外壁管径的差别，其方法完全一样。

②管件的展开。

为方便起见，我们直接利用放样图作管件展开，其方法和步骤如下。

a. 作 CD 的延长线，在此延长线的适当位置取一点 M，并在此线上再取一点 N，使 $\overline{MN}=\overline{\pi D}$，即 MN 为主管圆周长度。将直线 MN 分成同样的 16 等分，并以 0°点定为展开起始点，放在 M 点位置上，即从 9″点开始，得各对应点 9″、8″、7″……1″、16″……11″、10″、9″。

b. 9″、8″、7″……1″、16″……11″、10″、9″各点，作直线 MN 的垂线，再过主视图上的 9_1、$8_1(10_1)$、$7_1(11_1)$、$6_1(12_1)$、$5_1(13_1)$、$4_1(14_1)$、$3_1(15_1)$、$2_1(16_1)$、1_1 各点，作直线 MN 的平行线，此两线各对应线的交点为 9、8、7……1、16……11、10、9 各点。

c. 将其各点连成光顺的曲线，则 $\overset{\frown}{M919N}$ 所围成的图形即为主管展开后的实际形状。$\overset{\frown}{M919N}$ 曲线长度应与图 2-55(b)投影椭圆长度相等。

同样，如果是内皮相贯，则取管内径展开；如果是外皮相贯，则取管外径展开。但在制作管件展开样板时，需注意要以外径展开。

2. 管管相交节点的放样展开

管管相交节点类型多，基本上分为两大类：一类是两管件轴心线相交，即两管件的轴心线在同一平面内，称为无偏心相贯；另一类是两管件轴心线不相交，即两管件轴心线不在同一平面内，称为偏心相贯。这里仅介绍无偏心管管相交节点的放样展开。图 2-56 为无偏心管管相交节点。

(1)无偏心管管节点的放样展开

①无偏心管管节点放样展开的基本内容。

图 2-57 为一管管相交的无偏心节点，相贯线为一空间曲线，在各视图上的投影均为曲线，都不表示其实际形状。这样管管相交节点放样展开的内容，比管板相交时要多一些，它包括如下内容：

a. 节点投影图放样；

b. 节点相贯线放样；

c. 主管相贯线展开；

d. 支管展开；

e. 支管焊接坡口放样展开。

②作相贯线投影图的基本原理。

用节点投影说明相贯线投影图的作图原理(图 2-57)。

设 A 点为节点主视图相贯线投影线上的一点，过 A 点作平行于两管轴心线的辅助平面，该平面与两管件相交，与支管的交线为 AA_1，与主管的交线为 AA_2，在主视图上的 AA_1 和 AA_2 两交线(也是管件上的素线)，即表示平行于两管件轴心线的辅助平面。A 点既是相贯线在主视图投影线上的点，又是两素线在辅助平面上的交点。如果能在主视图上作一辅助平面，即作出表示辅助平面的两素线，求两素线的交点，就是相贯线投影线上的点。

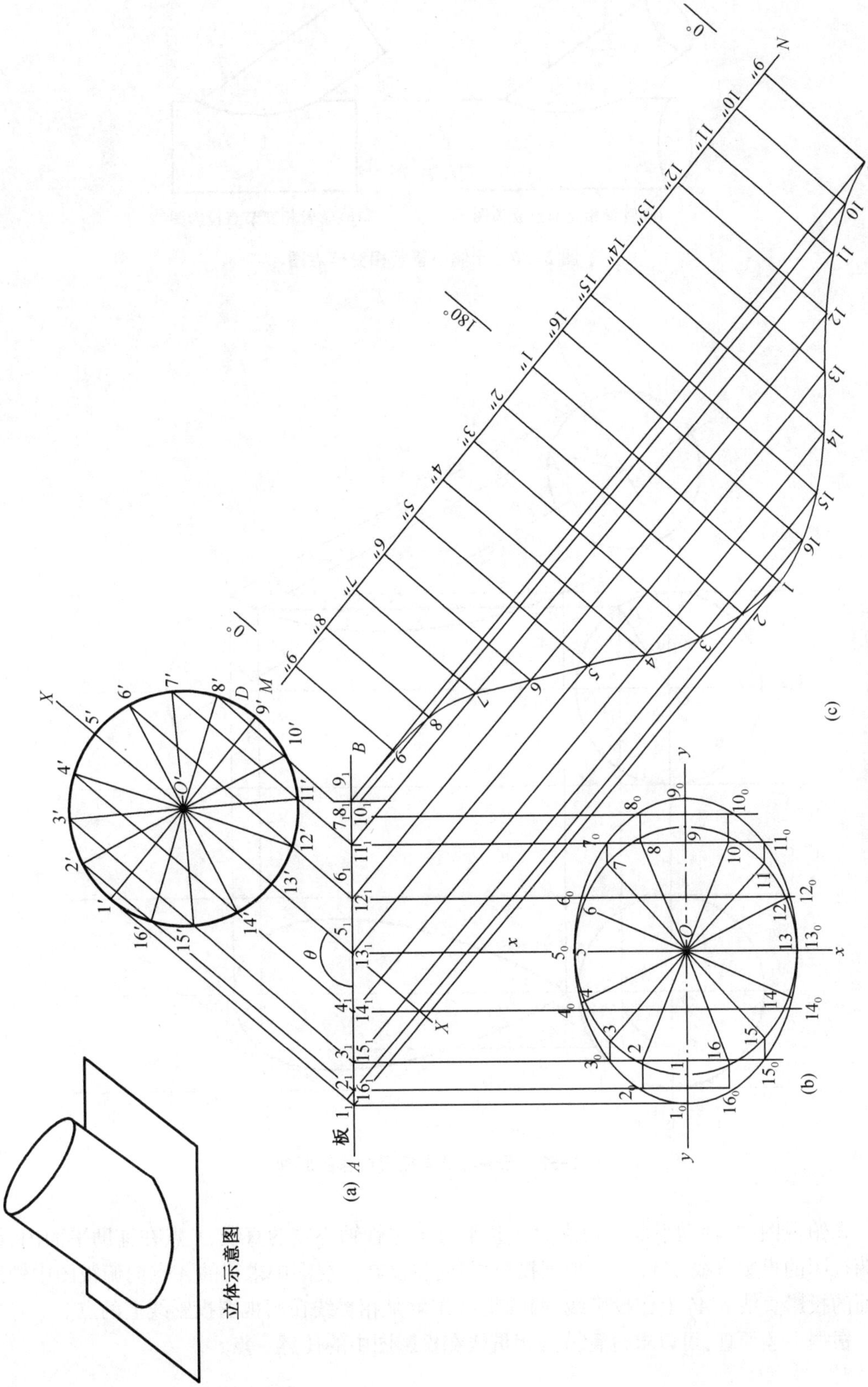

图 2-55 管板相贯线的放样与展开

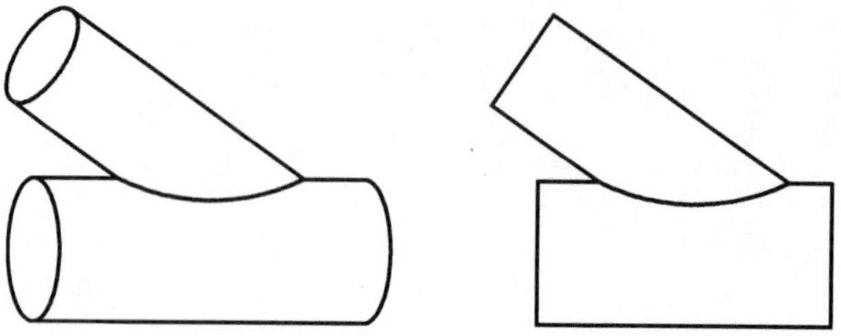

(a) 管管相交节点立体图　　(b) 管管相交节点投影图

图 2-56　无偏心管管相交节点图

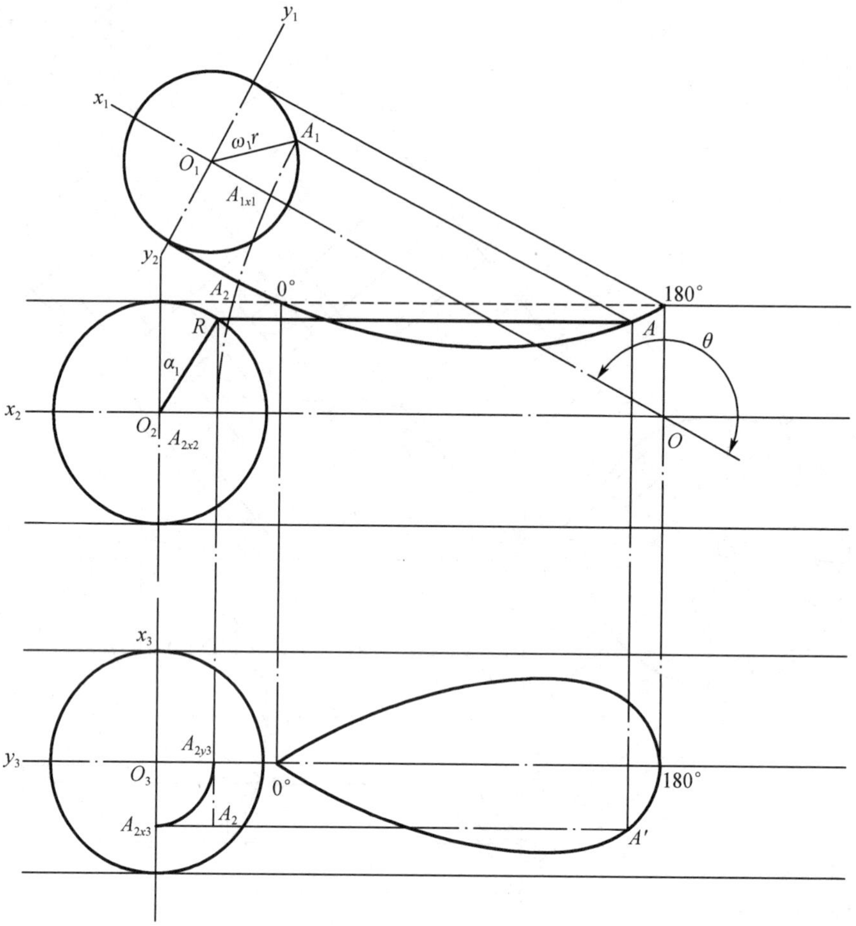

图 2-57　无偏心节点相贯线作图原理

在俯视图中，辅助平面的投影为一条平行于主管轴心线的直线，A 点在辅助平面内，即在俯视图的投影直线 $A'A_2'$ 上。根据投影原理，将已在主视图中求得的 A 点向俯视图中辅助平面的投影直线 $A'A_2'$ 上作投影线，两线交点 A' 就是相贯线在俯视图投影线上的点。

根据上述原理，可以求得管节点相贯线在投影图中的任意一点。

③投影图中求作相贯线上任意点的作图

a. 在主视图的支管表面上任取一点 A_1，A_1 点的圆心角为 ω_1，由 A_1 点向 x_1 轴投影得 A_{1x1}；

b. 以两管轴心线的交点 O 为圆心，分别以 O_1O 和 $A_{1x1}O$ 为半径作弧，交主管轴心线 x_2 轴 O_2 点和 A_{2x2}；

c. 以 O_2 为圆心，以主管半径 R 作圆，将 A_{2x2} 点向主管表面（主管断面圆）投影得 A_2 点，A_2 点的圆心角为 α_1；

d. 过 A_1 点作支管的素线，过 A_2 点作主管的素线，两素线的交点为 A，A 点就是节点相贯线上的点；

e. 将 A_2 点投影到俯视图的 y_3 轴上得 A_{2y3} 点，以 O_3 为圆心，以 O_3A_{2y3} 为半径作弧，在 x_3 轴上得 A_{2x3} 点，过 A_{2x3} 点作 y_3 轴的平行线，由主视图上已求得的 A 点向平行线投影，得俯视图上的 A'点，A'点就是相贯线在俯视图上的投影点。

依上述方法，将支管圆柱等分为 8，12 或 16 个等分点，求出相贯线在主俯视图上的投影点，光顺地连接各投影点，即得到了两投影图上相贯线的投影。

(2) 无偏心管节点放样展开实例

图 2-58 所示为两异径管斜交（Y 型），主管直径为 1 000 mm，支管直径为 600 mm，支管壁厚为 20 mm，轴交角 50°，求作相贯线，主管上的相贯椭圆及展开样板、支管里皮相贯的展开样板。

作图方法如下：

①取主管外径、支管内径及轴交角作投影图。

②作主视图的相贯线。

a. 将支管圆周 12 等分，从各等分点向支管轴线、主管轴线及主管表面作投影，得各对应点。作图方法及投影方向如图 2-58(a) 所示。

b. 过支管圆周上的等分点和主管表面上的投影点作素线，得对应素线的交点 1、2、3……12，这些点即为相贯线投影线上的各点。

c. 光顺地连接上述各交点，所得的曲线即是主视图上的相贯线。

③作俯视图上的相贯线（主管上的相贯椭圆）及展开样板。

a. 作主管轴线上各投影点的测量样棒 A。

b. 过主视图相贯线上各点，分别向主管轴线作投影线，用样棒 A 在各对应点的投影线上量取对应的量值，则得 1_3、2_3、3_3……12_3 各点，这些点即是相贯线在俯视图上的投影点。

c. 光顺地连接各点，则得主管上的相贯椭圆，如图 2-58 所示。

d. 用样棒 B 在主管表面上量取各等分投影点间的弧长，将样棒展直即为主管表面相贯各点的素线横向展开的距离。在图 2-58(b) 的投影线的延长线上，用样棒 B 对应取值，则得 1_4、2_4、3_4……12_4 各点。

e. 光顺地连接以上各点，即得主管相贯椭圆的展开样板，如图 2-58(c) 所示。

④作支管相贯线的展开样板。

a. 作支管外圆表面圆周一长度的展开，展开周长为 $2\pi r$，并将展开周长 12 等分，如图 2-58(d) 所示。

b. 过相贯线的各点，向展开图对应素线上作投影，得 1、2、3……12 各交点。

c. 光顺地连接所得各点，即得支管相贯线的里皮线展开样板（此展开线即是里皮线在外表面的投影线）。

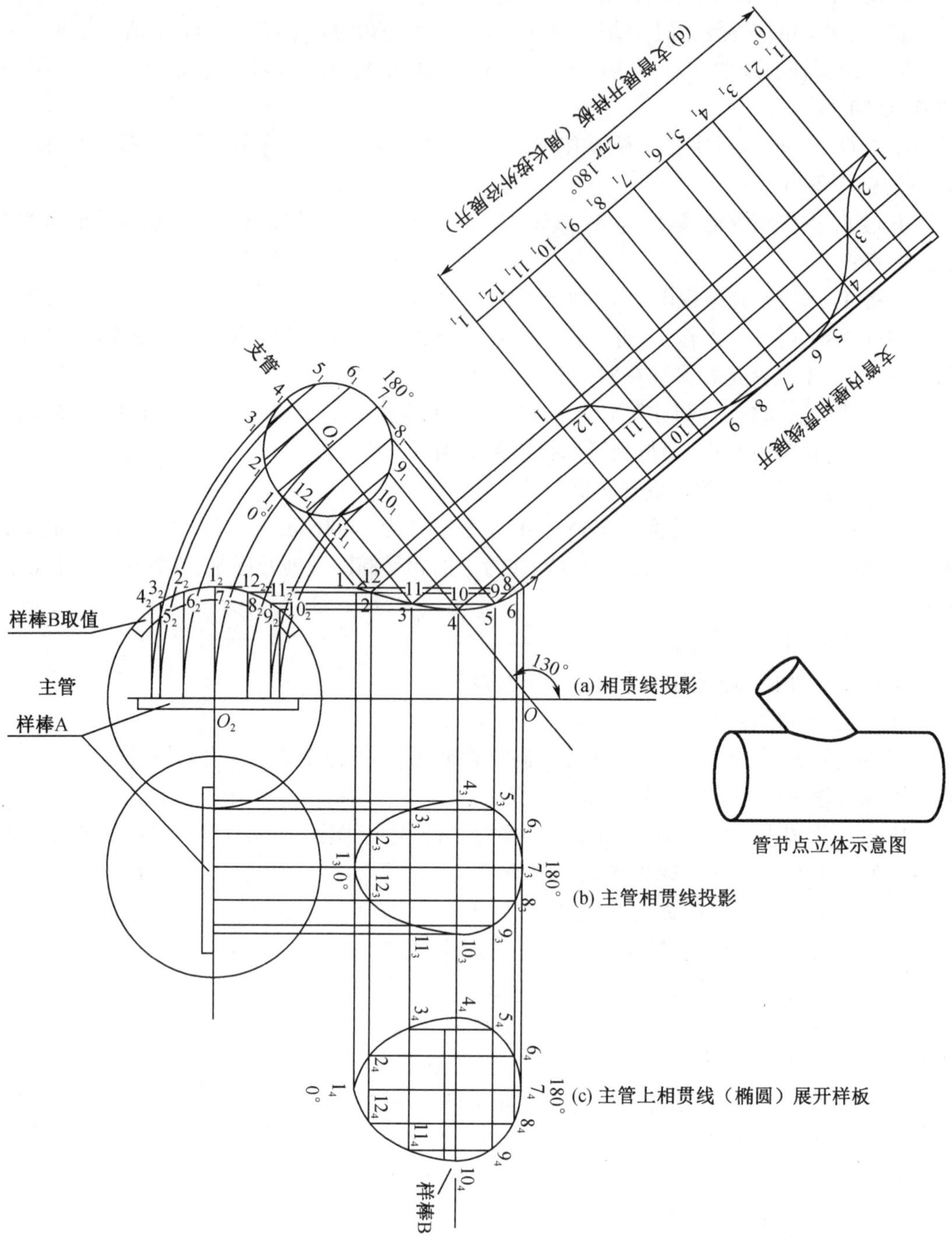

图 2-58　异径管斜交节点的放样展开作图

任务训练

训练名称:海洋平台管板、管管相交节点放样展开。

训练内容:

(1)倾斜管板相交节点放样展开

已知管板相交节点,如图 2-59 所示,管直径为 600 mm,壁厚为 20 mm(纸板模型可不考虑板厚),其交角为 150°(0°线处为 30°)。求作相贯线和绘制管件的展开图。

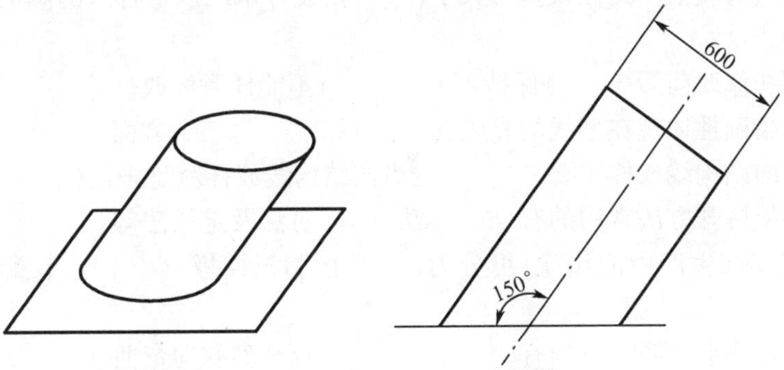

(a) 立体示意图　　(b) 主视图

图 2-59　管板相交节点示意图

(2)Y 型管管相交管节点放样展开

已知两管无偏心相交节点,如图 2-60 所示,主管直径为 600 mm,支管直径为 200 mm,支管壁厚为 20 mm,轴交角为 150°。求作主管和支管的相贯线及绘出展开图。

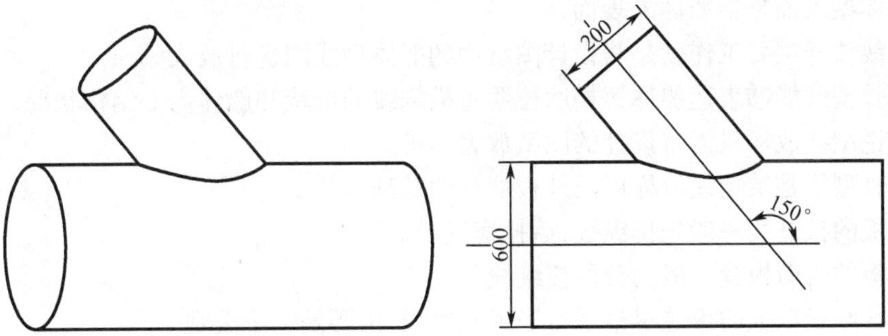

(a) 立体示意图　　(b) 主视图

图 2-60　两管无偏心相交节点示意图

【拓展提高】

拓展知识:船体数学放样。

【项目自测】

一、填空

1. 船体放样的目的不仅仅是将设计图放大,更重要的是将设计图上因比例限制而隐匿的(　　)和(　　)予以消除,即对型线进行光顺。

2. 格子线精度检验,一是检验(　　)在三个视图中是否相等,二是检验格子线的(　　)。

3. 型线修改时型值一致性误差不大于(　　),设计水线以下各点的修正量应以(　　)为原则。

4. 船体型线修改前后(　　)保持不变,(　　)不能任意修改。

5. 型线的精确性体现在型线的光顺、(　　)和(　　)三个方面。

6. 船体横向结构线放样主要是(　　),纵向结构线放样就是画出(　　)的投影。

7. 船体外板展开方法常用的有(　　)法、(　　)法及定线法等。

8. 样板按其在生产中的用途,可分为(　　)、胎板样板、(　　)、装配样板和检验样板等。

9. 活络三角样板的调节范围有(　　)、(　　)及 S 型双向弯曲。

10. 草图分为号料草图、胎架画线草图、(　　)草图和(　　)草图。

11. 管节点的基本形式主要有(　　)、(　　)和(　　)三种。

12. 管管相交中两管轴心线相交,即两管件的轴心线(　　)同一平面内,称为无(　　)相贯。

二、判断(对的打"√",错的打"×")

1. 船体型表面是指船体外表面。(　　)
2. 型线放样主要工作就是将设计图纸中的船体型线图进行放大。(　　)
3. 肋骨型线能够表达船体每挡肋位肋骨横剖线的形状和船体内部结构状况。(　　)
4. 理论型线放样只需将设计的图纸放大即可。(　　)
5. 肋骨型线是结构线放样以及外板展开的基础。(　　)
6. 外板的板缝线一般先排纵缝,后排横缝。(　　)
7. 外板的横向板缝一般为分段接缝线。(　　)
8. 满载水线以上的板缝尽量平行于甲板边线,主要是为了美观。(　　)
9. 外板纵接缝与内部纵向构件结构线之间不能相交。(　　)
10. 测地线也是准线的一种。(　　)
11. 扇形板与菱形板都能用统一测地线法展开。(　　)
12. 所有的外板都能用十字线法展开。(　　)
13. 样板号料有利于提高钢板利用率。(　　)
14. 甲板分段胎架的横向胎板样板可借用梁拱样板来代替。(　　)
15. 三角样板是用于号料的。(　　)
16. 外板的展开图上肋骨弯度方向与肋骨型线图上肋骨弯曲方向一致。(　　)
17. 活络三角样板使用木质材料不能反复使用。(　　)

三、名词解释

1. 船体结构线放样
2. 外口线、内口线
3. 船体构件展开
4. 肋骨弯度
5. 测地线
6. 号料
7. 轴交角
8. 无偏心相贯

四、简答

1. 什么是船体放样？船体放样包括哪些内容？
2. 简述船体理论型线的绘制步骤。
3. 格子线检验包括哪些内容，具体方法是什么？
4. 型线检验从哪几方面进行？采用什么方式进行型线综合检验？
5. 外板接缝排列原则主要有哪些？
6. 外板展开的方法有哪些？这些展开方法的共同特点是什么？
7. 活络三角样板优点有哪些？二翼扇形梳状式活络三角样板主要构件有哪几部分？
8. 管节点的类型有哪些？
9. 无偏心管节点的放样展开内容有哪些？

五、作图

1. 已知型宽 $B=2\ 000$ mm，梁拱高 $h=100$ mm。以 1∶10 比例作抛物线形甲板梁拱曲线(半宽)。并利用此梁拱曲线，在图 2-61 中绘制甲板中线。甲板边线与甲板中线高度差比例为 1∶50。各站甲板半宽值如表 2-2 所示。

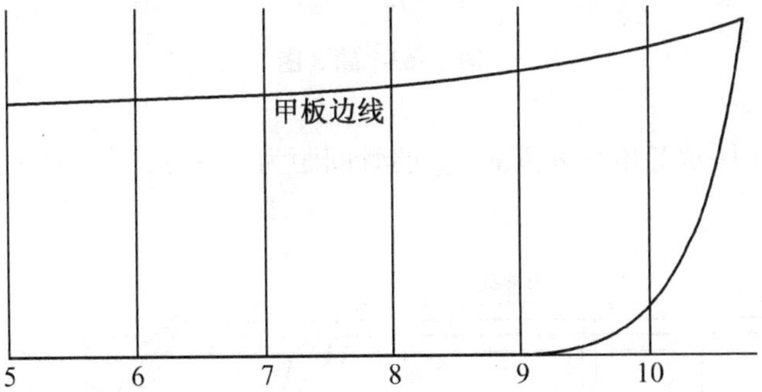

图 2-61 题 1 图

表 2-2 各站甲板半宽值

站号	#5	#6	#7	#8	#9	#10
半宽值	1 000	950	880	810	710	440

2. 图 2-62 中为一组横剖线，按图作出水线、纵剖线及斜剖线，站距在纸面上为 20 mm，比例为 1∶1。

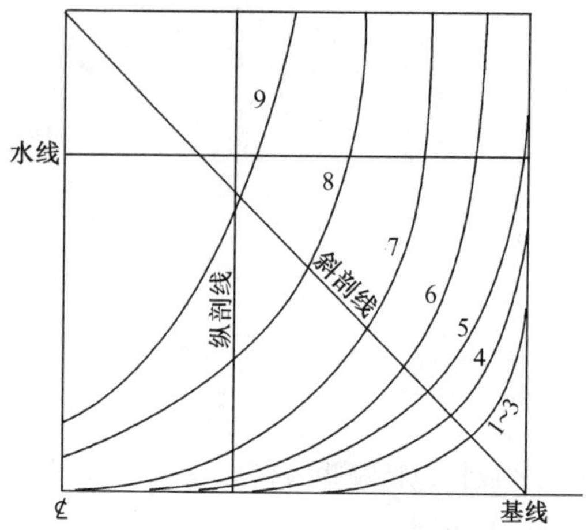

图 2-62　题 2 图

3. 根据图 2-63 中肋骨型线形状判断可采用哪种外板展开方法，并用相应方法展开所示外板。

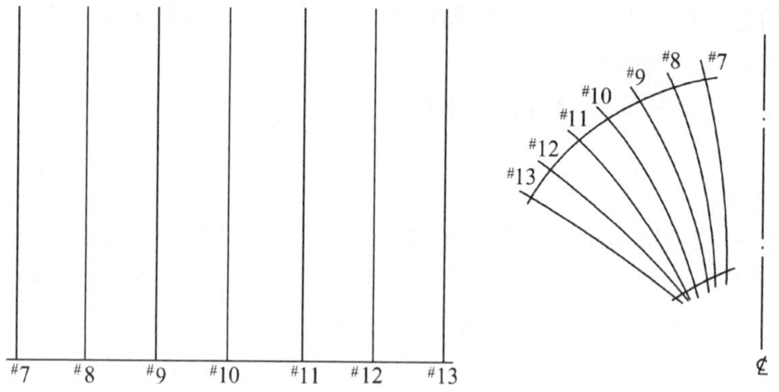

图 2-63　题 3 图

4. 展开图 2-64 所示旁桁材 a、b、c、d。肋骨间距为 15 mm。

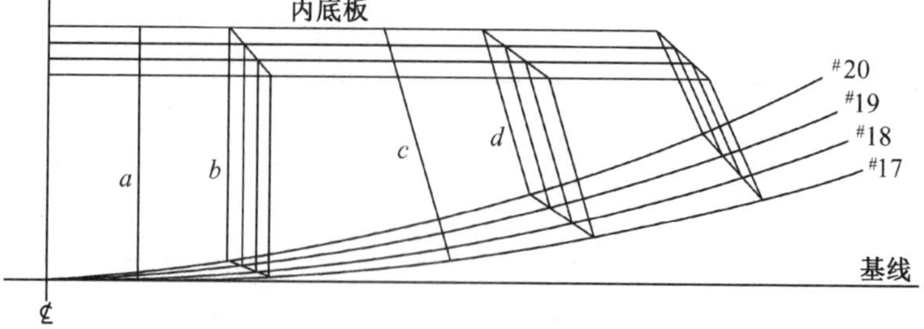

图 2-64　题 4 图

六、拓展思考题

1. 数学放样对船舶建造技术有什么影响？目前船体数学放样在船厂的应用情况如何？

2. 数学放样要经过哪些流程？为什么现在把数学放样作为设计工作的一部分融入生产设计中？

项目3 钢料加工

【项目描述】

船体钢料加工,是指将钢板和型材变成船体构件的工艺过程。从钢料堆场领取出来的钢板和型钢,需经过矫正和表面清理与防护,才能进行船体零件的号料,然后再根据号料时所画的构件轮廓,进行切割(或剪切),最后弯制成所需要的船体构件。钢料加工分为钢材预处理、构件边缘加工和构件成形加工(型材和板材成形加工)三大类。海洋平台构件加工以钢板整平、相贯线加工、圆形加工和型钢撑直、型钢圆形加工为主。随着船体建造工艺的发展,船体构件的加工技术也有很大发展,主要趋向是加工设备高效化,辅助作业机械化,工艺操作流水化,加工机床数控化。

本项目包括钢材预处理、构件边缘加工、构件成形加工和海洋平台构件加工四个工作任务。通过本项目的学习,学习者能够熟悉船体钢料加工的主要原理及方法。

知识要求

1. 熟悉钢材预处理的主要内容及相关设备、加工方法;
2. 熟悉构件边缘加工的主要内容及相关设备、加工方法;
3. 熟悉构件成形加工的主要内容及相关设备、加工方法;
4. 熟悉海洋平台构件的加工特点、主要加工设备和加工方法。

能力要求

1. 能根据船舶钢板和型材选择合适的预处理工艺;
2. 能根据具体情况选取相关设备和加工方法来对构件进行边缘加工;
3. 能根据具体情况选取相关设备和加工方法来对构件进行成形加工;
4. 能根据海洋平台构件具体情况选取相关设备和加工方法。

思政和素质要求

1. 具有良好的职业道德,以及遵守行业规范的工作意识和行为意识;
2. 具有全局意识,较强的质量意识、安全意识和环境保护意识;
3. 具有严谨细致的工作作风和独立分析问题、解决问题的能力。

【项目实施】

任务3.1 钢材预处理

PPT

任务解析

供船厂使用的钢材和型材,由于钢厂轧制冷却后收缩不均匀和运输堆放中的各种影响,会产生变形和锈蚀,为了保证后道工序号料和加工质量,船厂在号料之前会对钢材进行矫正(矫平或矫直)和清除锈蚀,并涂覆车间底漆,这个工艺过程称为钢材预处理。

本任务主要介绍钢板和型材的矫正原理和方法、钢板表面处理的方法以及钢板的表面防护方法的相关知识。通过本任务的学习和训练,学习者能够熟悉钢材预处理的主要内容及相关设备、加工方法,了解钢材预处理流水线,能根据船舶钢板和型材选择合适的预处理工艺。

背景知识

钢材预处理就是在号料之前会对钢材进行矫正(矫平或矫直)和清除锈蚀,并涂覆车间底漆的工艺过程。钢材预处理包括钢材矫正、钢材表面清理与防护。

一、钢材矫正

1. 钢材变形的原因和矫正原理

钢材变形的原因:钢材在轧钢厂轧制时,因压延不均匀、轧制后冷却收缩不均匀而变形,此外,由于装卸、运输、贮存不当,也会局部变形。钢材变形通常表现为表面凹凸不平、弯曲、扭曲、波浪形等,在号料前应进行矫正,消除这些变形。

钢材变形矫正原理:钢材的任何一种变形都是由其中一部分纤维比另一部分纤维缩得短些或伸得长些所致。因此,矫正就是将较短的纤维拉长或将较长的纤维缩短,使它们和周围的纤维有同样的长度。但实际上一般都采用拉长纤维的方法,因为压缩纤维难以实现。

2. 钢材的矫正

钢材的矫正包括钢板的矫正和型材的矫正。

(1) 钢板的矫正

①机械矫正。

机械矫正就是通过一定的矫正机械设备对钢板进行矫正。机械矫正适用于批量较大、形状比较一致、有一定规格的钢材。机械矫正一般在专用机械上进行,但由于各企业规模、设备和产品品种等不同,机械矫正也有在通用机械设备或自制矫正设备上进行的。

原材料钢板的矫正一般是在多辊矫平机上进行的,一般有 5~11 个工作辊,图 3-1 所示为七辊矫平机。用钢板矫平机矫平钢板是使钢板在轴辊中反复弯曲,从而使钢板内的短纤维拉长,使钢板的应力超过弹性极限时发生永久变形,由此实现钢板平整的一种矫正方法。矫平小件板材时,可把同一厚度的小件板材放在厚一些的整张大钢板上,用轴辊对小件板材反复辊轧,使小件板材短纤维伸展而被矫平。

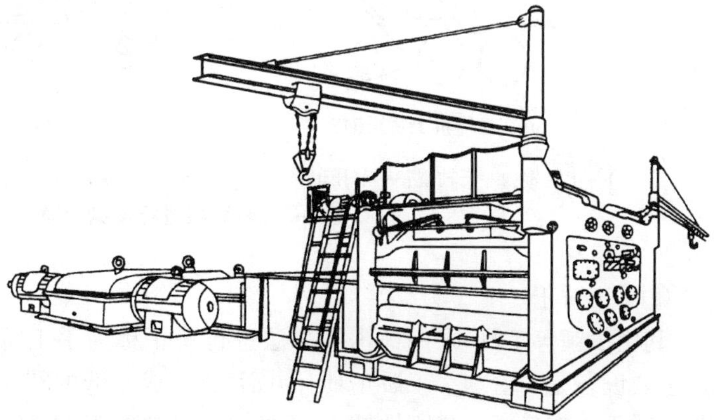

图 3-1 七辊矫平机

常用的矫平机的工作部分是由上下两列工作轴辊所组成的，其中下列辊是主动轴辊，由轴承固定在机体上，不能做任何调节，由电动机通过减速器带动它旋转；上列辊为从动辊，可借手动螺杆或电动装置来做上下垂直调节，以便调节矫平机上下辊列之间的间隙，来适应矫平各种不同厚度的钢板。矫平时，钢板随着轴辊的转动而啮入，并在上下辊列间受到方向相反的力而发生多次交变的弯曲，因弯曲应力超过材料的屈服极限而发生塑性变形，使钢板中较短的纤维伸长，从而矫平钢板。

根据轴辊的排列形式和调节辊的位置，矫平机有下列两种类型：一类是上下辊列平行且前后两端的轴辊可单独调节的矫平机，如图 3-2(a)所示；另一类是上下辊列不平行的矫平机，如图 3-2(b)所示。

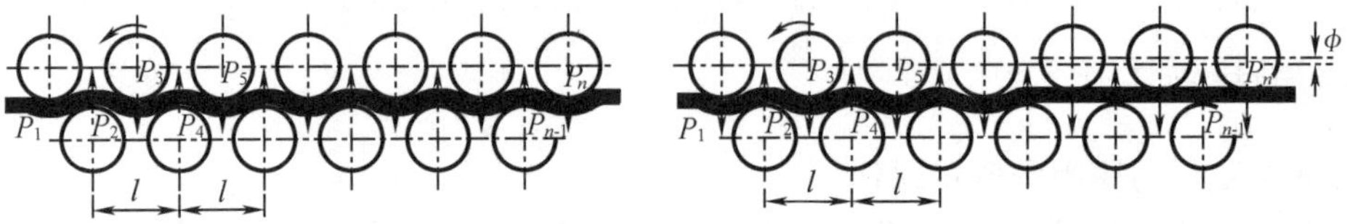

(a) 上下辊列平行　　(b) 上下辊列不平行

图 3-2　矫平机类型及工作原理图

钢板越厚，矫正越容易。薄板容易变形，矫正比较困难。厚度在 3 mm 以上的钢板通常在五辊或七辊矫平机上进行矫正。厚度在 3 mm 以下的钢板通常在九辊、十一辊或更多辊的矫平机上进行矫正，若仍不满足要求，可辅以手工矫正。对厚度超过矫平机加工范围的，可使用液压机或三辊弯板机进行矫正。

三辊弯板机可矫平中厚度钢板和辊弯机负荷能力范围内的厚板。矫正时可先将矫正件滚出适当的大圆弧，再翻身用略加大上下距离的轴辊辊轧。如此反复辊轧使矫正件原有的弯曲反弯，从而使其逐渐趋于平直。对于同一厚度的薄板或小件板材，可利用厚钢板(30~40 mm)作衬垫，在辊弯机内反复辊轧从而达到矫平目的。如图 3-3 所示为辊弯机进行厚钢板矫正。

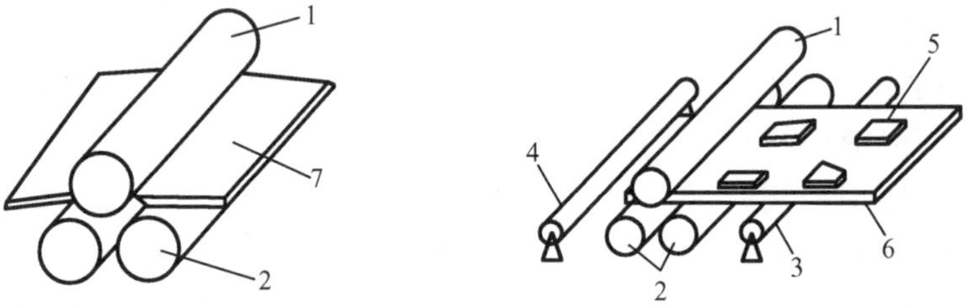

(a) 在辊弯机上矫正钢板　　(b) 三辊弯板机矫正小件钢板

1—上轴辊；2—下轴辊；3—前托辊；4—后托辊；5—小件薄板(4 件)；6—衬垫钢板；7—矫正钢板。

图 3-3　辊弯机进行厚钢板矫正

②手工矫正。

利用手锤等工具、采用捶击的方法进行矫正称为手工矫正。主要的工具是手捶、型捶等，主要设备是平台。手工矫正具有灵活简便、成本低的特点，一般在缺乏或不便使用矫正设备，矫正件变形不大或刚性较小，不便采用其他矫正方法等情况下使用。

钢板手工矫正的基本方法是用锤击钢板纤维较短的部位使其伸长,逐渐与其他部位纤维长度趋于相同,从而达到矫正的目的。矫正钢板时,较难找准“紧”“松”的部位,一般规律是“松”的部位凸起,用锤敲击紧贴平台“紧”的部位。薄板的矫平是难度较大的矫正工作,如只用手工矫正较难,可与火焰矫正相结合进行矫正。如图 3-4 所示为用手工矫正具有不同变形的薄板。

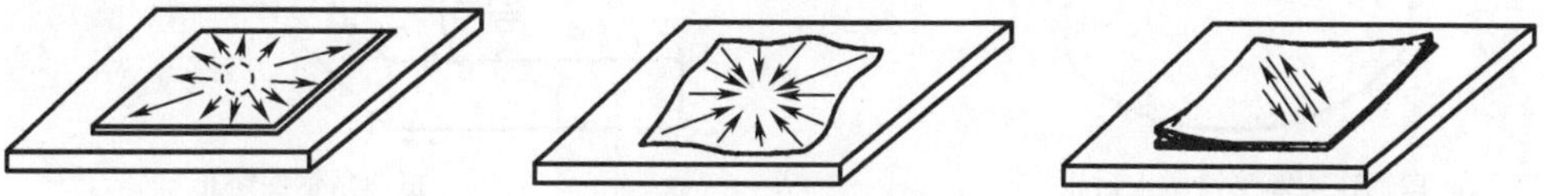

(a) 薄板中间凸起矫平　(b) 薄板四周波浪形矫平　(c) 薄板扭曲矫平

图 3-4　手工矫正薄板

对于已矫正好的钢板,应根据规定的技术标准进行检验。表 3-1 所列为矫正后钢板的允许翘曲度。

表 3-1　矫正后钢板的允许翘曲度

钢板厚度/mm	3~5	6~8	9~11	12
允许翘曲度/mm	3.0	2.5	2.0	1.5

(2)型材的矫正

①型材的机械矫正。

对于平直的型材构件,应先在型材矫直机上矫直,再进行号料和切割;对于弯曲的型材构件,因为加工时要留有余量,所以不必经过矫直,可直接进行号料、切割和弯曲加工。

图 3-5 所示为型材矫直机的工作原理图。机床的工作部分有两个支撑和一个推撑组成,支撑没有动力传动,但两个支撑之间的间距可以根据需要进行调节,推撑安装在一个能做水平往复运动的滑块上,由电动机通过减速器带动其做水平往复运动。

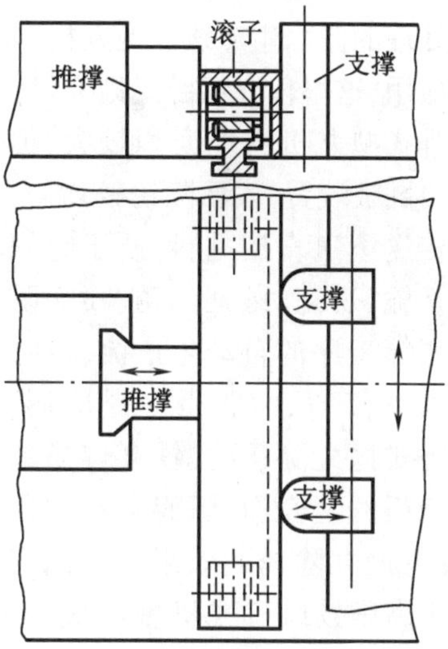

图 3-5　型材矫直机的工作原理图

另外,在没有专门型材矫直设备的情况下,大型材可进行水火矫正,也可在液压机上进行矫正,在液压机上矫正时需要配置符合型材形状的压模。

②型材的手工矫正。

在没有专门的型材矫正设备的情况下,小尺寸的型材可以放在圆墩或者平台上用手工敲击的方法来矫正,如图 3-6 所示。

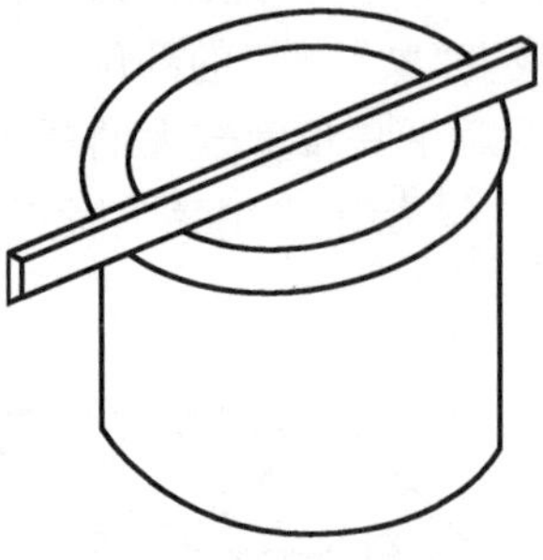
(a) 扁钢在圆筒形铁墩上矫正

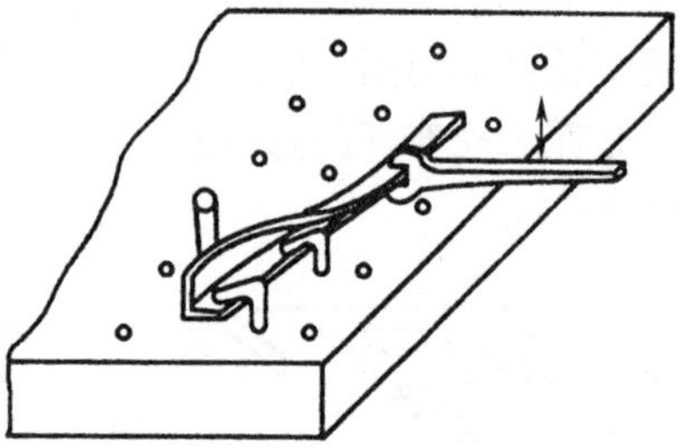
(b) 扭曲角钢的矫正

图 3-6　小尺寸型材的手工矫正

二、钢材表面清理与防护

钢材表面的清理和防护，是指将钢材表面的氧化皮和锈斑清除干净（即除锈），然后在除锈的钢材表面涂刷防锈底漆的工艺过程。

1. 钢材表面清理

（1）抛丸除锈法

船用钢材的表面预处理主要是采用抛射磨料处理的方式，俗称“抛丸除锈法”。它是利用离心式抛丸机的旋转叶轮将磨料（钢丸、钢丝段、棱角钢砂等）高速抛射到钢材的表面上，使氧化皮和锈斑剥离的一种除锈工艺方法。抛丸除锈法一般用于原材料除锈，适合组建钢材预处理的流水生产线。抛丸机有卧式和立式两种形式，如图 3-7 所示。立式抛丸机目前很少应用，这里仅介绍卧式抛丸机。

卧式抛丸机占地面积较大，但不需要翻板装置，表面除锈较均匀，可用传送滚道直接进料，便于组织钢材运输、矫正、抛丸除锈、喷涂防护底漆等工序的自动生产流水线，生产效率高，从而获得广泛应用。采用卧式抛丸除锈时，铁丸容易铺积在钢板的上表面，阻碍丸粒的抛射，降低抛丸除锈的效果。因此需要设置高压鼓风机或机械刮板来随时清扫铺积在钢板上的铁丸，保证除锈工作的顺利进行。

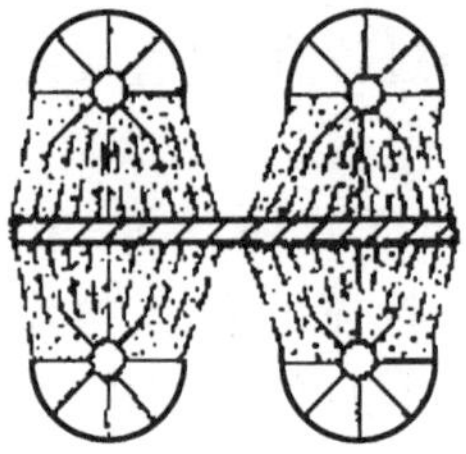
(a) 卧式抛丸机

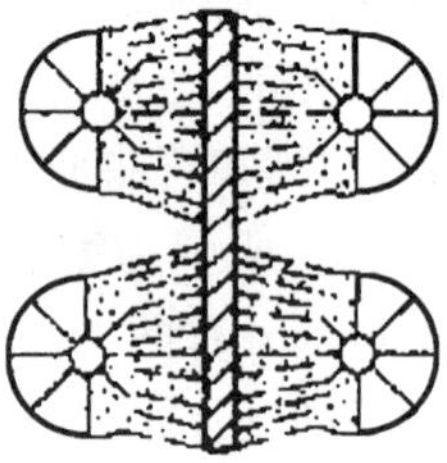
(b) 立式抛丸机

图 3-7　抛丸机的基本形式

抛丸除锈设备一般设置有丸粒回收系统，以便丸粒的反复使用；并配有通风除尘装置，以降低对环境的污染。

在没有抛丸预处理流水线的条件下，或处理预处理流水线难以处理的超厚板材时，可采用喷砂除锈。

（2）化学除锈法

化学除锈法通常指的是多工序的酸洗除锈法。由于薄板采用抛丸除锈法，容易使钢板产生变形，因此 5 mm 以下的钢板可用化学除锈法。除用于薄板外，酸洗除锈法主要用于处理管子、舾装件和形状复杂的零部件,可作为抛丸除锈法的补充手段。

酸洗除锈法大致的工艺程序如下：

把脱脂并洗净后的钢材置于酸洗槽中,将氧化皮和锈斑浸渍除掉,用冷水洗净后,再用碱液将残余的酸液中和,然后再用冷水冲洗干净。为了避免过蚀、节约酸液、改善劳动条件,在酸洗液中必须加入一定量的缓蚀剂。经过酸洗后的钢材必须有一定的防护处理,这样才能在以后的加工和贮存过程中减少或免于锈蚀。最常用的方法是放入磷化槽中进行磷化处理。将经磷化处理后的钢板吊入热水槽内进行清洗,彻底除去表面游离磷酸,再吊出钢板,利用余热进行自然干燥,然后进行补充处理(浸渍、刷涂或喷涂),在室温下干燥4~6 h。

化学除锈一般将盐酸、硫酸、磷酸或它们的混合液作为除锈液,近年来也有用柠檬酸和有机酸的。

此外,对分段二次除锈和一些铁舾件、预处理不能处理的钢板或型材的表面处理可采用喷丸除锈法。它是利用风管中高速流动的压缩空气将铁丸喷射到钢材表面上,使氧化皮和锈斑剥离下来,从而达到除锈的目的。二次除锈也可以采用带锈底漆法,对小型船舶的一次除锈防护也可使用。带锈底漆涂刷在生锈钢材表面后能与铁锈发生反应,生成一层具有保护能力的薄膜,并成为底漆。使用带锈底漆可以免掉钢材表面的除锈工作,节省设备和工时,大大简化了钢材的除锈和防护工艺。

2. 钢材的表面防护

经过抛丸除锈后的钢材应及时进行防护处理,一般根据湿度的不同,抛丸清理与防护处理之间的允许间隔时间为10~20 min。其步骤如下：

①用驱除了水分和油脂的压缩空气,把除锈后的钢板表面吹净。

②涂刷防护底漆,如富锌底漆、环氧铁红底漆等;或是浸入磷化处理槽内进行磷化处理,然后放进干燥槽内,用加热到70 ℃的空气进行干燥处理。磷化处理后的钢材在15~20天内不会生锈。

钢材进行表面处理后喷涂车间底漆是目前常见的一种表面防护方式。车间底漆,又称保养底漆或预处理底漆,是钢板或型钢经抛丸预处理除锈后在流水线上采用的一种底漆。目前我国常用的型号有702环氧富锌底漆(二罐装)、702-2环氧低锌车间底漆、703环氧铁红车间底漆和704无机硅酸锌底漆。

车间底漆的作用是对经过抛丸处理的钢材表面进行保护,防止钢材在加工、组装到分段形成甚至到船台合龙期间产生锈蚀,从而大大减轻分段或船台涂装时的除锈工作量。

三、钢材预处理流水线

钢材预处理流水线,是指钢材输送、矫正、除锈、喷涂底漆、烘干等工序形成的自动作业流水线。钢材预处理流水线通常分为钢板预处理流水线和型材预处理流水线两种,也有在同一流水线上既处理钢板又处理型材的情况。

钢材预处理流水线具有生产效率高、劳动条件好、全自动控制、除锈质量理想、表面粗糙度均匀、底漆附着牢固、处理后存放时间长等优点。现在越来越多的船厂采用钢材预处理流水线,但各船厂的工序并不完全一样,个别工序有所差异。

钢板预处理流水线的工艺流程(图 3-8):

①用电磁吊或自动装卸运输车将钢材吊放到输送辊道上。

②辊道以 3~4 m/min 的速度将钢材送入多辊矫平机,对钢板进行矫平处理。

③矫平后的钢板由输送辊送入加热炉,使钢材温度达到 40~60 ℃,目的是去除钢板表面的水分,并使氧化皮、锈斑疏松,便于除去,同时可增加漆膜的附着性,且快干。

④钢板进入抛丸室,抛丸装置自动地向钢板两面抛射丸粒(丸粒可回收再使用),并用热风除去钢板表面的灰尘。

⑤钢材除锈并清洁后,进入半封闭式喷涂室喷涂保养底漆。喷涂是通过装置在滚道上、下两面的自动高压无气喷涂机,由电子自动控制装置操纵喷嘴向钢板表面喷涂底漆。喷嘴沿导轨迅速做横向往复运动,其速度可在 0~80 m/min 做无级调速。

⑥钢板离开喷涂室后,进入烘干室进行烘干。漆膜烘干方法有红外线、远红外线和电加热等。为利于喷漆溶液的挥发,加快干燥过程,应有通风装置。

⑦钢板烘干后从烘干室出来,进入高速辊道,以 20~30 m/min 的速度送出预处理流水线。经质量检验合格后送入加工车间进行号料、加工。

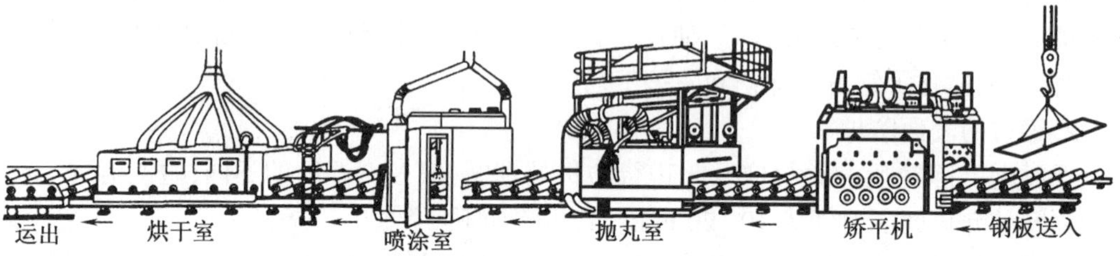

图 3-8　钢板预处理流水线

钢材预处理过程中,抛丸室及喷涂室中充满了铁质粉尘和喷雾,因此应对集尘、换气、防爆等方面予以特别注意,必须采取相应的环境保护措施和防火、防爆措施。

任务训练

训练名称:(1)制订批量(或单件)原材料钢板(板厚 10 mm)的预处理方案;

(2)制定手工矫正中间凸起的薄板工艺。

训练内容:

(1)假定船厂有一批量(或单件)原材料钢板(板厚 10 mm),这批钢板需要进行预处理。查阅资料了解原材料钢板预处理工艺,根据船厂预处理工艺流程,选择合适的设备以及工艺流程顺序制订合理的方案,写出方案内容。

(2)板厚为 4 mm 的钢板,由于长时间堆积,钢板变形,中间部位凸起,用手工矫正的方法矫平钢板,制定钢板矫正工艺,并写出矫正步骤。

任务 3.2 构件边缘加工

PPT

任务解析

边缘加工主要指经过号料(或套料)的钢材的切割分离以及焊接坡口的加工。船舶与海洋平台构件中既有大型板材,也有小型的肘板,通过放样信息将板材和型材切割成所需的空间形状,是钢料加工中的一项工作,且由于焊接和装焊技术的要求,也需要将构件的边缘切割成所需的焊接坡口。

本任务主要介绍边缘加工中切割的方法和目前船舶与海洋工程装备制造企业常用的切割设备,以及焊接坡口的加工方法和常用的加工设备。通过本任务的学习和训练,学习者能够熟悉构件边缘加工的主要内容及相关设备、加工方法,能根据具体情况选取相关设备和加工方法对构件进行边缘加工。

背景知识

构件边缘加工的方法有机械切割法(剪切、冲孔、刨边和铣边)、化学切割法(气割)和物理切割法(等离子切割和激光切割等)。船体构件的边缘加工包括构件的边缘切割和构件的焊接坡口加工。

一、船体构件的边缘切割

1. 机械切割法

机械切割是指被切割的金属受到剪刀给予的超过材料极限强度的机械力挤压而发生剪切变形并断裂分离的工艺过程。其大致可分为弹性变形、塑性变形和断裂三个连续发生的阶段。

船体加工车间里剪切直线边缘构件的加工机床主要有斜刃龙门剪床和压力剪切机(或联合剪冲机)两种。曲线边缘构件的机械剪切主要是圆盘剪切机。

(1)直线边缘切割

①斜刃龙门剪床。

斜刃龙门剪床是用来剪切长直边构件的专用设备,对于中、薄板的直线剪切尤为适宜,其最大优点是精度高、速度快,其工作部分如图 3-9 所示。

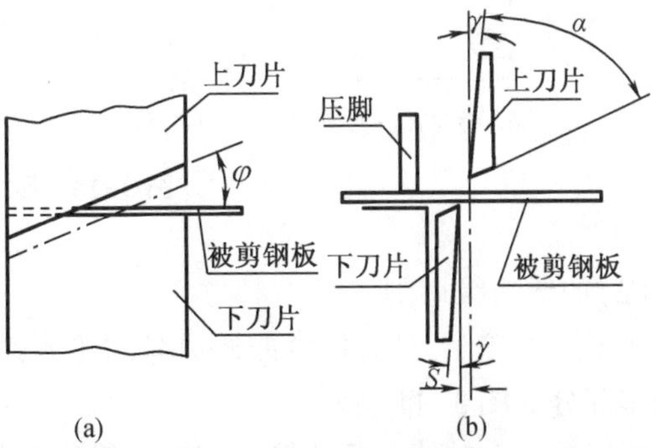

图 3-9 斜刃龙门剪床工作部分示意图

龙门剪床的剪板刀片比较长,一般为 1.5~5.2 m,最大达 8.3 m,剪切厚度最大可达 20~50 mm,每分钟行程次数为 5~45 次。

剪床的下剪刀固定,上剪刀由离合器与机床运动部分相连。在离合器脱开时,即使机床飞轮转动,上剪刀也不做上下往返运动。在剪切时需启动剪切机构,使上剪刀的离合器合上,这样上剪刀才做一次下剪动作。完成一次剪切动作后,上剪刀回到原来平衡位置时,离合器即脱开,工作部分停止运动,这样有充足的时间进行剪切钢板的各项准备工作。同时,在上剪刀下剪以前,剪床的压紧装置将板料自动压紧,以免剪切钢板产生移动或翻转。所以,用龙门剪床剪切长直线时,可以获得相当高的精度。

龙门剪床的传动方式有机械传动和液压传动两种,液压传动的龙门剪床具有作用力恒定、可以防止超载、振动小、结构简单、体积小、质量小等特点。有的龙门剪床其工作台可以回转,以便将构件的边缘直接剪切出焊接坡口。

中、小型船厂,造船所用的钢板都不太厚,龙门剪床是直边构件边缘剪切高效而经济的加工设备,若再配备适当的上料、送料、定位和落料的辅助装置,将会进一步提高其加工效率。

②压力剪切机。

压力剪切机主要用来剪切短直线,有时也用来剪切较长的直线或缓曲线,但其速度慢、操作复杂而且质量较差。

船厂中常见的压力剪切机一般是剪切与冲孔两用的联合机床,它既可以剪切板材和型材,又可以进行冲孔。它的剪切刀片较短,通常为 300~600 mm,剪切时,上刀片做垂直的往返运动,刀片的有效工作长度一般是 250~300 mm。

根据剪刀装置的方向,压力剪切机分纵向和横向两种。横向式压力剪切机如图 3-10(a)所示,其喉深一般为 600~1 000 mm,因此板材剪切的宽度受到喉深的限制。

纵向式压力剪切机无喉深的限制,如图 3-10(b)所示,它可冲剪金属板材和剪切角钢等型材。图中右端为纵向式剪切板材区,中部为剪切型材区,左端为冲孔区。

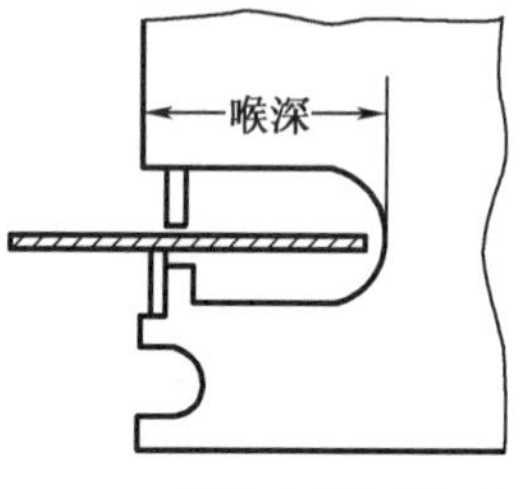

(a) 横向式压力剪切机

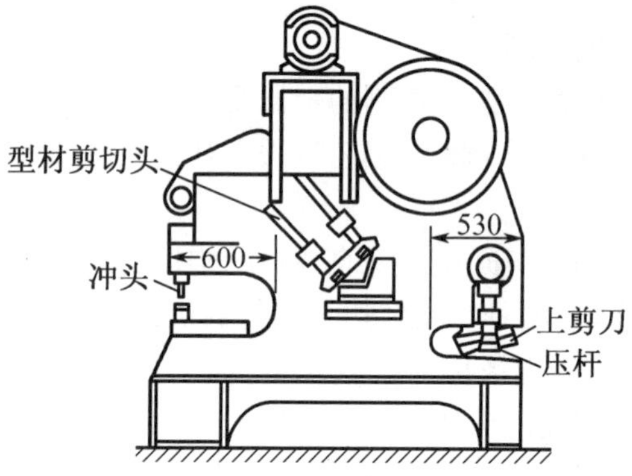

(b) 纵向式压力剪切机

图 3-10 压力剪切机

(2)曲线边缘切割

对于厚度较小,具有任意曲线边缘的船体构件,可用圆盘剪切机进行剪切,圆盘剪切机的工作部分如图 3-11 所示。

剪刀由两个轴线平行或倾斜安装的锥形圆盘组成,剪切时,上刀盘为主动盘,下刀盘为从动盘,上下剪刀的重叠值 h 为(1/5~1/3)板厚。由于两个剪刀重叠的弧线很短,因此可以用转动材料的方法剪切曲线边缘。这种加工设备适用于不宜气割的薄板和有色金属板材曲线边缘加工。

2. 化学切割法

化学切割法，现在主要采用的是氧乙炔或氧丙烷气割，也开始采用天然气气割，它的实质是金属在氧气中燃烧。气割的过程由三个阶段组成：金属的预热、金属的燃烧、氧化物的排除。

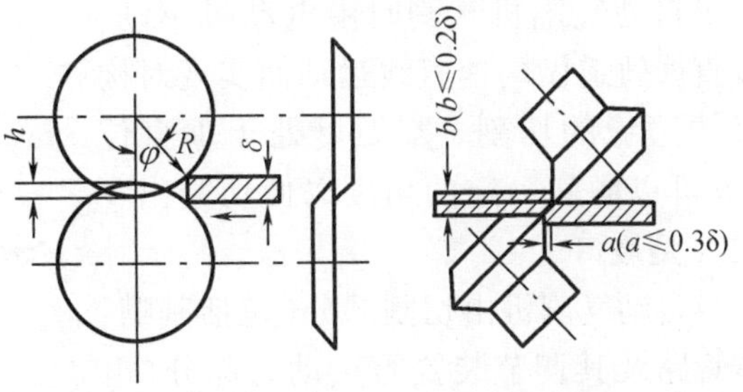

(a) 轴线平行式 (b) 轴线倾斜式

图3-11 圆盘剪切机的工作部分示意图

金属的预热利用的是调节好的预热火焰，使割缝起点的温度逐步上涨，直至达到被割材料的燃点，这时开放高速的纯氧气流，使金属在纯氧中燃烧，并将燃烧生成的液态氧化物迅速吹掉而形成割缝。同时由于金属的燃烧放出大量的热，利用钢材的导热性，使热量不断预热待割部分的钢材至燃点温度，使上述过程连续不断地进行，最后将金属分开，达到切割的目的。

满足如下条件的金属才能进行气割：被切割金属的燃点应低于其熔点，否则，金属尚未达到燃点就已开始熔化，就不能切割了；燃烧产生的氧化物的熔点应低于金属熔点，并具有良好的流动性，否则，氧化物不能以液态从切割处排除，易产生粘渣等现象；金属在氧气中燃烧时应能放出较多的热量，气割过程中上层金属燃烧放热对下层金属的补充预热作用十分重要；金属的导热率不应过高，否则预热焰热量和被割金属燃烧所产生的热量将从割缝处迅速散失，使温度很快低于燃点，导致切割过程不能开始或切割中断及割缝过大；金属中不应含有使气割过程恶化的杂质。船用低碳钢和低合金钢均能满足上述条件，具有良好的可割性。不锈钢、铸铁、铜、铝及铝合金等有色金属一般不能用气割进行切割，更不能切割非金属。

进行直线边缘气割时，常用手工气割炬、半自动气割机和门式自动气割机。进行曲线边缘气割时，常用手工气割炬、光电跟踪自动气割机和数控自动气割机。

(1) 手工气割炬

手工气割时割嘴的运动轨迹由操作者手工控制，操作者控制割嘴沿号料画出的切割线运动，切割精度主要取决于操作者的技术。

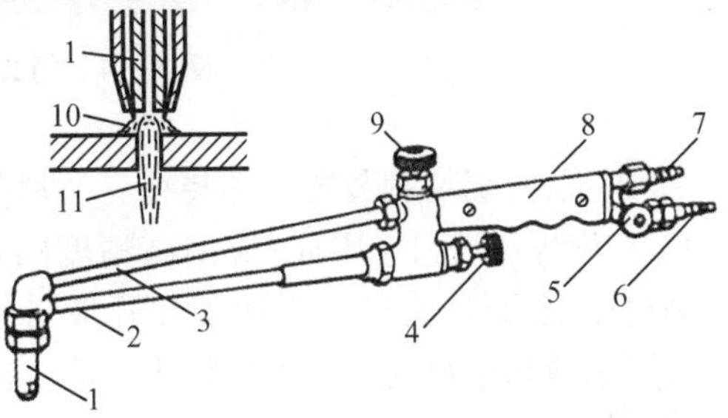

1—割嘴；2—混合气管；3—切割气管；4—燃烧氧气手轮；5—乙炔手轮；6—乙炔接头；7—氧气接头；8—手柄；9—切割氧气手轮；10—预热火焰；11—切割氧气流。

图3-12 射吸式气割炬

手工气割常用工具是射吸式气割炬，如图3-12所示。气割炬在工作时，慢风氧气由氧气通道进入喷射管，由径孔细小的射吸孔射出，使射吸孔周围的空间造成一个负压区，将聚集于该区的低压乙炔气吸出，然后氧气与乙炔气以一定的比例在混合室进行混合，并且以一定的流速从割嘴喷出。这种混合气体是供预热火焰用的，快风氧气则是供燃烧金属用的。

(2)半自动气割机

半自动气割机气割时由电动机驱动,沿着直线轨道做匀速直线运动而实现对构件直线边缘的切割。割炬可处于垂直位置,也可以倾斜一定的角度以便切割出 V 型或 X 型坡口。

半自动气割机由切割部分(包括割嘴、气体管路及其调节装置等)、动力部分(电动机、减速器等)和辅助设备(直线轨道、割圆圆规等)三部分组成,如图 3-13 所示。

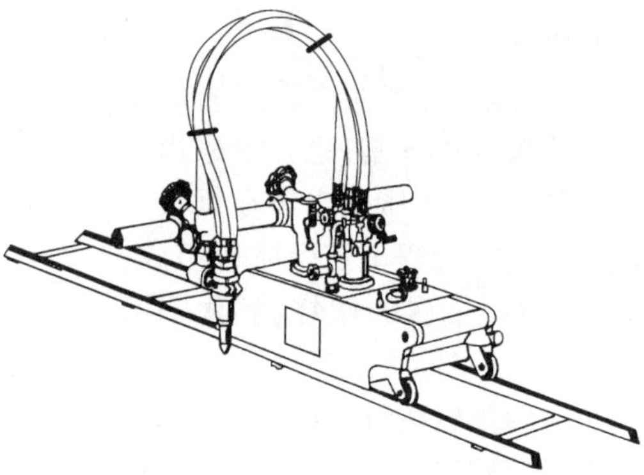

图 3-13　半自动气割机

(3)门式自动气割机

门式自动气割机在两根固定导轨上设置一座坚固的“门”形支架,在支架上设置一套或数套切割装置。门式自动气割机切割时,由电动机驱动门式支架以一定的速度沿导轨做直线运动,切割装置随门式支架的运动而切出一条或数条精度很高的直线割缝,如图 3-14 所示。

图 3-14　门式自动气割机

一般来说,每套切割装置上都装有三个割嘴,除切割平直边缘外,还可一次割出 V 型、X 型、K 型、Y 型焊接坡口。因此,应用高精度门式自动气割机切割直边构件,不仅加工精度高、切割速度快,而且能将边缘切割和开坡口一次完成,以代替原来刨边机的全部工作内容,省去原来剪切半自动气割中拼板构件的二次加工,缩短船体构件的加工周期,节省大量的劳动工时。

由于高精度门式气割机结构简单,使用方便,价格便宜,而且切割速度快、精度高,又便于同前后工序组成流水生产线,因此它是船体加工车间切割中、厚直边构件比较理想的设备。

(4)仿形气割机

仿形气割机能利用钢质样板进行切割,其切割精度高,生产效率也高,特别是在批量生产时具有很大的优越性,属于半自动气割机。

气割时钢质样板安装在样板架上,由电动机带动磁铁滚轮,使其旋转。永久磁铁所产生的磁力作用,使磁铁滚轮吸在钢质样板边缘上,磁铁滚轮就这样沿着样板的边缘匀速转动,并且带动割炬进行同步移动。因为磁铁滚轮的中心与割炬上切割氧喷孔的中心在一根垂线上,便能形成仿形气割的作用。

(5)光电跟踪自动气割机

光电跟踪自动气割机由光电跟踪机构与气割执行机构两部分组成。它是根据设计底图(或仿形图)利用光电跟踪系统工作的,能够按一定比例切割出仿形图上所绘制的船体构件。

光电跟踪自动气割机可根据仿形图切割不同厚度、任意形状的船体构件,切割质量较好,不用号料即可割出构件形状,用多割嘴割炬组可以同时开出焊接坡口,并且仿形图可以复制。但图形绘制技术要求较高,图纸的变形、老化和损坏都会影响构件的切割精度。此外,因其不能画出船体构件上的各种安装线、检验线和有关符号,所以还需进行二次号料等工作。

船厂目前普遍使用1:1光电跟踪自动气割机,其跟踪机构可直接跟踪构件底图上的线条,其跟踪机构和执行机构可同时安放于切割平台上,只要将底图铺放在图板上即可进行跟踪切割,故操作非常方便。而且气割机的机架上装有数套割炬,可同时切割出多个同样的构件。这种光电跟踪自动气割机主要用于切割肘板等小型构件,作为数控自动气割机的补充。

(6)数控自动气割机

数控自动气割机由控制部分和执行部分组成,如图3-15所示。它是把被切割构件的图形经过通用电子计算机运算和编码,得到其切割程序,然后拷入软盘,作为控制信息输入到控制装置中,以控制切割装置进行切割。

图3-15　数控自动气割机

数控自动气割机执行部分的机架上安装有一套或数套切割装置。其机架多为悬臂式结构、门式结构或桥式结构。数控自动气割机的割炬在控制装置的控制下,除了能做平面移动外,还有自动升降和旋转等功能,因而能切割不同厚度和任意形状的构件。若切割装置为多割嘴割炬组,则可切割焊接坡口。若配置有画线装置,则还能在钢板上画安装线、加工线和各种符号。

数控自动气割机与其他自动气割机相比有以下优点:根据船体计算机辅助制造系统(CAM)提供的资料直接进行切割,可实现放样、切割过程自动化;切割精度高,其误差可控制在±0.5 mm以下,使用磁盘可长期保存准确数据;切割效率较光电跟踪自动气割机高15%以上;可省去号料工序,不需要绘制仿形图,若采用带有自动号料切割装置的数控气割机,还可以取消手工二次号料,并可消除各工序间的积累误差。数控火焰切割机在切割厚度超过 30 mm 的钢板、切割加工多种形状的坡口和多割炬大批量切割直条钢板时,有许多不容忽视的优越性。数控火焰切割机在今后相当长的时期内,将作为数控等离子切割机等先进设备的补充,在造船行业继续发挥它应有的作用,并在船厂的切割设备中长期存在。

3. 物理切割法

近年来造船业采用了多种高效的物理切割法,如等离子切割、激光切割和水射流切割等方法,不仅提高了切割速度和切割质量,也扩大了切割范围。

(1)等离子切割

等离子切割是利用高温等离子电弧的热量使工件切口处的金属部分或局部熔化,并借高速等离子的动量排除熔融金属以形成切口的一种加工方法。等离子切割分为干式和湿式两种。

等离子切割原理:处于完全电离状态的气体便是所谓的"等离子体",这种已完全电离的气体不再由原子、分子构成,而是由带电的离子组成,但其整体却保持着电中性。等离子切割法是利用一定的装置,可以得到高速高温的等离子流,流速达 300~1 500 m/s、温度达 15 000~33 000 ℃,这种高速高温的等离子流从喷嘴孔喷射到被切割构件的表面后,遇到冷却物质便立即复合成原子或分子,并放出能量,使割缝处温度迅速升高而熔化,同时,高速飞出的粒子具有相当大的动能,产生较强的机械冲力,将被熔化的金属冲走,随着割嘴的移动而形成割缝,达到切割的目的。图 3-16 为典型的等离子发生装置示意图。

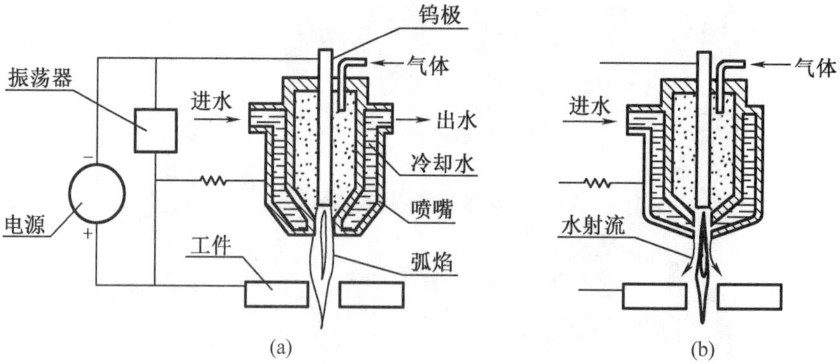

图 3-16 典型等离子发生装置示意图

高温等离子切割的过程是靠金属熔化来实现的,与氧气火焰切割有本质区别,不受材料熔点高低的限制。其在现代化造船业中已成为一种有效的切割方法,现在船厂使用的数控切割机多数用的是等离子弧切割系统,如图 3-17 所示。

图 3-17 数控等离子弧切割机

等离子弧是一种比较理想的切割热源,它能够切割氧-乙炔焰和普通电弧所不能切割或难以切割的铝、铜、镍、钦、铸铁、不锈钢和高合金钢等,并能切割难熔金属钨、铝和非金属陶瓷、耐火材料,不仅切割速度快、切缝狭窄、切口平整、热影响区小、工件变形度低、操作简单,而且具有显著的节能效果。该设备适用于各种机械、金属结构的制造、安装和维修,可用于中、薄板材的切断、开孔、挖补、开坡口等切割加工。

数控等离子弧切割机有热变形较小、切割速度快、切割质量好、切割材料种类多、切割成本低等优点。但如果直接在空气中进行,则会产生较大的噪声、大量的粉尘、耀眼的弧光以及 NO_x 等有害气体,对操作人员的安全和环境十分有害,现在发展为水下等离子切割,用水将等离子弧柱与周围环境相隔离以达到环保的目的。

(2)激光切割机

激光切割加工是用不可见的光束代替了传统的机械刀,具有精度高、切割快速、不受切割图案限制、自动排版、节省材料、切口平滑、加工成本低等特点,将逐渐改进或取代传统的金属切割工艺设备。激光刀头的机械部分与工件无接触,在工作中不会对工件表面造成划伤;激光切割速度快,切口光滑平整,一般不需要后续加工;切割热影响区小,板材变形小,切缝窄(0.1～0.3 mm);切口没有机械应力,无剪切毛刺;加工精度高,重复性好,不损伤材料表面;数控编程,可加工任意平面图,可以对幅面很大的整板切割,不需要开模具,经济省时。

如图3-18所示,由激光器发出水平激光束经过45°全反射镜,变为垂直向下的激光束,再经过透镜聚焦,在焦点处聚成一极小的光斑,光斑照射在被切割构件表面,产生局部高温(高达10 000 ℃以上),使材料瞬时熔化或汽化,随着割嘴的移动,在材料上形成割缝,同时用一定压力的辅助气体将割缝处的熔渣吹除,从而使材料被切开。

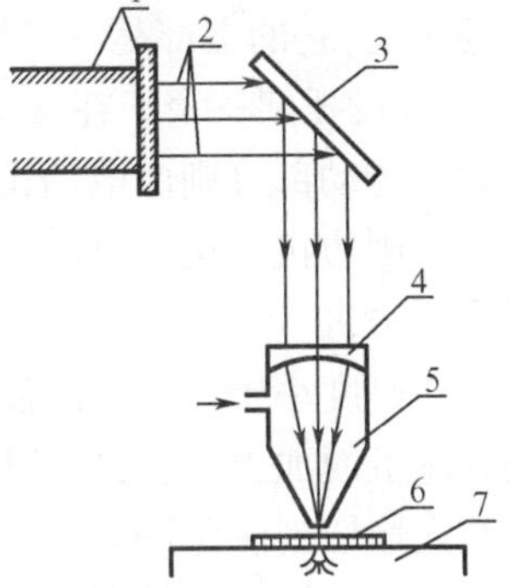

1—激光器;2—激光束;
3—45°全反射镜;4—透镜;
5—喷嘴;6—构件;7—工作台。

图3-18 激光切割示意图

数控激光切割机如图3-19所示,具有切割效率高、质量好、精度高等优点,但投资比较大。

图3-19 数控激光切割机

二、船体构件的焊接坡口加工

为了保证船体构件接缝的焊接质量，必须对部分构件的板边按规范进行坡口加工。焊接坡口的加工方法通常有机械刨边（或铣边）法与火焰切割法（气割法）两种。

1. 机械刨边（或铣边）法

刨边机和铣边机都是加工船体板材构件直线边缘的专用设备。经过加工的平直船体板材构件，都可以在刨边机上刨出坡口，如 I 型、V 型、U 型、X 型等，只要更换不同的刨刀，旋转刀架至不同的角度，便可开出不同的坡口。尤其是 U 型坡口，几乎都是由刨边机加工的。铣边机上铣出 I 型坡口，供要求板材边缘平直而整洁的自动焊使用。

刨边机和铣边机切削加工坡口的缺点：不论是刨还是铣，加工面与刃口的冷却及润滑都必须用润滑油，坡口面的润滑油如果清除不干净，焊接时往往会造成气孔、裂纹、氢脆等缺陷。

刨边机（或铣边机）整个机床大致分为底座、弓形梁和传动机构三部分。底座牢固地安装在地基上，它的上部是一个很长的工作台，为了便于放置被加工板材，在工作台的一边每隔 3~4 m 设托架一个。在整个弓形梁长度内装有许多向下压的千斤顶，工作时将被加工板材压紧。传动部分则由电动机及其传动机构推动刀架完成切削运动、走刀运动、吃刀动作等。因为刨边机与铣边机的切削方式不同，所以它们的刀架及传动机构也不同。如图 3-20 所示为刨边机。

对于厚度小于 8 mm 的部件，多采用风动砂轮、电动砂轮磨削方法加工坡口，这是一种手提砂轮机的加工方法，更适用于现场修磨坡口。

2. 火焰切割法（气割法）

火焰切割法一般都是在进行构件边缘切割时，同时切割出焊接坡口。采用气割，将两个或三个割炬组合成一个割炬组，利用割炬组来加工所要求的坡口形状。如图 3-21 所示为气割法加工各种焊接坡口。

图 3-20 刨边机

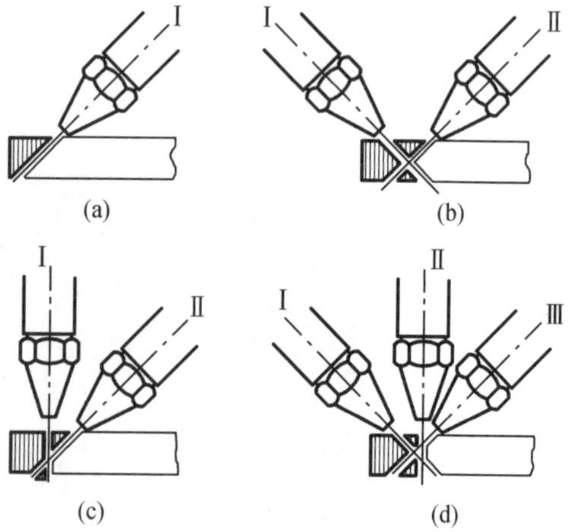

图 3-21 气割法加工各种焊接坡口

采用割炬组进行切割加工,可使船体构件的边缘加工(切割和开坡口)工作一次完成,既简化了船体构件的加工过程,又提高了工效。这种割炬组可直接安装在半自动气割机、高精度门式切割机、光电跟踪气割机和数控气割机等自动、半行动气割设备上。

采用碳弧气刨也可加工坡口,但是刨削面精度不高,而且噪声大,污染严重。碳弧气刨的另一个主要用途是去除有缺陷的焊缝,用于焊缝返修。数控等离子弧切割机一般不用来加工坡口(只能加工单面坡口)。

任务训练

训练名称:制定氧-乙炔手工切割4~6 mm厚的板材切割工艺。

训练内容:查资料,写出氧-乙炔手工切割板材的过程及注意事项。

(1)确定切割平台及切割工具;

(2)写出切割操作过程;

(3)列出操作注意事项。

任务3.3 构件成形加工

PPT

任务解析

船体钢材切割结束后,对非平直构件还需要进行弯曲成形,这种弯曲成形的工艺过程称为成形加工。成形加工一般分为型材成形加工和板材成形加工,有常温下的冷加工和高温下的热加工。

本任务主要学习钢材弯曲变形过程与特点,板材成形的加工方法和型材成形的加工方法,以及在成形加工过程中常用的设备。通过本任务的学习和训练,学习者能够熟悉构件的成形加工的主要内容及相关设备、加工方法,能根据具体情况选取相关设备和加工方法来对构件进行成形加工。

背景知识

在船体构件中,船体非平直构件较多,所有这些构件需要弯曲加工。船体构件的成形加工主要是对船体的弯曲构件在边缘加工后进行弯曲成形加工,可分为板材成形加工和型材成形加工。弯板作业量占船体钢材加工量的10%~18%,型材弯曲作业量占9%~16%。

一、型材成形加工

船体肋骨或型材弯曲成形加工的分类方式:按型材是否预热分冷弯成形加工和热弯成形加工两类;按型材进给方式可分为连续进给加工、逐段进给加工和一次成形加工三类;按型材受力状态可分为拉弯、集中力弯曲和纯弯曲三类。

1.冷弯成形加工

目前大多数船厂都采用冷弯法来加工肋骨等型钢构件。肋骨冷弯成形的方法有三支点肋骨冷弯机冷弯、纯弯曲原理肋骨冷弯机冷弯、型材矫直机(撑床)冷弯、三轮滚弯机滚弯(图 3-22)、多模头一次成形数控肋骨拉弯机冷弯(图 3-23)和压力机上模压成形。使用最广泛的冷弯成形设备是逐段进给式肋骨冷弯机,较小规格的型材或扁钢采用卧式撑床,较大规格的型材有时也在压力机上模压成形。

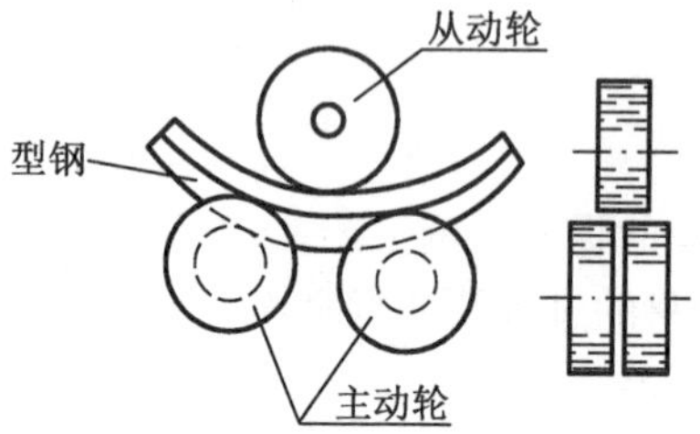

图 3-22　三轮滚弯机滚弯肋骨示意图

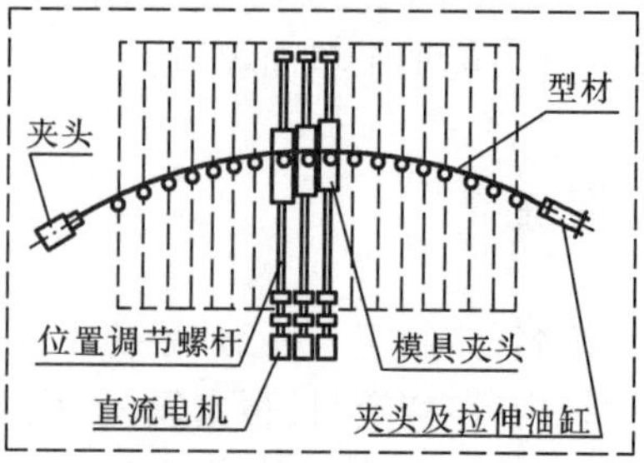

图 3-23　多模头一次成形数控肋骨拉弯机冷弯肋骨示意图

(1)型材构件的冷弯成形加工

①三支点逐段进给式肋骨冷弯机。

图 3-24 为三支点逐段进给式肋骨冷弯机工作部分示意图。在冷弯某一段时,安装在固定夹头两侧的可动夹头连同所夹持的型材一起做如图 3-24 所示的进退和旋转,对型材施加外力,将型材弯曲成所需要的形状。一段弯好后,再进给一段,这样逐段冷弯出整根肋骨。

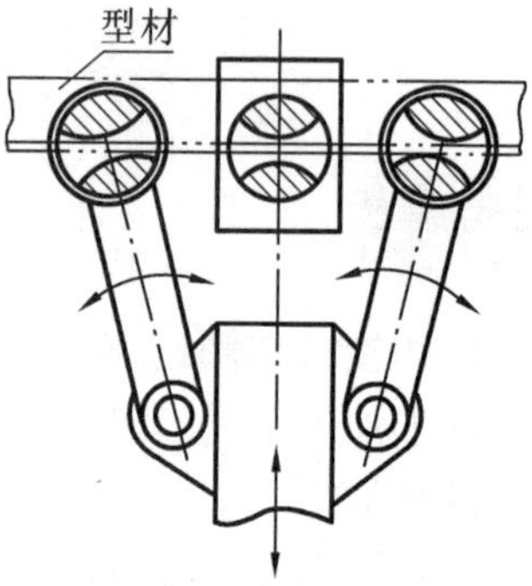

图 3-24　三支点逐段进给式肋骨冷弯机工作部分示意图

弯曲时,夹头上的夹紧装置将型材腹板夹紧,防止型材在弯曲过程中产生翘曲和皱折。型材弯曲时分内弯和外弯两种,由于所受弯矩方向不同,内弯弯曲后出现下挠现象,外弯弯曲后出现上拱现象。产生的拱挠曲度则由中间固定夹头的垂向液压装置加垫片予以矫正,或预先给以反变形来防止。

这种肋骨冷弯机优点较多,使用较普遍,但也存在压痕大、加工效率不高的缺点,现在有很多船厂已实现数字程序控制,能自动地弯制出各种形状不同的肋骨。

②纯弯曲原理肋骨冷弯机。

如图 3-25 所示为我国研制的 50 t 纯弯曲原理肋骨冷弯机的主要工作部分示意图。该机采用四支点弯曲方法,其机械部分主要由水平弯曲机构、垂向反变形机构、进料机构、正位机构、仿形机构或数控机构等组成。其适用于弯制中小型船舶的肋骨和横梁等型材。

水平弯曲机构采用液压传动装置。弯曲肋骨时,首先使三个垂直安装的夹紧油缸驱动三个夹头夹紧型材的腹板,然后由两个水平安装的大小相同的弯曲油缸分别驱动两个侧夹头体做水平方向的前后移动。由于中夹头体上设置两个顶弯柱,两个侧夹头体上各设置一个顶弯柱,这样在型材上就形成四个支点,顶弯柱对型材施加弯曲力,在型材腹板所在的平面(即机床的水平平面)内按纯弯曲原理进行弯曲。逐段进给逐段弯曲,直到整根肋骨成形。

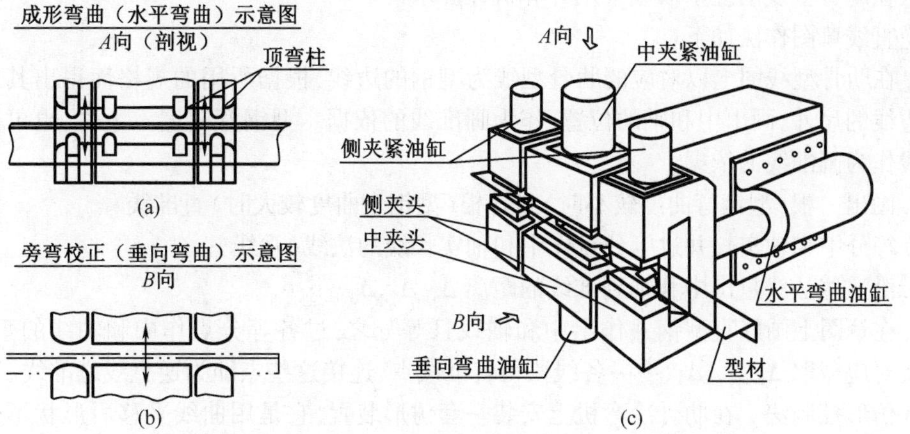

图 3-25 50 t 纯弯曲原理肋骨冷弯机的主要工作部分示意图

另外在弯曲过程中会产生中拱或下挠的旁弯现象，所以在机床上还安装了垂向反变形机构。在弯曲前，调整垂向弯曲油缸，升高或降低中间夹头，使中间夹头与两侧夹头高度形成一个差值，数值与该段型材在弯曲过程中产生的旁弯曲度数值大致相等，方向与旁弯方向相反，这样在三个夹头夹住肋骨后，就会产生反弯曲变形，以抵消弯曲过程中产生的旁弯变形。

纯弯曲原理肋骨冷弯机的优点是加工质量好、效率高、机床性能比较完善，可作为型材矫直机使用。

此外，如果船厂缺少肋骨冷弯机，可充分利用原有的液压机，在其上面装一套压弯模具，同样可弯制球扁钢肋骨，其效果很好。角钢开尺不大时，可在液压机上用压模进行冷加工。

(2)肋骨冷弯成形中检测和控制成形的方法

肋骨冷弯机要将型材弯曲到其腹板边缘与要求的肋骨曲线一致，在加工过程中需反复进行检查和测量。检测和控制成形的方法有以下几种：

①用铁样（或样板）人工对样。事先按放样台上的肋骨型线制作好样板，在肋骨加工过程中用它反复地检查所弯曲肋骨的腹板边缘，看是否与样板一致。

②逆直线法。型材弯曲加工时的逆直线是指在弯曲前的平直型材上是一根曲线，当型材弯曲到其腹板边缘与肋骨型线吻合后，该曲线正好变为一根直线，参见图 3-26。弯曲前平直型材上的这根曲线可采用手工

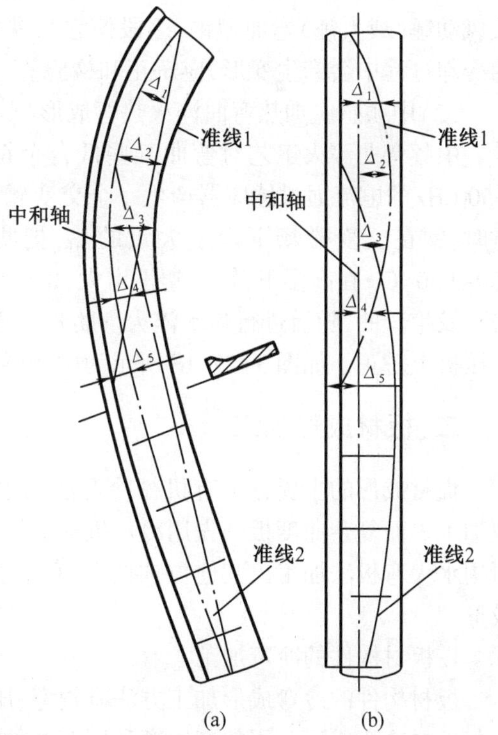

图 3-26 逆直线法

作图法在肋骨型线图上示取或采用计算机计算求得。

逆直线草图作法如下：

a. 在肋骨型线图上以对应的肋骨型线为型钢的边线，根据所用的规格而得出其中和轴距离边线的尺寸，画出中和轴的位置，作为画准线的依据。型钢弯曲度不大时，也可近似地以边线作为画准线的依据。

b. 画出一根（型钢弯曲度较小时）或几根（型钢弯曲度较大时）直准线。

c. 等分中和轴实长并过等分点作中和轴实长线的法线（垂线）。

d. 沿这些法线量出中和轴到准线的距离 Δ_1、Δ_2、Δ_3、……。

e. 在草图上画好直型钢并作出中和轴线且等分之，过各等分点作中和轴线的垂线，在垂线上对应截取 Δ_1、Δ_2、Δ_3、……各线段得各准线点，连接这些点即为逆直线之准线。

③仿形控制法。在肋骨冷弯机上安装一套仿形装置，它是用曲线平移后形状不变的原理制成的结构简单的仿形机构。对于尚未实现数控肋骨冷弯机的，采用此法操作简单可靠。

此外，数控肋骨冷弯机肋骨成形的控制方法主要有端点测量法、适应控制法和弦线测量法等。

2. 热弯成形加工

（1）大火热弯成形

大火热弯法是过去船体肋骨弯曲的常用方法，因耗费燃料多、工艺落后，现只在一些小船厂中使用。

型钢热弯时，先将按肋骨线预先准备好的铁样（或靠模）固定在铸铁平台上，从加热炉中取出已加热好的型钢（900~1 000 ℃），将其一端固定在铁样的相应位置上，然后用羊角式风动锤（或大锤）弯曲型钢，逐段使它与铁样相吻合，如图 3-27（a）所示。热弯及成形后的冷却过程中会产生变形，应矫正和检验。

（2）中频感应加热弯曲淬火热弯成形

中频弯曲淬火工艺对弯曲某些低合金钢环形肋骨效果很好。其原理是，利用频率为 2 500 Hz 的电流通过感应器产生一个交变磁场，当肋骨以 2~3 mm/s 的速度从感应器中穿过时，钢在交变磁场下产生大量的热，把肋骨局部加热到淬火温度，即在 10 s 内达到 900~950 ℃。在高温下，钢的塑性增大，由于弯曲机床的下轮作用，在这个被加热区的狭窄带上发生弯曲，随后进行喷水淬火。肋骨经弯曲淬火后，放进大型回火炉进行回火，最后在液压机上矫正。如图 3-27（b）所示为中频感应加热弯曲肋骨工艺图。

二、板材成形加工

板材成形的主要方法有机械冷弯法和水火弯板法。一般单向曲度板都采用机械冷弯法加工。而复杂曲度板则先用冷弯机械法加工出一个方向的曲度（该方向曲度较大），然后再用水火弯板法加工出其他方向的曲度；若批量较大，则可在压力机上安装专用压模压制成形。

1. 板材构件的冷弯加工

板材构件的冷弯成形加工方法有辊弯、压弯（液压机压弯、数控弯板机弯板）、折弯等方法。板材冷弯成形常用的有辊弯和压弯两种方法。

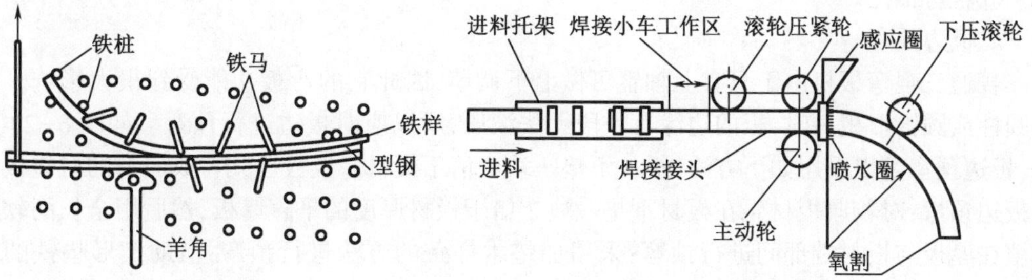

(a) 大火热弯法　　(b) 中频感应加热弯曲肋骨工艺

图 3-27　型材构件的热弯成形

(1)辊弯加工

通过旋转轴辊使钢板弯曲成形的方法称为辊弯。辊弯是一种冷加工弯曲方法,主要设备有三辊弯板机、四辊弯板机,其中三辊弯板机应用最为广泛。对于圆柱形或圆锥形的单向曲度板(如平行中体部分的舭列板等)的弯曲成形,通常用三辊弯板机。当双向曲度板的曲度不大时,也可用三辊弯板机冷弯成形。

①辊弯的原理。

钢板辊弯时,当板材一端送入辊床的上、下轴辊之间后,降下上轴辊,使上、下轴辊间的间距略小于板材厚度,则在上、下轴辊间的钢板受到弯曲力矩的作用而发生弯曲塑性变形。由于上、下轴辊的转动,通过轴辊与钢板间的摩擦力带动钢板继续卷入轴辊,使钢板受压位置连续不断地发生变化,从而形成平滑的弯曲面,完成辊弯成形,如图 3-28 所示。

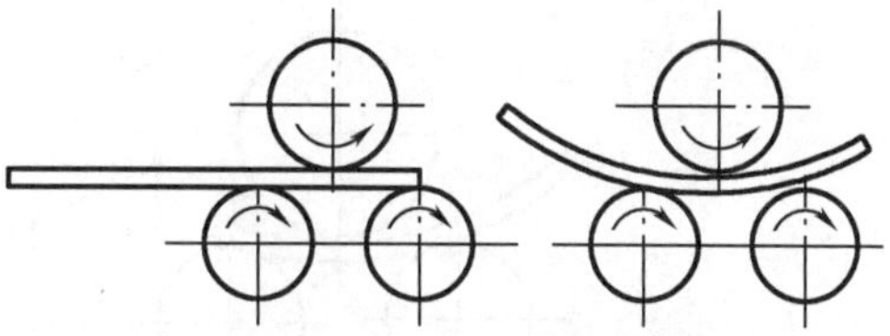

图 3-28　三辊弯板机工作示意图

②辊弯设备。

a. 普通三辊弯板机。

普通三辊弯板机下轴辊是主动辊,安装在固定轴承内,由电动机通过减速器带动其旋转,上轴辊是从动辊,可上下调节。

三辊弯板机分开式和闭式两类。开式三辊弯板机上轴辊的一端机架可以拆卸,以便能够取出弯制好的封闭式板。闭式三辊弯板机上轴辊的机架不能拆卸,一般用于弯制非封闭式的工件,船体外板大多采用这种辊弯机加工。

b. 其他三辊弯板机。

除了普通三辊弯板机外,还有两种其他形式的三辊弯板机。一种是三根轴辊均可上下升降调节的三辊弯板机,很适于对简单曲度板进行成形加工;另一种是轴辊可做横向调节的三辊弯板机,可用来弯制封闭圆柱形筒体或锥体。

c. 四辊弯板机。

四辊弯板机两上侧辊分别与上、下辊形成两对不对称三芯辊,这样既可使工件两边的剩余直边最小,省去预弯工序,又可不必将工件调头,工艺性能好,效率高,但结构复杂、自重大、造价高。

③辊弯工艺。

a. 板边预弯。

普通三辊弯板机由于只有上轴辊可做上下调节,因此它的弯板功能受到很大影响。弯制圆柱或圆锥形板件时,板的边缘有一段无法滚压,所以应对板边进行预弯。如图 3-29 所示,板边预弯可以采用如下方法:板材下垫一块 2 倍于板材厚度且已先弯成曲形的衬垫板进行板边预弯;对较厚板材先在板材下垫一块 2 倍于板材厚度的平直厚板,然后用全长的软塞铁填在厚板与板材端部间进行预弯;采用加垫木样条的方法进行预弯;借助楔形垫铁的方法进行板边预弯。此外,对于厚板可在压力机上用通用模具多次压弯成形。

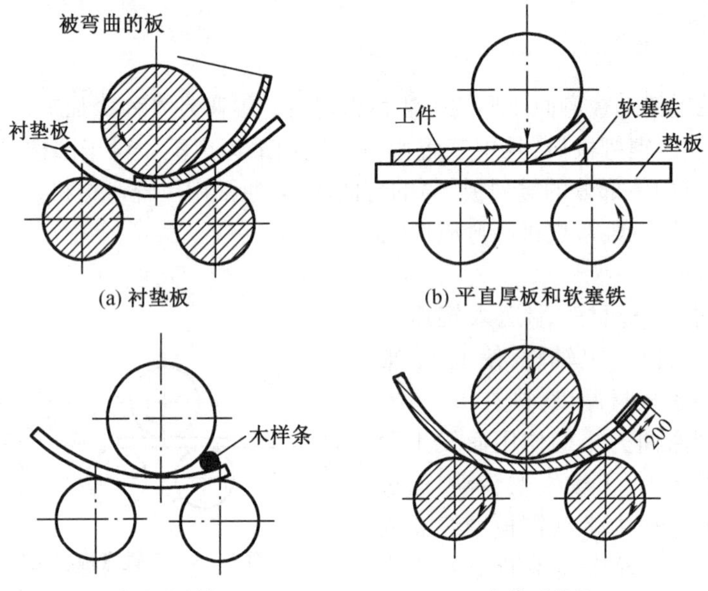

(a) 衬垫板　(b) 平直厚板和软塞铁

(c) 加垫木样条　(d) 加楔形垫铁

图 3-29　板边预弯几种方法

b. 板材辊弯成形过程。

(a)简单曲度板的辊弯成形。

简单曲度板的板材辊弯由预弯、对中、辊制三个步骤组成。图 3-30 为圆柱形和圆锥形钢板的弯制示意图。

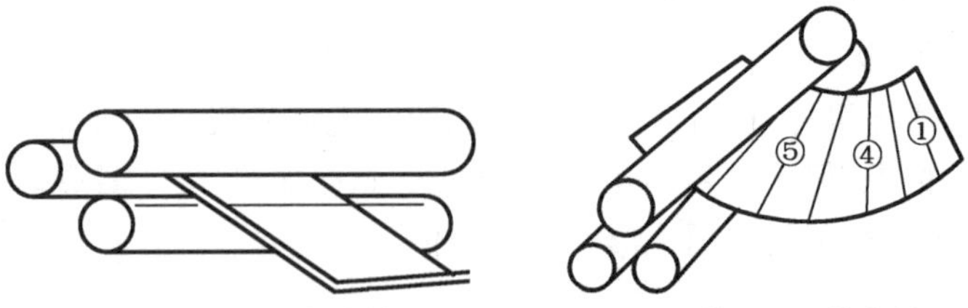

(a) 圆柱形钢板的弯制　(b) 圆锥形钢板的弯制

图 3-30　圆柱形和圆锥形钢板的弯制示意图

弯制圆柱形钢板:先在钢板的两边和中间画出圆柱面素线,调节轴辊使其轴线相互平行,然后先弯制钢板的边缘部分,后弯制钢板的中间部分。弯制时钢板上的素线平行地对准下轴辊上的纵向槽,再调节上下轴辊,使之压紧钢板,将钢板在弯板机上来回滚动。辊制曲率较大钢板时,则应分次进行辊弯,每次上辊的下降量为 5~10 mm,板愈厚下降量应愈小。弯制过程中要用样板检查弯制的曲度是否符合样板线型。

弯制圆锥形钢板:应先将锥形的展开面用画素线的方法分成几个区,先弯制圆锥形钢板的两边,然后按图上的顺序进行辊弯。先将该区域的中心线对准下辊上的槽子,下降上辊,开动机床,进行这一区域的弯制。

(b)复杂曲度板的辊弯成形。

船体外板除了圆柱形、圆锥形板外,还有一些双向曲度不大的弯曲形式,如帆形板、鞍形板和螺形板。对双曲度的船壳板一般都可在三芯辊上冷弯加工,但视其曲度情况决定它是否需要在冷弯加工后再进行火工热弯。当外板纵曲度小于 25 mm 时,一般可不必进行热弯。

(2)压弯加工

压弯是一种以冷加工为主的弯曲方法,主要设备有液压机,少数船厂用万能弯板机来弯制复杂曲度板,近年来还出现了数控弯板机。

①液压机。

液压机是利用液体压力对板材压弯成形的冷弯设备。其根据使用的液体介质不同,分为油压机和水压机两类,其中油压机使用比较广泛。

液压机的结构形式有悬臂式和柱式两种,如图 3-31 所示。船体加工中通常采用的是悬臂式,该机型工作台三面敞开,操作方便。柱式液压机压头与工作台可做横移、回转动作。

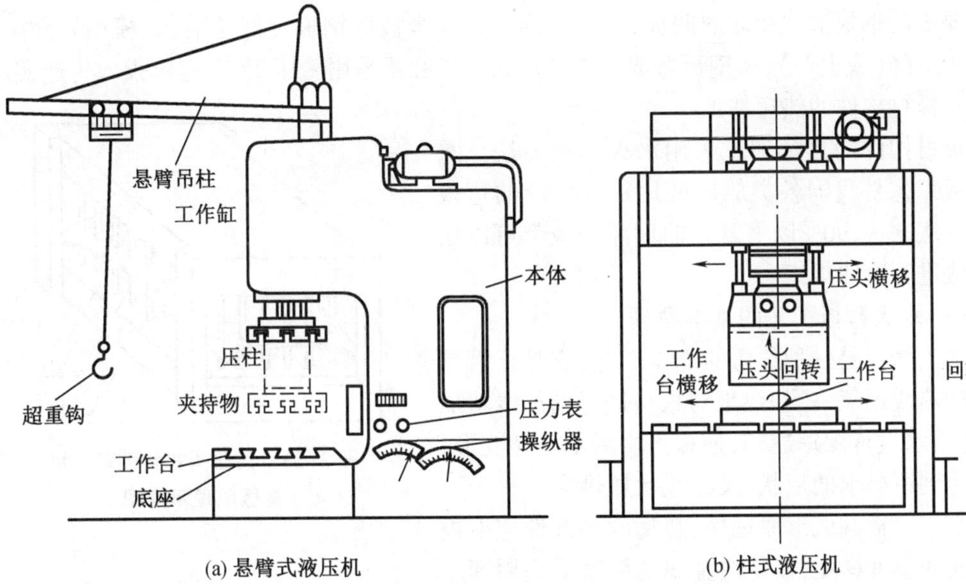

图 3-31 液压机简图

液压机进行压弯加工时,必须在压头上装设压模,由压模保证板材的形状及精度,整个压模由上模(或阳模)和下模(或阴模)两部分组成。压模按其适用范围分通用压模和专用压模两种，如图 3-32 所示。通用压模能够适用弯制不同曲型的构件，长度为 800～1 500 mm；如果同曲型构件的批量较大，则应设计制作专用压模。

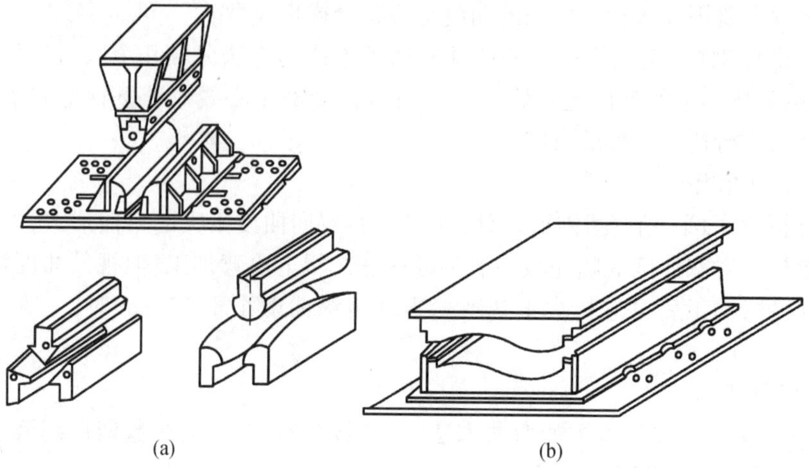

图 3-32　压模的形式

②数控弯板机。

将数控技术应用到钢材成形加工中，会大大提高弯板成形的生产效率和弯板精度，减少装配和矫正工作量。

图 3-33 为日本早期研制的一种多压头式数控弯板机弯板原理示意图。弯板时，运用数控程序将其下模（或上模）的各压头逐个自动加以调节，使它改变高度，形成与所要求的钢板形状相同的曲面，并考虑回弹量。当被弯钢板定好位后，上模（或下模）的各压头下降（或上升），将钢板弯成所需的形状。该装置采用冷压工艺，但未投入生产实用。

2. 板材构件的热弯加工

板材构件的热弯加工采用水火弯板方法。水火弯板工艺是我国各类船厂使用最为广泛的弯板工艺方法之一，90%以上复杂曲度船壳板都可以用该方法进行弯曲加工。

（1）水火弯板工艺的基本原理

水火弯板是一种热弯的加工工艺，它是指沿预定的加热线用氧-乙炔烘炬对板材进行局部线状加热，并用水进行跟踪冷却，使板产生局部塑性变形，从而达到所要求的形状，又称线状加热法。

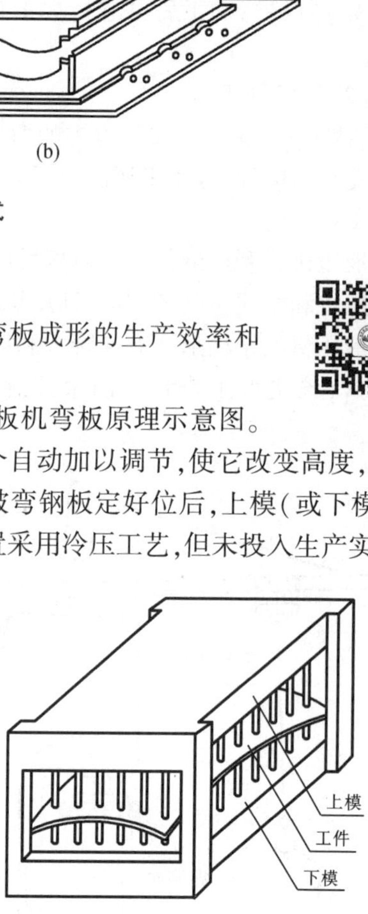

图 3-33　多压头式数控弯板机弯板原理示意图

水火弯板的成形原理是，热场的局部性与沿板厚方向的温度梯度，使受热金属的膨胀受到周围冷金属的限制，而产生压缩塑性变形，在冷却时形成了横向变形和角变形，从而达到弯曲成形的目的（图 3-34）。水火弯板具有生产效率高、成形质量好、设备简单等优点。

（2）影响水火弯板成形效果的各种因素

影响水火弯板成形效果的因素主要是加热线、冷却方式和各种加热参数。

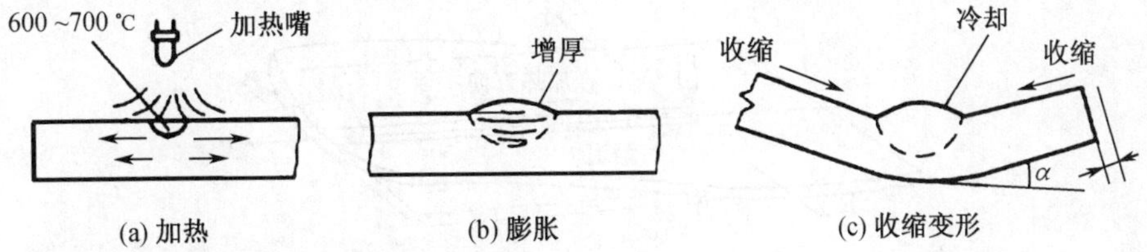

图 3-34 水火弯板原理

①加热线对成形效果的影响。

加热线的位置、疏密和长短对板材成形效果影响极大。弯板时,加热线的位置主要取决于所求的构件形状,确定加热线的位置是水火弯板的关键。加热线的疏密和长短主要影响构件的成形效果,但应注意,加热线不可跨越构件横剖面的中和轴。图 3-35 所示为不同形状板加热线的位置。

在水火弯板中比较典型的例子是帆形板和鞍形板成形,如图 3-36 所示。先在冷弯设备上弯出横向曲度(因其曲率较大),然后再用水火弯法弯出纵向曲度。帆形板的加热线位于其横剖面两侧,而鞍形板的加热线位于其横剖面中间,且在构件的背面。

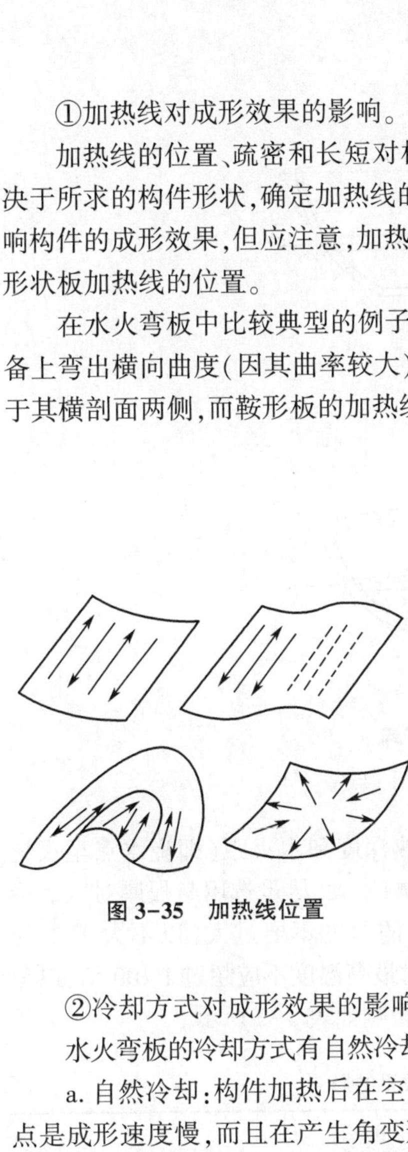

图 3-35 加热线位置

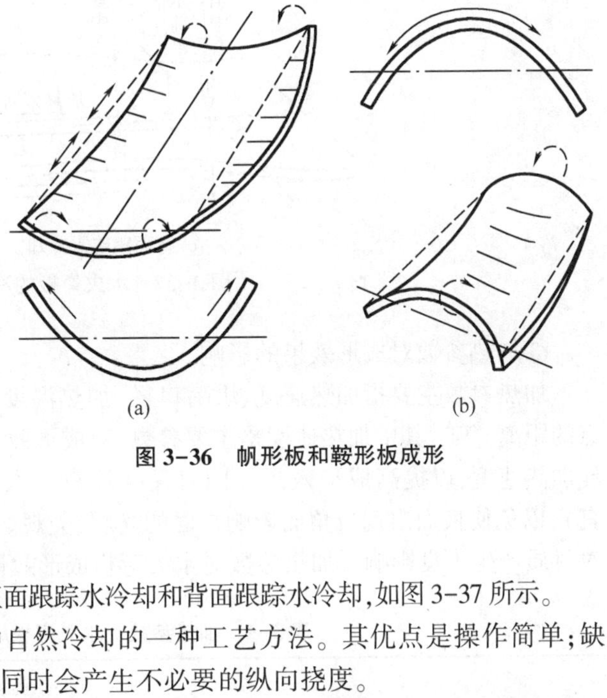

图 3-36 帆形板和鞍形板成形

②冷却方式对成形效果的影响。

水火弯板的冷却方式有自然冷却、正面跟踪水冷却和背面跟踪水冷却,如图 3-37 所示。

a. 自然冷却:构件加热后在空气中自然冷却的一种工艺方法。其优点是操作简单;缺点是成形速度慢,而且在产生角变形的同时会产生不必要的纵向挠度。

b. 正面跟踪水冷却:是冷水喷射在正在冷却的金属上的一种工艺方法。横向收缩变形却比空冷法大,且操作方便,成形加工所不需要的加热线纵向收缩变形也远比空冷法小。但角变形效果一般不如空冷法好。由于常见的复杂曲度板在水火弯板时主要依靠横向收缩变形得到构件的纵向曲度,因此正面跟踪水冷却是目前水火弯板中最常用的冷却方式。

c. 背面跟踪水冷却:构件正面用烘炬加热,而在背面用冷水跟踪热源进行强制冷却的一种工艺方法。由于背面跟踪水冷却是背面强制冷却,因此增大了板材反面的温差,角变形比前两种大,成形效率最高。但因其操作比较麻烦,故在造船生产中应用较少。

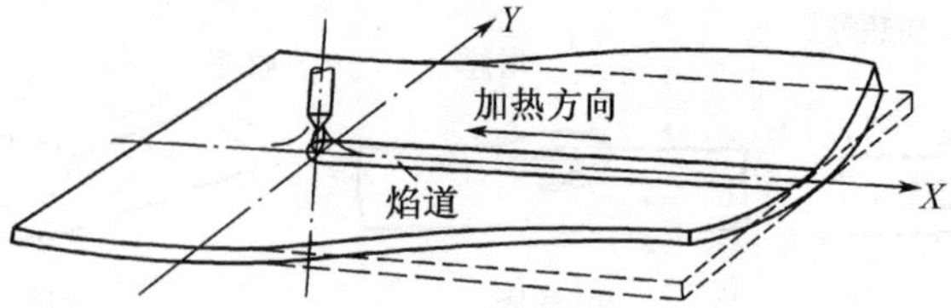

(a) 自然冷却

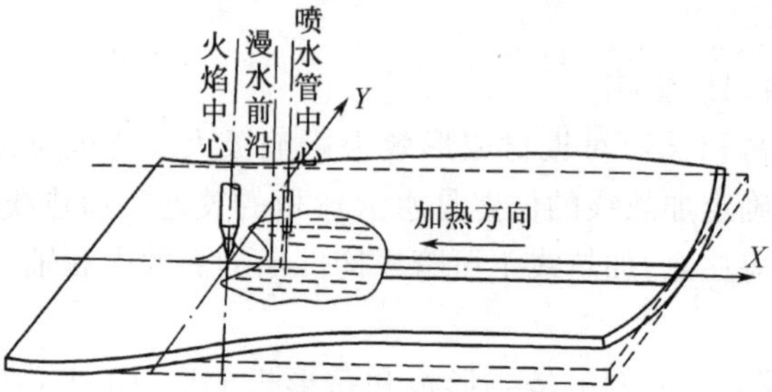

(b) 正面跟踪水冷却

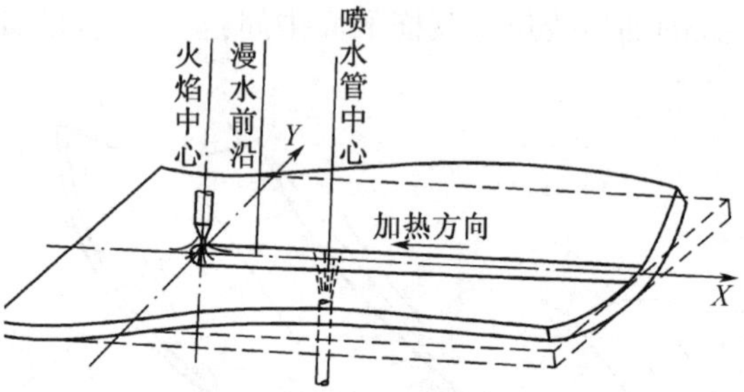

(c) 背面跟踪水冷却

图 3-37　水火弯板的冷却方式

③加热参数对成形效果的影响。

加热参数主要指加热速度、烘嘴口径、加热温度、加热深度和水火距(即浇水点至火焰点的距离)等。其中加热速度是主要参数,对成形效果影响较大,尽量选用与板厚对应的最佳加热速度,以提高成形效果。同时又要注意一次成形的角度不要过大(以不大于 3°为宜),以免使板面出现折角而影响板面的光顺、美观。钢材最高温度不应超过 1 100 ℃,以免对材质产生不良影响。加热参数对水火弯板成形效果的影响如表 3-2 所示。

表 3-2　加热参数对水火弯板成形效果的影响

项目		板厚/mm			
		<3	3~5	6~12	>12
烘嘴号码		1	2	2,3	4
火焰性质(氧炔比)		1.0~1.2			
加热温度/℃		<600	650~700	750~800	750~850
最小水火距①/mm	低碳钢	30~50	50~70	70~100	100~120
	低合金钢	50~70	70~90	90~120	130~150

表 3-2(续)

项目	板厚/mm			
	<3	3~5	6~12	>12
加热速度/(mm/s)	20~30	10~25	7~20	4~10
加热深度/mm	(0.6~0.8)t②			
加热宽度/mm	12~15			
氧气压力/Pa	$(20\sim30)\times10^4$	$(30\sim40)\times10^4$	$(50\sim70)\times10^4$	
乙炔压力/Pa	$(4\sim8)\times10^4$			
焰心距板面距离/mm	2~3			

注:①表中水火距系对正面跟踪水冷却而言;②t 为板厚。

④水火弯板的主要工艺要求。

a. 在水火弯板前应根据构件的成形要求,在钢板上画出加热线。各加热线的起点相互错开,不可在同一条直线上。

b. 根据构件成形要求选择合理的加热参数,推荐选用表 3-2 所列工艺参数。

c. 左右形状对称的零件,其加热线的位置、数量和长短应对称,操作也应对称进行。

d. 应尽量避免在同一部位重复加热,尤其是低合金钢。一般情况下,重复加热次数不得超过三次,否则,会影响成形效果和降低钢材的机械性能。

e. 新钢种采用水火弯板法需经过试验鉴定后才能进行。

人工水火弯板的工艺在单件生产或小批量生产时,具有较大的优越性,但对于生产产品尺度大、批量多的现代化船厂而言,无论生产效率还是成形质量均不如机械弯板好。所以在国外一些大批量生产的现代化船厂中,正逐步用机械弯板法取代水火弯板法。目前国内一些研究部门和船厂正在合作研究采用数控水火弯板,在外板展开计算时,根据弯曲形状,对加热线进行计算,同时提供各加热线的加热温度及时间,在数控切割钢板的同时,将水火弯板加热的焰道位置线表示在钢板上。

除了进行弯曲成形加工外,运用水火弯板工艺还可以进行焊接变形的矫正。如 T 型梁焊接变形的矫正、板架焊接变形的矫正等,一般称之为水火矫正。因其原理、影响因素及工艺参数均与水火弯板相近似,故不再进行讨论。

任务训练

训练名称:圆柱形钢板辊弯设计及操作。

训练内容:

已知板材规格为 5 mm×900 mm×600 mm,钢板沿短边弯曲,成形后圆柱钢板半径为 200 mm。

(1)设计辊弯线,并在纸板或钢板上绘制辊弯线;

(2)设计辊弯顺序、方法和检验要求;

(3)操作三辊弯板机辊弯钢板,检验钢板辊弯成形情况。

训练工具:钢板、三辊弯板机、卷尺、样板及纸板等。

任务 3.4 海洋平台构件加工

PPT

任务解析

海洋平台构件加工基本方式和设备与船体构件加工相似。但海洋平台由于长时间在恶劣的环境条件下工作,对材料的材质、焊接和加工工艺均提出了较高、较严的要求。海洋平台构件加工中以钢板整平、相贯线加工、圆形加工、型钢撑直、型钢圆形加工为主。与船体构件加工一样,海洋平台构件加工方式可分为冷加工和热加工两大类。

本任务主要学习海洋平台构件加工特点,以及构件相贯边缘加工设备及加工工艺。通过本任务的学习和训练,学习者能够熟悉海洋平台构件加工特点和主要加工设备、加工方法,能根据海洋平台构件具体情况选取相关设备和加工方法。

背景知识

一、海洋平台构件加工特点

海洋平台构件主要由圆管、圆柱体、箱形梁、型材、钢板(甲板与围壁、沉垫壳板)加强板、肘板及其他一些异形钢板构件构成。钢板构件主要是圆柱体构件及圆柱体与钢管相交的有管端相贯线的管材;异形钢板构件以呈规则圆弧面构件为主,以单向弯曲为主,双向弯曲为次(如钢板制作的罐状构件的罐顶、罐底);模块上的钢板用料大部分为平直板,仅少部分是折边件。型钢构件使用较广的有大规格角钢、球扁钢、工字钢、槽钢,但其加工后的形状大部分是正圆形,直料用得也较多。因此,海洋平台构件加工以钢板整平、相贯线加工、圆形加工、型钢撑直、型钢圆形加工为主。

海洋平台构件的另一个特点是钢板一般较厚,广泛使用高强度合金钢。对加工设备除有精度要求和足够的加工能力外,还特别要注意钢材材质对加工能力和精度的影响。

海洋平台由于在恶劣的环境条件下工作,因此对所用材料的材质和焊接均提出较高、较严的要求,进而对加工工艺也提出了较高、较严的要求。

由于任何结构物的总体变形均由零部件以及分段结构的加工、装焊变形形成,因此控制海洋平台整个结构物的总体变形,应从零件加工工序开始,实行全面质量控制,直到全面完工交货。所以,要在每道工序中控制其尺寸偏差、形状偏差和位置偏差。在加工工序中,主要是控制尺寸偏差和形状偏差,包括焊缝坡口尺寸和形状偏差,要满足精度标准要求。例如,对于半潜平台立柱(自升式平台中的桩腿、固定式平台中的桩腿)、支撑大都是圆柱体,它除承受外力外,作为桁架结构的主要构件也受到轴向力和弯曲力的作用,制造时的初始变形也会降低其压弯强度,故必须保证其圆度和直线度。又如,焊缝坡口尤其是关键构件部位的焊缝坡口切割质量将对施焊质量造成影响,故对其坡口正确度和切割表面光洁度提出了要求。

二、冷加工和热加工对材料的影响

与船体构件加工一样,海洋平台构件加工方式也可分为冷加工和热加工两大类。这两类加工方式对材质有不同的影响,对于海洋平台而言是很重要的。

1. 冷加工

(1)对钢材组织和机械性能的影响

使强度、硬度提高,塑性、冲击韧性降低。

(2)对钢材化学、物理性能的影响

产生内应力,从而增加了应力腐蚀倾向;增大了内部晶粒大小的不均匀性,使材料抗腐蚀能力降低。

冷加工不产生氧化皮,基本上不影响原始厚度及表面光洁度,加工过程便于控制。

2. 热加工

(1)对钢材组织和机械性能的影响

使钢板内少量气孔、疏松消除或得以改善;使晶粒细化。表面有"增碳"现象造成表面硬化,但其表层下的部位有"脱碳"现象而使强度有所下降;具有明显的方向性造成顺纤维方向强度提高,垂直于纤维方向的强度下降;在加热过程中若出现"过热"(对船用钢材及一般海洋平台用钢材,其"过热"温度在950 ℃以上)现象时,则晶粒肥大。冷却后粗大的奥氏体晶粒将转变为魏氏体组织,钢材的韧性和塑性降低;若出现"过烧"(温度达1 300~1 400 ℃接近固化线)现象,则钢材塑性急剧恶化,钢材弯曲加工时其表面呈网状裂纹,工件只能报废。

(2)对钢材化学、物理性能的影响

加热区增厚而其边缘凹陷易产生电化腐蚀;内部晶粒大小不均匀性增大,使材料抗腐蚀性能下降。钢材表面产生氧化,氧化皮脱落使钢板原始厚度减薄。

(3)水火弯曲对钢材性能的影响

水火弯曲是用氧-乙炔烘炬火焰加热,再用水管沿其加热线在其正面或背面跟踪冷却。对于一道水火加工线而言,它的影响可分为三个区域。

第一区域为加热线区,称为全热区,其温度一般在910 ℃左右;此区域是水冷却,因而其冷却速度快,晶粒特别细,使钢材强度、硬度、塑性、韧性均有不同程度的提高,因此全热区的组织要优于母材组织。

第二区域为过渡区,在全热区两旁,是受加热线热量的影响区,其温度一般为723~910 ℃;其会使组织产生不均匀性,使材料性能恶化,但因水火弯曲时加热时间短,因此对材料影响不是太大,但在过渡区材料性能有所下降。

第三区域为时效区,在左右过渡区旁,也是热影响区,只是影响小些,其温度一般在723 ℃以下。该区域材料在激冷后组织基本上无变化,和母材相似。但应注意此区域正处在热时效(600~700 ℃)和机械时效(250~300 ℃)温度范围内,时效倾向大的钢材可能产生时效现象,使钢材的冲击韧性值 a_k 恶化。

由此可见,水火弯曲时的加热温度、速度、冷却速度、材质对钢材加工后的机械、化学、物理性能均有影响。但只要合理地选定水火弯曲的工艺参数,此法不但可行,而且较为有效。对于新用的高强度合金钢(尤其用于海洋平台的关键结构和重要结构),应进行水火弯曲模拟试验,以确定所用新钢材采用水火弯曲工艺的适合性,并确定其合理的工艺参数。

三、构件相贯边缘加工设备及加工工艺

海洋平台结构构件的边缘,除管管相贯和管板相贯边缘与船舶建造的边缘、焊缝有较大的区别,其他边缘、焊缝均与船舶钢板板缝一样,仅平台构件较厚些。平台管件相贯线边缘的特点在于其坡口角度是变化的,且其坡口角度又是与相贯位置密切相关的,即两管的相对位置要严格对准。

1. 手工切割相贯线

在平台放样下料时,要求出内外相贯线间的部位,即相贯线边缘的坡口形式和尺寸。有内外相贯线相对位置,就可制作相贯线边缘加工样板。

相贯线边缘加工样板上有表示角度相分的分度线,通常画出0°、45°、90°、135°、180°、225°、270°、315°、360°(与0°线相对应)线,将0°和180°线定为定位线(基准线)。在被切割的管子上画出与样板对应的定位线。

(1)管子画定位线

将管子搁置在管件托架上,如图3-38所示。步骤如下:

①将管子置水平(图3-38(a));

②画管件端面垂面线(图3-38(b)),垂面线可以画一端也可以是两端都画,还可以根据一端面线画管子上任何位置的垂面圆周线;

③画0°线、180°线,同时画出90°和270°线,它们均由在两端上定点连直线画出。

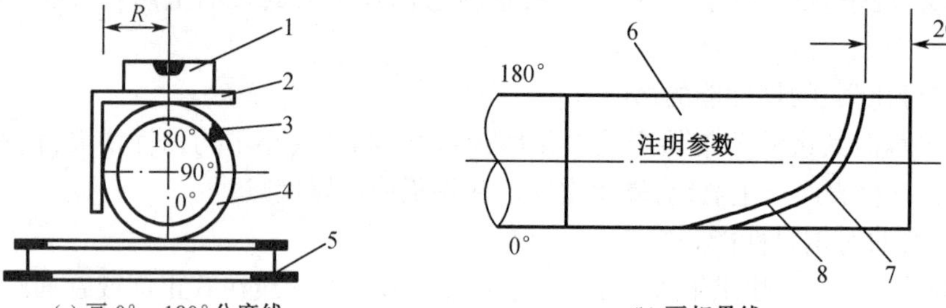

(a) 画0°,180°分度线　　(b) 画相贯线

1—水平尺;2—木角尺;3—焊缝;4—杆件;5—垫轨;6—涤纶薄膜样板;7—里皮线;8—外皮线。

图3-38　管子画线

(2)按样板下料

将样板上的定位线(0°和180°线)与管子上的相应定位线对准,将样板沿管子外表面紧贴包上,检查样板上的分度线与管子上的分度线均一一相应且对准,再用洋冲按样板上的内外皮相贯线冲印在管子上。

(3)切割

先按内皮相贯线做垂直于管子表面的切割。而后按外皮相贯线做斜向切割,即切割的前面一点的外皮相贯线上,切割方向的末点在内皮相贯线的角隅点处所连的斜线处进行切割。此相贯线焊缝之坡口坡度是变化的,切割时应随时调整割具方向,以保证切割始终符合上述规定斜向进行。在切割平台相贯边缘坡口时,有时相贯边缘坡口角有“反向”现象,即其坡口角一部分是同向而另一部分是反向的,此时切割应注意:第一次切割不能全部按内皮相贯线切割,“反向”部分应先按外皮相贯线切割。同时注意其正向和反向坡口过渡区

坡口角的正确度。

海洋平台使用的管材或圆柱筒体尺度相差甚大,凡大尺度的管材或圆柱筒体,样板或装配均可能进行径向划分。此时,分段样板的相邻区一定要有重复段。对于大直径整体管材,则将分段样板先行粘贴成整体样板而后使用;对于按建造方案划分成径向分段的构件,则用分段样板,必须严格地在分段上画出分度线,并与分段样板严格对准才行,因此对气割要求较高。

2. 数控切割相贯线

手工切割相贯线边缘坡口是一件难度较大的作业,而其切割质量(坡口的正确度和切割面的光洁度)又直接影响焊接质量。因此目前已采用相贯线切割设备来进行切割,相贯线切割设备主要分为相贯线切割机和相贯线坡口切割机。相贯线切割设备目前很多为数控相贯线切割机,有火焰相贯线切割机、等离子相贯线切割机和专用相贯线切割机。如图 3-39 所示为某种数控相贯线切割机。

图 3-39 某种数控相贯线切割机

数控相贯线切割机就是用数字程序驱动机床运动,随着机床运动,随机配带的切割工具对物体进行切割,可自动完成对金属圆管、方管或异型管的相贯线端头、相贯线孔类、管道弯头(虾米节)等进行切割加工的设备。其可实现坡口和无坡口管道接口的相贯线切割。

经过几十年的发展,相贯线切割机在切割能源和数控系统方面取得了长足的发展,切割能源已由单一的火焰能源切割发展为多种能源(火焰、等离子、激光、高压水射流)切割方式。数控相贯线切割机控制系统已由当初的简单功能、复杂编程和输入方式、自动化程度不高发展到功能完善、智能化、图形化、网络化的控制方式;驱动系统也从以前的步进驱动、模拟伺服驱动发展到今天的全数字式伺服驱动。

(1)数控火焰相贯线切割机的特点

数控火焰相贯线切割机具有大厚度碳钢切割能力,切割费用较低,但存在切割变形大,切割精度不高,而且切割速度较低,切割预热时间、穿孔时间长,较难适应全自动化操作需要的缺点。它的应用场合主要限于碳钢、大厚度板材切割,在中、薄碳钢板材切割上逐渐被数控等离子相贯线切割机代替。

(2)数控等离子相贯线切割机的特点

数控等离子相贯线切割机具有切割领域宽(可切割所有金属管材)、切割速度快(可达 10 m/min 以上)、效率高的优点。其采用精细等离子切割,切割质量接近激光切割水平,随着大功率等离子切割技术的成熟,切割厚度已超过 100 mm,拓宽了数控等离子相贯线切割机的切割范围。

(3)专用数控相贯线切割机的特点

专用数控相贯线切割机是为满足圆管的相贯线切割而进行研发生产的,其最大特点是适用于大批量专业相贯线切割,生产效率高,切割稳定,精度高。

从各种数控相贯线切割机应用情况来看,国内生产的数控相贯线切割机的技术水平、整机性能等整体水平都取得了可喜的进步,逐步赶上国际先进水平,满足用户的需要,进一步提高了市场竞争力。国内一些数控等离子相贯线切割产品在许多方面已形成自身独有的特点,实现了自动化、多功能和高可靠性。在某些方面,产品的技术性能甚至超过了国外的产品。

从发展趋势来看,数控火焰相贯线切割机将保持一定时期的使用,而数控等离子相贯线切割机未来将成为板材切割中的主流设备。

无论哪一种自动切割机,被切割件的管径、壁厚均有一定限度。

3. 管件边缘加工注意事项

①相贯构件之间的相对位置线一定要正确无误。

②当管管相贯为非贯通节点时,除对非贯通构件的相贯端进行相贯边缘切割外,在另一管(即贯通管)的相应位置上,也应按样板(即相贯线的俯视图的展开样板)画线。以便将已切割好的非贯通构件吊上校核两管相贯边缘的正确度。

③当管管相贯为贯通节点时,一般支管为贯通件,不进行切割。而主管进行切割,也要在主管上的相应位置用样板画线,并用支管图纸要求的正确位置进行校核,再进行切割。当相同节点较多时,使用支管样段,即取一段将其一端按相贯线切割成无坡口相贯边缘,这样可方便、正确地核对主管上相贯线的正确度。

④使用数控或计算机控制专用机切割时,有时先空走一刀,将其轨迹进行校核,校核无误后再正式切割。尤其相同直径、相同相贯边缘管件较多时,第一根管件切割时尤需如此。

与船体构件加工相似,海洋平台构件在边缘加工完成以后,也要进行成形加工。虽然海洋平台构件种类繁多,成形加工形式也多,但其加工量最大的是圆柱体、圆锥体、球体。其他构件成形加工与船体建造中构件成形加工差别不大。

任务训练

训练名称:模拟手工切割管子相贯线。

训练内容:根据任务 2.5 中的任务训练“(1)倾斜管板相交节点放样展开”所完成的任务,将展开图形做成纸制样板,在用纸板做成的圆筒上号料模拟手工切割相贯线,并写出切割工艺。

【拓展提高】

拓展知识:数控弯板成形工艺及装备。

【项目自测】

一、填空

1. 船体钢料加工分为钢材预处理、(　　)和(　　)三大类。

2. 钢材预处理是对钢材进行(　　),并涂上(　　)的过程。

3. 化学除锈法除用于薄板外,主要用于处理(　　)、(　　)和形状复杂的零部件。

4. 钢材矫正一般是在(　　)上进行的,厚度在3 mm以上的钢板用(　　)个辊的矫平机进行矫平。

5. 矫正就是将(　　)或将(　　),使它们和周围的纤维有同样的长度。

6. 边缘加工的方法有机械切割法、(　　)法和(　　)法。

7. 化学切割法现在主要采用的是氧乙炔(　　)割,它的实质是金属在氧气中(　　)。

8. 气割的过程由(　　)、(　　)和氧化物的排除三个阶段组成。

9. 直线边缘的机械切割主要加工机床有(　　)和(　　)两种。

10. 焊接坡口加工可采用(　　)法和(　　)法。

11. 肋骨冷弯成形中检测和控制成形的方法有(　　)、仿形控制法和(　　)法。

12. 辊弯成形主要用三辊弯板机,按是否封闭分(　　)和(　　)式两类。

13. 液压机按其结构形式分(　　)和(　　)两种。

14. 水火弯板的冷却方式有(　　)、(　　)和背面跟踪水冷却。

15. 影响水火弯板成形效果的因素主要是(　　)、(　　)和各种加热参数。

二、判断(对的打"√",错的打"×")

1. 钢板越厚,矫正越容易,薄板容易变形,矫正比较困难。(　　)

2. 厚度在3 mm以下的钢板通常在九辊、十一辊的矫平机上进行矫正。(　　)

3. 对厚度超过矫平机加工范围的,可使用液压机或三辊弯板机进行矫正。(　　)

4. 钢板喷漆后应进入烘干炉,促使其快速干燥以利迅速搬运。(　　)

5. 钢板预处理流水线的特点是生产效率高,劳动条件好。(　　)

6. 肋骨冷弯机要将型材弯曲到其腹板边缘与要求的肋骨曲线一致。(　　)

7. 除用于薄板外,酸洗除锈法主要用于处理管子、舾装件和形状复杂的零部件,可作为抛丸除锈法的补充手段。(　　)

8. 在热切割坡口中,最常采用的是等离子切割方法。(　　)

9. 当采用肋骨冷弯机加工肋骨时,是逐段边加工边检验。(　　)

10. 角钢开尺角度不大时,可在液压机上用压模进行冷加工。(　　)

11. 板材的成形方法主要有辊弯、压弯、折弯、压延以及一些其他成形方法。(　　)

12. 钢板辊弯对中的目的是使工件的素线与轴辊轴线平行,防止产生扭斜,保证辊弯后工件几何形状准确。(　　)

13. 复杂的双曲外板通常是对大曲率方向(一般为横向)进行冷弯,然后用火工弯出另一曲率方向(一般为纵向)。(　　)

14. 船舶构件中有大量弯曲构件,而这些构件大多是火工加工完成的。(　　)

15. 水火弯板时加热线的位置主要取决于所要求的构件材质。(　　)

三、名词解释

1. 钢材预处理
2. 构件边缘加工
3. 构件成形加工
4. 逆直线法
5. 水火弯板

四、简答

1. 简述钢材表面清理与防护的方法。
2. 简述化学除锈法的工艺流程。
3. 简述钢材预处理流水线工艺流程。
4. 板材边缘切割的主要方法及设备有哪些？
5. 满足哪些条件的金属才能采用气割方法切割？
6. 数控等离子切割有什么优点？有哪两种形式？
7. 型材成形方法及设备有哪些？
8. 板材成形方法及设备有哪些？
9. 影响水火弯板成形效果的主要因素是什么？
10. 水火弯板主要工艺要求有哪些？
11. 海洋平台构件加工特点是什么？
12. 简述海洋平台管件相贯边缘加工设备及加工工艺。

五、拓展思考题

1. 数控弯板技术的发展对加工工艺产生什么影响？复杂曲度板是否可应用数控弯板设备进行弯板加工？

2. 等离子切割和氧乙炔气割设备各有什么优缺点？如何合理选用？

项目 4　装配技术基础认知

【项目描述】

船体装配是指将加工好的船体零件按规定的技术要求组装成部件、组件、分段及完整船体的过程。在制造过程中，除了装配操作时需使用的工具与设备外，还必须配置便于进行确定基准画线、装配定位、焊接和检验的专用工艺装备，才能顺利地进行装配工作并确保装配质量。船体结构预装焊过程中除了使用起重、电焊、气割和压缩空气设备及管道设施以外，还要用到装配平台和胎架，这是船体构件装焊作业所特有的主要两大类工艺装备。此外在船体装配过程中还要用到一些常用的装配工具。在结构装配过程中还需要进行定位、画线，结构装焊结束后还要进行完工测量。

本项目包括船体装配工艺技术认知，船体装配工装及工具选择，胎架的设计、选取与制造，船体装配的画线与调整定位和船体装配测量五个任务。通过本项目的学习，学习者能够了解船体装配工艺技术，熟悉船体装焊作业中主要工艺装备和工具，掌握胎架设计和制造方法，熟悉船体装配时测量方法。

知识要求

1. 了解船体装配工艺相关技术；
2. 熟悉平台和胎架的种类及主要用途，了解胎架结构及船体装配的常见工具；
3. 掌握胎架的设计原则，熟悉胎架基准面的选取方法和制造方法；
4. 熟悉船体装配画线和调整定位方法；
5. 熟悉船体装配测量方法。

能力要求

1. 能正确认识船体装配相关工艺技术内容；
2. 能正确区分装配平台和胎架的形式，正确使用装配常用工具；
3. 能根据分段形式选择和设计胎架；
4. 能进行船体装配画线和装配调整定位；
5. 能用测量工具进行船体结构的测量。

思政和素质要求

1. 具有良好的职业道德，以及遵守行业规范的工作意识和行为意识；
2. 具有全局意识，较强的质量意识、安全意识和环境保护意识；
3. 具有严谨细致的工作作风和独立分析问题、解决问题的能力。

【项目实施】

任务 4.1 船体装配工艺技术认知

PPT

任务解析

船体装配是把船体构件组合成整个船体的工艺过程。现代造船模式中船体建造采用船体分道建造技术。船体分道建造可以分解为七个典型制造级,按制造级可以把组立进行分类,形成分道作业流程。船体装配作业时要依据各种图表及样板、样条等,完成装配工作后要进行检测,以保证各阶段的建造质量。

本任务主要认知船体装配工艺技术、分道建造技术、船体装配作业技术依据和船体装配各阶段的检测。通过本任务的学习和训练,学习者能够确定船体装配主要阶段、工作内容、装配阶段所需要图表及工作图等相关工艺技术内容。

背景知识

一、船体装配工艺技术

船体建造方法的不同,使得船体装配的工艺流程也有所不同。目前大中型船厂普遍采用分段建造法或总段建造法。

1. 分段建造法的船体装配

分段建造法的船体装配分为以下四个阶段。

第一阶段:由船体零件组合成船体部件的部件装配(又称小合龙,也称小组立及中组立),如T型梁、板列、肋骨框架、主辅机基座、艏艉柱等部件的装配。

第二阶段:由船体零件和部件组合成船体分段的分段装配(又称中合龙,也称大组立),如底部分段、舷侧分段、甲板分段、舱壁分段、上层建筑分段、艏艉立体分段等的装焊。

第三阶段:由船体分段和分段、零部件组合成大分段(又称总组立),该阶段一般在船台(坞)边的总装平台上完成。

第四阶段:由船体大分段、分段和零部件组合成整个船体的搭载阶段(又称大合龙,也称搭载),该阶段是在船台(坞)内完成的。

2. 总段建造法的船体装配

总段建造法的船体装配与分段建造法相比,增加了一个工序,即将已装配好的各个分段和零部件组合成总段以后,再送交船台(坞)进行大合龙。

二、船体分道建造技术

船体分道建造技术是现代造船模式的重要组成部分,是现代造船模式的基础技术。船体分道建造技术是应用成组技术的基本原则,在造船全过程中,将构成船舶的中间产品的制造按特征的相似性分类成组。通过分道设计、实施,以中间产品为导向,在规定的生产单元内,完成固定工艺流程的全部作业,经过逐级制造,最后合成一艘船舶产品,实现有序、连续、均衡和总装造船。

1. 典型制造级

船体分道建造可以分解为零件加工、零件装配、部件装配(小组立)、小分段装配(中组立)、分段装配(大组立)、总段总组(总组立)、船体大合龙(搭载)七个典型制造级,如图 4-1 所示。

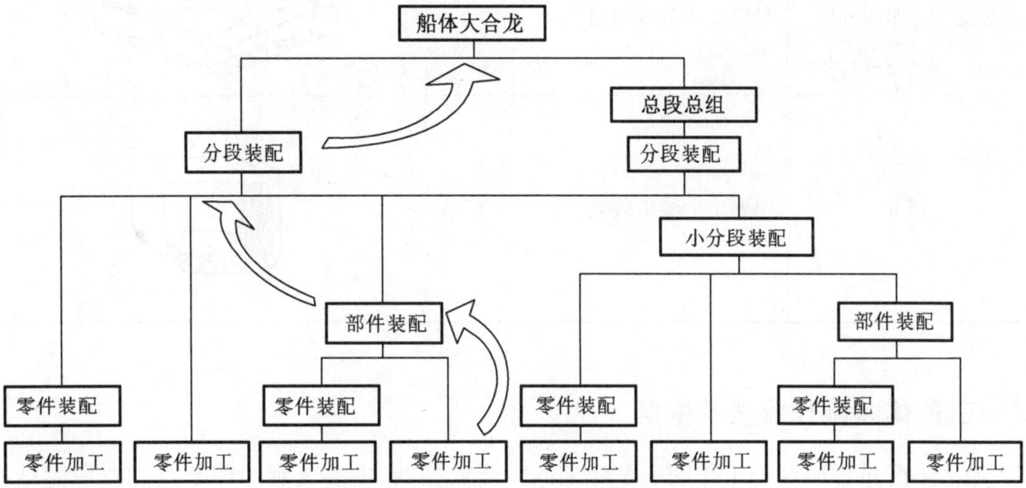

图 4-1　典型制造级分解示意图

按照这七个典型制造级,聚集具有相似工艺过程的零件、部件、分段和总段,形成批量,凭借现代化的制造技术,组建既具有柔性,又是高效率的流水生产线或虚拟成组工艺流程,以适应各种船舶的中间产品的分道生产,即可实现工件流动、人员固定的专业化生产,以及与流水生产线相适应的物流和信息化的管理体制。

2. 组立分类

按制造级可以把组立划分为小组立、中组立、大组立、总组立等类型;按基准面形状又可以把组立划分为曲型组立、平直组立和立体组立,如表 4-1 所示。

表 4-1　组立分类

类型		定义	图示
小组立(装配成系统部件)		一块或两块钢板上装焊一个或几个零件的最基本组立	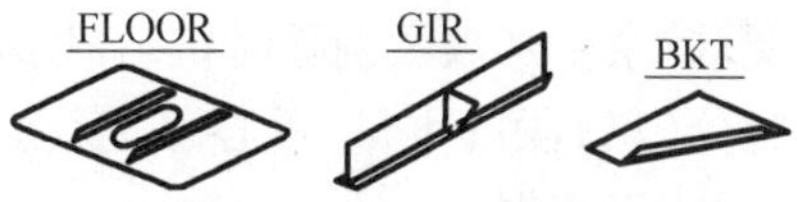
中组立(装配成多系统模块,或组成分段的小分段)	平面中组立	①平面片体,基准是平面的组立;②在平台上进行的拼板作业,装焊结构	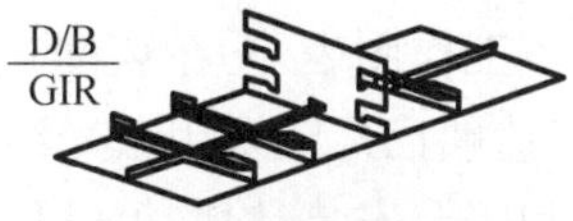
	曲面中组立	①曲面片体,基准是曲面的组立;②在胎架上进行拼板作业,装焊结构	
	立体中组立	由多个构件(组立及板件)组装成	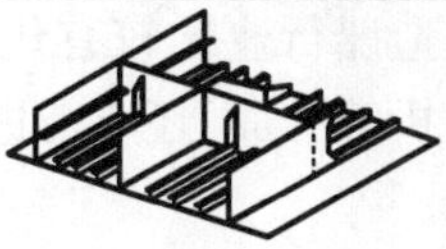 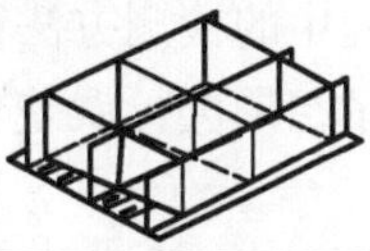

表 4-1(续)

类型		定义	图示
大组立	平面分段	最终成为分段的组立	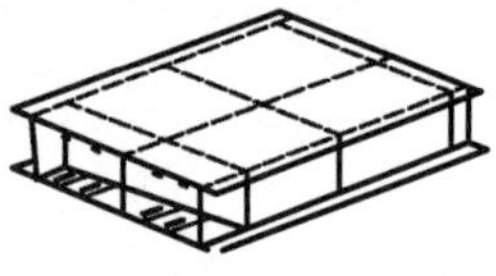
	曲面分段		
	上层建筑分段		
总组立		由多个分段组装成	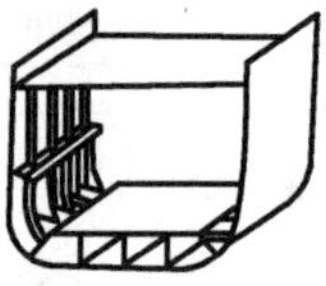

三、船体装配作业技术依据

船体装配过程中各种工作图表是施工的主要依据,它主要表示船体分段和总段的结构形式、构件规格、零件代码、尺寸及相互连接的方式等,同时还规定了分段或总段的建造方法、胎架形式、装焊要点、完工测量项目等。

工作图表的形式和内容:

①部件(小组立、中组立)工作图。其一般分为平面与曲面部件工作图两种,描述了各类构件的生产过程,作为部件施工的依据。

②分段(大组立)图册。其主要包括分段装配流程图、分段装配图、零件表、工艺表、胎架图表、吊马和分段加强布置图、分段完工测量图,完整地表示了分段结构的施工图样,同时,按车间的生产设备、工艺路线、起重条件等工作要素全面考虑了分段制造工艺,它包含了分段装配的全部工艺管理信息,专门为分段装配提供依据。

③分段总组(总组立)工作图。其完整地表示了两个或两个以上分段组成更大分段(总组立)的装配过程。专门为分段总组提供依据。

④船台(坞)总装图。其附有船台(坞)总装(搭载)程序图,包括吊装顺序、分(总)段边缘要求(余量加放及割除时机、补偿量加放、坡口要求)、大接缝区域结构装焊信息等,并列出各分(总)段的重量、重心、尺度、对合线、吊装及变形控制等相关要素,作为船体总装(搭载)的施工依据。

除了工作图表外,在装配过程中还需使用画线样板和样条等,作为画线、定位时的依据,现代造船已广泛采用激光经纬仪和全站仪的三维检测技术,应用于胎架制造、分(总)段的装配和船台安装、检验等过程中,逐步减少了样板、样条的使用。

四、船体装配各阶段的检测

船体装配各阶段的检测内容和目的如表 4-2 所示。船体分段制造和船台(坞)装配过程中的检测方法在造船行业比较有代表性和通用性,且日趋成熟,但在检测规范化及对测量结果进行误差分析等方面,还有待进一步研究。

表 4-2 船体装配各阶段的检测内容和目的

船体装配阶段	检测阶段		检测阶段名称	检测内容	检测目的
部件装配	Ⅰ	1	部件装配检测	①T 型部件； ②主要基座； ③艏柱； ④艉柱	①检测焊接变形，以便矫正； ②检测完工尺寸，为下阶段装配工作提供依据
分段装配	Ⅱ	1	胎架检测	①胎架中心线； ②胎架水平线； ③模板垂直度（或倾角）	为分段装配提供准确依据
		2	分段检测	①分段中心线、轮廓线； ②分段尺度（长度、宽度、高度）； ③基线挠度（对底部分段）； ④四角水平； ⑤梁拱、脊弧、舷弧	①掌握分段建造的变形规律及具体数据； ②根据分段变形情况进行火工矫正或在分段总组、船台（坞）装配阶段采取相应的措施； ③为分段总组、船台（坞）装配提供依据
分段总组	Ⅲ	1	总段检测	①总段中心线、轮廓线； ②总段尺度（长度、宽度、高度）； ③基线挠度（对底部分段）； ④四角水平； ⑤梁拱、脊弧、舷弧	①掌握总段建造的变形规律及具体数据； ②根据总段变形情况进行火工矫正或在船台（坞）装配阶段采取相应的措施； ③为船台（坞）装配提供依据
船台（坞）装配	Ⅳ	1	主船体装焊完毕检测	①基线（龙骨）挠度； ②艏、艉端点高度； ③轴中心线高度； ④舵杆中心线前后位置； ⑤主尺度（长度、型深、型宽）	①测量船体变形情况； ②根据变形情况采取必要措施，防止变形继续增大； ③测量形深和形宽的完工数据
		2	拉轴线、装主机基座前检测	①基线（龙骨）挠度； ②轴孔中心高度	根据船体变形情况修正轴线高度，使之符合设计和主机安装要求

表 4-2(续)

船体装配阶段	检测阶段		检测阶段名称	检测内容	检测目的
船台(坞)装配	Ⅳ	3	上层建筑装焊完毕检测	①艏、艉端点高度; ②轴中心线高度; ③基线(龙骨)挠度; ④舵杆中心线前后位置; ⑤总长	掌握上层建筑分段安装对船体变形的影响
		4	全船火工矫正后检测	①艏、艉端点高度; ②基线(龙骨)挠度; ③总长	了解火工矫正对船体变形的影响
		5	密性试验完毕检测	①艏、艉端点高度; ②基线(龙骨)挠度	了解船体经过密性试验以后的变形情况
		6	刻画水尺、水线前检测	①总长、设计水线长; ②基线(龙骨)挠度; ③艏、艉端点高度	①作为刻画水尺、水线的依据; ②作为船体主尺度的完工数据

任务训练

训练名称:船体装配内容认知训练。

训练内容:将没有列出的船体装配阶段、工作内容、装配工作图类别等信息填到表4-3中。

表 4-3 船体装配内容

装配阶段	工作内容	装配工作图类别	工作图内容	组立或搭载阶段
部件装配	将船体零件组合成船体部件			小组立、中组立
分段装配	将船体零件和部件组合成船体分段	分段(大组立)工作图册		
大型分段或总段装配			完整地表示了两个或两个以上的分段组成更大分段(总组立)的装配过程	
船台(坞)总装		船台(坞)总装图		搭载

任务 4.2　船体装配工装及工具选择

PPT

任务解析

平台和胎架是船体构件装焊作业所特有的主要两大类工艺装备，也是决定装焊车间生产能力的重要设备，船体结构件及分段的装配主要是在平台和胎架上进行的。船体装配操作时需使用多种装配工具和仪器进行基准画线、装配定位、测量和固定结构，以保证顺利完成装配工作。随着造船工业技术的进步，装配工具也在不断地改进和创新。

本任务主要是认知船体装配平台、胎架工艺装备和装配工具。通过本任务的学习和训练，学习者能够掌握船体预装配工艺装备的类型和用途，熟悉船体装配的工具，并能正确选用平台和胎架，正确使用各种装配工具。

背景知识

一、装配平台

1. 固定式平台

平台一般是由水泥基础、型钢、钢板等组成的具有一定水平度的工作台，分为固定式和传送带式两大类。固定式平台主要用于装焊船体部件、组件、平面分段和带有平面的立体分段，也可以作为设置胎架的基础。为保证部件、组件和分段制造的质量，它应具有牢固的基础、足够的结构刚性和表面平整度。其四角水平的偏差≤±5 mm，表面平面度≤±3 mm/m。传送带式平台设有相应的传送装置，既可用于部件、组件和平面分段的装焊，又可用来运送工件，是组织生产流水线的重要工艺设备。

(1)钢板平台

钢板平台又称实心平台，其结构如图 4-2(a)所示。其主要用于绘制船体全宽肋骨型线图，供装焊肋骨框架等部件用。其表面由钢板铺设而成，便于画线，装焊操作条件也较好。用于制作钢板平台的钢板厚度应大于 10 mm，钢板下面设置的槽钢、工字钢宜选用 22~24 号，平台高度约 300 mm。对于用来建造小型船舶的钢板平台，其结构允许质量适当减小一些。

(2)型钢平台

型钢平台又称空心平台，它与钢板平台的区别仅在于其表面不设钢板，如图 4-2(b)所示。型钢平台既可用于拼板和装焊平面分段，也可作为胎架的基础。其高度一般与钢板平台相同。但在平面分段流水线的某些部位和首、尾立体分段倒装时，需在平台下面作业，则平台高度应大于 800 mm。

(3)水泥平台

水泥平台是用钢筋混凝土浇成的，并在其表面埋入许多按 500~1 000 mm 间距平行的扁钢和 T 型钢，使型钢面板表面与水泥台面平齐，而构成整个平台表面的型钢是作为电焊通路和安装拉桩、固定胎架来用的，如图 4-2(c)所示。水泥平台的最大优点是基础牢固不易变形,所以一般用作胎架的基础。其缺点是水泥台面受高温后容易爆裂,预埋的型钢容易锈蚀等。

(4)钢板蜂窝平台

钢板蜂窝平台是一种表面有许多蜂窝状圆孔的平台,主要用于热弯肋骨和外板。过去,平台多用铸铁制作,近年来出现了一种钢板蜂窝平台,就是在钢板上开有蜂窝状圆孔,并在圆孔处加焊开有同样大小圆孔的复板,如图 4-2(d)所示。它具有便于固定船体构件的优点,主要用来装配焊接部件和组合件,并可用于矫正变形。

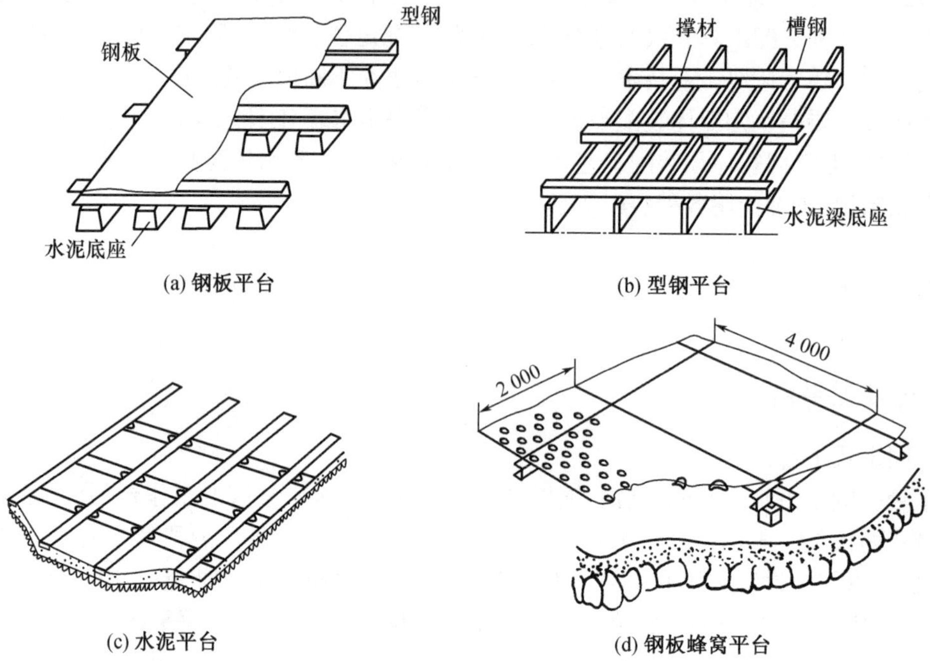

图 4-2　固定式平台

2. 传送带式平台

(1)链式传送带平台

在槽形钢筋混凝土基础上,按 1 500~2 000 mm 的间距敷设角钢或槽钢构件,并在其上安装链条导向轨道,再在轨道上配置链条,即构成链式传送带平台,如图 4-3(a)所示。它主要用于流水线上改变运送方向的横向传送。

(2)辊柱式传送带平台

用直径为 100~150 mm 的钢管制作成辊筒,并将其按 1 000~1 500 mm 的间距平行地组装在开有缺口的钢板平台上,即构成辊柱式传送带平台,如图 4-3(b)所示。有的平台在辊筒支承梁下面设置升降用油缸,使辊筒能上下调节。它主要用于平面分段机械化生产线的拼板工位。

(3)台车式平台

在分段支承台之间敷设两条轨道,并在其上配置有油缸升降机构的台车,即构成台车式平台,如图 4-3(c) 所示。它主要用于分段的运输。

(4)圆盘式传送带平台

将直径为250~200 mm的圆盘按间距2 000~1 500 mm纵横交错地配置在钢板平台或水泥平台上,即构成圆盘式传送带平台,如图4-3(d)所示。它主要用于平面分段机械化生产线中分段的传送。

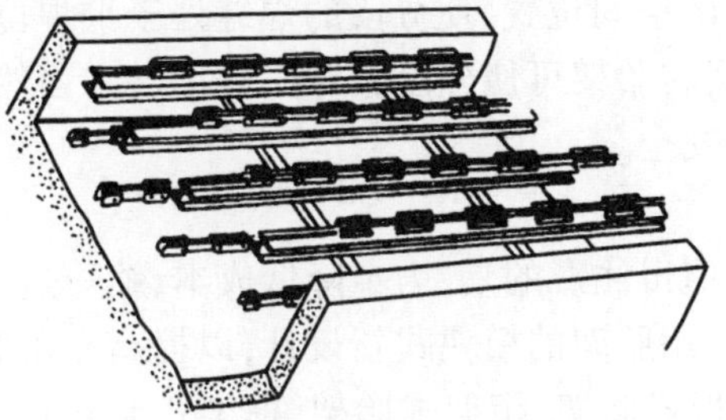

(a) 链式传送带平台

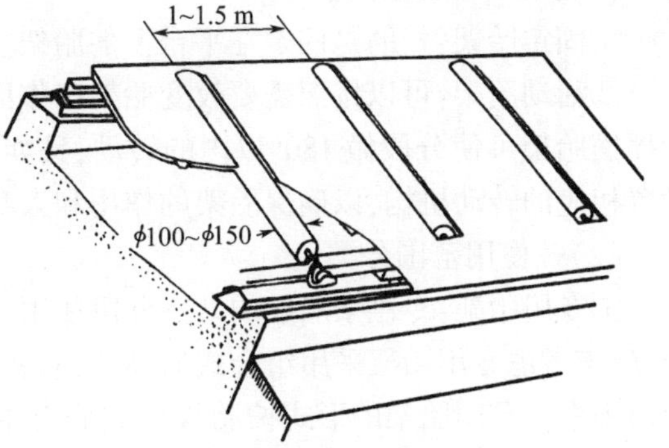

(b) 辊柱式传送带平台

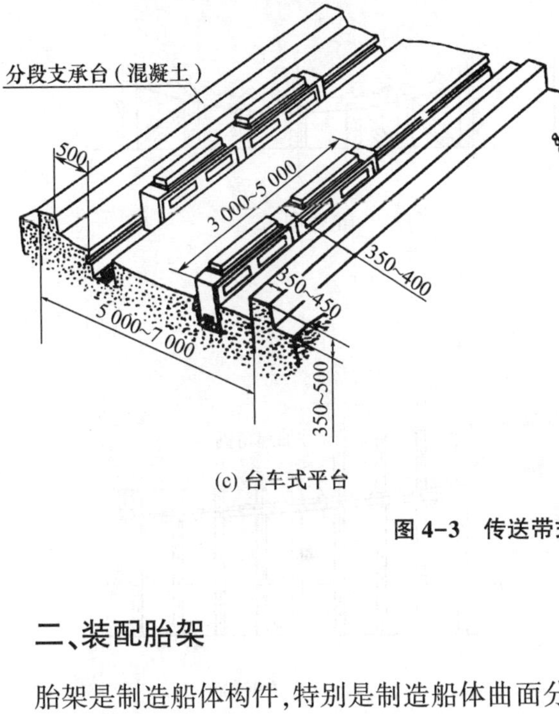

(c) 台车式平台

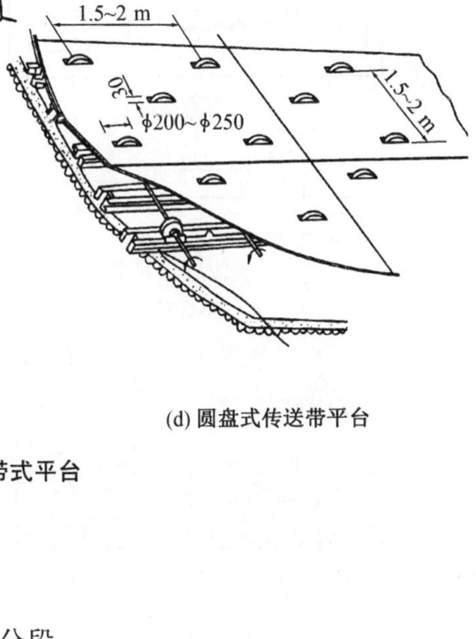

(d) 圆盘式传送带平台

图4-3　传送带式平台

二、装配胎架

胎架是制造船体构件,特别是制造船体曲面分段和曲面立体分段的形状胎模和工作台,如图4-4所示。其作用是支承分段、保证分段曲面形状和控制其装焊变形,因此它应具有足够的结构刚性和强度。

胎架的受力情况很复杂,它不但要承受船体分段或总段的质量,而且在施工中还受到各种变动因素(如压载重物和分段焊接变形而产生的力等)的影响,所以目前大都采用经验方法进行设计。

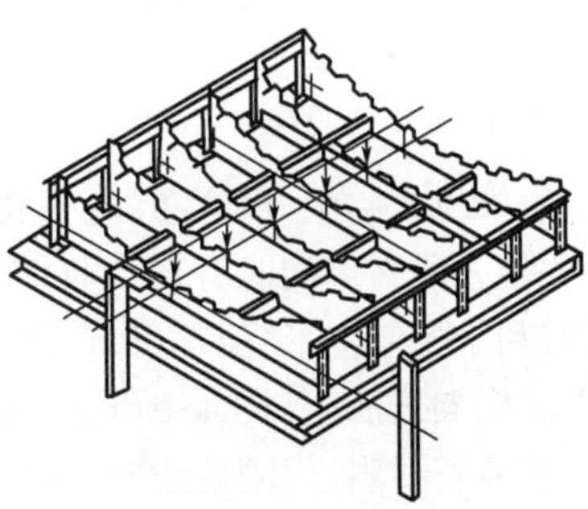

图4-4　胎架结构

为确保船体分段或总段建造中的质量,胎架必须保证足够的结构刚性和强度,这就导致了在胎架制造中必然要使用大量的材料和花费大量的工时,同时船舶建造基本是单船建造和小批量生产,这又无形中提高了造船的生产成本和延长了造船周期。因此,在船体分段和总段建造中提升胎架的通用性以降低船舶建造成本。

1. 胎架的种类和用途

(1)按结构形式分类

①固定胎架:指的是固定在平台上的胎架。

②活动胎架:可以按照需要改变胎架工作面的空间位置,使分段的焊缝处于平焊位置,如摇摆胎架可使分段做180°以内的转动;又如回转胎架可使分段做360°的回转。当然,应设置相应的转动机构,以确保胎架的作用和人身安全。

(2)按使用范围分类

①专用胎架:专供某船舶的某一分段使用。值得注意的是,为了降低成本、缩短造船周期,应该考虑专用胎架采用组合式的设计,或者采用胎架的模块式新设计,以提高专用胎架的通用率。专用胎架的形式按胎板形式分有单板式胎架、桁架式胎架、框架式胎架和支点角钢式胎架,如图 4-5 所示。

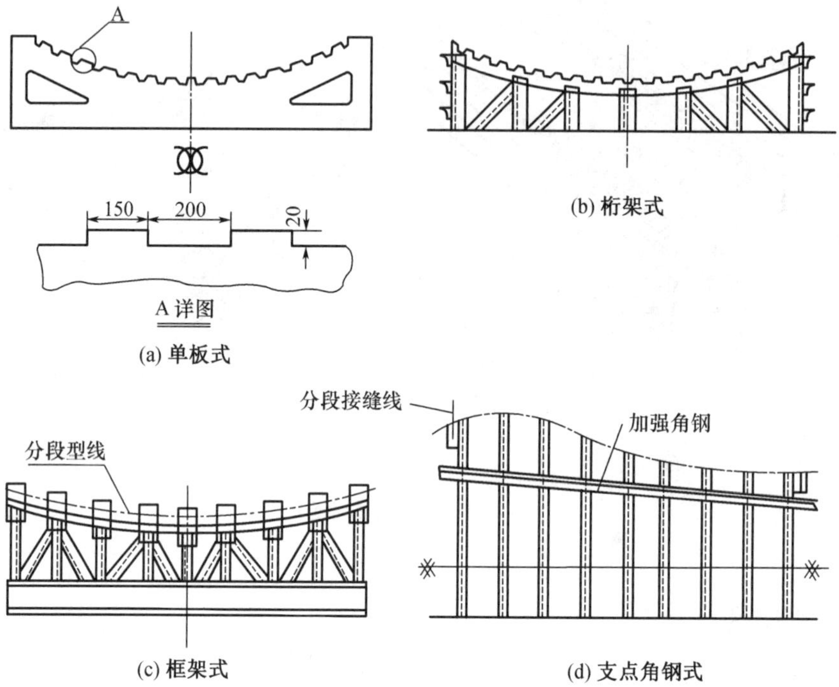

图 4-5　专用胎架的形式

a. 单板式胎架(图 4-5(a)):由整块胎板组成,为使胎板与分段外板的接触面积小而紧贴,并使分段在焊接时有自由收缩的可能,胎板的型线通常制成锯齿状。单板式胎架刚性好,有利于控制变形,但耗材多,通常用于军品或技术要求高的批量生产中。

b. 桁架式胎架(图 4-5(b)):由桁架(包括支撑材、底桁材与拉马角钢)和型线胎板组成。它节省材料,但刚性较弱,常用于一般船舶,尤其适用于单船或小批量建造。

c. 框架式胎架(图 4-5(c)):由框架和固定小模板组成。

d. 支点角钢式胎架(图 4-5(d)):也叫固定型支柱式胎架。这种胎架是在需设置胎架模板的肋位上，竖起若干根角钢，用角钢做横向连接，角钢上端按型值画线。它一般用于甲板、上层建筑及刚性强的舷侧分段。这种胎架用料少、制造方便，但在保证分段线型方面较差，通过割短和接长各支点的角钢来提升其通用性。

②通用胎架：可供各种船舶的不同分段使用的胎架。其有以下两种形式：

a. 框架式活络胎板胎架：由角度框架和活动胎板组成，如图 4-6 所示。一般有 30°、40°、50°、60°四种不同的固定角度框架，框架的斜向角钢上开有螺孔，用于固定活动胎板。通过调节活动胎板高度位置，可获得不同的工作曲面。

b. 套管支柱式胎架：这种胎架的支柱是由内外两根不同直径的钢管套接而成的，在内外钢管上各按不同间距钻有数排销孔，使用时按胎架型值调节支柱高度，并用销轴插入销孔加以固定，如图 4-7 所示。由于支柱的调节范围有限，故其适于建造各类平直和小曲形分段。随着电子技术在造船工业上的广泛应用，可通过数控液压装置，根据型值表来自动调节胎架高度，这样的升降型胎架使用起来方便，具有较高的经济效益。

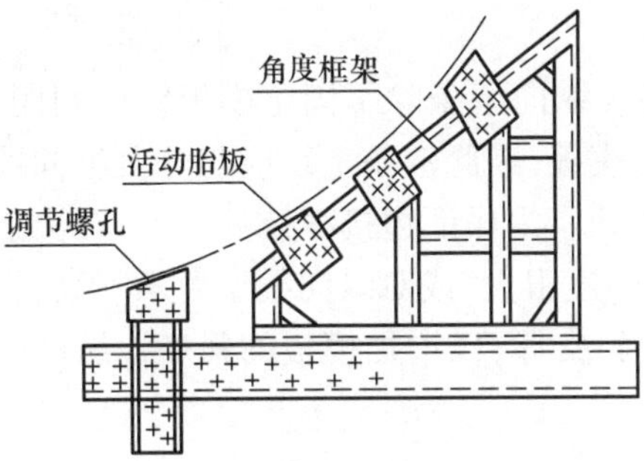

图 4-6 框架式活络胎板胎架

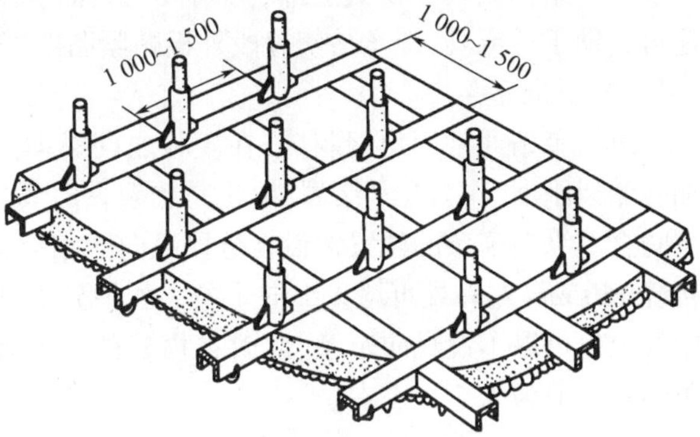

图 4-7 套管支柱式胎架

(3)按胎架工作面分类

①内胎架：工作表面为船体外板的内表面，如立体分段或总段倒装时的纵、横隔舱壁，肋骨框架以及制造导流管的内圈胎架等。

②外胎架：工作表面为船体分段或总段外板的外表面，绝大多数胎架属于外胎架。

(4)按用途分类

胎架按用途可分为底部胎架、舷侧胎架、甲板胎架、艏艉柱胎架、舵胎架、导流管胎架等。

(5)按胎架选择的基准面分类

胎架按其选择的基准面可分为正切胎架、正斜切胎架、斜切胎架和斜斜切胎架。

2. 胎架结构

胎架结构通常由坚固的基础、胎架模板(简称模板)、拉马角钢、纵向牵条组成，如图 4-4 所示。为便于分段装配，其还设有胎架中心线画线架。

(1)胎架基础

在分段装配过程中，胎架一方面承受分段的质量，另一方面要保证分段的线型和控制分段的焊接变形，所以模板必须坐落在有足够承载能力而不下沉变形的基础上。基础上表面力求保持在一个水平面上。胎架基础通常有混凝土墩基础、混凝土条基础、混凝土平台和型钢平台，如图 4-8 和图 4-2(b)所示。

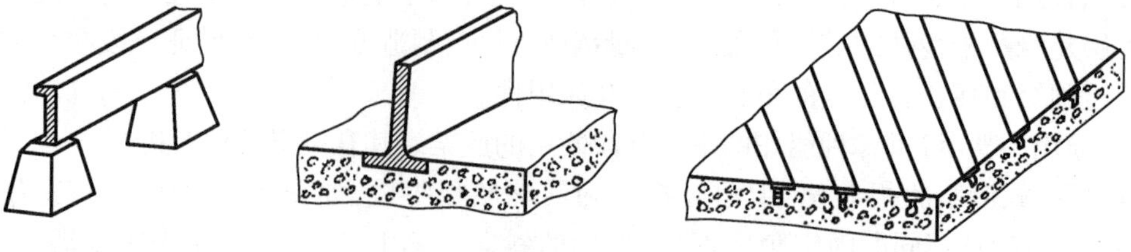

(a) 混凝土墩基础　　(b) 混凝土条基础　　(c) 混凝土平台

图 4-8　胎架基础

(2)模板

模板经常采用的形式有单板式、桁架式、框架式、支柱式,如图 4-5 所示。

(3)拉马角钢

拉马角钢设置在模板上部,与模板上表面基本平行。拉马角钢除增加模板的刚性外,还可借助于弓形马、螺丝马使分段外板贴紧胎架模板。

(4)纵向牵条

纵向牵条通常用角钢制成,在模板之间纵向连接。纵向牵条除了固定模板纵向间距、加强胎架刚度、作为拉马装置外,也是胎架纵向线型的模板,因此牵条上缘应与分段纵向线型吻合。纵向牵条的位置常设在分段纵向的相应构架处。为保证边接缝处的线型,在离边接缝 150 mm 左右处可增设纵向牵条。如果分段纵向强度很大,或对纵向线型要求不高,在胎架上也可以不设纵向牵条,此时在模板的一面加设斜支撑,以增加模板的强度。纵向牵条间距一般为 1.5 m 左右。

三、船体装配工具

船体装配使用的工具很多,现将常用的装配工具做一简单介绍。

1. 度量、画线工具

(1)度量工具

度量工具是测量物体大小和形状的工具,用于测量工件加工后的几何尺寸和形状是否符合精度标准。度量工具有平尺、木折尺、钢皮卷尺、角尺(分活络和固定两种);此外还有卡钳,分内卡钳、外卡钳、八字形卡钳三种,用以测量钢材的厚度和管子的直径。

(2)画线工具

画线工具是用来在钢材、样板等处画线及做出标记的工具。画线工具有圆规、粉线、各种画笔(石笔、划针、鸭嘴笔)及洋冲(铳)、锘子等。

粉线一般都用 0.5 mm 直径的腊线,将其绕于圆盘内,如图 4-9(a)所示。其用于测量较长距离的工作物的不平度和扭曲度,也可以弹直线用。

洋冲与锘子都由高碳钢制成,如图 4-9(b)所示。洋冲的工作尖端和锘子的刀刃都经过淬火处理,它们都是用来在钢材上做记号的。

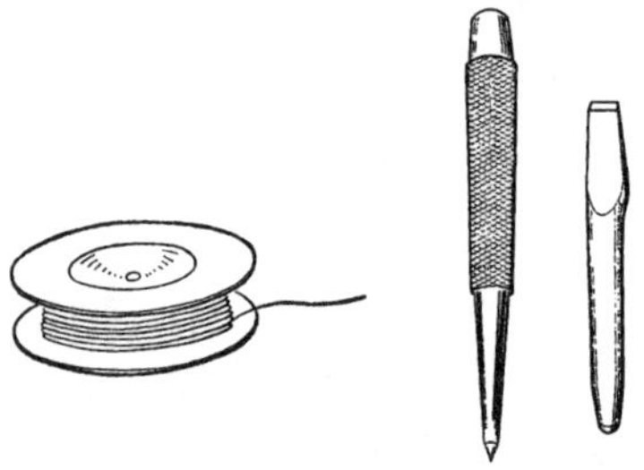

(a) 粉线　　(b) 洋冲与锘子

图 4-9　画线工具

2. 测量工具

(1)线锤

线锤用来测量零件的垂直度,如图 4-10(a)所示。测量距离大时采用重线锤,距离不大时采用较小线锤。

(2)水平尺

水平尺用于测量物件水平度和垂直度,如图 4-10(b)所示。

(3)水平软管

水平软管用于测量较大构件的水平度,如图 4-10(c)所示。其由一根较长橡皮管和两根短玻璃管组成,从一端向管内注入液体,冬天注入酒精或乙醚等不冻液体。

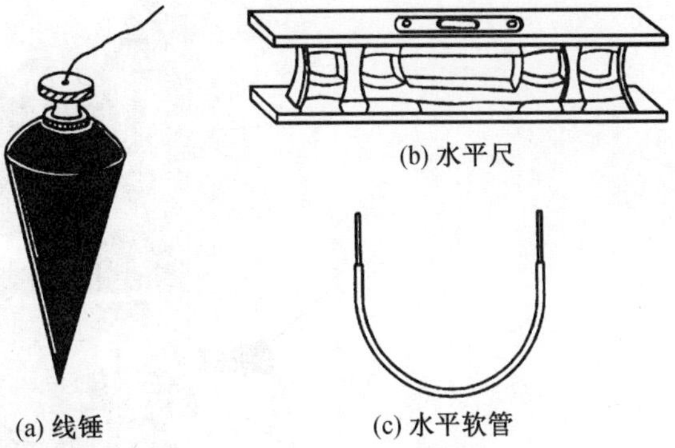

图 4-10 测量工具

(4)水准仪

水准仪主要用来测量构件的水平线和高度,它由望远镜、水准器和基座等组成,如图 4-11(a) 所示。它的主要功能是给予水平视线与测定各点间的高度差。

(5)激光经纬仪

经纬仪主要由望远镜、竖直度盘、水平度盘和基座等部分组成。它可测角、测距、测高与测定直线等。激光经纬仪是在经纬仪上加设一个激光管构成的,一般用氦氖激光管,如图 4-11(b)所示。由激光电源通过激光管发射出激光束,在望远镜所观察到的目标处形成肉眼可见的、清晰的红色光斑,提高了观察目标的直观感和测量的精度。它主要用于船舶与海洋工程建造中的画线和测量。

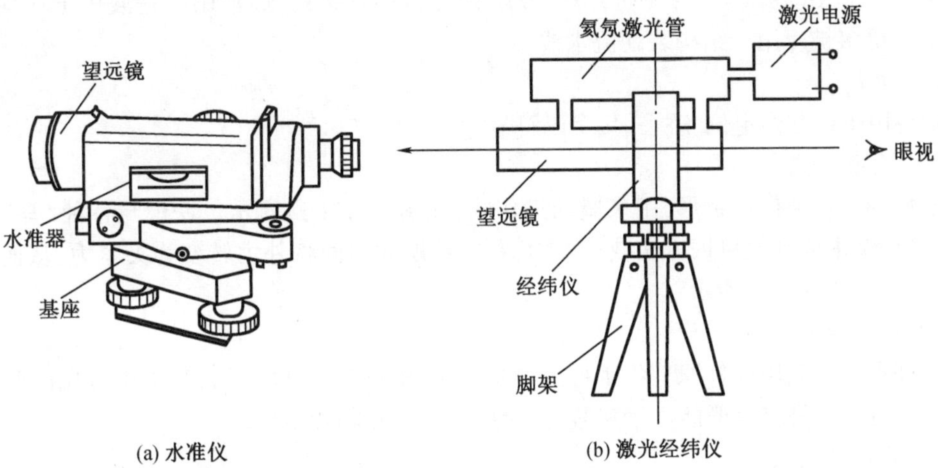

图 4-11 水准仪及激光经纬仪

(6)全站仪

全站仪(全站型电子测距仪),是一种集光、机、电为一体的高技术测量仪器,是集水平角、垂直角、距离(斜距、平距)、高差测量功能于一体的测绘仪器系统。因其一次安置仪器就可完成该测站上全部测量工作,所以称之为全站仪,如图 1-12 所示。在船舶与海洋平台建造中,全站仪主要用于建造测量。

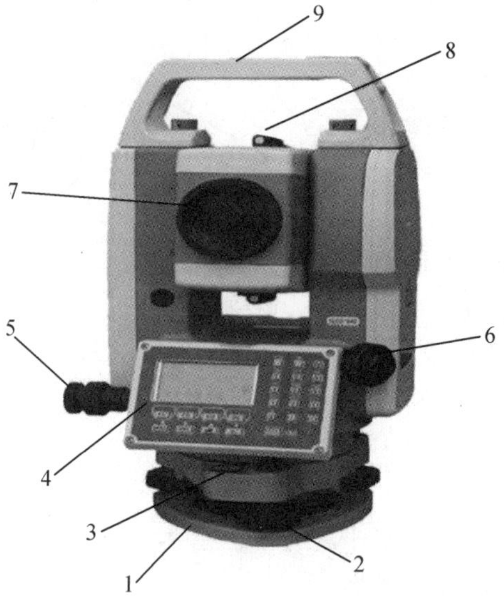

1—基座;2—整平脚螺旋;3—圆水准器;4—显示器;5—水平微动、制动螺旋;
6—光学对中器;7—物镜;8—瞄准器;9—提手。

图 4-12 全站仪

3. 装配工夹具

装配工夹具按照其外力的来源,分为手动和非手动两类。手动夹具包括螺旋夹具、楔条夹具、杠杆夹具和偏心夹具等,装配中最经常使用的撬杠、楔铁和倒正螺丝也属于这一类手动夹具。非手动夹具包括气动夹具、液压夹具和磁力夹具,最常用的是液压千斤顶。非手动夹具更多被应用于结构装配流水线中。

(1)榔头

榔头用于钢结构定位、矫平、敲字码符号等。

(2)撬棒、铁楔

撬棒的工作端做成铲形,用来撬动工作物,如图 4-13(a)所示。铁楔与各种“马”配合使用,利用锤击或其他机械方法获得外力,利用铁楔的斜面将外力转变为夹紧力,从而对工件夹紧,如图 4-13(b)所示。

(3)杠杆夹具

杠杆夹具是利用杠杆原理将工件夹紧的。如图 4-13(c)所示为装配中常用的几种简易杠杆夹具。杠杆夹具既能用于夹紧,又能用于矫正和翻转钢材。

(4)螺旋式夹具

螺旋式夹具具有夹、压、拉、顶与撑等多种功能。弓形螺旋夹是利用丝杆起夹紧作用的,如图 4-14(a)(b)所示(另有多种形式)。固定用螺旋压紧器借助 L 形铁、门形铁,达到调整钢板的高低及压紧的目的,如图 4-14(c)(d)所示。

(5)拉撑螺丝和花兰螺丝

拉撑螺丝起拉紧或撑开作用,不仅可用于装配也可用于矫正,如图 4-15(a)所示。花兰螺丝用于构件拉紧与固定,如图 4-15(b)所示。

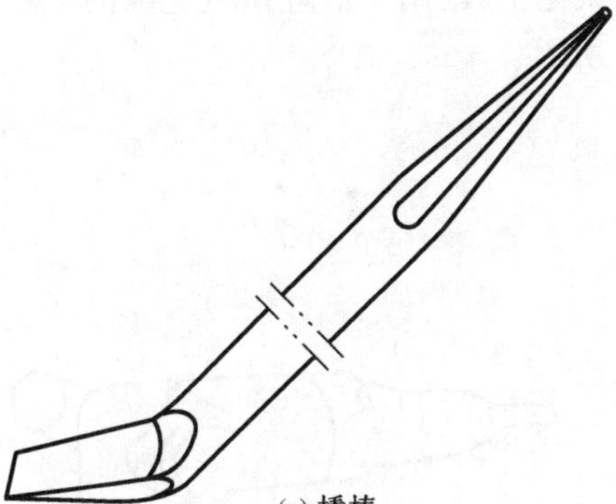

(a) 撬棒

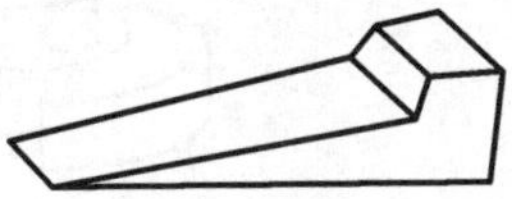

(b) 铁楔

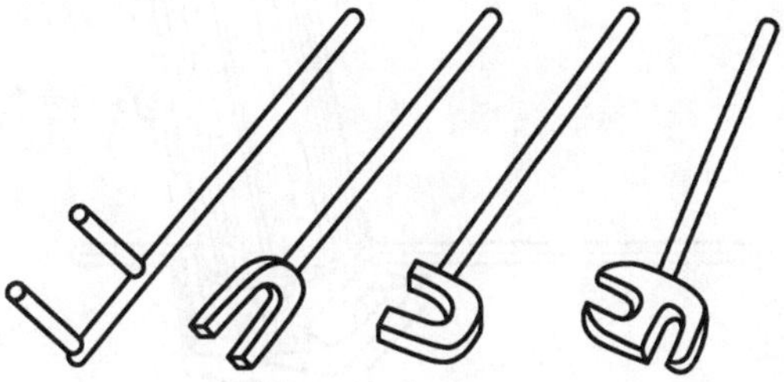

(b) 杠杆夹具

图 4-13　撬棒、铁楔和杠杆夹具

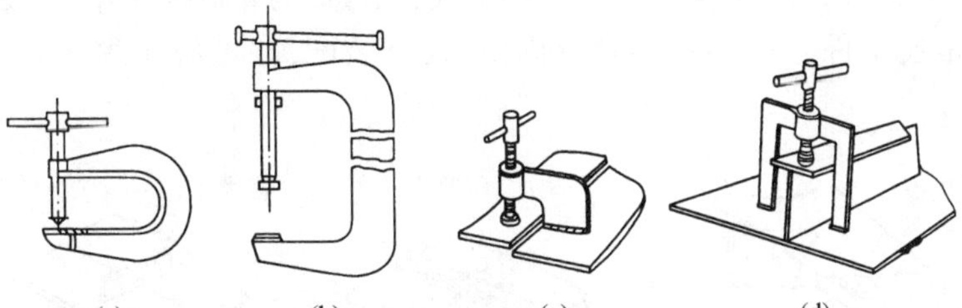

(a)　(b)　(c)　(d)

图 4-14　常用的螺旋式夹具

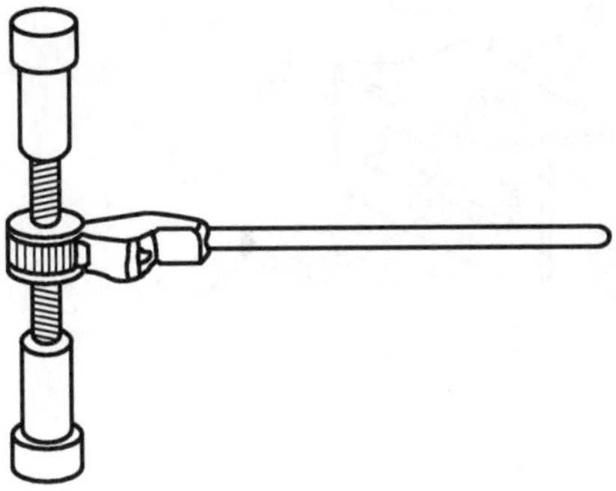

(a) 拉撑螺丝

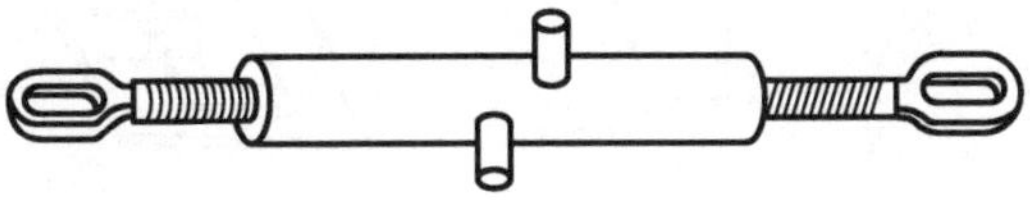

(b) 花兰螺丝

图 4-15　拉撑螺丝和花兰螺丝

(6)千斤顶

千斤顶是一种支承重物、顶举或提升重物的起重工具。起升高度不大,但质量可以很大,广泛用于冷作件装配中作为顶、压工具,如图 4-16 所示。

(7)风动角向砂轮

风动角向砂轮是以压缩空气为动力的新型机械化工具,用于清理钢板边缘的毛刺、铁锈,修磨焊缝及钢板表面氧化皮等工作,如图 4-17 所示。

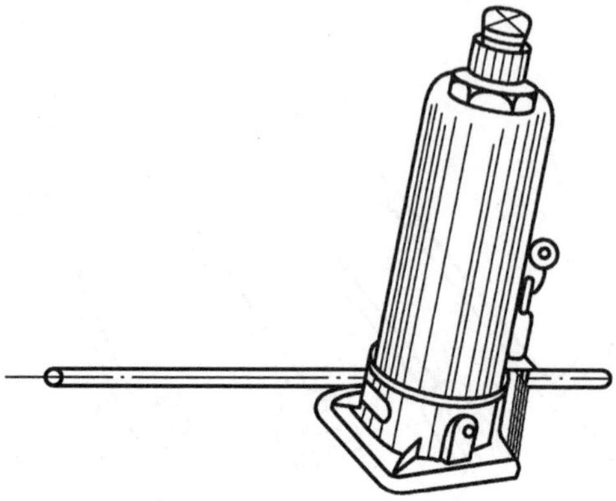

图 4-16　液压式千斤顶

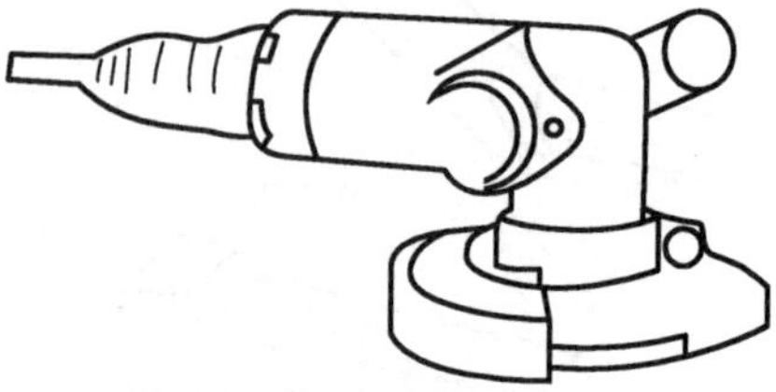

图 4-17　风动角向砂轮

(8)马

马有 L 形、V 形、门形、弓形、梳状等多种形式,除弓形马和梳状马外,一般都与铁楔配合使用,其作用是使工件连接部位贴紧及固定,便于装配,并可防止焊接变形,如图 4-18 所示。

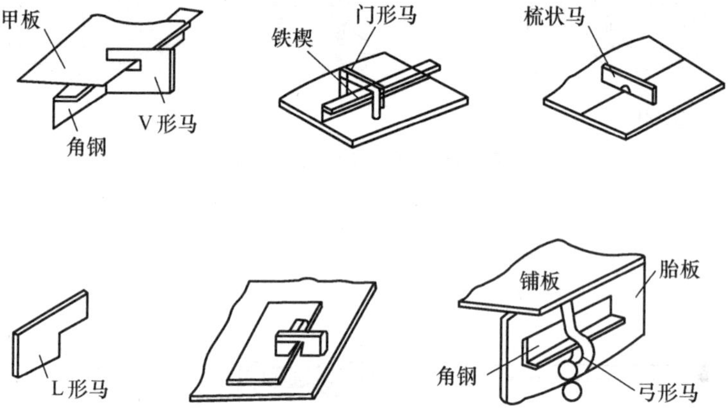

图 4-18　各种马板

任务训练

训练名称:(1)分段胎架形式的选择; *(2)装配工具的操作。

训练内容:

(1)根据分段外形特点、精度要求及批量生产情况,判断所用胎架形式,填入表 4-4 中。

表 4-4　胎架形式的选择

分段情况	批量或单船	精度要求	胎架形式	胎架组成	胎架特点
双层底分段	批量生产	精度较高			
平直舷侧分段	单船生产	精度一般			
甲板分段	批量生产	精度较高			
槽型舱壁分段	批量生产	精度较高			
首部立体分段	单船生产	精度高（军用船舶）			

(2)装配工具的操作：完成下面几种工具或仪器的操作。

①千斤顶的操作：调节升降；

②水平仪的操作：测量结构物的水平度；

③激光经纬仪的操作：进行经纬仪调节和画直线。

训练工具：千斤顶、水平仪、激光经纬仪及纸、笔等。

任务 4.3　胎架的设计、选取与制造

PPT

任务解析

胎架是船体分段装配与焊接的一种专用工艺装备，它的工作面应与分段的外形相贴合。胎架的作用在于使分段的装配焊接工作具有良好的条件，并保证分段有正确的外形和尺度。

本任务主要学习胎架设计原则、胎架基准面的选取和胎架制造过程和方法。通过本任务的学习和训练，学习者能够掌握胎架的设计原则，熟悉胎架基准面的选取方法和制造方法，能根据分段形式进行常用胎架设计、选取和制作。

背景知识

一、胎架的设计原则

胎架的设计原则如下：

①胎架结构的强度和刚性，应根据其使用特点而定。在需要以胎架控制分段形状的情况下，胎架应具有足够的强度和刚性，以支承分段质量，防止分段在制造过程中变形。当分段本身刚性很强，而胎架已不足以控制分段的变形时，胎架仅起支承分段的作用，其强度和刚性就不是主要因素。

②胎架长、宽方向尺寸必须大于分段尺寸；模板的有效边缘应计及外板的厚度差和反变形数值。

③模板间距，当结构为横骨架式时，板厚≥6 mm，取 2～3 倍肋距，板厚<6 mm，取

1~2 倍肋距；当结构为纵骨架式时，可取 2~3 倍肋距，但一般不大于 1.5 m。分段两端的构架位置必须设有模板。

④模板的最小高度为 600 mm。

⑤根据生产批量、场地面积、劳动力分配、分段制造周期等因素，选择适当的胎架形式和数量，并根据船体型线决定合理的胎架基准面切取方法，以满足生产计划的要求，改善施工条件，扩大自动焊和半自动焊的应用范围。

⑥模板上应画出肋骨号、分段中心线（或假定中心线）、外板接缝线、水平线、检验线、基线等必要标记。

⑦胎架制作应考虑节约钢材，节省工时，降低成本，尽量利用废旧料和边余料。同时，还要考虑胎架搬移、改装的可能性及在一定范围内的通用性。

图 4-19 所示为支柱式分段（角钢支点式）胎架示意图。

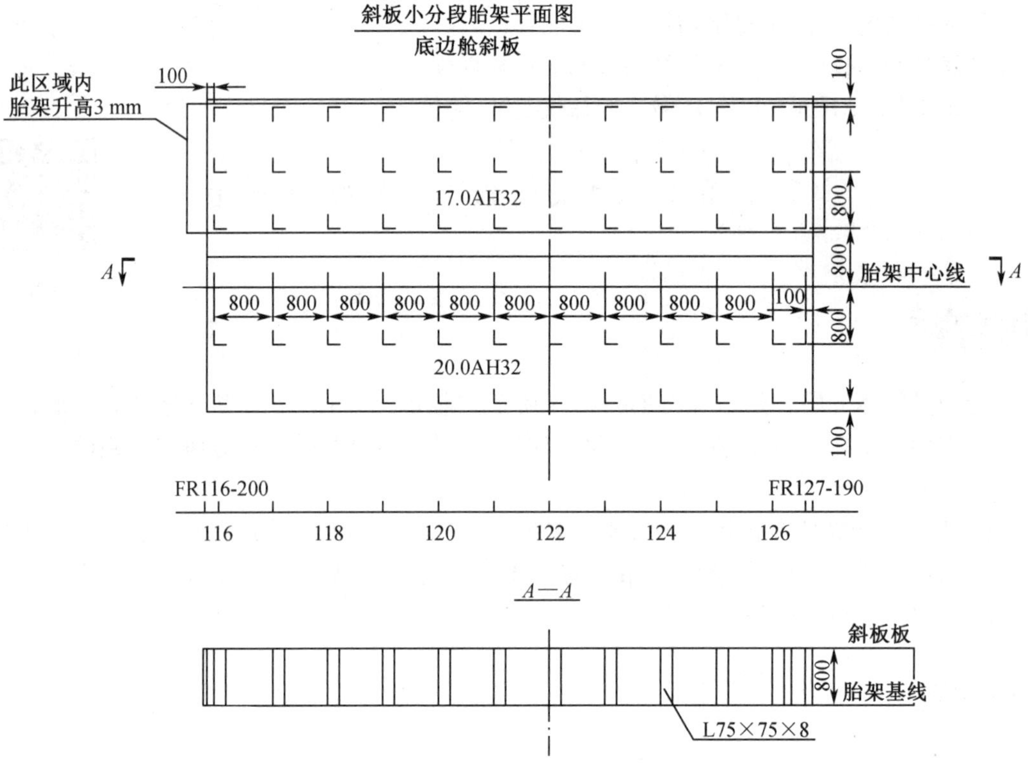

图 4-19　支柱式分段胎架示意图

二、胎架基准面的选取

船体分段的外形大部分带有曲型。不同部位的分段有不同的曲型，而且相差很大，如艏、艉部位的舷侧分段外形和船体中部的舷侧分段外形。如何使这些曲型分段的装配胎架的表面型线，既满足分段装配的要求，又能最大限度地改善分段的施工条件，扩大自动焊、半自动焊的使用范围，降低胎架制造成本，这些与胎架基准面的切取有很大的关系。

胎架基准面就是用来确定胎架工作曲面的基准面，也就是各个胎架模板底线所组成的平面。胎架基准面根据其与肋骨剖面和基线面的相对关系，可分为正切、正斜切、斜切、斜斜切几种类型。胎架基准面在肋骨型线图上的切取形式如图 4-20 所示。

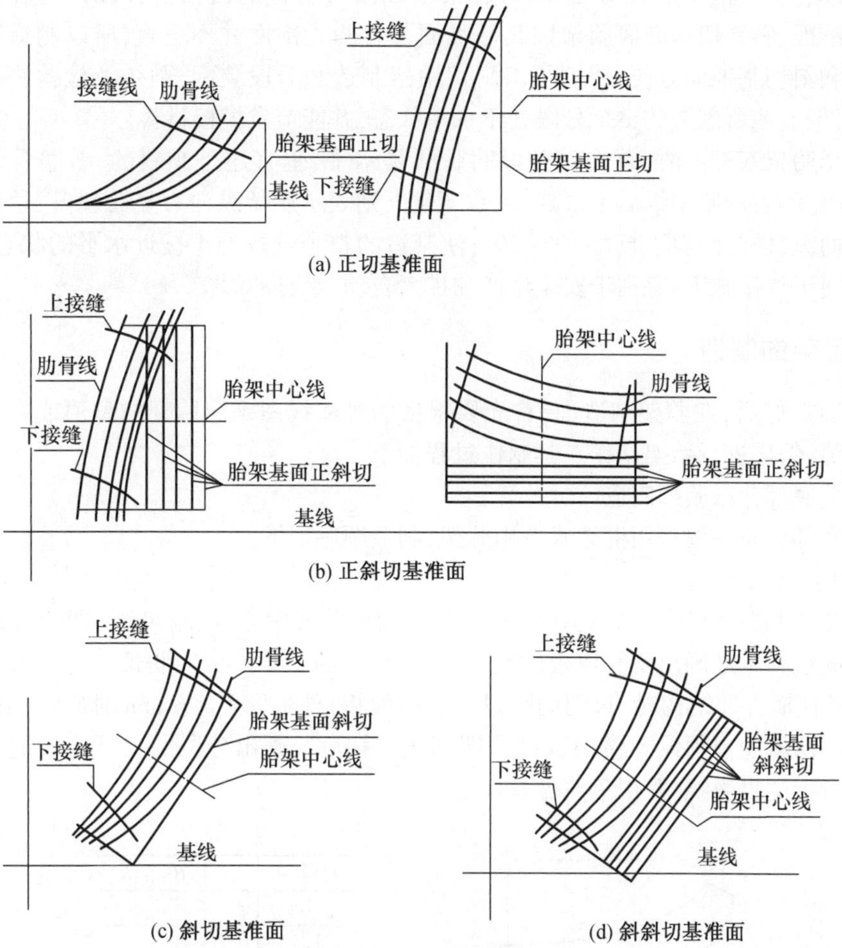

图 4-20　胎架基准面在肋骨型线图上的切取形式

①正切基准面(图 4-20(a)):在肋骨型线图上,胎架基准面平行或垂直于基线面(H 面),并同时垂直于肋骨剖面(W 面)。正切基准面胎架多用于船中底部分段、甲板分段、平行中体部位的舷侧分段、中部总段以及整体建造船舶时。

②正斜切基准面(图 4-20(b)):在肋骨型线图上,胎架基准面不平行于基线面,且不垂直于肋骨剖面,但垂直于基线面或中线面,与各肋骨剖面的交线为一组间距相等的平行直线。这种正斜切基准面的胎架,主要用于纵向型线变化较大的船体首尾舷侧及底部分段的制造。

③斜切基准面(图 4-20(c)):在肋骨型线图上,胎架基准面与基线平面倾斜一定的角度,但同时垂直于肋骨剖面。这种胎架基准面的切取,适用于船体横向肋骨型线弯势变化较大,而纵向型线弯势变化不大的舷侧分段。

④斜斜切基准面(图 4-20(d)):在肋骨型线图上,胎架基准面既与基线面有一个横倾角,又与肋骨剖面构成一个纵倾角。这种胎架基准面的切取,适用于船体肋骨型线在横向比较倾斜而纵向型线弯势变化又较大的船体首尾舷侧分段。

以上四种胎架基准面的切取方法中,正切与斜切基准面胎架的制造和其分段、总段或船体的装配、画线、检验都较简便,因为胎架基准面与肋骨剖面相垂直,所以被广泛采用。正斜切基准面、斜斜切基准面胎架因其基准面与各肋骨剖面并不垂直,所以制造和使用均不及正切和斜切基准面方便,特别是斜斜切胎架制造和分段装配、画线及检验测量等工作比较麻烦,但能使所制造的整个分段处于水平状态,并能节省模板材料。

在选择胎架基准面时,首先看分段肋骨线是水平、垂直还是倾斜的;看肋骨级数的大小,级数变化小表示胎架纵向不很陡,级数变化大则表示胎架纵向有显著斜升;尽量使胎架工作曲面的纵、横向倾斜不超过10°~20°;使制造的整个分段处于接近水平的状态,避免工人攀高和便于焊接施工;有利于安全生产和扩大自动、半自动焊接。

三、胎架的制造

基准面选好后,在胎架制造前,首先要根据肋骨型线图确定胎架的型值或由计算机放样提供型值,然后进行胎架制作。其制作过程如下。

1. 正造底部分段胎架制造

正造底部分段一般采用框架式专用胎架,制造顺序如下。

(1)画胎架格线

根据胎架制造图(图4-21),在胎架平台上画出胎架中心线、角尺线(即肋骨检验线)。以肋骨检验线为基准画出所有模板位置线,并标出每挡胎架模板的肋位号。一般外板厚度大于6 mm且横骨架结构时,每两肋距设置一道模板;外板厚度≤6 mm时应每挡设置一道模板。分段两端肋位须设置模板以保证端部线型精度。画出分段的上下边接缝和首尾端接缝在平台上的投影线,并用色漆做好标记。

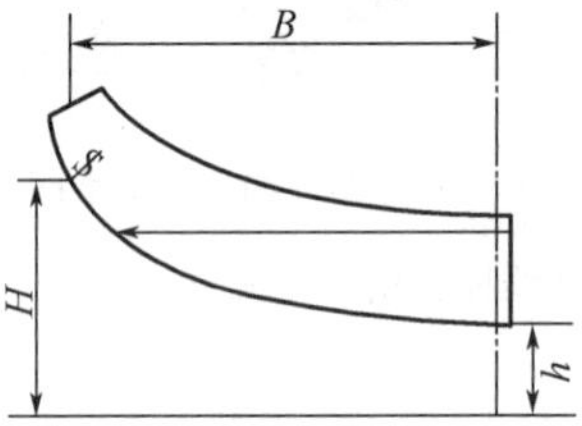

肋骨号	*H*	*B*	*h*
10			
12			
14			
16			
18			

图4-21　胎架制造图

(2)在平台上竖立模板

方法一:在胎架平台上的相应肋位处竖支撑角钢,将做模板的小块钢板分别装到支撑角钢上,并装上拉马角钢及加强角钢。

方法二:先按胎架画线,样板在平台上拼装模板,然后整块吊运,并竖立到相应的肋位处,并将模板中心线对准平台上的胎架中心线。

(3)模板画线

①用水平尺或线锤将平台上胎架中心线和半宽尺寸投影到模板上。根据胎架制造图,用水平软管或激光经纬仪在每挡模板上画出水平线及高度值。

②将胎架画线样板贴在相应的胎架模板上,使样板上的胎架中心线、水平线与模板上的中心线、水平线对准。按样板下口线型画出模板上口线型,并画出底板纵向接缝位置线,如图4-22所示。

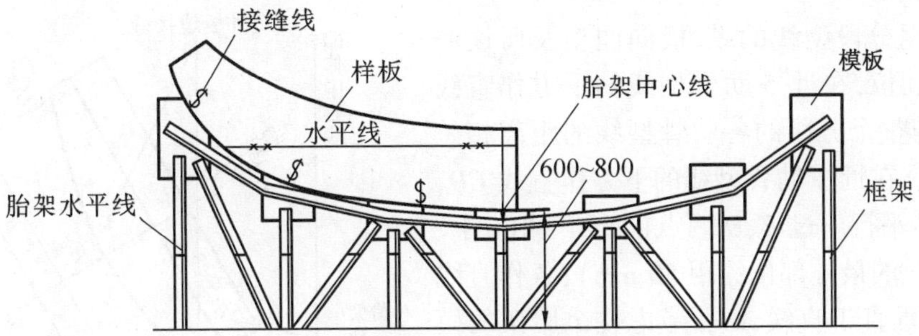

图 4-22　模板画线

画线时，由于样板线型是理论型线，所以应根据分段外板的厚度，在模板上划去相应的厚度。

(4)切割模板

在模板画线后，便可进行切割。对精度要求高的模板气割时，留出 1~2 mm 余量，以便进行铲磨。

(5)安装纵向角钢及边缘角钢

分段边缘应设置边缘角钢，以保证分段边缘线型，每隔 1 500 mm 设置一个纵向角钢。在每块模板上画出安装角钢的位置线，然后割一切口，将角钢嵌入，用电焊固定，并进行检验，以保证胎架制造误差在精度允许范围之内。

2. 舷侧分段胎架的制造方法

(1)斜切胎架制造方法

①斜切胎架基面及模板型值的确定。

胎架基准面切取的依据是肋骨线型图。根据分段肋骨线型的曲型和肋骨线型级数的大小(级数小表示胎架纵向不很陡，级数变化大说明胎架纵向有显著的斜升)，进行胎架基准面的切取。切取后的基准面，应使胎架表面的横向倾斜度不超过 10°~20°，纵向倾斜度不超过 10°，胎架四周的高度接近。在图 4-23 所示肋骨型线的下方做一斜直线与船体基线面的夹角为 α，距分段肋骨线型最低处的垂直距离为 H_2(大于 800 mm)，距分段上下外板边接缝的距离为 H_1、H_3，H_1 和 H_3 基本接近，此线即为胎架的基准线(面)。在近似于舷侧分段外板的上下边接缝的中间部位作胎架基准线的垂直线，即得胎架中心线。从胎架基准线向肋骨线型量取相应部位的垂直距离和水平距离，得到每挡模板的 H_1、H_2、H_3 和 B_1、B_2 值。上述各值填入表内，即得胎架模板的型值表。

②制作胎架画线样板。

胎架样板是根据舷侧分段的肋骨线型制作的。由于胎架中心线两边的线型不一样，因此舷侧分段的胎架画线样板应做成整块的。胎架画线样板上须标明分段号、肋位、上下方向、外板纵向接缝线位置、胎架中心线、水平线等，如图 4-23 所示。

其后的制造步骤与底部分段正造胎架相同。

(2)斜斜切胎架制造方法

斜斜切胎架适用于船体首尾部曲型变化很大的舷侧分段。

①胎架基准面和型值的确定。

斜斜切胎架基准面既与船体基线面成一倾角，又不垂直于肋骨面，如图 4-24 所示。其步骤如下：

a. 根据分段型线的纵、横向曲型及所设胎架模板的肋位，在近#5 肋骨型线的下方作直线 *AE*，使其与整个分段的各肋骨型线的距离相差不至过大。在近#1 肋骨型线的下方作直线 *CD*，与直线 *AE* 平行。过 *E*、*D* 两点（每点与相应上、下边接缝线的最外部位约距 50 mm），各作直线 *EC* 和 *AD* 垂直于直线 *AE*。考虑整个胎架的模板挡数和各相邻模板间的理论肋距的比例，分直线 *EC* 为若干段（若理论肋距相等，即按模板挡数等分），得 *a*、*b*……各点，过这些分点作一直线平行于 *AE*，这样便切取出胎架的基准面 *AECD*。其中各条直线即是胎架基准面 *AECD* 与各相应模板#1、#2……#5 的交线（即模板基准线）。这种所切取的胎架基准面，可使整个分段的表面在纵、横向都相应地处于平坦状态。

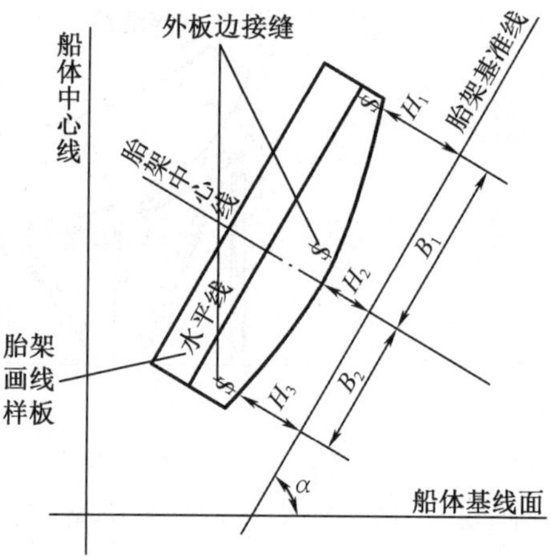

图 4-23　斜切胎架基准面及型值

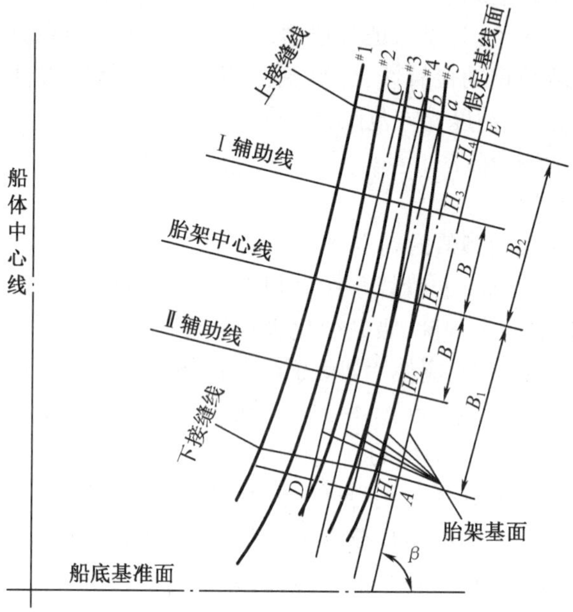

图 4-24　斜斜切胎架基线面的切取

b. 在整个分段线型宽度约二分之一处，作胎架中心线与 *AE* 相垂直。如果舷侧分段较宽，必须作第一、第二甚至第三、第四辅助线。在胎架中心线的两侧适当位置处（视分段线型曲型程度而定）过分段的全部肋骨线，以距离 *B*、平行于胎架中心线分别作第一、第二辅助线。

c. 量出各肋骨线与分段上下端接缝线，胎架中心线，第一、第二辅助线的交点至胎架基准线的垂直距离 H_1、H_2、H_3、H_4、H 的数值，并填入型值表（表 4-5）中，据此制作胎架画线样板，如图 4-25（a）所示。在胎架画线样板中应画出胎架中心线、水平线及上下纵缝线的位置。

d. 作第二胎架基准面和胎架中心线的纵向展开型线，如图4-25(b)所示，并求安装模板时的纵倾角 α。根据每挡肋骨的级数 t 及理论肋距 S，得纵倾角 α，即

$$\alpha=\arctan\left(\frac{S}{t}\right)$$

由此可制造纵倾角样板，供制造胎架时安装模板用。

图4-25(b)中胎架基线面上各相邻模板间的间距(伸长肋距)为

$$L=\frac{S}{\sin\alpha}$$

表4-5 型值表

单位:mm

肋号	B	B_1	B_2	H_1	H_2	H	H_3	H_4
1								
2								
3								
4								
5								

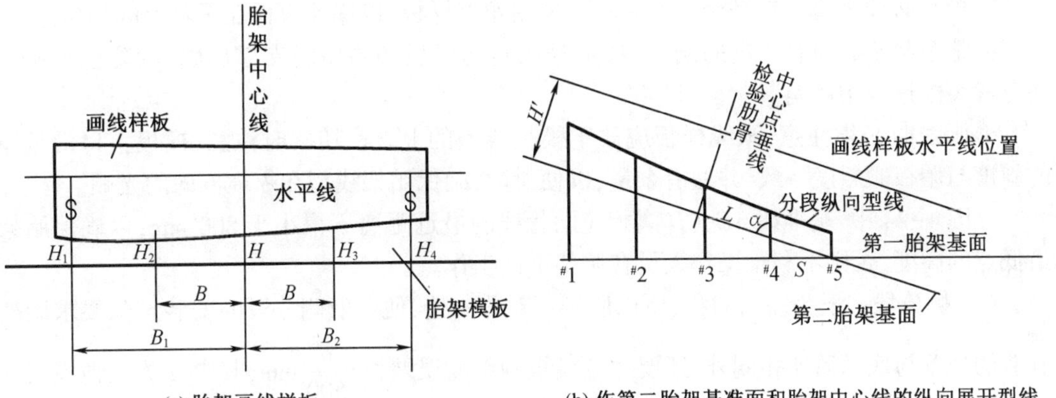

(a) 胎架画线样板　　(b) 作第二胎架基准面和胎架中心线的纵向展开型线

图4-25 斜斜切胎架的模板画线样板与基准面

②胎架基准面画线。

在平整的胎架平台上画出胎架中心线，第一、第二辅助线以及肋骨检验线，然后以肋骨检验线为准，画其斜的肋骨位置线。这里的肋距应为斜切后伸长的肋距 L。

③模板的制造与画线。

先在平台上按肋骨线型样板画出线型，根据型值及胎架结构图拼焊模板并在模板上画出胎架中心线，水平基准线，第一、第二辅助线和上下接缝线。

将模板吊上胎架平台相应的肋位上，对准胎架平台上胎架的中心线，由于斜斜切胎架模板与平台有一倾斜角度，因此需用角度样板来校正模板的倾斜角度，将模板与平台固定焊牢。并在模板与平台的夹角较小的一侧，用短角钢(支撑)加固，以免模板在分段装焊过

程中倾倒。

根据平台上的各线和标杆尺寸校正模板上相应的胎架中心线、辅助线、水平线和接缝线。

将画线样板固定在对应肋号的模板上，使样板上的各线对齐模板上相应的各线。根据样板线型画出模板上口线型，并去掉板厚进行切割，加固整个胎架，如图 4-26 所示。

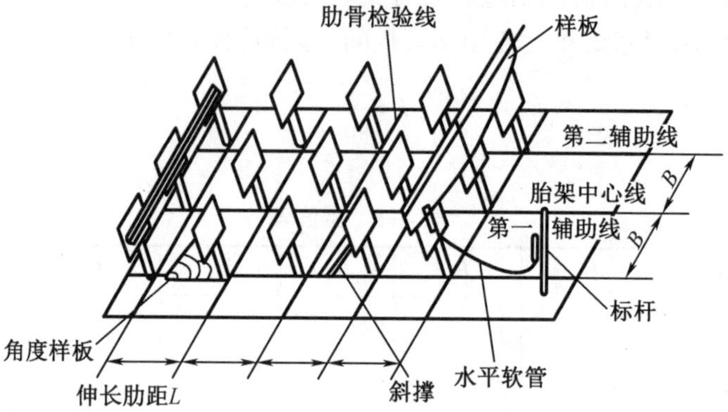

图 4-26　斜斜切胎架制造图

斜斜切胎架制作要求如下：

a. 胎架平台上的画线必须正确，特别是肋距必须是伸长肋距 L。

b. 模板必须平直。在平台上安装模板要用角度样板，以保证模板在平台上的倾角。

c. 整个胎架必须有一定的刚性，特别是倾斜的模板必须用斜支撑加固，以防整个胎架在分段装配过程中倾斜。

d. 画线时必须注意，画线样板应放于模板线型的上方。切割时注意，模板上口沿板厚的斜度与胎板倾斜度一致，并留有余量，以便鏟磨，确保胎架线型在纵横方向的光顺。

e. 图 4-24 中，基准线 AE、CD 离相应肋骨线的最近距离不得小于 800 mm，以确保胎架最低点的高度，否则不利于操作人员在胎架下面工作。

f. 舷侧分段一般为左右对称，所以胎架可对称制造，便于舷侧分段的安装。除要求胎架制造的公差与底部胎架相同外，还要注意模板倾斜度误差为 $\pm\frac{H}{500}$ mm，其中 H 为胎架模板的高度。

(3) 坐标立柱式胎架的制造

传统模板胎架，以前是作为控制分段形状，防止分段在装配焊接过程中变形的一种主要工艺装备。在大型船舶建造中，胎架的强度和刚性不足以控制分段的变形，主要是支承分段的质量，由胎架保证分段的型值改为靠肋骨、肋板等结构来保证分段形状，所以可将胎架的模板形式改成立柱式，并可由电子计算机提供胎架立柱高度型值。尤其在数学放样和数控技术日益成熟的今天，坐标立柱式胎架将更多地替代模板胎架。这种胎架在采用斜斜切基面时，立柱垂直于第二胎架基面，简化了胎架制造工序。它的制造方法如下：

①根据坐标立柱式胎架基面投影图，在平台上画出横向胎架中心线和纵向胎架中心线，然后画出纵横向间距离为 1 m 的格子线，如图 4-27 所示。

②按格子线竖立支柱，支柱要垂直于平台。

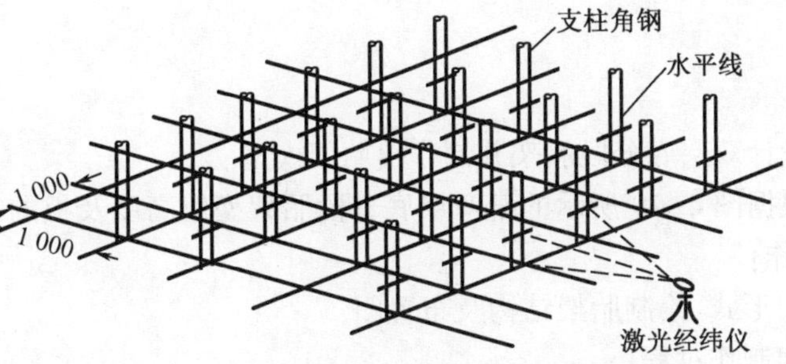

图 4-27　坐标立柱式胎架画格子线及水平线

③用水平软管或激光经纬仪在支柱上画出水平线。

④根据胎架基面投影图提供的立柱高度值，用样棒量出每根立柱的高度，然后切割余量，并焊上支撑加强材等。

3. 支柱式甲板胎架制造

(1)画胎架格子线

根据甲板胎架制造图(图 4-28)，在装配平台上画出胎架中心线、肋骨检验线，以肋骨检验线为基准画出模板位置线，以胎架中心线为基准画出模板的半宽位置及胎架外形轮廓线。胎架支柱的位置应根据甲板分段的结构形式来确定。纵骨架式结构，支柱应每个肋距设置一道；横骨架式结构，由于肋骨间距较近，则支柱应每两个肋距设置一道，甲板板的厚度在 6 mm 以下时，支柱可每个肋距设置一道。

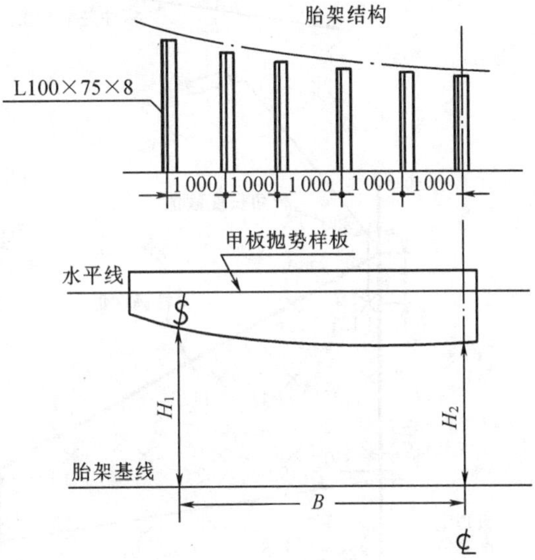

图 4-28　甲板胎架制造图

(2)在平台上竖立支柱

支柱可采用 L100×75×8 的角钢，支柱距离地面的高度一般不小于 800 mm，竖装支柱时，应垂直安装并与平台焊牢。

(3)模板画线

用水平尺或线锤将平台上的胎架中心线和半宽位置投影到支柱上。按图 4-25 中的 H_1 和 H_2 值，用水平软管或激光经纬仪在每挡模板上画出水平线及高度值。将甲板抛势样板贴紧支柱，使样板上的胎架中心线、水平线对准支柱上相应的中心线和水平线，检查无误后，即可按样板画出每道模板的抛势。在画线型时，还应按甲板板的不同厚度，在模板上减去相应的厚度。

(4)切割支柱

画线结束后，便可进行切割。并用角钢将支柱连接起来，以增加胎架的强度。

任务训练

训练名称：设计双层底分段胎架并制作出胎架模型。

训练内容：根据图 4-29 所示的某双层底分段胎架型值高度及板的定位数值，按小组进行如下设计和制作：

（1）确定胎架形式，绘制胎架结构及布置图；

（2）写出胎架制作过程；

（3）制作出固定式专用胎架模型（如采用套管通用胎架时，可按高度值进行胎架支柱高度的调节）。

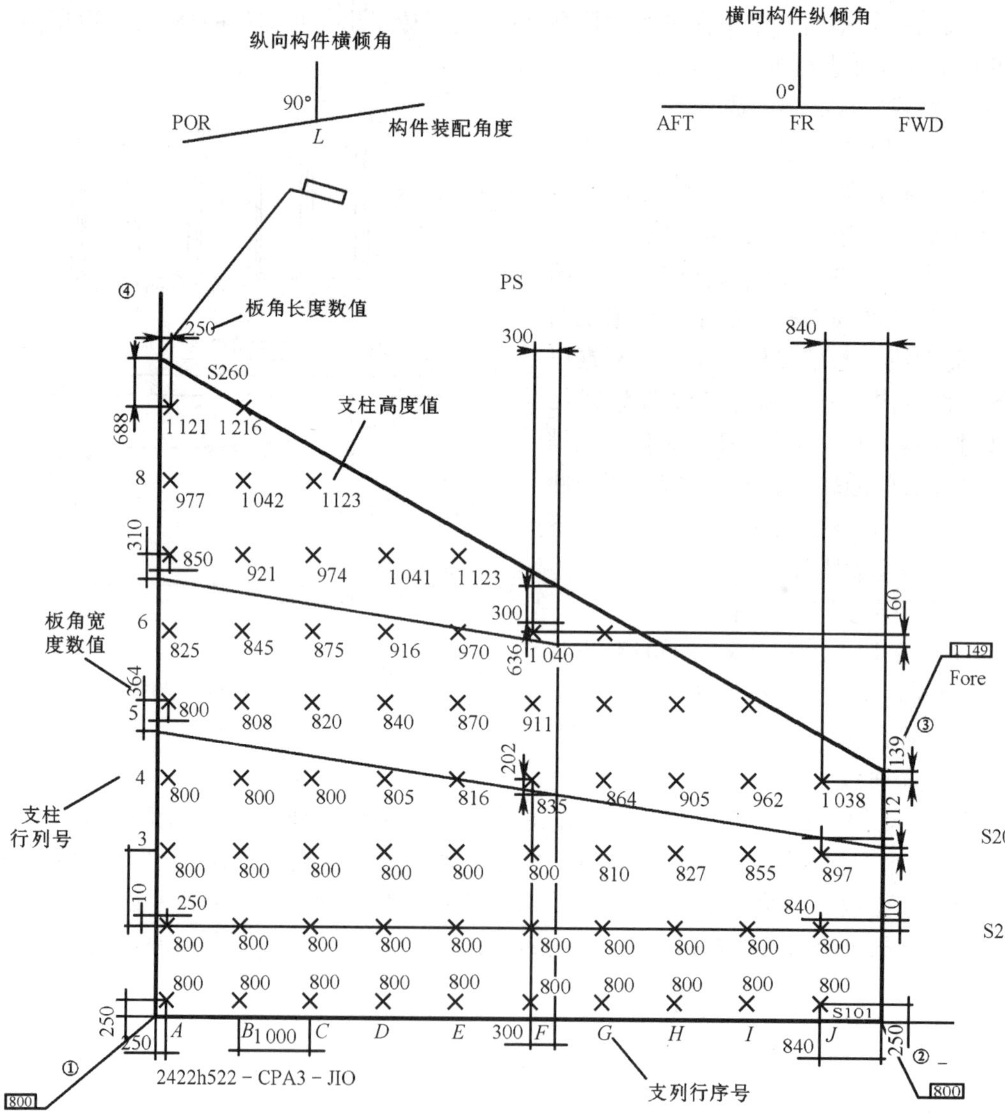

图 4-29　某双层底分段胎架型值高度及板的定位数值

任务4.4　船体装配的画线与调整定位

PPT

任务解析

船体装配的实质就是将已加工成形的单体船体零件，按照一定的几何形状和尺寸要求，分阶段逐步装配成部件、组合件、分段和完整的船体。装配过程中，需要画线，通过画线确定构件安装位置，也可以用作定位、检验、确定分段轮廓等。定位是船体结构装配中的基本操作，定位的目的是正确确定构件的空间位置，或构件之间的相对位置。结构定位时要对装配中的构件进行必要的调整，消除存在的位置偏差，使之对准构件的位置线，保证相对位置的正确，满足水平度、垂直度或角度的要求。同时在构件定位后，将其可靠固定。

本任务主要学习装配中的画线方法及调整定位方法。通过本任务的学习和训练，学习者能够掌握船体装配中画线与调整定位和固定方法，能够进行简单的画线及船体装配的调整、定位和固定。

背景知识

一、船体装配的画线

船体装配过程的各个阶段，都需要进行画线，画线是装配作业中的基本操作之一。

1. 装配画线的内容

船体装配过程中的画线作业内容包括基准线、平台上的构件型线或轮廓线、分段上的骨架位置线和分段轮廓线、胎架或船台上分段接缝处板和骨架的余量线、分段或总段的定位基准线。

（1）基准线

基准线在装配时作为定位测量依据，有船台上的中心线、肋骨检验线和基线，平台上的十字线，以及胎架或胎架基面上的中心线、水平线和肋骨检验线。所作的基准线相当于坐标轴，是画构件位置线和进行构件定位的基准。

（2）平台上的构件型线或轮廓线

当某些部件在平台上进行装配时，需在平台上预先画出构件的型线或外形轮廓。如肋骨框架装配时画在平台上的肋骨型线，宽板肋骨及横梁装配时的构件轮廓线，焊接艉柱装配时的尾轮廓线等。上述部件装配时，常依照平台上画出的型线或轮廓线制作简单的装配胎具或设置挡板。

（3）部件上构件位置线和检验线

在肋板、大型肘板和纵桁上，要画出加强筋、肘板等构件的位置线，定位基准线和余量线，如图4-30所示。

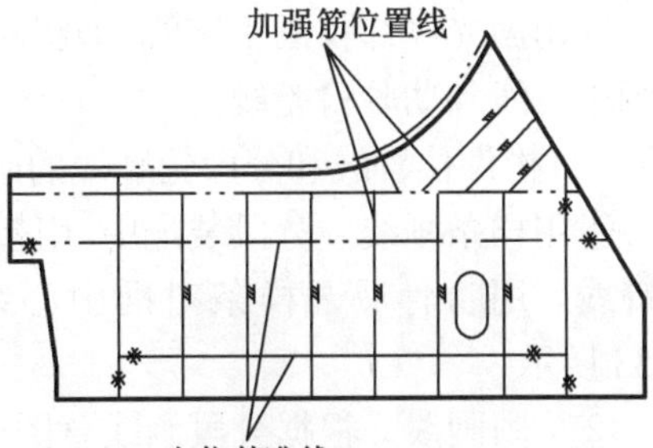

图4-30　部件上的位置线和基准线

(4)分段上的骨架位置线和分段轮廓线

分段装配时,板拼接并画出十字线后,就要画出板上纵横骨架的位置线和分段的轮廓线,这是装配画线的主要内容。例如,正装的双层底分段,要在外板上画出底纵骨、底纵桁、肋板和肘板的位置线及外板的轮廓线。

(5)胎架或船台上分段接缝处板和骨架的余量线

在分段装配时胎架上或总装时船台上画分段接缝处板和骨架的余量线。

(6)分段或总段的定位基准线

分段或总段建造完工后,要在其上画出船台合龙的定位基准线,作为总段或分段在船台合龙时的定位依据。如总段或双层底分段上的中心线、肋骨检验线和水线,如图 4-31 所示。

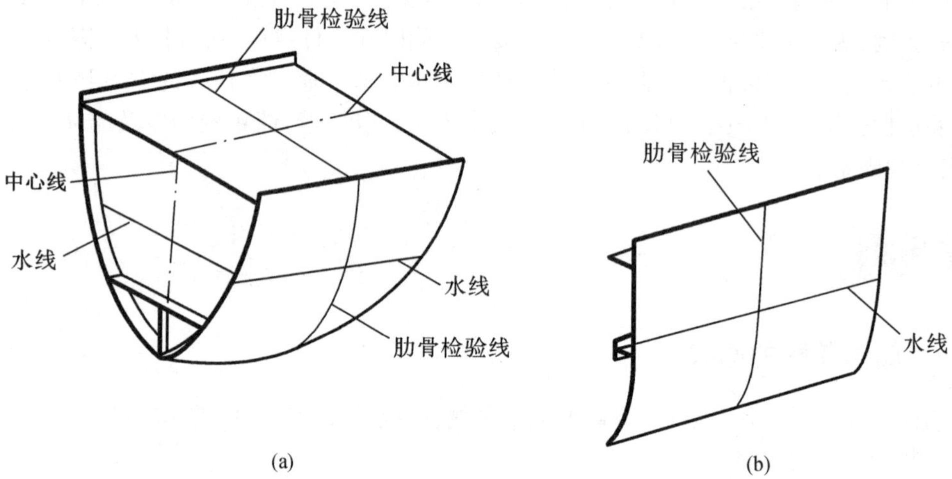

图 4-31　总段上的定位基准线

2. 画线方法

船厂手工画线时使用直尺、卷尺、划规、样条以及拉线时使用的钢丝和线锤,主要画线仪器是激光经纬仪。

(1)基准线的画法

①在平台或分段平板上用几何作图的方法画出十字线。

②在胎架上用拉钢丝荡线锤的方法画十字线。拉钢丝对准胎架基准面上的十字线,再荡线锤在分段的板上画出中心线和肋骨检验线。

③用激光经纬仪画十字线,如图 4-32 所示。用激光经纬仪在船台上、平台上以及分段上画中心线和肋骨检验线。

(2)构件位置线和分段轮廓线的画法

①用样条画线。分段装配中,用板缝展开样条对准肋骨检验线画出各条肋骨线和分段端缝线。用肋骨展开样条对准中心线划出各纵桁、纵骨位置线和分段的边缝线,如图 4-33 所示。

②草图画线。根据分段画线草图进行画线。

③数据画线。根据生产设计提供的数据,以分段上的十字线为准,用卷尺直接量取,再用压条连成光顺的曲线。

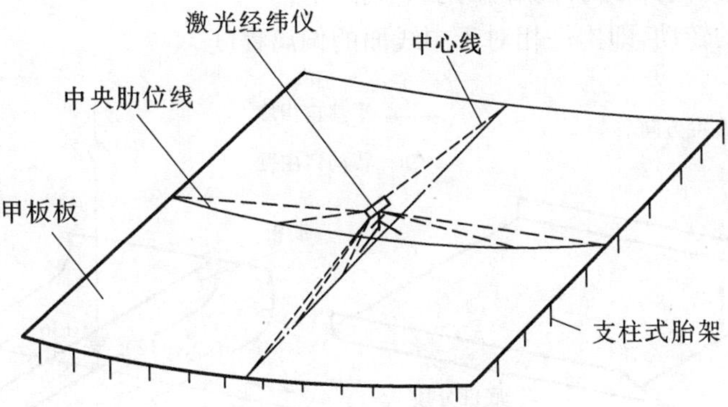

图 4-32 激光经纬仪画线

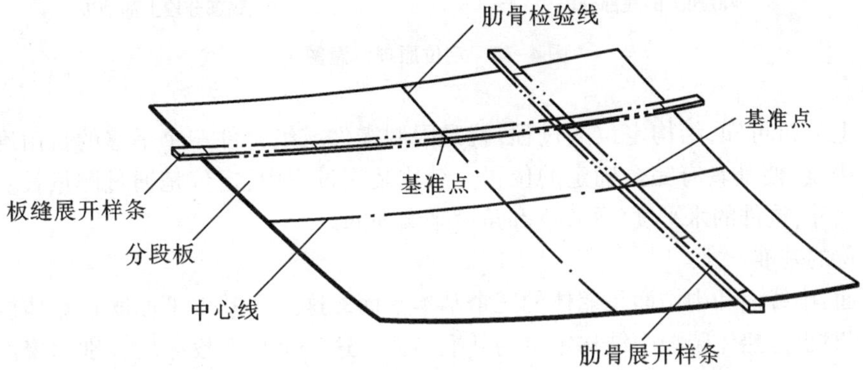

图 4-33 用样条画线

④样板画线。肋骨框架装配时梁拱线、舭部型线、宽板肋骨、艉柱装配时的轮廓线,都是用样板画线的。

(3)数控画线

进行数控切割的构件,如肋板、纵桁,在切割的同时,自动画出加强筋和肘板等构件的位置线,不必再进行手工画线。

二、船体装配的定位

结构装配中的定位是指正确确定单个零件及组合件的空间位置,或单个零件及组合件之间的相对位置。

1. 定位的原理

空间的任何物体在未被定位之前,都具有六个在空间活动的自由度。现以船台上的底部分段和底部分段上的肋板为例加以说明,如图 4-34 所示。这六个自由度分别为:

构件沿 X 轴的平移,即构件在船舶长度方向的定位;

构件沿 Y 轴的平移,即构件在船舶宽度方向的定位;

构件沿 Z 轴的平移,即构件在船舶高度方向的定位;

构件绕 X 轴的转动,即构件横向的水平或倾角;

构件绕 Y 轴的转动,即构件纵向的水平或倾角;

构件绕 Z 轴的转动,即构件相对于中线面的偏离程度。

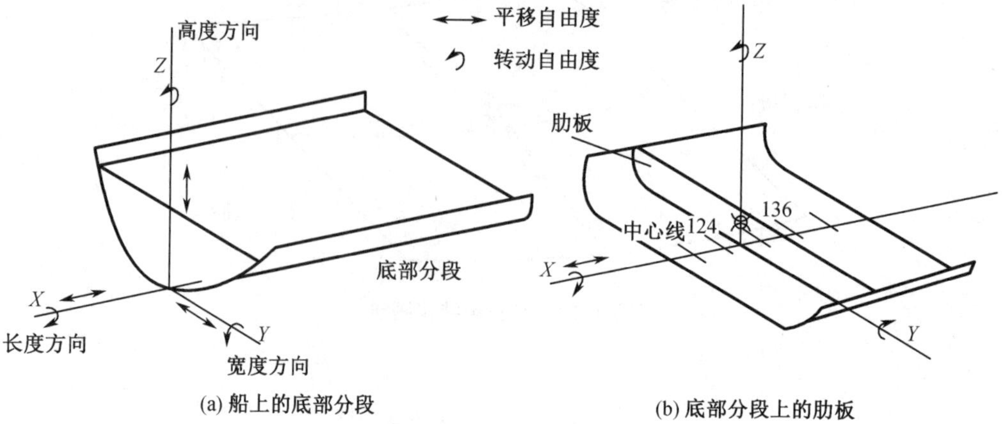

图 4-34　定位原理示意图

由以上分析可知,结构定位的过程,就是限制零件或组合件三个平移的自由度和三个转动的自由度,使其具有完全确定的位置。结构装配过程中,定位是通过测量长、宽、高方向的线性尺寸,构件的水平度、垂直度和角度来实现的。

2. 定位的基准

基平面、中线面和中站面是船体的三个基本平面。这三个基本平面既是船体放样的基准平面,同时也是船体装配中结构定位的基准平面。这三个平面投影后分别积聚而成的基线、中线(即中心线)和中站线,是船体在船台上合龙时的定位基准线,如图 4-35 所示。中线面与中站面的交线可视为 Z 轴,中线面和基平面的交线可视为 X 轴,中站面和基平面的交线可视为 Y 轴。

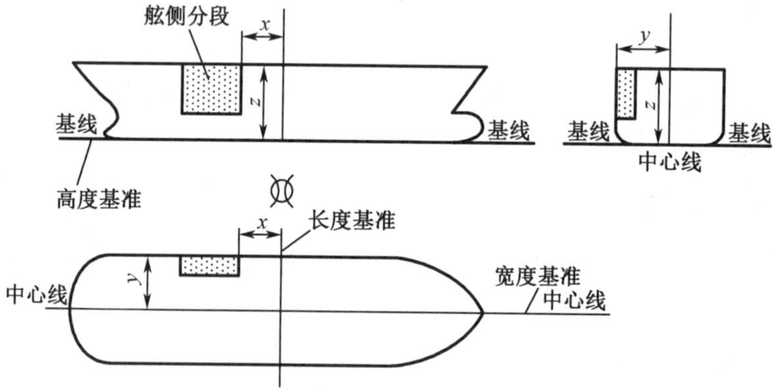

图 4-35　船台上的定位基准

3. 船体装配定位

船体的总装配是在船台上或船坞中进行的,分段位于空间位置,其定位需要限制六个自由度。船体的部件和分段的装配则是在平台或胎架上进行的。平台和胎架本身已为装配提供了一个重要的基准面,限制了零件的某些自由度。定位时的测量项目也就相应减少了。

(1)分段在船台或船坞中的定位

船台上和船坞中都标有必要的基准线,作为分段定位的依据。当船台合龙时,分段在船长方向以中站线或指定的肋骨线作为定位的基准。在船宽方向以中线或指定的纵剖线作为定位的基准。而在船高方向则以基线或指定的水线作为定位的基准,如图4-35中舷侧分段定位时,其定位尺寸 x、y 和 z 就分别以中站线、中线和基线作为基准。

装配中对构件的水平度、垂直度和倾斜度的测量与检查,实际上就是限制构件绕 X 轴或 Y 轴的转动。

(2)构件在平台上的定位

当部件或分段在平台上装配时,常先在平台上画出两条互相垂直的基准线(也就是十字线),如图4-36所示,作为构件在长度和宽度方向的定位基准,相当于 X、Y 两条坐标轴。而在高度方面,平台本身可作为基准,只要使板和平台贴紧,板上的骨架型钢和板贴紧,就完成了高度方面的定位。在平台上进行板的拼接时,x 轴可设定为板的一条纵缝或中线,y 轴可设定为板的一条横缝或某一肋骨线。

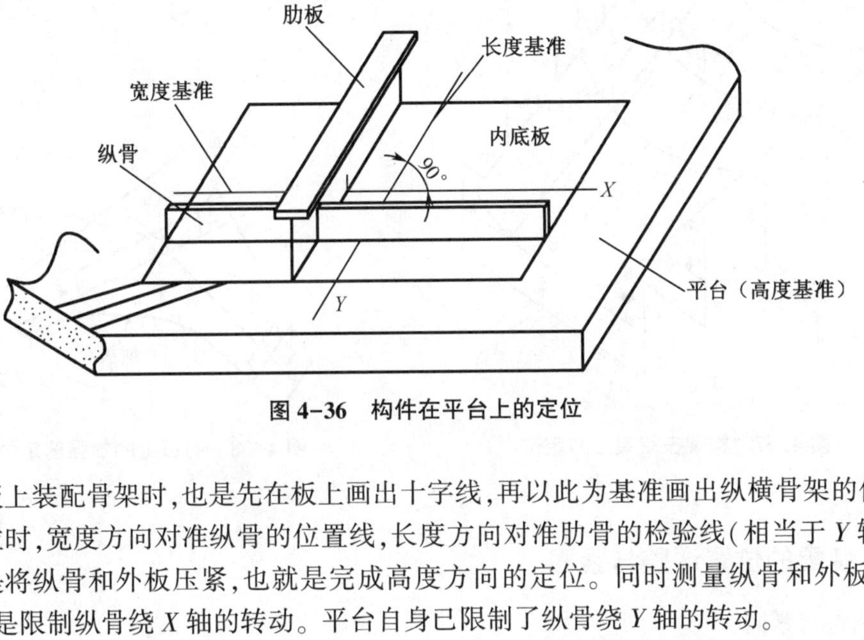

图4-36　构件在平台上的定位

在板上装配骨架时,也是先在板上画出十字线,再以此为基准画出纵横骨架的位置线。纵骨定位时,宽度方向对准纵骨的位置线,长度方向对准肋骨的检验线(相当于 Y 轴)。高度方向是将纵骨和外板压紧,也就是完成高度方向的定位。同时测量纵骨和外板的垂直度、其实是限制纵骨绕 X 轴的转动。平台自身已限制了纵骨绕 Y 轴的转动。

装配定位时,在长度方向,肋板对准肋板位置线;在宽度方向,肋板上的中线对准底板上的中线(x 轴);在高度方向,肋板和底板压紧,同时测量肋板的垂直度,其实是限制肋板绕 Y 轴的转动。

(3)构件在胎架上的定位

外板或甲板等分段以曲面为基面时,要在胎架上进行装配。无论是专用的模板胎架,还是支柱式通用胎架,胎架模板或支柱所形成的支撑面既是分段壳板的外表面(分段无骨架的一面),同时也提供了一个定位基准面,如图4-37所示。

在胎架的基准面上已预先画出互相垂直的十字线,作为宽度方向定位基准的是胎架中心线(X 轴),作为长度方向定位基准的是肋骨检验线(Y 轴)。板对接时,若在模板胎架上,则以板上的相应肋骨线进行长度方向的定位、以板的纵缝对准模板上相应板缝符号进行宽度方向的定位。若在支柱式通用胎架上,则以板的四角相对于 X、Y 轴的坐标值进行定位;

在高度方向,则将板和胎架模板或支柱拉紧进行定位。此时的基准是由模板或支柱顶端所形成的曲面。

在板拼接好后,也是首先在板上画出和胎架基础相一致的十字线。再以此为基准画出全部纵横构架的位置线和分段轮廓线。在胎架上装配纵横构架时,其定位基准以及水平度、垂直度的测量和在平台上相似。在高度方向也是使构架与外板贴紧。但当构件下缘留有余量时,要根据一条设定的水平线进行高度定位后画线切割。

(4)部件装配中的定位

以肘板安装加强筋为例,如图 4-38 所示。在肘板上安装加强筋时,在加强筋的厚度方向是使其对准的位置线;在加强筋的长度方向是使其对准预先设定的一条基准线;在加强筋的高度方向是将加强筋和肘板压紧,同时检查其垂直度。

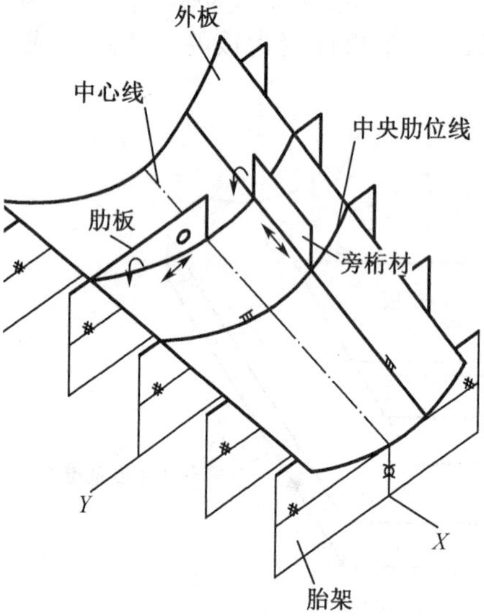

图 4-37　构架在胎架上的定位

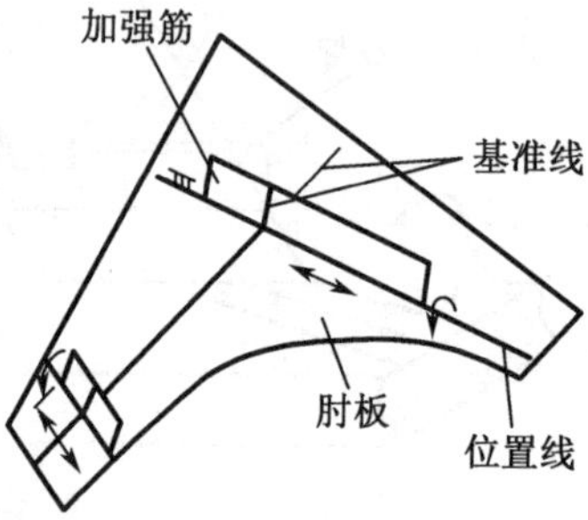

图 4-38　肘板上的加强筋定位

三、装配的位置调整与紧固

1. 调整与紧固

金属结构装配中,就是对装配中的构件位置进行必要的调整,消除位置偏差,使之准确对准零件的位置线,并满足水平度、垂直度或角度的要求,保证零件相对位置的正确。并在零件定位后,将其可靠固定。构件的调整和固定是结构装配中最为频繁的基本操作,这个操作是通过合适的工夹具,对构件施加外力来实现的。工夹具对工件施加外力的形式有夹、压、拉和顶四种,如图 4-39 所示,装配中可根据对工件所需施加的外力选择使用。

装配中经常使用的各类“马”板(图 4-18),都是临时焊接在工件上的。使用后须将其割下并将工作表面磨平。使用真空或电磁具时,有的马板可不必焊接在工件上。

2. 构件位置调整举例

(1)对接时的调整

板在平台上和分段在船台上对接时,沿接缝方向,将其拉对中心线或对合线。在垂直于接缝方向,将其拉拢与推开,保持接缝正确的距离或间隙。在高度方向,将偏高的构件放低或压低,将偏低的构件提高或顶高。这个过程是借撬杠、楔铁、马板、倒正螺丝和千斤顶等工夹具对工件施加外力实现的,如图 4-40 所示。在船台上进行分段定位时,还要有吊车的配合。

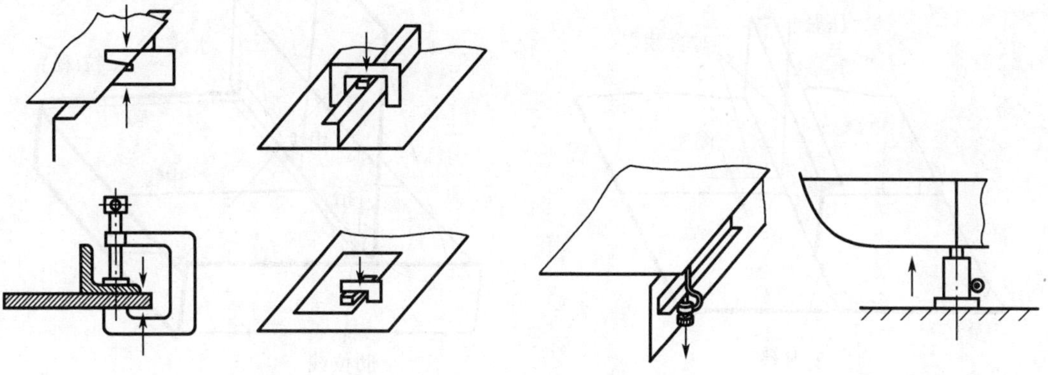

(a) 夹　(b) 压　(c) 拉　(d) 顶

图 4-39　调整紧固的方式

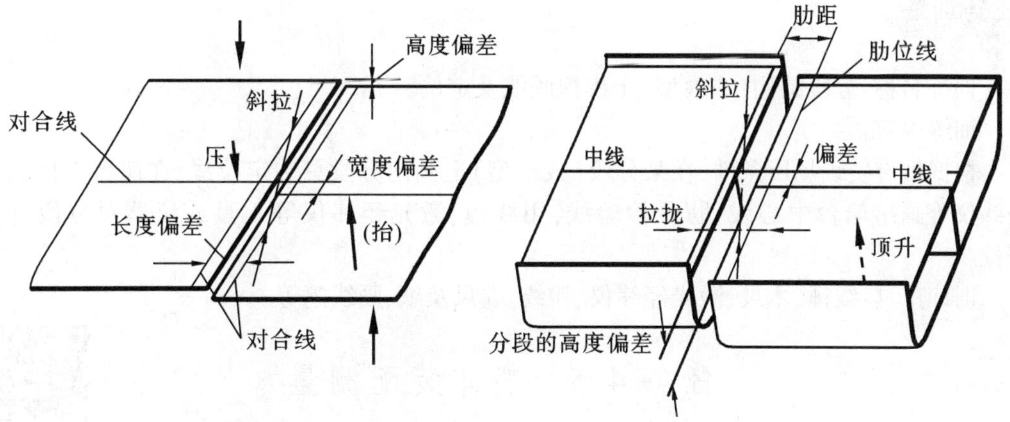

(a) 板的对接　(b) 分段的对接偏差

图 4-40　对接构件位置的调整

(2)角接时的调整

肋板、纵桁和纵骨等船体骨架,与外板、甲板都是角接的,当型钢与钢板角接时,使型钢放对位置线。在型钢长度方向将其拉对基准线或对合线。在高度方向将其与钢板压紧。测量并调整型钢的垂直度。当板与分段、分段与分段对接时,如在底部分段上安装横舱壁,依靠临时设置的挡板放对位置线。借倒正螺丝拉对舱壁和内底板上的中心线。用千斤顶调整舱壁的高度和左右水平。用倒正螺丝调整舱壁的垂直度,定位后将分段可靠固定,如图 4-41 所示。

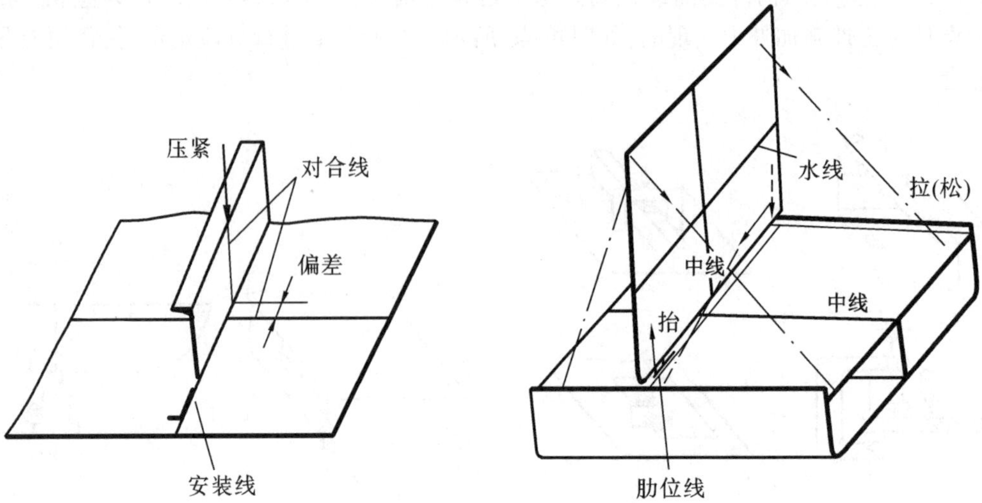

图 4-41　角接构件位置的调整

任务训练

训练名称:分段结构(或模型)上模拟画线及定位。

训练内容:

根据现有实训场所条件,在某分段(或模型)上画出分段总装定位线,在船台上用激光经纬仪等画出船台中心线、肋骨检验线,用线锤、激光经纬仪等工具或仪器对分段进行定位。

训练工具:线锤、木尺、激光经纬仪、粉线、卷尺及纸、画线笔等。

任务 4.5　船体装配测量

PPT

任务解析

船体结构装配过程中的定位、画线,以及结构装焊结束后的完工检查,都伴随着相应的测量作业。装配测量技术包括合理选择或设置测量基准;正确使用测量工具和仪器;进行相关计算,准确而迅速地完成规定项目的测量。

本任务主要学习船体装配测量方法和测量工具的使用。通过本任务的学习和训练,学习者能够用卷尺、角尺、线锤及激光经纬仪等进行结构测量。

背景知识

结构装配中的测量项目主要有线性尺度测量、平直度测量、水平度测量、垂直度测量以及角度测量。

一、测量基准

技术测量中被选作测量依据的点、线或面称为测量基准。一般情况下,多以构件定位基准作为测量基准。测量基准可以选在工件上,也可以选在工件外,如选在平台、胎架或船台上。

图4-42(a)所示的圆锥台漏斗,其上小法兰装配时,要测量其定位尺寸 b 时,即以漏斗上的直径较大的 M 面作为测量基准。

在分段装配过程中,常在板件上预先作出两条相互垂直的线,俗称十字线,以此作为构件定位的基准,同时也就作为测量的基准,如图4-42(b)所示。图4-42(c)所示为预留在工件上的测量基准线。在工件边缘切割后进行对接时,测定其间的预留距离 a,以保证其正确的对接尺寸。上述基准都是选择或预留在工件上的基准。

当结构在精度较高的平台上装配时,常以装配平台作为测量基准,既容易测量,也能保证测量结果的准确。如图4-42(d)所示,在平台上装配工字梁时,测量腹板和翼板的垂直度,就可以用角尺测量翼板与平台的垂直度来代替。

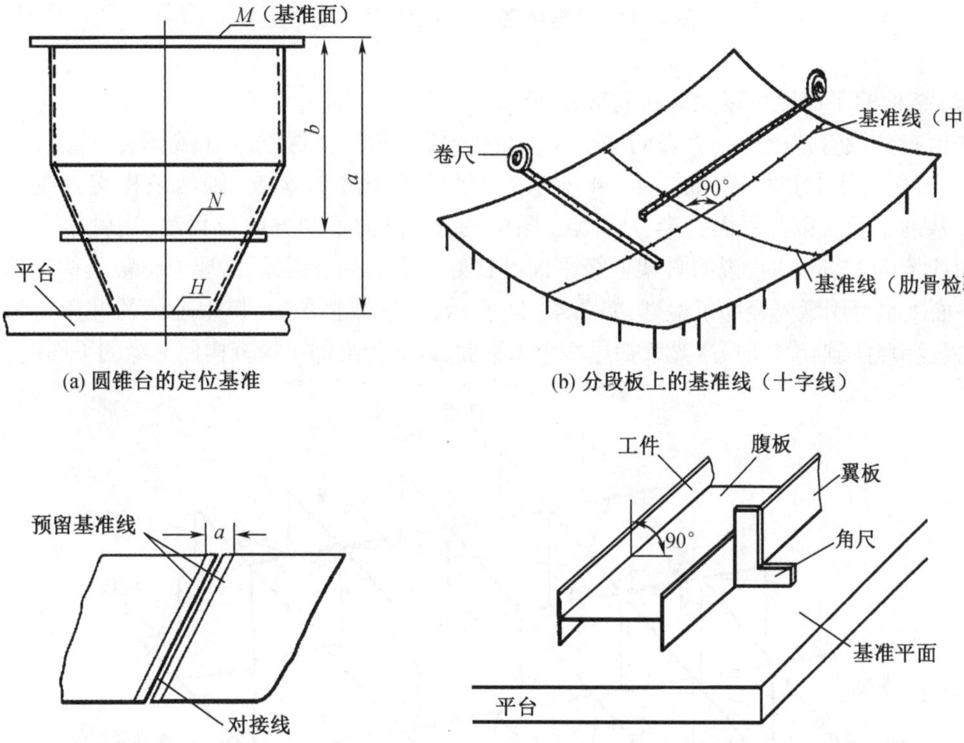

(a) 圆锥台的定位基准　(b) 分段板上的基准线（十字线）

(c) 预留在工件上的基准线　(b) 平台作为测量基准

图4-42　测量基准

当在胎架上装配分段时,常在胎架上用水准仪或水平软管预先设置一个水平面,作为确定胎架支撑面(胎板型线)的测量基准,也作为在分段建造过程中检查胎架有无变形的基准。设置在胎架上的中心线则作为分段宽度方向的定位、测量基准。

二、测量方法

1. 平直度测量

构件平直度是指构件边缘的直线度和结构平面的平整度。

(1)构件边缘的直线度可直接用钢尺或拉粉线检查

精度较高的装配平台本身也可作为检查构件边缘直线度的依据。长度较大时则拉钢丝或用激光经纬仪检查其直线度。图 4-43 所示为用激光经纬仪检查船底纵向直线度的方法。以激光线为基准直线,测量船底外板各处的挠度,即可测定其直线度。

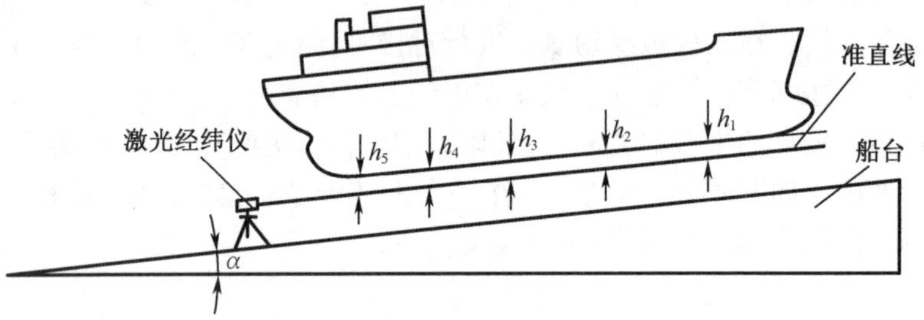

图 4-43　检查船底纵向直线度的方法

(2)结构的平面度可以交叉拉粉线检查

如检查分段骨架上缘是否在同一平面,可在分段四角的上缘选取 A、B、C、D 四点,各向上 15 mm,用粉线对角相连,如图 4-44 所示。若两条粉线恰好相交,则两条相交直线形成了一个基准平面。以此平面为准,从一点(图中的 B 点)向不同方向拉粉线,当骨架上缘各点距粉线均为 15 mm 时,说明骨架上缘平面度良好。若有高度误差,需要修整该处构件的边缘。平面度也可用激光经纬仪检查,如图 4-44 所示,当仪器整平后,将望远镜的仰角定为零度,当望远镜绕竖轴旋转时,激光束扫过一个水平面,以此为准即可检查构件上缘的平面度。

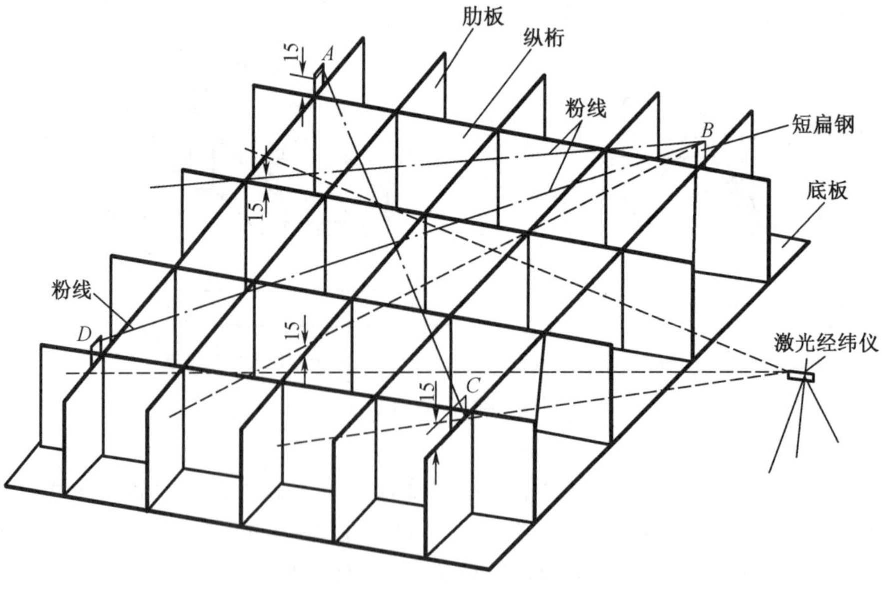

图 4-44　平面度测量

2. 线性尺寸的测量

线性尺寸是指被测的点、线、面与测量基准间的距离。它包括结构的绝对尺寸(形状尺寸)和构件间的相对尺寸(位置尺寸)。线性尺寸测量是装配中最频繁的测量项目。在进行其他项目的测量时,往往也要辅以线性尺寸的测量。

进行线性测量,主要使用钢尺、卷尺和木折尺,在船体装配中,有时也使用画有标志的样棒。例如,在槽钢上装配立板时,为确定立板与槽钢结合线的位置,需要测量其中一块立板距槽钢端面的尺寸 a,以及两立板间的距离 b,如图 4-45(a)所示。

在分段上画骨架位置线时,经常根据画线草图上的数据,用卷尺直接量取尺寸,如图 4-45(b) 所示。有时,某些线性尺寸是根据所给数值,或根据肋骨型线驳取在样条上,再用样条在分段的板上进行画线测量。在图 4-45(c)中,外板的纵桁和纵骨的位置,就是用样条画出的。在图 4-45(d)中,舷侧分段在水平船台上定位时,宽度方向的位置是在悬挂线锤后,再用卷尺进行半宽值的线性测量;高度方向的位置,则用水平软管以高度标杆为依据进行测量。这些都属于线性测量的范围。

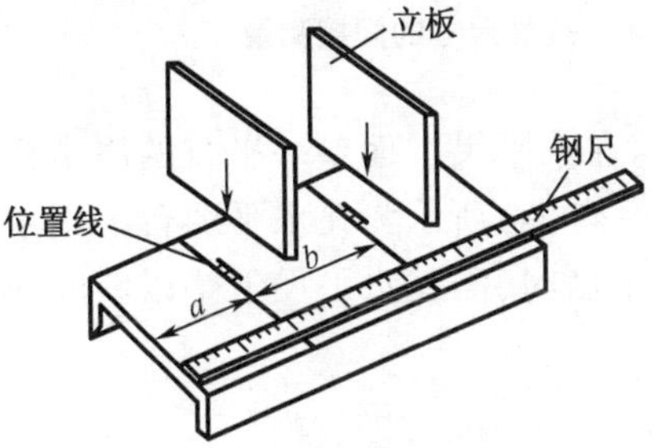

(a) 用钢尺量取线性尺寸

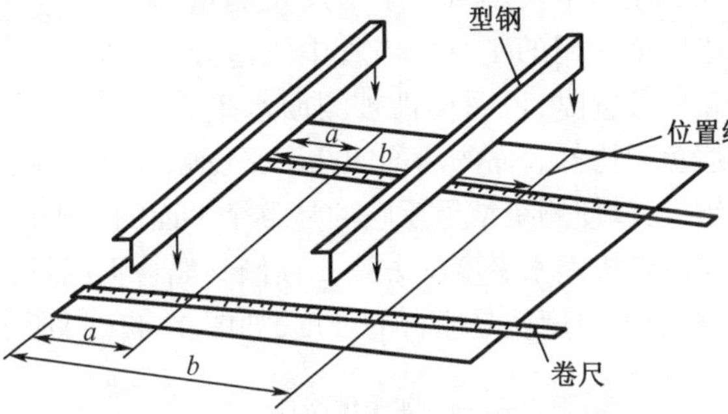

(b) 用卷尺量取线性尺寸

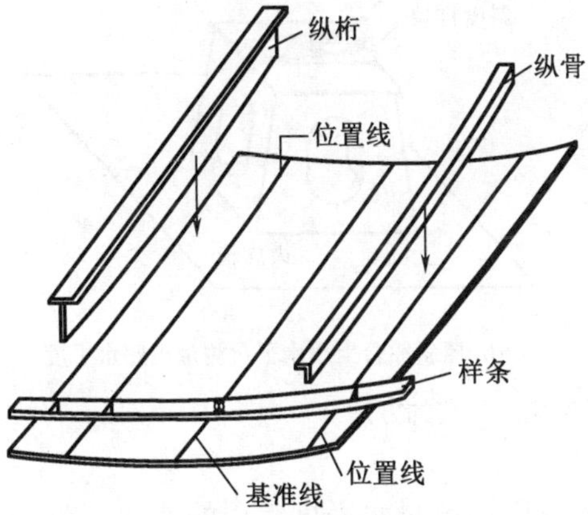

(c) 用样条量取线性尺寸

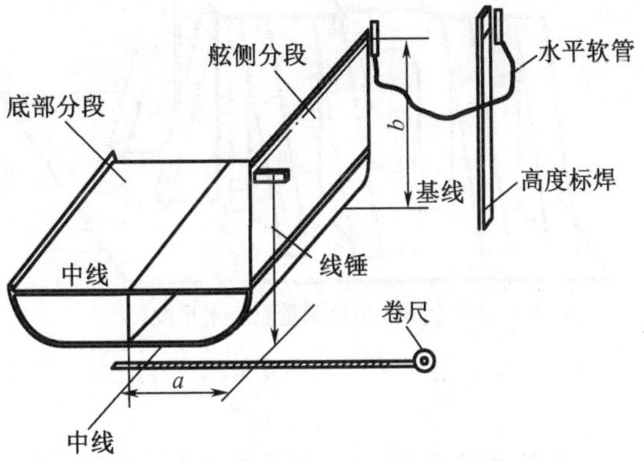

(d) 用水平软管进行分段位置的线性测量

图 4-45　线性尺寸的测量

构件上的某些线性尺寸,有时因受形状等因素的影响,不能用刻度尺直接测量,需要借助其他工具达到测量的目的。图 4-46 是以平台为基准,由轻型工字钢和卷尺相配合测量工件的整体高度。

3. 平行度、水平度的测量

(1)相对平行度的测量

相对平行度是指工件上被测的线或面,相对于测量基准线或面的平行度。通常是在两条线(或面)上选定若干对应点,进行线性测量。若测得的尺寸都相等,说明两条线(或面)互相平行。因为平行线(或面)之间的垂直距离是处处相等的。

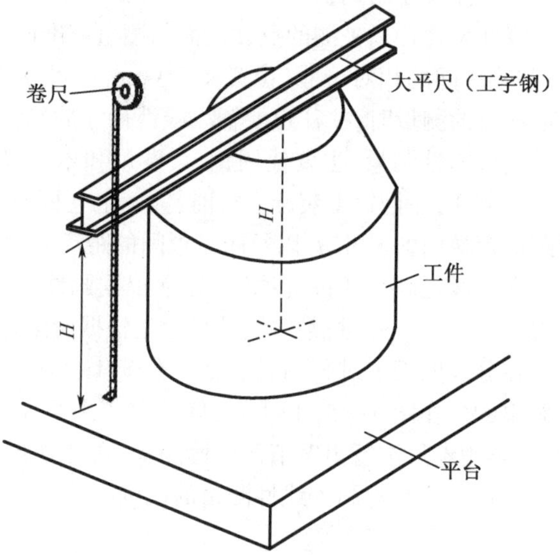

图 4-46　线性尺寸的间接测量

(2)水平度的测量

装配中常用水平尺、水平软管、水准仪或激光经纬仪进行构件水平度的测量。

①用水平尺测量。水平尺是测量水平度最常用的工具。当管中气泡处于正中位置时,说明构件被测面水平。为避免因构件表面的局部凹凸不平影响测量结构,有时需在水平尺下面垫一平直的厚木板或钢尺,以使测量结果反映的是整个平面的水平度。图 4-47(a)所示为在水平船台上用水平尺测量机座水平度的方法。在倾斜船台上测量机座水平度时,需在水平尺下垫以斜度样块,样块的斜度就是船台的坡度,如图 4-47(b)所示。

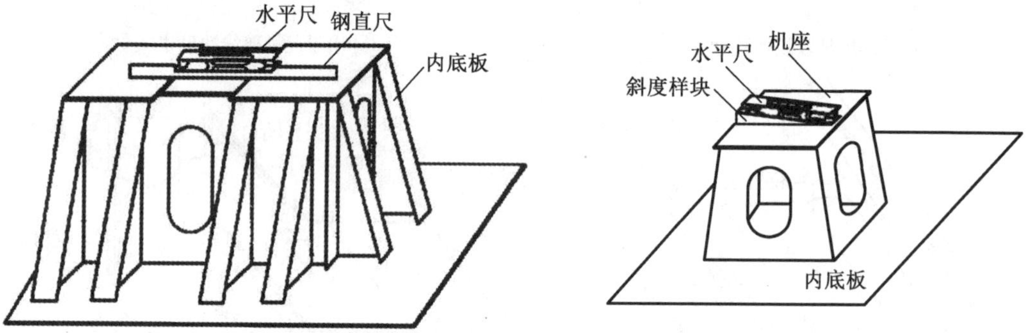

(a) 水平船台上用水平尺测量机座水平度　(b) 倾斜船台上用水平尺测量机座水平度

图 4-47　船台上用水平尺测量机座水平度的方法

②用水平软管或激光经纬仪测量。这是在较大范围内测量水平度常用的方法。图 4-48(a)所示为在内底板上测量底部分段水平度的方法:取两根画有相同刻度的标杆,把玻璃管分别贴靠在标杆上。其中的一根标杆立于被测平面的一角,另一根标杆连同玻璃管先后置于其余三个角点上。若观察到玻璃管内水面的高度值都相同时,即管内水平面与两标杆上的标志线都重合时,说明分段成水平状态。或用激光经纬仪来测量分段水平度。图 4-48(b) 为用水平软管测量横舱壁的水平度。这时以画在横舱壁上的一条水线作为依据。

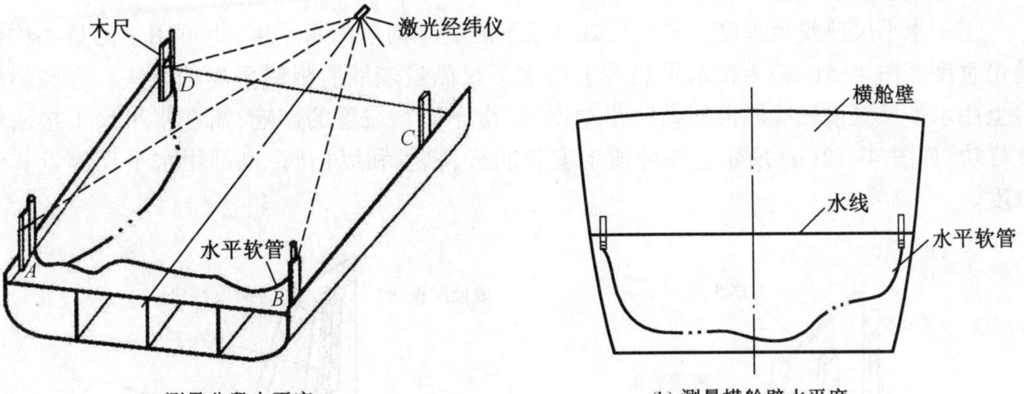

(a) 测量分段水平度　　(b) 测量横舱壁水平度

图 4-48　用水平软管测量水平度

4. 垂直度、铅垂度的测量

(1)垂直度的测量

相对垂直度是装配中经常进行的测量项目。相对垂直度通常都用直角尺直接测量,如图 4-49 所示。当两测量面分别与直角尺的两个工作尺面贴合时,说明两平面垂直。使用直角尺测量垂直度,角尺规格应和被测平面的尺寸相适应。当构件的被测面长度远远大于直角尺的长度时,测量结果就不够准确。垂直度也可以通过间接的方法测量(图 4-50)。图 4-50(a)为测量对角线 ab、cd 是否相等,检查型钢框架的四角是否垂直;图 4-50(b)为利用勾股定理测量两平面或两直线的垂直度。

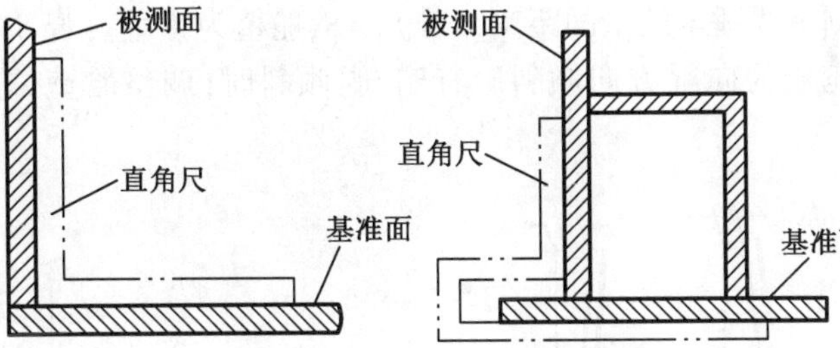

图 4-49　用直角尺测量垂直度

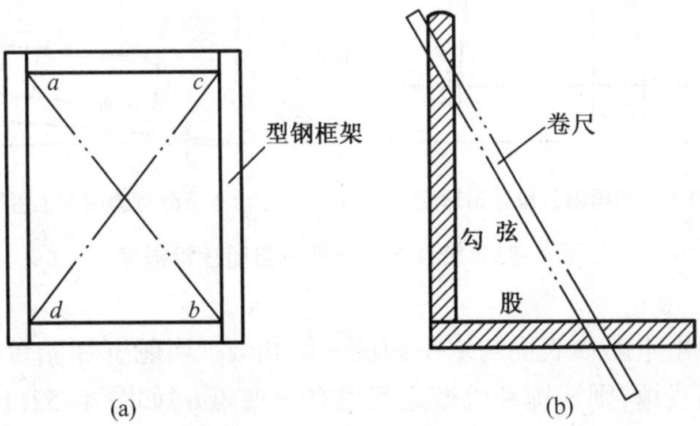

(a)　　(b)

图 4-50　垂直度的间接测量

(2)铅垂度的测量

①用水平尺测量铅垂度。水平尺既可用于测量小构件的水平度,也可用于测量小构件的铅垂度。图 4-51(a)为在水平船台上用水平尺测量舷墙肘板铅垂度的方法。在倾斜船台上用水平尺测量舷墙肘板的纵向铅垂度时,由于船台坡度的影响,需在水平尺下垫放斜度样块,如图 4-52(b) 所示。在分段上安装肋板,纵骨和纵桁时,也都用水平尺测量其铅垂度。

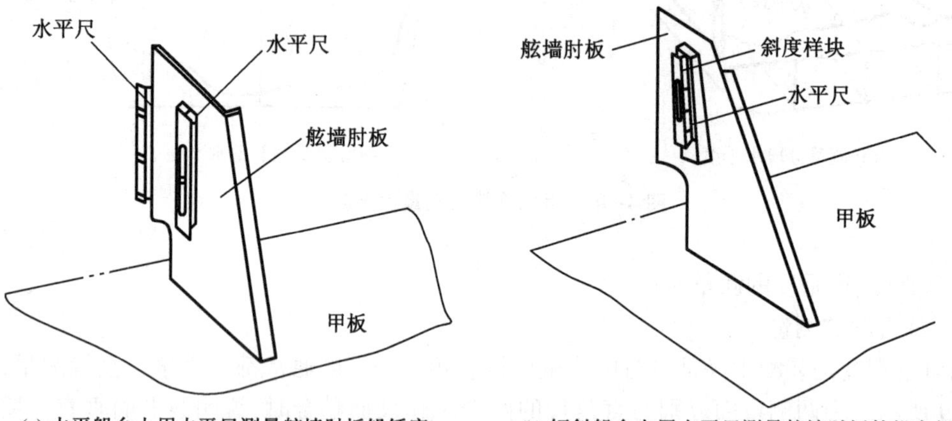

(a) 水平船台上用水平尺测量舷墙肘板铅锤度　(b) 倾斜船台上用水平尺测量舷墙肘板的纵向铅锤度

图 4-51　船台上用水平尺测量铅锤度

②用线锤测量铅垂度。在船体装配过程中,比较大的构件都悬挂线锤测量其铅垂度。如图 4-52(a)所示,在舱壁左右两边扶强材位置的上端,各焊一扁铁,距舱壁板 S 荡下线锤,在舱壁下端用木尺测量线锤至舱壁的距离。若 $S_1=S$,舱壁为铅垂。若 $S_1>S$,舱壁为向艏方向倾斜。若 $S_1<S$,舱壁为向艉方向倾斜。有艏、艉倾斜时;调整舱壁位置,直至 $S_1=S$ 时为止。

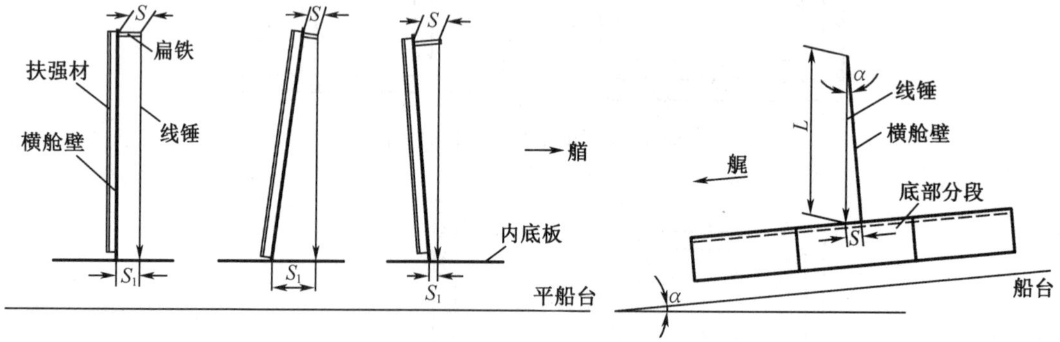

(a) 水平船台上用线锤测量舱壁铅锤度　(b) 倾斜船台上用线锤测量舱壁铅锤度

图 4-52　船台上用线锤测量舱壁铅锤度

在倾斜船台上,由于船台表面与水平面成一倾角 α。当舱壁和船台(即船体基线)垂直时,若从舱壁上端荡线锤,则线锤和舱壁之间也有一夹角 α,如图 4-52(b)所示。

$$\frac{S}{L}=\tan\alpha,\quad S=L\tan\alpha$$

式中 α——船台倾斜角度;

L——锤线长度,可同时荡下卷尺量得。

如果船台倾斜度(坡度)为1/20,则 $\tan\alpha=1/20=0.05$。当 $S=0.05L$ 时,舱壁垂直于基线;当 $S>0.05L$ 时,舱壁向船尾倾斜;$S<0.05L$ 时,舱壁向船首倾斜。

由于船台倾斜角度 α 很小,在测量中可认为 $\alpha=\sin\alpha$,以便于计算。一般情况下,船体基线都平行于船台表面,基线的坡度也就是船台的坡度。

5. 角度的测量

在船体结构中,某些相邻构件之间都有一夹角,而这些夹角并不是一个定值,在各个肋位上,不同的剖面位置是变化的。这类结构装配时,需要有一个定位的角度样板,测量两构件间的夹角是否正确。图4-53为用样板测量夹角。

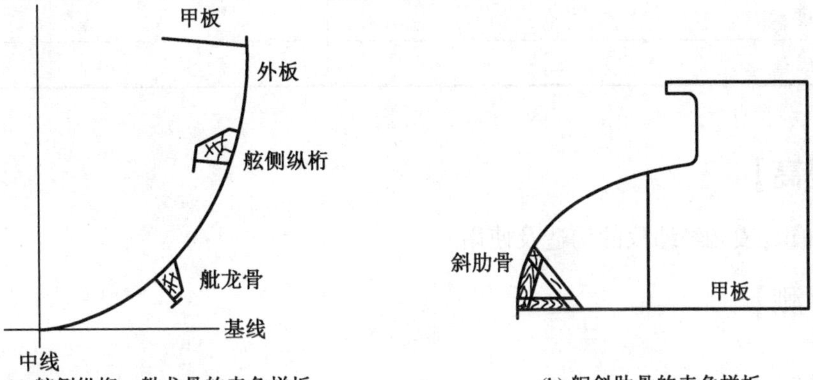

(a) 舷侧纵桁、舭龙骨的夹角样板 (b) 艉斜肋骨的夹角样板 (c) 舷墙板的定位样板 (d) 艉柱板的定位样板

图4-53 用样板测量夹角

此外,在斜切胎架上装配分段时,还要使用横向和纵向构件的角度样板进行定位测量。相邻构件间的夹角一般都反映在肋骨型线图中,有时需做相关剖切后求取。

任务训练

训练名称:测量某钢结构铅垂度、平面度及尺寸。

训练内容：

根据现有实训场所条件，用线锤、激光经纬仪和卷尺等工具或仪器测量某钢结构的铅垂度，平面度和长、宽、高尺寸，记录测量数据（表 4-6）。

训练工具：线锤、木尺、激光经纬仪和卷尺及纸、笔等。

表 4-6　测量数据记录表

测量内容	测量工具	测量数据	备注
铅垂度			
平面度			
长度			
宽度			
高度			

【拓展提高】

拓展知识：激光经纬仪的构造及使用。

【项目自测】

一、填空

1. 固定式平台主要用于装焊（　　），也可作为设置（　　）的基础。

2. 水泥平台是用（　　）浇成的，并在表面埋入许多 500～1 000 mm 间距平行的（　　）。

3. 传送带平台主要有链式传送带平台、（　　）平台、（　　）平台和圆盘式平台。

4. 专用胎架按胎板形式分（　　）式胎架、桁架式胎架、（　　）式胎架和支点角钢式胎架。

5. 线锤用来检查零件的（　　）度，测量距离大时采用（　　）锤，距离不大时采用较小线锤。

6. 铁楔与“马”配合，利用（　　）或其他机械方法获得外力，利用铁楔的斜面将外力转变为（　　）力。

7. 胎架基准面的切取方法有正切、（　　）、斜切和（　　）四种。

8. 建造完工后，总段或双层底分段上画的定位基准线是（　　）线、（　　）线和水线。

9. 定位的目的是正确确定构件的（　　）位置，或构件之间的（　　）位置。

10. 将分段铺板和胎架拉紧，将骨架和板压紧是限制（　　）方向的平移自由度，对准中心线是限制（　　）方向的平移自由度。

11. 空间物体在未被定位前具有三个（　　）自由度和三个（　　）自由度。

12. 装配夹具对工件施加的外力有（　　）、（　　）、拉和顶四种。

13. 肋板在底板上安装时，对准其位置线是限制（　　）方向的平移自由度，对准中心线是限制(　　　)方向的平移自由度。

14. 测量基准可以选在(　)上,也可以选在工件外,如选在(　　)、胎架或船台上。

15. 在倾斜船台上测量构件水平度时,要在(　　　)下方反向垫一(　　　)。

16. 水平尺既可用于测量小构件的(　　　)度,也可用于测量小构件的(　　)度。

二、判断(对的打"√",错的打"×")

1. 胎架是船体分段装配和焊接必需的工艺装备,它的作用是使分段的装配和焊接工作具有良好的条件。　(　　)

2. 胎架基准面切取的依据是基本结构图。　(　　)

3. 正切基准面主要用于首、尾分段建造。　(　　)

4. 单板胎架主要用于军品和技术要求高的批量生产的船舶建造。　(　　)

5. 胎架模板的最小高度为 600~800 mm。　(　　)

6. 胎架工作曲面的纵、横向倾斜不超过 30°。　(　　)

7. 测量构件的水平度和垂直度都是限制构件的转动自由度。　(　　)

8. 定位基准线只能画在船台、平台和胎架上,而不能预先画在工件上。　(　　)

9. 作为定位测量基准的十字线,既可画在平面上,也可画在曲面上。　(　　)

10. 平台、胎架、分段和船台上的十字线都可以用激光经纬仪画出。　(　　)

11. 用水平软管和激光经纬仪测量双层底四角水平。　(　　)

12. 装配中常用水平尺、水平软管、水准仪或激光经纬仪进行构件水平度的测量。　(　　)

13. 一般情况下,多以构件定位基准作为测量基准。　(　　)

14. 激光经纬仪只能用来测量长度。　(　　)

15. 在船体装配过程中,比较大的构件都悬挂线锤测量其铅垂度。　(　　)

三、名词解释

1. 平台
2. 胎架
3. 胎架基准面
4. 测量基准
5. 相对平行度

四、简答题

1. 简述平台的种类和用途。
2. 简述胎架的用途和分类情况。
3. 胎架基准面有哪些,分别适用于什么分段?
4. 简述支柱式甲板胎架制造的过程和方法。
5. 举出五种常用工夹具并说明其用途。
6. 马板种类和用途有哪些?
7. 船体装配中的画线包括哪些内容?
8. 结构装配中的测量项目主要有哪些?测量方法有哪些?

9. 在平台、船台和分段上画十字线有哪三种方法?

五、拓展思考题

1. 船体建造依次是小组立、中组立、大组立及总组立的工艺组合,试画出形成完整船体的分道作业流程框图。并思考各阶段如何进行分道建造的,采用什么生产线或流水线?

2. 船体装配测量与船舶建造精度有什么关系?检测测量厚度、长度、角度和形状的工具或仪器分别有哪些?精度检测比较先进的技术手段有哪些?

项目 5　船体结构预装焊

【项目描述】

船体装配就是将加工合格的船体零件组合成部件、分段、总段，直至整个船体的工艺过程。船体装配焊接分为船体结构预装焊和船台装焊两大部分，其中船体结构预装焊又可以分为部件装焊、分段装焊和总段装焊三道大工序。

船体构件是指船体零件经号料、加工后可以进行装焊的部分，如肋骨、横梁、肋板、外板等。船体构件经部件装焊、分段装焊、总段装焊，最后到船台或船坞中合龙为一整条船。船体部件是指两个或两个以上的船体零件装焊成的船体结构组合件，船体部件装焊及组合件装焊也称为小组立和中组立。分段是由零、部件组装而成的船体局部结构，是船体装配焊接工作中的重要组成部分，分段装焊也称为大组立，将分段和分段、零部件组合成大分段称为总组立。总段是由若干平面分段、曲面分段和立体分段组成的，总段装配也称为总组立。预装焊不仅能使大部分的船体装配焊接工作移至室内进行，改善了劳动条件的同时，又提高了装焊质量，而且为建立预装焊生产流水线，实现装焊过程机械化提供了先决条件。

本项目包括船体部件装焊、船体分段装焊、船体总段装焊、船体分段吊运翻身及变形控制四个工作任务。通过本项目的学习，学习者能够熟悉船体结构预装焊作业的主要内容及装焊过程、方法。

知识要求

1. 掌握船体部件装焊工艺及相关注意事项；
2. 掌握船体分段装焊工艺及相关注意事项；
3. 掌握船体总段装焊工艺及相关注意事项；
4. 了解分段吊运翻身及变形控制。

能力要求

1. 能正确制定船体部件装焊工艺和简单装配操作；
2. 能正确制定分段装焊工艺和简单装配操作；
3. 能正确制定总段装焊工艺和简单装配操作；
4. 能确定分段翻身方式及分段变形控制方式。

思政和素质要求

1. 具有全局意识，较强的质量意识、安全意识和环境保护意识；
2. 具有较强的责任意识和一丝不苟的工作态度；
3. 具有良好的沟通能力、合作能力和团队协作精神；
4. 具有独立分析问题、解决问题的能力和克服困难勇于进取的精神。

【项目实施】

任务 5.1　船体部件装焊

PPT

任务解析

船体部件是指两个或两个以上的船体零件装焊成的船体结构组合件,如各种焊接 T 型梁、肋骨框架、艏柱、艉柱、舵、带缆桩、主辅机基座等。部件装配俗称小合龙,也称为小组立或中组立,属于船体预装焊范围,预装焊不仅能使大部分的船体装配焊接工作移至室内进行,改善了劳动条件的同时,又提高了装焊质量,而且为建立预装焊生产流水线,实现装焊过程机械化提供了先决条件。

本任务主要介绍典型部件类型,平直板的拼焊、T 型梁的装焊、肋骨框架的装焊及部件装焊变形的控制和矫正。通过本任务的学习和训练,学习者能编制部件装焊工艺,进行简单部件的装焊操作。

背景知识

一、部件装配概述

分段装配之前的船体结构预装配称为部件装配(小组立、中组立),是结构装配的第一个阶段,俗称小合龙。它实际上包括零件经过一次装配形成的部件和经过两次或两次以上装配形成的组合件以及已成板架结构形式的子分段。

在船体装配内容中,目前对小组立和中组立还没有明确的界限。拼板件或将两个以上的板材和型材零件经过一次或二次组装焊接后,形成片状结构组件,这一过程称为小组立。小组装部件进一步组装成条框结构、块状结构,或由几个小组立、小组立与零件组合成更大的组立,如底部分段中的肋板结构、边水舱分段中的肋板框架结构、上层建筑分段内的围壁结构等,只要在平台能够施工的都可以将它们作为中组立。

1. 典型船体部件

船体部件按其结构形式有以下几种类型。

(1)焊接 T 型梁

船体结构中的焊接 T 型梁数量很大,其中 T 型直梁有中内龙骨、旁内龙骨、直舷侧纵桁、舱壁水平和垂直桁材、平直的宽板肋骨、机座纵桁和 T 型肘板等。T 型弯梁有宽板肋骨、宽板横梁、舷侧纵桁、甲板纵桁、肋板等,其特点是 T 型梁的面板呈弯曲状态。如图 5-1 所示为各种 T 型梁。

(2)框架

框架分为平面框架和立体框架两类。平面框架有肋骨框架、半肋骨框架、斜肋骨框架和边舱框架等。由底纵桁、肋板、底纵骨和内底纵骨组成的双层底框架为平面框架,由边舱横向构件和纵骨组成的边舱框架则为立体框架。

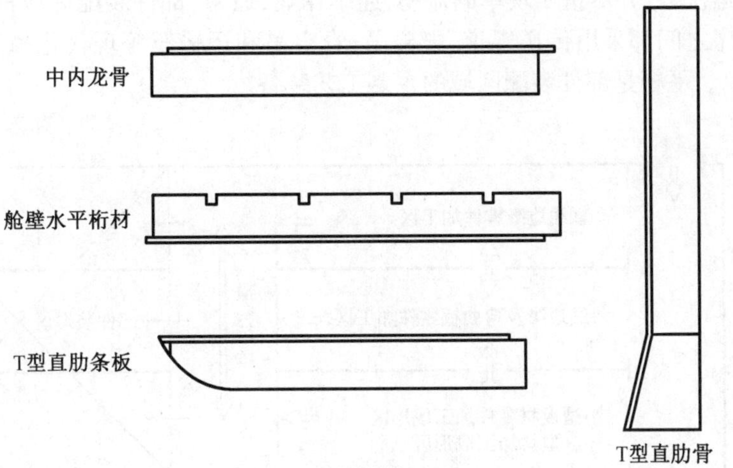

(a)T 型直梁

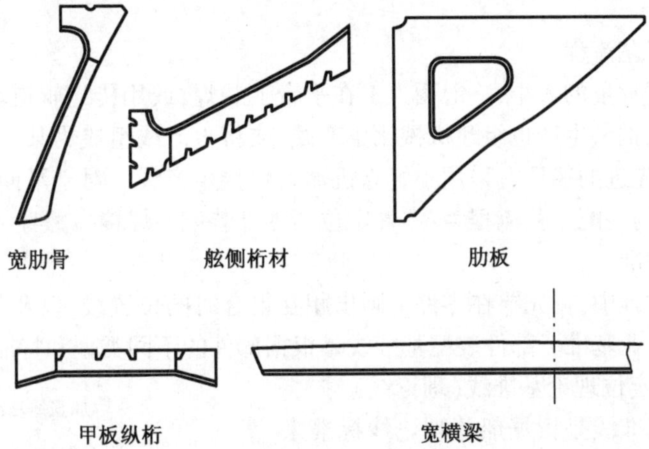

(b)T 型弯梁

图 5-1　T 型梁

(3)板列

船体的各个部分均为板架结构,都由板和纵横交错的骨架组成。通常,平直的板列,如平直的外板、内底板、平台和纵横舱壁,都预先在专用平台上采用自动焊拼装成板列部件。

(4)艏、艉柱

通常都是由钢板、铸件或锻件装焊成大型部件。

(5)钢质舾装件

通常将机座、流线型舵、烟囱、桅、通风筒、带缆桩和舱口盖等钢质舾装件都归入部件中。它们大部分都是相对独立而完整的钢结构件。

(6)子分段

组成立体分段、半立体分段中的局部外板、甲板或舱壁,本身就是由板和骨架组成的片状结构,将其称为子分段或小分段,也属于部件装配范畴。

2. 零件加工和部件装配区域

部件装配为船体装配的第一个阶段,为使其与零件加工工序紧密衔接,缩短零件运输路线,减少搬运次数,并尽量实现单向流动,连续作业,通常,部件装配区域都布置在船体加工车间内,工序之间都采用传送辊道、电磁吊、真空吊和运输车等现代化吊运设备,其布置如图 5-2 所示。平台是部件装配区域的主要工艺装备。

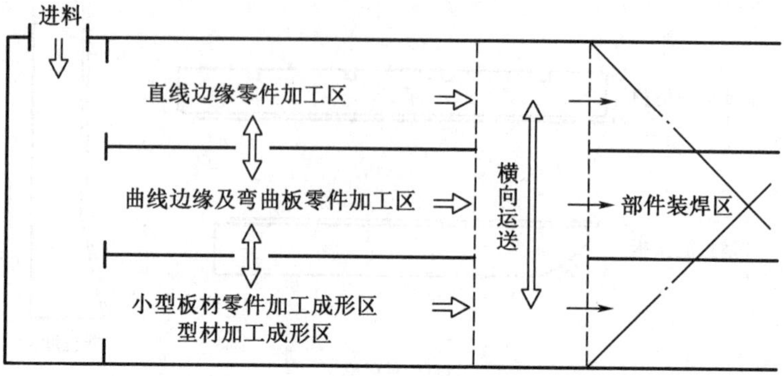

图 5-2　零件加工及部件装配区域布置

3. 部件装配工艺流程

部件装配根据批量的大小,一般用人工在平台上装焊,或用传送辊道辅助输送,采用机械化装焊设备。大批量生产也组建机械化生产线,或将生产线组成为某一分段流水线的一部分。目前,比较先进的船厂有采用小组立机器人焊接生产线。对于平面和曲面分段内部的部件,一般采用的装配工艺流程为:零件定位→零件装配→焊接→翻身→修整→集配。

4. 部件装配基准

部件在装配过程中,首先要在零件上画出相互组合时的位置线,以及各种施工基准线,作为下道工序的作业基准。部件装配基准线是根据部件的不同类型和特征来设定的。

(1)构件厚度定位理论基准线(理论线)

部件上安装基准线是根据船体理论线标准来确定的,目前还没有统一的规定。因此,施工划线是根据工作图上注明的理论线和厚度方向来施工的。如图 5-3 所示为某部件上的加强筋基准线。

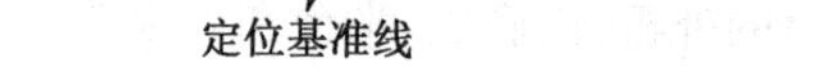

图 5-3　某部件上的加强筋基准线

(2)构件定位基准线

如图 5-3 中的加强筋零件其端部处的定位基准线,可控制构件高度方向的位置。

(3)构件定型基准线

部件装焊成形和装焊后的变形校正工作都必须依靠定型基准线。长度大于 1 500 mm,长宽比大于 3 的部件,必须设置定型基准线。需要将部件零件在未装焊前预先画上定型基准线,通常利用水线和直剖线,作为校正检验的依据,并使基准线贯通于整个部件的全长,对于有较大纵横向线型的部件,可以采用斜直线。如图 5-4 所示为构件定型基准线

(4)角度定位基准线

在艏艉线型变化区域的部件,加强筋、肘板等零件在母材构件上安装,当需要装成锐角或钝角时,母材构件在理论线上的一侧应标上锐角记号和角度数值,作为零件部装的依据。

在现代化造船中,部件零件的数控切割和零件上的基准等画线作业,均由数控切割机

一次完成。

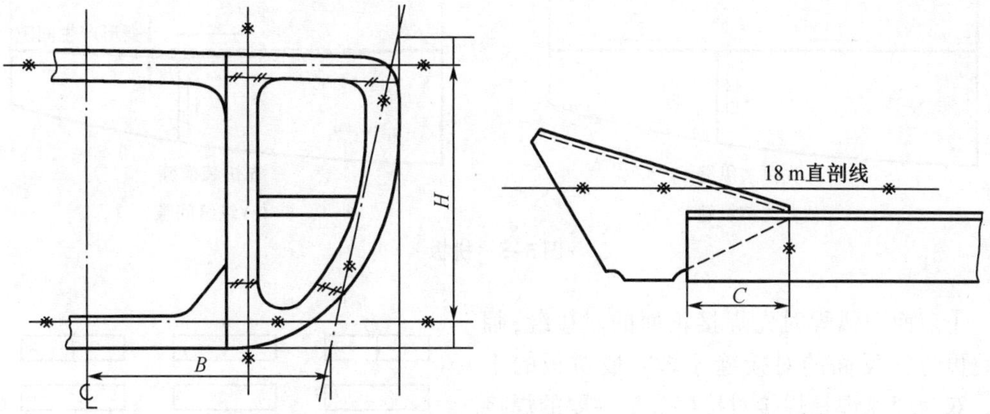

(a) 水线、斜直线　　(b) 直剖线

图 5-4　构件定型基准线图

二、典型部件的装焊

1. 板列的拼焊

船体以及上层建筑的各层甲板、平台、纵横舱壁、围壁、内底板和平直的外板等大面积平板，均可预先拼板。拼板零件按其尺度和形状分为大型长方形零件和具有部分曲线边缘的平板零件。拼板是在车间内的装焊平台（钢板平台或型钢平台）上进行的，其过程如下。

(1) 铺板除锈

按照施工图纸（或草图）的要求，将钢板铺放在平台上，并核对钢板上所注的代号、首尾方向、肋骨号码、正反面、直线边缘平直度、坡口边缘的准备工作；在铺板过程中应尽量利用空余场地，尽可能将板排列整齐，以减轻拼板时拉撬钢板的工作。

钢板在拼接前，其边缘均须除锈（已进行抛丸除锈预处理工艺者除外），要求用砂轮除锈，直至露出金属光泽为止，以确保焊接质量。

(2) 钢板拼接

钢板拼接时，一般先将正确端的边缘对齐，用松紧螺丝紧固，对于薄板可用撬杠撬紧。如果不用松紧螺丝紧固，在定位焊时要先在中间和两端固定，然后再加密定位焊。

拼板时，在兼有边、端缝的情况下，一般先拼装边缝，如图 5-5(a) 所示；若先拼装端缝，由于边缝尺度较长，定位焊的收缩变形较大，可能产生图 5-5(b) 所示的间隙，则边缝的修正量就较大。而在焊接时，为了减少焊接应力，应先焊端缝，后焊边缝。

对于大面积钢板拼接可分成几片分别拼接，随后再进行片与片之间的横向拼接。为了减少横向接缝的批割工作，在拼接时应尽量将端接缝对齐，具体步骤如图 5-6 所示。

(3) 钢板的焊接

钢板的焊接广泛采用埋弧自动焊，因自动焊的起弧点与熄弧点处的焊接质量较差，为了消除这种缺陷，在钢板拼装整齐后，可在板缝的两端设置引弧板和熄弧板，这种工艺板的规格一般为 100 mm×100 mm 左右，厚度与所拼钢板厚度相当，如图 5-6 所示。

拼板时采用埋弧自动焊拼接，有双面埋弧焊和单面焊双面成形工艺。

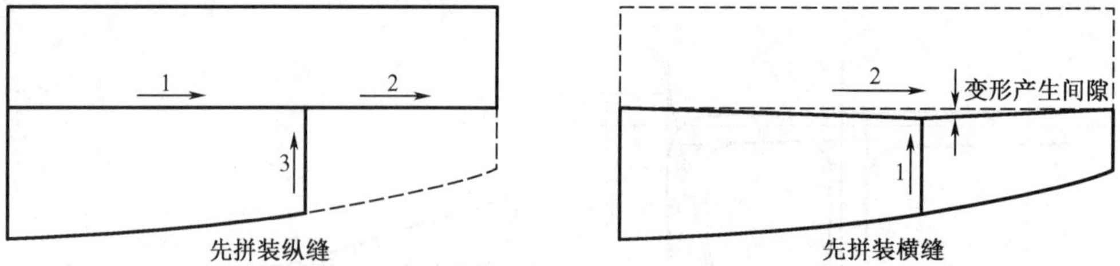

(a) 先装纵缝　　(b) 纵缝间隙

图 5-5　拼板

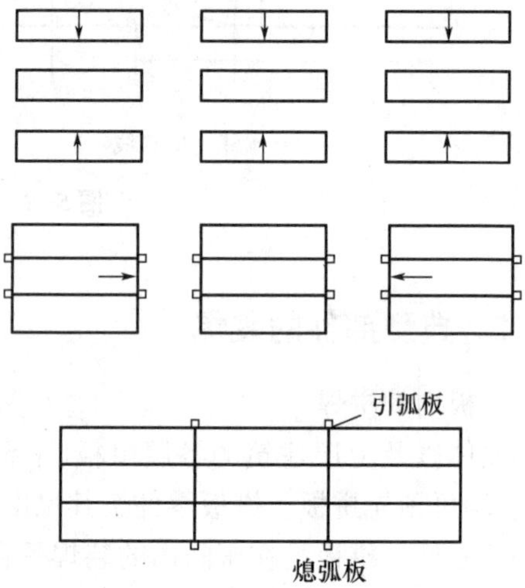

图 5-6　大面积钢板的拼板步骤

①双面埋弧焊时先焊接正面的对接缝，翻身后再焊接反面的对接缝才算完成拼板的工作。双面埋弧焊是焊接对接接头最主要的焊接方法，适用于中厚板的焊接。由于焊接过程全部在平焊位置完成，因而焊缝成形和焊接质量较易控制，对焊件装配质量的要求不是太高，一般都能获得满意的焊接质量。双面埋弧焊有不留间隙双面焊、预留间隙双面焊、开坡口双面焊（板厚大于 22 mm 时开 Y 型坡口，大于 22 mm 时开 X 型坡口）和焊条电弧焊封底双面焊（先反面封底，再埋弧焊进行正面焊）。

②若采用单面焊双面成形工艺，则不仅可以不将列板翻身，而且使焊接效率提高一倍。反面成形是采用了大焊接电流的双丝或多丝埋弧自动焊和反面加衬垫而实现的，衬垫有紫铜衬垫（FCB 法）、焊剂衬垫（FR 法）等。

单面焊双面成形时钢板的固定不能采用定位焊，而是用梳状马将钢板固定。在板缝两端各放一只梳状马，其余数只梳状马放在板缝长度的等分处。梳状马的规格约为 150 mm× 80 mm× 8 mm，当钢板厚度在 10 mm 以上时，焊接时板缝的伸张力较强，在熄弧处的马板规格为 500 mm×100 mm×10 mm，而其余的梳状马均为一般规格。

压力架焊接方法也是单面焊双面成形，但钢板的固定不是采用梳状马或定位焊的方法，而是用压力架对钢板加压，使之固定，接着在焊缝两端装上引弧板和熄弧板再进行焊接。

钢板之间在整条焊缝上的间隙应该是相等的。当钢板厚度在 10 mm 以下时，间隙为 3 mm；当钢板厚度在 10 mm 以上时，其间隙为 4 mm。

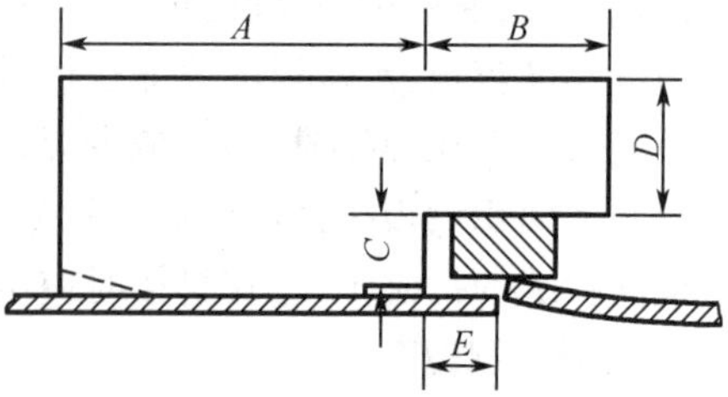

图 5-7　L 型马板的使用

钢板拼接时常用 L 型马板，L 型马板是与铁楔一起用于楔平高低不平的板缝，如图 5-7 所示。L 型马板焊于接缝的低板一边，马板厚度应略大于所拼板的厚度，钢板厚度小于 6 mm 或大于 14 mm 时，马板厚度取 8 mm 或 14 mm。L 型马板的定位焊应焊在马身端部，且位于铁楔楔紧方向的同一侧，以便用完后易于拆除，凡需受较大的力时，可将定位焊焊脚略做包角，并在另一端点焊。

2. T 型梁的装焊

船体结构中的强肋骨、强横梁、舷侧纵桁、舱壁桁材和单底船的肋板、中内龙骨、旁内龙骨等,以及现代大型运输船的纵骨都是 T 型部件,由腹板和面板组合而成。有些宽腹板的 T 型梁,其腹板上还装有一定数量的角钢或扁钢扶强材。T 型梁分直、弯两类,凡是面板平直的均为直 T 型梁,面板弯曲的均为弯 T 型梁。一般都在平台上进行装配焊接,直 T 型梁多采用倒装法,T 型弯梁则采用侧装法。

(1)直 T 型梁的装焊(图 5-8)

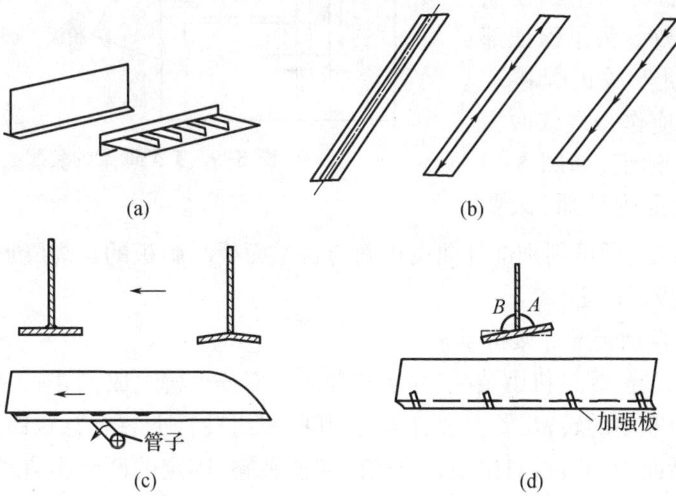

图 5-8　T 型梁装配图

①将面板和腹板在平台上整齐铺开,并按图纸要求检查其规格尺寸是否相符。T 型梁的面板和腹板需各自拼接的,应在组装前先予拼焊,如图 5-8(a)所示。板厚大于 6 mm 的对接还要开坡口。拼接后的板材如有变形则需矫正。采用自动焊或半自动焊的,还需除净铁锈。

②按图纸要求确定面板与腹板的相对位置,并在面板上画出腹板的安装位置线。画在距离面板中心线 1/2 腹板厚度处,并标上厚度记号,如图 5-8(b)所示。对采用手工焊的,在面板上还要标出间断焊符号,对连续焊的应注明焊脚高度。

③采用倒装法装配直 T 型梁,如图 5-8(c)所示。在倒装过程中,可在腹板与面板定位焊一侧,预先加放一定的反变形,使夹角成“开尺”(大于 90°),以抵消定位焊引起的角变形,还可将面板预先扎出反变形角度,以消除焊接角变形,这些反变形数值一般凭经验确定。为了消除装配时可能出现的腹板与面板间的间隙,可在面板下面垫一根钢管,上面垂向对线安放腹板,这样从一端向另一端边滚动边定位焊。也可以采用侧装法装配。当面板与腹板间的夹角经测量符合要求时即可进行定位焊,并在面板与腹板间焊上临时加强板作为加强,以免焊接、吊运时引起部件的角变形,如图 5-8(d)所示。

④焊接腹板与面板的角焊缝。如果宽腹板上有扶强材,如图 5-8(a)所示,则须将腹板与面板装焊完后,再按位置线来安装扶强材,并焊接扶强材与腹板的连接焊缝。

(2)弯 T 型梁装焊

弯 T 型梁大多采用侧装法,并需按照 T 型部件的形状制作搁架马板。如图 5-9 所示,

图中 A 的尺度一般比腹板宽度小 5~6 mm，B 等于面板安装线宽度，C 则比面板厚度大 10~15 mm，马板的尺度还应按实际情况，考虑部件拼装后取出方便，并使马板具有足够的刚性。

装配时，先将腹板铺在马板上，然后将面板插入，利用铁楔压紧，即可进行定位焊。为了保证部件的正确曲型，便于矫正焊接变形，在腹板号料时应作一根或两根检验直线，并打上标记，如图 5-9 所示，这样经过装配焊接后，只要按标记检验其直线度，即可判别部件曲型正确与否。面板与腹板的角焊缝形式与 T 型直梁相同，焊脚高度视板厚而定。

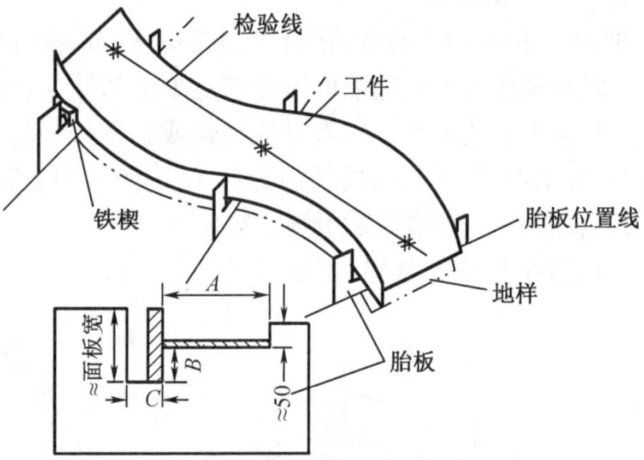

图 5-9　T 型弯梁的装配

(3) 直 T 型梁自动装配焊接机

直 T 型梁自动装配焊接机由装配、焊接和翻落三部分机构组成，如图 5-10 所示。自动装配部分装有两组联动的转臂，臂上装有滚筒，其中一组转臂上装有电磁铁，转臂靠气缸转动。焊接部分包括面板和腹板对中装置、气缸、调速装置、固定的两台半自动焊机和焊剂回收装置。自动翻落架是一个可翻落的托架，托架依靠气缸动作而实现翻落，整个托架还可以调节角度。

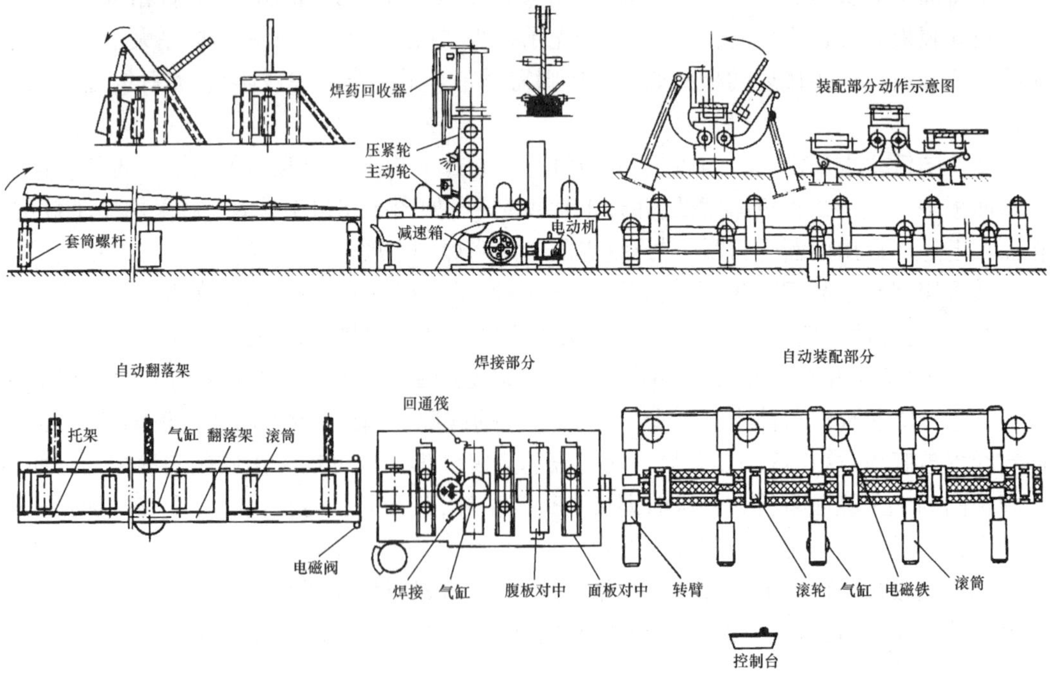

图 5-10　直 T 型梁自动装焊机

直T型梁开始装焊时，面板吊放在装配部分的中间一排滚轮上，腹板吊放在装有电磁铁的一组转臂上。启动电磁铁开关，电磁铁吸住腹板，然后气缸进气，因无工件的一组转臂负荷小而先翻转90°，对工件起支撑作用，另一组转臂接着翻转90°，面板和腹板成直角。切断电磁铁电源，把工件推至焊接部分。依靠焊接部分的机械装置（面板对中、腹板对中装置）进行直T型梁装配定位。按板厚调节焊接速度。焊前准备工作结束后，焊接部分气缸进气使压紧轮压紧工件，然后启动马达，可自动进行面板与腹板间的填角焊接，焊完后，工件送到翻落架上，靠气缸将工件自动翻落到地面上。

3. 肋骨框架的装焊

框架是船体的一种典型结构，以横向居多。它是由船体零件组成的一个平面封闭型或立体型部件。在分段装配时，常以框架作为成形内模，以保证分段或总段完工时具有良好的线型。平面框架如艏艉部肋骨框架，散装货船的顶、底边舱框架等。立体框架如底纵桁、纵骨和肋板组成的双层底框架。这里只介绍平面框架的装焊工艺。

（1）肋骨框架装配的准备工作

①铁平台画线。肋骨框架都在铁平台上拼装。首先在铁平台上画出所装配框架的肋骨型线图，如图5-11所示。铁平台上画出的是带梁拱、左右对称的完整肋骨型线。在肋骨型线图中画出板缝、纵桁、纵骨结构线和框架构件的对接线，标注中心线和基线。

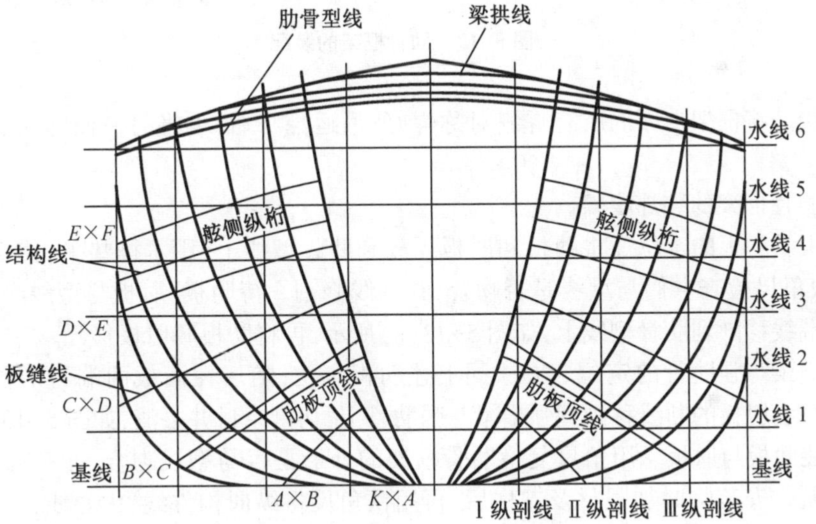

图5-11 铁平台上的肋骨型线图

②检查框架零部件。按图纸检查肋板、肋骨、横梁和肘板的零件号和形状。当零件形状和型线不符合时，钢板零件应进行边缘修割。型材零件应做火工矫正。不允许用有偏差的零件强制装配，否则框架在焊后解除约束时会产生回弹变形。

③辅助材料准备。按需要准备用于临时加强的型钢材料，根据框架大小可用旧角钢或槽钢。

（2）肋骨框架的装焊

①普通肋骨框架的装焊步骤。

a. 肋板、肋骨和横梁的定位。将同号的肋板、肋骨、横梁与同号型线对准，并用马板、铁楔固定。

b. 安装梁肘板和舭肘板。拼装时应注意各个框架表面的平整、舭肘板与肋骨贴合紧密、整个框架平整无扭曲，如图 5-12(a)所示。

c. 框架画线。按肋骨型线上的中心线、纵向构件(甲板纵桁、舷侧纵桁、旁内龙骨)位置线、外板接缝线、水平线等记号，用铳印白漆画在肋框上，供分段装配定位和安装构件用，如图 5-12(a)所示。

d. 框架加强。为保证分段型线的正确，防止肋骨框架变形，须在肋骨框架上进行临时加强，如图 5-12(b)所示。加强材应避开框架上画好的各种线。

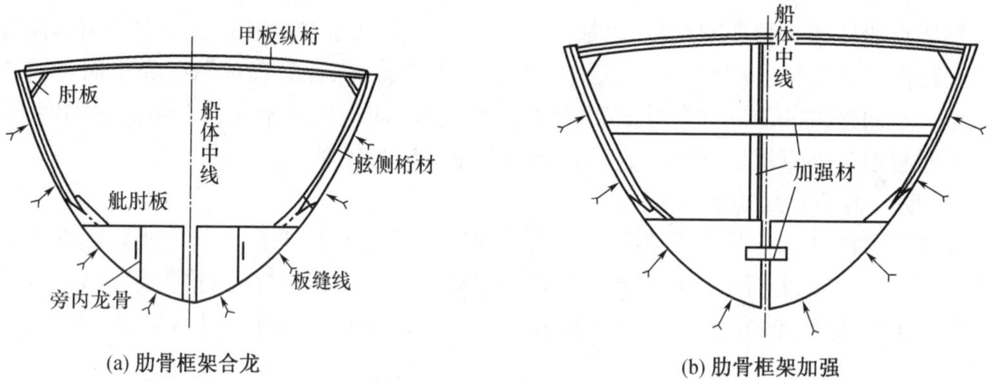

图 5-12　肋骨框架的装配

e. 焊接。将框架上面的所有焊缝对称焊好，吊运翻身后，再将另一面的所有焊缝对称焊好。

②强肋骨框架的装焊步骤。

a. 肋板及肘板的定位。将肋板和肘板先放到肋骨型线上，用木楔垫平，使腹板呈水平状态，用铁角尺检查它们与型线是否吻合，并画线修割。待肋板、肘板与型线吻合后，用铁角尺将两端线移画到肋骨型线上，如图 5-13(a)所示，再将肋板和肘板移开。

b. 强横梁与强肋骨的定位。方法同上述肋板定位，随后在面板两端与平台进行定位焊，再将肋板、肘板的断线移画到强横梁与强肋骨上，切割余量并去渣，如图 5-13(b)所示。

c. 嵌装肋板与肘板。用角尺复检肋骨框架的外形是否与型线吻合，如有局部凸出，需再进行修割。安装临时加强材及支柱后，再用铁角尺将纵向构件线、中心线、水平线、外板接缝线移画到框架上，如图 5-13(c)所示。

d. 焊接、矫正。对称焊接正面的所有对接缝，然后吊运翻身，碳刨开槽或铲槽后，再对称焊接框架另一面的所有对接焊缝。若有变形，火工矫正。最后在肋骨型线上进行复查。

各种肋骨框架的外形应与线型吻合，允许误差为±1 mm。框架拼接时应保持平整，不应有歪斜。吊运翻身时产生变形应进行矫正，复检合格后才能吊离。

(3)边舱框架的装焊

散装货船的边舱框架由框架腹板、面板、加强筋和肘板组成，属于平面框架，其装配步骤如下：

①平台画线。按工件型线图在平台上画出边舱框架外形线和基准线，通常取水平线和纵剖线作为基准线，如图 5-14(a)所示。在型线图中画出外板、甲板和底侧板上纵骨的位置线和补偿值。

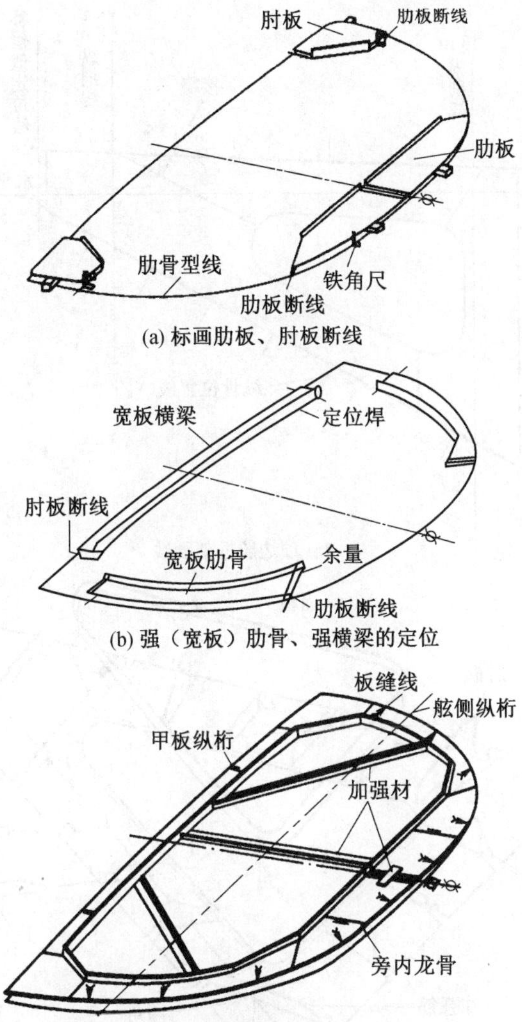

(a) 标画肋板、肘板断线

(b) 强（宽板）肋骨、强横梁的定位

(c) 框架拼接及临时加强

图 5-13 强(宽板)肋骨框架的装焊

②腹板拼接。边舱框架的腹板常由 2~4 个零件组成。边舱框架因对接、角接焊缝和火工矫正引起的收缩值比较大,框架在船宽方向(即腹板的长度方向)留有补偿量。将框架腹板零件按地样和基准线定位,四周用挡板加以固定。如腹板不是数控切割零件,应该注意使腹板上的纵骨开孔位置和平台上的纵骨位置线对准,修割腹板对接缝后再进行焊接。

③腹板画线。在腹板上画出肘板、加强筋的位置线和定位基准线。如加强筋和腹板间有倾角,要同时标注角度,如图 5-14(b)所示。

④安装框架面板、肘板和加强筋,对准位置线和基准线,检查垂直度或夹角,进行焊接。

⑤装配焊接后,检查焊缝,修理打磨,补好底漆。将框架翻身置于翻身作业平台上,经火工矫正后装配反面构件。

框架腹板上如有大尺寸的构件可在分段上散装,以免焊接后造成框架扭曲变形难以矫正。

⑥框架完工后应测量型值,进行质量检验,画基准线,标注编号,最后送往分段区。

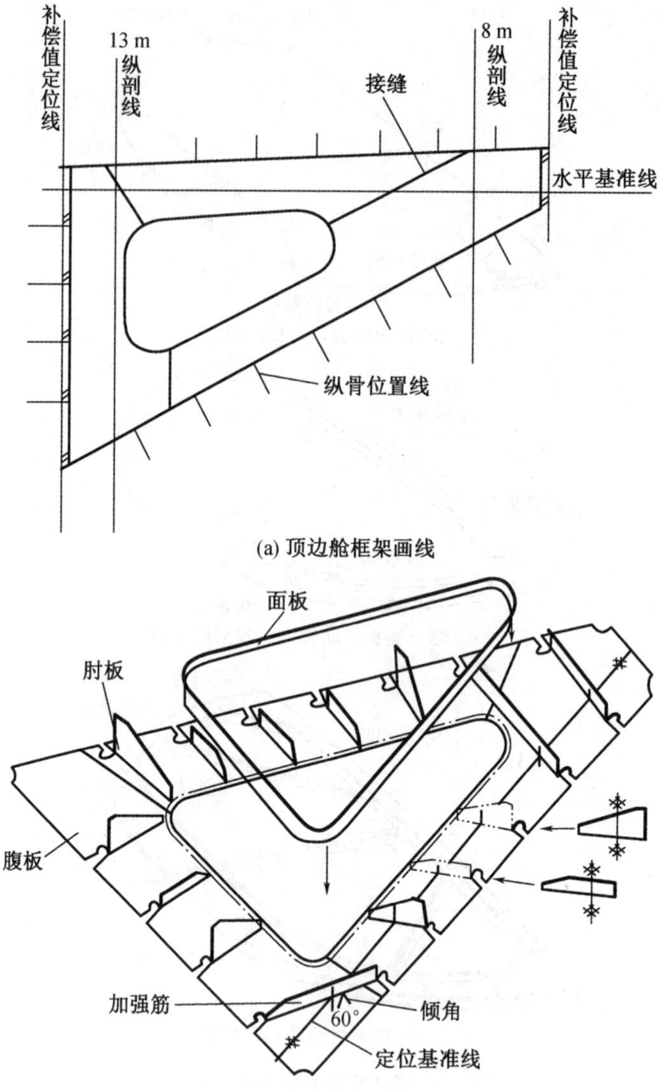

(a) 顶边舱框架画线

(b) 顶边舱框架装配

图 5-14　顶边舱框架画线和装配

三、部件装焊变形、控制及矫正

1. 部件装焊变形原因

部件在装焊过程中，往往会产生收缩、扭曲、角变形等现象，主要由焊缝位置不对称，部件强度、刚性较弱，焊缝冷却后引起的收缩应力，以及在装配焊接过程中，工艺措施不当等因素造成。

2. 控制部件变形的措施

(1)刚性固定法

①使用“铁马”将部件压紧在铸铁平台上，达到控制变形目的；

②将部件用夹具或点焊固定于胎架上，强制减少变形，舵叶、艉柱等部件可采用此法；

③T 型材的面板与腹板之间用短角钢或扁铁做临时加强，以防止变形；

④肋骨框架用型钢加强,以防止焊接变形及吊运搁置时变形。

(2)反变形法

根据变形规律,在装配过程中,事先根据部件变形的相反方向,将零件放出一定数值的外开度,以补偿焊接所引起的变形,称为反变形法。

(3)严格遵守工艺规程

采用合理的焊接程序,选择正确的焊接参数,采用先进的焊接、装配工艺方法,使部件的变形减少到最小限度。

3. 焊接变形的矫正

焊后变形应予以矫正,矫正的方法很多,有冷矫正和热矫正。包括手工矫正、机械矫正和火焰矫正。较常用的是火焰矫正。图5-15所示为T型材各种变形采用火工矫正的方式。

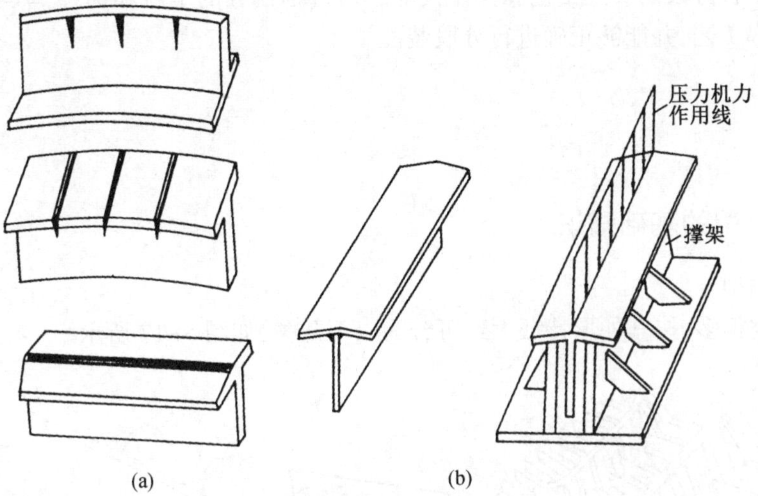

图5-15　T型材变形矫正

任务训练

训练名称:底边舱肋板框架装配(小组立)。

训练内容:

图5-16所示为某底边舱肋板框架结构,由三部分拼接而成,肋板上设置有扁钢加强筋(图中细虚线)。

(1)根据图中所示肋骨框架结构图,编制装配工艺;

(2)采用硬纸板,以图面图形两倍尺寸,按装配流程(含放样、下料、组装)组装该肋板结构。

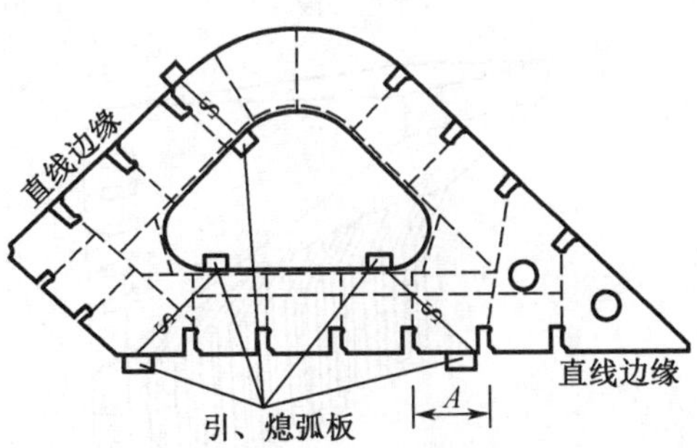

图5-16　肋板框架结构图

训练要求:

(1)工艺流程制定合理;

(2)正确画出所有安装位置线;

(3)正确组装肋板框架。

任务 5.2 船体分段装焊

PPT

任务解析

分段是由零、部件组装而成的船体局部结构,是船体装配焊接工作中的重要组成部分。分段建造周期长短、质量的好坏对船舶整体的建造周期和建造质量有很大的影响。

本任务主要学习船体分段装配基础知识,包括分段类型、分段装焊工艺的基本内容、分段建造方法和构件装配方法、分段翻身的方式、分段装焊变形及控制方法;此外学习底部分段、舷侧分段、甲板分段的装配工艺和操作技能。通过本任务的学习和训练,学习者能够编制船体分段装焊工艺,并能够正确进行分段装配。

背景知识

一、分段装配的基础知识

1. 分段的类型

分段的种类很多,按其外形特征大致可分为以下几类,如图 5-17 所示。

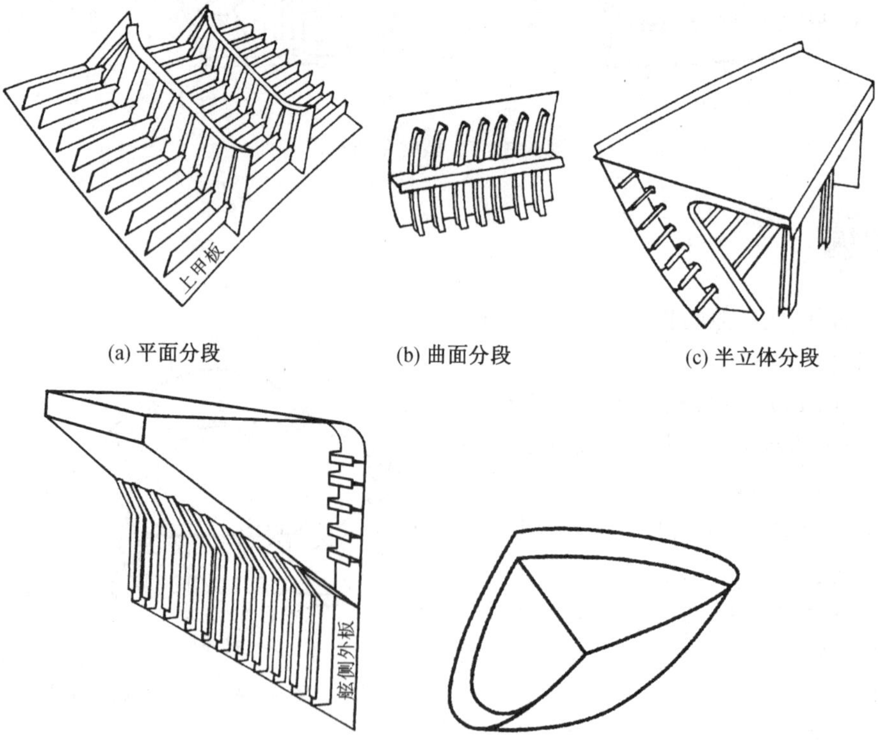

(a) 平面分段　(b) 曲面分段　(c) 半立体分段

(d) 立体分段　(e) 总段

图 5-17　分段的类型

①平面分段:平直板列上装有骨材的单层平面板架。如舱壁分段、舱口围壁分段、平台

甲板分段、平行舯体处的舷侧分段等。

②曲面分段:曲面板列上装有骨材的单层曲面板架。如单底分段、甲板分段、舷侧分段等。

③半立体分段:两层或两层以上板架所组成的非封闭分段,或者是单层板架带有一列与其成交角的板架所构成的分段。如带舱壁的甲板分段、带舷侧的甲板槽形(门形)分段、甲板室分段等。

④立体分段:两层或两层以上的板架所组成的封闭分段,或者是由平面(或曲面)板架所组成的非环形立体分段。如双层底分段、双层舷侧分段、边水舱分段、首立体段、尾立体段等。其中,对形成不封闭状态的分段称为半立体分段。

⑤总段:主船体沿船长方向划分,其深度和宽度等于划分处型深和型宽的环形立体分段。如艏、艉尖舱总段,上层建筑总段等。

2. 分段装焊工艺的基本内容

分段装焊工艺的基本内容:选择分段装配基准面和工艺装备(平台或胎架);决定合理的装焊顺序;提出施工技术要求。

分段装焊顺序的合理与否,直接影响分段制造的质量、装焊作业的难易程度、辅助材料的消耗量以及分段制造的周期等。由于同一分段可有不同的制造和装焊顺序,不同的分段更可有各自不同的制造方法和装焊顺序,因此,决定适合于某一分段的最佳制造方法和装焊顺序是此工艺阶段的重要工作内容。一般地,按以下标准衡量确定的装焊工艺程序是否合理:

①能否保证分段的型线与尺寸的准确;

②是否便于装配操作,辅助材料和工时消耗是否少;

③是否便于焊接操作,合理的工艺应是水平焊缝和俯位焊缝数量多、长度长,有利于扩大自动焊、半自动焊与俯位焊的范围;

④是否缩短分段的制造周期;

⑤是否有利于舾装工程与船体工程的平行作业;

⑥能否处理好单船、小批量或批量生产的矛盾。

3. 分段建造方法和构件装配方法

(1)分段建造方法

在分段建造之前,首先应确定分段建造时采用的建造方法(即装配方式)。分段建造方法按装配基面可分为正造法、反造法和侧(卧)造法三种(图5-18),应从装配过程中保证安全、有稳定而通用的支承、降低作业高度、便于装焊操作、减少翻身等方面综合考虑。

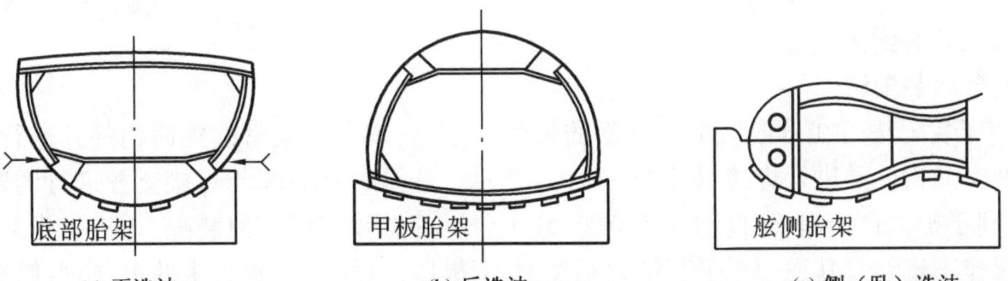

(a) 正造法　(b) 反造法　(c) 侧(卧)造法

图5-18　分段建造方法

①正造法(又称正装法):分段建造时的位置与其在实船上的位置一致,如图5-18(a)所示。其优点是施工条件好、型线易保证;缺点是胎架复杂、画线工作量大。正造法通常用

于单底分段、机舱分段及批量生产。

②反造法(又称倒装法):分段建造时的位置与其在实船上的位置相反,如图 5-18(b)所示。其优点是胎架简单、可一次翻身,且可改仰焊为平焊;缺点是施工条件稍差、型线易产生误差。反造法常用于双层底分段、以甲板为基面的分段及单船生产。

③侧(卧)造法(又称侧装法):分段建造时的位置与其在实船上的位置成一定的角度或垂直,如图 5-18(c)所示。其优点是改善施工条件;缺点是胎架数量多。侧(卧)造法通常用于舷侧分段、舱壁分段等。

(2)分段构件装配方法

分段的装配程序一般是先铺板,然后画线,再安装构架。按构件安装情况,其装配方法有散装装配法和框架装配法两类,而散装法又可分为分离装配法、放射装配法、插入装配法等,详见图 5-19。

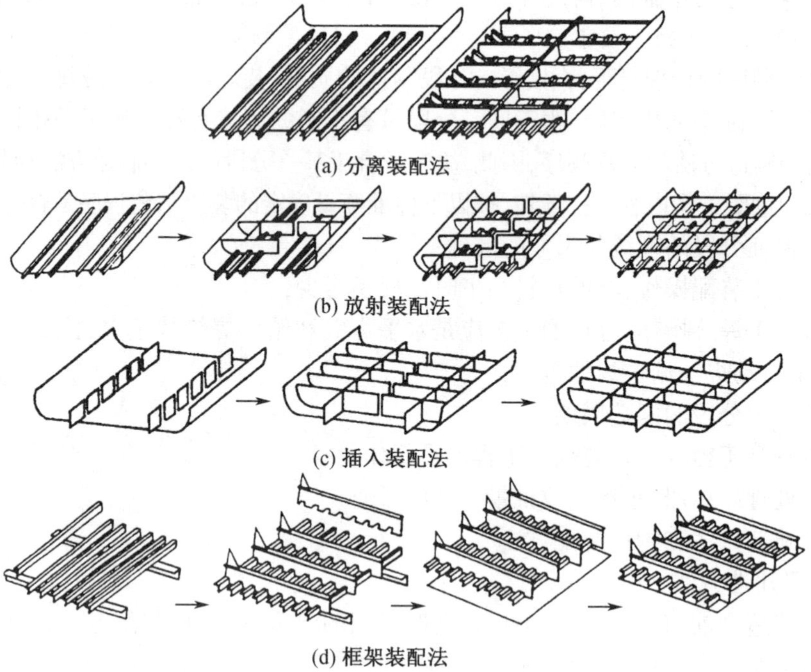

(a) 分离装配法

(b) 放射装配法

(c) 插入装配法

(d) 框架装配法

图 5-19　分段构件装配方法

①散装装配法。

a. 分离装配法。

分离装配法是在分段装配基准面的板列上,先安装布置较密的主向构件并进行焊接,再安装交叉构件并进行焊接,如图 5-19(a)所示。这是一种装配与焊接交替进行的装焊方法,有利于扩大自动焊、半自动焊的范围,减小分段的总体变形。但装配、焊接工作分离,使装配工作不连续。其适用于平直结构刚性大、钢板厚、以纵骨架式为主的大、中型船舶的分段制造。

b. 放射装配法。

放射装配法是在分段装配基准面的板列上,按照从中央向四周的放射状方向,依次交替地装配纵、横构件并焊接,如图 5-19(b)所示。这种方法引起的分段变形小,适用于曲率变化大、钢板稍薄的小型船舶分段制造。

c. 插入装配法。

插入装配法是在分段装配基准面的板列上，先安装间断的纵向构件，再插入横向构件，最后将连续的纵向桁材插入横向构件中，然后再进行焊接，如图 5-19(c)所示。这种方法可使构件吊装的时间集中，不需吊车随时配合，但插入安装难度较大，适合于钢板较厚且制造场地起重设备负荷较大的中型船舶的分段制造。

近年来，随着造船精度水平的提高，越来越多的船厂开始采用拉入装配法。如图 5-20 所示为拉入装配法示意图。拉入装配法是在分段装配基准面的板列上先安装小构件，再将大构件从一侧拉入安装的一种装配方法。拉入装配法在纵骨穿越肋板处采用"I"型切口，肋板不需要补板可直接与纵骨焊接。这种连接形式可节省材料和切割时间，减少装配与焊接长度，降低造船成本，还可提高生产效率，有利于提高船体结构强度。要保证拉入装配法的顺利实施，对纵骨制作的精度、纵骨装配的精度、肋板的切割精度等都有严格的要求。拉入装配法是降低船舶建造成本，提高经济效益的有效方法之一，体现了企业的船舶生产效率、管理水平、精度控制水平和建造工艺技术水平。

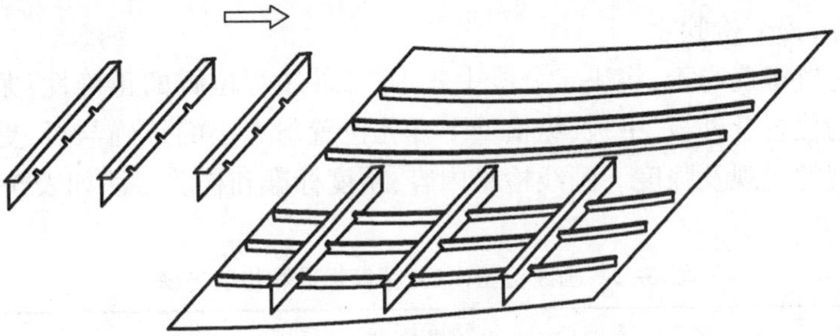

图 5-20 拉入装配法示意图

②框架装配法。

框架装配法是先将所有的纵、横构件组装成箱形框架并焊好，再与板列组装在一起形成分段，如 5-19(d) 所示。这种方法可变立焊为俯焊，便于框架焊接采用机械化，使工作面得以扩展，有利于缩短分段制造周期，并有利于减小焊接变形。其适用于大型平直分段制造。

4. 分段制造过程中的精度要求和检验方法

(1)胎架检验

胎架是船体分段装配和焊接必需的工艺装备，它的作用是使分段的装配和焊接工作具有良好的条件。特别对中小型船舶，船体线型变化大，船体钢板薄，要求胎架具有足够的强度和刚度来控制分段的外形，所以要求胎架的制造必须准确。在分段制造前，应认真检验胎架。

作为分段制造的主要工艺装备，胎架制作应满足一定的质量标准。胎架检验内容、精度标准和检验方法如表 5-1 所示。

表 5-1　胎架检验内容、精度标准和检验方法　单位：mm

检验内容	精度标准		检验方法
	标准	允许	
模板(支柱)位置偏差	≤2.0	≤3.0	钢卷尺按胎架图尺寸检测
模板垂直度	1/1 000	2/1 000	线锤检测
模板中线或基准线偏差	≤1.0	≤2.0	线锤检测
平线四角水平	≤2.0	≤3.0	水平仪或水平软管检测
模板型线与样板型线偏差	±1.0	±1.0~3.0	胎架画线样板检测
模板上外板接缝线偏差	±1.5	±3.0	胎架画线样板检测

(2)画线检验

胎架经验收合格后，装配工在胎架上拼装外板或甲板且焊好，焊缝经外观表面质量检查合格，即可进入画线工序。画线操作应对照分段工作图，依据草图、样条、样板等，先用激光经纬仪画出角尺基准线，然后画出各种结构线、开口线和大接缝线，按分段焊接表，画出断续焊焊段尺寸，提交检验。

分段画线位置正确与否，将决定分段中各零、部件装焊位置的正确性，尤其在分段大接缝处连续构件的位置及外板、甲板、纵横壁上开孔位置与大小的正确与否，更影响到船体大接缝质量和外观的美观及强度。画线检验内容、精度标准和检验方法如表 5-2 所示。

表 5-2　画线检验内容、精度标准和检验方法　单位：mm

检验内容	精度标准		检验方法
	标准	允许	
中线、结构线、开口线偏差	≤1.0	≤1.5	用画线草图或样条检测
构件厚度位置偏差	正确	正确	按船体构件理论线图检查
端头肋位距大接缝尺寸偏差	±2.0	±4.0	对预修整端头、检查有余量即可
内底、平台、甲板宽度偏差	±2.0	±4.0	用画线草图或样条检测

(3)平面和曲面分段检验

在船体建造中，平面分段有纵横舱壁、平面甲板、平台、平行中体部位的外板及方尾船型的尾封板等板架。平面分段由于在建造过程中始终处于敞开状态装焊，施工条件好，便于使用高效焊接。因此，立体分段中的平面板架结构，应尽可能提前装焊成平面分段，且经火工矫正后再提供组装成立体分段，以缩短分段建造周期，提高建造质量。

在船体建造中，曲面分段有单层底的底部分段、单层舷侧分段、甲板分段、艏柱分段及艉柱分段等。曲面分段通常在胎架上建造，分段线型在脱胎架后有所缩小，火工矫正一般仅改善外板线型的光顺性，而难以复位至胎架线型。因此，对精度要求高的曲面分段，只能在胎架制造时采取反变形措施。平面和曲面分段检验表如表 5-3 所示。

表 5-3　平面和曲面分段检验表

单位：mm

	分段形式	项目	精度标准		备注
			标准范围	允许极限	
尺寸精确度	平面分段	内部构架与外板的偏差	±5	±10	内部构架相互连接为搭接的除外
	曲面分段	分段宽度	±4	±8	沿曲线周长测量割去超长部分
		分段长度	±4	±8	割去超长部分
		分段变形	10	20	在宽横梁、桁材的面上进行测量

(4)立体分段检验

立体分段检验是对分段的外形尺寸、构件尺寸、构架位置、零件数量、装配精度和焊接质量的检验。管理好立体分段质量，是确保船体大接缝线型光顺、缩短船体建造船台周期的关键。立体分段检验表如表 5-4 所示，艉柱立体分段检验表如表 5-5 所示。艉柱立体分段检验内容的具体位置如图 5-21 所示。

表 5-4　立体分段检验表

单位：mm

检验内容	精度标准		检验方法
	标准	允许	
分段两端肋位间长度偏差。(l 为分段长度)	$\pm 0.75l/1\,000$	$\pm 1.5l/1\,000$	用钢卷尺检测
分段宽度(全宽)偏差	±4.0	±8.0	用钢卷尺检测
分段高度偏差(h 为分段高度)	$\pm 1.0h/1\,000$	$\pm 2.0h/1\,000$	用钢卷尺检测
上下中线偏差	≤2.0	≤4.0	用线锤检测
两端肋位框架垂直度	≤3.0	≤5.0	用线锤检测
构件垂直度(h 为构件高度)	$\pm 1.0h/1\,000$	$\pm 1.5h/1\,000$	用线锤检测
四角水平度	±8.0	±15.0	用水准仪或水平软管检测

表 5-5　艉柱立体分段检验表

单位：mm

检验内容	精度标准		检验方法
	标准	允许	
艉轴中心线高度偏差	±3.0	±5.0	用卷尺检测
艉轴中心线与船体中心线偏差	±2.0	±4.0	用线锤检测
轴壳后端与艉尖舱壁间距偏差 b	±5.0	±10.0	用样棒、钢卷尺检测
上下舵承间距偏差 a	±4.0	±8.0	用钢卷尺检测
舵杆中心线与轴中心线相交偏差 d	≤3.0	≤6.0	验轴中心线与舵柱中心钢丝线
上下舵承中心线偏差 e	≤5.0	≤8.0	用线锤检测

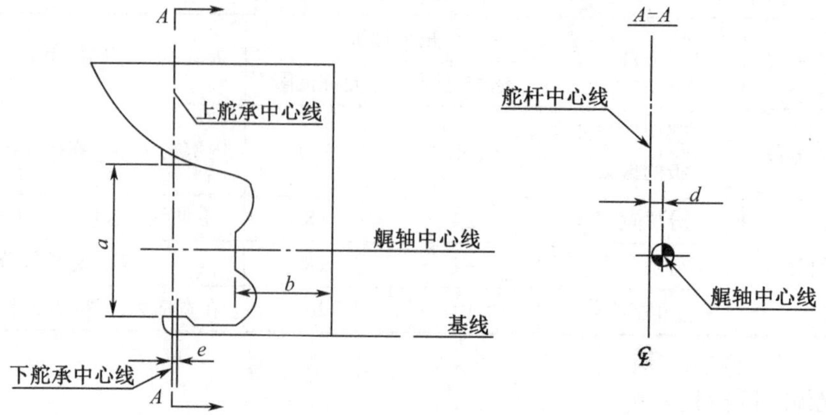

图 5-21　艉柱立体分段检验内容的具体位置

(5)分段完工检验

分段完工检验是在完成全部施工,包括对分段进行尺度和外形测量之后的完整性检验,它是船体建造过程中必须检验的项目。检验分段数量是按分段划分图中分段的数量进行的。

分段完工检验包括工厂检验部门的检验与工厂报请验船部门和船东的检验。工厂检验部门在每个分段报验之前必须先自行检查,并提出检查意见,待施工部门修复后再请检验员验收,验收合格后,通知验船部门和船东检验。检验按质量标准进行,对不合格的项目,用工艺符号在相应的位置标出,难以用工艺符号表达的意见,可在舱壁或显眼的位置用文字逐条写明并签名,并写明检验日期。事后,检验员应及时督促施工部门尽快将遗留缺陷修复,并认真复验。

二、典型船体分段装焊工艺

1. 双层底分段的正造法

底部分段从结构形式上分为双底(也称双层底)和单底两大类。单底底部分段一般由外板、纵横构架组成;双底底部分段一般由外板、纵横构架、内底板及污水井等结构组成。双底内底边板又有平直的、向下折角的、向上折角的、阶梯形的四种形式。

大中型船舶,由于双底分段质量大,受到工厂起重能力的制约,在建造时,将底部分段沿船宽方向可再分成两个或三个分段。

根据底部分段的结构不同,分段的装配方法有正造法和反造法两种。正造法是以外底板为基准面,一般在胎架上装焊,因此这种建造方法容易控制分段在建造过程中的变形,能够保证底部的正确线型。对于单底结构或壳板较薄的底部分段,以及外板曲率较大的靠近艏、艉部的底部分段,特别是成批量生产这类的产品,多采用正造法。但正造法由于所用的胎架需耗费较多的辅助钢材和一定的工时,所以也增加建造成本。反造法是以内底板为基准面,在型钢平台(墩木或水平胎架)上进行装焊,它是利用肋板、龙骨(或桁材)等纵横骨架来保证底部线型的,其正确性比正造法要差些,但可省去胎架的消耗,故大多用于双底结构或单船生产。

双底分段正造一般是在专用胎架上进行的。此方法适用于成批生产、薄板结构、外板曲率较大的靠近艏艉部的底部分段。双底分段正造法的装配顺序如下:

铺外底板→焊接外底板→画纵横构架线→安装纵横构架→焊接纵横构架→修齐纵横构架→双层底内部舾装→安装内底板→焊接局部内底板→装焊吊环、加强→画分段水平线、分段中心线和肋骨检验线→分段吊离胎架→翻身、外板接缝封底焊,同时进行内底板与内底纵横构架接缝的焊接→火工矫正→检验及密性试验(同时进行完工测量)、涂装→验收。

具体装配方法如下。

(1)胎架制造

正造底部分段一般采用框架式专用胎架,首先根据胎架制造图,在平台上画胎架格线,然后在平台上竖立模板,在模板上画线,切割模板,安装纵向角钢及边缘角钢以保证分段边缘线型及胎架牢固性。

(2)底板装焊

从K行板开始,依次将平直部分和曲形部分的外底板吊上胎架,并将接缝边的铁锈用砂轮清除干净。当K行板吊上胎架后,应使其中心线对准胎架中心线;其纵向位置以K行板伸出端部胎架的长度来确定(当分段长度为一张钢板长度时),如图5-22所示。当K行板的纵横位置确定后,用马板固定于胎架上并与胎板贴紧。左右两侧平直部分外底板的拼接与在平台上拼板的方法基本相同,平直底板也可先用自动焊在平台上拼好后再吊装;曲形外底板的装配可按次序一列列循序进行。

曲形外底板装配时,一般尽量把刚吊上胎架的后一列钢板插入已定位好的前一列底板下面,以便于进行套割,如图5-23所示。套割时应使割嘴与钢板接缝呈直角状态并紧贴上层的板边,以保证割缝间隙正确而均匀,否则会出现斜边或间隙不匀等现象,影响装配质量。当板材较厚不便插入时,可将两板边缘对平,以定位好的板边为准,平行画出另一板的余量线再予切割。

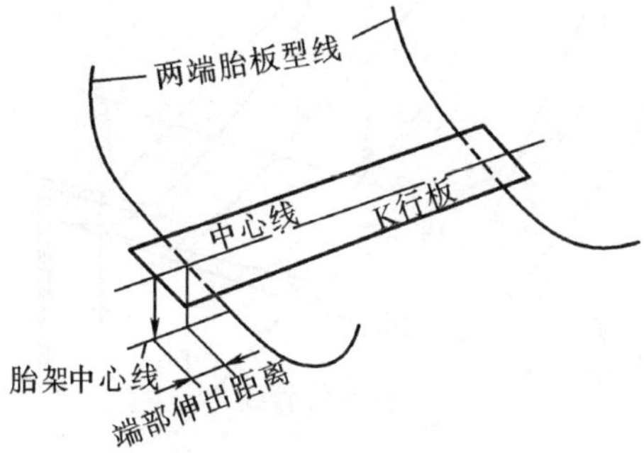

图5-22 底板装配中的定位

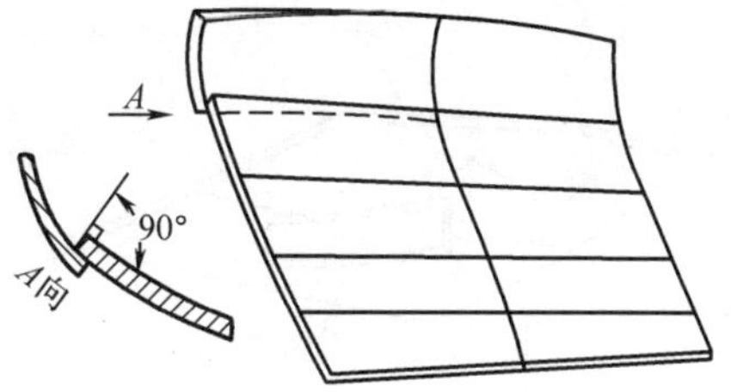

图5-23 拼板中的套割法

拼接的板边需待平整后才能进行定位焊。如遇板缝不平,可用马板和铁楔楔平。板缝定位焊后应使外板与胎架用马板固定,但切忌与胎板直接用定位焊固定,以免分段完工后割除定位焊时割坏胎板型线,或漏割定位焊后在分段吊离胎架时发生严重事故。凡外板与胎架贴紧的部位,可用“扁铁马”或“麻花马”固定,这两种马板都能保证分段与胎架具有弹性连接的作用,要求其与胎板连接的焊缝焊在马板的下端且为一小段。对于脱空的部位,可用调节的“螺杆马”或“弓形马”拉紧,如图5-24所示。

底板拼装与固定应交错进行。平直底板可待全部拼装妥后,再用马板固定,曲形底板必须安装与固定交替施工,否则,全部曲形底板装配完毕再用马板拉紧,会出现曲形不尽相符,强行拉紧时产生过大的内应力,以致使底板接缝处定位焊崩裂开。

分段底板铺设完毕后,即进行焊接。平直底板的接缝可用二氧化碳气体保护焊或埋弧自动焊焊接,若用埋弧自动焊焊接,焊前两端需装上工艺板。曲形底板的接缝多用手工焊焊接,有些需开坡口时,则在其反面加设定位焊,以保证板缝平整。凡十字接缝处,还需加设"梳状马",此马不可直接跨在十字缝部位,如图 5-25 所示。并且焊接时应采取适当的焊接程序,以控制焊接变形。

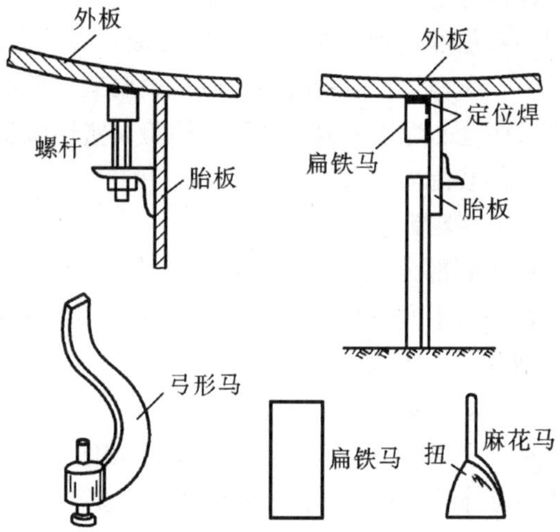

图 5-24　底板与胎架的固定方式

(3)在底板上画纵横构架线

画纵横构架线,就是在底板上画出纵横构件的安装位置线。根据胎架中心线在分段的两端标出中心点,连接该两点即得分段中心线。然后画出肋骨线,肋骨线的画法可根据实际情况任选以下一种。

①拉线架吊线锤法,即从胎架拉线架上的已知肋位处拉根钢丝,在钢丝上吊线锤以找出若干底板上的点,再用样条将这些点连接起来即得到肋骨线,如图 5-26 所示。

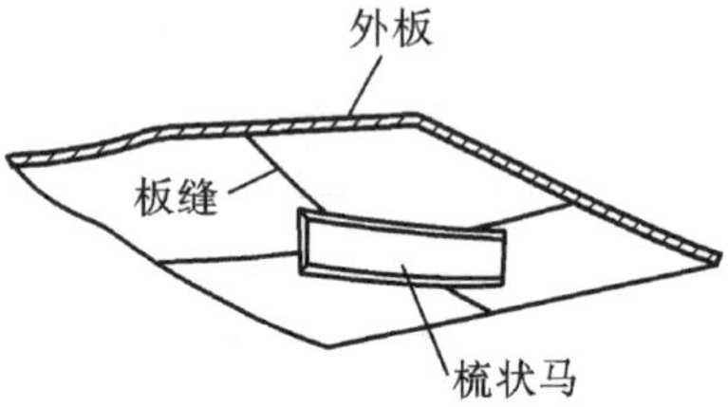

图 5-25　控制十字接头变形的方法

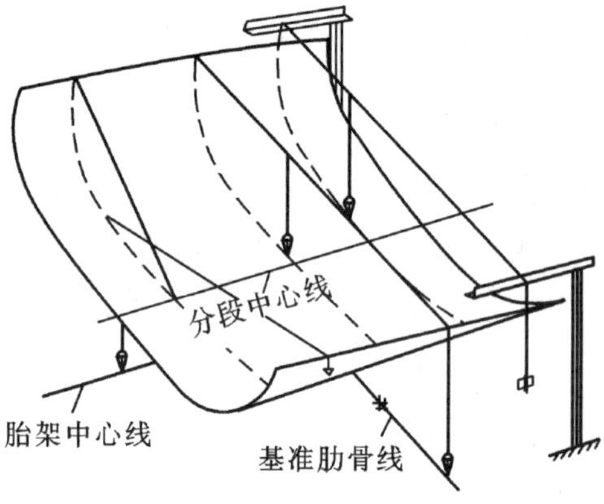

图 5-26　底板横向构架线画法

②基准线对线法,即将胎架基准面上标出的基准肋骨线用线锤复画到底板上口边,以该点为准,用肋骨间距在上口线的展开样棒来画出上口线上的各肋骨点,打上标记,然后沿对应点拉出钢丝,用吊线锤的方法找出若干点,即可画出肋骨线,如图 5-26(中)所示。

③接线交面法,即已知底板上口线及中心线上的各肋骨点,用两根粉线进行画线,一根咬住一舷底板上口线及中心线上的对应肋骨点,并绷紧固定,另一根的一端咬住另一舷底板上口线的相应肋骨点,使另一端靠着绷紧的粉线移动,其线头与底板相交点的连线即为肋骨线,如图 5-26(左)所示。

④激光经纬仪法,将胎架中心线引到分段底板上,在中心线上用肋距伸长样棒或按草

图尺寸画出每挡肋骨位置线与中心线的交点。将激光经纬仪置于分段上，按中心线与肋骨检验线的交点，将仪器对中、整平。发射激光束，使其与中心线对准，记下水平刻度盘读数，旋转 90°，发射激光束，在外板上得出数点，连接各点即为肋骨检验线。按同样方法画出其他肋骨线。

纵向构件画线时，将各挡肋位的肋骨伸长样棒对准中心线画出分段的边缘缝、纵向构架的位置，将各点连接起来即为边接缝线和纵向构架线。

纵横构架线画好后，需进行复查，并做出标记，如分段的各肋位号、纵横骨架的零件号、首尾左右方向和构件的板厚、位置等。

(4)纵横构件的安装

可根据实际情况，从构件装配的方法（分离法、放射法、插入法）中任选一种，进行船体构件的安装。

(5)内底纵骨的装焊

把内底纵骨嵌入横向构架的切口内，进行定位焊，使上口符合内底安装线。内底纵骨也可预先安装到内底板上，然后和内底板一起上胎安装。

(6)焊接

当采用分离装配法安装纵横构架时，纵向（主向）构件边装边焊，常采用单面连续焊，并且中桁材、旁桁材、船底纵骨与船底外板的角焊缝需用自动或半自动角焊机施焊，其焊接程序如图 5-27(a)所示。在外底板上安装肋板（交叉构件）后，则先焊肋板与中桁材、旁桁材、船底纵骨连接的连续立角焊缝，其焊接程序如图 5-27(b)所示。然后再焊接肋板与船底外板的单面连续平角焊缝，其焊接程序如图 5-27(c)所示。

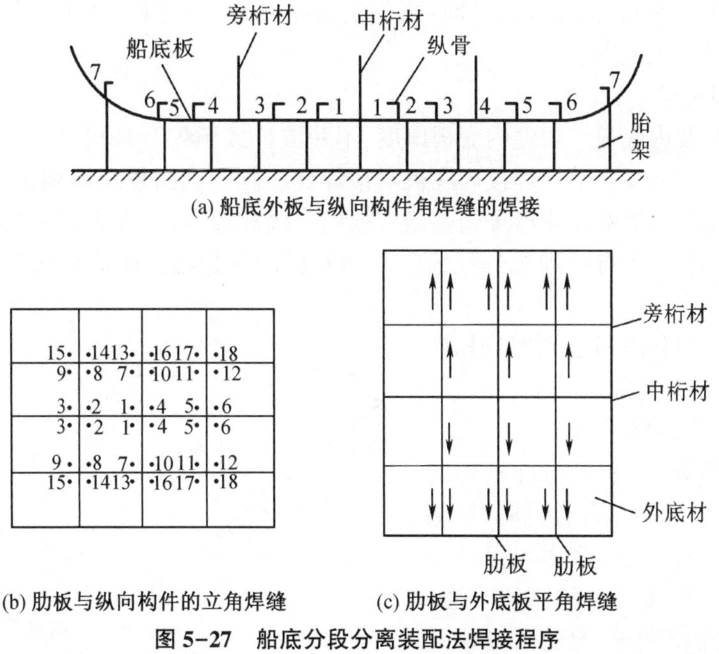

(a) 船底外板与纵向构件角焊缝的焊接

(b) 肋板与纵向构件的立角焊缝　(c) 肋板与外底板平角焊缝

图 5-27　船底分段分离装配法焊接程序

当采取放射装配法或插入装配法安装纵横构架时，通常是与船底外板连接的纵横构架全部安装好后，再进行焊接。这时应先焊纵横构架间的连续立角焊缝，然后再焊纵横构架与船底外板连接的平角焊缝，通常为双面交错间断焊缝，其焊接程序如图 5-28 所示。

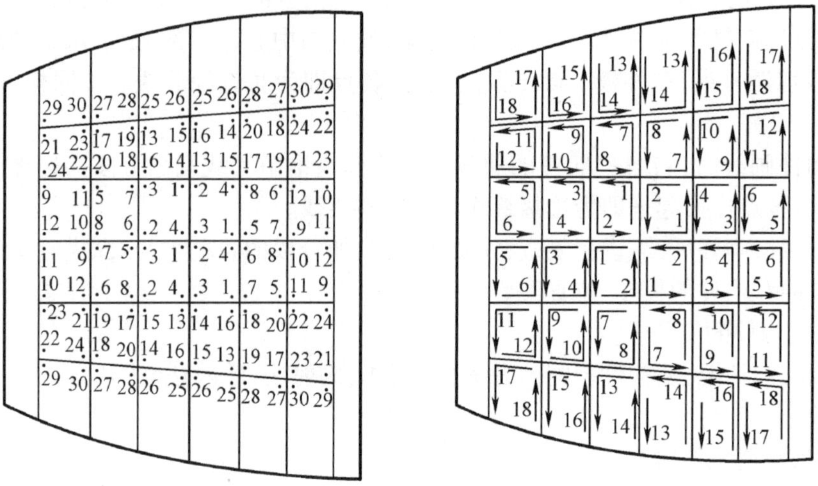

(a) 纵横构架间的立角焊缝　　(b) 纵横构架与船底外板的平角焊缝

图 5-28　双层底分段构件焊接程序示意图

(7)分段舾装

将预先经过模型放样并加工结束的双层底分段内的管系及附件等也安装妥,至于安装在内底板上的舾装件,要等内底板装焊结束,并待分段整个矫正完毕后再进行。这种在分段建造中将该分段内的舾装件也一起装焊的工艺,叫作分段舾装或分段预舾装。它使舾装工程中的一部分提前到分段制造时完成,有利于改善劳动条件,缩短整个造船周期,只是增加了分段的质量。因此,在分段划分时,要保证包括舾装件在内的各个分段的质量在起重运输能力所允许的范围内。

(8)内底板装焊

在平台上拼装内底板。根据内底板厚度,不开坡口或预先开坡口,定位焊后,采用二氧化碳气体保护焊或埋弧自动焊焊接内底板对接焊缝。焊完正面焊缝后翻板,并进行反面焊缝的焊接或采用单面焊双面成形工艺。然后画构架线和边界线,在焊好的内底板上装配纵骨,纵骨定位焊后,采用自动焊机焊接纵骨与内底板的角焊缝。画内底板的边界线并准确切割。

将内底板平面分段吊装到船底构架上,并用定位焊将它与船底构架、船底外板焊牢定位,如图 5-29 所示。

需要说明的是,内底板与外板间的角焊缝不宜先焊,可待船台合龙时,舷侧分段装上后再进行焊接,这样可保证舷侧分段和底部分段接合处的型线光顺。否则,由于焊接而产生较大的角变形及边缘失去稳定性,致使舷侧分段安装困难。

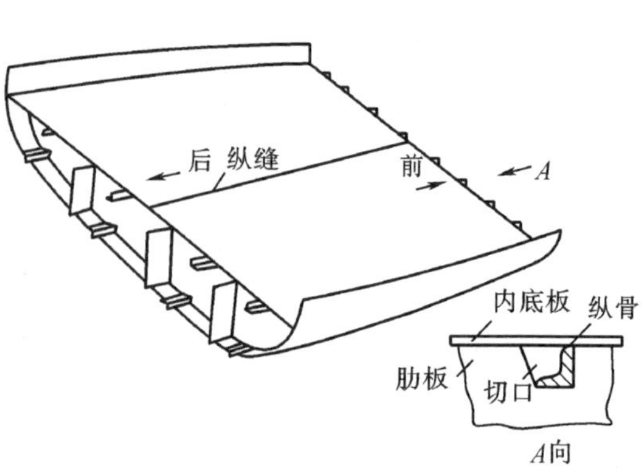

图 5-29　内底板在分段上的装配

(9)分段完工画线

待分段装焊完工后,把分段上的船体中心线、基准肋骨线、水平检验线及分段余量线,复绘到双层底分段的外表面上且做好标记,供船台装配时定位用。

(10)分段翻身及进行封底焊

在完成画线的分段上,安装吊环,吊环安装的位置要正确,一般安装在强构件或纵横构件交叉的位置,且构件与外板间焊牢。然后割胎,即割除底板与胎架连接的"马"板。按合理的方案进行分段的翻身。

骨架与内底板的角接缝,以及外底板外表面对接缝的碳刨开槽封底焊等可待分段翻身后进行焊接。这样可使接缝处于俯焊位置,但在吊环处的骨架与内底板间的焊缝,必须在分段吊离胎架前进行双面连续角焊,且焊接的长度应超过吊环焊缝长度的一倍以上(约1 m),以保证分段吊运的安全。

正装双底分段需翻身两次,若倒装双底分段,则只需翻身一次。而且倒装可在平台上进行,不过安装时,无论构件还是舾装件,上下左右都是颠倒的,不能装错。

(11)检验并涂装

双底分段的检验分为装配和焊接两方面的检验,实际上贯穿于制造的全过程。装配质量指分段的外形尺寸和型线情况,以及焊接变形的火工矫正。焊接质量是指焊缝的外部与内部没有缺陷,通过密性试验来检验。并为船体总装做好准备,如大合龙缝的标准边切割正确,余量边画有余量线,还有定位线、对和线等。

分段涂装在检验后进行,且按设计涂若干层涂料,但大接头处需留50~100 mm宽的区域暂不涂装,待大合龙后再检验、再涂装,并涂最后一道面漆。最后进行分段完工测量,提交验收。

2. 横骨架式单层舷侧分段的装配

横骨架式单层舷侧分段一般由外板、肋骨、舷侧纵桁等构架组成。有的分段还带有油箱、纵横舱壁、甲板小分段以及污水井等。舷侧分段的结构虽然较简单,但它的线型特别是首尾部的线型变化很大,给胎架制造和构架的画线带来了许多困难。

横骨架式单层舷侧装配顺序:安装外板→焊接→画构架线→安装肋骨→安装舷侧纵桁→插入强肋骨→焊接→画出分段定位水线、肋骨检验线→装焊吊环及加强→吊离胎架→翻身、清根、封底焊→火工矫正→测量、验收。具体装配方法如下。

(1)舷侧分段胎架制造

舷侧分段胎架基面切取方法常为正切、斜切和斜斜切。胎架基准面切取的依据是肋骨线型图。根据分段肋骨线型的曲型和肋骨线型级数的大小,选择适宜的胎架基准面,使胎架四周的高度接近,便于施工。

在大型船舶建造中,胎架主要是支承分段的质量,靠肋骨、肋板等结构来保证分段形状,所以可将斜斜切胎架的模板形式改成立柱式,立柱垂直于胎架基准面,立柱型值由数学放样提供,简化了胎架制造工序。

(2)安装外板

如图5-30所示,将外板吊上胎架,如果分段外板由两列板以上外板组成,则先吊中间一列外板。用吊线锤法使外板内端缝对准胎架平台上的端缝线,外板纵缝则要与模板上的纵缝位置线对齐。外板位置对准后,用马板将外板与胎架固定。然后用同样方法依次吊装中间列板两侧的各列外板。拼装好的外板应在焊缝处加马后进行焊接。

(3)画纵横构架线

在正切或斜切胎架上安装的舷侧分段,画纵横骨架线与底部正造分段的画线相同。

在正斜切或斜斜切胎架上安装的舷侧分段,其画线方法可采用双线法、对角线法、冲势型值法和电算坐标式法进行画线。其中双线法和对角线法画线精度较差,目前较实用的是冲势型值法和电算坐标式法。

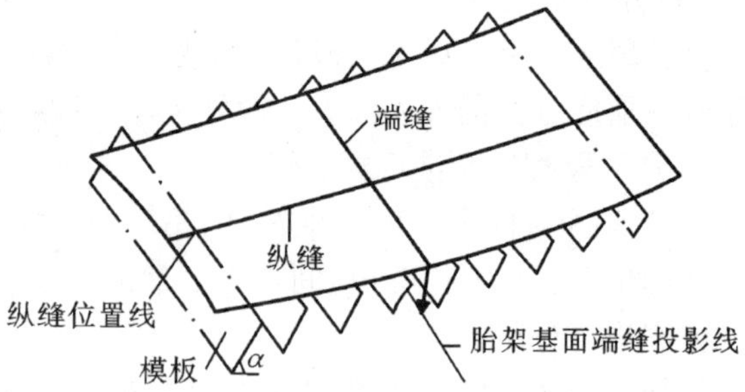

图 5-30　安装外板

①冲势型值法。

如图 5-31 所示,先确定分段检验肋骨的中心点 O,在平台上作出检验肋骨中心点的角尺线,铺板后将此角尺线搬画到外板上。为了求取基准检验肋骨线,先平行胎架中心线作等间距辅助线Ⅰ、Ⅱ与角尺线相交。上述各线可以用激光经纬仪,也可以用常规挂线方法求出。在交点上分别量取冲势 K,连接各点,求得外板上实际的检验肋骨线。依此向分段首尾二端在Ⅰ、Ⅱ辅助线,上下缘接缝线和中心线上按肋骨伸长数求出各道肋骨线和分段横接缝线。再以中心线为准,在各肋骨线上,按展开型值向上下求出各道纵向构件和分段上下边缘线。

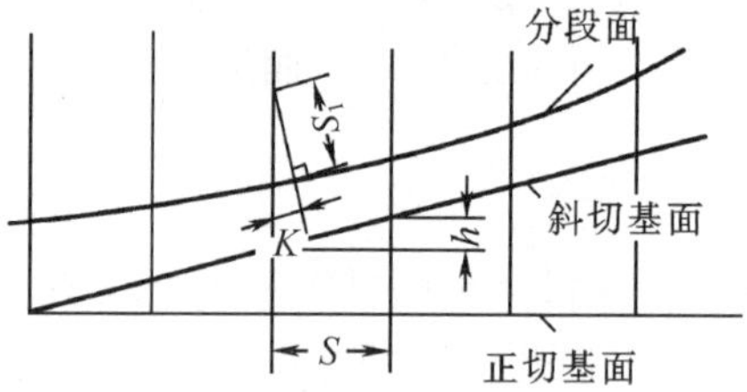

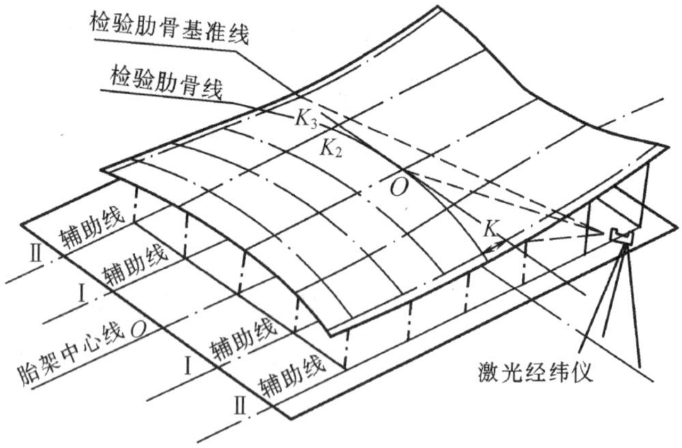

图 5-31　冲势型值法画线

冲势值 K 可通过胎架纵向型线展开图求得:

$$K = S_1 \cdot \frac{h}{S}$$

式中 S——肋骨间距；

h——第二胎架基面在一挡肋距内的升高值；

S_1——垂直高度。

②电算坐标式法。

在坐标立柱式斜斜切胎架上制造的舷侧分段，画构架线的方法与冲势型值法有所相同，但无须求冲势值和画中间肋骨线。画肋位线和纵向构件线的实长数据均由电子计算机提供。

a. 平台上的横向胎架中心线和纵向胎架中心线，用激光经纬仪或拉钢丝荡线锤法引画到外板上，同时把横向立柱和上下仿路线（边缝线）也引画到外板上，如图 5-32 所示。

b. 以纵向胎架中心线为基准线，用肋骨定位数据表提供的数据，在横向胎架中心线上，外板上各号横向立柱线和上、下仿路线上，量出各号肋骨与它们的交点位置，然后用样条攀顺各点，即为各号肋骨位置线。

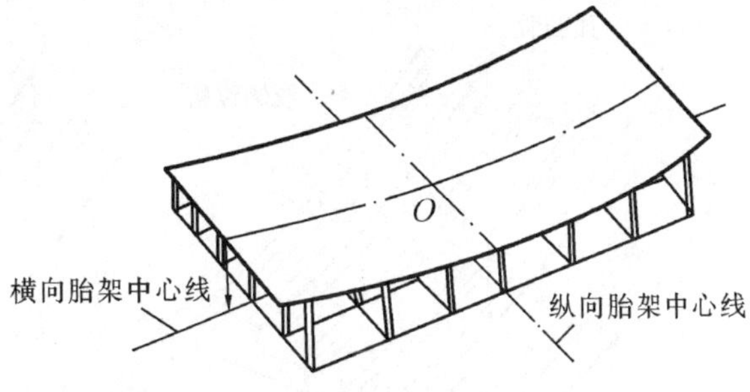

图 5-32 引画纵、横向胎架中心线

在数据中，所有数据均为各肋骨离开纵向胎架中心线的实长。纵、横向胎架中心线的交点为 O，从纵向胎架中心线向船尾方向测量的数据为负值，向船首方向测量的数据则为正值。

c. 以横向胎架中心线为基准线，在各肋位线上，用结构定位数据表的数据，量出纵向构件线及上、下仿路线在各肋位上的位置，连接各点，即为纵向构件安装线和上、下仿路线。以横向胎架中心线为准，向上量的数据为正值，向下量的则为负值。

（4）安装纵横构架

①安装肋骨，如图 5-33（a）所示。在双斜切胎架上将肋骨吊放到外板相应的肋位线上，用角度样板放对外板与肋骨的夹角后进行定位焊，或者肋骨的倾斜角保持与胎板倾斜度一致进行点焊定位。为了防止肋骨的焊接变形，安装后须临时加强。

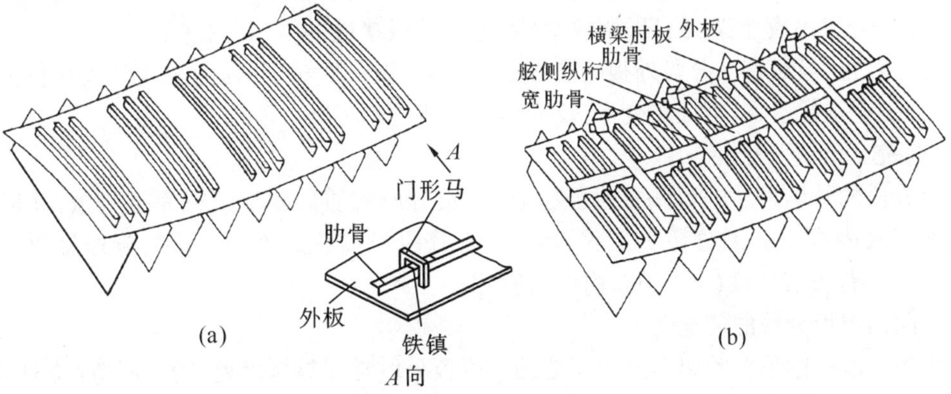

图 5-33 安装纵横构架

②安装舷侧纵桁和强肋骨，如图 5-33(b) 所示，舷侧纵桁和强肋骨的安装顺序，可在间断的舷侧纵桁全部安装后再插入强肋骨；也可安装一根舷侧纵桁，装一根强肋骨，再装一根舷侧纵桁，以此类推。间断的舷侧纵桁安装定位时，须用角度样板检查其外板夹角，在其端部(强肋骨插入处)应根据角度样板检查修割正确。间断的舷侧纵桁与强肋骨相连时，强肋骨相邻两侧的舷侧纵桁应对齐，强肋骨与外板的夹角也应保持准确。最后安装舷侧纵桁与肋骨连接肘板。

(5) 构件焊接

先进行构件之间的对接焊缝焊接，再进行构件之间的立角缝焊接，最后焊接构件与外板的角接焊缝，焊接程序如图 5-34 所示。

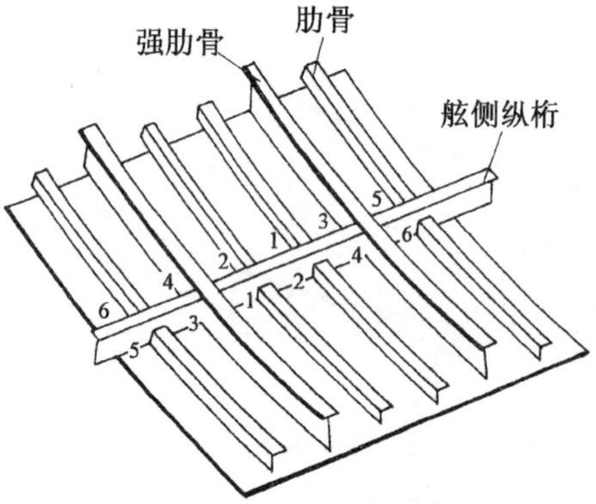

(a) 构件间立角焊缝焊接

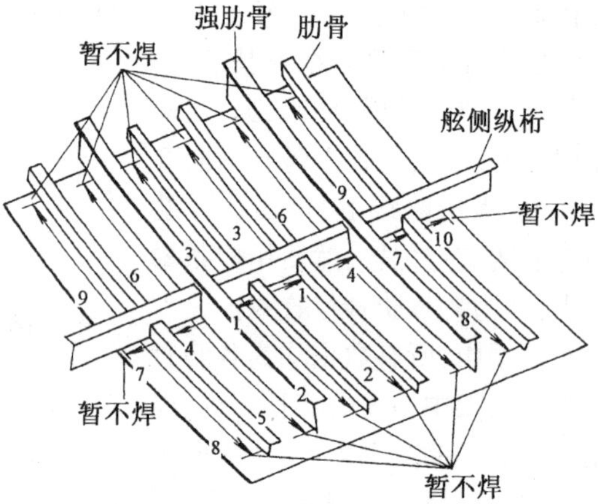

(b) 构件与外板间角焊缝焊接

图 5-34　舷侧构件焊接程序

(6) 分段舾装

将预先放样加工好的管系及其附件、辅机基座等舾装件在相应位置安装完毕。

(7) 分段画线、加强及吊环安装、翻身及封底焊、变形矫正

舷侧分段纵横构架装焊后，在外板的外表面上画出分段的定位水线、肋骨检验线，标出分段的上下、首尾方向。按工艺进行分段吊运前的加强和装配吊环，将分段外板与胎架的连接拆除，分段吊离胎架，翻身，搁放平整，进行外板接缝的清根、封底焊。分段若有变形，应用火工矫正，但对整个分段外板的凸凹变形，不宜做最后矫正，因为舷侧分段在自由状态下，用火工矫正量过大，则极易变形，反而使分段线型不正确。

(8) 完工测量及涂装

对分段的外形尺寸进行测量，提交验收。按分段的质量要求进行完工测量，并把测得的数据填入表内。舷侧分段完工测量项目有分段长度(公差±4 mm)、分段宽度(公差±4 mm)、构件安装角度(≤1/100 构件高度)。

3. 曲面甲板分段的装配

甲板分段一般是在胎架上进行反造的。甲板分段常规装焊流程：胎架制造(支柱式)→铺甲板板→画纵横构架线→纵横构架的装焊→完工画线、分段舾装→分段完工检验及涂装→完工验收。具体装配方法如下。

（1）胎架制造（支柱式）

甲板分段的型线虽是双曲度的，但甲板梁拱和脊弧曲线变化都比较和缓，所以一般选择在支柱式胎架上进行装焊。对于钢板较薄的甲板分段则应采用框架式胎架为宜，因为框架式胎架的模板与甲板板接触面积大，能使板强制平整，对控制薄板分段变形较支柱式好。

支柱式胎架制造时，首先根据甲板胎架制造图画胎架格子线，然后在平台上竖立角钢支柱，进行支柱模板画线，切割支柱并用角钢将支柱连接起来，以增加胎架的强度。

（2）铺甲板板

甲板分段的甲板板拼装有两种方法：一种是钢板可在平台上先行拼好或部分拼好，并采用单面焊双面成形的自动焊把它焊好，然后吊上胎架；另一种是钢板需在胎架上进行甲板板及角隅板的拼装焊接。

（3）画纵横构架线

甲板分段是在胎架上反造的，其纵向构架是与中纵剖面左右对称的，所以画线时要注意理论线位置，对于个别不对称结构还应注意左右舷方向。

（4）纵横构架的装焊

纵横构架的安装可采用分离装配法。如图5-35所示为带有舱口的甲板分段安装。若分段是纵骨架式结构，可先装纵向构件，焊接后再装横向构件；若分段是横骨架式结构，则先装横向构件，焊接后再装纵向构件。分段钢板较薄时（6 mm以下），宜采用放射装配法，即纵横构件的装配交叉进行，待全部构架装配加强完成后，再进行焊接。因为钢板较薄，若主向构架装好后即焊，则因薄板的焊接变形较大，会给后面装配交叉构件带来一定的困难。

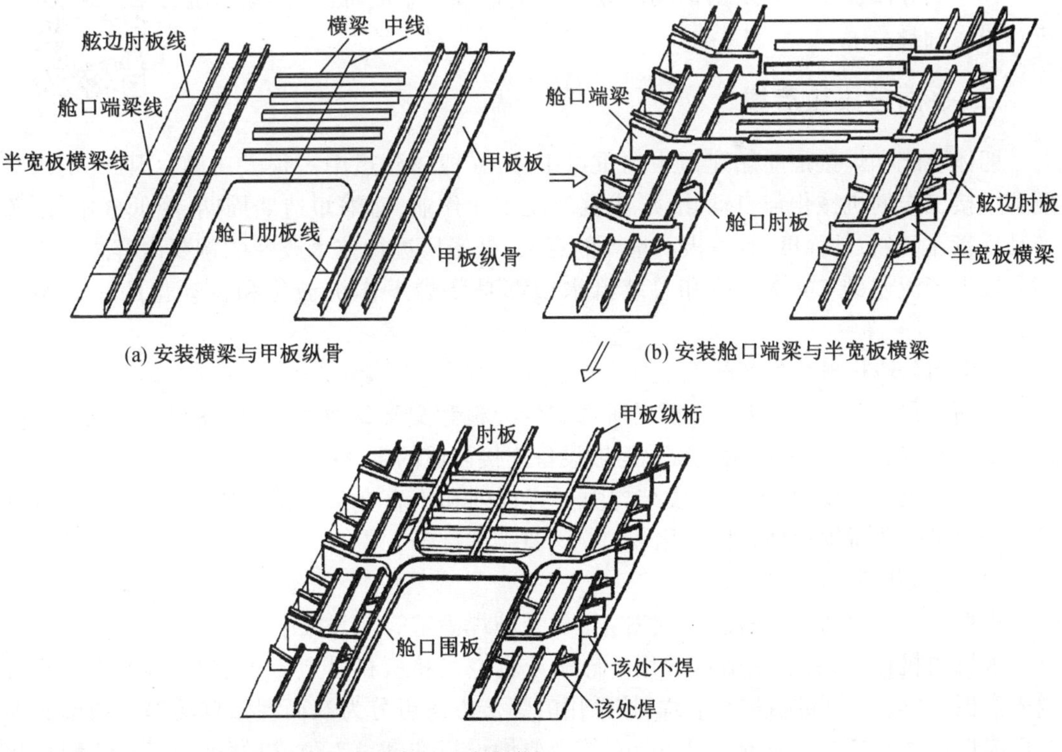

(a) 安装横梁与甲板纵骨　(b) 安装舱口端梁与半宽板横梁

(c) 安装舱口围板与甲板纵桁

图5-35　带有舱口的甲板分段安装

(5)分段完工画线

甲板分段装焊完成后,把甲板中心线、肋骨检验线、舱壁位置线、轮廓线、余量线等用色漆画到分段上,并用洋铳打上永久记号。

(6)分段舾装及临时加强

安装甲板分段的舾装件,甲板分段在舱口处及结构间断处用槽钢进行临时加强,如图5-36所示。

(7)吊运翻身及封底焊

分段加强后,割胎,分段吊运翻身,进行甲板反面封底焊。

(8)分段完工检验及涂装

甲板分段装配的注意事项如下:

①由于甲板分段翻身制造,须特别注意骨架的左右位置,以防止返工。

②甲板板较薄(6 mm以下)时,要将其与胎架固定,甲板板用“叉口马”与边缘角钢夹牢,以免焊后变形。

③舷边的梁肘板不应全部焊接,仅做临时定位,或保证工艺规定的留焊长度,只保证吊装翻身不致跌落即可。因为船台装配时,如果梁肘板与舷侧、分段的肋骨无法对齐,尚可做调整。

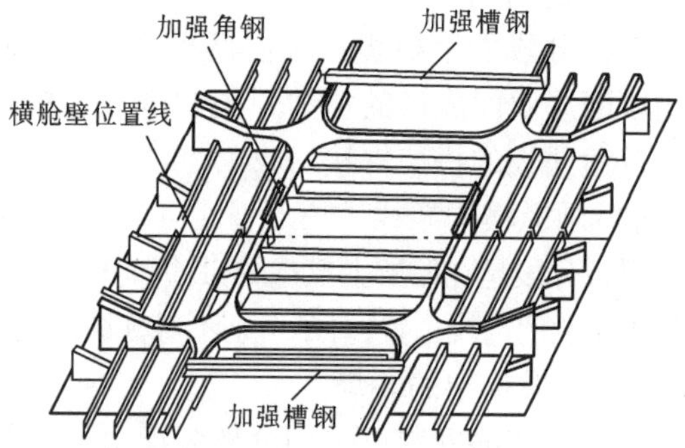

图5-36 甲板分段的加强

④甲板分段在舱口处及结构间断处须用槽钢进行临时加强,然后才能进行吊运翻身。

三、平面分段生产线

船体装配和焊接是船舶建造中的重点工序,在船体建造中占很大比例。因此,实现装配和焊接工作的机械化与自动化,形成生产流水线作业,对缩短造船周期、降低成本、改善产品质量、减轻劳动强度,有着极其重要的意义,是船厂进行技术改造的重要内容之一。平面分段生产流水线、立体分段和总装流水线都是装焊工作机械化和自动化的一个组成部分。

1.平面分段机械化生产线

平面分段机械化生产线,是根据所选定的列板和交叉骨架的装焊方法及其机械装置,结合工艺流程和厂房特点,用机械化运输设备连接而成的生产线。

平面分段流水线中,平面分段结构由平直板列和平直交叉骨架组成。因此,其制造机械可分为机械化拼焊板列和机械化装焊交叉骨架两部分。

(1)机械化拼焊板列

板列的拼装包括板材的输送、整平、定位及施焊固定等工艺操作。

板材的机械化输送,一般都采用电磁吊或真空吊将板材吊上传送滚道,再由传送滚道送入拼板工位。板列的机械化装焊,按采用的焊接方法可分为双面埋弧自动焊接和单面焊双面成形自动焊接法。前者在拼板流水线上要增设板列翻身工位,以便进行板列的翻身及封底焊。

(2)机械化装焊交叉骨架

骨架的机械化焊接按骨架装焊顺序可分为主向构件先装法和箱形框架组装法,如图5-37所示。目前,主向构件装焊和板列的移动、定位均已实现了机械化,但次向构件的装焊,多数采用手工作业。而箱形框架间的角焊缝的焊接,一般都专设工位,由专用自动焊机施焊;箱形框架与板列之间的装焊,可启动板列下面的油压千斤顶,使板列与框架贴紧,然后施焊。

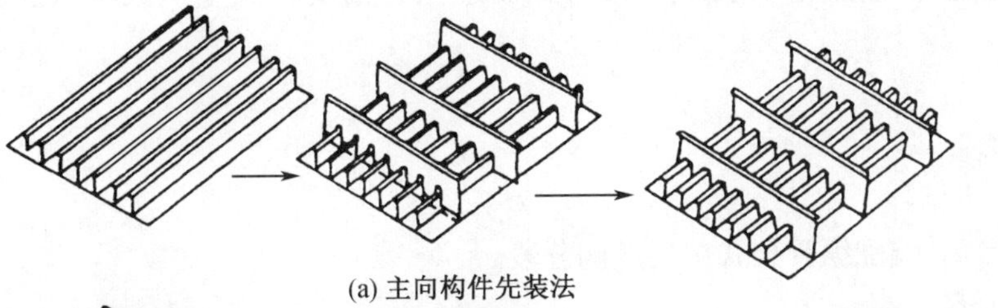

(a) 主向构件先装法

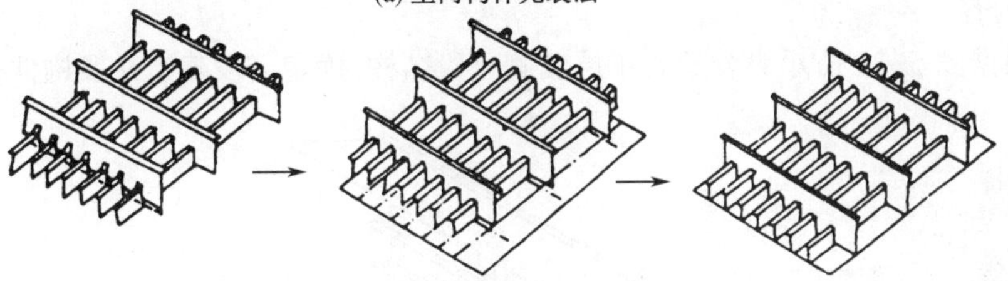

(b) 箱形框架组装法

图5-37　平面分段装配方式

2. 平面分段化生产线实例

图5-38所示为我国设计的四工位平面分段机械化生产线。它采用单面自动焊焊接列板对接缝和主向构件先装法。第Ⅰ工位完成拼板焊接,形成列板的工作。第Ⅱ工位完成列板焊接缺陷修补,分段画线、切割、列板回转和对接等工作。第Ⅲ工位完成主向构件的装焊和纵骨架式甲板分段的转向等工作。第Ⅳ工位完成其余骨架的装焊等工作。

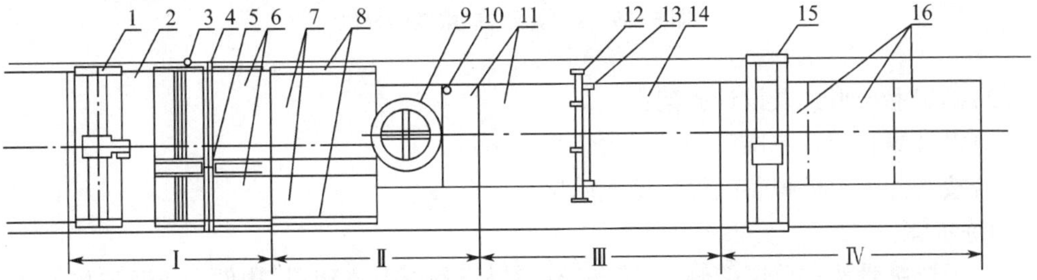

1—真空吊;2—材料堆场;3—定位销;4—12 m板拼板机;5—6 m板拼板机;6—辊道输送平台;7—纵横向输送平台;8—切割区;9—转盘;10—定位销;11—输送平台;12—构架装焊机;13—分段自动定位移位装置;14—被动辊道平台;15—行车;16—活络折角平台。

图5-38　四工位平面分段机械化生产线示意图

为了改革造船业长期以来以单件生产为主的作业方式,推进分段制造工艺过程标准化和机械化作业的进程,国内外造船业进行了大量的探索研究,近年来,随着成组技术的推广应用，研制出既适合造船生产条件又接近于批量生产的专门生产某种类型分段的生产线和作业区的组建方法，在该生产线（或作业区）内可以制造分段尺寸和结构不同的同类型分段，使作业方式接近于专业化，从而提高了产品质量和生产效率。

应用成组技术改革船体分段制造方式，首先应对生产的各类船舶进行结构分解，按照相似性原理（形状相似、材料相似、加工工艺相似），对其分类成组；然后根据船厂条件规划和组建各相似分段组的制造生产线或作业区，依此来组织和生产，以形成能适应产品不断变化的且接近于批量生产的作业方式，从而达到大幅度降低生产成本和提高生产效率的目的。

任务训练

训练名称：装配纵骨架式单层舷侧分段。

训练内容：

（1）根据图 5-39 所示纵骨架式单层舷侧分段结构，确定分段建造法及构件安装方法；

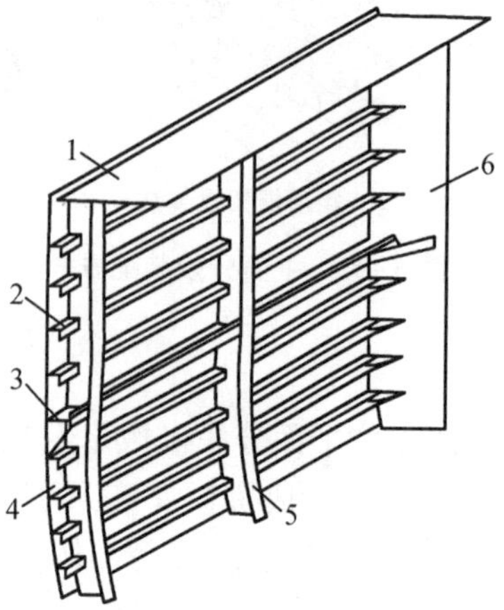

1—甲板；2—舷侧纵骨；3—舷侧纵桁；4—舷侧外板；5—强肋骨；6—横舱壁。

图 5-39　纵骨架式单层舷侧分段

（2）确定胎架形式及设计胎架；

（3）设计纵骨架式单层舷侧分段的装焊工艺；

（4）按装配流程模拟装配纵骨架式单层舷侧分段。

训练步骤：

（1）识读纵骨架式单层舷侧图，了解分段结构形式、基本组成、构件大小及连接方式；

（2）确定分段建造方式及构件安装方法；

（3）设计及制作胎架（通用胎架则省略此项，但需要按型值进行调节）；

（4）设计纵骨架式单层舷侧分段的装焊工艺；

（5）按分段装焊流程用纸板模拟装配分段，完成结构模型制作。

任务 5.3 船体总段装焊

PPT

任务解析

总段是由若干平面分段、曲面分段和立体分段组成的。中部总段就是由底部分段、舷侧分段、甲板分段及舱壁分段组成的环形部分。对于中小型船舶,在工厂设备、起重能力等条件许可之下,经常采用总段的方式建造船体中部。采用总段合龙,将使船台装配阶段中的许多分段合龙工作移到了总段装配阶段,使船台工作量减少,缩短船台周期。同时,总段装配更有利于预舾装。当总段构架装配结束后,铁舾装、管系及木作工作都可以单元形式进行预制预装,大大缩短船台与码头的建造周期。对于批量生产的船舶,还有利于提高产品质量。

本任务学习中部环形总段常规装焊工艺和艏总段装焊工艺。通过本任务的学习和训练,学习者能够编制总段装焊工艺,并能模拟(或仿真)装配环形总段。

背景知识

一、中部环形总段装焊

中部环形总段建造方法:一般是以底部分段为基准分段采用正造法进行装配。即在预装好的底部基准分段上,按工艺要求,先后将预先装焊好并经矫正合格的舱壁分段、舷侧分段、甲板分段吊到底部分段上组装。具体装配过程如下。

1. 各个分段的制造

预先在胎架上对中部环形总段的底部分段、舷侧分段、甲板分段和舱壁分段进行装焊工作,制造方法如前所述。其中由于底部分段作为总段装配的基准分段,因此分段的装焊质量要求高。装焊结束后应在分段上画出中心线及肋骨检验线,并须经过火工矫正和提交验收。

2. 总段装配

先将验收合格的底部分段在胎架(墩木)上定位正确,而后吊装舱壁、舷侧、甲板等分段。

(1)底部分段定位(图 5-40(a))

将底部分段在胎架(墩木)上进行定位。吊线锤使分段中心线与平台基面(胎架)中心线对准,用水平软管或激光经纬仪测量并调整分段内底板上四角的水平,使其符合工艺要求。在内底板上画出舱壁安装位置线。

(2)吊装横舱壁分段(图 5-40(b))

将已装焊及矫正好的横舱壁吊上底部分段,放在其安装位置上。使其中心线对准内底板上中心线,吊线锤校正舱壁的垂直度,用松紧螺丝做临时支撑,并临时固定。用水平软管测量舱壁上定位水平线的水平情况,并调整至水平。根据定位水平线的高度与图纸上定位水平线的理论高度的偏差,画出横舱壁下缘的余量,并割除。用线锤再次校正横舱壁的垂直度和水平。使横舱壁与内底板贴紧,进行定位焊。

在吊装横舱壁时须注意以下几点:

①横舱壁必须与内底板下相应的肋板对准,舱壁板与肋板的错开值不得超过舱壁板厚度(肋板厚度)的一半。

②须用水平软管测量横舱壁上的定位水平线左右两端是否在同一水平面上。但当首、尾部分的舱壁中心线高度大于水平线宽度时,可以悬挂线锤来检测舱壁中心线是否在垂直位置上为定位依据。

③横舱壁上扶强材的安装方向和扶强材之间的距离必须符合图纸要求。

如果总段中横舱壁较少或者没有,为了保证甲板安装的高度和便于舷侧分段的安装,增加总段端部的刚性,可在总段两端设置假舱壁,等总段完工后再拆除假舱壁。假舱壁是由钢板和型钢组成框架结构。其高度、半宽尺寸及线型必须符合假舱壁安装部位的肋骨横剖面线型。假舱壁上也须画出中心线及定位水平线。安装、定位方法同前。

(3)安装舷侧分段(图 5-40(c))

装焊好的舷侧分段须画出定位水平线、肋骨检验线和甲板位置线。将舷侧分段吊上底部分段,插入到事先安装在底部外板上的托板中,并用带松紧螺丝的拉条将其与内底板、横舱壁拉牢。然后使舷侧分段上的肋骨检验线与底部分段上的肋骨检验线对齐。同时检查舷侧分段上的横舱壁(或假舱壁)安装位置线是否与分段上的舱壁(或假舱壁)对齐。

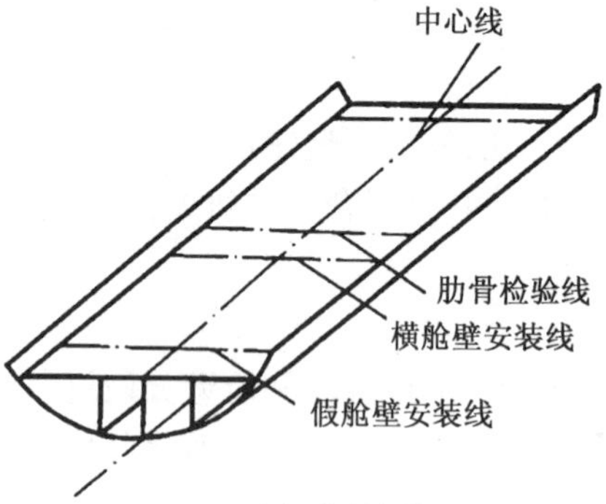

(a) 底部分段定位

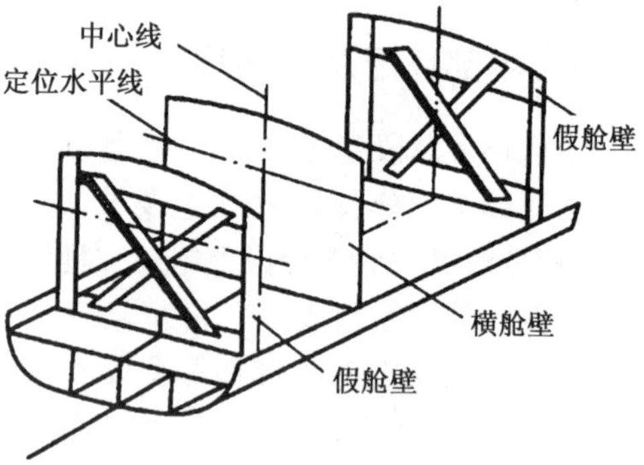

(b) 吊装横舱壁分段

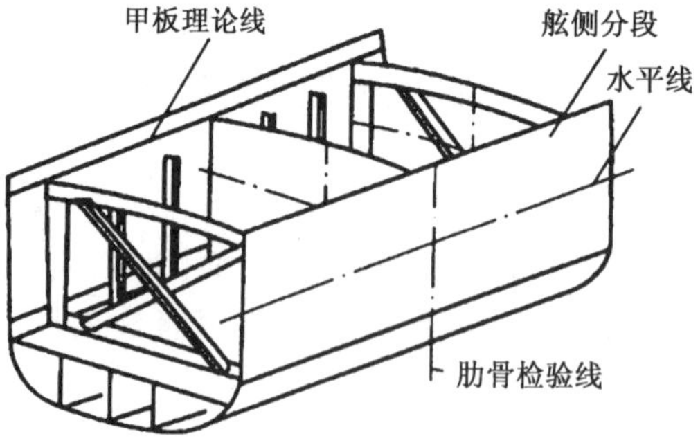

(c) 安装舷侧分段

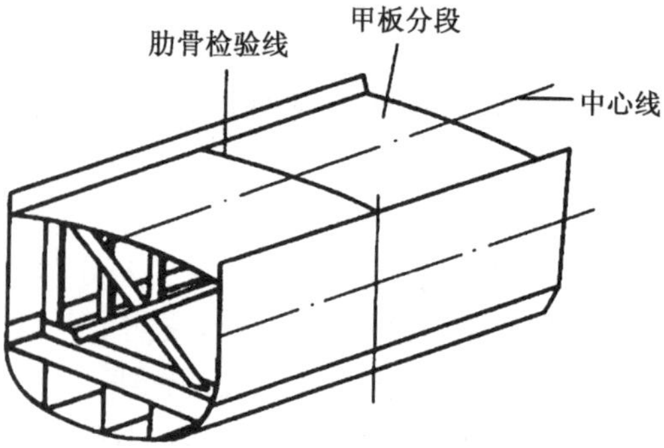

(d) 安装甲板分段

图 5-40　总段装配

将舷侧分段拉拢靠紧横舱壁(或假舱壁),在舷侧分段的肋骨检验线和首尾两端的甲板理论线处吊线锤,测量分段在此三处的半宽。

用尺测量舷侧分段两端的甲板线(定位水平线)的高度值,并调整至符合工艺要求。根据高度值与理论高度值的差值,画出舷侧分段下缘的余量线,并进行切割。切割好后,进行舷侧分段与底部外板和横舱壁的定位焊,并进行舭肘板安装。

舷侧分段的吊装可一舷先安装,另一舷后安装。另一舷安装时须使左右两舷的肋骨检验线在同一横剖面上,否则甲板吊装后会出现横梁与肋骨错位的现象。

(4)安装甲板分段(图5-40(d))

将甲板吊上总段。在甲板中心线处吊线锤到内底板的中心线上,使两者中心线相互对准。并使甲板肋骨检验线对准舷侧分段肋骨检验线,检查甲板横梁与肋骨对准情况。甲板边缘对准在舷侧分段上的甲板位置线,同时使甲板与舱壁贴紧。

总段有横舱壁,则甲板的梁拱值由横舱壁来保证。若无横舱壁,则可用水平软管来检查甲板的梁拱值,如图5-41所示,即用水平软管测出甲板中心线处,距标尺上某一定点的高度值 h 及甲板边缘距该定点的高度差值 h_0,那么甲板的梁拱值 $f=h_0-h$。若 f 值与图示理论梁拱值相等,则分段甲板梁拱正确;若 f 大于或小于图示理论值,则应采取对甲板向下压或向上顶,再配以火工等措施进行矫正,直至符合要求。

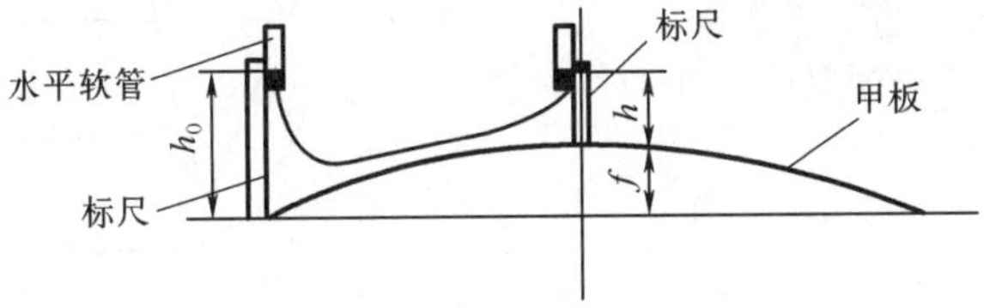

图5-41　甲板梁拱测量

当甲板位置全部拉对后,再进行甲板与外板、甲板与横舱壁的定位焊。至此,总段安装完毕。

3. 总段加强、吊环安装、焊接、余量切割及测量

总段安装完毕后,进行加强和吊环的安装、焊接。焊接完毕后,根据图纸要求,画出总段两端的余量线,根据工艺要求割除余量。最后进行测量验收,按中部环形总段质量要求进行完工测量。

二、艏、艉总段装焊工艺

艏、艉总段建造方法:常采用整体建造法、倒装法制造。大型艏艉,还可沿第二甲板处切开而成上下两个立体分段,其装配方法与总段倒装法基本一样。下面以艏总段为例介绍艏总段反造的装焊工艺(图5-42)。

1. 胎架制造

倒装法制造总段时采用甲板胎架,制造方法与甲板分段装焊相同,因为总段的质量较大,甲板胎架的用料会更多些。

2. 甲板拼板及画线

(1)甲板定位

将甲板板吊上胎架,由中间向两舷逐行铺放,并使中间甲板中心线对准胎架中心线。

甲板拉对位置后，与胎架固定并对接缝进行定位焊。甲板与胎架固定好后即可进行焊接。

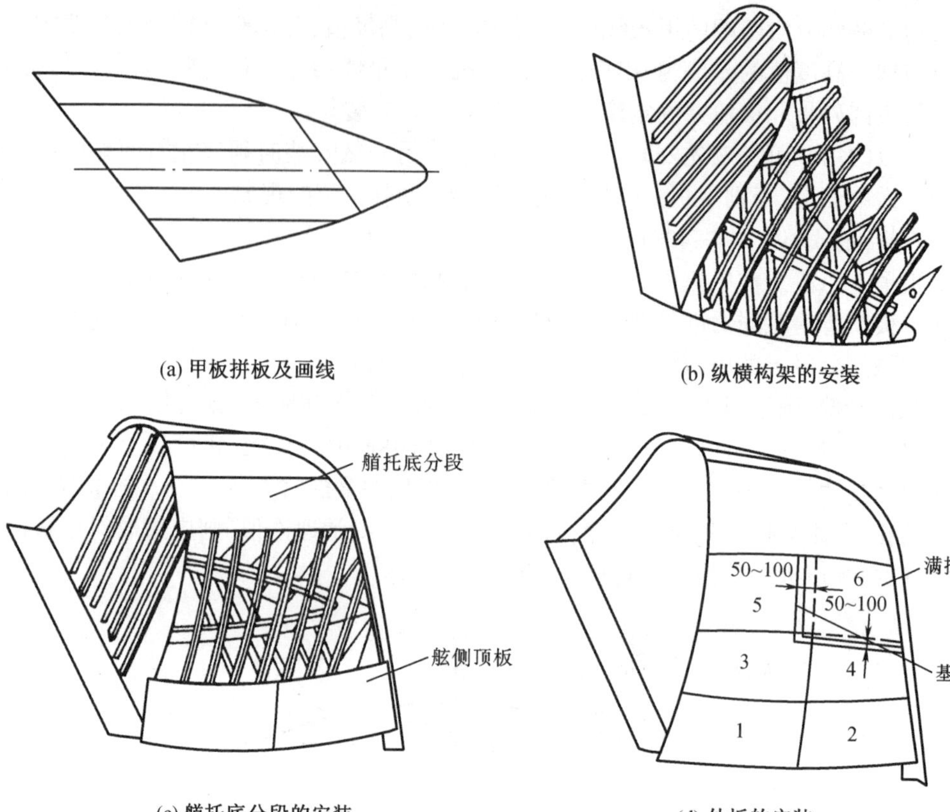

图 5-42　艏总段装配流程图

（2）画甲板构件线（图 5-42（a））

根据胎架上的中心线，画甲板中心线。用激光经纬仪或直尺画出肋骨检验线，根据画线图和纵向肋距伸长样棒画出纵横构件安装位置线和甲板的外形余量线，并切割余量。

3. 安装纵横构架（图 5-42（b））

纵横构架有以下两种安装方法。

（1）肋骨框架法

肋骨框架法是将事先拼装好的肋骨框架吊上甲板，对准其安装位置线，与甲板贴紧定位焊。将横舱壁吊上甲板，拉对位置后与甲板定位焊，并用角钢撑牢。在肋骨框架上画出舷侧纵桁安装位置线，将舷侧纵桁插入到肋骨间的安装位置上。最后，在甲板上安装甲板纵桁。

（2）构架散装法

构架散装法是将零件直接吊上甲板散装。

4. 安装舷侧顶板（图 5-42（c））

吊装前在舷侧顶板上画出甲板、肋骨及舱壁的安装位置线。将舷侧顶板吊上胎架对准各安装线，进行舷侧顶板与甲板、肋骨定位焊。焊接舷侧顶板与甲板板下表面的接缝。在装艏托底分段之前还应进行舱内舾装件及其附件的安装。

5. 艏托底分段的预制与吊装

(1)艏托底分段的预制(图 5-43)

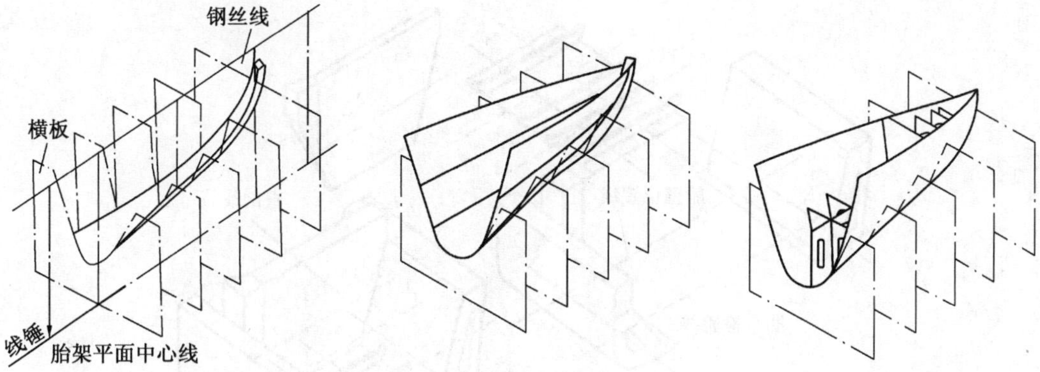

(a) 艏柱板吊上正造胎架定位　(b) 安装艏托底分段的外板　(c) 安装纵横构架

图 5-43　艏托底分段的预制

首先将艏柱板吊上正造胎架定位,拉紧并与胎架固定。然后,安装艏托底分段的外板,使外板与胎架贴紧,用拉马与胎架固定,进行板缝焊接。根据外板上所画的构件线安装纵横构架,安装完毕进行焊接。此外还应安装吊环,并对肋骨框架进行加强,以防吊装时产生变形。

(2)艏托底分段的吊装(图 5-42(c))

将托底分段吊上艏段,在前后端各吊一线锤,使托底分段中心线对准甲板中心线,构件对齐甲板上各相应构件。并根据图纸高度尺寸定出分段的高度,切割舱壁及其余的构件重合部分的余量,进行各构件定位焊,并按焊接程序进行焊接。

6. 安装外板(图 5-42(d))

按图中序号吊装外板,外板吊上后,根据图纸及肋骨上纵缝线的位置定位。拉紧外板使其与肋骨贴紧后进行定位焊。满挡板安装有以下两种方式。

(1)套割法

将满挡板覆盖在总段上对好位后,与构架贴紧并定位焊固定,由舱内向外沿外板边缘进行套割。

(2)准线法

满挡板在吊上之前,可在满挡板相邻的外板上画出 50~100 mm 的基准线。将满挡板吊上分段,根据基准线画出工艺板的余量线,进行切割、安装、定位和焊接。

7. 艏总段的翻身、对甲板及满挡板进行封底焊

8. 艏总段画线和检验

当艏总段焊接全部结束后,须画出分段中心线、定位水平线、肋骨检验线及大接头余量线,并切割正确,进行焊缝和结构性检验。最后还要安装舱面舾装件及附件,并进行涂装。

任务训练

训练名称:散货船舷侧 C 型总段装配工艺设计。

训练内容：

(1)根据图 5-44 所示散货船舷侧 C 型总段，确定正确的总段建造法(正、反造或侧造)；

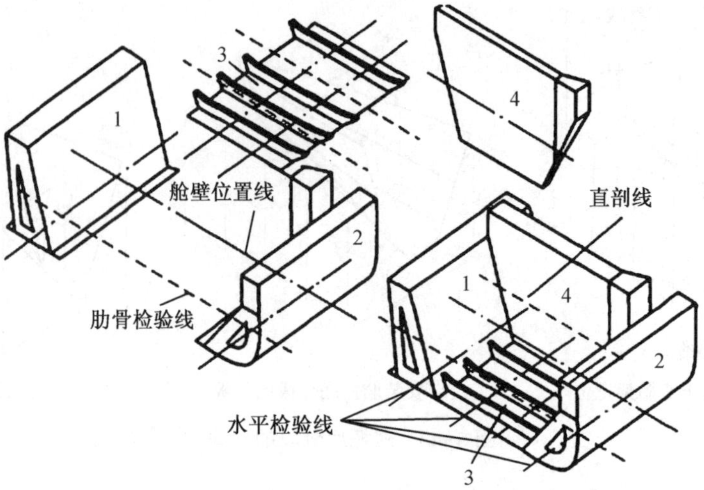

1—顶边舱分段；2—底边舱分段；3—舷侧分段；4—横舱壁分段。

图 5-44　散货船舷侧 C 型总段

(2)确定安装场地及工艺装备类型(如胎架等)；

(3)设计散货船舷侧 C 型总段的装焊工艺流程，并确定各分段定位时需要画的基准线，编写主要定位及装配工艺。

任务 5.4　船体分段吊运翻身及变形控制

PPT

任务解析

分段的吊运与翻身是船体建造过程中的一个重要工序。完工的分段需吊出平台或胎架，吊上船台。为使板材接缝的封底焊以及分段内部上下骨架的角焊缝处于俯焊位置，分段有时要进行多次翻身。随着船舶日趋大型化，分段的尺寸和质量都相应增大。分段安全的翻身和吊运就显得更为重要。分段建造过程中，装配、焊接、气割、火工矫正、吊运，甚至气候等都不可避免地使分段产生各种变形。

本任务学习分段翻身的方式及分段装焊变形及控制方法。通过本任务的学习和训练，学习者能够进行分段吊装方案设计。

背景知识

一、分段吊运与翻身

分段翻身吊运工艺涉及吊环的安装、焊接、拆除、铲平和打磨的工作量，涉及辅助性加强材料的消耗，涉及结构的受力和变形，影响船体外表质量、施工工艺和制造周期。

1. 分段翻身的方式

分段翻身有空中翻身和落地滚翻两种方式。

(1)空中翻身

空中翻身可由一台吊车的主、副钩或两台吊车联合完成。如图 5-45 所示,在分段两端设置两组吊环,图 5-45(a)为平面吊环,图 5-45(b)为侧面吊环。如一台吊车,分段水平吊起后,副钩缓慢松钩,呈直立状态时将分段转向,副钩再行吊起完成分段翻身。空中翻身的分段最大质量应小于主钩吊车的安全起重量。分段在空中无论做纵向或横向翻身,都应保证翻身过程中吊索不损坏分段边缘的外板或围壁。

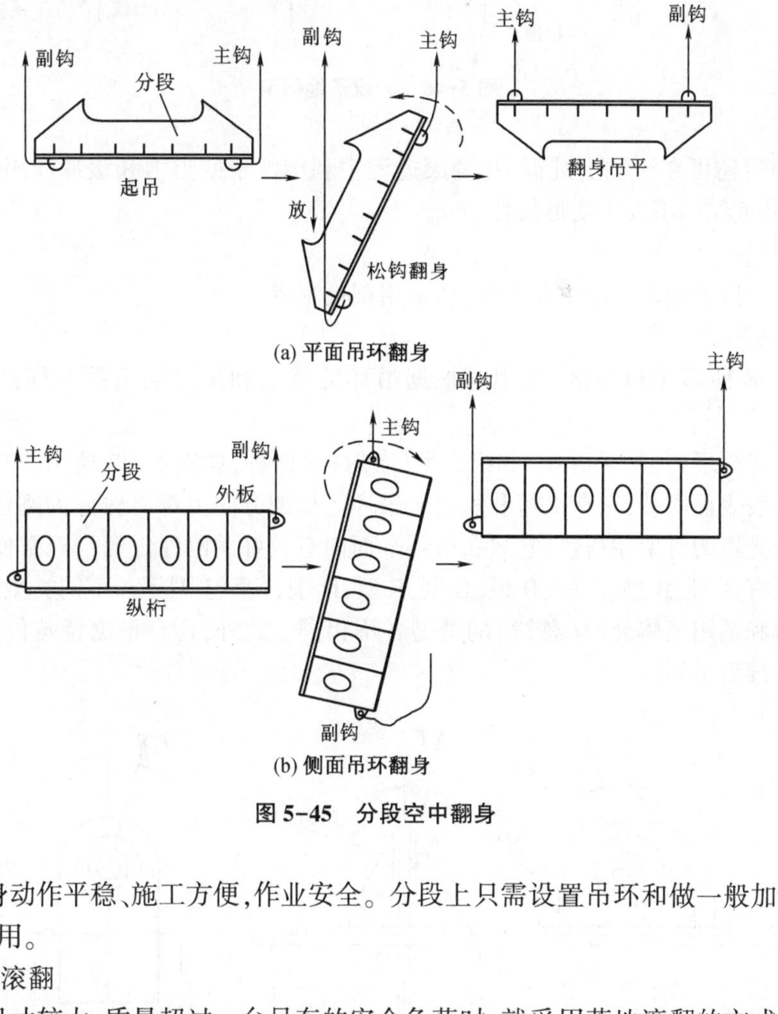

(a) 平面吊环翻身

(b) 侧面吊环翻身

图 5-45 分段空中翻身

空中翻身动作平稳、施工方便,作业安全。分段上只需设置吊环和做一般加强,成本较低,被广泛采用。

(2)落地滚翻

当分段尺寸较大,质量超过一台吊车的安全负荷时,就采用落地滚翻的方式,借地面支承力减小分段施加于主钩吊车的作用力。为不损坏分段落地边缘,分段的一端需加设滚翻装置,通常有圆弧式和啮合线式两种。图 5-46 为啮合线式装置的落地翻滚情况。在翻滚过程中,通过重心的垂直线始终通过地面上的支承点。分段处于动平衡状态,不会突然产生前冲力而带来不利影响,翻滚过程安全平稳。

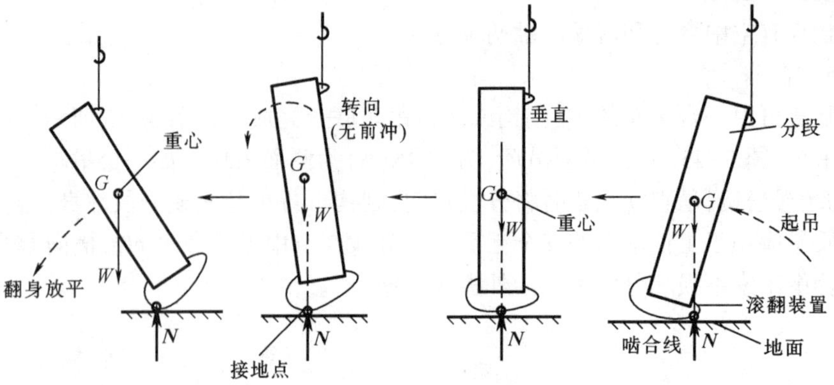

图 5-46　分段落地翻滚

落地翻滚还可在沙坑上进行,在翻滚过程中利用沙子的阻力和缓冲作用,控制分段的翻滚运动,并使结构不发生变形损坏。

2. 吊环

吊环是分段吊运翻身的主要属具,通常用钢板制成。

(1)吊环形式

吊环有多种形式和规格,使用时根据吊环的特点和承受的负荷在标准吊环系列中选择。

吊环形式分平面型(无肘板)和组合型(有肘板)两种,如图 5-47 所示。有肘板的吊环都垂直于分段表面安装,它在平行和垂直于吊环竖板的方向上都有较好的刚性。无肘板的吊环一般与分段的骨架相搭接,它只在吊环平面内有较好的刚性。船厂经常使用的吊环标准类型主要有 A 型、B 型、C 型、D 型、E 型、F 型、H 型、I 型、J 型等。不同类型的吊环形式,其设计载荷和适用船体分段(总段)的类型各不相同。此外,还有根据特殊位置、特殊要求制作的非标准型吊环。

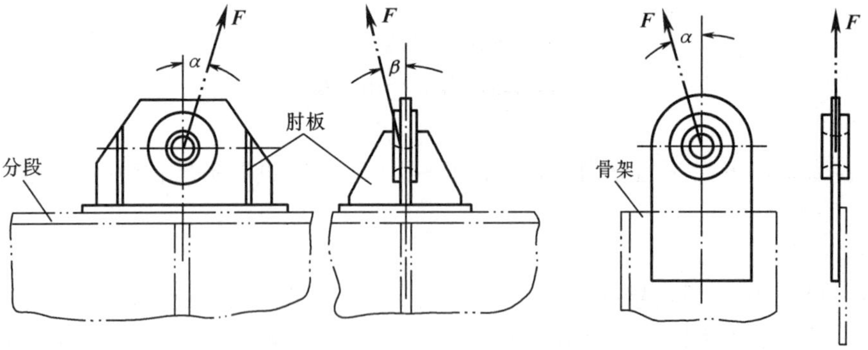

(a) 有肘板　　(b) 无肘板

图 5-47　吊环的形式

(2)吊环的数量

吊环的数量要根据分段形状、分段在空中的状态及吊运翻身方式确定。分段吊起后要求在空中处于垂直、水干或倾斜状态，以适应装配的需要，如图 5-48 所示。舱壁分段只需在分段上端安装两个吊环。甲板分段上船台合龙时，既要翻身，又要吊平。复杂的立体分段和总段往往要安装数量更多的吊环。

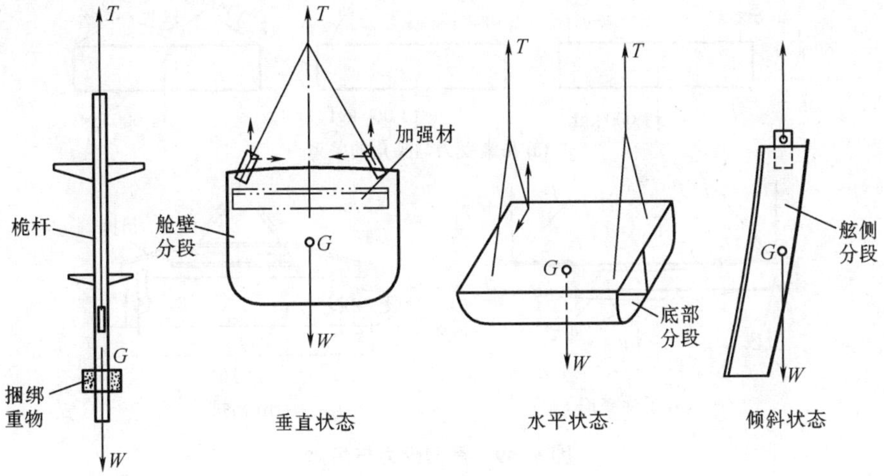

图 5-48 分段吊起后的空间位置

(3)吊环的安装布置

吊环应尽可能对称于分段重心布置，以使吊索受力均衡、吊运平稳。吊环应安装在纵横骨架交叉处，或至少布置在分段的一根刚性构件上。各吊环安装方向要与受力方向一致，以免吊环产生扭矩。吊环间距应和吊索长度匹配，以使两根吊索间的夹角不大于 60°。吊环及吊环下方结构的焊接应满足相应的要求，吊环安装处内部构件应进行长约 1 m 的双面连续焊，以确保吊运的安全。采用落地翻身时，吊环布置应尽可能在分段重心平面内。

吊环拆除后，甲板上表面和外板外表面的焊脚应铲平磨光，保证美观，被绝缘材料覆盖的部位或隐蔽在结构中的吊环，拆除后可不清除根部。永久性吊环则不需拆除。

3. 吊索与吊排

(1)吊索

吊索是分段吊运的重要属具，要根据钢索实际受力、安全系数，确定钢索直径、钢索的长度与分段尺寸。吊运时吊索的夹角越大，实际受力也越大如图 5-49 所示。当吊索夹角为 120°时，吊起 1 000 kg 质量时每根吊索受力就达到 1 000 kgf(1 kgf=9. 8 N)。在车间内装配分段时，吊索长度还应考虑分段能顺利吊出平台或胎架。

(2)吊排

甲板分段的尺寸较大，结构刚性较差，由于吊环间距大而增加了吊索的张角。这不但加大了吊索的实际受力，其水平分力还容易使甲板失去稳定而产生弯曲变形，这类分段可采用吊排吊运，使吊索的水平分力由吊排承受而不直接作用在分段上。吊索受力、分段变型和吊排的使用参见图 5-49。

4. 分段的临时加强

临时加强材的作用是加强分段的刚性或局部强度，防止在吊运中产生变形或局部损坏。临时加强材在施工结束后要予以拆除。图 5-50 为舷侧分段和双层底分段上设置的临时加强材。

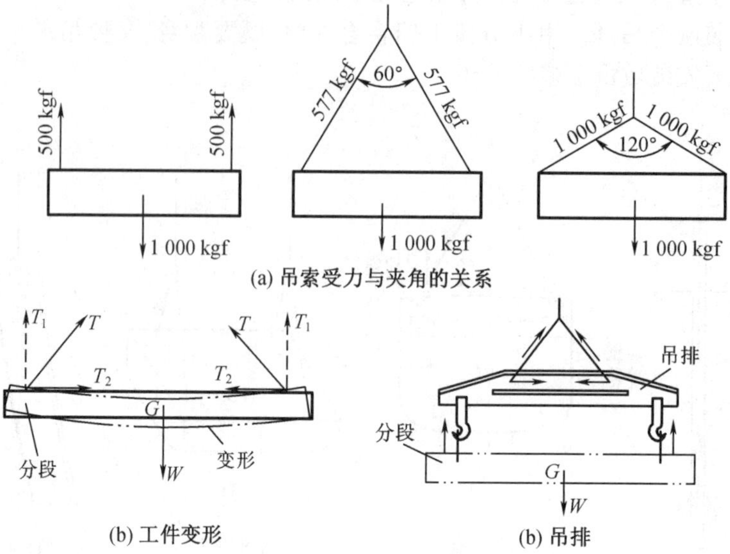

图 5-49　吊索受力与吊排

加强材的设置要根据分段形状、结构特点及翻身方向确定。一般是纵骨架分段做横向加强、横骨架式分段做纵向加强。这和分段翻身的方向也是一致的。

现代船舶设计时，为了减少加强材拆卸的二次作业，局部结构采用加大尺寸、增加板厚和加装肘板的方法来代替分段的临时加强。

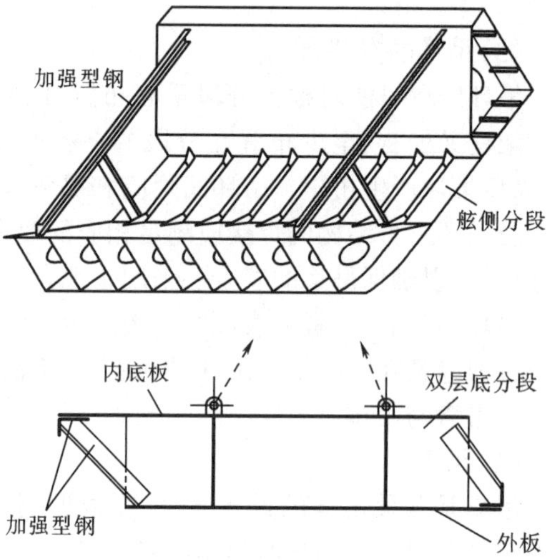

图 5-50　分段的临时加强

二、分段装焊变形及控制

1. 分段变形

分段在装焊过程中，将产生纵向和横向的收缩与翘曲变形。由于各个分段结构不尽相同，焊接程序不同，故每一分段变形的大小和现象也不一样，但分段的一般变形大致有以下几种情况：

①分段两端上翘；

②底部分段横向收缩；

③甲板下塌，即甲板梁拱减小；

④分段内构架的纵横向收缩和角变形。

2. 分段变形的原因及形式

分段变形是由焊缝位置不对称于中和轴，焊缝冷却收缩量不一致，以及在装配焊接过程中的工艺措施不当等因素所造成的。下面具体分析几种典型的分段变形原因。

(1)单底分段变形

单底分段变形是宽度、长度缩小,四角上翘,底部中垂,边缘呈波浪形变形,如图 5-51(a)所示。

单底分段变形的原因如下:

①外板对接缝的焊接所引起的分段纵横方向的收缩。但由于外板的对接缝不多,且外板与胎架又用“马”进行固定,因此这个因素所引起的变形是不大的。

②纵横构架与外板的角接焊缝、构架相互之间的角接焊缝,引起分段的收缩变形和分段四角上翘变形,对于薄板分段和构架密集的分段,它的变形更为严重。

③分段建造中的不合理工艺,如过大的装配间隙、构架安装不垂直、外板与胎架未加以固定、过大的坡口及焊缝尺寸、不合理的焊接规范和焊接程序等都可能引起分段的变形。

(2)双层底分段变形

双层底分段变形的情况与它的建造方式有关,建造方式一般分为正造和反造两种。

反造的底部分段焊后往往产生宽度、长度缩小,分段翻身搁置呈中拱状态,边缘呈波浪变形,如图 5-51(b)所示。

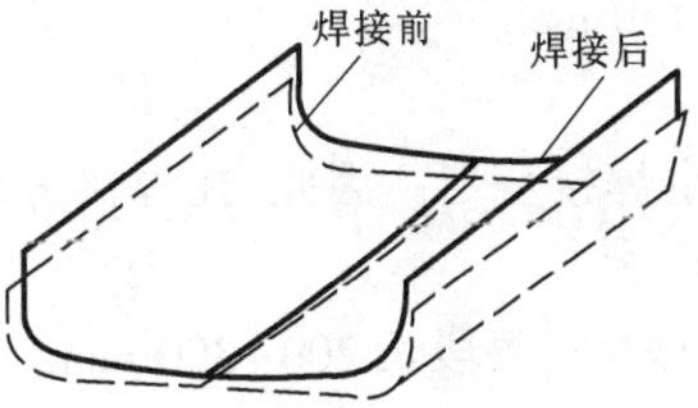

(a) 正造单底分段变形

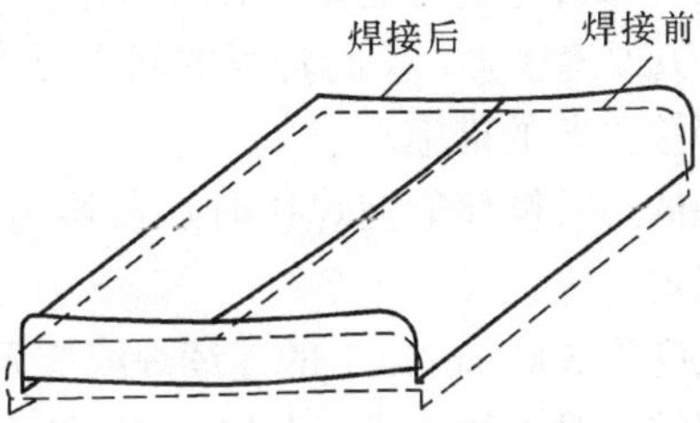

(b) 反造双层底分段变形

图 5-51　底部分段的变形

反造双层底分段变形的原因如下:

①内外底板的对接焊缝焊接引起的分段变形,其中,内底板与胎架固定的分段变形较小;而外板是呈较为自由状态的分段,变形较大。

②构架的焊接变形(同单底分段)。

③分段内纵横构架之间的角接焊缝及其与内外底板的角接焊缝所引起分段的收缩和上翘变形最大。

④分段翻身后的焊接继续产生变形。

⑤分段翻身后如搁置不当,或装焊前没有采取有效的反变形工艺措施,也将引起变形。

正造的双层底分段装焊后,往往产生宽度、长度缩小,呈中垂状态,边缘呈波浪变形。

(3)甲板、舱壁、舷侧分段的变形

甲板、舱壁、舷侧分段的装配,焊接后的变形如图 5-52 所示。这些分段焊接后往往产生长度、宽度缩小,边缘呈波浪形,甲板梁拱减小,舷侧曲率减小,舱壁表面拱出等变形。

3. 分段变形预防及处理

(1)控制分段变形的措施

对于分段的焊接变形,一般以预防为主,以矫正为辅。在了解、掌握了上述变形规律的前提下采取一定的措施,以使分段焊接后的变形减少到最小。

①结构设计上的措施。

合理的结构设计对减少分段装配、焊接变形有很大的作用。因此,在结构设计中应注意以下几点:

a. 在结构设计时,尽量减少板材的接缝,减少焊接工作量。

b. 在保证设计强度的前提下,焊缝的熔焊金属或焊缝的坡口应尽可能取小。一般钢板对接缝的坡口有 V 型和 X 型两种,应尽量取 X 型。因为在同一板厚中,相同坡口角度条件下,X 型坡口的焊缝截面积是 V 型坡口截面积的一半。

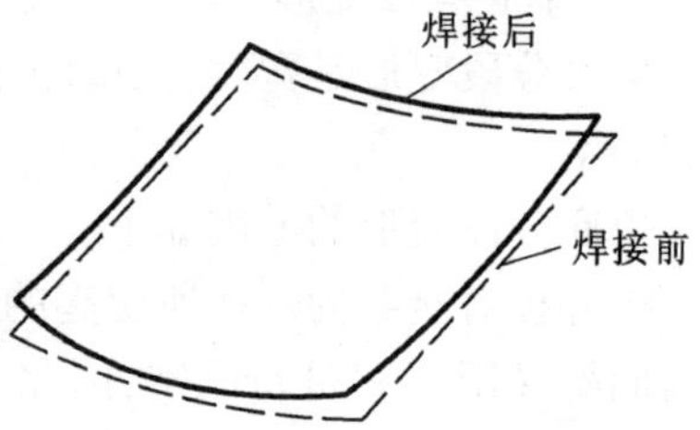

图 5-52　甲板、舱壁、舷侧分段的变形

c. 广泛采用自动焊和半自动焊接,采用二氧化碳气体保护焊,减少线能量输入,从而减小焊接变形。

d. 不同板厚的钢板对接时,应将厚板边缘削斜,使其与薄板等厚,削斜的长度要不小于四倍板厚差。

e. 板缝布置尽量与船体中心线对称。

f. 避免焊缝密集。平行焊缝的间距要大于 100~150 mm。

②焊接工艺的措施。

合理的焊接顺序能使焊接时热量均匀分布,减小焊接变形。因此,在焊接分段时应遵守以下规定:

a. 长度为 500 mm 以上的连续焊缝应采用逐步退焊法,每段长 200~300 mm。

b. 焊接人员的操作应以分段剖面(平面)的中和轴为中心对称进行。

c. 对收缩变形大的焊缝应先焊。例如,在一结构中,既有对接缝又有角接缝,则应先焊构件间的各对接缝,再焊构件间的各角焊缝。

d. 在板架结构中,应先焊构架间的各交叉接缝,后焊构架与板的角接缝。在焊构架与板的角接缝时,可采用由中心向四周逐格呈放射性的对称焊接法。

e. 对薄板结构,为防止焊缝局部隆起,在每一焊缝焊完后,可用小锤敲打焊缝以消除部分应力,减少变形。

f. 选择合理的焊接规范及焊缝规格。

③装配工艺上的措施。

a. 提高零件加工质量和部件装配质量。

b. 对线型复杂的分段(如带轴包板的尾部分段)采用正造法。用“马”将外板与胎架拉紧,强制减小分段的变形。胎架要具有一定的刚性。

c. 构架曲型应与外板线型自然吻合。超差严重的应加以矫正后再装。

d. 尽量减小构架与构架的安装间隙。

e. 扩大平面分段的拼装范围,这样可减少分段或总段的焊接工作量,以减少船体总的焊接变形。

f. 采用框架式装配新工艺。

g. 采用反变形措施。在施工工艺条件相同的情况下,分段的变形有一定的规律。因此,可在胎架制造过程中,事先根据分段变形的相反方向,将模板放出一定的反变形值,用以抵消分段焊接后的变形。反变形量可以根据过去所制造的分段变形情况和经验判断确定,也可以用经验公式计算得出。如图 5-53 所示为正装双层底分段胎架放反变形的情况。

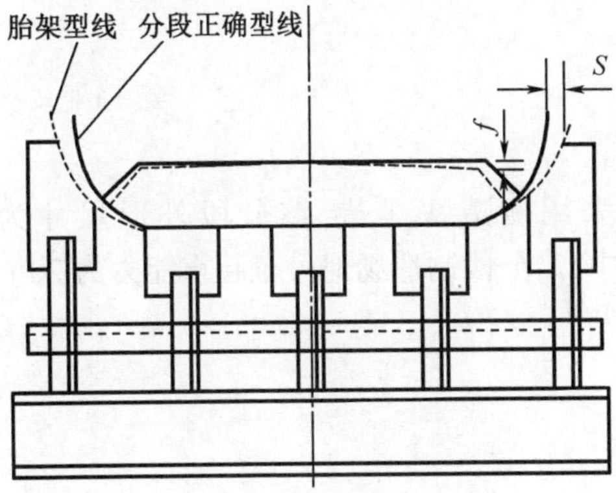

(a) 正装胎架横向放反变形

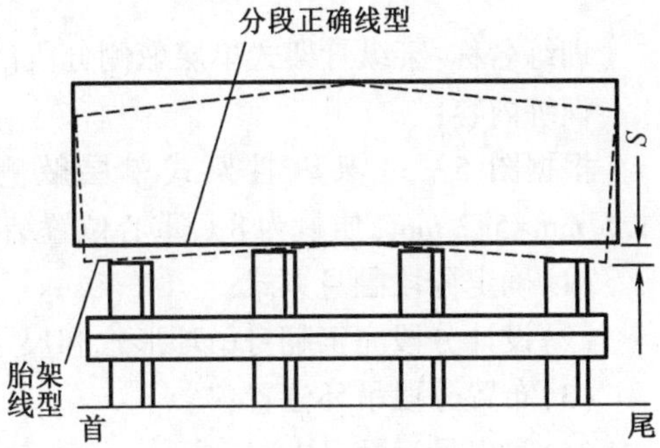

(b) 正装胎架纵向放反变形

图 5-53　正装双层底分段胎架放反变形的情况

④分段的合理加强及运输、搁置。

在分段制作中,对于易变形的部位,可增加临时加强材。如焊接甲板分段构架前,在一定肋骨间距中加装假宽横梁及纵桁,以增加分段刚性;双层底底部分段在内底板上加肘板和角钢,以支撑底板边缘部位;在焊接前,不拆除上层建筑围壁的临时支撑等,以防止焊后产生变形。

当分段翻身后,板对接缝进行封底焊时,一定要依据分段线型进行搁置,使垫墩与分段有较大的接触面。

在吊运分段时,稍有不当也容易产生变形。因此,吊运前要对分段进行适当加强,吊运时要避免碰撞,搁置时要平稳。

(2)分段变形的处理方法

分段产生变形后,为了不影响船台的装配质量,必须加以矫正处理,一般有以下几种方法:

①分段压载重物矫正变形。对反造或正造双层底分段,可在分段翻身后将搁置分段的墩木设在分段的两旁。如果变形过大,还可在内底板或外底板的中部加压铁。

②无论是单底还是双层底分段,如果分段宽度缩小太多而影响船台对接时,可对其邻近分段大接头处的肋板、内底板和外板的接缝切开部分焊缝,使船体外板对接处线型光顺。

③分段纵向收缩除考虑建造工艺时适当扩大肋距,以抵消纵向收缩量外,一般不做预处理。

④舷侧分段变形一般不预处理。但如果由于变形太大,从而引起外板线型变化大而又影响分段对接时,可用火工在变形部位的肋骨处矫正。

⑤甲板分段梁拱的矫正,一般在船台上安装时处理。梁拱减小的甲板,可在分段下用千斤顶顶起;梁拱增大的甲板,可加压铁并配合火工矫正。

⑥舱壁分段变形,一般在焊接后就进行火工矫正。

任务训练

训练名称：某纵骨架式单层舷侧分段吊装设计。

训练内容：

根据图 5－39 某纵骨架式单层舷侧分段，采用侧造法建造，该分段外形尺寸为 11.5 mm×5.2 mm，质量为 8 t，重心位置结构对称中心，分段制造场地吊车起重能力为 20 t。

(1)确定分段翻身方式；

(2)设计分段完工翻身吊环形式和尺寸；

(3)布置分段吊环位置；

(4)写出吊运翻身方案。

【拓展提高】

拓展知识：船体分段制造生产线。

【项目自测】

一、填空题

1. 大面积钢板拼接可(　　)分别拼接，随后再进行(　　)之间的横向拼接。

2. 直 T 型梁多采用(　　)装法，弯 T 型梁则采用(　　)装法。

3. 船体分段的种类主要分平面分段、(　　)面分段、半立体分段和(　　)分段。

4. 船体分段建造方法有正造法、(　　)造法和(　　)造法。

5. 船体分段中构件装配方法有(　　)装配法、放射装配法、(　　)装配法和框架式装配法。

6. 船体分段装配时与胎架用(　　)固定，以保证外板与胎架贴紧，并防止分段产生焊接(　　)。

7. 甲板分段是以(　　)为基准面采用(　　)方法制造的。

8. 分段装焊时纵向构件在端部与板留(　　)长度不焊，以便大合龙时与相邻分段(　　)构件的连接。

9. 钢板制成的吊环中，无肘板式吊环一般与分段骨架(　　)安装，有肘板式吊环则(　　)分段表面安装。

10. 根据底部分段的结构不同，底部分段的装配方法有(　　)和(　　)两种。

11. 正装双层底分段需翻身(　　)次，倒装双层底分段需翻身(　　)次。

12. 舷侧分段胎架基面切取方法常为正切、(　　)和(　　)。

二、判断题(对的打“√”，错的打“×”)

1. 船体部件是由零件经过一次或两次以上装配所形成的结构单元。　(　　)

2. 单面焊双面成形时，马板的定位焊应尽量在端部的两面进行焊接。　(　　)

3. 同时存在纵横缝的板列，应先拼接横缝。　(　　)

4. 弯 T 型梁是指面板弯曲的焊接 T 型梁，一般在平台搁架上安装。　(　　)

5. 不对称 T 型梁装配时所加的临时支撑，是为了减少焊接产生的弯曲变形。（　）

6. 正造法通常用于单底分段、机舱分段及批量生产。（　）

7. 先将所有的纵、横构件装焊成箱形框架再与板列组装形成分段，称插入装配法。（　）

8. 胎架的作用是使分段的装配和焊接工作具有良好的条件。（　）

9. 立体分段检验是对分段的外形尺寸、构件尺寸、构架位置、零件数量、装配精度和焊接质量的检验。（　）

10. 胎架基准面切取的依据是船体型线图。（　）

11. 舷侧分段都是采用侧造法建造的，根据舷侧分段的线型不同，其装配方式也不同。（　）

12. 甲板分段一般选择在支柱式胎架上进行装焊。（　）

13. 框架式建造有利于扩大机械化焊接方法的使用范围，便于构架焊后变形矫正，减少分段总的焊接变形，提高建造质量和生产效率。（　）

14. 分段变形是由焊缝位置不对称于中和轴，焊缝冷却收缩量不一致，以及在装配焊接过程中的工艺措施不当等因素所造成的。（　）

15. 船体分配翻身可以采用空中翻身和落地翻身。（　）

三、名词解释

1. 船体结构预装配焊接
2. 船体部件
3. 曲面分段
4. 环形总段
5. 分段正（反）造法
6. 分段侧（卧）造法
7. 分离装配法
8. 放射装配法

四、简答题

1. 船体装配分哪几个阶段？
2. 拼板工艺过程有哪些？
3. 简述直 T 型梁、弯 T 型梁装焊工艺。
4. 分段装焊工艺的基本内容有哪些？
5. 分段各种建造方法（装配方式）分别用于什么部位的分段？
6. 分段骨架装配各种方法的装配顺序？
7. 简述底部、舷侧和甲板分段装焊工艺过程。
8. 底部分段画线方法有哪几种？
9. 总段装配时，甲板分段、舷侧分段、横舱壁分段如何定位？
10. 什么情况下采用总段装配？中部总段的装焊过程有哪些？
11. 分段吊运翻身方式有哪些？吊环形式有哪几种？怎样确定吊环数量和布置位置？
12. 什么是反变形？为什么在分段装配时要留反变形？

五、拓展思考题

1. 哪些部件装配可采用智能化生产线生产？
2. 曲面分段制造难以实现生产流水线生产，怎样做才能使其达到准流水作业效果？
3. 分段如何实施自动化焊接？

项目6　船体总装

【项目描述】

船体总装(俗称大合龙),是在船体结构经过预装配而形成部件、分段或总段后,在船台完成整个船体装配的工艺阶段,也叫作船台(船坞)搭载。船体总装与保证船舶的建造质量,缩短船舶建造周期有着直接的关系。

本项目有船体总装设施及总装方式选择、船台装焊准备、船台(船坞)装焊及变形控制、船体密性试验、船舶建造方案选择及船体分段划分五个任务。通过本项目的学习,学习者能够熟悉船体总装作业中的主要工艺装备及相关工艺。

知识要求

1. 熟悉船台类型、工艺装备及船台总装方式;
2. 熟悉船台装焊准备工作,掌握船台(船坞)装焊内容;
3. 了解船体建造焊接变形及预防措施;
4. 了解船体密性试验的方法;
5. 熟悉船舶建造方案选择及船体分段划分原则。

能力要求

1. 能够根据船台类型、各船舶类型制订船舶总装方案;
2. 能够合理制定船台装焊工艺;
3. 能够合理制定船体建造焊接变形预防措施;
4. 能够合理选择船体密性试验方法;
5. 能够合理进行船体建造方案选择和船体分段划分。

思政和素质要求

1. 具有全局意识,较强的质量意识、安全意识和环境保护意识;
2. 具有良好的职业习惯、强烈的责任意识,能明确职责、勇担责任;
3. 具有良好的交际、沟通能力,合作能力和团队协作精神。

【项目实施】

任务6.1　船体总装设施及总装方式选择

PPT

任务解析

船台(船坞)是将分(总)段组装成整个船体的工作场所,它应具有坚实的地基,并设置在船体车间附近靠水域的地方,以缩短分(总)段的运输路线,便于船舶下水。船台(船坞)是船体总装装焊的基础,船台(船坞)处还要配备用于船体总装所需要的工艺装备。

本任务首先是对船舶总装场所和设施进行认知,然后学习船体总装方式。通过本任务的学习和训练,学习者能够正确选择船体建造场地和设施,并能进行船体总装方式选择。

背景知识

一、船舶总装设施

1. 船台(船坞)类型

(1)纵向倾斜船台

纵向倾斜船台是一种船台平面与水平面呈一定角度(称为船台坡度)的船台,倾斜度通常取1/24~1/14,船厂最多采用的坡度是1/20,这个坡度便于在船台定位中的测量和计算。现在,国内建造的15万载重吨以下的船舶建造和下水可采用纵向倾斜滑道,如图6-1所示。

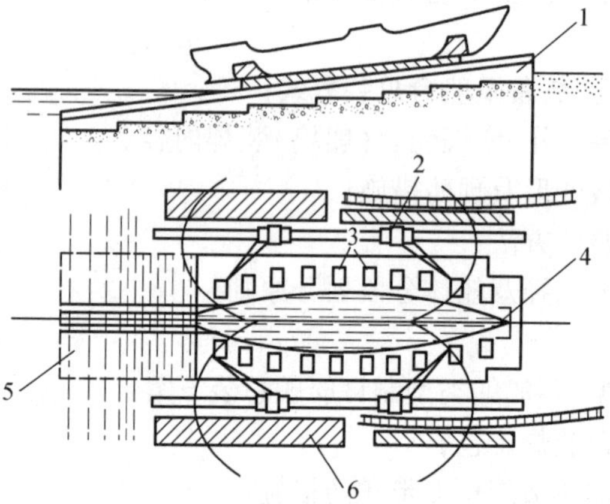

1—船台;2—起重机;3—脚手架;4—滑道;5—浮台;6—配套场地。

图6-1 纵向倾斜船台

纵向倾斜船台的地基由钢筋混凝土构成,沿船台两侧铺设平行的起重机轨道,配置起重能力较大的起重机。这种船台的优点是船舶建造与下水在同一位置,建造场地比较紧凑,一般情况下不必移船,因而不需要专用的移船装置。纵向倾斜船台通常与纵向涂油、钢珠滑道结合使用,应用较广。

(2)水平船台

水平船台是船台平面与水平面平行的船台。地基上铺设供船台小车(或随船架)移动的钢轨。这种船台的优点是船舶呈水平建造,所以船体总装时的运输、画线、安装、定位、测量和检验等作业都比倾斜船台方便,且下水安全可靠,而且能排列多个船位,装焊工作方便,并可以双向使用,能下水也能上排。水平船台通常与机械化滑道、升船机、浮船坞等下水设施结合使用。常见于中、小型船舶修造厂。

(3)半坞式船台

半坞式船台是纵向滑道和倾斜船台派生出来的一种新式船台,即在使用纵向滑道的倾斜船台上建造大型船舶时,为了充分利用船台水上部分,又不使船台前端部超出厂区的地面过高、过长,在滑道后端加一坞门,以免船台后端浸水而影响操作。建造船舶时,只要关闭坞门和将水抽干，即可进行船舶总装作业。半坞式船台如图6-2所示。

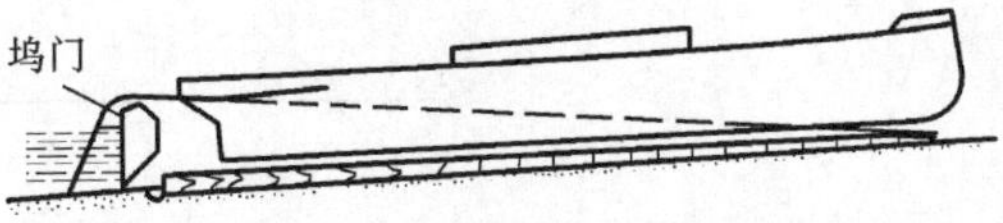

图6-2 半坞式船台

半坞式船台滑道常采用钢珠下水装置。这是因为在下水以前需预先将船舶由船台墩木转移到滑道上，然后开启坞门，引水入船台内，待潮水涨至平潮时下水，故滑道承受船重的时间较长。这对钢珠下水装置并无影响，而对油脂却有极大影响。因为油脂的承压时间长，静摩擦系数会增大，甚至油脂被挤出滑道，发生失油现象，从而影响到船舶的顺利下水。

(4)船坞

船坞是低于水面，在端部设有闸门，在闸门关闭后能将水排干以从事船舶修造的水工建筑物。它具有水平船台的一些优点，船舶也是呈水平状态建造。而且由于建造船舶的坞底低于地平面，降低了分(总)段的起吊高度，可配置横跨船坞和坞侧预装焊区的大跨距、大起重量的龙门式起重机，使船舶建造的机械化程度大大提高，而且采用船坞下水能大大地简化船舶下水工艺，适合建造大型船舶及海洋平台。目前，已有50万t级船舶的大型造船坞。以往干船坞的尺度是按最大的代表船型来决定，近年来很多现代化大型船厂为了充分发挥船坞的核心资源的产出能力和缩短船坞周期，往往采用在坞内并列、半串联造船的建造工艺。这类船坞的长度按代表船型的船长加尾段长度，船坞的宽度按并列建造两艘乃至三艘代表船舶计算。

根据坞的深度，船坞分为两种，浅的用于造船，称为造船坞；深的用于修船，称为修船坞。图6-3所示为造船浅坞。

图6-3 造船浅坞

2. 船台(船坞)的工艺装备

倾斜船台和造船坞中的设施和工艺装备，除吊车外，主要包括各种定位基准标志、船台拉桩、墩木、各类脚手架和作业台车、下水滑道等。如图6-4所示为船台或船坞工艺装备横向布置图。

(1)纵向倾斜船台的工艺装备

为了保证船舶总装作业的顺利进行，在船台上必须配置以下工艺装备。

①船台中心线槽钢：用槽钢或钢板条制成，嵌埋在船台中心线的地面上，其长度要比所建造的最大船舶的船长要长6~10 m，宽度为100~150 mm，供造船时画船台中心线和肋骨检验线使用，作为分段或总段定位的依据。

②高度标杆：垂直于水平面设置在船台的两侧，其上刻有基线、水线、甲板线以及其他高度理论线，作为船台上应用激光经纬仪和激光水准仪进行船台铺墩、分(总)段定位和检验的高度标准。高度标杆分为塔式标杆(金属架制成)和杆式标杆(型钢制成)两种类型。

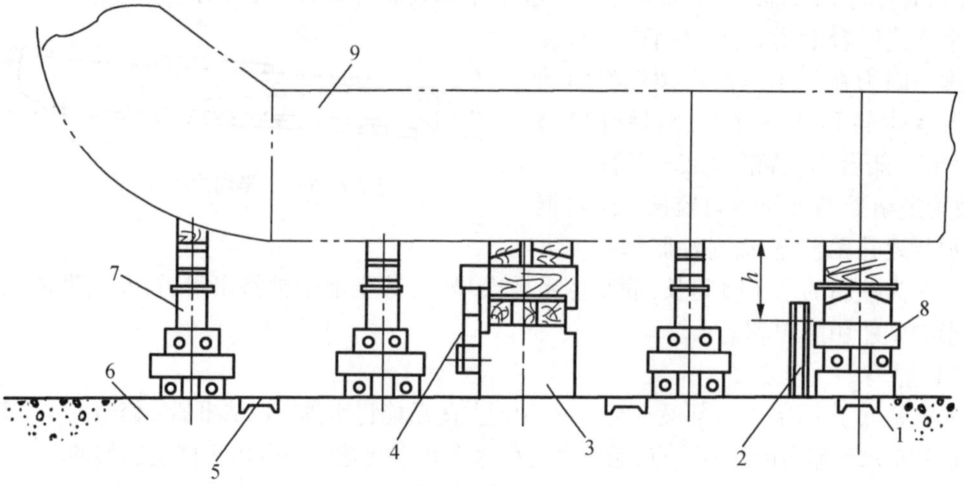

1—中心线槽钢;2—基线标标杆;3—滑道;4—止滑器;5—船台拉桩槽钢;
6—船台;7—边墩;8—龙骨墩;9—双层底分段。

图 6-4 船台或船坞工艺装备横向布置

③船台拉桩:又称"地牛",埋置在船台地面处,供分段定位时拉曳用。有独立式拉桩(埋在钢筋混凝土板内的钢筋拉环)、混凝土墩拉桩和连续式槽钢拉桩。

④脚手架(或作业台):船舶总装时设置的供人员往来和作业用的工作台架。通常有舱外脚手架和舱内脚手架两种。图 6-5 所示为固定式舱外脚手架和固定式舱内脚手架。这类脚手架敷设和拆除工作量大,使用也颇为不便。因此,近年来研制出多种形式的可调节脚手架和自动作业台。

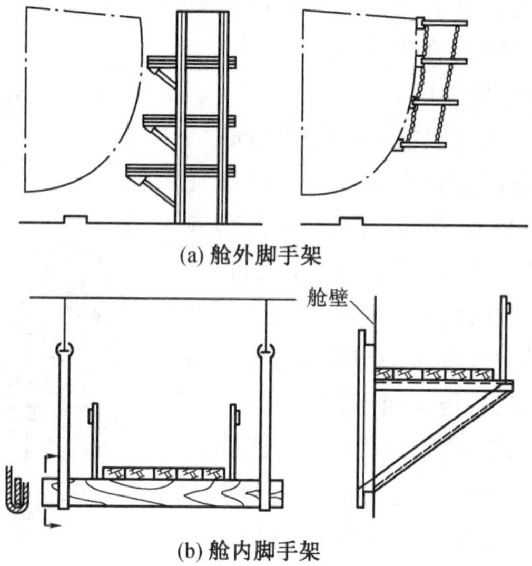

图 6-5 固定式脚手架

⑤墩木:又称楞木,是船台上支承船体的主要装备。其按布置位置分为龙骨墩(中底桁下)和边墩(船底两侧),如图 6-6 所示;按材料分为金属墩、混凝土墩和木墩。无论何种材料的墩木,与船体接触处均为木质。

龙骨墩铺放在中底桁的下方,它由水泥墩或金属墩上安放木墩组成。它的高度为 1~1.8 m,以便在船底进行作业,间距为 1~1.5 m,数量由船长和下水质量决定。边墩的高度随船型而定,间距为 4.5~6 m。若船舷或首尾某些部位的高度太大,可用斜撑代替边墩。

为了改善铺墩和拆墩的劳动条件,提高作业效率,已研制出多种调节式墩木。如图 6-7 所示是几种调节式墩木的示意图。其中图 6-7(a)是一种活动升降式墩木,图中右半边表示升高时的情形,左半边表示降低时的情形;图 6-7(b)是一种机械调节式墩木,通过液压千斤顶带动下斜楔平移,使上斜楔做升降移动,以调节墩木的高度;图 6-7(c)是一种船底千斤顶。但在使用这些装置时在分段定位和纵横焊缝焊好后,必须加上普通墩木支顶船舶,以免产生集中负荷。

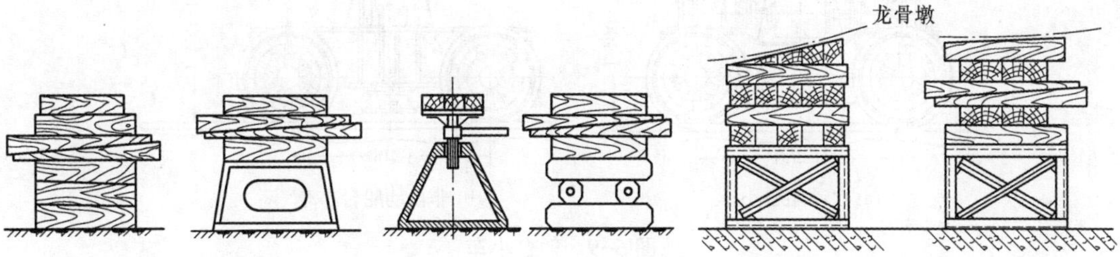

(a) 龙骨墩 (b) 边墩

图 6-6 墩木

船台上除了配置有足够起重能力的高架吊车及主要工艺装备以外,还必须配置电力、压缩空气、氧气、乙炔、水及蒸汽等动力供应设施。

(2)水平船台的工艺装备

水平船台除拥有倾斜船台的工艺装备外,还需设置以下两种工艺装备:

①船台肋骨槽钢。它是沿全船的基准肋骨线上,横向嵌埋在船台两侧的槽钢,作为分段或总段安装定位时,决定纵向位置用的,如图 6-8 所示。

②移船设备。移动设备由船台小车和钢轨组成(或用钢柱滚道代替船台小车)。船台小车分为自动船台小车和非自动船台小车两大类,如图 6-9 所示。

(3)船坞工艺装备

船坞中总装所采用的工艺装备与水平船台基本相同,不再赘述。

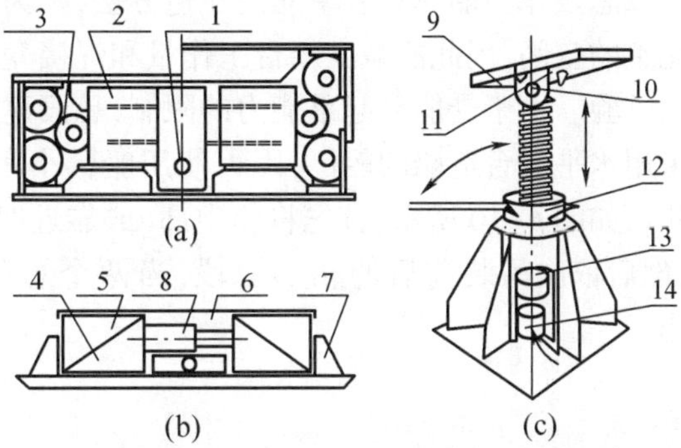

1—作用蜗杆轴;2—作用螺母;3—作用滚轮;4—下斜架;5—上斜架;6—拉紧板;7—支撑板;8—滚压千斤顶;9—船底支撑台;10—头球部;11—支承;12—安全螺母;13—螺杆;14—可移油压千斤顶。

图 6-7 调节式墩木

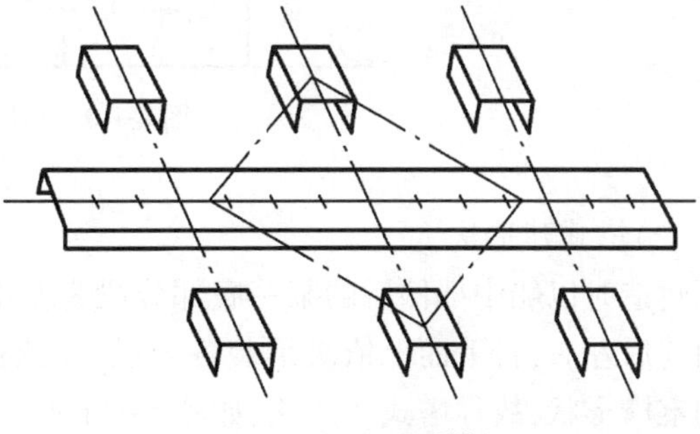

图 6-8 船台肋骨槽钢

二、船体总装方式

由于产品对象和船厂生产条件各不相同,船台总装方式(称为建造法)也各种各样。它们都是根据船舶结构特点和船厂生产条件,按有利于平衡生产负荷、提高效率、缩短造船周期和改善劳动条件等原则确定的。这里主要介绍几种常用的建造方法。

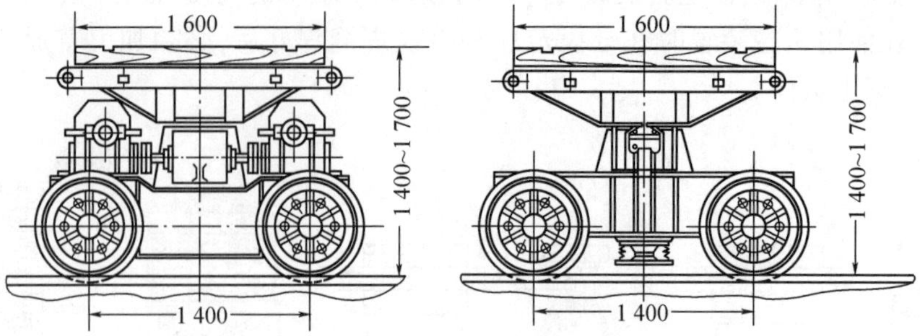

(a) 自动船台小车　　(b) 非自动船台小车

图 6-9　船台小车

1. 单船建造

(1)总段建造法

以总段作为船体总装单元的建造方法,称为总段建造法。由于总段较大、刚性好,并有较完整的空间,因此能减少船台工作量和焊接变形,提高总段内预舾装程度,并可提前进行密性试验。由于受船台起重能力的限制,总段建造法一般只适用于建造中小型船舶。但对于采用水平船台造船的船厂,因可使用船台小车作为总段的运送工具,故受上述限制要小一些。如图 6-10 所示,首先将船中部(或靠近船中)的总段(基准总段)吊到船台上定位固定,然后依次吊装前后的相邻总段,当两个总段的对接缝结束后,即可进行该处的舾装工作。

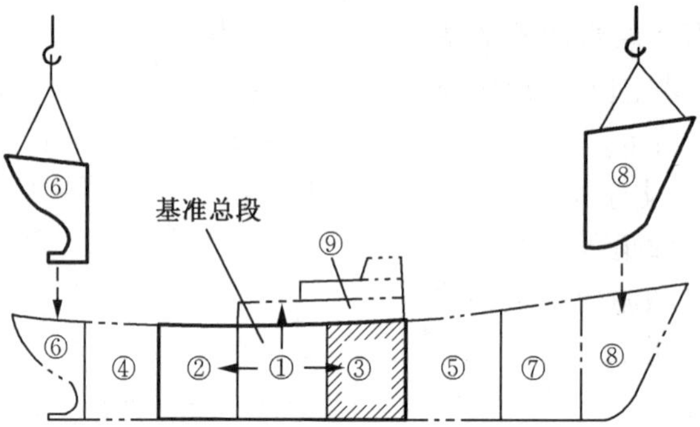

图 6-10　总段建造法

(2)塔式建造法

建造时以船中部偏后的某一底部分段为基准分段(对中机型船,也可取机舱分段),由此向前后左右,自下而上依次吊装各分段,在建造过程中所形成的安装区始终保持下宽上窄的宝塔形状,故称塔式建造法,如图 6-11 所示。其安装方法较简便,有利于扩大施工面和缩短船台周期,但焊接变形不易控制,完工后船首尾上翘较大。

(3)岛式建造法

岛式建造法是有两个或两个以上基准分段同时进行船体总装的建造方法,就是将船体划分成 2~3 个建造区(简称“岛”),每个岛选择一个基准分段,按塔式建造法的施工方法同时进行建造,岛与岛之间用嵌补分段连接起来。划分成两个建造区的称为两岛式建造法;

划分成三个建造区的称为三岛式建造法,如图 6-12 所示。这种建造法能充分利用船台面积,扩大施工面,缩短船台周期,而且其建造区长度较塔式建造法短,船体刚性较大,所以焊接总变形比塔式建造法小,但是其嵌补分段的装配定位作业比较复杂。这种方法常用来建造船长超过 100 m 的大型船舶。

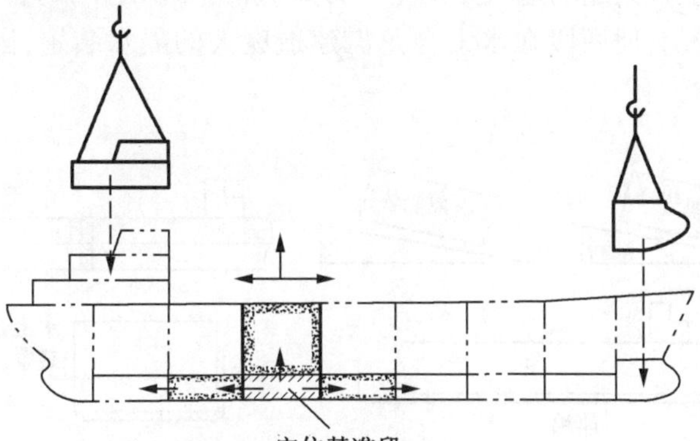

图 6-11 塔式建造法

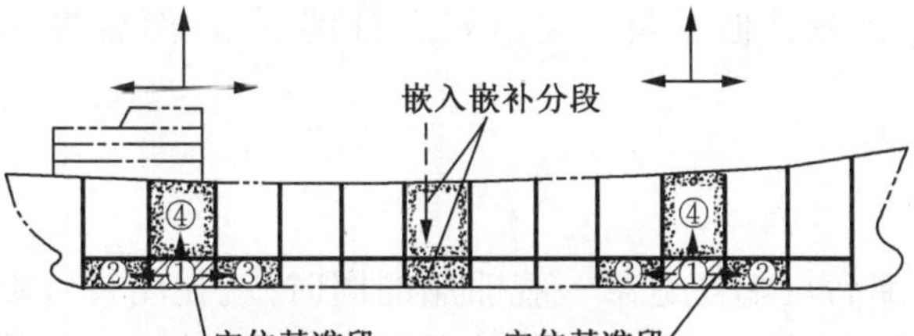

图 6-12 岛式建造法

(4)水平建造法

在船台上先将船底分段装焊完毕,再向上逐层装焊直至形成船体的造船方法,称为水平建造法,也称层式建造法。水平建造法是由整体建造法演变而来的,是国外采用较多的方法,近年来已为我国少数大船厂所采用。其优点是船体分段吊装时,初期投入物量比较多,从而使整个船台建造周期中吊装负荷比较均匀,有利于机舱区的扩大预舾装和缩短船台建造周期;缺点是船台周期较长、焊接变形较大,适用于建造船台散装件较多的船舶。水平建造法如图 6-13 所示。

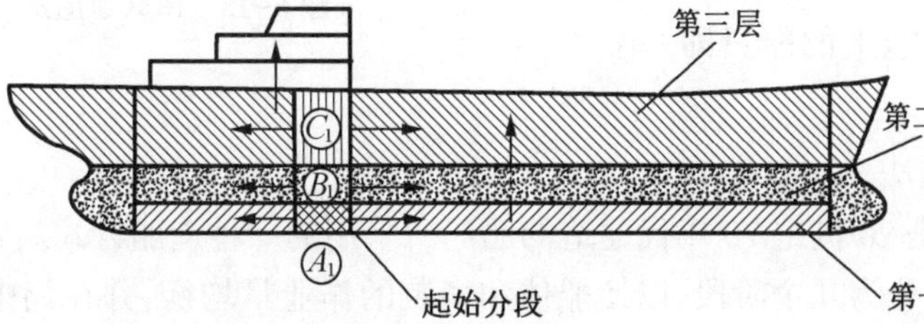

图 6-13 水平建造法

(5)两段建造法

两段建造法也称两段建造水上合龙法或坞内合龙法。它是将船体分为两段,在船台上或船坞内分别建成,在水下或坞内合龙成整个船体的建造方法。它是在船台或船坞的长度不能满足要求的特殊情况下采用的方法。该方法可利用现有船台(或船坞)造大船,是一种使用小船台、小船坞配合大船坞造大船的生产方式,降低了大船坞的合龙周期,充分利用了资源,节省了基建投资。但两段在水上合龙需建造庞大的隔水装置,因此一般是在船坞内合龙,如图 6-14 所示。

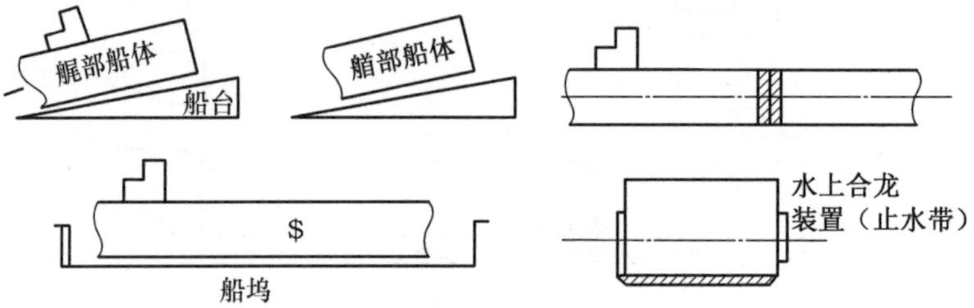

图 6-14　两段建造法

除了两段建造法外,有些船厂为了缩短船台(或船坞)建造周期,还采用三段建造法,将船体三大段在水平船台或其他总装区建造好后分别下水,然后将其拖至总装船坞进行总装。

2. 批量船建造

(1)串联建造法

串联建造法是在船台尾端建造第一艘船舶的同时,就在船台首端建造第二艘船的尾部,待第一艘船下水后,将第二艘船的尾部移至船台尾端,继续吊装其他分段形成整艘船体,与此同时,在船台首端建造第三艘船的尾部,以此类推,如图 6-15 所示。这种方法能大大提高船台利用率,缩短船台建造周期,提前进行舾装作业,对改善生产管理,均衡生产节奏具有许多优势。但是,它只能在船台长度大于建造船舶的长度(约等于 1.5 倍船长)时才能采用,且在倾斜船台上采用此法时,还必须配置移船设备。因此,它适于批量建造大、中型船舶,特别是批量建造尾机型船舶,这是由于尾机型船的机舱和泵舱均位于艉部,艉段提早形成有利于早期舾装工作的开展。

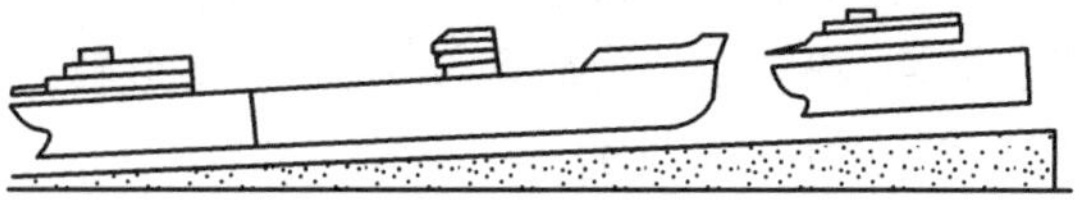

图 6-15　串联建造法

为了充分利用造船设施,对于船坞造船时,根据船坞的大小及所造船舶的尺度,坞内可以在宽度方向同时布置两条船,在坞长方向还可以布置其他船只,一坞同时造两艘以上的船只即“串并联”的形式。

(2)三阶段建造法

三阶段建造法是 20 世纪 70 年代建造的船厂所采用的一种造船方式。它以在坞中舾装为目的,将建造工程分为几个阶段,以使船体和舾装的作业量均衡,并在坞中进行主机安装和试车,出坞后可立即进行试航。以三工位方式为例,它将船舶建造工程分为船尾建造、船首和平行中体建造、舾装工作三个建造阶段,有直线式,如图 6-16(a)所示;也有侧坞式,如

图 6-16(b)所示。

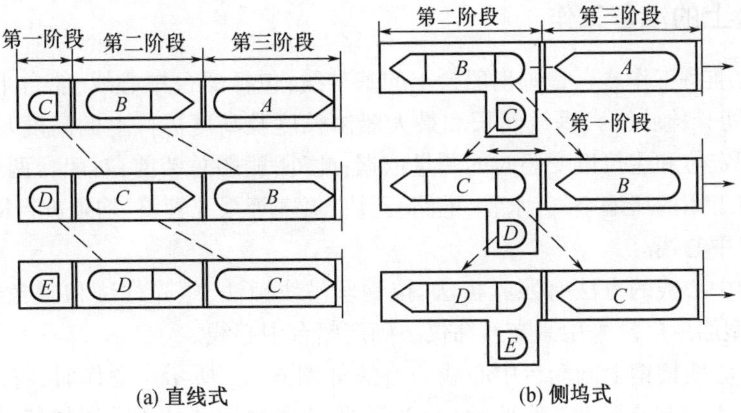

图 6-16 三阶段建造法

任务训练

训练名称:总装方案的确定。

训练内容:

已知某 17 000 t 散货船,船长 150 m、船宽 21 m、型深 12 m,单船生产。承造厂有 10 万吨级纵向倾斜船台(船台长 290 m,宽 50 m,滑道长 280 m,滑道坡度 1/24)和 20 万吨级干船坞(坞长 365 m,坞宽 80 m,坞深 13 m),船台设置有起重能力 100 t 塔吊,船坞设置有 600 t 龙门吊。根据船厂条件确定总装场所、设施和总装方式,编写简明的总装方案。

(1)选择船舶总装建造场所;

(2)确定船舶总装设施;

(3)确定总装方式。

任务 6.2 船台装焊准备

PPT

任务解析

船台和船坞是进行船体总装(搭载)的主要施工场地。为保证船体总装的施工质量和进度,必须切实做好总装前的船台或船坞的装焊准备工作。准备工作分为船台(或船坞)的和船体上的两部分。

本任务主要学习船台(或船坞)装焊的准备工作。通过本任务的学习和训练,学习者能够了解船台(或船坞)总装前的准备工作,且能进行船台(或船坞)画线。

背景知识

过去,我国很多船厂在船台上进行船体总装,而现代新建船厂均采用船坞建造方式。

这里以船台总装为例来说明总装准备工作的内容。

一、船台上的准备工作

船台上的准备工作之一是画出船台上的基准线，包括船台中心线、船台半宽线、分段两端肋位线（或肋骨检验线）、垂线间长和最大船体长度及高度标杆上的高度基准线，作为分段在船台装配定位和主尺度交验时的测量依据；此外，船舶总装前，对船台两侧设置的高架吊车以及供施工用的压缩空气、水管、电路、乙炔、氧气等系统管路，均须进行检查。

1. 画船台中心线

确定船台中心线的方法有照光板法、拉钢丝吊线锤法、望光柱法和激光经纬仪法。目前，国内大中型船厂广泛采用激光经纬仪法确定船台中心线。

在船台中心线槽钢上画船台中心线的方法如图 6-17 所示。操作时，将激光经纬仪安置在船台中心线的端点，对中整平后，发射激光点到槽钢 A 上（应超越船的尾端），每隔 1.5~2 m 画出一点，然后将所有点连成直线，即为船台中心线。船台中心线画好后，要在船台中心线上确定首、尾尖点，画出首、尾尖点位置线。在首、尾尖点间拉钢卷尺，将分段大合龙前后肋骨位置画在船台中心线上，并用铳头做出标记和用色漆写上肋骨号码。

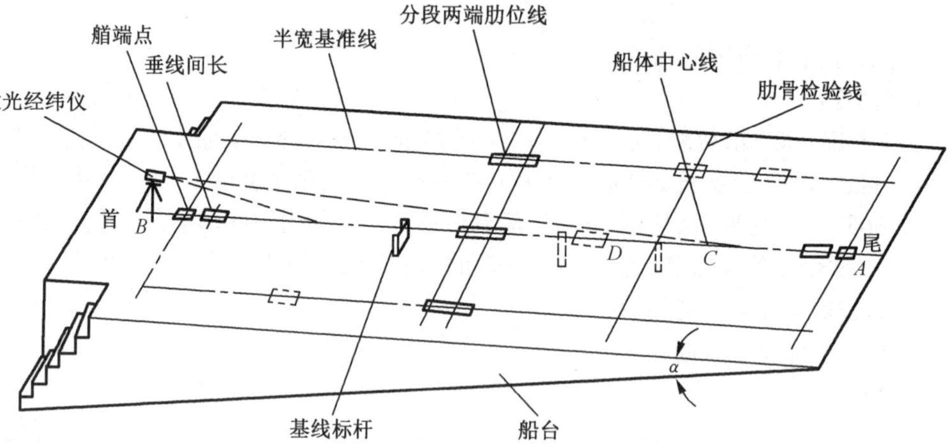

图 6-17 用激光经纬仪画船台基准线

2. 画船台半宽线

为方便船台合龙对宽度的测量，应绘制船台半宽线，一般船台半宽线应小于船舶的半宽值。船台半宽线通常也是采用激光经纬仪来绘制的，首先在船台首、尾尖点位置线上确定左右半宽点，过该点用画船台中心线的方法做出船台半宽线，并在半宽线上画出合龙缝前后肋骨位置，做出标记和用色漆标上肋骨号码。

3. 画船台肋骨检验线

在倾斜船台上一般不设船台肋骨线槽钢，只在船台中心线槽钢上逐挡或间隔 5 挡画出肋骨位置线及分段大接头接缝线，并用色漆标上肋骨号码和分段号。

在水平船台上根据规定的船舶基准肋骨线，埋有船台肋骨线槽钢。先在船台中心线上画出基准肋骨线的位置，然后用激光经纬仪（及五棱镜）在船台肋骨线槽钢上作出基准肋骨检验线。没有激光经纬仪时，可用几何学中作垂线的方法作出，并用铳头做出记号和用色漆写上肋骨号码。船台上画肋骨检验线的方法如图 6-18 所示。

4. 画高度标杆上的高度线

根据放样部门提供的高度数值，在船台的高度标杆上画出基线、水线、甲板边线等全部理论高度线，作为水平软管、激光水平仪或激光经纬仪进行船台铺墩、分段吊装定位和检验高度的基准。

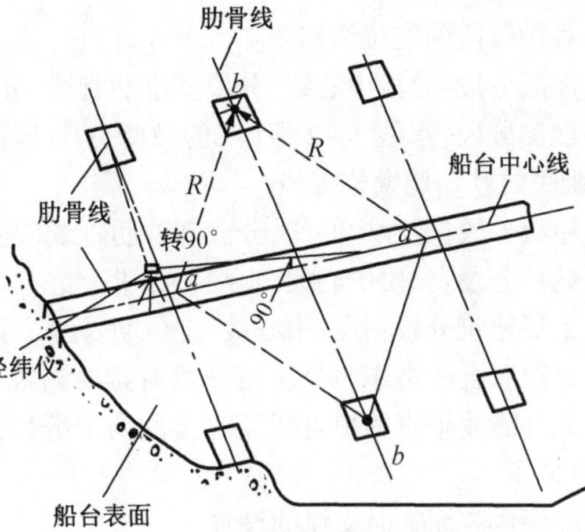

图 6-18　画船台肋骨检验线

在水平船台上应用激光水平仪测量时，根据测量的要求，在船台中间的左右两侧各设置一根高度标杆即可。但是，在倾斜船台上船体和水线等都是倾斜的，应根据激光水平仪转站测量的要求，设置若干根高度标杆。高度标杆是垂直于水平面设置的，图 6-19 所示为倾斜船台上高度标杆的高度线。

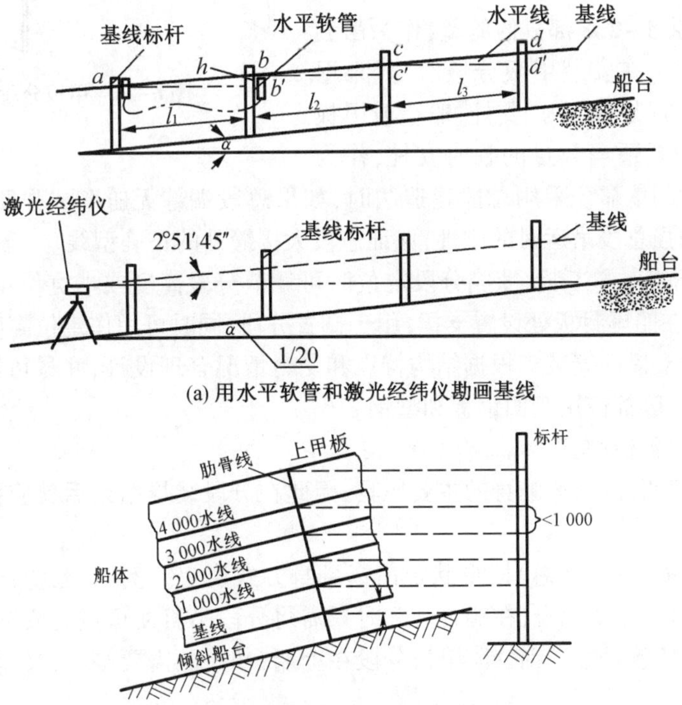

(a) 用水平软管和激光经纬仪勘画基线

(b) 高度标杆与船体高度线的关系

图 6-19　倾斜船台上高度标杆的高度线

二、船体上的准备工作

1. 画出分(总)段的船台定位线和对合线

这项工作是属于船体结构预装配工艺的任务，用来确定分段或总段在船台上的位置，保证船体尺度的正确性。因此，在船台装配前必须检查是否已画出各分段或总段上的船台安装定位线。

各种分段的定位线如下：

船底分段：分段中心线、分段基准肋骨线、分段水平检验线、内底板上舱壁位置线；

舷侧分段：水线 1~2 根（高的舷侧分段上下边各画一根）、甲板边线、分段基准肋骨线（与船底同号）、舱壁位置线；

甲板分段：分段中心线、分段基准肋骨线（与舷侧同号）、舱壁位置线；

舱壁分段：分段中心线、水线 1~2 根；

上层建筑分段：分段中心线、定位肋骨线、与水线相平行的直线。

分段对合线是作为分段与分段对接时对准用的。通常在分段左右或上下各画一根与分段大接缝线垂直的短直线。对接的两个分段之对合线的位置应统一，以便对准定位，如图 6-20 所示。

2. 船台装配临时支撑的设置

临时支撑的作用在于保证分（总）段在船台装配时的位置和线型，并作为分（总）段的支承装置。

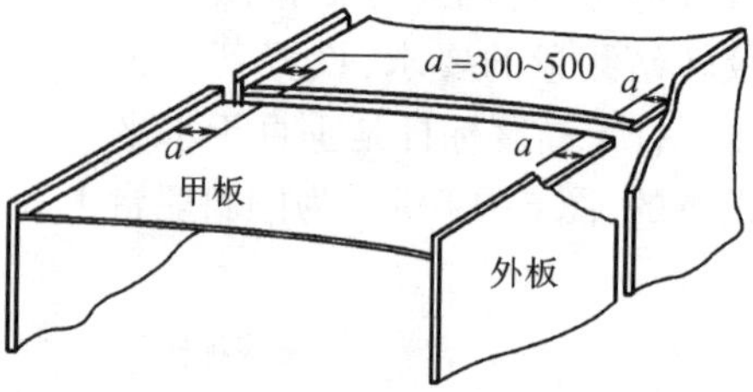

图 6-20　甲板分段对合线

设置在舷内的支撑：当舷侧分段未跨及舱壁时，则需要安装 1~2 道部分假舱壁，作为吊装舷侧分段的依靠。在安装甲板分段时，如果甲板分段没有适当的支撑结构（支柱、舱壁或甲板边板等），则需设置适当数量的临时支柱，作为吊装甲板分段时的依靠。采用总段建造法时，如果总段端部无舱壁或强肋骨框架，便需要设置假舱壁以增强总段吊运时的刚性，保证总段大接缝处的正确型线。

设置在舷外的支撑工装：舷侧分段定位时可调节分段高度或半宽位置，在定位尾部总（分）段时，必须在船尾封板处设置支撑，用于搁置分段，同时可用作定位高度调节。

临时加强和支撑的安装应根据结构特点和受力情况合理设计，并尽可能减少辅助材料和工时的消耗，一般都使用废旧钢板和型钢。

3. 安装吊环、各种“马”

吊环是分段和总段吊运翻身的主要属具，因此在分段装焊结束后就应按要求布置和装焊好。

吊环的数量需根据分（总）段形状及吊运翻身方式决定。例如，舱壁、舷侧等分段仅单面有骨架，制造时不需要翻身，在船台装配时只需将分段吊直便可进行安装，因此只在分段上边安装两个吊环就足够了；底部、甲板分段在上船台时，既需要翻身，又需要吊平，故需安装 4 个以上吊环。

吊环所用的钢材应具有良好的可焊性，焊接应采用碱性焊条，焊角尺寸应符合规定要求。吊环的布置应与分段重心对称，以保持吊环负荷均衡和分段吊运的平稳。吊环通常应布置在分段的骨架交叉处。各个吊环的安装方向应与其受力方向一致，以免产生扭矩。吊环安装处的船体内部构件应进行双面连续焊，连续焊范围约 1 m。

总装时需要的“马”有靠马、拉条马等。

任务训练

训练名称:画出水平船台上的基准线。

训练内容:

画出船台上的基准线,包括船体中心线、船体半宽线、分段两端肋位线(或肋骨检验线)。

(1)尽量采用激光经纬仪,无激光经纬仪时,可采用拉钢丝吊线锤的方法画船台中心线;

(2)画船台半宽线时在船台首、尾尖点位置线上确定左右半宽点,过该点用画船台中心线的方法作出船台半宽线;

(3)画肋骨检验线没有激光经纬仪时,可用几何学中作垂线的方法作出;

(4)水平船台上用激光水平仪测量高度时,在船台中间左右两侧各设置一根高度标杆。

训练工具:线锤、钢卷尺、激光经纬仪、U形管、卷尺、铳头和色漆等。

任务6.3 船台(船坞)装焊及变形控制

PPT

任务解析

船体建造方法有总段建造法、塔式建造法、岛式建造法、串联建造法等,各建造法都有优缺点,各船厂可根据自身条件,如船坞条件、总装平台面积、起重能力、船型、船体结构特点、建造周期等因素综合考虑。塔式建造法是一种船厂使用较多的典型的船体总装方法,这里以此为例来介绍船台装焊工艺过程和方法。

船体总装过程中由于选择的建造法不同,施工中装配精度的差距,焊接工艺措施的不同,焊缝不对称于船体中和轴以及预制分/总段的变形等多种因素影响,必然会造成船体的变形和船体局部的变形。因此,在船体总装过程中应避免和减少船体变形,并提前采取预防措施。

本任务学习塔式建造法船台(船坞)装焊工艺和焊接变形控制。通过本任务的学习和训练,学习者能够合理编制常规船台总装工艺,并能模拟(或仿真)进行船台或船坞总装装配。

背景知识

一、船体总装工艺过程

分/总段在船台(坞)的定位工作,一般是借助于该分/总段在船体中长度、宽度和高度方向所处的位置,以及水平检验线四个要素来决定分/总段在船体中的正确位置。用肋骨检验线来决定分/总段在长度方向的相对位置;用中心线(或纵剖线)决定分/总段在宽度方向的相对位置;用水平检验线或某一水线决定分/总段在高度方向的相对位置和分段水平。

在船台(坞)装配定位中,按其先后安装顺序分为基准分/总段和后续分/总段:基准分/

总段就是指第一个上船台(坞)的分段,它是作为全船定位、装配的基准点,除基准分/总段外,皆为后续分/总段。一般后续分/总段在分/总段接缝处皆有单端余量。如采用无余量装配新工艺,则分/总段全部无余量(仅设补偿量)。

分/总段水平船台定位装配与倾斜船台定位装配技术要求相同,在倾斜船台上分/总段定位要考虑面对定位测量的影响。

1. 塔式建造法船台(坞)装焊工艺流程

船体总装常用塔式、岛式等建造法,虽然在建造方法上有所不同,但在一个建造区内的分段吊装顺序和分段定位固定方法是相同的。采用塔式建造法进行船台装配时其装配顺序通常如下:

①基准分段的定位。

②吊装基准分段上的舱壁分段和前后的底部分段。

③吊装舷侧分段,向首、尾方向继续吊装底部分段和舱壁分段。

④吊装甲板分段,继续吊装底部分段、舱壁分段和舷侧分段。对已形成环形船体部分,进行分段大接缝的焊接。

⑤继续向首、尾方向吊装底部分段、舱壁分段、舷侧分段和甲板分段,继续对装配完工的分段大接缝的焊接,并对分段大接缝已施焊结束的舱室开展舾装作业。

⑥吊装首、尾分(总)段,继续完成分段大接缝的焊接工作和舱内舾装作业。

⑦吊装及焊接上层建筑,继续进行舾装作业。

2. 塔式建造法船台装焊工艺要点

下面根据塔式建造法的船台装焊顺序说明船台装焊工艺的要点。

(1)基准分段的定位

基准分段是船台合龙的起始点,由于机舱舾装工作量大,基准分段通常选在机舱及其附近的底部,以便使机舱部分船体尽早形成,尽早开展舾装工作。

底部基准分段吊装前应做以下准备工作:

在分段前后两端适当肋位处,于分段中心线附近各焊一只眼板,并各装两只带松紧螺丝的拉条,供调整分段的前后位置用,如图 6-21 所示。

在基准分段放置位置处,按照底部分段强构架位置和基线高度铺设好墩木。将液压千斤顶、弹子盘,置于分段的底部四角和艏艉中心线部位,供调整分段高低和前后位置用,如图 6-22 所示。

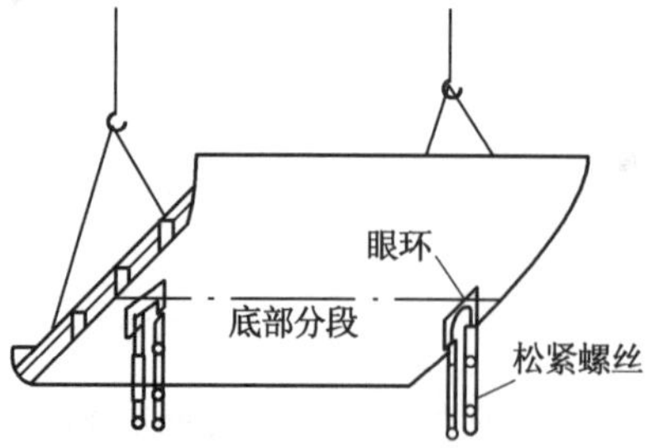

图 6-21 前后松紧螺丝

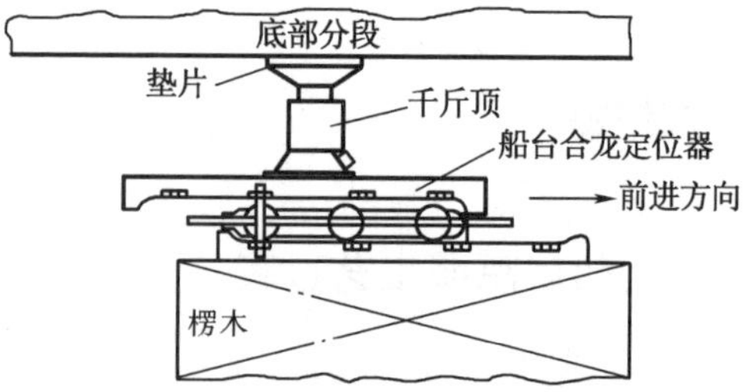

图 6-22 弹子盘油压千斤顶

准备好水平软管或激光经纬仪,供测量分段水平及高度用。准备好线锤,供检查分段前后中心线位置用。重新标划清楚分段上的肋骨检验线、中心线、水平线和两端肋骨位置。

在墩木上画出分段相应肋骨检验线,供分段吊装时初步定位用。

底部基准分段的定位过程如下:

①确定分段长度方向上的位置。如图6-23所示,将分段上的肋骨检验线对准船台墩木上相应的位置线,或用线锤检测,使分段上的肋骨检验线对准船台表面的肋骨检验线。若有偏差,可用前后松紧螺丝调整,符合要求后将松紧螺丝拧紧,不使分段前后移动。

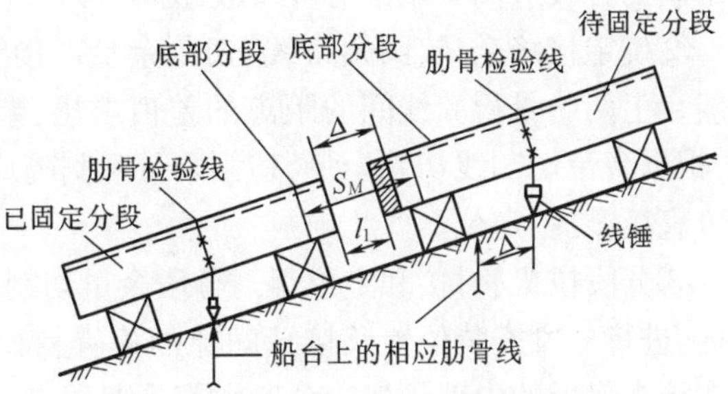

图6-23 利用肋骨线确定分段长度方向上的位置

②确定分段宽度方向上的位置。如图6-24所示,用激光经纬仪或线锤检查分段两端处的中心线与船台中心线是否对准,若有偏差用松紧螺丝调整好,然后初步固紧。

③测量分段两端距基线的高度及左右水平。水平船台上分段纵横向均处于水平,倾斜船台上分段纵倾度与龙骨坡度相符,横向处于水平。用水平软管或激光经纬仪,以高度标杆为基准,从船底测量分段的高度,以确定分段在高度方向上的位置,如图6-24所示。若有偏差,用液压千斤顶调整。

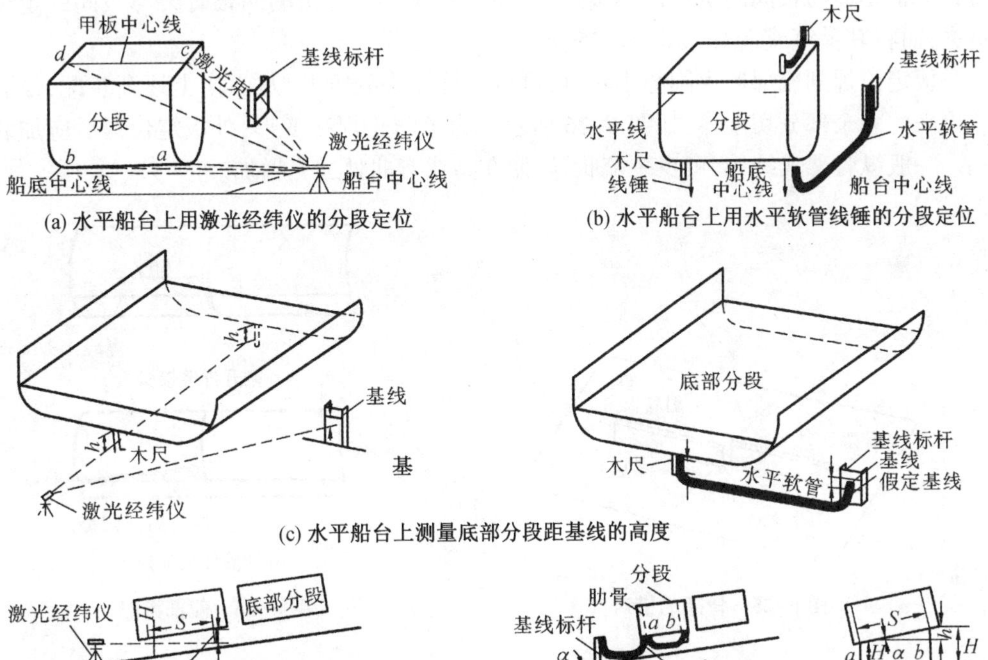

(a) 水平船台上用激光经纬仪的分段定位

(b) 水平船台上用水平软管线锤的分段定位

(c) 水平船台上测量底部分段距基线的高度

(d) 倾斜船台上测量底部分段距基线的高度

图6-24 底部分段的定位测量

分段前后、左右、高低位置经复查都正确后,可将分段松紧螺丝固紧,墩木敲紧。定位分段位置固定后,即可吊装相邻的底部分段。

(2)相邻底部分段的船台装配

①分段的定位。定位方法与基准分段的定位基本相同。考虑到大接头端部放有余量,新吊装的分段应离开基准分段一段距离。

②确定接缝余量、画余量线、切割余量。接缝余量须根据两分段肋骨检验线间的距离与船台上两肋骨检验线间的距离的差值求出,余量确定后,在留有余量的分段上画出余量线,根据余量切割线切割余量,切割余量时割嘴应垂直于外板。如采用无余量上船台工艺,则可直接靠拢、定位。

③分段拉拢、对接和定位焊。分段余量切割后,对坡口进行正确加工,然后将分段进行拉拢,进行分段安装位置及接缝间隙的检查,符合定位焊要求后,再进行分段的定位焊,安装大接头附近的内部骨架。分段内部骨架先定位焊,然后再对外板定位焊。大接缝处坡口加工的方法可用风动鉦凿、气割或碳弧气刨。坡口一般开在内面。

④分段接缝的焊接。为防止变形,外板定位焊后应加装梳状马,并左右对称地进行焊接,并且应装配好若干个分段后再开始焊接,以增大船体刚性,不易产生上翘变形。焊接时内面先焊,外面封底焊。

⑤拍片检验。拍片部位由检验员确定,拍片比例按工艺要求,军品一般为5%~8%,民品一般为3%~5%。

总装的经验技巧:分段接缝在进行定位焊时,往往会产生骨架与骨架对不准的现象,这时可将一根骨架与板间的定位焊拆去约一挡肋距,或将相对接的两根骨架与板间的定位焊都拆去,而将其借直或借对,如图6-25所示。

外板定位焊到舭部产生圆势不对时,可将焊缝接头处割开,从下向上逐渐装配,最后将伸长出来的多余部分切割掉,如图6-26所示。为了防止焊接变形,外板定位焊后应加装梳状马。一般纵骨架式结构,可少装梳状马,而在型线弯曲处适当增加。

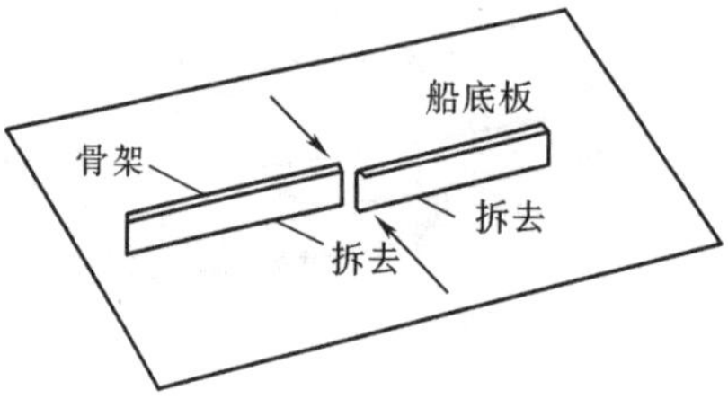

图6-25 骨架的借对

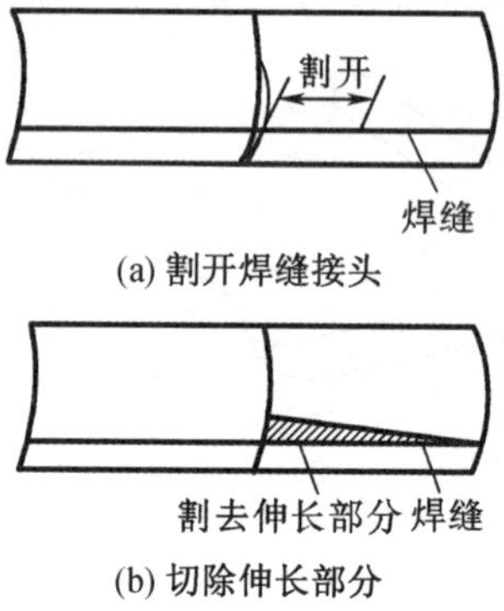

图6-26 舭部接缝

(3)舱壁分段的船台装配

底部分段在船台上安装结束后,就可进行该区域内舱壁分段的安装工作。舱壁分段有纵舱壁及横舱壁。在该区域先装纵舱壁,再将横舱壁靠上,这种安装较方便;也有先装横舱壁,后装纵舱壁,再将另一横舱壁装上的交叉装配法。

横舱壁安装前的准备工作:

检查舱壁分段上的吊装定位水平线、中心线等是否齐全、清楚,并标明舱壁壁面的首尾方向。位于2/3高度处的舱壁两面,左右各焊两根带松紧螺丝的拉条,供分段调整垂直用。安装舱壁区域的内底板应预先矫平,并画出舱壁及其构件的安装位置线。在横舱壁向尾一面的上端左、中、右各焊一块扁钢,并系上细线,供吊线锤测量舱壁垂直度用。若纵横舱壁相交,应在舱壁上画出相交的舱壁安装位置线。按内底板上舱壁的位置线焊几块限位钢板。

横舱壁分段的装配过程如下。

①横舱壁分段的定位

将横舱壁吊上底部分段,插入限位钢板内,将舱壁上部拉条与内底板固定并拉紧,然后定位。定位过程为:将横舱壁下口对准内底板上画好的肋位线,横舱壁中心线对准内底板上的中心线;如图6-27所示,用激光经纬仪或在横舱壁向船尾一面,左、中、右挂线锤测量其垂直度,并调节预先设置在舱壁两面拉条上的松紧螺丝;用激光经纬仪或水平软管检查舱壁左右水平,若有偏差,可在低的一端用液压千斤顶顶高;用水平软管或激光经纬仪测量出横舱壁上定位水平线距离底部基线的高度,确定舱壁下端的余量值。

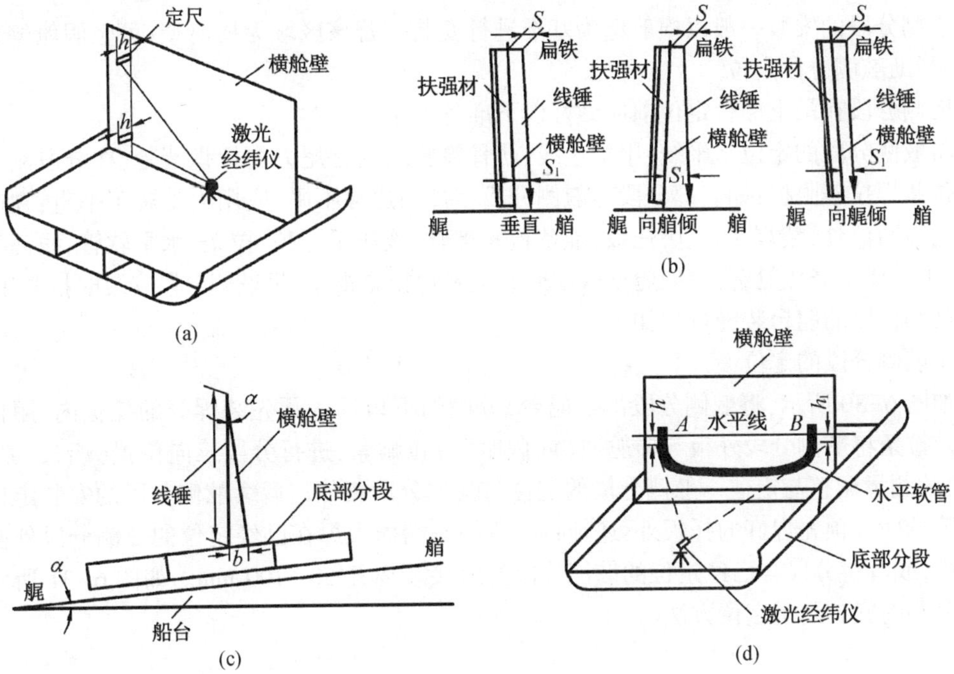

图6-27 横舱壁的定位测量

②画余量线、割除余量

根据所得余量值画出舱壁下端余量线,准确割除余量,应特别注意舭部横舱壁余量的割除,量取余量值时应从铅垂方向量取(图6-28),然后拆除支撑角钢,徐徐松下液压千斤顶,放下横舱壁,进行正式定位。

③横舱壁定位焊及安装肘板

平面舱壁与内底板的定位焊,应由船中向两舷。对槽形舱壁应先定槽形转角,后定平直部位。对整个舱壁来说,也由船中向两舷进行定位焊。由中间向两舷逐一安装舱壁与底部分段的连接肘板。

纵舱壁分段的装配方法基本上与横舱壁的装配方法相同,如图 6-29 所示。当纵舱壁装配完毕,首尾两端若有余量则需画线切割正确,以便靠上横舱壁。

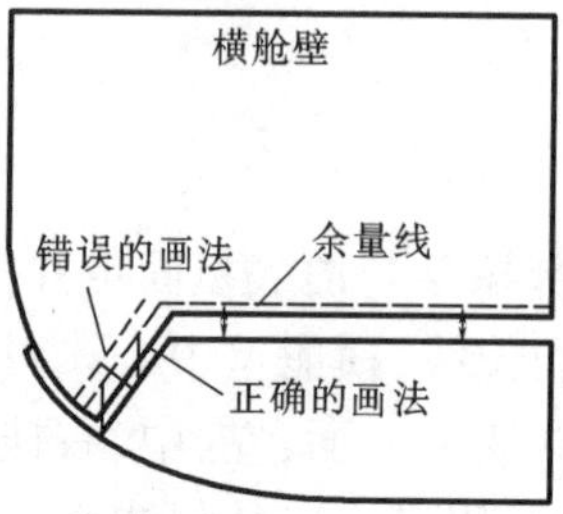

图 6-28　画内底边板处的横舱壁余量线

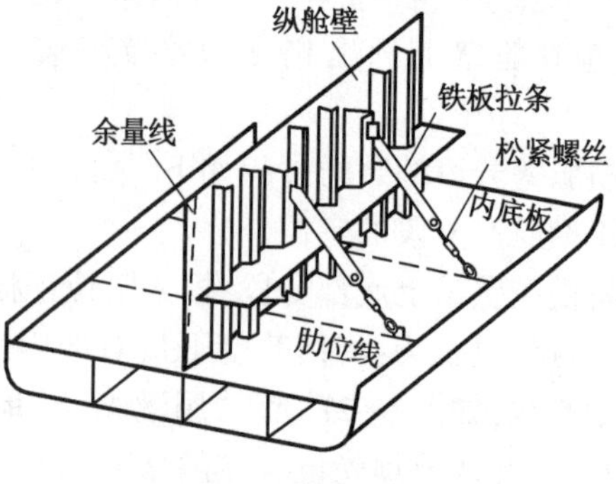

图 6-29　纵舱壁分段的安装

(4)舷侧分段的船台装配

舷侧分段的安装一般以横舱壁为基准进行安装。若该区域无横舱壁,可竖假舱壁作为基准,帮助舷侧分段定位。

舷侧分段在吊上船台定位前应做好以下准备工作:

将舷侧分段的定位水平线、甲板边线、肋骨检验线及首尾方向标识清楚;在分段刚性较强部位装焊拉条眼板;如底部分段与舷侧分段相接的边缘不平,应用火工矫正平直;在底部分段适当肋位处,装焊 2~3 块托板;准备松紧螺丝、液压千斤顶、拉条、水平软管、线锤等工具;按工艺要求竖假舱壁,在假舱壁或横舱壁上装焊松紧螺丝,供舷侧分段安装时拉紧用。

舷侧分段的船台装配过程如下。

①舷侧分段的定位

如图 6-30 所示,将舷侧分段吊上船台,分段的下口插入预先装焊好的托板内,用松紧螺丝及拉条将舷侧分段外板与横舱壁(或假舱壁)拉贴紧,进行分段三向位置(船长、船宽、高度)的测量调整与定位。舷侧分段的定位与其他分段相似。后续舷侧分段的安装定位除了将下端插入预先焊好的托板外,还须将分段的一端插入焊在已经定位的舷侧分段外侧的卡板内,或者将分段与已经定位的舷侧分段的对接端离开 50~100 mm。如图 6-31 所示为舷侧分段的安装测量定位方法。

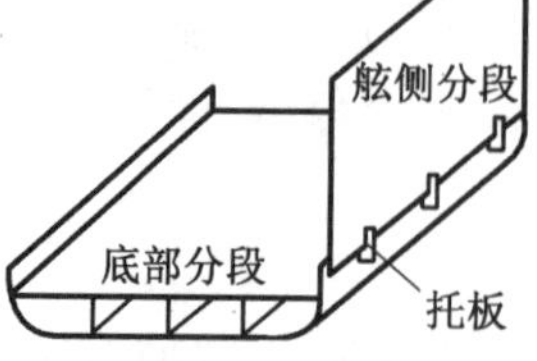

(a) 舷侧分段下口插入托板

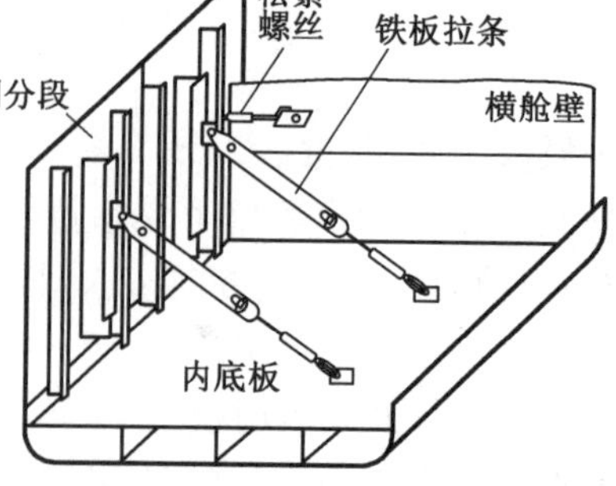

(b) 舷侧分段外板与横舱壁拉贴紧

图 6-30　舷侧分段定位

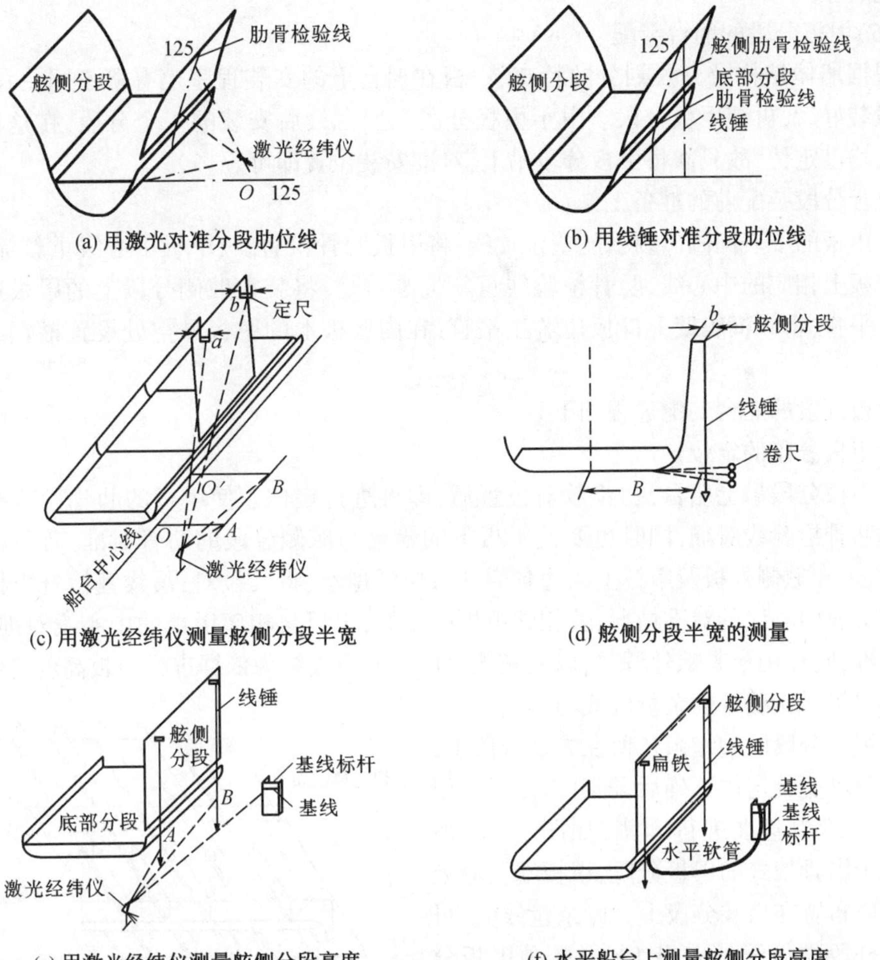

(a) 用激光对准分段肋位线　(b) 用线锤对准分段肋位线

(c) 用激光经纬仪测量舷侧分段半宽　(d) 舷侧分段半宽的测量

(e) 用激光经纬仪测量舷侧分段高度　(f) 水平船台上测量舷侧分段高度

图 6-31　舷侧分段的安装测量定位方法

②画余量线、切割余量

分段三向位置正确后，可进行画线。舷侧分段与底部分段相接，一般余量放在底部分段的外板上口。舷侧分段靠托板支持，舷侧分段贴在底部外板的外面，当舷侧分段位置正确后，即可根据舷侧分段的下口边缘由外向内进行套割。套割时须用“马”将舷侧外板与底部外板压紧，同时在舷侧分段边接缝两端用定位焊临时固定，不使分段下落。对于横向倾斜度较大的部分舷侧分段，在画下口余量线时，要特别注意，如图 6-32 所示，$P_1 \neq P$，应按 P 画，不应按 P_1 画。后续舷侧分段还要考虑端部余量的画线。

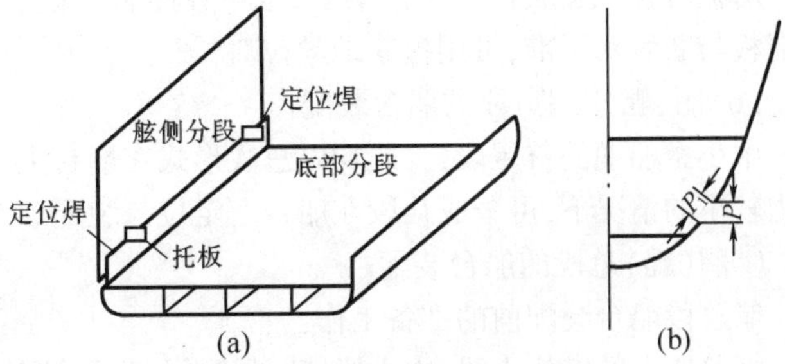

图 6-32　套割余量与垂直画余量线

③舷侧分段的定位焊及舭肘板的安装

将舷侧分段与底部分段相接的边接缝进行定位焊，然后，安装舭肘板。

(5)甲板分段的船台装配

根据船体结构及分段划分的特点,甲板在船台上的安装程序也有所不同,一般是在舷侧分段装好后,再装甲板分段。由于甲板分段是船台最后安装的一个分段,在这以前的各个分段均已定位,故只需将甲板分段吊上,对准安装位置即可。

甲板分段装配前的准备工作:

在甲板的下表面画出纵横舱壁位置线;将甲板肋骨检验线、甲板中心线重新标画清楚;将内底板上相应的中心线、肋骨检验线重新标画清楚;将装在舷侧分段上的甲板边板的板边矫正平直;将纵横舱壁上口板边矫正平直;在内底板上的甲板悬空处设置槽钢或假舱壁支撑。

甲板分段的船台装配过程如下。

①甲板分段的定位

将甲板分段吊上船台,初步放对位置后,即可进行定位。使甲板的肋骨检验线与舷侧分段的肋骨检验线对准,同时也要使甲板上的横梁与舷侧分段的肋骨对准,若甲板舷侧位置不对,可在舷侧外板及甲板上两边各焊一只松紧螺丝,将其拉对;吊线锤检查甲板中心线与底部分段中心线的对准情况,若相邻甲板已装好,甲板与相邻甲板的中心线对准,若中心线不对准,同样用松紧螺丝调整;以两舷侧分段上的甲板线为依据进行甲板高度定位。

②甲板对接缝处的余量画线与切割

如甲板分段的端缝余量留在先装分段上,则后装分段安装定位正确后,即可以以后装甲板分段端缝为基准进行套割,如图 6-33 所示。对于纵骨架式的甲板分段,甲板端接缝处的余量应布置在后装分段上。画余量线时,可在先装分段端接缝处向里 100 mm 画甲板分段定位对合线,作为画余量线的依据。

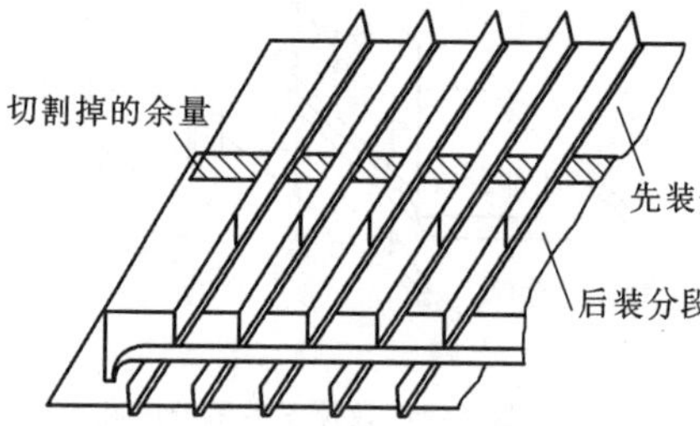

图 6-33　甲板分段余量的切割

③甲板分段的定位焊

甲板的定位焊可按甲板与舱壁、甲板与舷侧、甲板与甲板、内部骨架与骨架的次序进行。甲板与舱壁的定位焊,应先定纵舱壁,后定横舱壁,先中间,后向两舷进行定位焊。舷侧与甲板的角接缝定位焊,由于舷侧外板与甲板间隙较大,一般都用松紧螺丝拉贴紧。外板与甲板基本拉贴紧后,可先用小块钢板将甲板与外板暂时定牢,再逐一定位焊。

④安装梁肘板

肘板可预先安装在甲板横梁上,也可在船台上散装。安装时肘板应对准肋骨和横梁。若肘板与肋骨对不准,可用松紧螺丝拉对。

(6)艏、艉分(总)段的船台装配

中小型船舶的首尾段,一般均以总段形式在船台上定位与装配。大型船舶在船厂起重能力较小的情况下,可分成几段在船台上定位与装配。

①艏(艉)总段的船台装配

艏总段船台装配前的准备工作:

将总段上的定位水线、中心线、肋骨检验线标画清楚;总段端部环形接缝处的板边应矫正平直,线型光顺;与总段相接的船体另一端环形接缝处的板边也应矫正平直,线型光顺;

求呈凹形并光滑过渡，滑道间无明显沟槽。

4. 管节点的公差要求

管节点装焊完毕后，一般应达到以下公差要求：

①支管端面应垂直于支管的纵轴，垂直度误差为±3 mm（即支管端面切割精度）。

②支管和主管轴线、相贯面最大不重合度不超过 5 mm。

③支管长度公差在 0~50 mm（含后续工序的装配余量）。

当节点的管壁厚度超过 100 mm 时，为了提高节点材料的抗层状撕裂性能，提高生产效率和降低生产成本，国外正在研制没有焊缝的锻造钢管节点及铸钢管节点。

二、人字管架的装配与焊接

多数自升式平台的桩腿是由 K 型管梁组成的桁架式结构。桩腿横截面分别为正方形和正三角形，结构形式如图 7-2 所示。根据桩腿特点，在划分分段时，一般将桩腿水平分成若干段（环形总段），每一总段在垂向以圆盘板为界，分为 3 个或 4 个 V 形分段，每个分段均由若干人字管架和一条齿柱组成。因此，在制造桁架式桩腿时，必须首先完成数量众多的人字管架的预制。此部件预制往往采用专门胎具装焊法。人字管架部件装焊顺序如下。

1. 进行管子的单件预制

①在水平管和斜撑管外壁上画出中心线（即 0°线和 180°线），如图 8-7 所示。用样台或电算所提供的纸皮样板，对准相应的分度线画出管子一端或两端的相贯线，并进行切割，得到所需的单位管子零件。相贯线切割也可采用数控相贯线切割机完成。

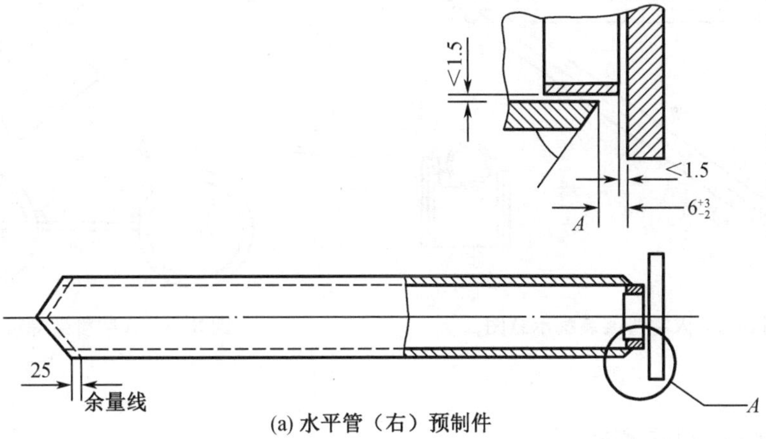

(a) 水平管（右）预制件

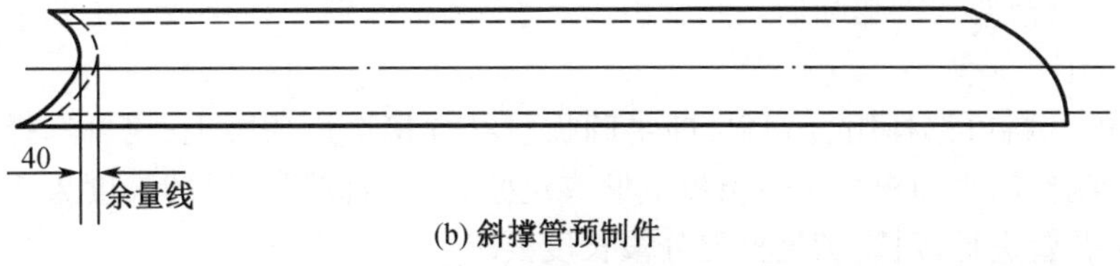

(b) 斜撑管预制件

图 8-7 单管预制件图

②水平管与圆盘板连接端按要求切割打磨坡口，镶嵌焊接垫环，然后进行圆盘的装焊。进行圆盘板和水平圆管的焊接时，最好采用回转胎架，若无条件仅能在平台上进行滚动焊

接。为避免与平台间的接触电弧伤，管件与平台间应垫绝缘板材加以绝缘，并采用专门的接地电缆。

在切割水平管和斜撑管时，应注意管子与导轨相交端留有足够供后续各工序用的修整余量。一般水平管留 25 mm 左右，斜撑管留 40 mm 左右。

2. 在专门胎架上将水平管和斜撑管组装成人字管架

人字管架装配如图 8-8 所示。

由于人字管架数量多，精度要求较高，虽然结构简单，制作时应设置刚性较大的专用胎架，以确保装焊质量、精度，提高装焊效率。安装胎架时要求管子托架中心线的夹角准确，并在人字架下口端考虑一定的焊接收缩反变形量 e，e 的数值通过实测确定。

装配时首先将水平管吊到托架上定位夹紧，再将斜管吊上托架，打磨相贯处焊缝坡口后与水平管定位组装，两管定位要求与管节点相同。装焊完毕后画出二次余量线（中、大合龙时修整余量）并切割多的余量。

3. 人字管架的焊接

对于人字管架的焊接，上半部分在胎架上进行，采用多层焊，每层分两段对称施焊，直至坡口焊满，如图 8-9 所示，待相贯焊缝上半部焊完后再装肘板和焊肘板。肘板焊接采用单层双焊道。肘板焊接后要报检，验收合格后再下胎架翻身进行下半部的焊接，焊接程序与上半部相同，要求焊接时与平台绝缘并装接地电缆。

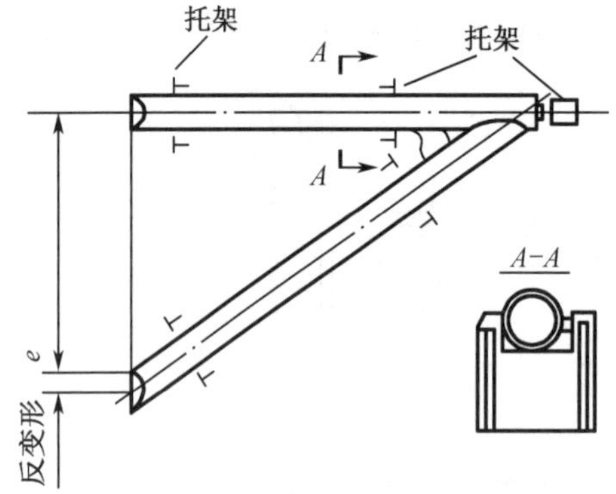

图 8-8　人字管架装配示意图

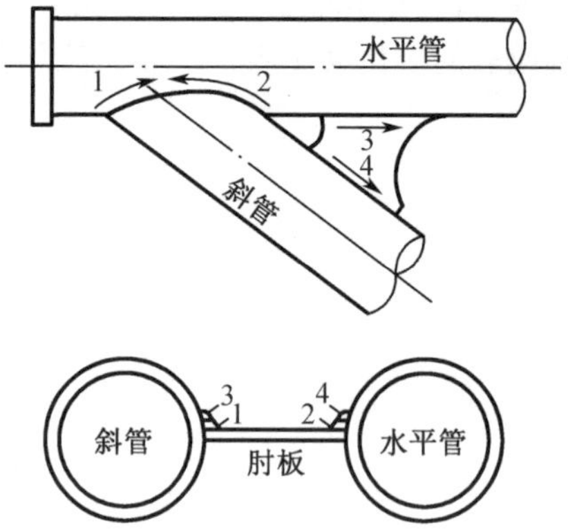

图 8-9　人字管架焊接顺序图

三、主弦管制作和接长

自升式平台桁架式桩腿圆形主弦管由齿条、半圆板和窗户板组成。主弦管应先安装或按分段长度接长。

主弦管的到料可选择组合到料，即半圆板已经焊接至齿条板上，也可选择仅订购齿条板，再将自行制作的半圆板焊于齿条板上形成主弦管。当桩腿分段的长度大于主弦管长度时，需要对主弦管进行接长，满足桩腿分段长度要求。

1. 组合到料（半圆板已焊接到齿条板上）的主弦管接长

主弦管的对接质量直接关系到桩腿的整体性能，为了保证主弦管的对接精度，需要制定专门的胎架。胎架的设置要满足定位、焊接、画线的需要，并且应注意胎架和对接缝的设置距离应为 1 m 左右。

定位要求：主弦管在胎架上定位时，应以齿条板厚度中心线和纵向中心线进行左右和水平定位，且齿条板应垂直于胎架。左右及水平定位完成后，需要现场用加强材把主弦管紧紧固定到胎架上。齿条板对接时齿条厚度和宽度方向均有公差要求，根据桩腿长度和项目的不同，齿条板制作公差要求也不一致。例如，某齿条板的厚度方向误差不大于±0.8 mm，宽度方向误差不大于±0.762 mm。

主弦管对接顺序：齿条上胎架固定→利用千斤顶将齿条两侧顶到位→齿条板对接→焊接齿条板→焊后检验→窗户板对接定位→窗户板焊接。

2. 齿条板与半圆板需焊接形成主弦管的制作和接长（图 8-10）

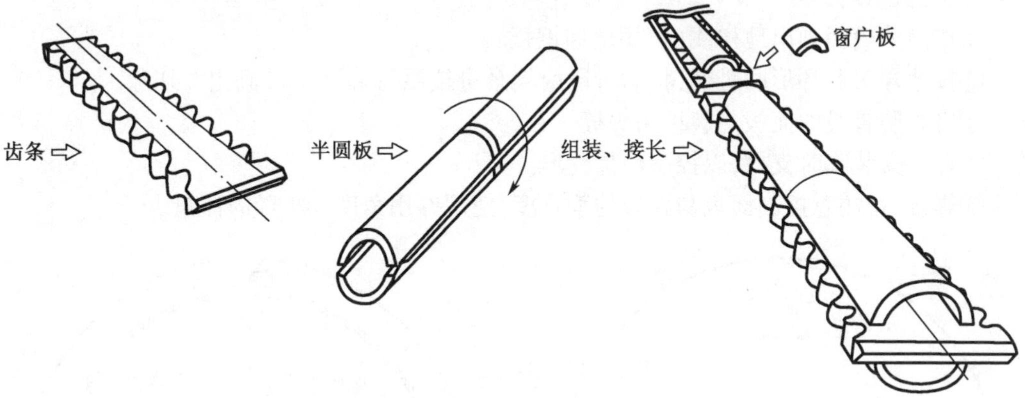

图 8-10　桩腿主弦管组装和接长

该项工作应在专用场地进行，并需要制作专门的胎架。具体要求与 1 内容相同。

主弦管装焊顺序如下：

①竖立胎架，并交验收。

②胎上定位，齿条板应垂直于胎面，利用千斤顶将齿条两侧顶到位。

③齿条板的对接及焊接，焊接方法是手工电弧立焊。对齿条板端部的焊接坡口进行打磨清理，焊接时采用双数焊工对称施焊，焊接过程中根据测量数据，随时调整焊接顺序。焊前预热及焊后热处理按相关焊接工艺规程进行。

④齿条板对接焊接完后，进行交验，包括焊接检验和尺寸检验。

⑤主弦管安装，进行齿条板和半圆板对接缝焊接、半圆板和齿条板上端面的角焊缝焊接，进行半圆板和窗户板的焊接。焊前预热及焊后热处理参照相关焊接工艺规程执行。焊接方法是手工电弧焊。焊接齿条板和半圆板对接缝时，采用双数焊工对齿条两侧四条接缝进行对称焊接。焊接过程中根据测量数据，随时调整焊接顺序。

⑥主弦管翻身 180°，进行另一面半圆板和齿条板的角接缝焊接。

⑦主弦管焊完后，进行交验。

以上整个过程中的焊前预热和焊接过程应严格按照相应的焊接工艺规程文件进行。主弦管接长装焊完成后的精度要求为长度：±4 mm；主弦管直线度：≤2.5 mm/28 齿；齿条平面度：≤5 mm/8.5 m（测量时以内侧为基准）；焊缝处齿条间距：±2 mm。

检验方法：主弦管在对接过程中，每焊一层都要进行一次尺寸检验，主要是检验主弦管的直线度、水平度及齿条板的齿距。直线度和水平度的检验方法可用激光经纬仪和现场拉钢丝相结合进行。齿条板齿距的检验可以用样板、卡尺进行测量。主弦管焊接完后，拿掉引弧板，两端焊点打磨平整后做 MT，然后进行交验（包括焊接检验和尺寸检验）。

主弦管装焊完成后，要运输到分段装配场地，和水平支撑管进行单片制作，然后进行分段总组。接长后的主弦管在运送到分段预装配场地和支撑管进行组装过程中，要注意对主弦管的保护，以免损坏齿条，如在吊运时吊绳和主弦管接触部分用胶皮裹住，存放时应使用垫木垫平。

四、环形肋骨圈制作

在自升式平台的筒形桩腿中径向多采用 T 型环形肋骨圈。如图 8-11 所示为环形肋骨圈制作工艺过程：

①按筒节内径画出地样线（使用地样钢板）。

②按地样对制环形肋骨圈，将肋骨段两端余量按照每端-2 mm 画出并切除。

③钉焊肋骨段的面板与腹板角焊缝。

④焊前安装临时支撑，以控制焊接变形。

⑤焊接时，注意控制面板与腹板的垂直度，使用专用角度样板随时测量。

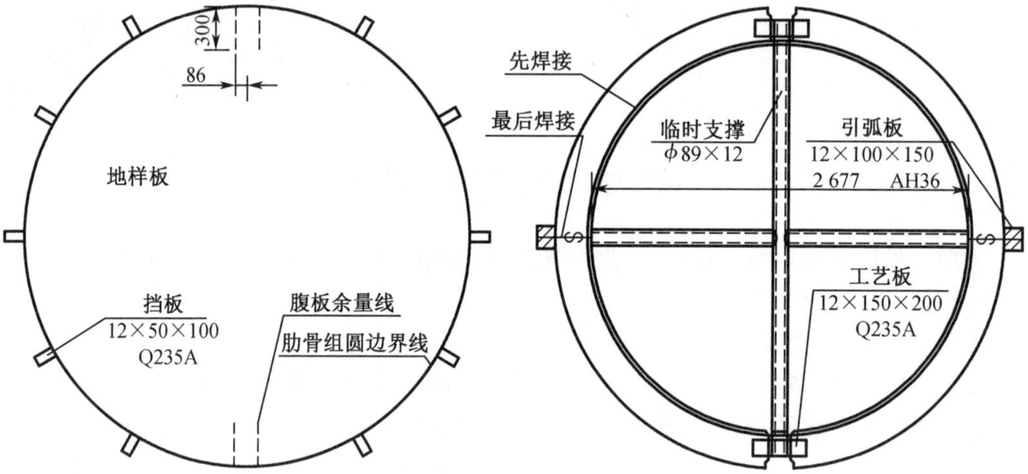

图 8-11　肋骨圈制作

任务训练

训练名称：K 型管节点装焊工艺设计。

训练内容：根据图 2-50 中所示 K 型管节点形式，按管节点装配工艺要求，写出其装配工艺要点。

任务8.2 导管架平台分段与总段制造

PPT

任务解析

导管架平台主要由导管架、导管帽和平台模块组成。其结构是由多根导管和拉筋(或为撑杆)构成的一个空间桁架。导管架平台整个建造阶段,通常先在陆地上将导管架预制完毕,然后运至海上井位处进行安装。其安装是将钢管桩穿过导管架的大直径的腿柱打到海底以下一定深度,然后再在桩与导管架腿柱间的环形空间内灌注水泥浆或不灌注水泥浆而仅通过焊接连在一起(以便导管架可以移位),从而将整个导管架与钢桩牢固连在一起而稳固坐于海底,然后安装导管帽,最后安装平台各模块、设备及钻井塔。

本任务主要学习导管架平台特殊分段及总段的制造工艺。通过本任务的学习和训练,学习者能够熟悉导管架平台分、总段的制造工艺方法且能进行导管架分、总段组装工艺流程设计。

背景知识

一、上部结构制造工艺

上部结构也可称为上层平台,由各种组块组成。上部结构可以是一个多层甲板组成的结构,也可以是单层甲板组成的结构,视导管架平台规模大小而定。组块结构的制造和船体平面分段的制造工艺流程相类似,即为钢材预处理→下料切割(钢板和型材)→理料→部件装焊→组块分段制造→分段涂装→滑道区总装及下水等。

上部结构组块的建造目前有两种比较常见的方式,即组块分道装焊方式和分段装焊制造方式。

组块分道装焊方式:首先将组块分层,并按设备单元安装的要求将各层甲板组块或分段进行甲板结构制造。甲板分段结构制造的方法一般采用分段反造法,并完成部分反态预舾装工作,然后在总组装区进行分段翻身和部分预舾装工作后再进行滑道区总装。

分段装焊制造方式:按照组块的结构特点,将组块以相应结构为中心分成几个大型分段,先进行分段结构框架的预制,然后再焊接相应的板片(一般也是采用反造法),再进行相应设备的预舾装、分段涂装,然后在总装区进行分段翻身和部分预舾装工作后,再进行滑道总装等。目前,我国海工建造中较多采用的为分段装焊的组块建造方式。

二、导管架分、总段制造

由于导管架尺度较大,在建造过程中也与船舶建造一样,由部件(管件、管节点件等)先预装成分段,再由分段组装成立体分段,最后组装成导管架。

因为导管架的结构特点,通常是按轴线将导管架分成多个平面分段(实际上是平面桁架),也称单片。浅水导管架一般一个立面为一片,而深水导管架因高度过大,通常将一个立面沿高度方向划分成多片。

导管架分段因其尺度和质量均较大,难以在车间内进行装配和焊接,故一般均在外场平台区进行施工,对预制场地的要求基本和导管架总装配场地相同,应统一加以考虑。

1. 导管架平面分段制造

(1)导管架分段画线。

导管架分段画线是一项非常重要而细致的工作,包括导管和撑杆上画线以及导管架单片在建造场地上的画线两项工作。

①杆件画线。用涤纶薄膜样板按图纸要求在导管和拉筋上画出各种定位线和相贯线。

②导管架单片画线。其是指在预制场地的合适位置画出画线导管架单片的轴线位置及装配时的导管垫墩位置和测量仪器安置位置。

在导管架结构图中,一般都给出了各部分的尺寸和标高,而在各杆件施工图纸中又给出了详尽的相贯参数和各相贯杆件的定位点尺寸。因此画线时,只需按照这些已知参数采用激光经纬仪等工具先绘出中心线,然后绘出各导管和各拉筋管的轴中心线,以及各垫墩(包括导管躺卧垫墩和立片垫墩)的位置,如图 8-12 所示。

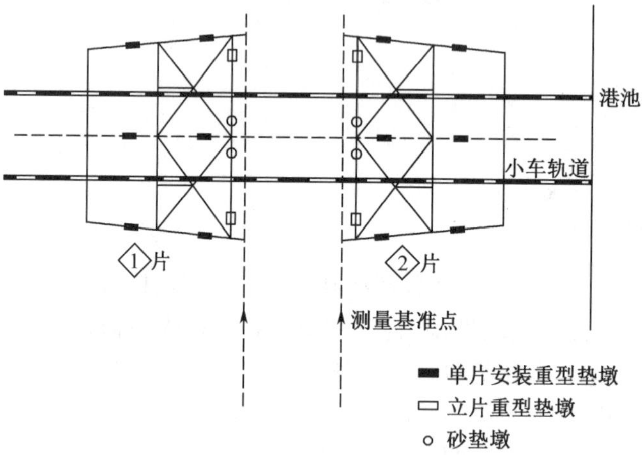

图 8-12　导管架单片画线示意图

导管架画线时应注意以下几个问题:

a. 在导管架中,有些立片与水平面垂直设置,如位于中间的立片。标高尺寸即为单片的实际尺寸,单片画线时可直接以图纸尺寸为准;有些位于各侧面的立片,它与水平面不垂直,相互间有倾角,实际尺寸应为图纸上标高尺寸除以倾角的正弦,画线时应注意换算。

b. 应根据建造方案合理安排导管架单片的画线位置,若单片组装完毕后运往其他场地进行总装,则对画线位置无严格要求。反之,若单片组装后还要在原地进行导管架单体的装配或进行导管架总装配时,则必须安排好各单片的画线位置。要求它既能同时摆放两个或两个以上的单片,又留有单片之间的间距,以便两个单片装焊完毕后,能在原地立片,稍作调整即可安装两单片间的拉筋管而组装成单体,同时必须留有足够的辅助作业面积。

c. 如果单片、单体或整个导管架造好后采用承载小车运往总装配场地或码头,则在画线时应注意分段(分片)高度方向与承载小车的轨道方向一致,同时应使分段、单体、导管架保持与轨道中心线对称,以便于建造完成后的运输稳定性。

d. 画线时应注意两导管间的摆放距离要比图纸尺寸稍大。从实际施工中发现,按理论尺寸下料的水平拉筋管在平面组装后，尺寸会变小，这是由于焊后局部变形、焊口处熔融等原因所造成。收缩量一般为 2~3 mm，加上每个马鞍曲线（相贯线）焊缝处平均间隙约为 4.5 mm，一个拉筋两端共有 9 mm 间隙。因此，在导管架单片画线时应使导管中心距比图纸尺寸大 10~12 mm。

斜拉筋管的尺寸不宜放大，因斜拉筋管的长度偏差，会使组装拉筋时的相贯位置上移或下移，造成各片斜拉筋端部不在同一标高面内。同时，各片焊接时为保证平面尺寸，总是先焊水平拉筋管，水平方向先收缩完毕，斜拉筋焊接时收缩量会很小，因此斜拉管应按图纸尺寸画线。

e. 在预制场地应事先设置固定的测量基准点，如图 8-11 所示，作为单片画线、构件就位的基准，同时为便于组装及总装配后的测量检验，在导管画线时应在导管和拉筋管的有关位置画出相应的检验测量点。在单片装焊结束后或单体、导管架总装配完工后可直接测量，以确定其制造精度。

f. 由于导管架的完工精度要求很严，因此分段画线必须准确，误差应控制在±1 mm 以内。因此，在导管架的画线、垫墩的摆放、导管的就位、单片的竖立固定，单体组装时单片位置的确定等工作，都必须使用光学经纬仪和水准仪进行测量，且每一尺寸均应多次测量取平均值。画线用的尺子，必须与标准尺进行对照鉴定。使用尺子时的拉力要符合原鉴定时的拉力力度。测量较长尺寸时，应使用弹簧拉称尺。

（2）导管架平面分段的装焊工艺。

①分段装焊垫墩的形式和用途。

导管架平面分段装配时，导管的承重和固定、导管位置的微调完全依赖于垫墩，因此要求用于导管架分段装焊的垫墩，不仅要有足够的承载能力，而且要便于调整工件位置。

按照承载能力，导管架分段垫墩可分为轻型垫墩和重型垫墩，如图 8-13 所示。图 8-13（a）、图 8-13（b）为导管架立片时使用的重型垫墩，其中砂垫墩拆墩方便，为便于单体或整个导管架建造好后安放牵引小车，在小车轨道以内的立片垫墩（图 8-12）一般应设置砂垫墩。图 8-13（c）为单片装配时设置的重型垫墩。图 8-13（d）为普通杆形垫墩，结构简单，是用切割管子相贯线后的料头制作的，一般用于无特殊要求的施工场所。

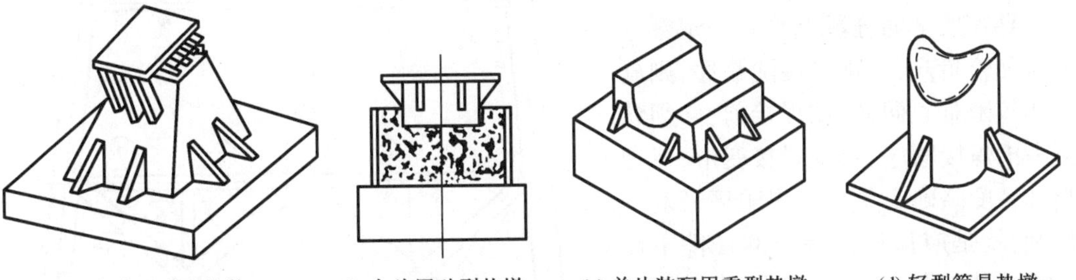

(a) 立片用重型垫墩　(b) 立片用砂型垫墩　(c) 单片装配用重型垫墩　(d) 轻型简易垫墩

图 8-13　导管架分段装焊垫墩形式

②导管架平面分段装焊。

a. 导管垫墩按要求摆好后，首先将几根导管吊到垫墩上进行定位。要求轴线应与预先画在场地上的轴线一致，即与垫墩中心线一致，且要求多根导管的轴中心线应在同一平面，各导管的前后位置应符合要求，调整方法如图 8-14 所示。在进行导管定位时，应注意以下问题：

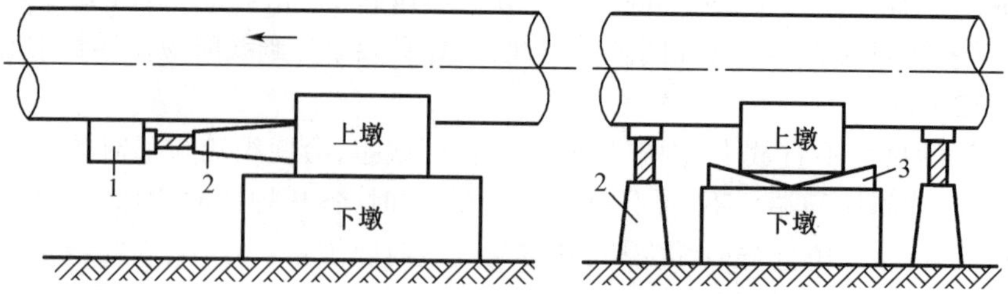

1—挡块；2—千斤顶；3—铁楔。

图 8-14　导管装配位置的调整

(a)由于单片焊接时总是从下向上进行的，当下端施焊后上部间隙会有所收缩，从而使导管向内侧旋转，如图 8-15 所示。直径 1 m 左右的导管焊后会旋转 2~3 mm 的弧长。因此，在摆放导管时，每片两侧导管的轴中心线应先向外旋转 2~3 mm 弧长，否则，会造成片与片之间的夹角误差过大而影响总装配和尺寸精度。

(b)导管定位后，要实测两导管间之轴中心线距离。测量时应用盘尺绕两个管子外径一圈，如图 8-16 所示，再计算出轴中心线间的距离 L，$L=($盘尺测得的周长$-\pi D)/2$。因为各导管均有一定椭圆度，如果直接量出 L 值，不一定能准确反映出实际的中心距。

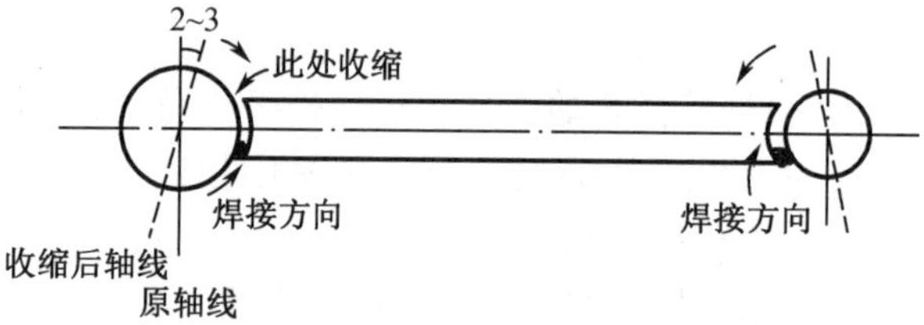

图 8-15　焊缝收缩引起导管旋转

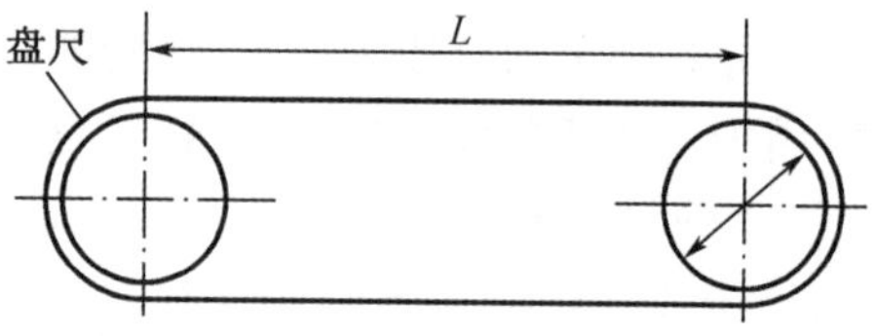

图 8-16　用盘尺测量轴中心线距离

b. 各导管定位并经检查合格后，进行各拉筋管的装配和焊接。由于每一个导管架平面分段上均有一定数量的拉筋管，若不安排好装配顺序，则施工比较困难。同样，在焊接前，必须认真考虑焊接顺序，减少焊接变形，保证尺寸精度。确定单片装焊顺序最基本原则，就是应保证先装焊的杆件不能影响其他杆件的装焊；有隐蔽焊缝的节点，应保证其隐蔽焊缝先行施焊。

图 8-17 为某浅水导管架单片装焊顺序图。图中右侧表示装配顺序，左侧表示焊接顺序。

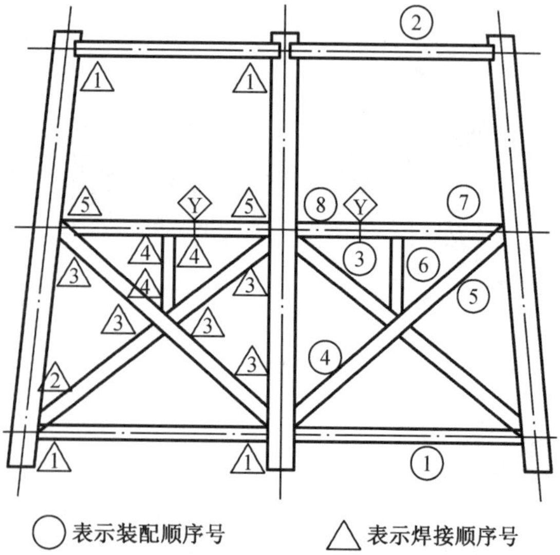

图 8-17　单片装焊顺序图

(a)装配顺序。因为①杆两端有隐蔽焊缝，先装配①杆，再装配③④

杆。②杆为箱形梁,①②杆先装配,可使导管形成一刚性框架,利于保持装配尺寸的一致。两端要同时施焊,使收缩量均匀一致。③和⑤杆各有一段隐蔽焊缝,只有先装焊后才能装配⑦⑧两杆。但先装配③杆,会使④杆装配发生困难,故正确的顺序应是④→③→⑤。⑦⑧两杆原为一根通杆,为装配方便将其断开,先装配⑥⑦杆,再装配⑧杆(⑧杆较短,便于边装边修整)。整个单片拉筋管的装配顺位应为①→②→④→③→⑤→⑥→⑦→⑧(①②顺序可颠倒),而且左右两侧顺序一致。

(b)焊接顺序。焊接顺序和装配顺序基本一致,先装配的先焊,后装配的后焊(见图左侧△内数字),但要求对称施焊。在焊接⑦⑧杆时,应先焊接 Y 处的环形缝,再焊两端与导管相连的焊缝。如果先焊两端相贯焊缝,则因两端收缩而使 Y 处间隙变大,且两端焊死后再焊 Y 处焊缝时,气体不易散发,会影响环形缝的焊接质量。环形焊缝按规范要求进行 X 光探伤,而两端相贯焊缝仅需做超声波探伤,由此可见保证环形焊缝焊接质量的重要性。

2. 导管架总段制造

导管架平面分段建造后,若需要在原场地进一步将两个平面分段组装成立体分段(单体)或将多个分片组装成总段(如一个导管架沿高度方向划分为若干个总段),则均需将平面分段竖立起来,并临时固定,然后装焊各片间的拉筋管,以形成单体或导管架总段,称为“立式”建造法。也可采用“水平式”(或“卧式”)建造法,即在已建造好的仍置于建造场地水平位置的平面分段上,先装配两单片间的拉筋管,再将另一相关单片吊运至其上方进行装配。就建造过程中操作、对位、调整各方面考虑,“水平式”建造法略困难一些,故通常用“立式”建造法较多。图 8-18 所示为立式和卧式建造法示意图。

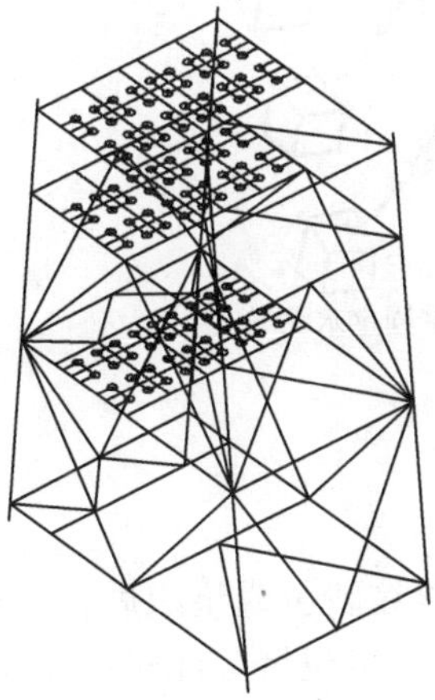

(a) 立式建造法

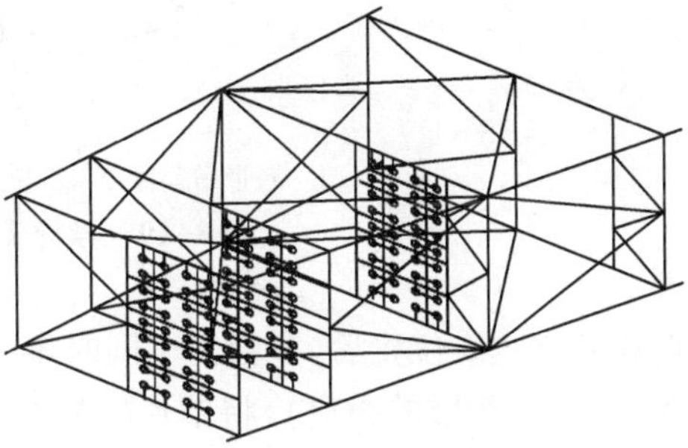

(b) 卧式建造法

图 8-18 立式和卧式建造法示意图

(1)准备工作。

将导管架平面分段(单片)竖立起来,称为“立片”,立片在建造工艺中较为复杂,不仅影响导管架的建造质量和工程进度,而且直接关系到施工安全,因此必须做好以下工作:

①由于导管架单片的质量、尺度均大,因此在立片前必须进行详细的力学计算,以确定重心位置,从而确定吊车的台数、各台起吊能力及吊点位置、吊环的形式和吊索的断面尺寸及长度等。计算方法与常规船舶分段吊运类似,但应考虑布点对起吊的影响。为确保立片的安全,确定所需起重能力将取较大的安全系数,通常取 $m=4\sim10$。

②若在计算中发现单片刚性不足，则应在立片前对单片采取必要恰当的临时加强措施。

③对立片后临时固定的方式，临时支撑材料、单体上的临时支撑板和地面上的临时支撑座，要做好充分的准备。

(2)导管架总段建造工艺。

①立片工艺过程。图 8-19 为立片工艺过程的大致情况。首先在单片旋转支点(一般位于各导管下端或最下根水平撑杆的适当位置)处垫以砂包或砂墩以保护导管。用若干台履带式吊车吊住各导管上端，并逐渐递升，起片时注意各吊车起吊速度应力求相等及匀速。若产生吊索斜拉现象，不允许调整起重扒杆的角度，而应使各吊车同步缓慢均匀向前移动小段距离(0.5 m 左右)，停下来再递升，如此重复操作，直至将单片竖直。

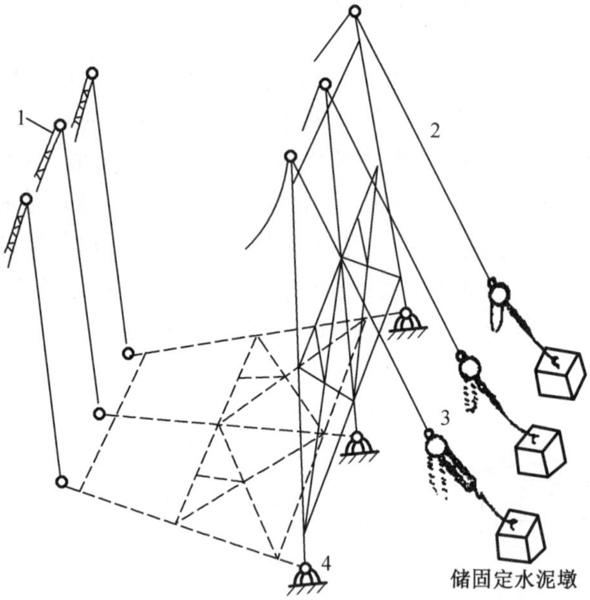

1—履带吊爬杆；2—牵拉绳；3—葫芦；4—砂包。

图 8-19　导管架立片工艺过程

当单片处于垂直位置后，多台吊车同时着力吊起单片，撤除砂包或垫墩后，吊车再一起调整距离(与立片垫墩的距离)，将单片吊放在立片垫墩上的规定位置。此时吊车不要完全卸载，以便千斤顶进行微调，将导管单片调整到规定的正确位置。最后用钢丝绳和葫芦将导管架单片紧紧固定在锚固水泥墩(俗称“地牛”)上。

②导管架单体或总段制造。导管架单体指由两个单片组成的一个立体段，导管架总段指沿导管架高度划分成的多个整体段。导管架总段一般适用于大型(即深水)导管架，而组成导管架总段的单片是沿高度方向划分成的段数。

导管架单体装焊工艺如下：

a. 定位。在完成立片操作后，在两个单片间先定位。此定位按单体长、宽、高三向定位。

b. 装配。在定位确认后，先由两单片间的上、下前后两端装配水平撑杆，再向中间部位装配。而后装配平面斜撑，再装配对角斜撑，最后装配中间水平撑。

c. 焊接。焊接顺序基本与单片焊接顺序相同，见图 8-17。

图 8-20 是某导管架组装顺序。其中，图(a)是导管架立式组装顺序；导管架单体也可以卧式装配，如图 8-20(b)，图中表示导管架组装的大致过程，其撑杆装焊与立式装配相同。在施焊过程中要不断测量，调整并控制精度。

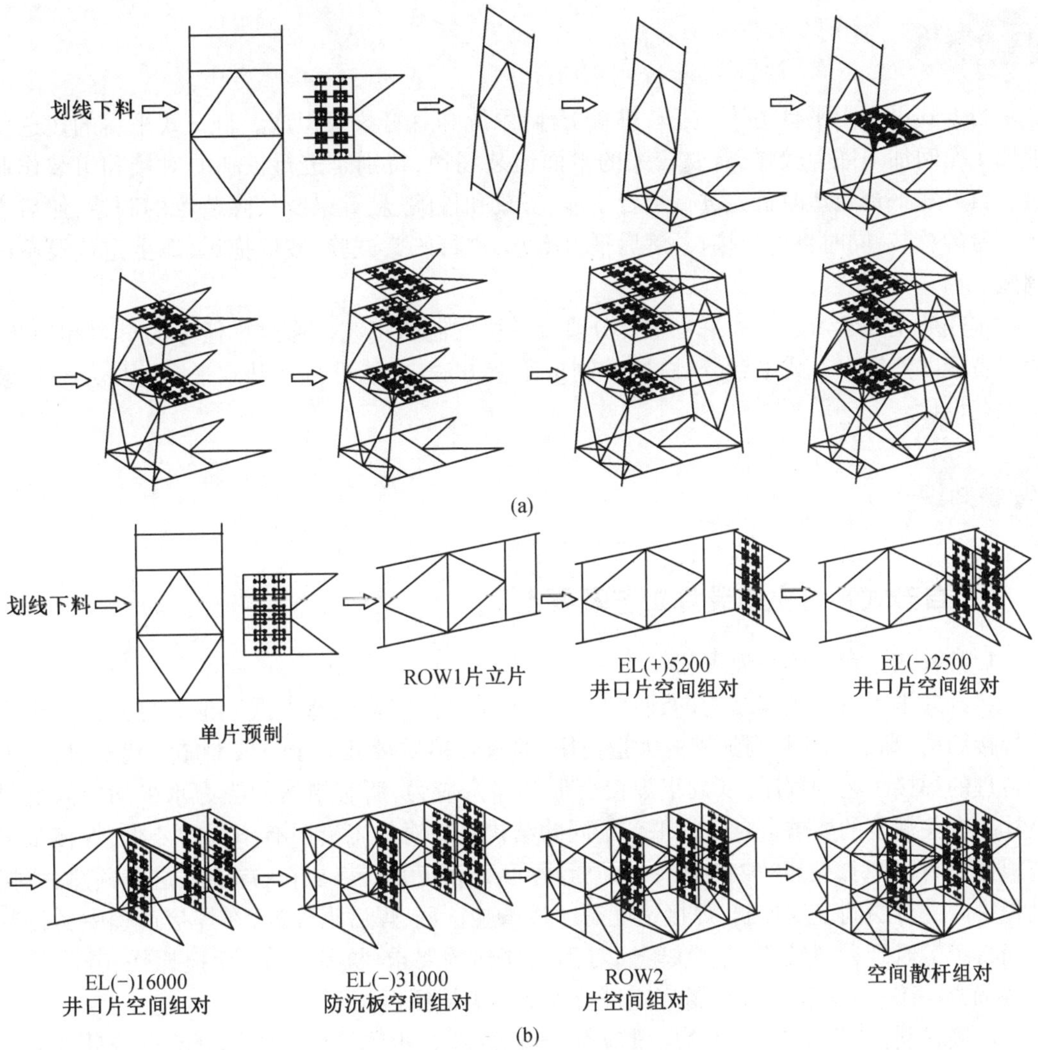

图 8-20　导管架单体组装过程

任务训练

训练名称：导管架分、总段组装工艺流程设计。

训练内容：

根据图 8-20 所示导管架两种组装顺序图，确定导管架组装方式，并分别写出工艺流程及特点。

任务 8.3 自升式平台分段与总段制造

PPT

任务解析

自升式平台由平台主体、桩腿、桩靴、升降系统和悬臂梁等组成。自升式平台的建造要求加工车间加工能力较强,需要较大的平面组装场地,特别是进行桩腿的对接和组装作业时。自升式平台建造时首先进行平台主体、桩靴和桩腿、悬臂梁及长降装置的制造,然后进行平台的总装,同时将桩腿接长,然后平台下水,进行码头试验、装船拖运、海上定位及系统调试。

本任务主要学习自升式平台主要分段及总段的制造工艺。通过本任务的学习和训练,学习者能够熟悉自升式平台分、总段的制造工艺方法,且能进行自升式平台分段及总段装焊工艺设计。

背景知识

一、自升式平台主体装焊工艺及要点

1. 自升式平台主体装焊工艺

自升式平台分段主体结构的建造与一般船舶主体结构建造方式相似。自升式平台为全焊接结构,高强钢和超高强钢的大量使用,要求焊接质量远高于一般船舶。建造时,应采用合理的焊接工艺和程序,以减小焊接变形和残余应力,所有结构的应力水平均应满足船级社和有关规范的要求。自升式平台不同的结构区域对焊工资质有不同的要求,焊接工艺应根据母材、焊材、位置、坡口形式、电流等各参数制定并严格执行;焊前需进行预热、焊接过程中需进行层间温度控制,焊接速度需通过试验认证,焊后需保温,在焊接过程中的控制失当将产生氢延迟裂纹等焊接缺陷。对无损探伤的要求:桩腿 100%无损探伤、升降装置 100%无损探伤、主要结构和设备底座进行大范围无损探伤。

焊接材料、施焊工艺及焊缝质量应符合有关要求,主体结构主要焊缝除进行外观检查和磁粉(MT)无损探伤检验外,还应按规范的要求进行 X 光(XT)和超声波(UT)无损探伤检验,并提供检测报告。各种无损检测的比例和部位应按船级社的规范要求确定。主体构件的焊接应按主体结构焊接规格表的要求进行,其中未包括的构件可按有关施工图样或同类构件的要求施焊。平台主体各分段施工完毕在入坞搭载前应进行质量检查,并记录验收。装焊公差应参照船体建造精度标准。

2. 装焊工艺要点

(1)焊接工艺要点

点焊必须加热后进行;保温桶所有的焊条在开封后 6 h 内用完;焊前预热;焊接过程中进行层间温度的测量及控制(测温枪);对称施焊,控制摆幅;焊接过程须连续,如需暂停,则进行保温;焊后根据焊接工艺进行保温,再控制温度,缓慢冷却,直至常温。

焊后应对焊缝进行打磨,使其表面光滑,便于进行无损探伤。MT(100%)和 UT(100%)

必须在焊件冷却至常温后,再过 72 h 以后进行。此时,结构如有焊接缺陷,将产生延迟裂纹;焊缝缺陷的修补必须严格按工艺执行,缺陷焊缝应打磨去除,如用碳刨刨除,须留 3 mm 厚度进行打磨,以保证不会有碳渗透,不可用火焰切割进行修补,焊接修理须有预热,进行层间温度控制并进行焊后加热保温。

(2)密性试验

主体结构完工后,油漆之前应按船级社规范进行密性试验,并提供密性试验报告。第一个舱均应根据船级社的要求,按认可的程序,进行密性试验,以保证水密要求。

(3)装配和开孔

装配时应保证外板线型光顺,横梁、肋骨、桁材等应根据有关规范和法规的要求,按照适当的顺序进行正确的发装。舱壁和甲板应合理装配以确保具有良好的外观并防止水的聚集。开孔和复板应具有足够的圆角。在整个平台建造的过程中,应尽量减少用于管系、电缆、通风管等开孔的尺寸和数量。确实需要开孔的地方,应精心施工,进行设计与加强。主体结构上的永久或暂时开孔应得到船东、设计方和船级社三方认可。

所有的钢材、型钢的切割口处必须打磨光顺。为建造需要而设的临时支撑、眼板等完工前应全部拆除,并将焊疤、填焊等磨平。但为维修和检查所需的脚手架、托架和吊环等,可根据建造方的经验在船东许可的情况下加以保留。所有的焊瘤必须磨平。平台构件的流水孔、通气孔、骨材通过构件处的切口以及结构节点形式应根据船体结构节点标准图册施工。

二、自升式平台桩腿分段装焊工艺

自升式平台的桩腿按结构形式可分为桁架式桩腿和壳体式桩腿。

桩腿是自升式平台最重要、最关键的结构之一,由于尺度大、结构复杂、材料特殊,使得桩腿建造成为自升式平台建造的核心技术。桩腿材料尤其是齿条是超高强度钢并且是超厚板,需要的机加工能力要求相当高,焊接和安装的难度很大。桩腿本身是大型的钢结构,安装和焊接会产生应力和变形,桩腿焊后的无损探伤量大,且要求很高;桩腿和齿轮箱之间的间隙很小,公差配合非常重要;桩腿和升降系统是自升式平台最重要的部分,承受极大的载荷,且它的使用寿命直接影响到平台的寿命,要求必须是高质量的产品。

1. 自升式平台桁架式桩腿分、总段的装焊

桁架式桩腿是透空式桁架桩腿,桁架式桩腿结构由主弦管(杆)、水平撑管和斜撑管组成。其截面有三角形和正方形,一般采用高强度、高刚度的“X”和逆“K”型管节点。由于透空,桩腿上的波浪力和海流力大大减少。在桩腿弦管上带有齿条,与齿轮齿条升降装置配合,桁架桩腿常用于深水海域作业。弦管有圆形、方形、三角形,齿条有外齿条、内齿条两种布置形式。外齿条也有双排外齿条和单排外齿条。如图 8-21 所示为桁架式桩腿的弦杆和齿条。

(1)三角形主弦管、单排外齿条的桁架式桩腿分、总段装焊

这种形式主要见于早期桁架式桩腿。该形式的桩腿不论是正方形还是三角形,一般均由齿轮导轨立柱(包括齿条)(即主弦管)、人字管架、内撑管(正方形桁架)等零部件组成。通常将部件组成为 V 型分段,再组装为三角形或正方形桩腿总段。

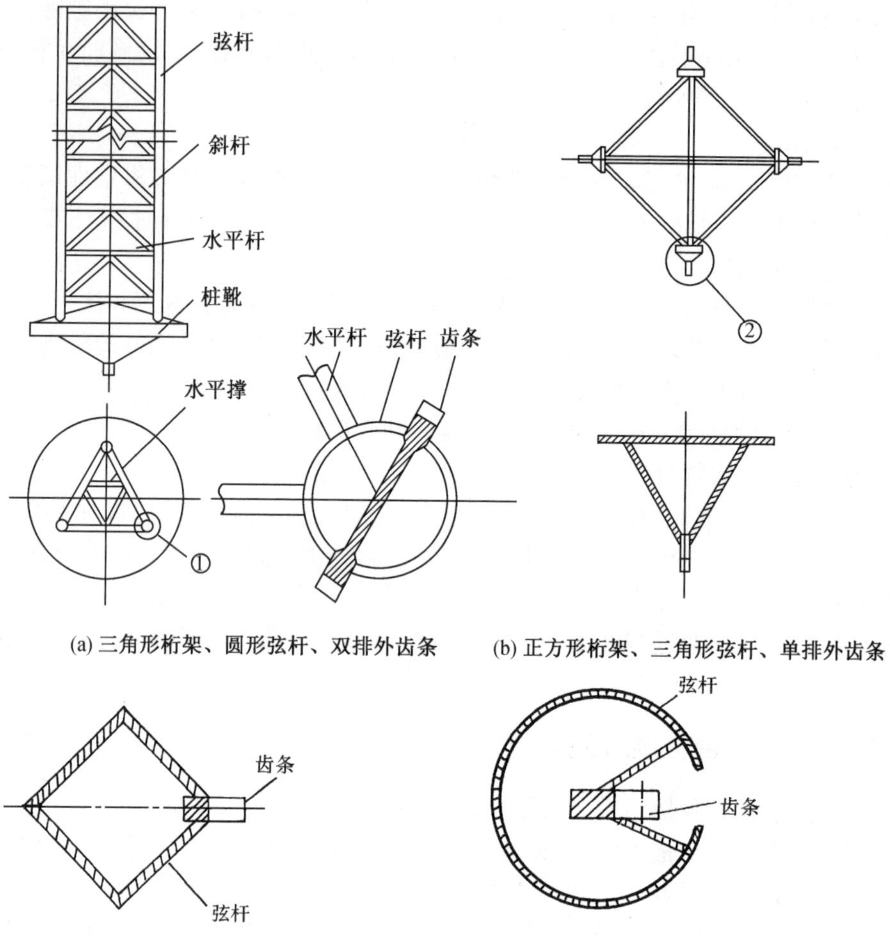

(a) 三角形桁架、圆形弦杆、双排外齿条　(b) 正方形桁架、三角形弦杆、单排外齿条

(c) 方形弦杆、单排外齿条　(d) 圆形弦杆、单排内齿条

图 8-21　桁架式桩腿的弦杆和齿条

①V 型分段的装配和焊接。

V 型分段是柱腿建造的关键工序,安装精度直接影响到总段合龙的安装质量,而且影响自升式平台总装配时自升装置能否达到规定的精度要求。工作内容大致包括两个方面:导轨立柱的长度测量和桩腿齿条的预配套,中合龙分段的装焊。

a. 导轨立柱的测量和齿条的预配套。在各有关零、部件运至工场后,首先要对整批(最好全部)齿条进行严格的长度测量,详细记录来料尺寸,并进行编组。正方形桩腿四条为一组,正三角形桩腿三条为一组,要求每组齿条的长度相同或尽量接近,且各齿条上的齿位严格对位,以便作为同一总段的齿条。同时还应调配好平台各条桩腿多根齿条的总长相等或尽量接近,从而使平台各桩腿的总长尽量接近,以便平台建造后能顺利升降。除齿条的严格测量和配套编组,对导轨立柱(由面板与二侧板组成)也应进行严格的长度测量,以使其与编好组的齿条对应配套。

另有一种齿条组合件即内条与面板、二侧板的焊接件,是将齿条和导轨立柱先预装焊并经校正的部件,只要进行齿条测量和编组就行。

b. V 型分段的装配焊接顺序

(a)胎架准备。V 型分段装配胎架由两部分组成:一是安装和搁放导轨立柱(或齿条组合体)的简易托座;二是人字管架定位的胎架主体,相对位置准备后再画线,尤其是搁放导轨立柱托架的中心线和每个 V 型管架部件的安装位置线。

(b)胎架安装完毕并经检验合格后,将齿条组合体吊至简易托座上定位、对线、装焊中心连接板(若来料不是齿条组合体,则可将导轨立柱吊上定位)。定位时要齿柱中心线对准胎架中心线,误差不大于 1.6 mm,长度方向以每根齿柱最上端齿的中心为准对地样线,误差要求与齿柱中心线相同;整个齿柱面板必须水平。齿条组合体定位合格后,用压马将齿柱面板与托座固定。

(c)然后将留有余量的人字管架,依次吊上胎架定位,根据样杆画出中合龙余量线,切除余量后进行装配焊接。对横剖面为正方形的桩腿,分段上一般还带有一段内撑管,等人字管架装焊后再装焊,然后装焊分段上的各种肘板。最后画大合龙余量线(组装成总段有关的余量),一般水平管留 6 mm 左右余量,内撑管留 8~10 mm 余量。

为了保证横断面水平管夹角的正确性,除胎架要有足够的刚度和基准线要精确无误外,还可在胎架主体上装焊一定数量的小胎板,保证人字管架的准确位置,并在小胎板上留适当的反变形量 b(一般取 10~12 mm)。水平管的纵向角度也应严格保证,内撑管上端用定位梁架定位。各零、部件装配时的允许误差如图 8-22 所示。

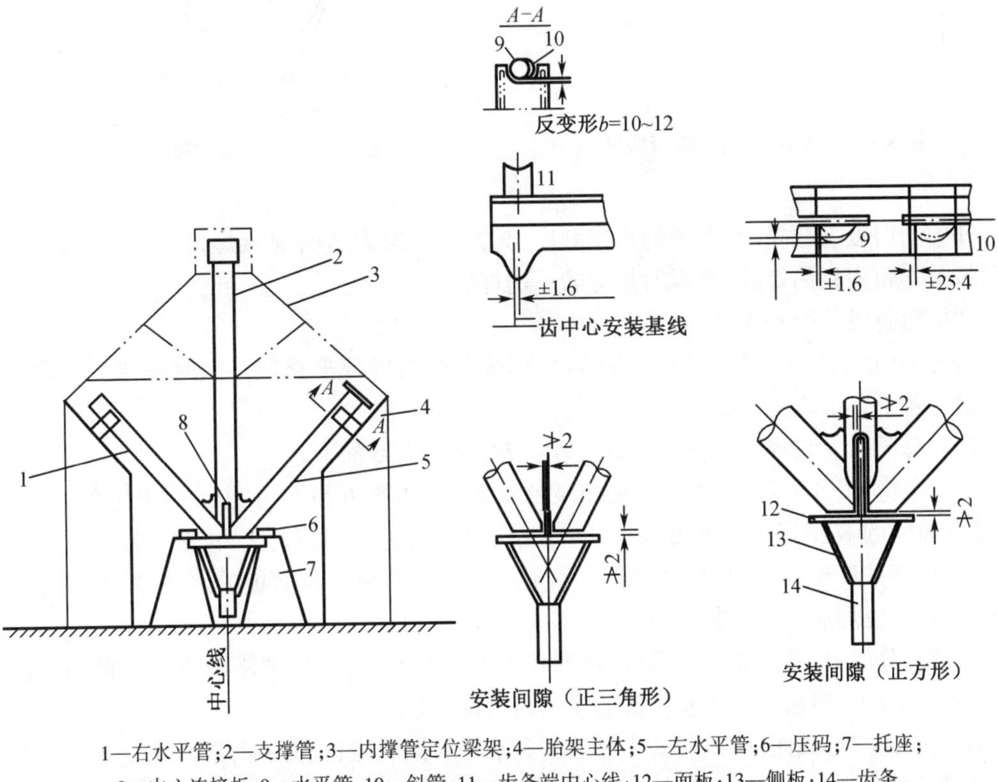

1—右水平管;2—支撑管;3—内撑管定位梁架;4—胎架主体;5—左水平管;6—压码;7—托座;8—中心连接板;9—水平管;10—斜管;11—齿条端中心线;12—面板;13—侧板;14—齿条。

图 8-22 V 型分段结构装配与允许误差

(d)V 型分段焊接时应注意:

ⓐ导轨面板与中心连接板焊接时,应由两名 ABSQ2 级焊工同时在中心连接板两侧对称施焊,中心板长度小于 1 m 的采用直通焊,大于 1 m 的应采用分中对称焊。第一、二层焊道焊接速度适当减慢并连续焊完,中途不能停止,后几层焊道的焊接速度可适当加快,层间休息时间可适当加长以减小热影响区范围。冬季施焊后可用 2~3 层石棉布遮盖焊缝,以减慢冷却速度,也可焊后适当加热以防冷裂;夏季施工,风扇不能直接对焊缝吹风。

ⓑ水平管、斜管焊接时每对管子由两名焊工分别在中心连接板两侧同时对称施焊,焊接顺序如图 8-23 所示,一般先焊水平管,再焊斜管。

ⓒ中间撑管与中心连接板、水平管焊缝的焊接顺序,如图 8-24 所示,由两名焊工在前后两个方向同时对称施焊。

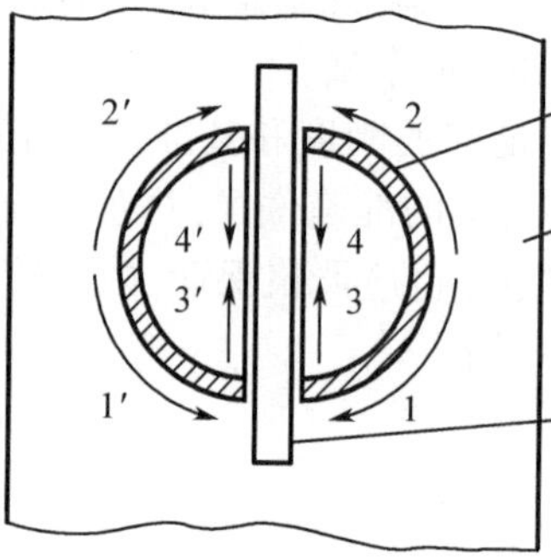

a—管子;b—导轨面板;c—中心连接板。

图 8-23 水平管、斜管焊接顺序

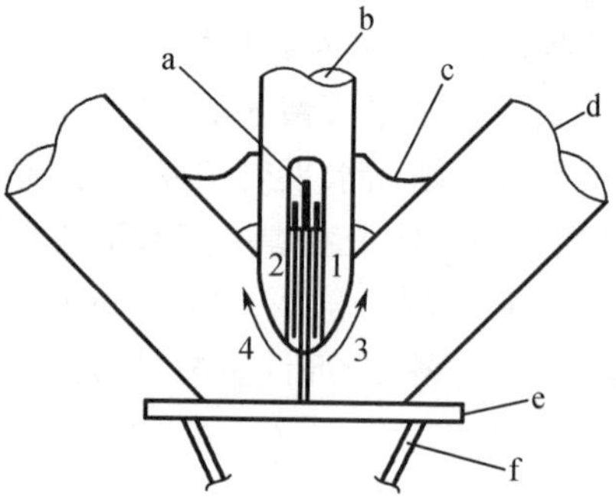

a—中心连接板;b—内撑管;c—肘板;d—水平管;
e—导轨面板;f—侧板。

图 8-24 内撑管焊接顺序

ⓓ中间肘板、侧肘板与管子的焊接顺序,与人字管架制造时肘板焊接顺序相同,一般先焊肘板与导轨面板的焊缝,再焊肘板与管子的焊缝。

②桩腿总段装配和焊接。

将三个(正三角形)或四个(正方形)V 形分段组装成环形总段。有时按建造方案规定还需进行若干环形段的对接工作,以装焊成大的环形总段。

环形总段的安装程序,如图 8-25 所示,装焊顺序大致如下:

a. 依次将Ⅰ、Ⅱ分段吊上大合龙托座和铁墩,置水平并按尺寸进行初步定位,然后在Ⅰ、Ⅱ分段间的 K 型接头上画出水平管余量线,校对核实后切割余量,再按预制件要求打磨坡口、镶垫环并调整对接间隙,可用角尺和水准仪配合调整齿条面板的水平,重新定位并安装定位马,定位焊后装临时加强排。

b. 吊上分段Ⅲ,若是正方形截面,同时吊上分段Ⅲ和Ⅳ,分段两端分别支承前一总段托板和支架托板上,然后按①的步骤和要求进行装配定位。

c. 若为正方形截面,内撑管的十字接头和水平管同时定位,并在撑管接头处加定位马。

d. 各分段定位时应注意调整与前一总段齿条间的齿距,满足精度要求,最后在齿条大接头侧板上设定位马,齿条面板边在分段定位时亦应设置定位马。

e. 总段装配时一般从第二总段开始,依次装焊一、三、四等各段。首装段两端均支承于托座和支架上,以后各段都以前一段为基准段。基准段内各接头暂不焊接,以避免焊接收缩影响后段安装尺寸的正确性。后段安装结束后,前段再焊接下胎架。如果需要将几个环形总段对接,按要求完成连接处的装焊,并检验合格后再下胎架。

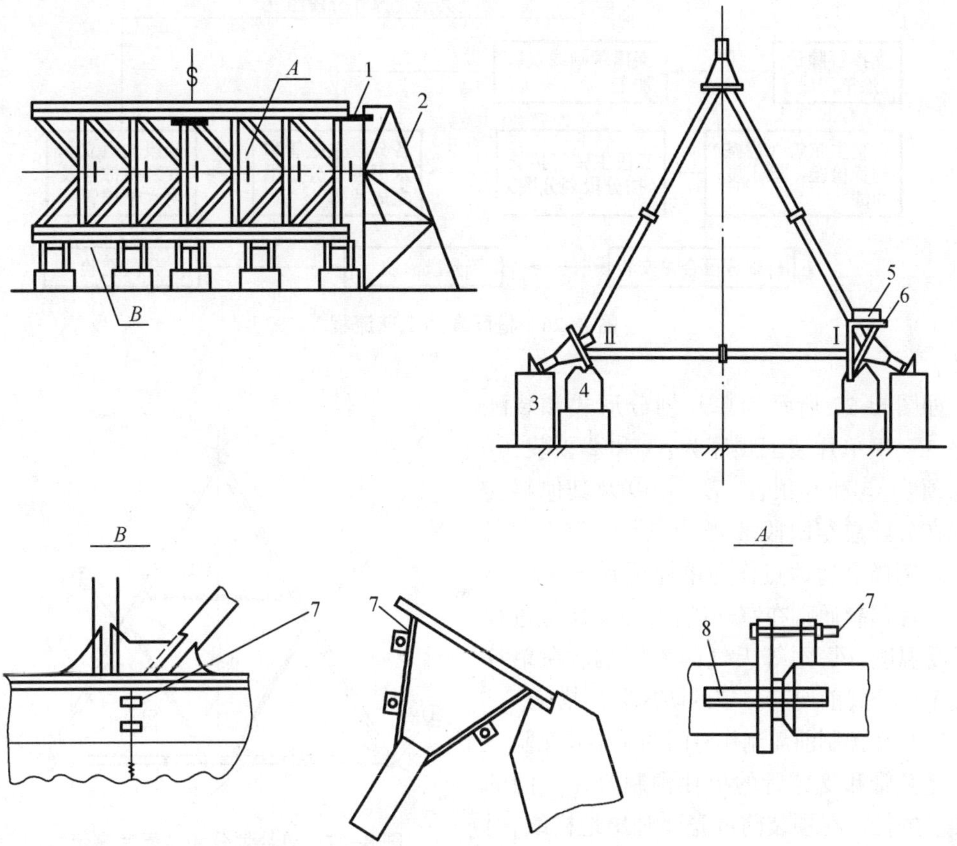

1—托板;2—支架;3—铁墩;4—托座;5—水准尺;6—角尺;7—定位码;8—加强排。

图 8-25　环形总段合龙示意图

大合龙托座纵向排列,数量最好能连续排列整条桩腿,施工便利且易于控制整条桩腿的精度,且总段移位少,但对场地长度要求较高。

f. 环形总段焊接时,最好能对所有 K 型接头同时施焊。若不能同时施焊,则应先焊中间断面的接头,再焊有支承一端的接头,最后焊另一端的接头。为保证装配尺寸,减少焊接变形,焊接 K 型接头时应先焊两斜管间肘板与斜管的焊缝,顺序与人字管架肘板焊接顺序相同,然后再焊水平管和连接圆盘间焊缝,该焊缝每层每道分两半对称进行。

(2)圆形主弦管、双排外齿条的桁架式桩腿分、总段装焊

这是目前桁架式桩腿采用的主要形式。该形式桩腿由主弦管(齿条、半圆板)、支撑管(斜拉撑、水平拉撑、内水平管)组成。其桩腿建造工艺流程如图 8-26 所示。

①主弦管和支撑管的单片预制。

主弦管制作完成、支撑管加工完毕及检验合格后,将分别运送到组装场地和桩腿分段装配场地进行组装。

根据水平管的节点形式,为保证焊接需要及减少焊接工作量,在桩腿分段组立前,需要在专门场地对主弦管与支撑管进行单片预制,并要求场地有一定的防风保温措施。

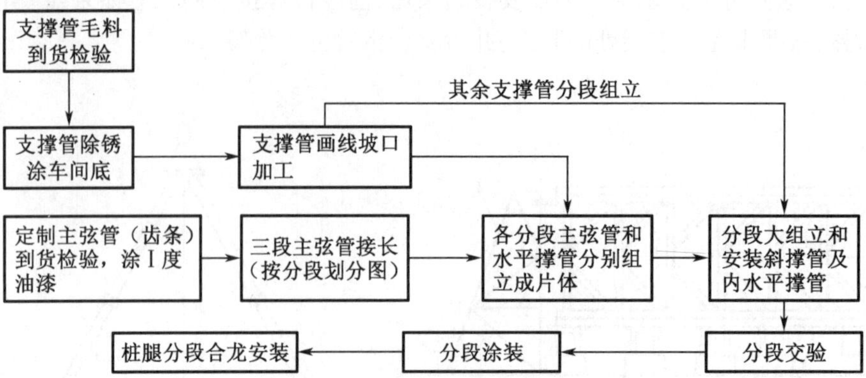

图 8-26　桩腿建造工艺流程

如图 8-27 所示为单片划分形式和装配顺序。三组单片装配顺序为：①和②预装，③和④预装，⑤和⑥预装，⑦、⑧、⑨及其他斜支撑管在分段总组阶段散装。

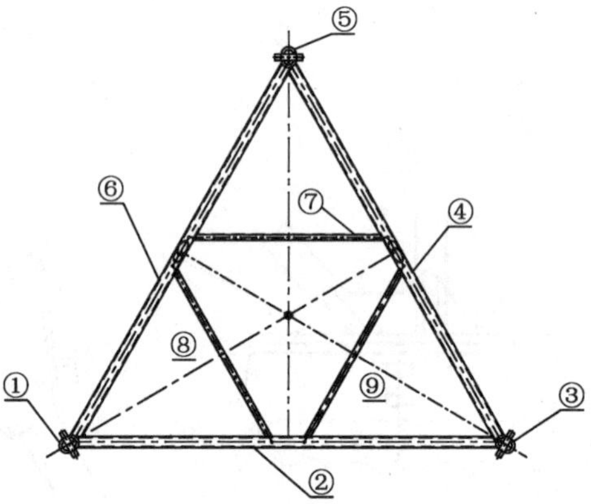

图 8-27　单片划分和装配顺序示意图

a. 选择合适地点作为单片预制场地。

单片预制通常在室外进行，因此建造过程中易受温度、风、雨等天气因素影响。在单片焊接工作开展前要有一定的防风防雨措施。

b. 单片预制前需制作专门的胎架并交验。

主弦管和支撑管的单片预制要在专门的胎架上进行。在预装前首先要画出地样线，对胎架进行尺寸检验，在每一部分预装完，进行下一部分构件预装前，需要对预装胎架进行复查。

单片预制胎架精度要求为胎架中心线：±0.5 mm；主弦管中心线：±1 mm；对角线偏差：±1 mm；模板同面度：±1.5 mm；模板位置线偏差：±1.5 mm；模板线形与数据偏差：−2.0 mm；模板垂直度：±1.5 mm。

c. 主弦管和水平支撑管的单片装焊，如图 8-28 所示。

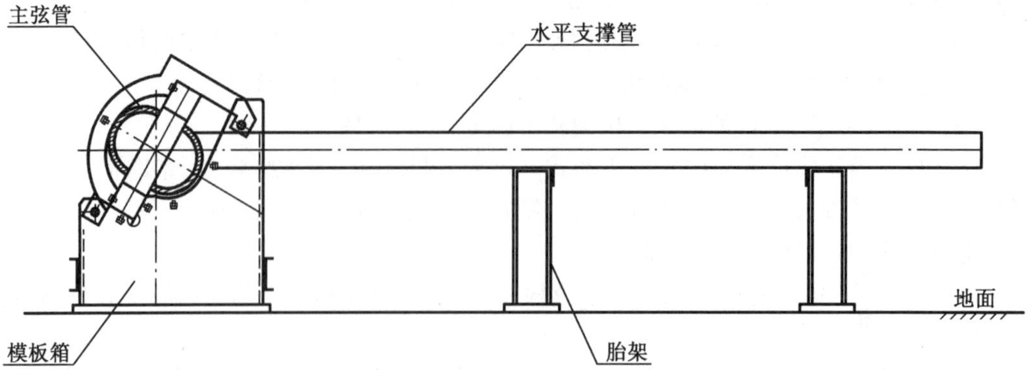

图 8-28　主弦管和水平支撑管在胎架上装配

在单片预制时齿条摆放要与地面有60°夹角,理论误差是±0.25°。组对时为了保证齿条的角度在焊接后符合规范要求,对齿条角度需要给一定的反变形控制量。反变形控制量要根据齿条加固的紧固程度决定,通常比理论角度小0.2°左右。为保证水平支撑管焊接需要,对主弦管和支撑管的预制内容及顺序规定如下:

(a)安装主弦管并定位,主弦管应和胎架上检查线对齐。

(b)安装水平管并定位,水平管中心线和胎架中心线对齐。

(c)焊接。整个焊接过程严格按照相应的焊接工艺规程文件进行。

预制好的三组单片如图8-29所示。

d. 桩腿单片预制完成后进行尺寸检测。精度要求如下:主弦管长度±4 mm;主弦管直线度≤2.5 mm/28齿;齿条平面度≤5 mm/8.5 m(测量时以内侧为基准);水平支撑管垂直度±2 mm;主弦管角度±25′。

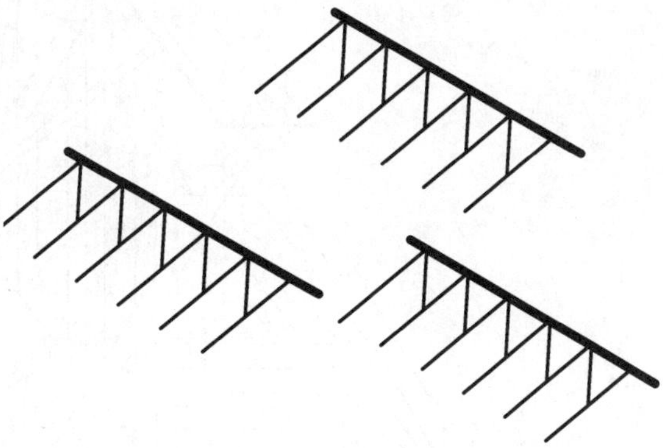

图8-29 主弦管和支撑管的单片预制

e. 单片吊装。

②桩腿分段装配(总组)。

分段预制的基本工艺与单片预制相同,这一环接是将三个单片合龙,形成三角形结构框架如图8-30所示。此阶段要控制的点位很多,齿条的角度、挠度、直线度、撑管间距、各齿条间距、桩腿横断面平齐度等。且焊接的口数较多,因此焊接顺序及焊接各项参数控制尤为重要。

桩腿分段装焊顺序:布置胎架(画地样线交验、支胎)→胎架定位交验→上水平主弦管组合件→上右侧主弦管组合件→上左侧主弦管组合件→上散装拉筋管→焊前尺寸及坡口检验→焊接。

a. 分段装焊(总组)场地及专门胎架。分段的装配也要在专门场地进行,要有防风及保温设施。装配前首先要画出地样线,包括弦管的中心线、胎架线及各种构件的位置线、对位线,还应当在两端画出检查线。考虑到焊接收缩,在画地样线时需要留出反变形量。

分段总组胎架精度要求为胎架中心线:±0.5 mm;胎架水平线:±1 mm;主弦管中心线:±1 mm;主弦管中心线相对胎心:±1 mm;对角线偏差:±1 mm;模板同面度:±1.5 mm;模板位置线偏差:±1.5 mm;模板线形与数据偏差:-2.0 mm;模板垂直度:±1.5 mm。

b. 分段总组。前期准备工作完成后,就要进行分段的装焊。装配的内容主要为对预先完成的三个单片分段的装焊,以及部分散装支撑管的装焊。如图8-31所示为桩腿分段装配流程示意图。

在桩腿分段装焊过程中,需要进行尺寸检测,焊接过程中每焊接一层检测一次,尺寸检测分为地样尺寸检测、胎架尺寸检测、装配定位后(焊前)尺寸检测、焊接过程中尺寸检测、焊后尺寸检测等几个阶段。

桩腿分段检测精度要求为分段平面度:±0.5 mm;上部主弦管中心线和地样线偏差:±1.0 mm;支撑管位置线偏差:±2.0 mm;水平支撑管垂直度:±2.0 mm。

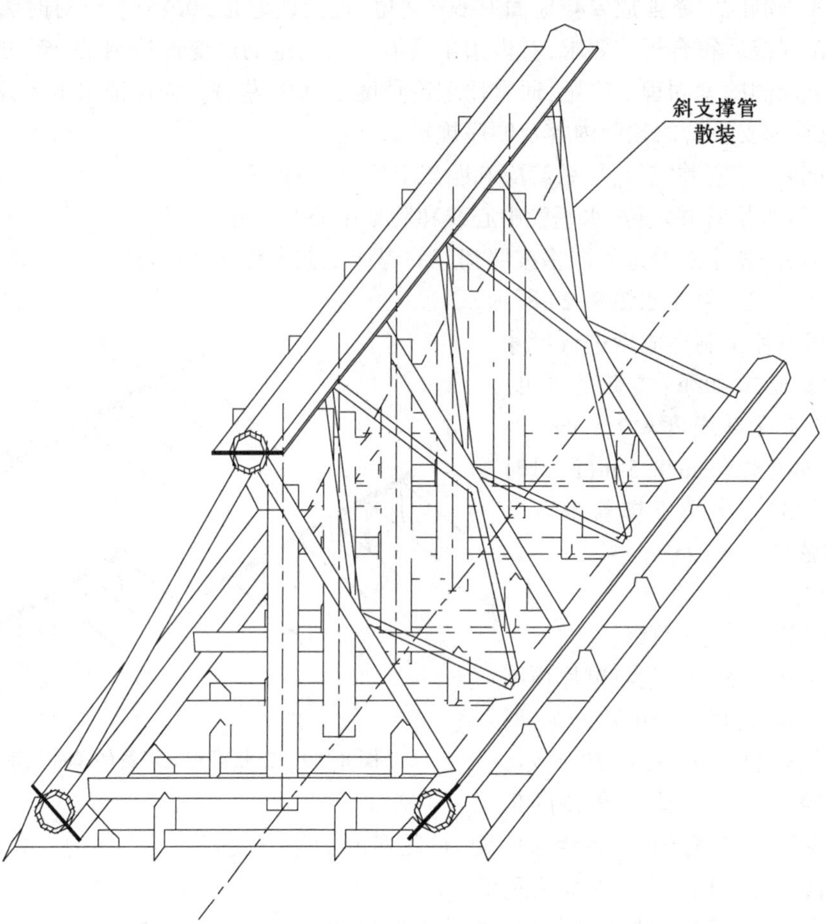

图 8-30　主弦管和支撑管总组

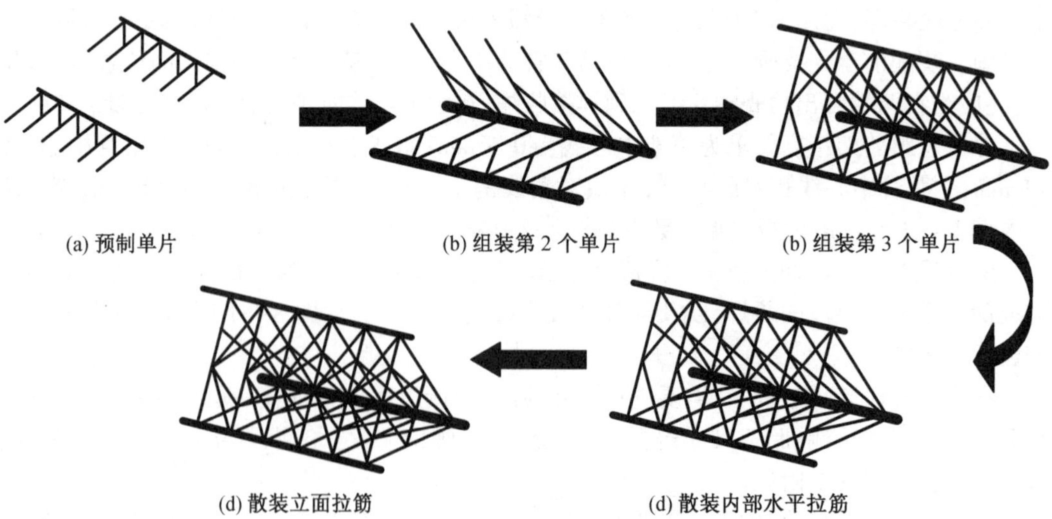

图 8-31　桩腿分段装配流程示意图图

c. 分段总组过程中的焊前预热和焊接要求严格按照相关焊接工艺规程文件执行。焊接顺序通常为：先焊水平管和桩腿齿条弦管的焊缝，再焊侧向管和桩腿齿条弦管的焊缝，三根桩腿齿条弦管可以同时施焊，最后焊内水平管和散装管。焊接过程中随时检测尺寸以保证精度。

d. 焊缝检测。分段焊接施工结束后，需要对焊缝进行 100%无损探伤，探伤应当在焊接施工完工后 72 h 后进行，并提供检测报告。

e. 分段涂装。焊缝检测及尺寸检验结束后，对分段进行涂装。

f. 分段质量检测。对每一个分段进行质量检测，并做好记录。

如果在桩腿总装量吊装能力允许，还可以将几个分段组成总段，再进行桩腿最后的平台安装。

2. 自升式平台筒形桩腿分、总段的装焊

壳体桩腿是封闭型桩腿，其桩腿截面有圆形和方形，结构简单，刚性大，一般适用于 60 m 水深以下的浅水海域。

(1) 自升式筒形桩腿分段的预制

海洋平台中圆筒形构件特别多，除平台导管架中的导管、撑杆和自升式平台中桁架式桩腿中所用的圆筒形为钢管外，其他多数圆筒形结构管材均系加工成形，包括部分大型深水导管架。

自升式平台筒形桩腿的直径一般不很大，其展开长度一般不会超过一张钢板的长度，故制造时一般只需沿高度方向将桩腿划分为若干筒节，再将多个筒节装焊为筒节分段，然后合龙为桩腿总段，再参与平台的总装配。整个预制过程分为以下工序。

①小节筒壳的装焊。将已加工并经检验合格的小节筒壳，在平台上装配纵缝，形成小节圆筒。装配时要保证圆筒上下口的外周长、椭圆度和筒壳高度，均应满足精度要求。

筒壳验收合格后，吊到回转胎架上，由立柱式悬臂焊机焊接纵缝。焊前焊缝一般要求预热，根据钢板化学成分、板厚和焊接工艺等确定焊接温度，在 45～150 ℃。焊接时一般先焊内侧，再焊外侧。内侧焊完后，反面应碳弧气刨刨槽，刨槽后要进行适当的去除氧化物或铜沉积物的处理，并用磁粉探伤检验焊缝有无裂纹。

如果装配间隙过大，则在进行埋弧焊前先用手工电弧焊焊一道垫底焊，垫底焊也应按要求进行预热。

如图 8-32 所示为某圆筒桩腿小节筒壳的装焊。图 8-32(a)为筒节轨道胎架上组圆示意图，在轨道胎架上，轨道胎水平<0.5 mm。将筒节端口水平调整到小于 1.0 mm，周长按零公差，对于因壳板滚圆造成的伸长，用砂轮磨掉伸长部分。筒节垂直度≤1 mm，加装 4 块工艺板（规格 16 mm×250 mm×500 mm，材质 Q235A）。图 8-32(b)为在木垫上进行纵缝焊接，每筒节需用若干块木垫和工字钢，然后将筒体吊放在木垫上面进行纵缝正、反面焊接。纵缝焊接完成后将焊缝余高打磨至 0.5 mm。纵缝打磨完成后，对其进行 100%MT、100%UT 探伤，对圆度超差的筒节进行校圆。在轨道胎架上，调整筒节端口水平，筒节垂直度。筒节画出四个圆心线和肋骨位置线。

②小节筒间壳板对接。将若干装焊完成的小节筒壳（一般为 2～3 节）依次吊入立式组装架内进行定位对接，对接时各小节筒壳的纵缝应对齐，然后将对接好的筒体吊上转台上进行焊接。焊接时先焊内环缝，再焊外环缝，并要求预热和每条焊缝连续焊完。焊毕后所有焊缝外侧均应用砂轮和砂带机打磨，要求外侧焊缝的增强量高度不超过 2.5 mm。

③内部构件装焊。自升式平台筒形桩腿的内部结构一般不太复杂。径向多数采用 T

型环肋圈,如图 8-33(a)所示,也可采用间断的扇形钢板加强环,如图 8-33(b)所示,有时纵向也根据需要设一定数量的纵向加强筋。

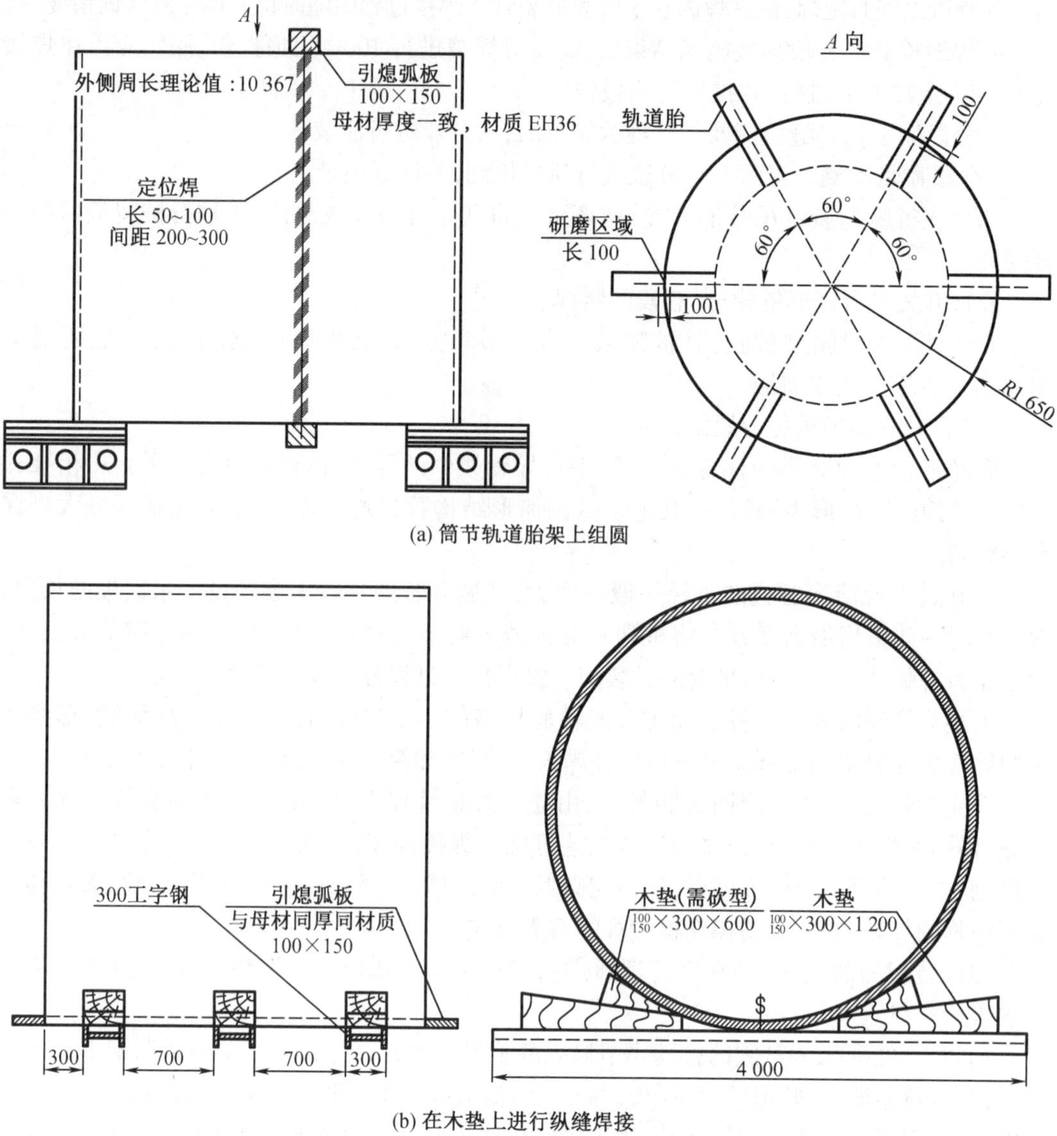

图 8-32 小节筒壳的装焊

桩腿内部构件装配:通常在立式装配架内由下而上进行环形肋骨圈(之前组装好的)的装焊,装焊前内部构件要开焊接坡口,对接缝一般开 60°的 X 型坡口,环形肋骨圈复板边缘一般开 45°的 V 型坡口,如图 8-33(b)所示。内部构件的焊接,多半采用手工焊或半自动焊,应由双数焊工对称进行。根据具体情况,内部构件既可在小筒节分段装配后立即装配再全面施焊,也可待小筒节分期对接焊接完毕后再进行内部构件装焊。

筒节焊前要测量交验(圆度、端口水平度、垂直度、肋骨垂直度、肋骨高度)。然后进行肋骨和壁板正、反面焊接,焊接距端口小于或等于 250 mm 的肋骨或隔壁时,要控制焊接线能量,防止造成筒节端口产生缩口现象。筒节装配达到精度及图纸要求后,方可进行定位焊、装焊临时工装以及工艺板。

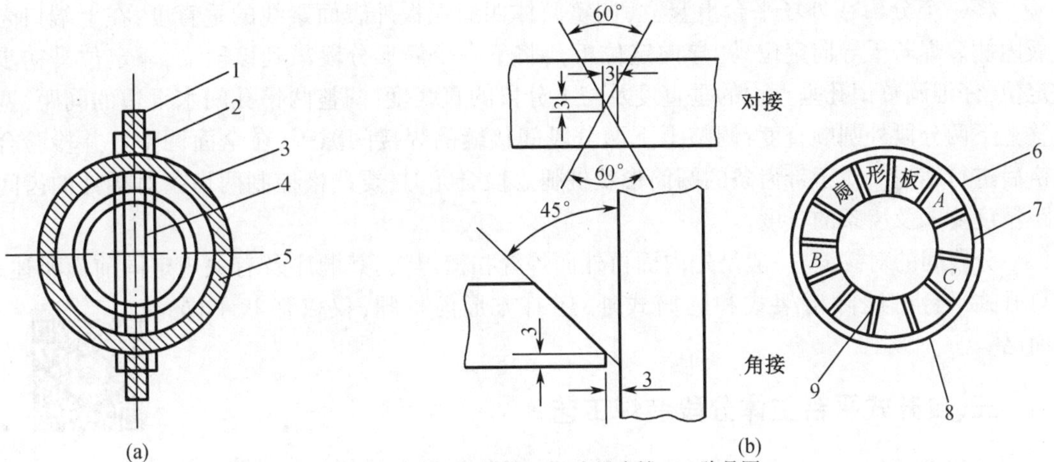

1—齿条；2—座板；3—筒体；4—I字梁支撑；5—肋骨圈；

6—筒壳；7—纵向加强筋；8—对接；9—角接。

图8-33 自升式平台圆筒桩腿内部结构

④筒体偏差矫正。小分段装焊后，要进行筒体局部变形矫正，按技术要求在筒体各45°处调整凹凸偏差。其矫正方法有采用水火矫正和专用机冷矫正两种。采用水火矫正时，材质必须能进行水火加工；专用矫正机可根据实际情况进行设计。国外有一种八方位撑杆专用矫正机。它由一根主轴（在操作时此主轴就安置在节筒轴心线上），约两个筒节长，在主轴上装有几层等长的径向撑顶，每层四个，按八个方位布置，每个撑头端部装一50 t的螺杆千斤顶，矫正时靠调整螺杆千斤顶来矫正局部变形。

⑤销孔切割。自升式平台筒形桩腿在四个方位上开有四排带圆角的方形孔——销孔。平台升降时升降机构上的插销插入销孔内，以支承整个平台的质量。因此，销孔上下端必须十分准确，光洁度要求也很高。目前一般用气割开孔，再用人工砂轮磨光。工艺过程大致如下：将调顺的分段连同矫正工装（或临时支撑）同时吊放于销孔画线、切割专用滚动平台上，找准筒体中心线，然后按图纸要求定出销孔位置，各销孔切割前先在销孔边内割一比销孔稍小的方孔，以便采用靠模切割器切割销孔的边缘。先切割销孔的两垂直边，再切割水平边。此时将双头切割器安放在平台上的适当位置，随着筒体的滚动，双头切割器即可按各销孔的水平边线切割出水平边。不仅能保证各销孔的间距公差要求，而且因采用高精度切割装置而使销孔各边表面只需用砂轮打光修正，便可符合技术要求。

⑥筒节退火。为消除筒节在辊圆过程中产生的应力，有时设计要求进行退火处理，退火温度约600 ℃。筒节退火，一般需在能自动加温、控温和保温的大型退火炉内进行。退火时筒节应连调整工装一起进炉，退火后才不致变形。

⑦分段喷砂和油漆。筒节的喷砂和油漆要求高，在完成退火工序后，用专门支架将筒节运往喷砂间，喷射片状钢砂，要求内外表面均达到“出白”的水平（即SSPC-5级），然后在筒节上喷涂一层有机保护漆，凡大接头焊缝边缘区不加喷涂。

有的自升式平台的升降是采用齿条和齿轮的啮合来实现的，此时圆形筒节需装焊齿条，其装焊原则与方法基本与桁架式桩腿装配焊接齿条相同。

(2)筒形桩腿总段装配与焊接

根据建造方案规定，有时须将多个小型筒形桩腿对接为大型桩腿总段。两个筒形桩腿分段的对接，一般在外场进行，采用立式对接法。具体如下：

将一个分段在外场平台上竖立,调整筒体四周壳板外表面素线的垂直度;在上端口壳板内侧装焊若干导向定位马(导向定位板),将下一个筒形分段吊到该段上,靠定位马初步定位,仔细调整销孔垂直边的垂直度及与下分段的直线度;调整两销孔间水平边的间距,调整上下两分段外圆顺直度;调整上下两分段间接缝的焊接间隙等,在全面调整好并检验合格后进行施焊。对于带齿条的圆筒形状桩腿总段合龙时,要严格控制两齿条对接处的齿间距精度要求及齿条的直度。

分段间的对接缝,一般是先内面再外面焊缝扣槽焊接,其顺序及有关规定同前面所述。自升式平台桩腿除桁架式和圆筒式外,还有方形筒桩腿,仅仅形状不同而已。

三、自升式平台主体分段装焊工艺

自升式平台主体分段基本上是平直分段,其装焊工艺与船舶平面分段建造方式基本相同。例如,自升式平台某舱底甲板分段制作,因分段的舱底甲板与其上构件组成平面分段,可在平台立柱式胎架上正造。分段呈水平状态,可改善装配焊接工作条件,有利于采用自动焊和半自动焊,减少立焊和仰焊的工作量,提高焊接质量,同时也便于分段画线和矫正。这种平直分段,还可在平面分段制作流水线上完成装焊。

任务训练

训练名称:带齿条弦管桁架式桩腿分段工艺流程设计。

训练内容:根据图 8-27 所示桩腿单片划分和装配顺序示意图,设计其安装工艺流程,并写出装焊工艺。

任务 8.4 半潜式平台分段与总段制造

PPT

任务解析

半潜式钻井平台分为平台主体和钻井系统两个主要部分。典型的半潜式平台主体结构一般由下浮体(或称下船体、沉垫)、立柱、支撑、上船体(上平台体)及生活楼组成,钻井系统有井架平台和井架。半潜式平台主体结构形式与常规船舶有很大的不同,局部结构与小型船舶类似。平台主体构件一般采用高强度钢,相对较薄的钢板使得分段制作过程很容易产生大的结构变形,加上平台本身对精度控制要求高,因此,必须采用相应的工艺来控制变形。

本任务主要学习半潜式平台中分、总段制造工艺。通过本任务的学习和训练,学习者能够掌握半潜式平台分、总段形式和制造工艺,且能进行下浮体和立柱装焊工艺设计。

背景知识

一、半潜平台分、总段形式

1. 分段

分段是由若干个部件和零件所组成,并能单独进行装配的船体结构。它分为平面分段、半立体分段、立体分段。如图 8-34 所示为某半潜平台组成下船体总段(LOWER HULL)的部分分段 104P 和分段 303P;组成上船体箱型总段(DECK BOX)的部分分段 406P 和分段 502P。

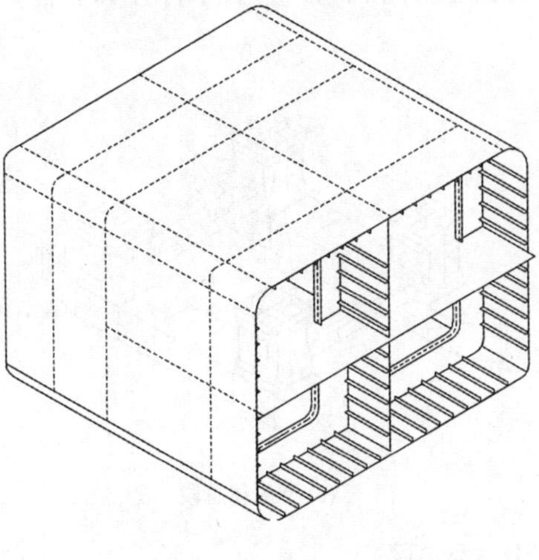

(a) 下浮体船体定位分段 104P

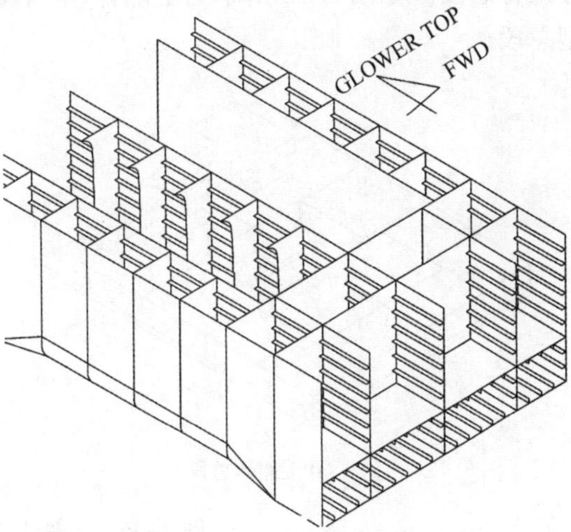

(b) 下船体立柱分段 303P

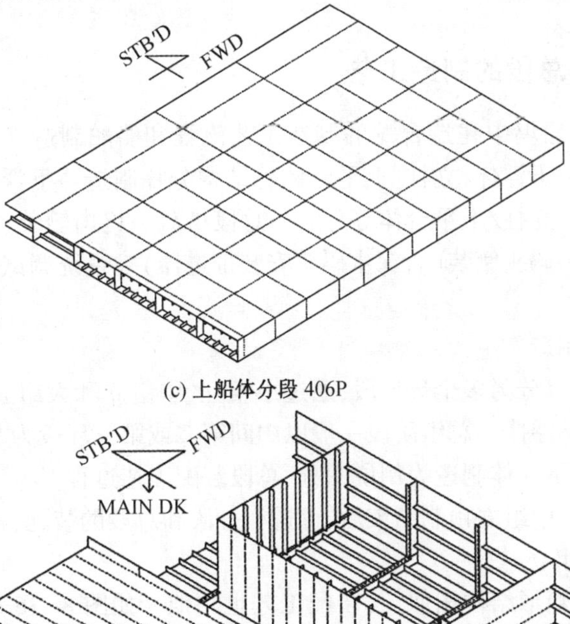

(c) 上船体分段 406P

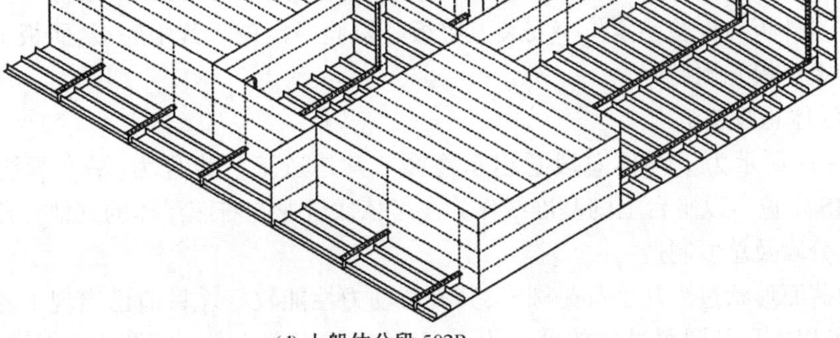

(d) 上船体分段 502P

图 8-34　组成上船体和下船体总段的分段

2. 总段

总的是由底部、舷侧、甲板等分段和部件、零件组合而成,有一定长度的较大环形封闭分段称总段。如图 8-35 所示为上船体(含甲板和上层建筑)和下船体(含下浮体和立柱)大型总段。

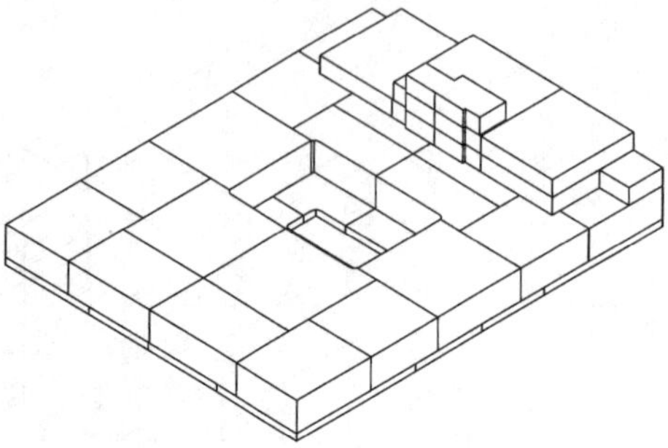

(a) 上船体总段

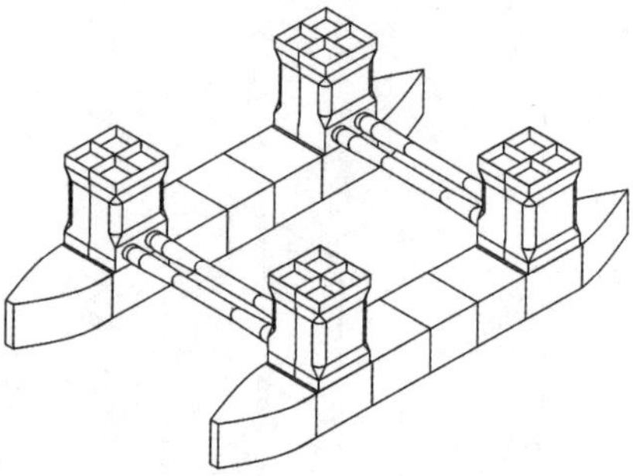

(b) 下船体总段

图 8-35　上船体和下船体大型总段

二、半潜平台分、总段的制造工艺

半潜平台在船台或船坞中建造合龙的制造工艺流程和船舶制造工艺流程相似。其建造流程为:钢材预处理→下浮体/立柱/上平台体等结构分片制造→下浮体/立柱/上平台体等分段大组立→下浮体/立柱/上平台体等总组→总段搭载→坞内舾装、涂装及大型设备等安装调试→出坞/下水→码头舾装(含深水码头安装推进器)→系统调试→系泊试验→海试交付。

1. 下浮体分、总段制造

下浮体根据其大小可分为多个环形段,通过小组立、中组立和大组立形成环形段,再将各环段进行总组,形成下浮体。总组阶段一般以中间第二或第三环段为基准向两端搭载。

下面以某半潜平台下浮体制造为例说明分、总段装配工艺过程。

在下浮体的小组立、中组立预制结束后,可进行分段和总段的装配,再进行总组。

(1)下浮体分段大组立

下浮体结构与船体箱形结构相似,其装配工艺也相似。如图 8-36 所示为某半潜平台下浮体 104P 分段。其装配工艺流程为:铺底板、画线、检验→安装肋板板材→安装中纵舱壁→安装左右外板→检验→定位→安装上甲板→检验→定位。其中底板、肋板、中纵舱壁、左右外板和上甲板先预制好。

(2)下浮体总段总组

如图 8-37 所示为下浮体总段总组示意图。其建造工艺流程为:平台画线→基准段 104P 和 104S 定位→以平台上的基准线作为参考依次合龙左右舷浮体的其他分段。

2. 立柱分段及总段制造

立柱的截面形状过去几乎都是圆形,其流体动力性能较好。目前已出现了各种多边形截面形状,且以方形带圆角过渡的截面为主,这主要是从简化工艺、降低生产成本考虑的。因方形立柱分段建造与船体立体分段建造过程相类似,这里只介绍圆柱形立柱分、总段装焊。

(1)立柱分段装焊

半潜式平台立柱直径一般较大,其展开长度一般都超过一张钢板长度,故制造时不仅沿着高度方向进行划分,还必须进行径向划分,即将立柱的一小节(一般为一块钢板的宽度)沿径向分成若干曲面分段,此曲面分段即为立柱分段。

半潜式平台立柱的内部结构较为复杂,除了环形水平肋圈、为数众多的纵向构件(纵向桁架材及纵骨)外,还有水平水密隔壁、纵向隔壁和内壳板及局部加强结构,如图8-38所示。

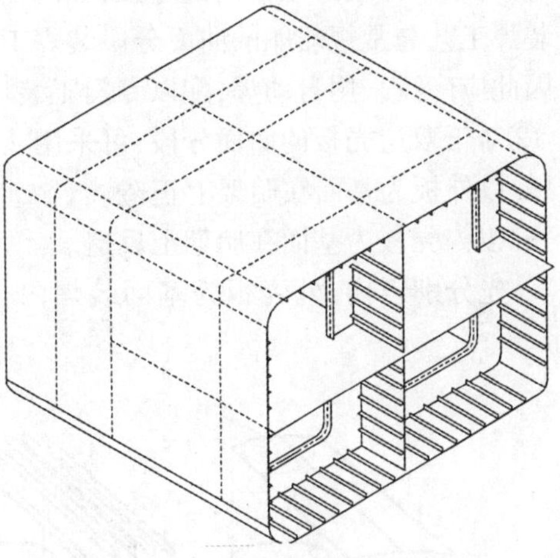

图 8-36　下浮体 104P 分段大组立

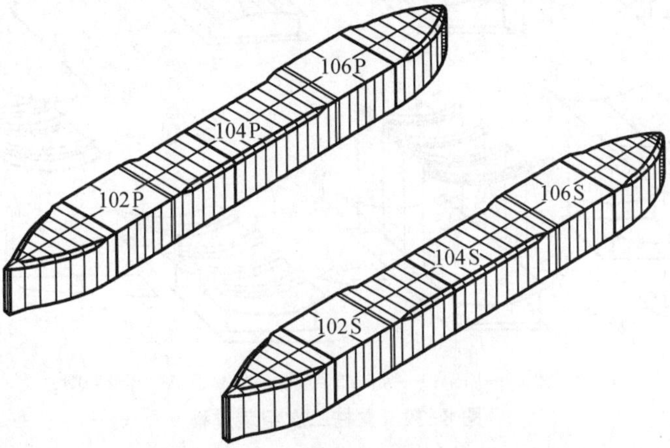

图 8-37　下浮体总段总组示意图

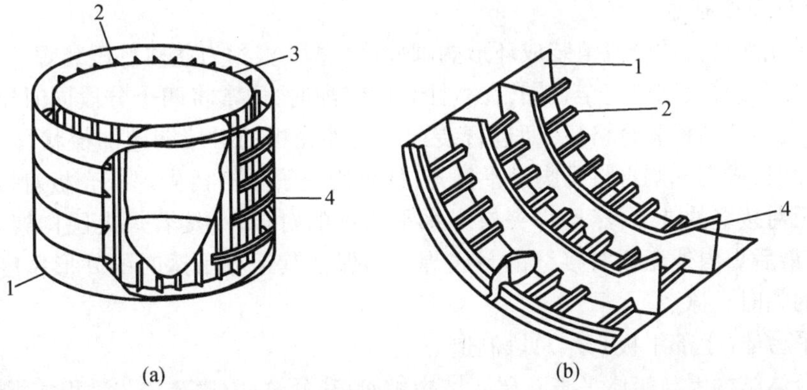

1—外壳板;2—竖向加强筋;3—内壳板;4—环形肋圈。

图 8-38　立柱结构示意图

①对于单壳板的立柱曲面分段，如图 8-38(b)所示，只能以外壳板为基面在胎架上正装，装焊工艺与常规船舶的曲面分段装焊工艺完全相同。因只有横向曲度，且曲率相同、规正，因此应广泛采用自动焊，配以专门工装均能提高质量和效率。

②对于双层壳板的曲面分段，可采用三种方案进行装配。

a. 以外板为基面在胎架上正造。

b. 以内壳板为基面在胎架上反造。

c. 先分别以内、外壳板为基面装焊内、外壳板架，再组装成立柱曲面分段，如图 8-39 所示。

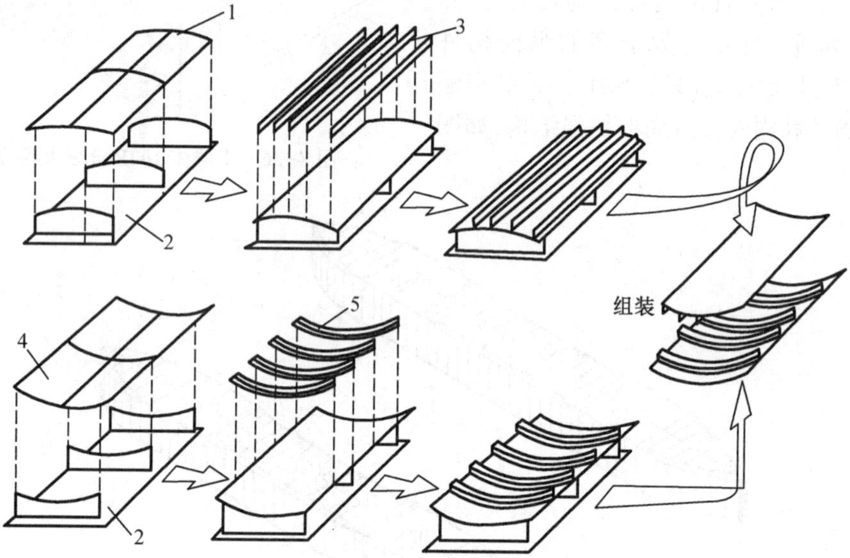

1—内壳板；2—胎架；3—竖向加强筋；4—外壳板；5—环形肋圈。

图 8-39　立柱二次组装过程

三种方法的装焊顺序应根据具体结构特点决定，无论采用何种方案，均要注意纵向加强材与内外壳板表面垂直相交。焊接顺序与船舶分段相同，参照海洋平台焊接要求。

(2)立柱总段制造

将半潜式平台立柱分段组装成环形的圆柱体(总段)，称为立柱总段装焊。所有操作和要求，与船舶分、总段制造完全相同，在立柱总段装配时，通常将四个分段同时定位，确定外圆度的精度，经调整检验合格后，即进行装配。内外壳板的对接缝应加梳状马(焊接完后，梳状马拆除时，应用气割再将马脚磨平打光，禁止用锤子敲打)，先焊外壳板对接缝的内侧，再焊内壳板对接缝的外侧，然后焊夹层中水平构件的对接焊，接着焊夹层构架与内外壳板的角焊缝，最后焊内外壳板对接缝的封底焊。为保证其运输吊运时的外形精度，总段一般要装径向的临时支撑。

3. 上平台体(上部甲板)分、总段制造

上平台体结构因与船体平直双层底结构相似，其分、总段建造工艺过程相类似。

任务训练

训练名称：半潜平台下浮体总段制造工艺流程设计。

训练内容：根据图 8-40 所示的半潜平台下浮体分段划分图，设计其总段制造工艺流程。

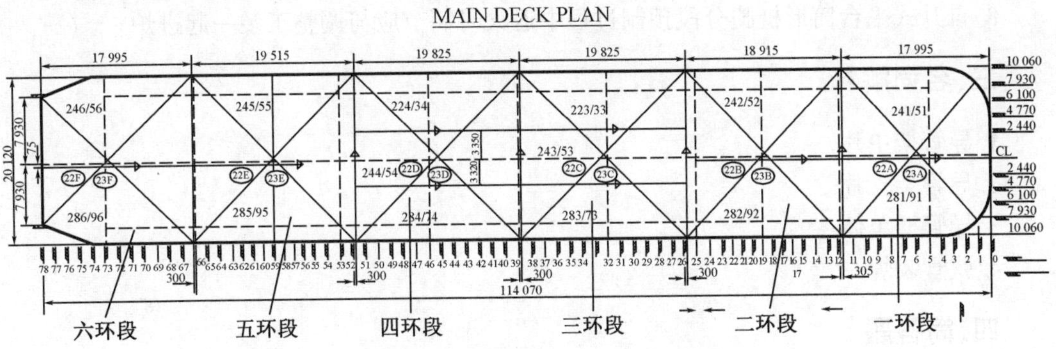

图 8-40　半潜平台下浮体分段划分图

【拓展提高】

拓展知识：悬臂梁制造工艺。

【项目自测】

一、填空

1. 海洋平台中管节点的类型主要有(　　)、(　　)和回形管节点、方形管节点等。
2. 多数桁架式自升式平台的桩腿截面为(　　)和(　　)形状。
3. 导管架总段建造包括(　　)和(　　)两种建造法。
4. 导管架分段画线包括(　　)上画线以及进行导管架单片在(　　)上的画线。
5. 导管架单片画线指在预制场地的合适位置画出画线导管架单片的(　　)及装配时的导管垫墩位置和(　　)安置位置。
6. 导管架单体指由二个单片组成的(　　)段，导管架总段指沿导管架高度划分成的多个(　　)段。
7. 自升式平台的桁架式桩腿通常将部件组成为(　　)形分段，再组装为三角形或正方形(　　)总段。
8. 半潜平台单壳板立柱曲面分段以(　　)为基面在胎架上(　　)装。
9. 两个筒形桩腿分段的对接，一般在(　　)场地进行，采用(　　)式对接法。

二、判断(对的打“√”，错的打“×”)

1. 各种管节点中圆管节点用量最多。(　　)
2. 将导管架平面分段(单片)竖立起来，称为“立片”。(　　)

3. 用于导管架分段装焊的垫墩，要有足够的承载能力，不要求便于调整工件位置。 (   )
4. 浅水导管架一般一个立面为一片。 (   )
5. 深水导管架因高度过大，通常将一个立面沿高度方向划分成多片。 (   )
6. 为了装配管节点时施工方便、保证节点装配精度，事先准备若干装配托架。 (   )
7. 半潜式平台双壳板的立柱曲面分段，只能以外壳板为基面在胎架上正装。 (   )
8. 自升式平台筒形桩腿分段预制过程中退火时筒节应与调整工装一起进炉。 (   )

三、名词解释

1. 导管架单片
2. 导管架立片
3. 导管架单体
4. 弦管装焊

四、简答题

1. 管节点装配时需注意哪些事项？
2. 人字管架部件装焊顺序是什么？
3. 简述导管架平面分段制造的工艺流程。
4. 导管架画线时应注意哪些问题？
5. 导管架单体装焊工艺是什么？
6. 自升式平台筒形桩腿分段预制工艺过程是什么？
7. 半潜平台立柱双壳曲面分段可采用哪几种方案进行安装？

五、拓展思考题

1. 导管架式平台中管节点质量如何来保证？
2. 自升式平台桁架式桩腿分段制造精度如何控制？

项目9　海洋平台总装

【项目描述】

由于海洋平台的类型和结构各不相同,海洋平台的承造厂设施也各不相同,因此其总装方式各有不同。在总装过程中,场地的选择、位置的调整、焊接顺序及下水方式都需综合考虑。

本项目包括导管架平台的总装、自升式平台的总装、半潜式平台的总装三个任务。通过本项目的学习,学习者能够了解海洋平台的总装设施和熟悉总装方法。

知识要求

1. 熟悉导管架平台总装设施和方法;
2. 掌握自升式平台总装设施和方法;
3. 掌握半潜式平台总装设施和方法。

能力要求

1. 能正确选择海洋平台总装场地和主要设施;
2. 能分析各种海洋平台的总装工艺的不同之处;
3. 能设计及编制典型海洋平台总装工艺。

思政和素质要求

1. 具有较强的质量意识、安全意识和环境保护意识;
2. 具有勇于创新、乐业敬业的工作作风和态度;
3. 具有良好的语言表达能力和沟通协调能力;
4. 具有初步的管理能力和信息处理能力。

【项目实施】

任务9.1　导管架平台的总装

PPT

任务解析

导管架平台的上部结构和导管架的总装分别是在陆地上进行的,总装完后再将导管架平台运送到指定海域进行海上安装。海上安装主要包括导管架安装和上部结构安装。

本任务主要学习导管架平台上部结构总装、导管架总装过程和方法。通过本任务的学习和训练,学习者能够掌握导管架平台总装的基本方法,且能进行导管架平台总装方案设计。

背景知识

一、平台上部结构总装工艺

1. 上部组块的滑道区总装工艺

总装之前，上部组块在车间或外场进行分块预制，由于吊装能力的限制，一般习惯用立片，将水平甲板片分为几部分预制。

根据分道装焊或分段装焊的要求，将来自车间或外场的上部结构分段，利用履带吊或大型龙门吊进行分段翻身，使上部结构分段呈正态放置在滑道边的平台上。然后将来自上部结构配套车间的机、管、电仪设备利用塔吊或汽车吊安装到位，最终以分段形式将完整的上部结构分段利用大型履带吊安装在滑道的总装工位上。

如图 9-1 所示为上部组块组装顺序。主要过程为：摆放滑块及滑靴，安装立柱及第一层空间拉筋，吊装第一层甲板片及其上设备，安装第二层空间拉筋，吊装第二层甲板片及其上设备，安装第三层空间拉筋，吊装第三层甲板片。

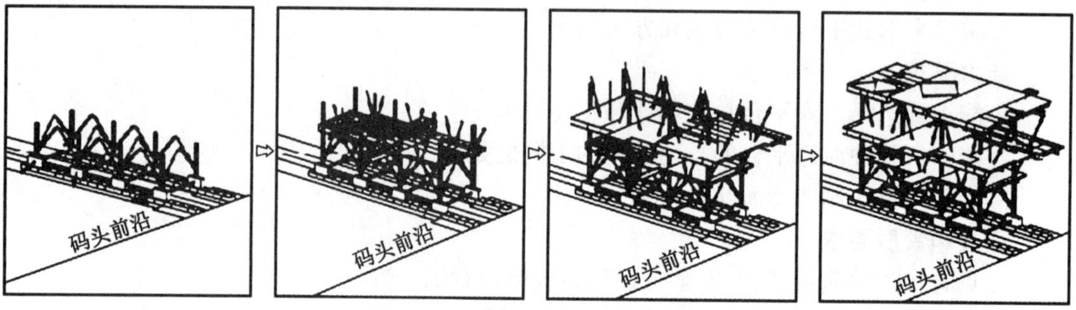

图 9-1　组块（甲板块）组装顺序

上部结构总装完成后，通过上部结构的每根腿柱上设置的滑靴，在滑道上采用牵引滑移方式将其牵引到驳船上运输到海上安装。

2. 上部结构的海上吊装和合龙

上部结构在海上吊装方式取决于上部结构的吨位，对于功能较简单的小型上部结构而言，其海上安装可以采取整体吊装的方式，即借助于海上的浮吊将上部结构整体吊起，然后安装到相应的下部导管架或平台结构上，如图 9-2 所示。

图 9-2　利用浮吊整体吊装导管架平台上部结构

对于吨位较大的上部结构,比较常见的有多台浮吊联合起吊方法和浮托法。此外,也可以采用分段吊装海上大合龙的方法。

浮托法作为一种新型的超大型平台海上安装技术,由于其成本低、安装快、起重大等优势,在万吨级海上平台安装中被广泛采用。图 9-3 所示为浮托法海上安装导管架平台上部结构。

图 9-3 浮托法海上安装导管架平台上部结构

二、导管架总装工艺

1. 导管架总装的准备工作

(1)总装垫墩的制作

①总装垫墩的设计原则。导管架直立总装时,因各片或单体质量较大,通常达到数百吨,而导管架的导管根数有限,因此每根导管底部平均承重均较大(100 t 以上)。考虑到装配偏差,导管底部不在同一平面,下端承重不会相等,其最大负荷差可能比平均承重高出50%甚至更多,如直接支撑在建造场地,则集中负荷太大。因此,必须将这些集中负荷分散到较大承压面,通常在导管底部设置较大的垫墩分散这种集中负荷。

直立总装时,一般采用圆柱形垫墩。确定其直径时,应考虑以下几个因素:

a. 根据负荷计算,能将导管承受的质量传递至垫墩的地面上,如图 9-4 所示。当 $D \geqslant d+2h$ 时,导管上的集中力能传递至整个垫墩地面,再扩散到总装场地。

b. 根据建造场地的地基情况及导管架底部尺度,各导管架垫墩下方都有若干直桩,使建造场地能承受导管垫墩传递的荷载,保证在总装过程中不产生局部塌陷和下沉。

c. 总装中需要调整导管架位置时,往往以垫墩作为安放千斤顶的支撑面,故在确定垫墩表面积时,应考虑千斤顶的安放。

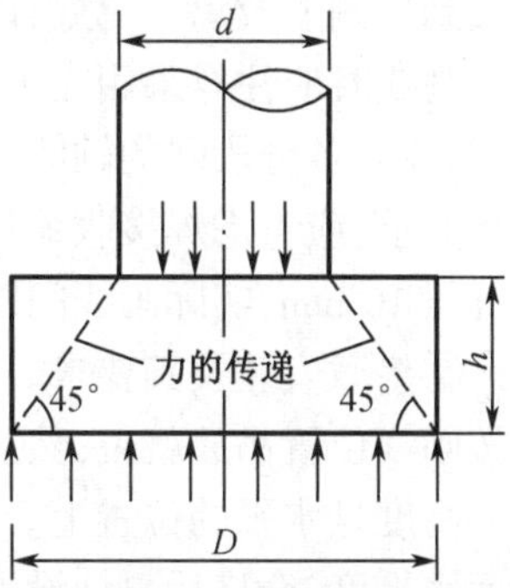

图 9-4 力的传递

d. 垫墩高度 h 不宜太高,能满足建造场地的承重要求。垫墩过高不仅增加施工作业的高度,而且制造垫墩费工、费料。若在坞内总装且采用浮筒拖运出坞,则浮筒一般系在导管根部,若垫墩太高要影响吃水,从而减少浮力。

②总装垫墩的结构形式。总装垫墩可采用图 9-5 的结构形式,垫墩筒体由厚度为 6 mm 钢板弯制而成,筒体内为钢筋混凝土,墩的上表面覆盖一中厚钢板,一般分为 20 mm 左右,板对应水泥预埋钢筋处开有锥形孔,安装覆板后压紧,使钢板覆板与水泥平面贴紧,并焊接预埋钢筋与覆板穿出处的接缝,表面割平,如图 9-6 所示。混凝土垫墩的优点是承压力非常大,压缩性很小,且成本低。若采用木垫墩,压缩性较大,可能影响导管底面的尺寸精度。

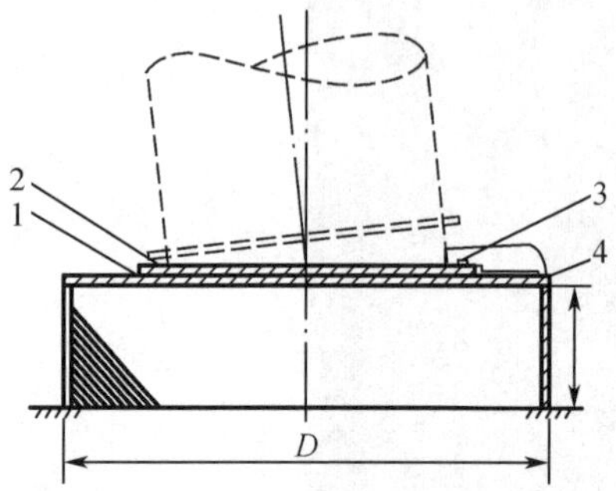

1—挡块,每墩八块;2—上覆板表面车平;
3—耐压耐油橡胶板;4—墩覆板。

图 9-5 导管墩的结构形式图

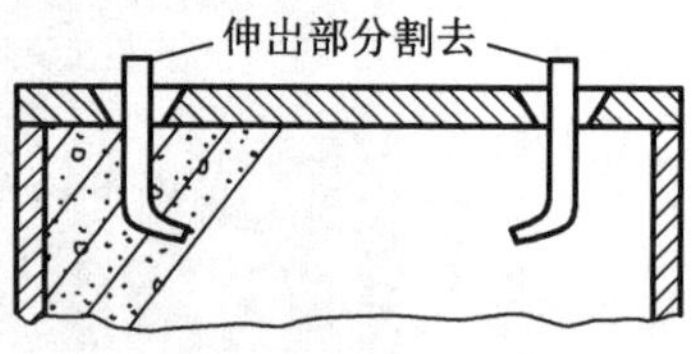

图 9-6 垫墩上表面覆板安装示意图

垫墩覆板上通常设置一层厚度 10 mm 的耐压、耐油橡胶板。有两方面作用:一是使各墩压力因橡胶受压变形而趋于均衡;二是可弥补导管底端铁靴的高低偏差影响。

橡胶板上还安装一块 25 mm 以上的厚板,称为上覆板,上表面应预先车平,以便于总装时导管架的移位调整。

若采用侧立总装,可采用重型垫墩(图 8-13);数目和布置根据导管架的尺度、质量、结构形式和总装场地的地基情况等因素确定。

(2)总装场地的准备工作

①根据导管架总装垫墩布置图,如图 9-7 所示,在总装场地的地面上画线。画出垫墩位置线(包括垫墩十字中心线)和导管架各立面中心线(即安装定位线),并确定经纬仪安放位置。若在船坞中总装且利用大型浮吊将各单体(或单片)吊入船坞,必须将上述各中心线延长到坞侧壁及坞首坞壁,以便单体进坞安装时测量定位。

画线时应注意采用先进的测量工具,如激光经纬仪、水准仪等,以确保其画线精度。同时,画线时各分段间的轴线间距,应加放焊接收缩量。因为为了保证导管架总体尺度满足精度要求,应考虑焊接收缩量。如图 9-7 中导管架 2~3 轴线间距为 12 000 mm,考虑电焊收缩补偿 10 mm,实际画线间距为 12 010 mm。

②垫墩安装及其要求。垫墩安装,可采用就地浇筑混凝土的方法。首先将各墩钢板外壳按画线位置吊放就位,然后用水准仪定出各墩上表面位置,必须使全部垫墩上表面置于同一高度且水平的位置上。调整完毕后,浇筑混凝土,待混凝土干后复测各墩的标高及上表面水平度,合格后再铺设下覆板并进行钢筋焊接,复测后再铺垫墩的橡胶板和上覆板。

垫墩在工程完毕后需吊走,为避免垫墩的混凝土与场地的地面粘连,往往在墩下垫油毛毡或草纸板。

如果在坞内总段安装,为便于浮吊的操作,往往坞门打开,坞内进水,为避免垫墩因撞击产生移位而将各垫墩用刚性构件连成整体,刚性构件可采用旧工字钢、槽钢或一定直径的钢管。

③安装水下限位器。采用干船坞进行导管架总装时,因其质量大,往往采用大型浮吊吊运安装,此时各垫墩均在水中。如何保证导管架分片或单体正确地落到垫墩的既定位置上,是必须预先解决的工艺问题。可以设置水下限位器,其结构形式和尺寸如图 9-8 所示。限位器的位置应严格按导管的实际就位点用经纬仪定出,否则会影响就位正确性。同时,就一个单体而言,只能三个角墩处安装限位器(图 9-7),使第四个角空着以便于单体向三面靠拢落位。

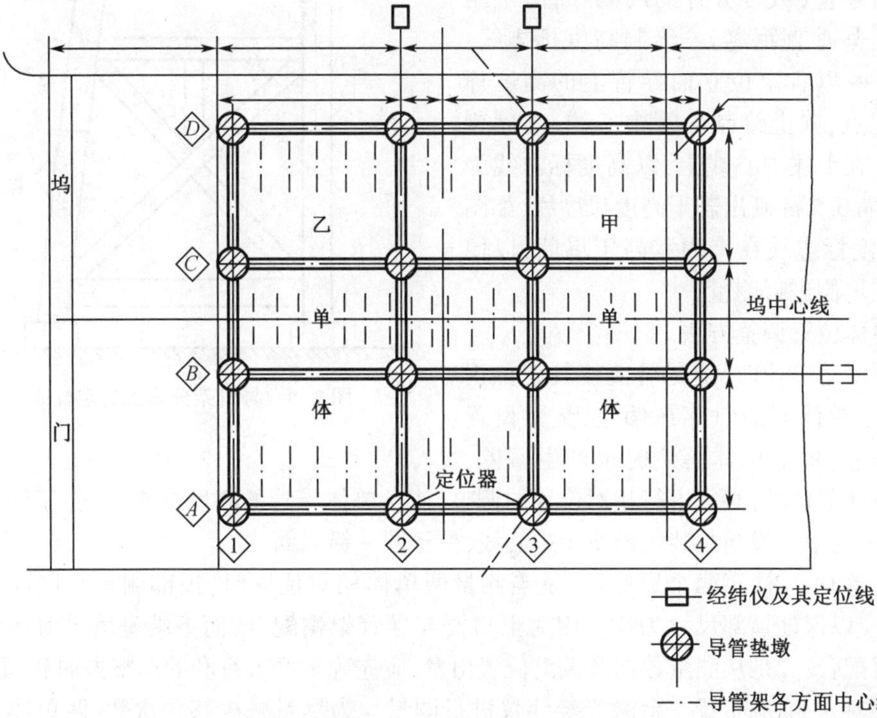

图 9-7　导管垫墩布置图

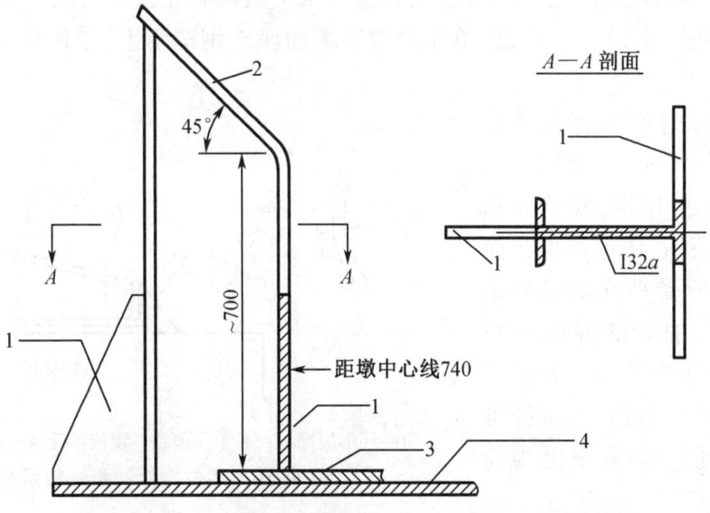

1—肘板;2—I 字钢面板与覆板点焊;3—上覆板;4—墩覆板。

图 9-8　限位器结构示意图

在总装场地上的准备工作，除上述几项外，还要根据具体情况配置足够的起吊设备、电焊设备及卷扬机等设备和器材。

(3)分段上的准备工作

与船舶在船台安装类似，在进行导管架总装前，应在导管架分段(分片)、单体上绘出安装定位线，包括高度标志线——在各单体的四角导管(或各分片的两侧导管)上距铁靴底面某垂直距离处，绘制高度标志线；中心线——以各定位立面导管上的高度标志线为起点，向上绘制导管中心线；高度刻度线——在上述中心线上，以高度标志线为起点，每隔0.5 m画出若干高度尺度线，如图9-9。高度标志线在坞内宜高于坞墙，以便定位时在坞侧进行测量。

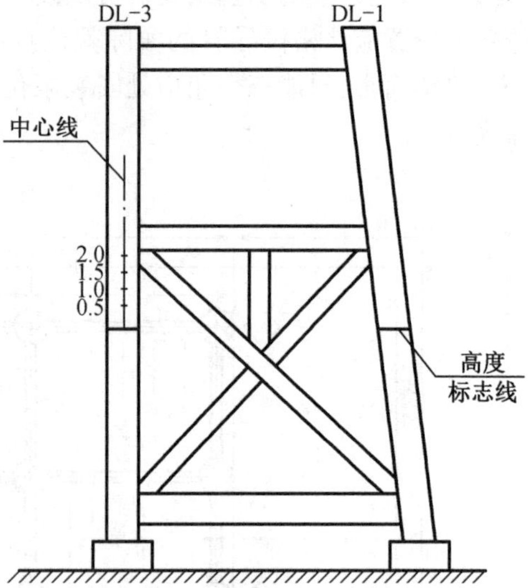

图 9-9　导管架分段上的定位线

2. 单体位置调整方法

单体吊运落位时，应尽可能使其就位正确，但由于单体制造时存在偏差，垫墩设置时也有误差，加上单体落位时也产生偏差，因此在单体落位后，必须进行相对位置的调整，使各单体导管的高度标志线，位于同一水平面；导管上的中心线与总装场地所绘中心线，位于同一铅垂面。

在调整时，应注意两个原则：一是当测量两单体相对位置时，顶部测量与底部数据矛盾，调整应以保证顶部尺寸为主。因为上口要与导管架帽配合，而下端坐落在海底稍有超差也无碍配合；二是从测量数据及偏离位置出发，应先确定好最有利的调整方向和调整量。

调整时，一般应布置三台激光经纬仪进行测量。为尽量减少移位次数，两单体总装时可对一单体做水平标高调整，即上下相对位置调整，另一单体做水平间距调整，使其相对位置符合要求。因单体质量和尺度均较大，在进行水平微调时往往采用以下方法。

①在导管垫墩上设置钢球盘，单体分管底端面座于钢球盘上，单体调整时左右前后移动均较方便。

②将单体导管底端直接放在垫墩上方特设的平板上，中间涂油脂，用千斤顶直接顶推，使单体移位，如图9-10所示，该方法事先应根据每个垫墩所受平均载荷和油脂的承压能力、油脂的静摩擦系数，计算移位时所需的推力及各墩承受压力的不均匀等因素，选择推力适中的千斤顶。该方法更为简单易行。

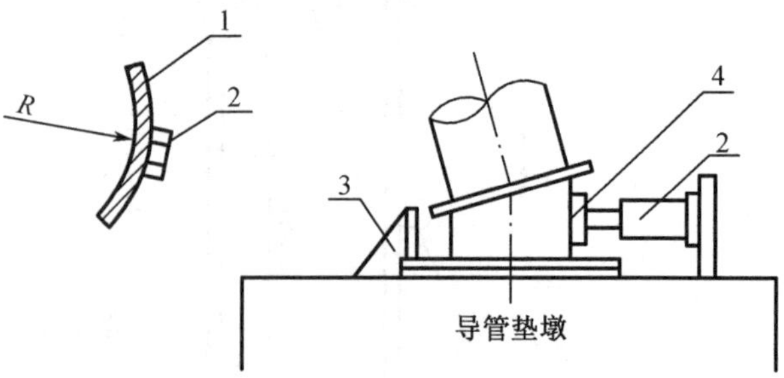

1—环形缓冲板；2—千斤顶；3—定位挡板；4—弧形缓冲板。

图 9-10　定位挡板和弧形板示意图

无论采用何种方法进行水平距离调整，为减小顶推时产生的局部应力，应在单体的每个导管下端设千斤顶，使其向同一方向缓慢同步顶推，在千斤顶与导管底端接触处，应设弧形缓冲板，用 300 mm×200 m 的中厚板弯成与导管端部曲率相同的弧形板，如图 9-10 所示，以缓冲千斤顶作用到导管端部的集中力，通常单体水平位移调整量不大，为 10~20 mm。

单体水平位调整完成后，为使后续高度调整和水平度或垂直度调整准确，往往在单体四角导管正确就位处（千斤顶对面）装焊定位挡板，如图 9-10 所示，该定位挡板也可在移动前先装焊好，作为控制移动量的装置。

为减少单体移位时的静压力，还可以采用大型吊车或浮吊吊住待移位单体，给单体一定的上提力，从而利于单体的水平位移操作。

单体的标高调整，采用千斤顶将较低一侧的导管向上顶起，如图 9-11 所示，到位后在墩上填以薄钢板，厚度视间隙定，千斤顶托座要焊在导管上，计算确定托座强度，既要保证托座本身的强度以防顶升过程发生事故，又不能损害导管钢板。

由于单体尺度较大，近似一刚体，但在顶升调整时不能只顶一个导管，必须使一侧千斤顶同时向上顶升。为了防止一侧顶升时整个单体向另一侧滑移，单体另一侧的铁靴处应焊防滑挡块。单体下端一侧顶高后，两单体上口距离会发生变化，如图 9-12 所示。标高顶升合格后，重新测量单体间的水平距离并再次调整，直到达到规范或精度范围。因此，在调整标高时，实际也同时调整单体的垂直度或水平度。

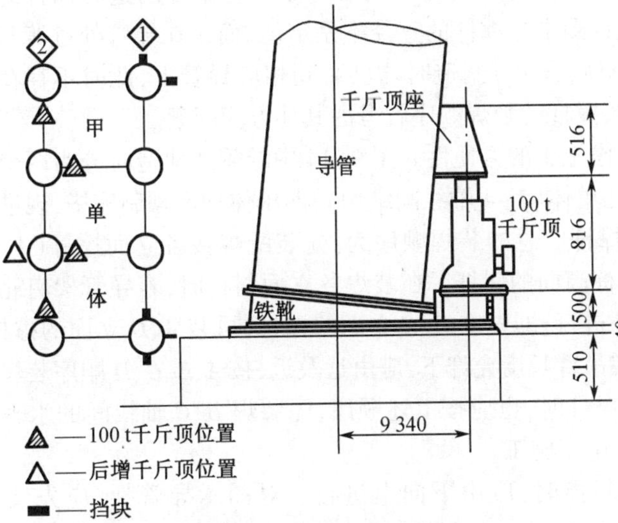

图 9-11　单体标高调整时千斤顶和挡块设置

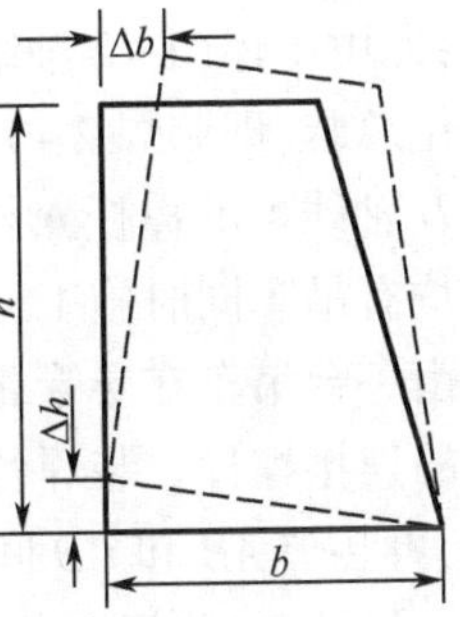

图 9-12　单体顶升引起顶部偏移量

图 9-13 为两个单体相对位置调整正确后，为防止后续施工中发生位移，影响导管架的总装精度，必须将每个单体的四角导管下端铁靴与垫墩加以固定。常用方法是用中厚板制成的肘板作为限位挡块，由其起固定作用。

3. 单体间撑杆装配焊接顺序

当各单体（或单片）定位正确后，要将单体（单片）间的各种撑杆装好、焊好，完成整个导管架的总装合龙任务。这些撑杆的装焊顺序是否正确，影响着导管架的建造质量和周期。

总装时单体或单片间撑杆的装配焊接顺序，与单片建造时撑杆的装焊顺序基本相同，确定原则也基本相似，有以下几个方面。

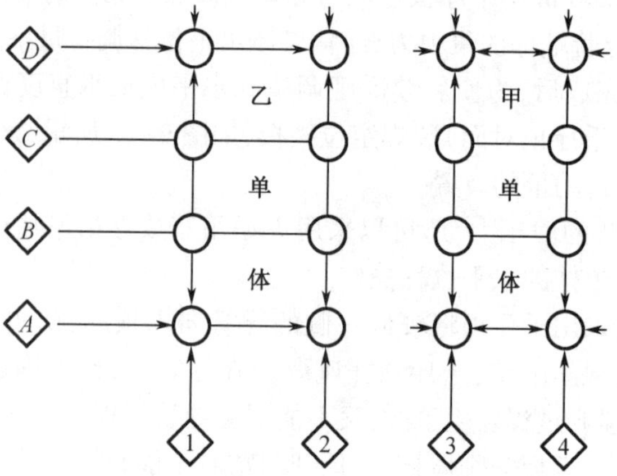

图 9-13 单体调整后的限位块布置图

(1)与单片制造相同,基本原则是根据该部分导管架的结构特征选择合理的装焊顺序,要保证具有隐蔽焊缝的杆件先装配焊接,如果两单体(单片)间连接撑杆的结构情况与前面结构相同,各撑杆均为相同直径的通杆,则总装时撑杆的装焊顺序与单片制造时撑杆的装焊顺序相同,如图 8-17 所示。若设计图中各撑杆的直径不是定值,而是在导管处过渡与短粗管,如图 9-14,且这些短粗管在单体(单片)制造时均已装到相应导管上,此时不存在隐蔽焊缝,因而确定单体(单片)间连接撑杆的装焊顺序就考虑其他方面因素。

(2)确定撑杆装焊顺序时,应考虑施工的方便性。图 9-14 中导管架建造时分为两个单体,即甲单体(1~2 轴线间结构)和乙单体(3~4 轴线间结构),两单体均已预制完毕,现进行定位总装,即装焊 2~3 轴线间全部撑杆。总的装焊顺序为:先装配焊接各立面撑杆(*A*、*B*、*C*、*D* 轴线上的撑杆),再装焊各水平标高面的斜杆。在装焊各立面斜杆时,若导管架南北两侧均有吊车同时施工,则应由里向外进行,即先装 *B*、*C* 立面的撑杆,再装 *A*、*D* 立面的撑杆;若由一台吊车在导管北侧施工时,在吊臂长度允许下,应由远及近,按 *A*、*B*、*C*、*D* 顺序装焊各片的连接撑杆。装焊各标高面水平撑杆时,也应按上述顺序,先装焊 *B*、*C* 轴线间的水平斜杆,再装焊 *AB* 和 *CD* 间的斜杆,便于吊车施工。

另外,在装焊各标高面的水平斜撑时,应由下向上进行。对图示导管架,应先装焊 EL-14 100 平面的斜撑,再装焊 EL-3 000 平面的斜撑,最后装焊 EL+6 000 平面的斜撑。因为装焊高层的撑杆需搭设脚手架,在搭设脚手架后再吊装低层的撑杆时会发生干扰,以致无法吊装。同时,所有附属物及工艺设施都应尽量在地面焊好,以减少高空作业量。如牺牲阳极、临时梯子及护栏等,都应在地面装好、焊好,可大量减少高空作业量,提高施工安全程度。

(3)确定撑杆装焊顺序时,应有利于控制导管架的焊接变形,减少其焊接应力。

导管架建造(包括总装)过程中,往往是边装配,边焊接,装配一部分,焊接一部分。原因除有很多隐蔽焊缝必须先施焊才能装配其他结构,还因为管节点特别多,且工况较一般船舶工况更为恶劣,因此对控制焊接应力的要求较高,采用装配一部分、焊接一部分的方法,与等整个桁架(或部分桁架)装好再焊的方法相比刚性要小,因而有利于杆件自由收缩,对减少焊接应力有利。

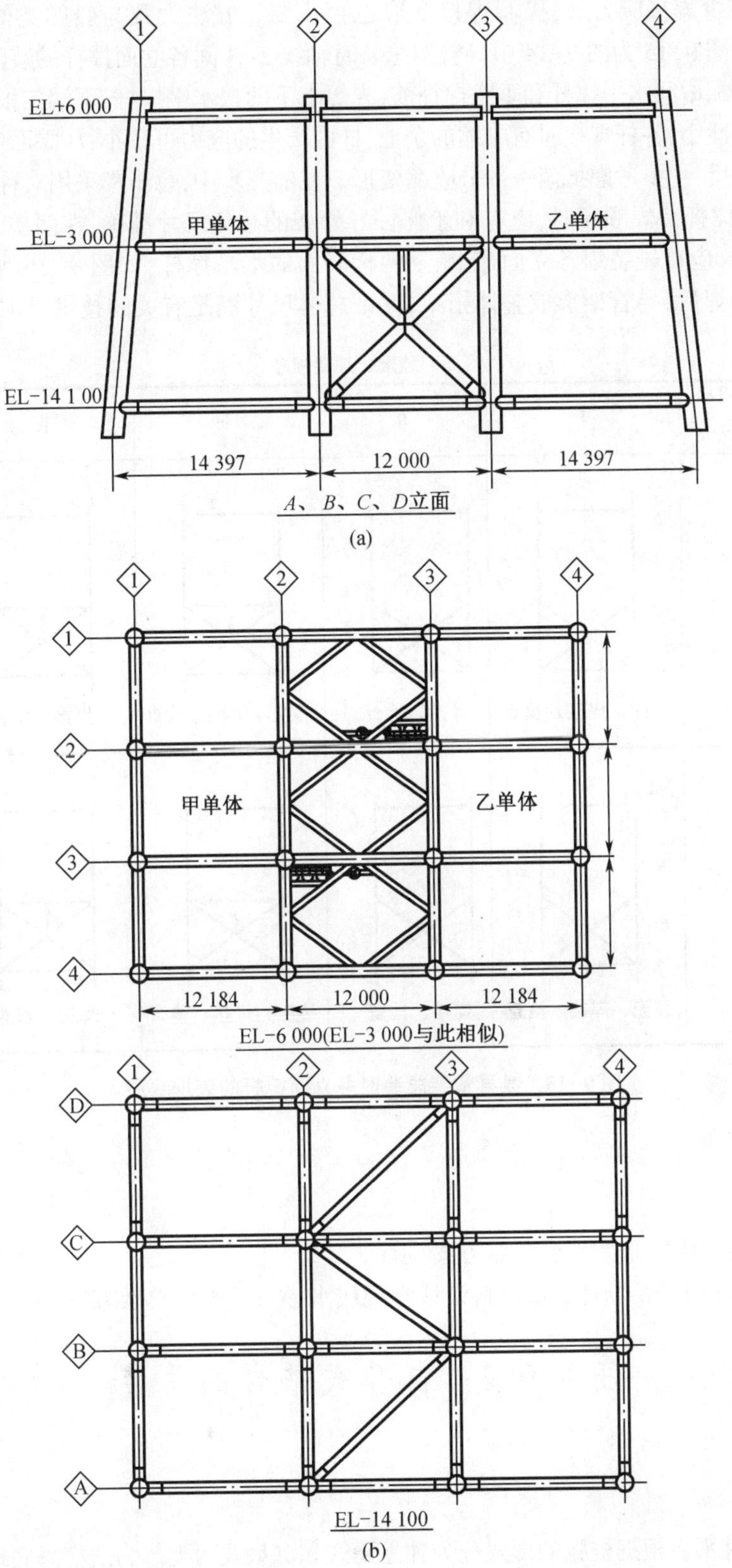

图 9-14　某导管架结构示意图

除考虑减少焊接应力外，控制焊接变形也很重要。方法大致与船舶类似，尽可能进行对称施焊等。图9-15为图9-14中导管架总装时轴线2~3间各立面撑杆的装配焊接顺序，*A*、*B*、*C*立面在装配中间水平撑杆和垂直撑杆前，先焊上下两根水平撑杆、下端三根斜撑杆。这样各立面中部刚性小，各杆焊接时有收缩的余地，杆内产生的应力可稍小；*D*立面中第一、二步装焊顺序正好相反，主要考虑抵消一部分收缩变形。在前三步中，每步都采用对称施焊。

（4）确定撑杆装焊顺序时，应有利于保证导管架的总体尺寸准确，在两单体（或两单片）间装焊撑杆时，应首先装焊各立面最上、下两标高面的水平撑杆，如图9-15所示，因为这两根水平撑杆装焊后，导管架形成整体桁架，保证总体尺寸满足有关的技术要求。

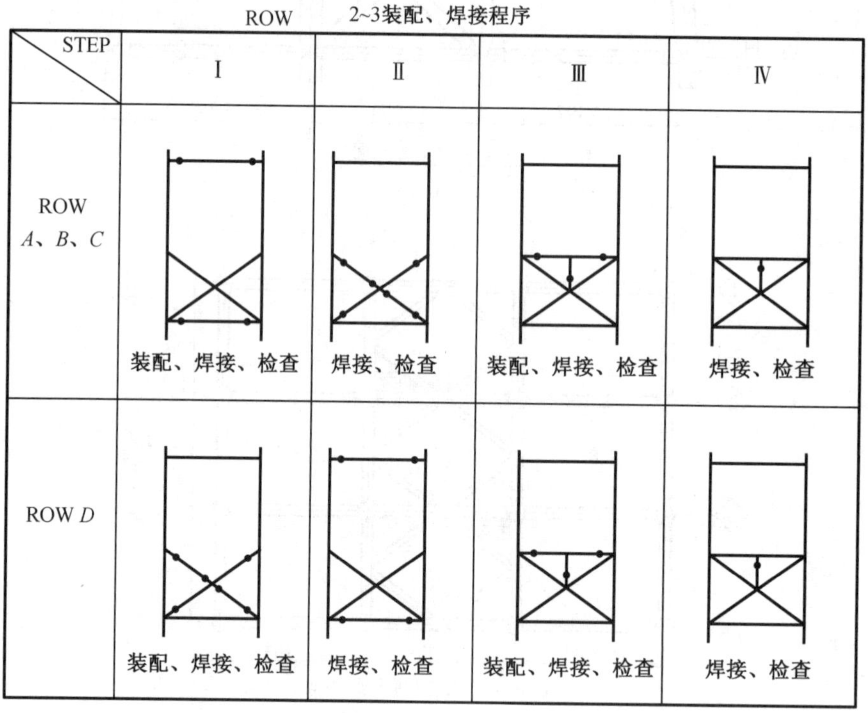

图9-15　某导管架总装时各立面撑杆的装焊顺序

任务训练

训练名称：浅水导管架平台总装方案设计。

训练内容：根据所学知识，查资料设计常规浅水导管架平台总装方案。

任务9.2　自升式平台的总装

PPT

任务解析

自升式钻井平台根据桩腿的形式分为独立腿式和沉垫式两类。为适应海底地貌和土质的不同情况，桩腿下端的支撑形式可设计成桩靴结构或整体沉垫结构，目前多采用桩靴形式。

自升式平台的建造周期较长，一座工作水深400 ft（120 m）的自升式钻井平台建造周期约需24个月。若进行坞内组装,坞期占6~8个月。在坞内,除完成自升式平台主体的搭载外,还将进行升降装置的安装,下部桩腿与桩靴合龙、上下桩腿的对接、上部模块安装、直升机平台安装、悬臂梁安装以及部分舾装工作。

本任务学习平台主体模块总装,沉垫的总装,模块、桩腿的安装与对接、沉垫和桩腿的连接工艺。通过本任务的学习和训练,学习者能够掌握自升式平台各部分总装方法,且能进行总装工艺设计。

背景知识

一、平台主体模块总装

位于平台上部的平台主体主要提供生产和生活场所,并能在拖航时提供浮力。自升式平台主体的形状一般有三角形、矩形和五角形等。自升式平台主体结构与船体结构很相似,主体各层甲板、底部与舱壁由板架组成。

1. 平台模块总装场地和总装特点

平台模块的总装可在大型船坞、水平船台或海滩的斜坡沙滩等场地进行。

由于模块壳体类似于驳船,因此总装工艺与船舶大合龙工艺基本相似。但由于模块本身的特殊性,总装方法与船舶大合龙工艺不完全相同,模块总装主要有以下特点:

①模块壳体多采用平面分段上船台进行大合龙这种比较简单的建造方法。

②模块壳体船台建造方式,基本采用塔式法。从中间基准段开始向两侧、前后及向上发展,逐步组装成整个平台。由于模块本身的尺度短而宽,采用塔式法能充分体现其优点。

③模块的型线简单,大都是直线形式,因此各平面分段上船台前,可将余量全部切除,采用"无余量"上船台这种较先进的工艺方法,以便减少总装时的修整量,缩短建造周期。

④在主甲板分段合龙前,应将各种设备和舾装单元吊进舱室定位。

⑤特别注意桩腿套管的安装定位。桩腿套管是模块的关键构件,本身质量较大,不仅影响沉垫桩腿的安装位置,而且直接关系到模块能否顺利升降,因此它的定位安装必须十分精确。

安装套筒时只能先安装定位好一个,再以实际中心为准进行其他桩腿套筒的安装定位,套筒在定位时,按焊接收缩变形的规律,一般向内收缩,使中心线适当外倾,保证焊后中心线倾斜度在允许公差内。

在焊接好所有套筒后,进行全面测量,将中心坐标尺寸移至沉垫上,作为桩腿和沉垫的安装定位尺寸。

2. 平台主体总组搭载工艺

如前所述,平台主体总组基本上都采用平面分段下坞(或上船台),采用塔式搭载进行大合龙。平台主体线型平直简单,可采用无余量上船台(或下坞)工艺。

在主甲板分段合龙前,应将各种设备和舾装平台吊进舱室定位,要特别重视桩腿套管舱部位的定位安装。其安装精度直接影响平台主体能否顺利升降,因此,安装定位方法要求十分精确。安装时,只能先选定其中之一作为基准。然后,再以其实际中心为准、进行余下两个桩腿套管的定位安装。全部装焊完毕后,应进行一次全面测量,并将其中心坐标驳移到桩靴上,作为桩靴、桩腿的定位安装尺寸。

在平台主体总装过程中,应确保钻台能够靠钻台移动系统在底座上沿轨道横向滑动,且能够在自升式平台中心线左右舷一定范围内进行定位。钻台移动装置用于保持钻台在底座横向滑轨上的完全定位。钻台上的可移式固定装置能够确保钻台在底座的任何位置处固定。

下面为某自升式平台主体模块合龙工艺过程：

①大合龙墩木布置。根据墩木布置图在合龙场地布置好大合龙墩木，如图 9-16 所示。

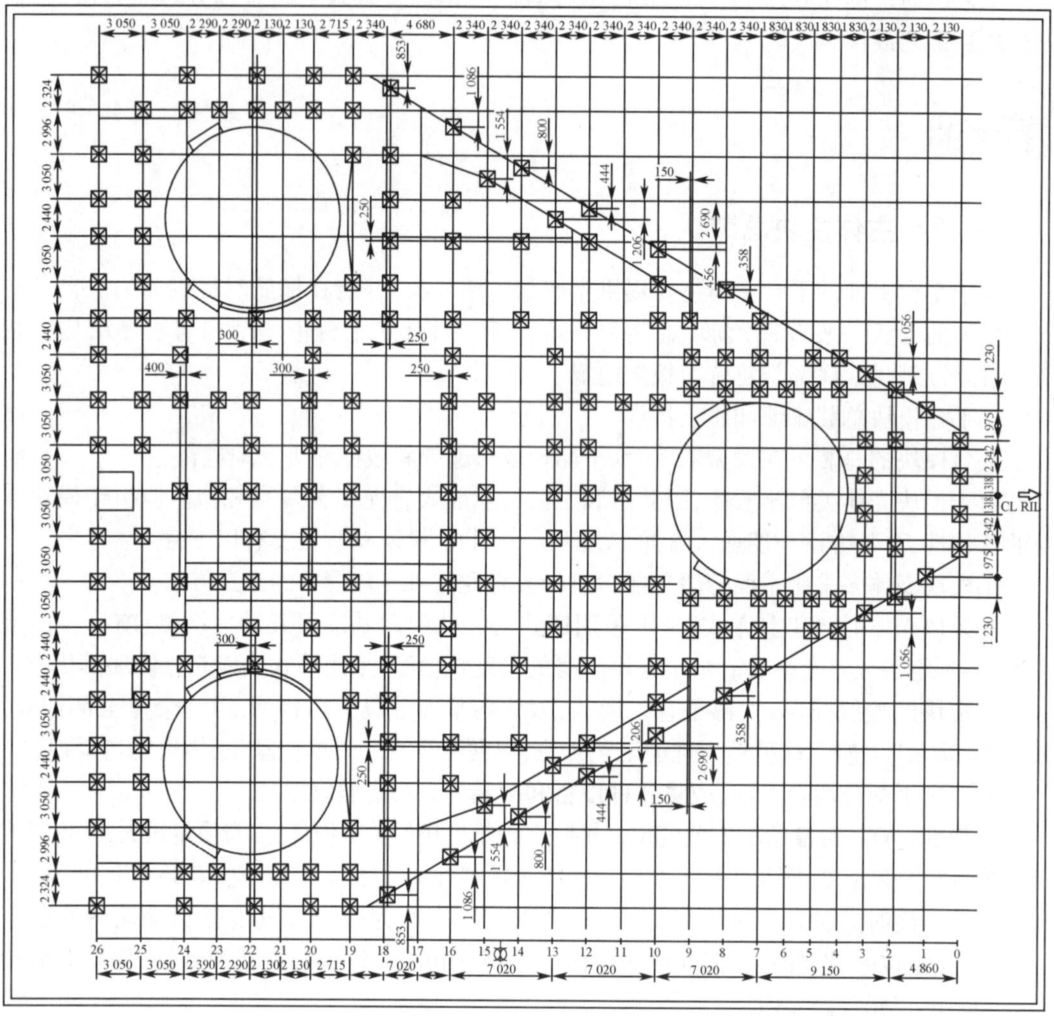

图 9-16　墩木布置图

②基准段分段定位。

a. 用线锤或经纬仪将基准分段的船体中心线、肋骨检验线与画在船台上船体中心线、肋骨检验线对正，误差±2 mm。

b. 将基准分段吊到已布置好的墩木上，测量调整分段四角水平度，误差±4 mm。

c. 再检查基准分段水平、中心线、肋骨检验线等，确认无误后，将其固定在墩木上，如图 9-17 所示。

③相邻其他分段定位。将 201、401、301 等分段分别吊到已布置好的墩木上，与固定在墩木上的 101 分段进行调整、对正画出对接余量线，然后割除余量；进行定位，焊接。如图 9-18 所示是船台合龙模块示意图。

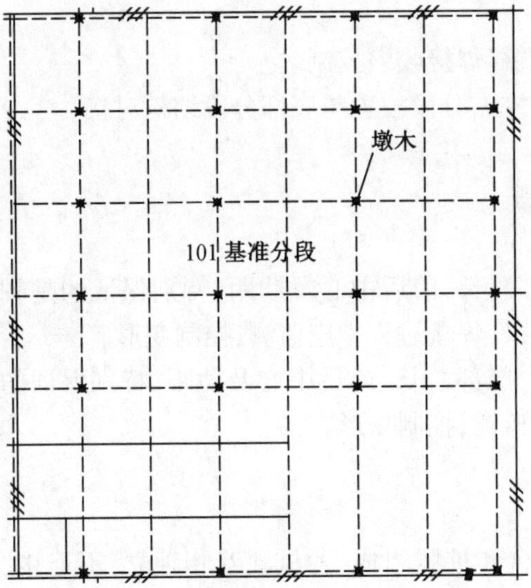

图 9-17　吊到墩木上的 101 基准分段

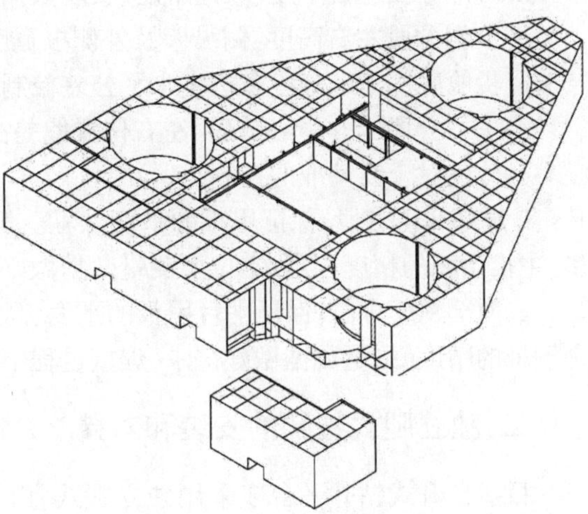

图 9-18　船台合龙模块示意图

④将 102、202 分段分别吊到船台上，调整分段四角水平，误差±4 mm。用线锤或经纬仪将分段的中心线、肋骨检验线与画出的船体中心线、肋骨检验线对正，误差±2 mm，确认无误后，将 102、202 分段固定在平台上，然后进行焊接，如图 9-19 所示。

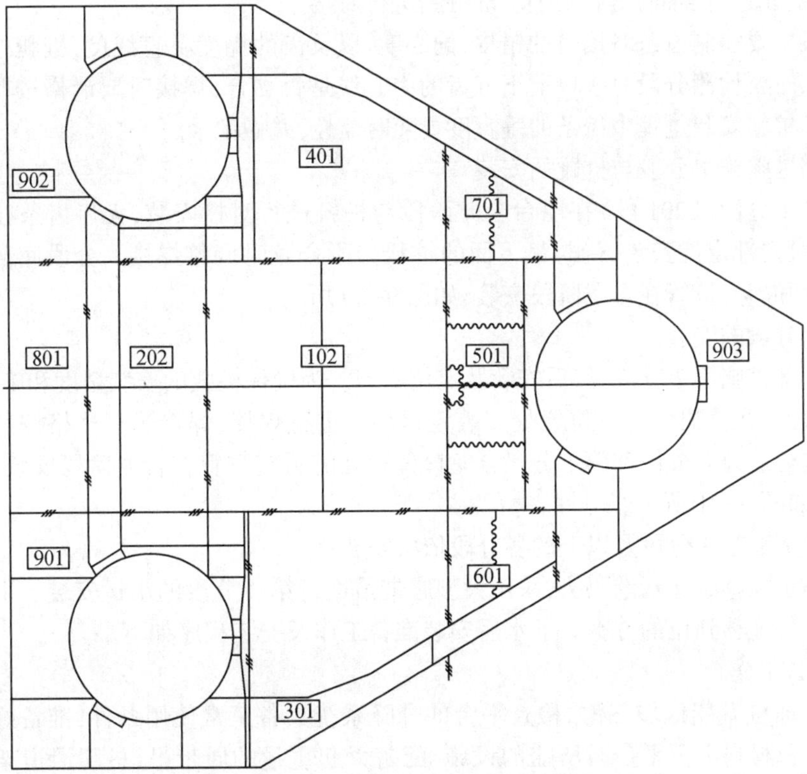

图 9-19　102、202 分段固定在平台示意图

⑤平台制造完成后,进行检查和密性试验。

船台合龙精度控制要点如下:

a. 底部分段左右平度、纵向平度、长度数据、端缝焊接收缩控制。

b. 舷侧分段左右高度,侧纵壁及外侧板宽度,左右分段位置与底部分段结构对接。

c. 机舱底部 101 分段主机座水平公差控制。

d. 围井分段围井中心前后、左右位置偏差控制。

e. 分段对合线基准的控制。

f. 艉部 801 分段:保证甲板的平度、高度,艉部总长,前后中心及肋距,特别保证的是轴系、主推系统的精度,分段定位要测量数据做好记录,焊接过程中应监测,控制变形。

g. 艏部 903 分段:保证平台甲板的平度、高度,艏部总长,前后中心及肋距,特别保证的是侧推的精度,测量数据做好记录,焊接过程中应监测,控制变形。

二、独立腿式桩腿的安装和对接

目前自升式钻井平台多采用独立腿式,由平台和桩腿组成,各桩腿互相独立,不连接,整个平台的质量由各桩腿分别支承,桩腿底部常设有桩靴,桩靴有圆形、方形和多边形,面积较小。

桩腿制造过程中的最后一项工作是整体接长,工作中的难点在于高空作业较多。

为便于桩腿与平台主体的组装,通常将桩腿分为上部桩腿和下部桩腿。下部桩腿在船台进行安装,即平台主体在船台(坞)上建造、桩靴先在平台主体下定位,然后将下部桩腿吊装插入桩靴,定位对接。上部桩腿采用升船接桩的方式进行安装,即待平台下水后,将其拖到预定水域,先进行插桩,然后吊装上部桩腿进行对接。

此阶段主要控制齿条对接时的错皮、同心度,以及齿的挠度及直线度,桩腿的整体垂直度等。接长时要检测分段对接口上下五齿的中心线是否吻合,焊接时要严格按照焊接工艺执行。对于桩腿安装过程中齿条的垂直度要随时监控,并做记录。

1. 下部桩腿第 1 分段与桩靴的安装

最下第 1 分段(L201 段)在船台合龙阶段与桩靴进行对接安装,无齿齿条在桩靴完工后,先在桩靴内部定位安装,待与最下面的桩腿分段合龙时调整焊接。分段底部与桩靴对接的水平管和斜支撑管在合龙阶段安装,如图 9-20 所示。

2. 第 2 分段的安装

吊装下部桩腿第 2 分段,然后安装及定位工装。为确保桩腿的安装精度和施工方便,在桩腿安装时,应在桩腿合龙口位置处安装定位块。进行焊接,焊接过程严格按照相关焊接工艺规程进行。第 2 分段和第 1 分段合龙口位置处的斜支撑管在合龙阶段安装,其他分段与此类似,如图 9-21 所示。

3. 桩腿下部第 3 分段及以上的各分段依次安装

平台下水拖移到深水港码头,采用大型履带吊进行第 3 分段的吊运安装。上部桩腿采用滑道架工装拖移到位的方案。下水后安装准备工作及安装程序如下。

(1)准备工作

首先对插桩升船区域扫海,检查平台的升降系统具备正常使用条件,准备好平台升至高位时人员及材料上下平台时所需的设施,配备大起重量的履带吊,桩腿滑道架工装安装并试验完毕,并装好接桩处的工作平台。

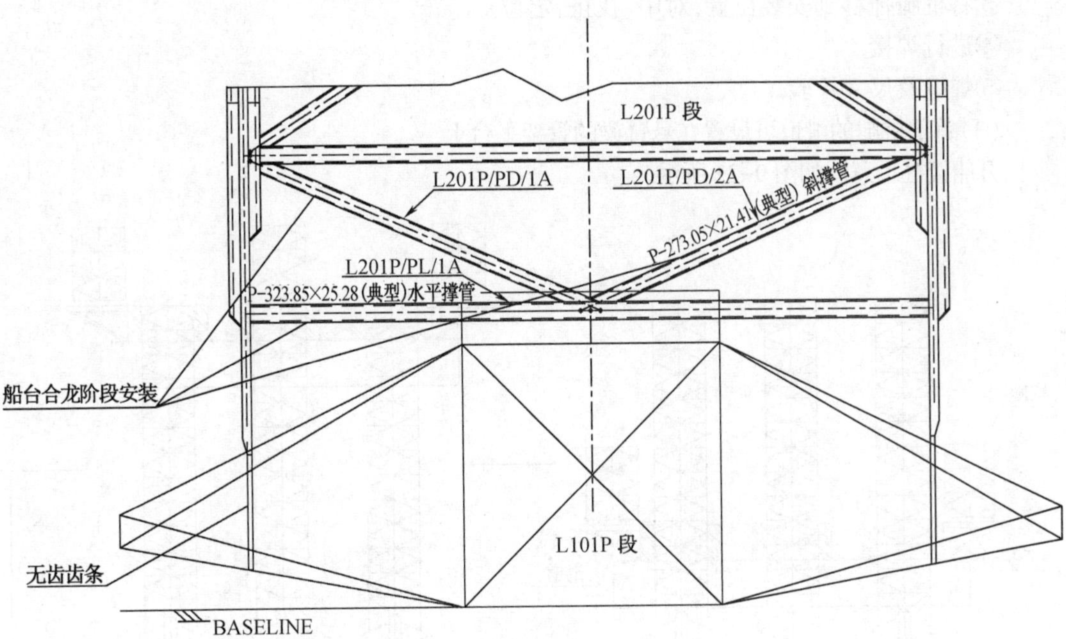

图 9-20　下部桩腿第一分段与桩靴的安装

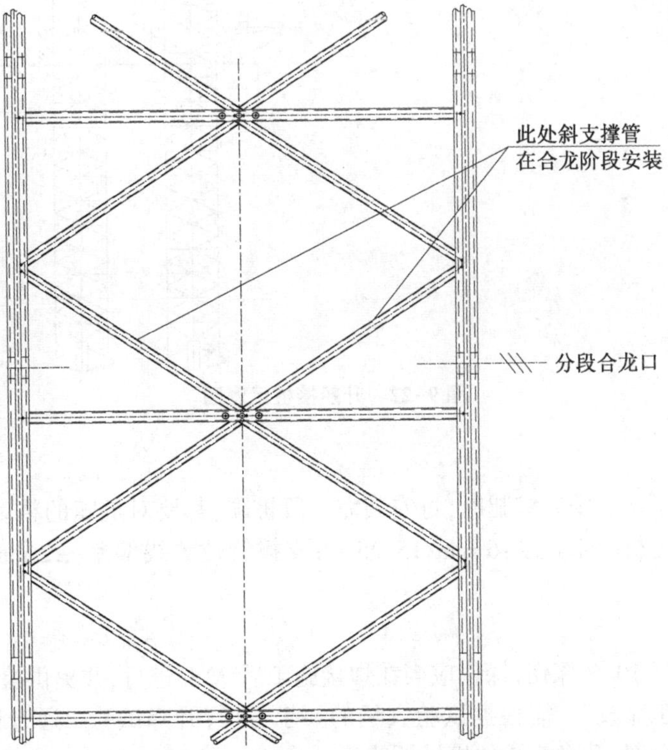

图 9-21　下部桩腿第 2 分段和第 1 分段合龙

(2)安装程序

①升船前,使用履带吊将上段桩腿吊到滑道架上。

②升船至预定高度。

③将桩腿拖移到安装位置,对中、找正、定位。

④进行焊接。

⑤焊缝及尺寸检验。

(3)首部桩腿的滑道可设置在悬臂梁的管架平台上

升船接桩示意图如图 9-22 所示。

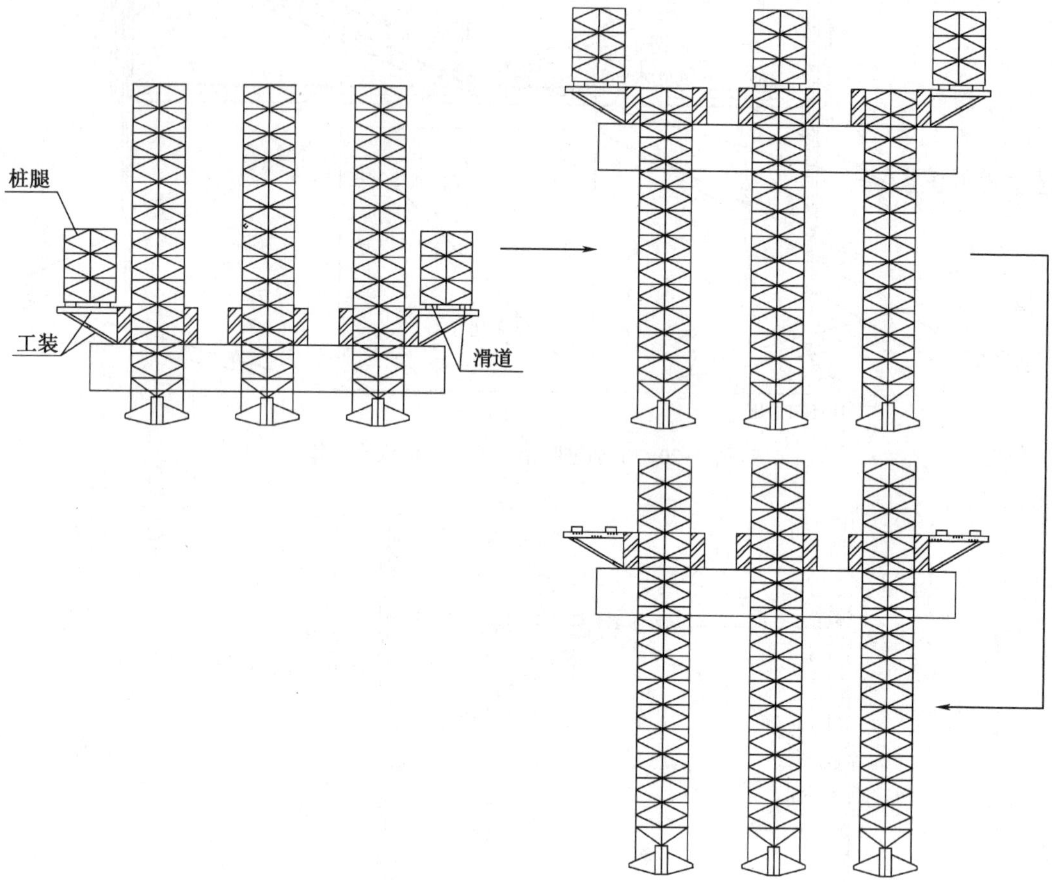

图 9-22 升船接桩示意图

4. 安装精度

船台和平台下水后安装桩腿时,每安装完一段桩腿,都要对桩腿的精度进行检测,安装桩腿的精度要求为桩腿垂直度:6 mm/15. 25 m;支撑管位置线偏差:±2 mm;水平支撑管垂直度:±2 mm。

5. 焊缝检测

焊缝需要进行 100%探伤,探伤应当在焊接施工后 72 h 进行,并提供检测报告。

整个桩腿施工完成后,需根据试验大纲的要求,进行升降试验。通过试验来检测桩腿和升降齿轮的啮合率,升降系统的机械性能等。

三、沉垫的总装

早期一些自升式钻井平台带有沉垫,主要有两方面的作用:一是在工作状态时沉垫在海床上支撑整个钻井平台的质量,并借助其与海底的摩擦力及沉垫裙部以抵抗平台的侧向移动;二是沉垫具有一定的浮力,必要时可用压缩空气排出海水,使整个平台浮出水面,以便拖船拖带或驳船载运。

沉垫的尺度特征与平台壳体类似,都是短而宽。因此,除具备大型船坞或大型水平船台(并有相应的大型下水设施——大型下水驳、大型浮坞等)的船厂外,一般船台及船坞无法整体建造下水,因此通常将沉垫分成多个总段建造,等各总段下水后进行水上合龙,从而完成总装任务。

四、模块、沉垫和桩腿的连接

对于沉垫式自升式钻井平台,模块壳体和沉垫总装完成后,要安装好全部桩腿,从而完成整个平台的建造任务。为适应钻探需要,自升式平台桩腿一般较长、重量较大,建造时往往因受吊车起重能力和吊高的限制无法采用整体吊装,目前常见的做法是预先在车间或外场将多个小的环形总段进一步合龙为大型总段,然后逐节进行安装。安装方式和安装场地随各厂的具体条件和平台的具体情况而定。只要条件允许,能在船台或船坞安装的即在船台或船坞,质量较易保证,且施工条件要比水上安装好。但因受吊高等条件限制,往往无法在船台或船坞全部装好,而且若桩腿在船台上的安装高度过大,沉垫或模块加沉箱下水时的安全程度会大大下降,因此下水前多数只安装部分桩腿,其余桩腿等下水后在水上进行对接,对接一段后使沉垫下沉,或使桩插入水底一段,从而使对接处与水面距离适当,以满足吊车高度的要求。因此,建造自升式平台时,对码头岸线的水深有一定要求,若满足不了,可将平台拖到深水区的工作地点进行插桩以后,再利用大型浮吊进行对接。

以自升式平台 TU-200C 为例,阐述桩腿的水上安装工艺过程。

平台桩腿为圆柱形,桩腿外径 3. 35 m,共 3 根,长 82 m,桩腿横向跨距 33. 5 m,纵向跨距 38. 7 m,具体布置位置如图 9-23 所示。根据它们的具体条件,该厂将各桩腿划分为 11 个环形总段建造,对接成 5 个大型管段进行总装,其总装工艺过程大致如下:

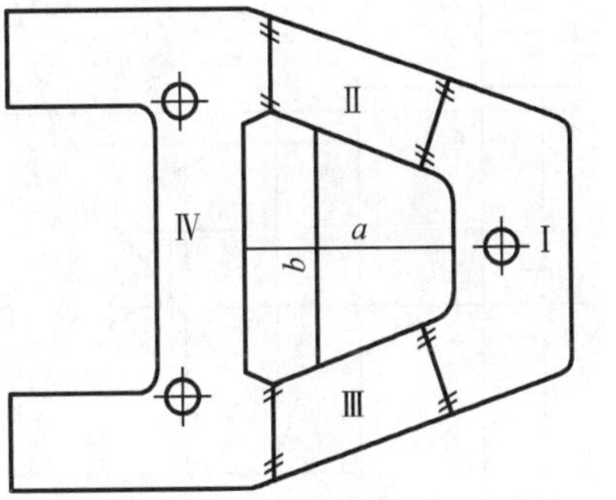

图 9-23　沉垫分段划分示意图

①在沉垫Ⅰ总段上安装 *1 桩腿的第一管段,即桩腿的根部管段,然后下水与其余沉垫总段在水上进行沉垫的总装合龙。

②在平台上进行三个桩腿套管的定位和装焊工作,测出定位中心的坐标值,并将该值移至沉垫上,完成沉垫上 *2、*3 桩腿的第一个管段的装焊工作。

③在沉垫各桩腿的第一管段上装好导板及模块定位挡板,然后加压载水使沉垫沉至一定的深度。

④模块下水后,将各桩腿的第二管段吊入相应的桩腿套管内,并用平台升降系统配备的液压机锁住,再将模块拖至沉垫上方的规定位置,由潜水员配合将三桩腿对中定位,同时抽水将沉垫慢慢浮起,使模块坐落在预先安放沉垫的墩木上,检查中心线对好后焊接第一、二管段间的接缝,焊接时注意观察变形,用变换焊接程序的方法控制变形量即变形方向。

⑤在第二管段装焊完成后,通过平台本身的液压升降系统,将模块升到第二管段的顶部,并在液压室的顶部设置安装桩腿的临时专用滑动架,将第三管段吊到滑动架的空位上,然后利用滑动架上的液压机将其推到桩腿的中心位置,再将模块下降一定高度,使第三管

段与已装好的第二管段相碰，最后进行第三管段的对中和装焊工作。

⑥用同样的方法进行第四、五管段总装工作。全部完成后，进行平台的升降试验，若起升正常，桩腿与套管间无摩擦，即可交船东验收。

各段桩腿对中定位依据，是各桩腿总段制造时画在表面上的四条"中心线"和销孔的下平面。由于各管段的上下端面在陆上加工十分精确，因此对接时只要能保证中心线对准，相对偏移不超过 3.2 mm，四个上下销孔间距不超过 2.8 mm，上下两段的表面不平度不超 3.2 mm。

任务训练

训练名称：自升式平台主体总组搭载工艺流程设计。

训练内容：根据图 9-24 所示的自升式平台双层底分段划分图，写出其平台主体总组搭载工艺流程及精度控制要点。

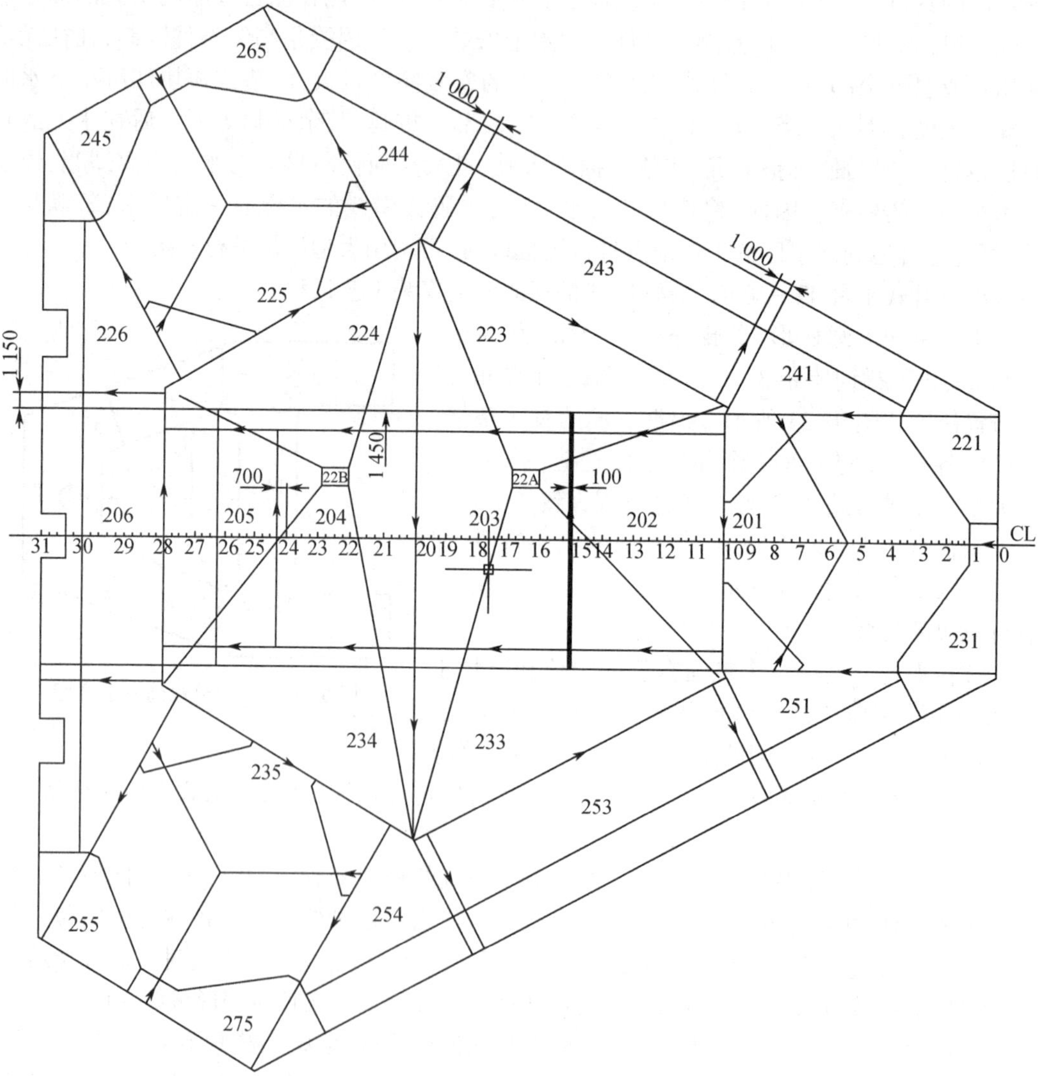

图 9-24　自升式平台双层底分段划分图

任务9.3　半潜式平台的总装

PPT

任务解析

半潜式平台的总装是在船坞内、船台上或海上利用大型吊车或浮吊进行上船体和下船体的大合龙，从而组成一艘完整半潜式钻井平台的生产过程。建造半潜式平台的关键技术，是如何将面积为数千平方米、质量为数千吨的大型模块在几十米高的立柱上进行合龙。

目前半潜式平台建造的方法主要有吊装法、下沉法、顶升法，此外也有采用滑移法。

本任务主要学习半潜平台的总装方式和总装工艺。通过本任务的学习和训练，学习者能够掌握半潜平台总装方法，且并能进行半潜平台总装装焊工艺设计。

背景知识

一、采用吊装法进行半潜式平台的总装

1. 吊装法的类型

吊装法是半潜式平台建造时使用较多的一种方式，因其上部平台的吊装场地和吊装方式不同，吊装法还可进一步分为陆地吊装法和水上吊装法。

(1)陆地吊装法

①在船台或船坞上进行平台分段吊装，如图9-25(a)所示。采用这种总装方案时，先在船台上或船坞里建造好下浮体和立柱，然后再将造好的模块分段逐个吊到立柱上方进行装配焊接。

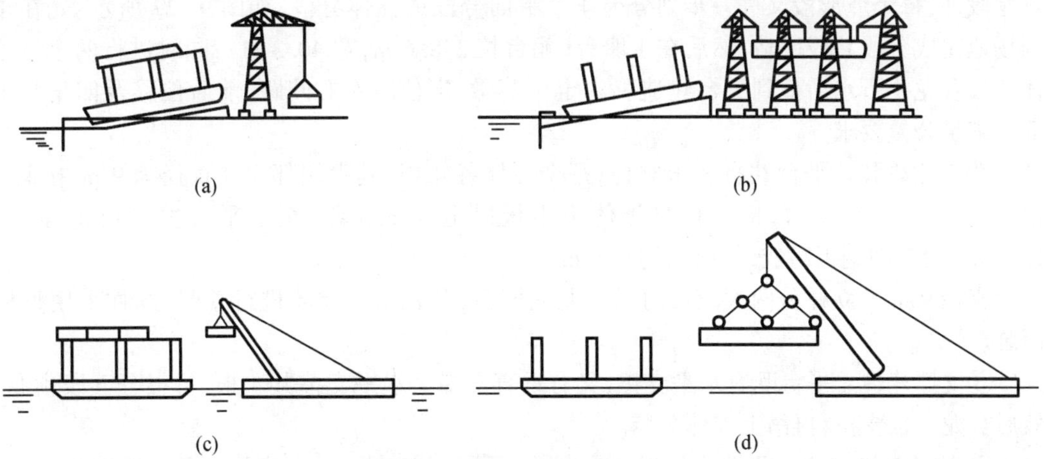

(a)　(b)　(c)　(d)

图9-25　吊装法的四种类型

采用这种总装方式的前提，是建造厂必须具备宽度较大的特殊船台或船坞，比常规船台或船坞宽2~3倍，且配置有起吊高度较大的吊车。

若船厂具备这个基本条件，则采用这种总装方式可不增添大型工装设施，对降低建造

成本比较有利，但缺点也比较明显。首先，高空作业量很大，包括脚手架、支撑的搭设和拆卸、分段的安装焊接、接头区域的舾装等，不仅造成施工条件差、施工周期长、花费工时多，而且质量和安全均不易保证；其次，由于起重能力的限制，有时某些平台分段不一定刚好能跨在立柱或斜撑顶端，这样在总装时就需要架设很高的临时支撑，必然会增加产品的建造成本；再次分段数量越多，遗留到平台合龙后才能施工的舾装工作量越大，会使总装工作复杂。

②在船台或船坞上进行模块整体吊装，如图 9-25(b)所示，在特殊船台或船坞上建造下浮体和立柱的同时，在某适当场地进行平台合龙，然后用巨型起重机将装焊好的模块整体吊到立柱上方与立柱进行合龙。

这种方法可克服方法①的大部分缺点，但需巨型起重机，一般船厂难以做到，这种方法只能用于小型钻井平台的建造。

(2)水上吊装法

①在海上进行模块分段吊装，如图 9-25(c)所示，在特殊的船台或船坞上装好下浮体和立柱，然后下水，在海上用浮吊将模块分段逐个吊上立柱顶部进行合龙。这种总装方法除具有方法(1)的所有缺点外，还增加了海上定位难度大、运送人员和物资困难较多等不利因素。

②在海上进行模块整体吊装，如图 9-25(d)所示，在下浮体下水后用大型浮吊把整个模块吊上立柱进行合龙，由于船厂一般难以具有大型浮吊，而且租用价格昂贵，因此该方法应用不多。

2. 吊装法实例

(1)船台或船坞上进行平台分段吊装

以 MD502 型半潜式平台为例，介绍第一种吊装方法建造半潜式平台的工艺过程。如图 9-26 所示为 MD502 型半潜平台的概貌和主尺度情况。

①下浮体的总装。根据结构情况，船厂将下浮体在长度方向划分为 7 个环形立体段，除首尾段外，每个环形段又进一步划分为 4 个平面分段或立体分段，如图 9-27 所示，先在预制场地完成分段总段制造，然后在 1 船台(船台长 248.6 m，宽 40.3 m)，同时进行两个下浮体的大合龙。下水后拖到平台建造坞内定位落墩，定位时左右间距、前后位移及四角水平等均满足公差要求。

②立柱总装。平台共有 8 根立柱，每个浮体各 4 根，其中端部立柱直径为 9 m，中间 4 根立柱直径为 7 m。每根立柱自浮体主甲板以上 0.5 m 起，至上平台主甲板止，高约 26.5 m，由 7 圈钢板组成，每圈高约 3.8 m。

直径 9 m 的立柱分两大段在内场合龙完毕后，分别吊上浮体进行总装，立柱采用整根吊装。

③支撑建造。平台既有水平支撑，又有垂直支撑。水平支撑共 4 根，每根分五段预制，然后合龙一根支撑，再吊上浮体总装。

垂直支撑共 16 根，两端均划出一短截管子预先与上平台、立柱及水平支撑组装，如图 9-28 中“A 向”视图阴影部分，总装时施工比较方便。为减少总装时的工作量，每道截面上的 4 根垂直支撑在预制时候用强材将其组合为两个人字形构架，再吊上浮体进行总装合龙。

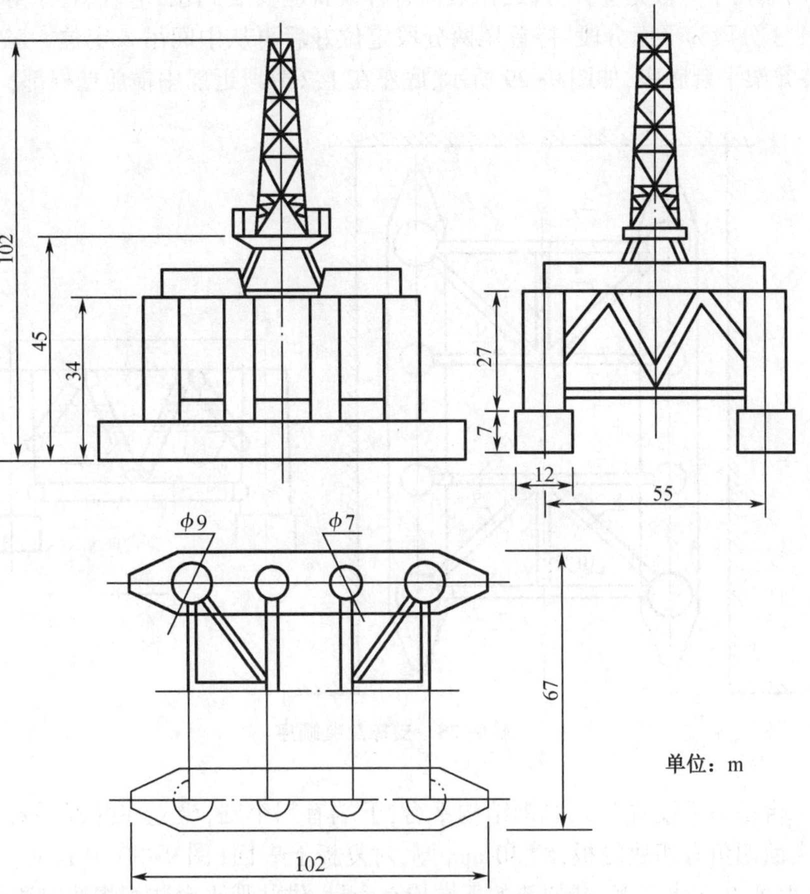

图 9-26　MD502 型半潜平台示意图

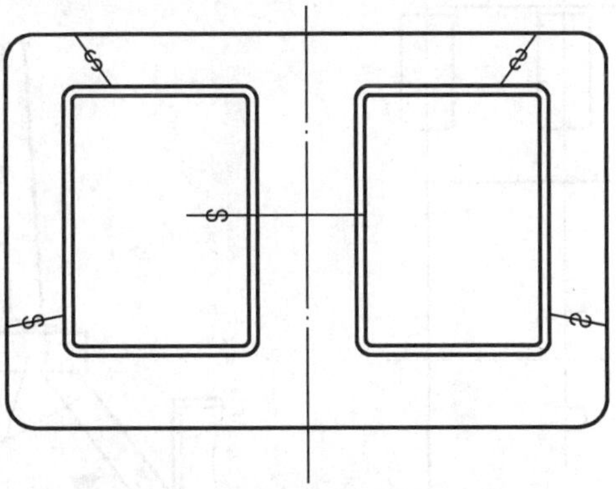

图 9-27　下浮体横向分段划分示意图

水平支撑、垂直支撑的吊装顺序，都由坞里向坞外，按图中标注的数字，与模块相互交叉进行。

④模块合龙。船厂将整个平台分为三个大型分段，分别建造后，吊至浮体上与立柱、支撑进行合龙总装，吊装顺序如图 9-29 所示。

模块两端两个分段是立体分段，吊装前各种设备应安装到位，电气、管系等舾装工作应基本完成。3 分段为平面分段，待首尾两分段定位好后再从中间吊入定位。三模块分段合龙后，安装井架平台底座，如图 9-29 所示，底座在 1,2 分段近船中横舱壁根部。

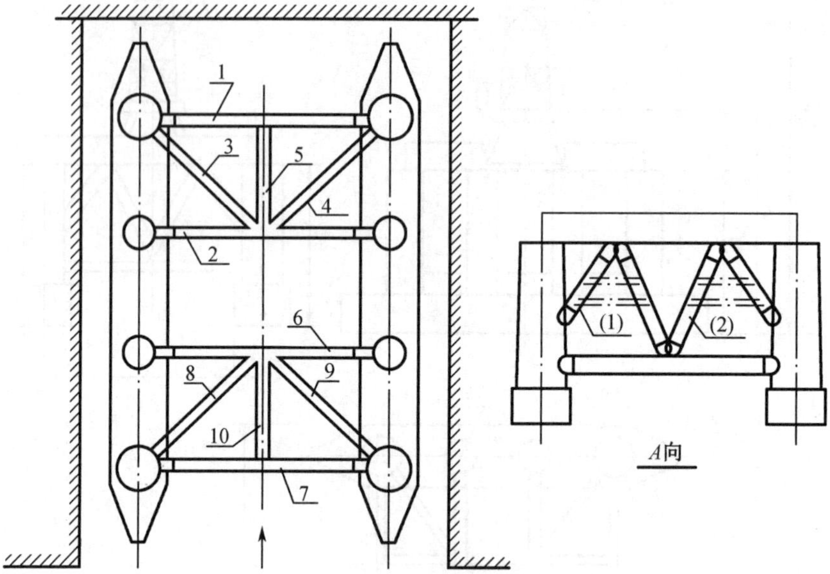

图 9-28　支撑总装顺序

井架平台是为了设置井架的钢结构平台，下端有四个腿，坐立在井架平台底座上。井架平台上表面四角有四块复板，约 30 mm 厚，对复板上表面(图 9-30 中 *B* 面)的水平度要求较高，为保证 *B* 面水平度，井架腿的下端均有余量，供井架平台装配焊接时调整。

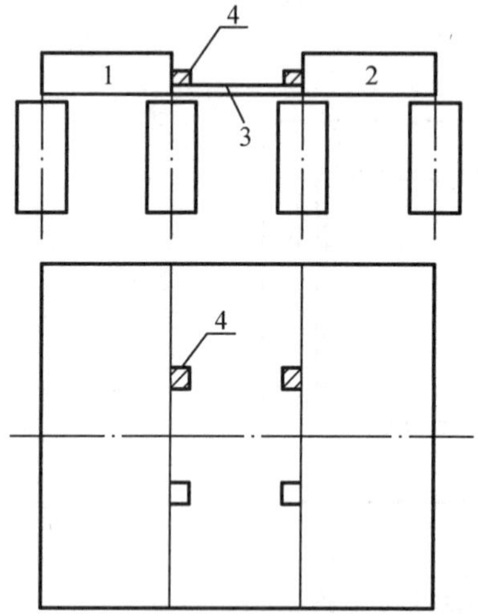

1—1 分段；2—2 分段；3—3 分段；4—井架平台底座。

图 9-29 模块吊装顺序图

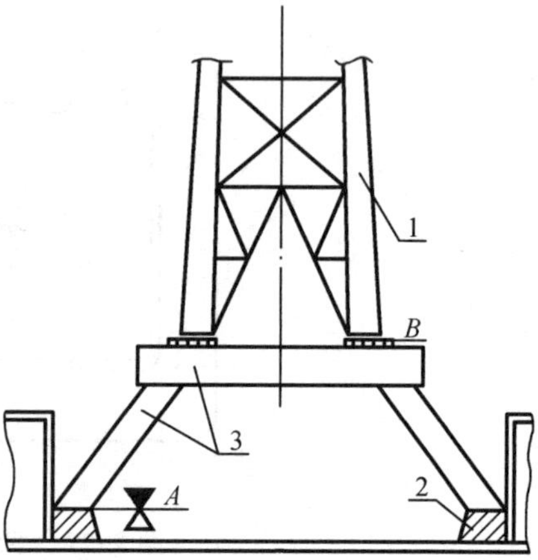

1—井架；2—井架平台底座；3—井架平台。

图 9-30　井架平台装焊示意图

井架分两大段进行总装，下端直接在码头吊装，上段因吊车高度不够，等平台至深水区下沉后进行吊装。平台的总装顺序及合龙场地如图 9-31 所示。

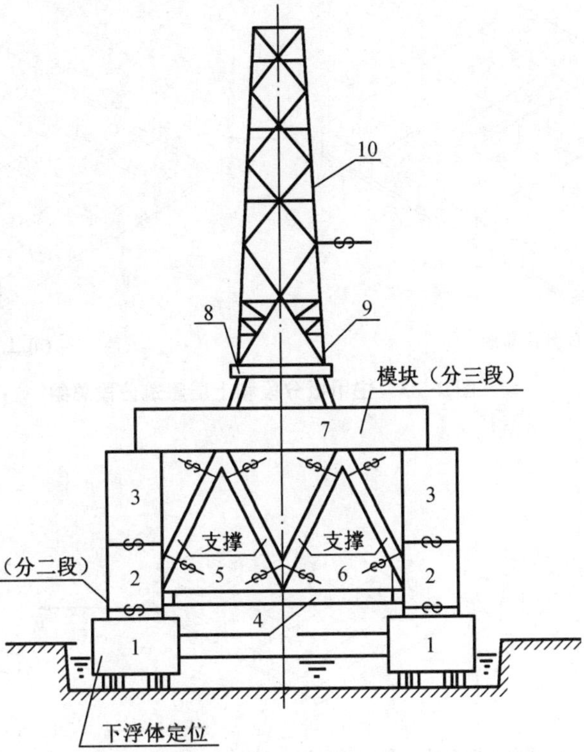

图 9-31　总装顺序、合龙场地及 1~10 各主要部分吊装顺序

(2)船台或船坞上进行平台模块整体吊装

这种方法是利用巨型起吊设施整吊上平台体。该总装方法克服了陆地分段吊装法和水上吊装法的弊病,最大限度地降低了高空作业的工作量,对控制项目的建造周期有着非常积极的意义,但是由于投资巨大,对于同时建造船舶和海洋工程结构物的船厂很难实现。

烟台中集来福士海洋工程有限公司为实施这一吊装法建成 2 万 t 固定式龙门吊车(“泰山吊”),在船坞内采用 2 万吨巨型龙门吊进行大合龙。该方法就是在陆地平台上分别建造半潜式平台的上平台体和下浮体部分(含立柱),形成整体,如图 9-32 和图 9-33 所示;利用半潜船将上平台体移位至船坞内,再将下浮体移至船坞定位后,龙门吊将上平台体吊放至立柱上方,实施上下平台体的合龙工作。如图 9-34 所示为船坞内采用 2 万吨巨型龙门吊大合龙方式。

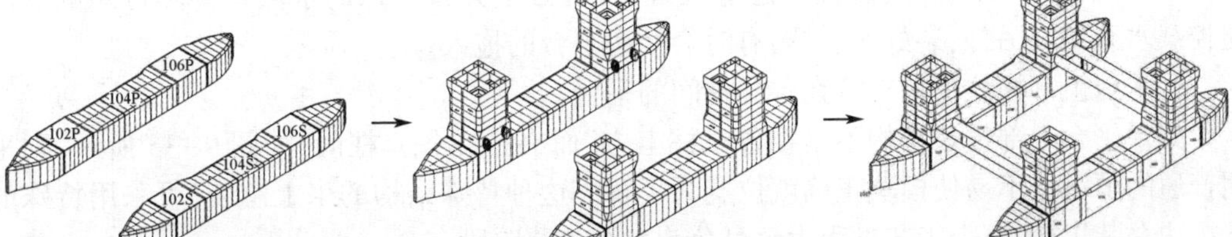

(a) 下浮体总组完成　(b) 下浮体和立柱分段合龙　(c) 安装左右下浮体内舷支撑

图 9-32　下浮体和立柱总组

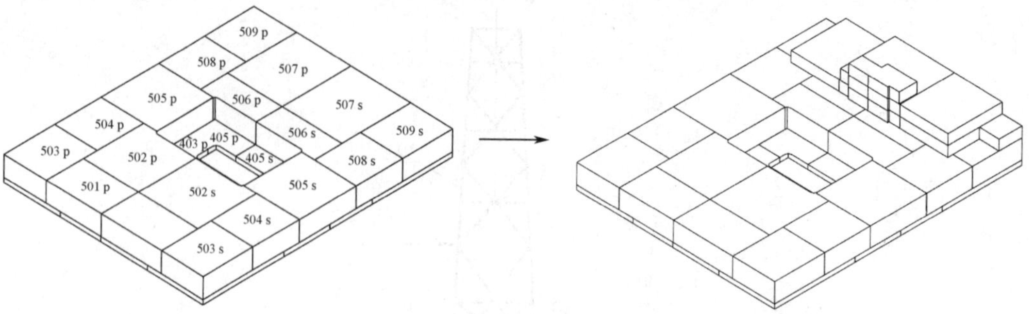

(a) 主甲板分段总组　　　(b) 上层建筑分段总组

图 9-33　主甲板分段和上层建筑分段总组

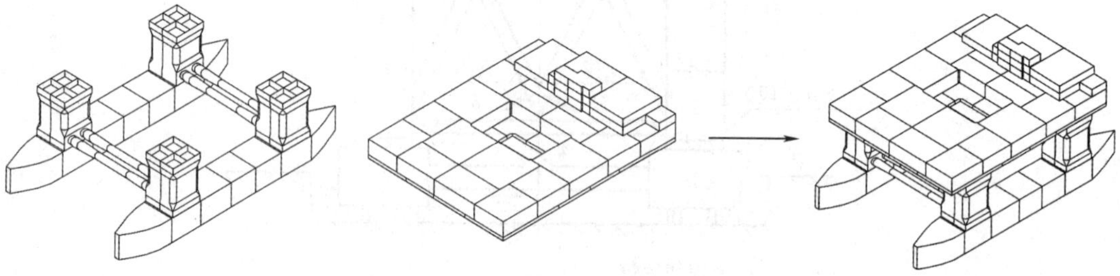

(a) 下浮体（含立柱）和上平台体　　　(b) 合龙成整体

图 9-34　采用巨型重吊对半潜式钻井平台进行船坞大合龙示意图

二、采用下沉法进行半潜式平台的总装

1. 上部模块结构坐落于各立柱上方

普通半潜平台上部模块结构通常坐落于各立柱上方，此种情况采用下沉法建造半潜式平台和采用吊装法相同。其总装过程如下：

①在特殊船台或船坞上将下浮体、立柱和支撑合龙下水。

②将其拖至水深 30 m 以上的无风港内，注压载水下沉至立柱顶端距水面 1.5 m 左右。

③用大方驳将预制好的整个模块装运至立柱上方的规定位置就位。

④排除压载水使立柱和斜撑上浮，其上端顶住模块后进行连接合龙。

这种方法的优点是变模块的高空吊装为水面对接，使高空作业大为减少；缺点是建造下浮体和立柱时不能避免，需投资建造大方驳，且必须具备特殊的水域条件和可靠的遥测遥控载水系统。另外，装好的斜撑，有时会妨碍平台的拖入。

2. 平台上部模块结构夹持在各立柱间的平台

如果平台上部模块结构不是在各立柱上方，而夹持在各立柱间，如图 9-35 所示，则采用普通的下沉法不易使模块正确就位。为了解决这种特殊结构的水上总装，可采用特殊的下沉法总装工艺，整个工艺过程大致可分为五个工艺阶段。

①将建造好的下浮体等结构拖至预定水域，向下浮体 1、立柱 2、斜撑 4 和水平支撑 5 中注压载水，使它们下沉至立柱顶部露出海平面一定高度为止，如图 9-36(a)所示。

②将水平支撑 5 中的水排出使其产生向上的浮力，如图 9-36(b)所示，此时水平支撑 5

会向上凸起弯曲，斜撑 4 会产生图 9-36(b)的下垂（弹性变形范围内），从而使立柱上端间的距离增加。

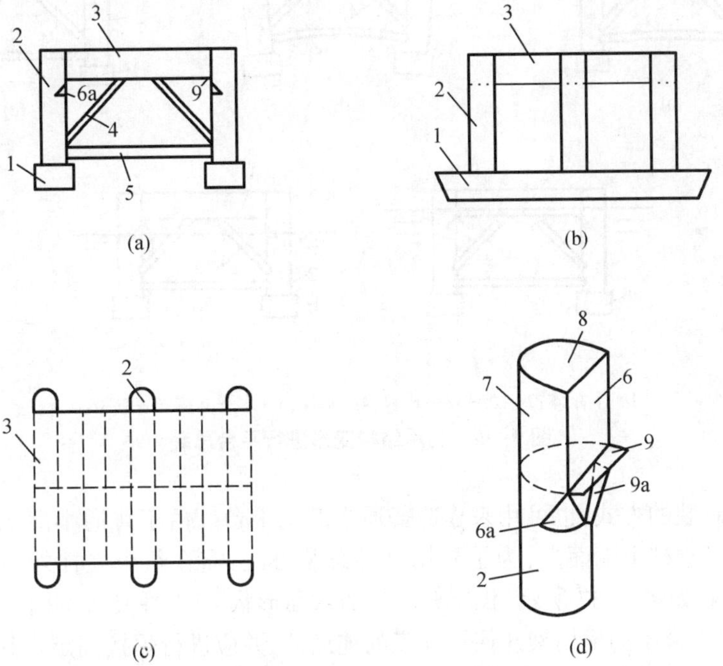

1—下浮体；2—立柱；3—模块；4—斜撑；5—水平支撑；6—隔水板；
6a—连接补强板；7—马蹄形立柱板；8—立柱顶板；9—导板；9a—补强板。

图 9-35 模块夹持在立柱间的平台

③保持第②阶段的外张状态，将内部舾装完成的模块 3 牵引到立柱 2 间。由于模块 3 的两舷约 100 mm（每侧 50 mm）间隙，如果采用新型船舶进坞导向装置导向，完全可能在不碰撞立柱的情况下拖入平台。当有风浪而对导向装置不放心时，可在立柱顶部和模块之间使用直径小于 50 mm 的滚柱防护器，以避免不必要的损伤。牵引作业结束后，模块到达正确位置，取下滚柱防护器，用缆绳将立柱和模块系紧。

④向无水的水平支撑 5 内注水，以消除浮力，水平支撑 5 会因自重而下垂到原来的位置，同时立柱 2 也会缩至规定的距离，如图 9-36(c)所示，其顶部夹住模块 3 的两侧，再进一步收紧缆绳。

⑤排出下浮体 1 或立柱 2 中的一定量的压载水，立柱 2 会克服与模块间的摩擦力而上浮，由于立柱与模块结合面下端有起挡块作用的导板 6，如图 9-36(d)所示，导板 6 即为模块 3 的安装位置，当模块与导板接触时，立柱停止上浮，此时，因模块 3 的下部还在海面以下，浮力小于自重以及立柱与模块间的摩擦力，因此导板 6 只承受风浪引起的变化浮力而不受剪力，不会破坏。而且由于斜撑 4 离模块有 20~30 mm 间距（第②阶段产生的下垂量），因此不会使模块 3 的底板产生破损。在该状态下最后收紧缆绳，即可进行水面以上部分的焊接。

⑥上述作业结束后，排除水平支撑、斜撑及立柱中的全部压载水，如果需要，再排除沉垫中的部分压载水，使整个模块部分浮出水面。此时，斜撑 4 依靠浮力复位，其顶部将顶紧平台底板，再利用海上浮动脚手架或工作船完成模块与立柱及斜撑间的装焊工作（图 9-36(e)）。

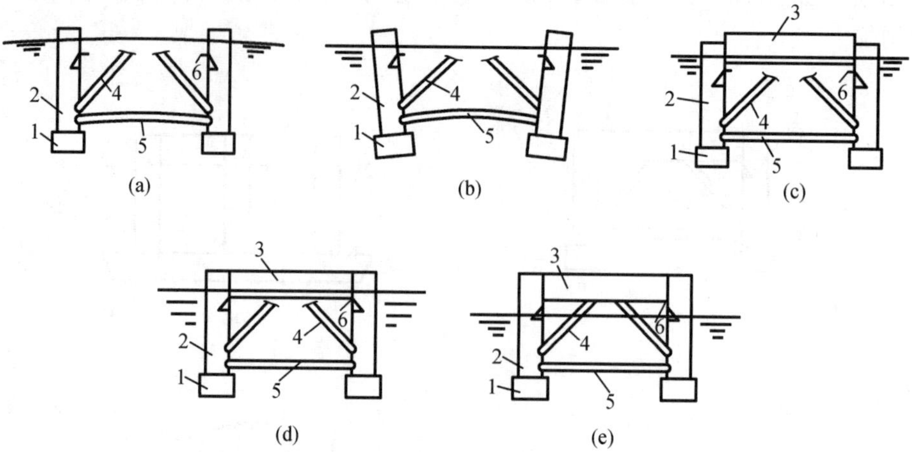

1—下浮体;2—立柱;3—模块;4—斜撑;5—水平支撑;6—导板。

图 9-36 利用结构变形进行平台总装

这种模块总装的方式,也可用来建造普通半潜式平台。由于普通半潜式平台的上部平台直接坐落在各立柱上端面上,为了采用这种总装方法,需在每个立柱外侧设计一个特殊的升降稳定柱 4,如图 9-37 所示,稳定升降柱的截面形状与图 9-35(d)中的立柱板 7 类似,呈马蹄形,并与平合中的横桁架 5 保持强度的连续性,并应进行焊接固定。其海上总装工艺过程,与前述完全相同。

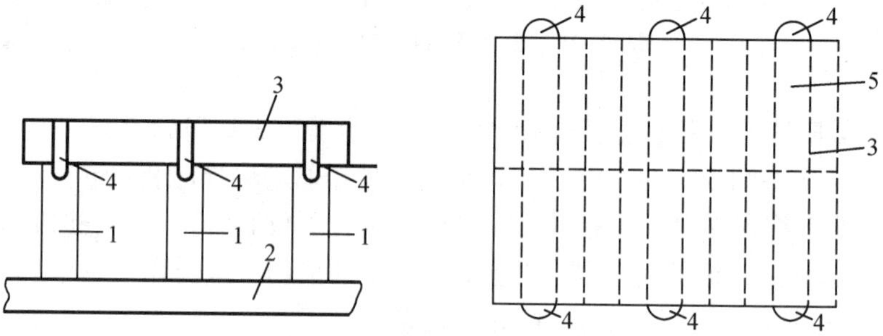

1—立柱;2—下浮体;3—模块;4—升降稳定柱;5—横桁架。

图 9-37 普通平台总装中的升降稳定柱

三、采用顶升法进行半潜式平台的总装

顶升法有机械顶升法和浮力顶升法两种。

1. 机械顶升法

采用机械顶升法进行半潜式平台的总装时,先将两个下浮体在船台上靠拢建造,并临时连接固定,等立柱吊装焊接结束后下水,然后用大型方驳将预制好的整个模块装运至预备合龙的水面,在模块舱口处打下 8 根直径为 1.8 m、长度为 70 m 的合金钢管桩,每根钢管桩上装两套空气千斤顶组,用 10 台柴油机带动 2.18 MPa 的空气压缩机交替驱动气压千斤顶组将模块逐步顶升到要求的高度,最后将一艘废弃的浮船坞沿纵向割开,分别绑靠在两只下浮体旁,因单只下浮体带三个立柱稳性不够,分开后会倾覆,拖至模块下方与模块进行

合龙。

这种方法的优点是模块以下结构可在常规大型船台或船坞中建造,这对利用现有船厂的设施有很大好处;缺点是采用这种总装方式需增加全套机械顶升设施(钢管桩、气压千斤顶等),不仅花钱多,而且合龙定位及打桩、拔桩等技术也比较复杂,同时高空作业量仍然很大。此外,由于模块是由固定海底的钢管桩支承,而下浮体和立柱则浮在水上随水面升降而升降,故在有潮汛影响的水域中不宜采用。

2. 浮力顶升法

浮力顶升法用于我国第一艘自己设计制造的半潜式平台“勘探 3 号”的总装,取得了良好的效果。

(1)“勘探 3 号”概况

该船为矩形双下浮体非自航半潜式海上石油钻探船,由两只下浮体、六根立柱、模块、上层建筑及桁撑等联结而成。下浮体为纵骨架式,立柱和平台为纵横混合骨架式。下浮体内分设有压载水舱、油舱和泵舱,立柱内有锚链舱、通道与压载水舱,模块主甲板上设有钻井工作舱室,交直流发电机室等,模块上甲板为井场、甲板机械和居住舱室等,井口设在模块中央。图 9-38 所示为平台划分平面图。

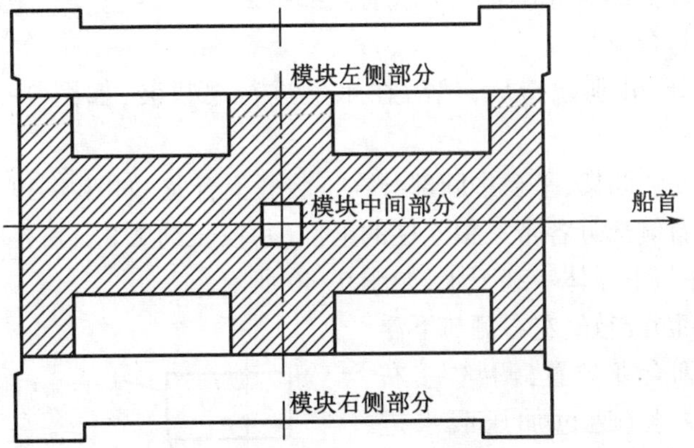

图 9-38 平台划分平面图

该船主尺度为总长:91 m;型宽:64 m;下浮体:90 m×14 m×6 m;立柱:ϕ9 m×24 m;平台:69 m×57 m× 5.2 m;工作吃水:20 m;立柱横向间距:50 m;立柱纵向间距:31 m;主甲板高:30 m;上甲板高:35.2 m。

(2)总装中使用的主要工装设施

在采用浮力顶升法进行“勘探 3 号”的总装中,主要使用了两种工装设施:

①工装驳。整个顶升过程中共使用了三只工装驳,如图 9-39 所示,尺度分别为 1,3 号工装驳:35.6 m×21.8 m×3.6 m;2 号工装驳:40 m×22 m×3.6 m。

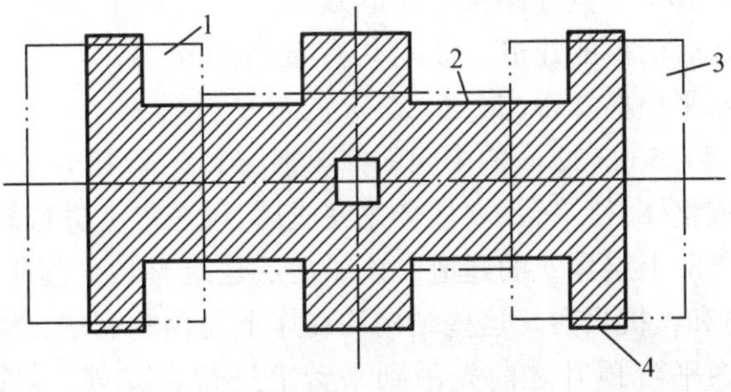

1—工装驳Ⅰ;2—工装驳Ⅱ;
3—工装驳Ⅲ;4—模块中间部分。

图 9-39 模块中间部分合龙平面示意图

工装驳为纵横混合骨架式，按规范确定主要构件的尺寸，同时根据顶升需要进行加强（包括整体和局部）。

工装驳的作用是借助其浮力与下浮体共同完成交潜顶升的任务，使模块上升到规定的高度，为确保安全，应对工装驳进行强度计算，确定最大设计正应力和剪应力，并通过模拟试验进行校核。

②工装支撑。横断面为矩形，由连接杆体将四个肢体连在一起而成的组合杆体，外形尺寸为：24 m×2 m×2 m，顶升过程中共需这种支撑 12 根，每个工装驳上放 4 根，根据每次的顶升高度，每根支撑由 6 节组成。

工装支撑的下端坐落在工装驳上，上端支撑模块。在下浮体与工装驳的交替顶升中，不断将支撑一节一节地接上去，以便装配立柱分段时支承模块。

(3)钻井船各部分的建造方案概况

①下浮体的建造方案。

该平台的船型下浮体为纵骨架式结构，有 6 道横舱壁和一道纵舱壁，其尺度为：90 m×14 m×6 m，每只质量约 1 250 t，下浮体划分为 7 个环形总段，每个环形总段又分为左右两个立体分段，分段在内场造好后在普通纵向倾斜船台进行大合龙，要求下浮体的密性试验、舱内设备和系统的安装及油漆等作业在下水前全部结束。

②平台的建造与合龙。

平台分为三部分，分别建造后，然后在水上进行总拼装，如图 9-38 所示，拼装方案如下：

a. 在工装驳上安装胎架，平台中间部分在工装驳上合龙，如图 9-39 所示。

b. 平台左侧和右侧部分各带三根立柱的上部（每段长约 2. 8 m），在船台上分别与左、右下浮体一起合龙，并与下浮体一起下水，如图 9-40 所示。

c. 等模块中间部分造好、左右侧与下浮体一起下水后，拖到合龙位置，调整左、右下浮体和工装驳吃水（通过加压载水进行），使三个部分平台处于合龙位置，并以适当形式将下浮体与工装驳牵牢后，进行三部分平台的合龙，如图 9-41 所示，然后进行救生艇平台等结构的吊装和油漆工作。

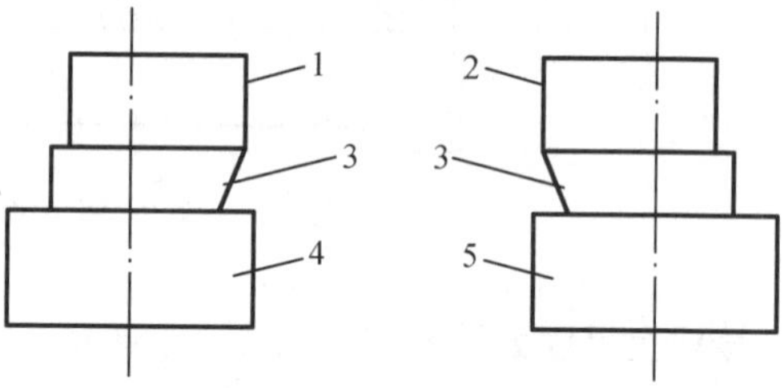

1—模块左侧；2—模块右侧；3—立柱分段；4—左下浮体；5—右下浮体。

图 9-40　模块左右侧合龙示意图

③平台其他结构的建造方案。

a. 桁撑的建造。该船共有 ϕ2 m×28 m 的水平横撑 2 根，ϕ2 m×27 m 的水平斜撑 8 根，ϕ1. 5 m×22 m 的中间斜撑 4 根，ϕ1. 5 m×18 m 首尾斜撑 4 根。所有桁撑均在陆上胎架上制成整体，待平台、立柱合龙完成后，再在水上进行总装合龙。

b. 上层建筑的建造。该船上层建筑有救生艇平台、井架、居住舱室（三层）、地质楼（三层）和飞机平台。这些结构均在岸上先预制完毕，然后再在平台上进行总装，除救生艇平台是在平台顶升之前先吊到平台上进行合龙外，其余均待立柱、桁撑全部安装结束后进行吊装。

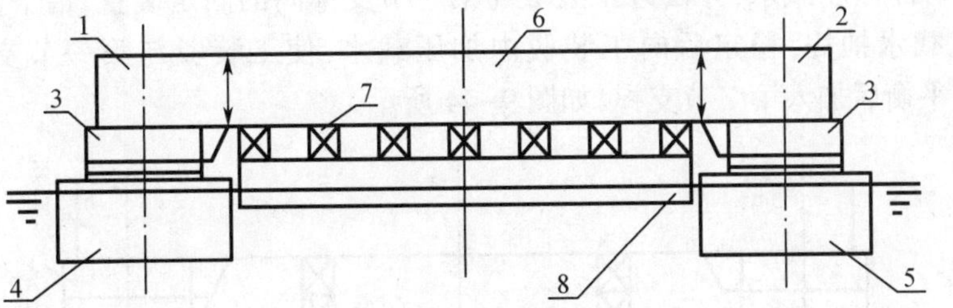

1—模块左侧;2—模块右侧;3—立柱分段;4—左下浮体;5—右下浮体;

6—模块中间部分;7—支撑;8—工装驳。

图 9-41 模块大合龙横剖面示意图

(4)立柱的建造与合龙——浮力顶升法

该船立柱尺度为ϕ9 m×24 m,垂向分为9段,每段高2.4~2.8 m,各立柱分段均在专用胎架上预制,然后采用浮力顶升法与平台、下浮体合龙,具体步骤如下:

①待模块各部分合龙工作及油漆等工作全部结束后,抽去下浮体4和5内的压载水,使整个模块由下浮体顶起而工装驳8与模块脱离,再向工装驳内加压载水,使工装驳甲板与模块主甲板间离空约5.9 m,调整平衡后加入第一节支撑9并与工装驳牢固连接,如图9-42所示。

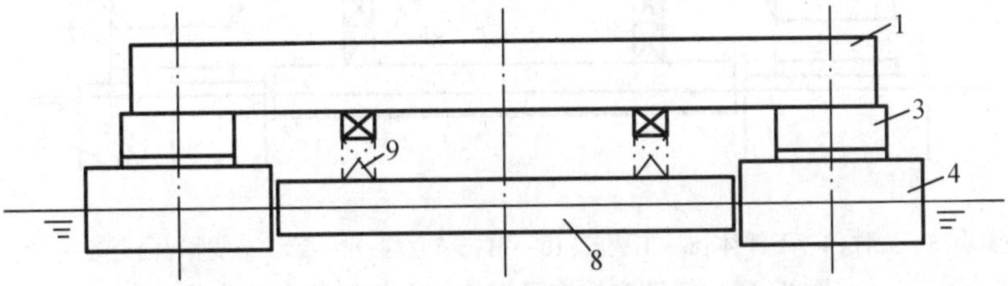

1—模块;3—立柱;4—下浮体;8—工装驳;9—第一节支撑。

图 9-42 借助下浮体支承模块加入第一节支撑

②抽去工装驳8中压载水,并向下浮体内注入部分压载水,使模块质量全部由工装驳承担,然后一舷立柱适当与下浮体固定,而另一舷下浮体继续压水使其与立柱离空约2.85 m后,安装该舷第二个立柱分段10,并与下浮体适当固定,如图9-43所示,同样方法安装另一舷的立柱分段。

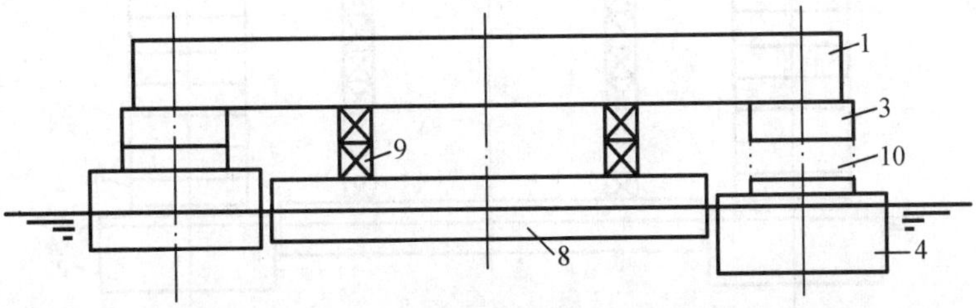

1—模块;3—立柱;4—下浮体;8—工装驳;9—第一节支撑;10—第二节立柱。

图 9-43 借助支撑支承模块加入第二节立柱分段

③抽出下浮体压载水，并松开工装驳与第一节支撑间的固定装置，借下浮体支承模块上升直至压载水抽完，稳定后向工装驳内加压载水，使工装驳与第一节支撑间离空约2.9 m，调节平衡后加入第二节支撑，如图9-44所示。

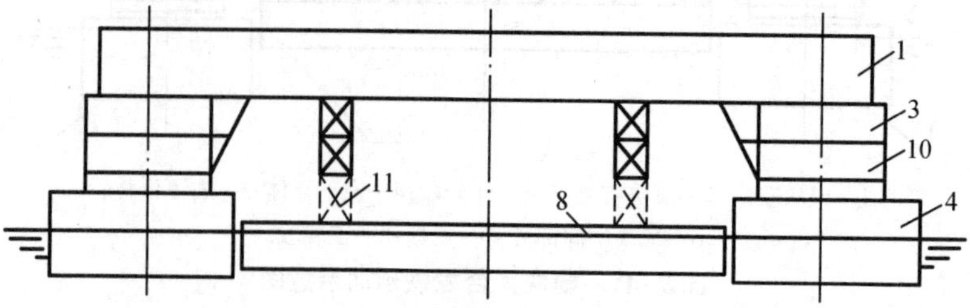

1—模块;3—立柱;4—下浮体;8—工装驳;10—第二节立柱;11—第二节支撑。

图9-44 借助下浮体支承模块加入第二节支撑

④等第二节支撑与工装驳固定后，抽去压载水，向下浮体中加压载水，具体过程同(2)，安装两舷的第三节立柱分段，如图9-45所示。

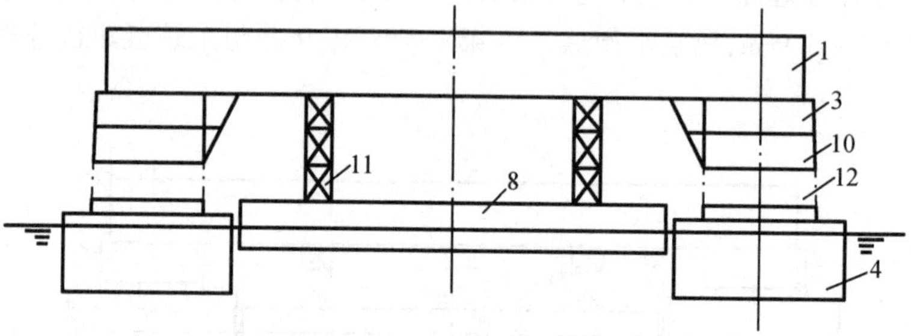

1—模块;3—立柱;4—下浮体;8—工装驳;10—第二节立柱;11—第二节支撑;12—第三节立柱。

图9-45 借助支撑支承模块加入第三节立柱分段

⑤依此类推，将8个立柱分段由上至下顺次安装，直至最后一节立柱分段与带在下浮体上的立柱部分合龙，如图9-46所示，立柱的合龙全部结束。

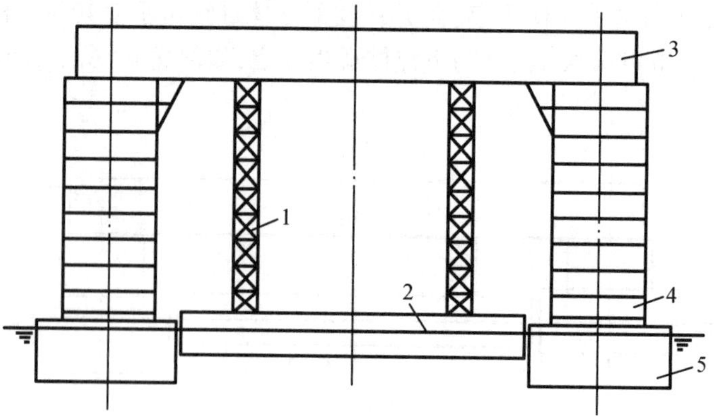

1—支撑;2—工装驳;3—模块;4—最后一节立柱分段;5—下浮体。

图9-46 安装最后一节立柱分段

(5)浮力顶升法优点

与其他总装方法相比,浮力顶升法有以下优点:

①不需特殊船台(或船坞)和大吨位浮吊等起重设备,便于一般船厂采用;

②能充分利用水面施工,可节省大量陆上施工场地;

③不需特殊而又昂贵的工装设施,可节省投资;

④施工由上向下,基本避免了高空作业;

⑤施工比较方便,便于保证施工精度。

四、采用滑移法进行半潜式平台总装

韩国现代重工在建造 RBS-8M 型半潜式钻井平台“深水鹦鹉螺”号时,重达 11 000 t 的上平台体采用 24 台 L600 千斤顶把上平台提升了 38 m 高,主装载系统把两组下浮体滑行至平台甲板的下面,完成半潜式钻井平台整个结构的装配工作。整个提升工作用到了 6 个临时支撑塔,在甲板的前面和后边各设置两个支撑塔,在每个支撑塔上面放置 2 台 L600 千斤顶,另有两个圆柱形的支撑塔,放置在甲板的中间,每个塔上面是 8 台 L600 千斤顶。计算机控制系统的精确控制使得千斤顶系统在提升和下浮体装配过程中都能够准确地同步工作。该建造方法特别适用于没有船坞、码头水深条件较好的海工建造场地建造半潜平台。

任务训练

训练名称:半潜式平台总装方案设计。

训练内容:已知船厂拥有大型船坞和 900 t 龙门吊车,根据所学内容对半潜式平台总装方案进行设计。

【拓展提高】

拓展知识:导管架平台海上安装工艺。

【课后自测】

一、填空

1. 在导管架总装场地画线时,要画出(　　)线和导管架(　　)线,并确定经纬仪位置。

2. 为避免垫墩的混凝土与场地的地面(　　),往往在墩下垫(　　)或草纸板。

3. 导管架分段、单体上绘制的安装定位线包括高度标志线、(　　)线和(　　)线。

4. 自升式平台的总装包括(　　)的总装、(　　)的总装及模块、沉垫和桩腿的连接。

5. 自升式平台沉垫下水前多数只安装(　　)桩腿,其余桩腿等(　　)后在水上进行对接。

6. 半潜式平台总装方法包括吊装法、(　　)法和(　　)法。

7. 在船台或船坞上进行模块整体吊装,是用(　　)起重机将装焊好的(　　)整体吊到立柱上方与立柱进行合龙。

8. 顶升法总装半潜式钻井船有两种方法,一种是(　　)法,另一种是(　　)法。

二、判断(对的打"√",错的打"×")

1. 导管架采用直立总装时,一般采用圆柱形垫墩。 (　　)
2. 导管架采用侧立总装,可采用重型垫墩。 (　　)
3. 测量导管架两单体相对位置时,顶部测量与底部数据矛盾,调整应以保证底部尺寸为主。 (　　)
4. 导管架两单体总装时可对一单体做水平标高调整,另一单体做水平间距调整。 (　　)
5. 单体的水平调整,采用千斤顶将较低一侧的导管向上顶起。 (　　)
6. 导管架的总装合龙就是将单体(单片)间的各种撑杆装配焊接好。 (　　)
7. 自升式平台下浮体下水前桩腿均安装好。 (　　)
8. 自升式平台模块壳体多采用平面分段上船台进行大合龙。 (　　)
9. 浮力顶升法不需特殊而又昂贵的工装设施,可节省投资。 (　　)
10. 半潜式平台在海上进行模块整体吊装是指在特殊的船台或船坞上装好下浮体和立柱,下水后在海上用浮吊将模块分段逐个吊上立柱顶部进行合龙。 (　　)

三、名词解释

1. 浮力顶升法
2. 下沉法

四、简答题

1. 简述导管架总装场地的准备工作包括哪些?分段上的准备工作有哪些?
2. 导管架总装垫墩的结构形式有哪些?
3. 简述自升式平台模块的总装特点。
4. 半潜式平台建造法有哪几种?吊装法有哪四种形式?各有什么特点?
5. 简述吊装法和顶升法在半潜式平台总装中的不同之处。

五、拓展思考题

1. 深水导管架和浅水导管架总装方式有什么不同?其方式与海上安装是否有关?
2. 试分析自升式平台带有沉垫和桩靴的桩腿安装的区别?
3. 半潜平台总装时技术难点有哪些?

项目 10 舾装与涂装

【项目描述】

船体建成下水以后，就停靠在码头边继续进行各类设备和系统的安装工作。过去，这一工艺阶段称为船舶舾装。随着造船工艺的不断改进，很大一部分安装工作已提前在车间里、分段上或船台上完成，在码头边的安装工作量正在日益减小。现代造船的舾装工程概念则是指除了船体建造、涂装工程之外的所有船舶设备、仪表及相应的管路、电线、绝缘、家具(通称舾装件)的布置和安装工作。海洋平台的舾装的工作量要比船舶的舾装工作量大得多，也复杂得多。

在船舶及海洋平台建造过程中，从钢料加工前开始一直到交船，均贯穿着涂装。通常，人们将涂料的涂敷称为涂装。目前，随着造船业的腾飞，特别是建造大型油船，涂装在造船中占有越来越重要的地位。而海洋平台长期在海上从事钻探和采油生产，与船舶相比，腐蚀环境和条件要恶劣得多，防腐要求更加严格。

现代船舶海洋工程装备建造模式采用壳舾涂一体化建造，使壳舾涂三种不同的作业，在空间上分道，在时间上有序，提高建造生产效率。

本项目有船舶与海洋平台舾装、船舶与海洋平台防腐和涂装、壳舾涂一体化造船法认知三个任务。通过本项目的学习，学习者能够掌握船舶与海洋工程装备舾装和涂装的知识，了解壳舾涂一体造船法。

知识要求

1. 熟悉船舶及海洋平台舾装的内容；
2. 掌握舾装作业模式和舾装工艺阶段划分；
3. 掌握舾装区域、托盘的划分和托盘管理的知识；
4. 掌握钢材表面处理的方法、工具和质量控制；
5. 掌握钢材涂装方式、工具及表面质量控制；
6. 熟悉船舶与海洋工程装备涂料的种类和应用；
7. 熟悉船舶的电化学保护的原理；
8. 了解壳舾涂一体化造船基本知识。

能力要求

1. 能够区分舾装作业模式，并对船舶的舾装的工艺阶段进行划分；
2. 能够确定舾装托盘管理流程及进行托盘划分；
3. 能根据钢材表面处理等级标准，正确地选择钢材表面处理的方法和工具；
4. 能正确地选择船舶与海洋工程装备钢材表面的涂装方式和工具；
5. 能描述牺牲阳极阴极保护法和外加电流保护法的原理并选择合适的方法对船舶进行阴极保护；
6. 能描述壳舾涂一体化造船方法。

思政和素质要求

1. 具有全局意识,较强的质量意识、安全意识和环境保护意识;
2. 具有良好的职业道德,以及遵守行业规范的工作意识和行为意识;
3. 具有创新意识,获取新知识、新技能的学习能力;
4. 具有较强的责任意识和一丝不苟的工作态度、认真务实的职业素质。

【项目实施】

任务 10.1　船舶与海洋平台舾装

PPT

任务解析

船体的建成仅给船舶提供了一个漂浮的壳体,要使船舶完成预期的使命,还必须安装各种设备和进行各种处理。船舶舾装在船舶建造中占有相当大的比重。舾装工作以船体建造为基础,为了适应船体的建造方法,船舶舾装必须有正确的工作方式、合理的组织形式以及完善的管理措施。

本任务主要学习船舶舾装的内容、舾装作业模式、舾装工艺阶段划分、舾装区域和托盘的划分、托盘管理及海洋平台舾装内容。通过本任务的学习和训练,学习者能够区分舾装作业模式、进行舾装工艺阶段划分及托盘划分。

背景知识

舾装就是给船舶装备全套的设备、装置或设施。因此,现代船舶舾装定义为对船体进行系统化安装和处理的生产活动。

一、船舶舾装的内容

船舶舾装的内容一般包括机舱内各种装置、系统和属具,船上控制船舶运动方向、保证航行安全和营运作业所需要的各种设备和用具等。船舶舾装内容庞杂,但按功能可分为以下 10 大类。

①机舱设备:船上产生动力用的各种设备和附属设施(即动力装置),包括主机、轴系装置和各种辅机、锅炉装置等。

②航海设备:船舶航海用的各种设备,包括各种航海仪器,通信设备以及声、光和旗等信号装置。

③舵设备:船舶操纵用的设备,包括舵叶、舵轴、舵柄、舵机和转舵机构等。

④锚设备:船舶在锚地停泊用的设备,包括锚机、锚链、掣链器、导链轮、弃链器、锚链管和锚等。

⑤系泊与拖曳设备:船舶在泊位停泊和在航行中拖带用的设备,包括导缆孔、导缆器、带缆桩、卷车、绞车等系泊设备和拖钩、弓架、承梁、拖缆孔、拖柱、拖缆绞车等拖曳设备。

⑥起货设备:船舶装卸货物用的设备,包括起货机、桅杆、吊杆、钢索、滑车、吊钩等。

⑦通道与关闭设备:船上通行和通孔关启用的设备,包括梯子、栏杆、各种门窗、人孔

盖、舱口盖和货舱盖等。

⑧舱室设备:船员生活用的各种设备,包括家具、卫生用具、厨房设备、冷库设备、空调装置等。

⑨救生设备:船舶在海难中救生用的设备,包括救生艇、吊艇架、起艇机、救生筏、救生圈和救生衣等。

⑩消防设备:船上发生火警和灭火用的设备,包括报警装置、自动喷水灭火系统、消防水龙、灭火器和消防杂件等。

船舶在舾装阶段除了根据要求安装各种设备以外,还需要用各种材料对船体表面直接进行工程处理,称作船体表面工程。它涉及的材料很多,如油漆、合成树脂、有机溶剂、水泥、瓷砖瓦、陶砖、橡胶、塑料、玻璃纤维、陶瓷棉、岩棉、珍珠岩板、硅酸钙板、复合岩棉板、木材、钢铁、有色金属等。根据工程处理的不同目的,船体表面工程可以分为三类,即防腐蚀处理、防火绝缘处理和舱室装饰处理。

①防腐蚀处理:船体里外表面根据不同要求涂上各种涂料,使钢材表面与腐蚀介质隔离。同时还在船底部安装牺牲阳极或采用外加电流保护装置,使船体表面极化而免遭腐蚀。

②防火绝缘处理:船体舱壁、甲板、甲板顶面和隔壁等表面涂敷防火材料或隔热隔音材料,使舱室与火源、热源和噪声源等隔离,为船员和旅客提供安全与舒适的工作和休息环境。

③舱室装饰处理:围壁、天花板和地板涂敷适当的涂料或敷料,或者选用合适的预制板或复合板,以便美化环境,增强舱室的适居性。

二、舾装作业模式

现代造船模式的舾装作业是按区域/阶段/专业进行的,按区域就是将生产作业对象在产品所处的空间部位分类成组的作业方法。即将船舶舾装按船上大区域和作业内容分为甲板舾装、住舱舾装、机舱舾装和电气舾装。与区域舾装法的任务分解相一致,舾装设计与舾装生产都采用区域导向型的组织形式,以利于按区域协调设计与生产的关系,如图10-1所示。

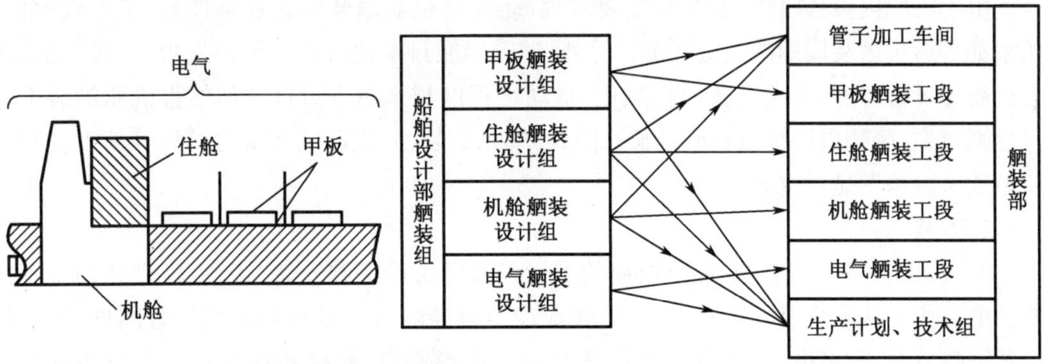

图10-1　区域舾装法

近年来,随着生产设计的推广,我国造船界对舾装作业分类的认识比较一致,即根据船、机、电三个主要专业类别将船舶舾装分为船装、机装和电装三大类。每一大类还可以再细分。船装通常可分为内(舾)装、外(舾)装和涂装(已从舾装分出),习惯上内装和外装又称为船体舾装;机装可以分为管装、机装和铁舾装等。

1. 船装

船装主要是指内舾装和外舾装。

内舾装(住舱舾装)是多工种作业,工作量大,工作空间小,因此要统筹兼顾,合理安排,尽量扩大分段舾装。目前推广采用上层建筑整体吊装工艺,使舱室总段提早成形,以便及早开展舾装工作,有足够的时间按阶段、按工种组织生产。最近欧洲国家采用一种标准舱室单元,由专业车间预制,运到船上后只要与船体固定并连接各种系统就可交付使用,因而使船上舾装变得十分简便。但是,不管采用哪种工艺,船上的舱室必须满足有关条约、规范对防火、隔音和隔热的要求。住舱舾装主要有以下工作:机舱围壁、上层建筑外围壁和露天甲板等的防火、绝缘,舱室分隔,家具与卫生设施预制和安装,以及厨房、冷库、空调机房设施的安装。

外舾装(甲板舾装)是指除机舱区域和住舱区域以外所有区域的舾装工作。甲板上要安装的设备、装置是多种多样的,同时随着船舶种类与用途的不同而有着很大的差别。甲板舾装作业遍及全船,大部分是敞开作业,而甲板顶面、桅杆上部等则是高空作业;锚链舱则属于狭窄舱室作业。由此可见,甲板舾装作业内容与作业环境变化较大,有操舵装置的安装(包括舵系中心线测定,艉柱镗孔,舵系安装和舵机安装等作业)、系泊装置安装、起货装置安装、货舱盖安装、通道装置安装、管系装置(货油管系统、压载管系统、加热管系统、空气管系统、消防管系统和惰性气体管系统等)安装。

2. 机装

机装(机舱舾装)是指机舱内各种船舶设备的安装和调试。机装作业的范围通常仅限于从机舱船底到烟囱这一竖向(机舱)区域和从主机到螺旋桨这一纵向(轴隧)区域之内。机舱舾装作业大体上可以分为机械安装调试和舾装件装焊两类。作业的内容包括轴系装置和主机的安装与校中,各种辅机和锅炉的安装;机舱管系、机座、油水箱柜的安装,机舱格栅、梯子、扶手、起重梁和吊环等的安装,此外还有机舱机修机床的安装以及机舱和设备的绝缘工作等。

由于机舱内设备密集,安装精度要求很高,并且机舱舾装的作业条件差,工作效率低,历来都是影响舾装周期的关键环节。另外,随着船舶自动化技术的迅速发展,集控机舱、无人机舱等日益普遍,机舱设备的机械化、自动化程度越来越高。这一切使得机舱舾装工作量急剧增加,舾装周期也就相应延长。因此,单元组装、分段舾装和机舱模块等新工艺对机舱舾装来说越发显得重要。

3. 电装

电装(电气舾装)指的是船上电缆的敷设以及电气设备的安装、接线、检查和调试等作业。电装作业从事全船电器安装工作,作业内容有装焊电气设备和电缆的紧固件、贯穿件以及密封装置,敷设电缆、电气设备接线及设备填料密封,舱壁和甲板电气密封装置的密封,电缆端头的加工和接线,电气设备的试验与调整等。

与陆上同样功能的电气设备相比,船用电气设备的工作环境较为恶劣,必须考虑到电器的防振性、防潮性和防蚀性等,因此设备的结构较为复杂,安装工艺也不同。特别是船用电缆,由于必须在狭窄的场所进行敷设,因此电缆的构造和架设都比较特别。目前船舶电气化、自动化程度正在日益提高,电气安装的工作量也在成倍增加。一艘 20 万吨油轮的电缆敷设长度可达 70 km。为了加快电气舾装的工作进程,国内船厂也在推广预制预装、电气放样等工艺。

船装、机装和电装作业不仅包括外场(即在分段或船上)的安装、调整与试验,而且还应包括内场(在车间内)的加工与组装。如家具制作、管件弯制、铁舾装件制作、单元组装、电器成套等都由相应的职能车间或工段在内场完成。在组织电气舾装工作时应贯彻“外场工作内场做”“船上工作分段做”的原则,增加内场工作量,减少船上工作量。

三、舾装工艺阶段划分

现代造船已普遍采用分段建造法建造船体,采用区域舾装法进行船舶舾装,即按照单元—分段—船上的方式进行船舶设备、系统的安装。如图10-2所示,典型的舾装工艺阶段为:舾装件采办—单元组装—分段舾装—船上舾装—动车和试验。每一阶段还可以根据需要设若干个小阶段。例如,分段舾装阶段分“带骨面”(翻身前)和“非带骨面”(翻身后)两个小阶段。

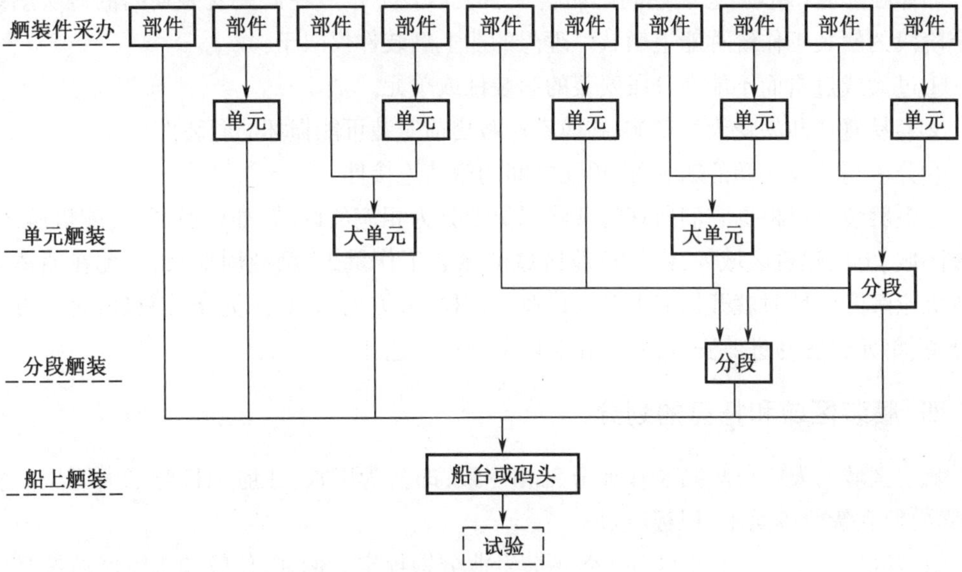

图10-2　舾装工艺阶段及流程

1. 舾装件采办

舾装件采办包括订购、外协和自制三种途径。如柴油机、雷达等机电设备可以向专业厂订货,螺旋桨、锚等本厂无能力加工的舾装件,可以委托外厂代为加工,而管子、风管等则由本厂自行制作。舾装件经采办后,按直接所属的单元、分段或船上区域编组装入托盘,在需要时运往安装现场。

2. 单元组装

单元是指一个与船体结构脱离的基本舾装区域。在同一舾装区域内的元件预先组装成一个整体,这一工艺过程称为单元组装,或者称为单元预舾装。因为单元与船体结构无关,所以单元组装可以在车间内进行,作业条件较好。同时由于不受船体作业的干扰,工期容易得到保证。采用的单元有设备单元、管件单元、箱柜单元、阀件单元、配电板单元等。

3. 分段舾装

在分段(包括总段)建造的适当阶段,将分段所属的舾装件或单元安装到分段上,这一工艺过程称为分段舾装,或称为分段预舾装。根据舾装件安装在分段上的位置可分为分段部装、分段正转舾装和分段反转舾装。总段舾装分为总段正转舾装和总段反转舾装。分段舾装以船体分段为舾装区域,可以在室内或室外平台上进行安装。与船台及码头的船上舾装相比,工作环境和作业姿势有改善,并可减少使用脚手架,因而能提高工作效率,缩短舾装周期,保证安装质量,并有利于安全生产。采用分段舾装工艺要求在船体分段划分时考虑到舾装件的区域性,分段的质量也要计入舾装件的质量,还要规定船体作业与舾装作业的工作顺序,以免相互干扰。分段舾装的典型实例,如在双层底分段装入各种管子,甲板分段的顶面安装管子、风管、电缆固定架等,上层建筑总段内进行舾装等。

4. 船上舾装

船体在船台(船坞)总装期间的船台预舾装以及下水后在码头安装期间的码头舾装这两个阶段的舾装工作统称船上舾装。理想的船上舾装件仅限于:

①过大或过重而不能在分段安装的舾装件或单元。

②容易碰坏和易受天气影响、在舱室遮蔽之前安装可能损坏的舾装件。

③分段与分段之间的舾装件,单元之间的舾装连接件。

船上舾装可以根据它们所在的共同部位划分为相应的区域,如机舱区域、舵机舱区域、甲板区域、上层建筑区域等,由于机舱区域的舾装工作量大,舾装周期长,因此在船体总装形成机舱敞开区域时就开始船上舾装作业。这样,一方面通风、采光条件较好;另一方面大型设备、单元也容易进舱安装,避免在船体上开设工艺孔。

四、舾装区域和托盘的划分

舾装区域的大区分与舾装作业分工相一致,即分为甲板、住舱和机舱三大区域。艏尖舱、艉尖舱和货舱等属于“甲板”区域。

舾装区域的中区分和小区分由各舾装专业分别规定。例如,住舱和机舱区域按竖向层次划分中区分,同一层次再按左、右舷及前、中、后划分为小区分。“甲板”区域划分首先按船上部位作大区分,即分出艏部、艉部、货舱和上甲板,然后再对上述大区分作中、小区分。

经划分后的区域内的舾装工作可再根据舾装件的类型(或所需工种)划分为舾装托盘,如管件托盘(管子工)、风管托盘(薄板工)、格栅托盘(装焊工)和设备托盘(钳工)等。同类托盘还可根据安装件的数量、质量或工作量再划分为若干个托盘。托盘再划分的原则,如管件不超过 30 根、质量不超过 5 吨、工作量约为 96 工时等。托盘划分的例子如图 10-3 所示。

由上述各种分类法可以看出,舾装托盘包括工艺阶段、责任部门、舾装区域、工作类型和工作量等生产信息。船厂可以根据实际需要,开发一个托盘编码系统(表 10-1),那么,舾装托盘就像船体分段那样可以用代码来表示,从而给舾装生产的计划与管理带来极大的方便。例如,图 10-3 中的托盘划分各区域中均标注出了舾装托盘编码。

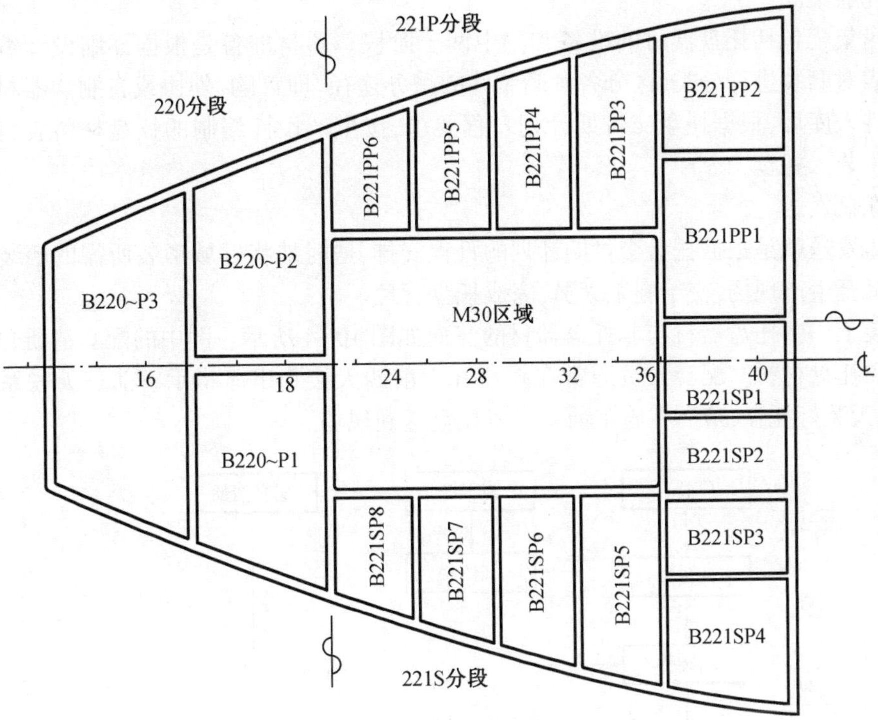

图 10-3　机舱下平台舾装托盘划分图

表 10-1　舾装托盘编码形式

<table>
<tr><td colspan="2" rowspan="2">方式</td><td colspan="7"></td></tr>
<tr><td>一</td><td>二</td><td>三</td><td>四</td><td>五</td><td>六</td><td>七</td></tr>
<tr><td rowspan="2">分段舾装</td><td>单元</td><td rowspan="4">工艺阶段代码</td><td colspan="4" rowspan="2">分段号</td><td>单元码</td><td>单元序号</td></tr>
<tr><td>非单元</td><td>类型码</td><td>同类序号</td></tr>
<tr><td rowspan="2">船上舾装</td><td>单元</td><td colspan="3" rowspan="2">船上区域代码</td><td>单元码</td><td colspan="2">单元序号</td></tr>
<tr><td>非单元</td><td>类型码</td><td colspan="2">同类序号</td></tr>
</table>

五、托盘管理

托盘是一个作业单位，又是一个供安装用的器材集配单位。托盘管理是以托盘为单位进行物质配套、组织生产以及安排工程进度的一种科学的生产管理方法。它包括三个方面的工作，即托盘划分、托盘集配和托盘发送。

1. 托盘划分

托盘划分须分两步。首先，在详细设计阶段，结合船体分段划分和船体总装计划编制工作，按工艺阶段和舾装区域，初步制订托盘划分方案。这一工作可以借鉴类似船舶的托盘划分方案。其次，在生产设计阶段，以区域综合布置图为基础，根据托盘划分初步方案，按作业顺序及工作量，最终确定托盘划分，编制托盘清单。

2. 托盘集配

托盘集配包括托盘器材的准备和集中两个阶段。器材准备是根据详细设计编制的系统材料表对舾装进行分类,区分各种舾装件的采办途径,即订购、外协或自制。器材集中就是舾装件入库后,根据托盘交付期计划日程要求,按生产设计编制的托盘材料表将所有舾装件集中装入托盘。

3. 托盘发送

托盘发送就是根据托盘交付期计划的日程安排,适时地将区域舾装所需的舾装托盘整套材料运至生产现场,交给施工人员,完成托盘管理。

舾装工作中托盘器材与非托盘器材的流向如图 10-4 所示。图中的配套清册包括非托盘材料和托盘材料。配套人员通常在托盘开工前四天接到出库指示。前三天联系运输工具,前两天装好托盘,最后在施工前一天将托盘送到现场。

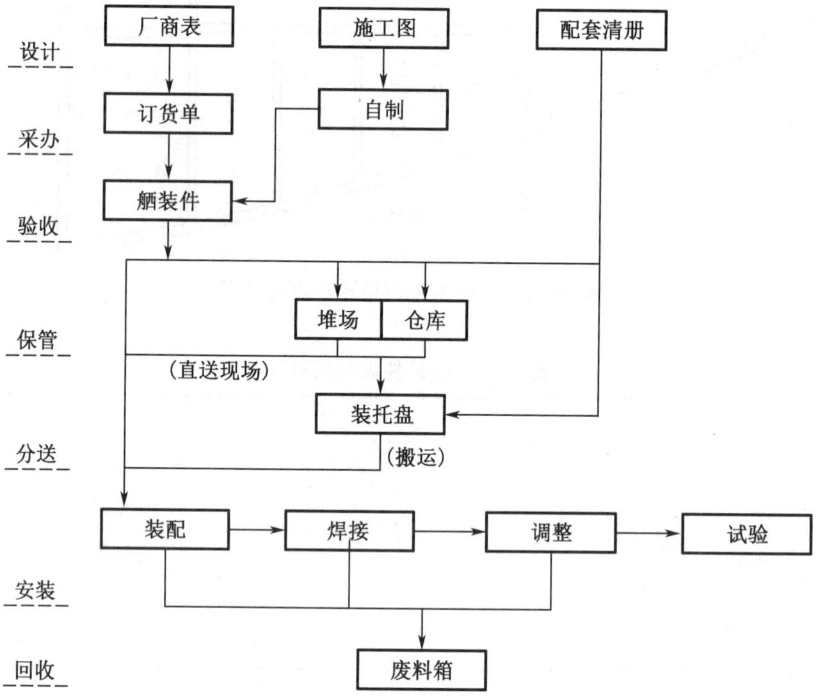

图 10-4　舾装工作中器材的流向

六、海洋平台舾装

海洋工程装备的种类繁多决定了海工装备的配套设备庞杂。配套设备按照功能不同,大致可分为海洋油气资源开发专用配套设备和通用配套设备。专用配套设备还可以分为承担不同专门功能的勘探设备、钻采设备、集输设备等。通用配套设备有动力及传动系统、电力系统、定位系统、通信导航系统、安全系统、生活系统、水处理系统、系泊系统和甲板机械以及海洋工程装备专用系统等。

海洋平台的舾装作业也以托盘管理为手段,实现单元舾装、分段(总段)舾装、船台舾装和码头舾装。海洋平台的舾装的工作量要比船舶的舾装工作量大得多,也复杂得多。海洋平台的舾装不但涉及一般的机器和电气设备，而且还涉及钻井装置、输油管系统、钻井移动装置、特殊的系泊装置等。因此，根据海洋平台自身的特点，大量采用单元舾装和分段（总段）舾装，使大量的舾装作业前移到分段（总段）内完成。

1. 海洋平台的单元舾装（单元组装或单元预舾装）

平台的单元舾装是与平台结构相脱离的基本舾装区域。在同一个舾装区域内的元件预先组装成一个整体。因为单元与平台结构无关，所以单元组装可以在车间内进行，作业条件好。通常采用的单元有设备单元、管系单元、箱柜单元、阀件单元和配电板单元等。设备单元如泥浆泵单元舾装，发电机组单元舾装，利用车间良好的作业条件，可以将与泥浆泵和发电机组相关联的燃油管系、滑油管系、海水淡水冷却管系和压缩空气起动管系等，预先组装成单元，实现单元舾装。管系单元如双层底管弄内的管束单元，包括阀件、附件及安装支架，内场组装完整，并试压或串油试验合格后，在分段建造阶段将管束单元整体吊入安装。箱柜单元如膨胀水柜单元等。

2. 海洋平台的分段（总段）舾装

平台的分段（总段）舾装是在平台分段（总段）建造的适当阶段，将分段（总段）所属的舾装件或单元安装到分段（总段）上。双层底分段内管系、人孔盖、通海阀件、泄放塞、直梯和内底板上各种设备基座等舾装，双层底分段管弄内的管束舾装及甲板分段顶面的各种设备基座、电缆托架、管系及附件、通风管等舾装，都是在船体分段建造时就安装到分段上的。平台上层建筑分段合龙总组作业，可以与平台主体平行建造，所属上层建筑甲板设备、通风消防等各种管系及附件、甲板敷料、舱壁木作绝缘等舾装作业，在总组后的总段内独立舾装完成。悬臂梁分段、钻台和钻塔等合龙总组作业，也可以与平台主体平行建造，所属悬臂梁分段总组后的钻井设备单元、管系及附件、电气设备及电缆托架等舾装，在总组后的总段内独立完成。

3. 海洋平台总装舾装

在海洋平台总装期间也要进行一定的舾装工作，比如在各分段总装过程中，需要完成各舾装系统的界面整合；在分段预舾装过程中尚未完成的舾装工作，也要尽可能地在总装过程中完成。由于设备到货期的影响、船坞起重设备的限制以及生产计划的安排，总装过程中不能完成的舾装工作必须在其后的码头舾装工作中继续完成。另外，许多海工装备制造项目的部分海工专用设备及其配套舾装设施的制造和安装工作，也必须在平台出坞后在码头舾装阶段完成。此外，由于部分海洋平台是整个海洋油田油气开发装备系统的一部分，平台抵达工作油田后，需要与其他不同功能的海工油气开发装备整合形成完整的海上油气开发系统，不同功能的海工油气开发装备之间也需要有部分舾装项目在海上作业区完成。

任务训练

训练名称：托盘划分图识读。

训练内容：

根据图10-3所示托盘划分示意图，指出图中分段名称，每个分段中划分的托盘数量，按序号写在表10-2中。

表 10-2　托盘划分表

序号	分段名称	托盘数量	代码
1			
2			
3			

任务 10.2　船舶与海洋平台防腐和涂装

PPT

任务解析

现代船舶及海洋平台大多采用钢铁结构,这些海洋结构物从建造到水上营运或使用,都会不同程度受到大气和海洋环境的腐蚀。腐蚀会对船舶及海洋平台带来很大的损坏,严重时会降低船体结构的强度,使设备不能正常运转。钢质船舶及平台腐蚀属于电化学腐蚀,在海洋中的这种腐蚀是不可避免的,但其腐蚀的速度则是可以控制的。为了防止钢材损失,延长船舶及海洋平台的使用寿命,主要采取涂装涂层的方式将钢材与腐蚀环境隔绝开,同时辅以电化学保护的方法。

本任务主要学习船舶涂装方法、工具设施、涂装工艺阶段、常用涂料及电化学保护及海洋平台防腐与涂装内容。通过本任务的学习和训练,学习者能确定船舶涂装方法及进行涂料、涂装工具的选择。

背景知识

船舶涂装是船舶防腐蚀的最重要也是最基本的方法。船舶涂装是指对船体钢质结构及其钢质舾装件进行表面处理与涂装涂层的生产过程。船舶涂装除了起到防腐蚀作用外,还有外表装饰和标示标志等作用。

一、涂装前的表面处理

1. 表面处理的工艺阶段

表面处理按阶段分可分为两个工艺阶段:一次表面处理与二次表面处理。

一次表面处理是指对原材料的表面处理,即在原材料落料加工前,对钢材表面的氧化皮、铁锈、油脂、灰尘、水等附着物的处理。

二次表面处理是指经过一次表面处理的钢材组成分段后,总有一部分钢材表面的车间底漆由于焊接、切割、机械碰撞或因自然原因受到破坏,导致钢材表面重新锈蚀。分段合龙后,在区域涂装阶段,也总有一部分分段上涂装好的涂层,由于同样的原因遭受到破坏发生重新锈蚀。因此，分段涂装或区域涂装，都有一个再次进行表面处理的任务，这在造船涂装工程中称之为“二次表面处理”。

2. 表面处理的方式

船舶涂装前的表面处理主要有抛丸流水线预处理、化学除锈、动力工具打磨及喷射磨料处理四种方式。

抛丸流水线预处理和化学除锈主要用于原材料的表面处理，其中抛丸流水线预处理主要是应用于一定板厚(4 mm 或 6 mm 以上)大型板材及型材的表面处理，而化学除锈的方式主要用于处理板厚较薄的板材、一些小型加强材及外形不规则的小型构件及舾装件的表面处理工作。

动力工具打磨及喷射磨料处理除了部分应用于外形不规则的大型构件的一次表面处理之外，主要用于二次表面处理，是船舶建造过程中最主要的表面处理方法。

(1)动力工具打磨处理

动力工具打磨处理是指采用各种风动或电动的除锈工具，依靠动力马达高速旋转或往复运动带动打磨器具(砂轮、砂轮盘、钢丝刷盘、气铲等)打击或磨削需要涂装的表面，达到清除铁锈及其他杂物的一种机械清理方式。

(2)喷射磨料处理

喷射磨料处理通常分为喷丸处理和喷砂处理两种。

喷丸处理的磨料一般为钢丸、铁丸、钢丝段、棱角钢砂等。喷丸处理一般都在磨料能够回收的喷丸房内进行，以便回收循环使用铁丸，故适合于分段的二次除锈。喷丸房的尺度应以本厂建造的船舶中最大的分段尺寸为依据。房内要有喷丸的一套设备和工具，还要设置轨道和随船架，房外设置起重机配合分段的运送，并应有足够的遮雨场地供分段除锈后涂刷底漆用。

喷沙处理的磨料有河砂、铜矿砂及工业余料等。喷丸处理和喷砂处理采用的设备都一样，两者的区别仅在于使用的磨料不同。喷砂处理的磨料大多不回收，因此可在室内进行分段二次除锈，也可在现场进行区域涂装前的二次除锈。成品油船和化学品船货油舱、液舱的特涂工程，均采用舱内喷砂处理。

3. 表面处理的质量控制

表面处理质量控制主要包括两方面内容，即钢材表面的清洁度和粗糙度。

(1)表面清洁度的评定

适用的标准有：国际标准 ISO 8501-1：1988《钢材在涂装油漆及和油漆有关产品前的预处理　表面清洁度的目视评定　第一部分：未涂装过的钢材和全面清除原涂层后的钢材的锈蚀等级和预处理等级》；国内标准 GB 8923—1988《涂装前钢材表面锈蚀等级和除锈等级》和船舶专业标准 CB* 3230—1985《船体二次除锈评定等级》。

这些标准分别对钢材表面的锈蚀等级和除锈等级给出了详尽的文字叙述和典型样板照片，在进行生产质量检验时，可充分参考相关标准。这些标准一般将钢材表面分成四个锈蚀等级(A、B、C、D)，并对喷射清理与动力工具清理后的钢板分别以字母“Sa”“St”表示其除锈等级，一般喷射清理的除锈等级分成“Sa1”“Sa2”“Sa2. 5”和“Sa3”四个级别，动力工具清理的除锈等级分成“St2”和“St3”两个级别。

(2)表面粗糙度的评定

为了定量地描述喷射除锈和其他机械加工作业后钢材表面的粗糙特性，我国颁布了有关的表面粗糙度标准 GB 3505,国际标准 ISO 8503 用来评定喷射除锈后钢材表面粗糙度特性。

表面粗糙度的评定方法有基准比较样块法、触摸法及标准测量法等。

二、船舶涂装

1. 涂装方式

船舶涂装的方式主要有刷涂、辊涂、压缩空气喷涂、高压无气喷涂四种。

(1)刷涂

刷涂在现代造船模式中主要用于跟踪补涂。其方式就是用漆刷子蘸取涂料进行涂装,是历史最长、最简单的一种手工涂装方式。它具备工具简单、操作方便、适应性强、不产生涂料粉尘的优点,但效率低。

(2)辊涂

辊涂是利用蘸有涂料的转动辊筒,进行滚动涂漆的涂装方式。辊涂特别适合于平面涂漆,其生产效率高,劳动强度小,辊涂的渗透力好,涂料浪费少,对环境污染也较少。另外,辊涂可在较长距离处进行作业,减少一部分搭脚手架的麻烦。辊涂不宜于快干型的涂料,因为漆辊中排出的气泡会包含在涂层中。对于结构复杂的凹凸不平的表面,辊涂方式则受到限制,因而辊涂在船舶涂装中往往应用于船体的外板、甲板和上层建筑外表等。

(3)压缩空气喷涂

压缩空气喷涂是现代造船模式中涂装的主要方式之一。这种涂装方式是利用空气将涂料从加料杯或容器中吸引或压迫至喷枪,在 0.2~0.5 MPa 的压力下,涂料在喷嘴处与空气混合并雾化,喷射在被涂表面,得到均匀分布的涂层。此种方式的效率高、设备价格便宜、使用范围广、操作简单、涂层厚度均匀,但漆雾飞散、涂料损失多,对作业环境要求严格,特别是要求施工现场不能有任何火源。

(4)高压无气喷涂

高压无气喷涂是现代造船模式中涂装的最主要方式。这种方式是由高压泵将涂料吸入并加压到 10~25 MPa,通过高压软管和喷枪,最后经过呈橄榄形孔的喷嘴喷出。当高压的涂料经喷嘴喷出时,即雾化成很细的微粒,喷射到工件表面,形成均匀的涂膜。由于涂料是通过高压泵被增至高压,涂料不与压缩空气混合,因此称为高压无气喷涂。

高压喷涂的优点是涂料压力高,能渗透到细孔里面,涂层附着力好;涂料流量大、涂料损失小、涂装效率高,适用于大面积涂装;当采用厚浆型涂料时,可获达 300 μm 厚的干膜涂层,可减少涂装次数;可用于任何快干涂料施工。其缺点是涂料的喷逸损失大,特别是有大风时在室外涂料吹散损失更大;涂料在喷嘴出口处的压力很高,射出的速度很大,很容易刺穿皮肤,造成伤害。其压力和流量有一定的关系,一般的关系是压力增加则流量减少。

2. 涂装施工装备

(1)涂装用具及设备

涂装用具主要有手工涂刷工具、喷涂工具及涂装辅助用具等。

手工涂刷工具主要有漆刷、漆辊、钢皮刮刀、牛角刀、塑料刮板和橡皮刮刀等;空气喷涂设备有空气喷枪、压缩空气供给和净化系统、输漆装置、喷漆室等;高压无气喷涂设备主要有气动式高压无气喷涂机(高压喷漆泵)、高压无气喷枪和长柄高压喷枪等;涂装辅助工具主要有防爆照明灯具、高压软管、防暴风机和涂装用通风管、调漆机(搅拌器)、涂料加热器、油漆磨光机、油漆抛光机和手电筒等。如图 10-5 所示为高压无气喷枪示意图。

(2)涂装用脚手架和涂装作业车

涂装用脚手架有人工搭建的脚手架和船旁电动脚手架。大中型船舶平行中体部位的除锈与涂漆作业,可采用船旁电动脚手架。涂装作业还可使用涂装作业车,它是以本身汽车发动机的动力来驱动液压系统,再由液压系统驱动工作臂和工作斗达到不同高度、不同位置的涂装辅助机械。涂装用活动风雨棚通常采用钢质桁架联结的结构,顶部和侧壁镶嵌玻璃钢平板,棚的底部装有滚轮及其传动装置,顶部有照明设备。

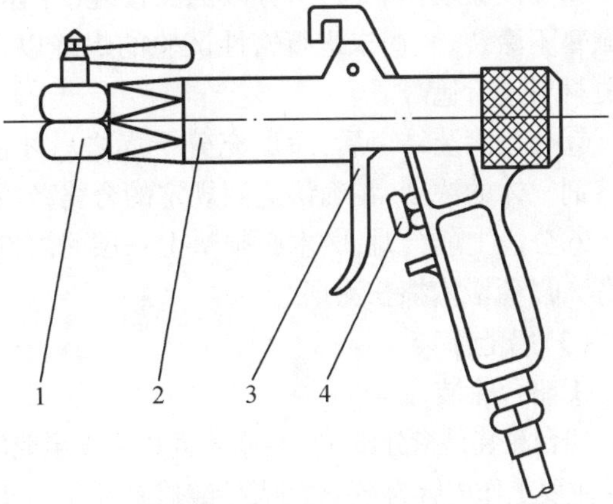

1—喷嘴;2—枪体;3—扳机;4—保险器。

图 10-5　高压无气喷枪

(3)涂装厂房及设备

船体分段的涂装可在涂装厂房内进行,厂房可分为打砂间和涂装间。

打砂间的主要设备有皮带传送机、皮带提升机、打砂机、吸砂机、除尘机组、通风机、小型铲车和低压变压器等。涂装车间的主要设备有除湿机、加温机组、溶剂回收设备、通风机组、防爆照明和防爆低压电源等。

3. 船舶涂装工艺阶段

根据船舶建造的特定工艺程序,船舶涂装工程应与船舶整个建造的工艺程序相适应,一般船舶的涂装过程可分为钢材预处理和车间底漆涂装、分段涂装、船上涂装、完工涂装等几个工艺阶段。

(1)钢材预处理和车间底漆涂装

造船用的钢材,在加工和装配之前,先对其原材料进行表面预处理,除去氧化皮、铁锈和其他污物,使钢材达到规定的等级,然后喷涂一层保养底漆即车间底漆。钢材预处理的采用使船舶在整个建造过程中都处在良好的保护情况下,有利于降低二次除锈的成本。

在预处理流水线上采用抛丸除锈的表面处理方法,车间底漆的涂装是采用自动高压无气喷涂装置完成,是一种高效、高质量的方式。

(2)分段涂装

分段涂装是船舶涂装中最重要和最基本的一个环节,除了特殊船舶需要特殊涂装的部位,常规船舶在分段阶段都要进行部分或全部的涂装。

船体分段上除了船体结构外,一般还有各种管系、电缆和各种舾装件,特别是立体分段较为复杂,表面处理与涂装工作难度更高一些。现代造船模式下,基于涂层的特殊性,为避免重复施工,要求分段的表面处理和涂装应在结构完整性交验及预舾装工作完成后进行。

分段涂装作业的工艺要点如下:

①分段涂装最好在室内涂装工场内进行,可不受气候变化的影响。若分段露天作业,应尽量避免与周围环境的相互污染。

②分段的搁置要尽量避免高空作业、顶向作业,应有利于二次表面处理作业时的磨料清理和人员进出与通风换气,必要时应增设工艺孔。

③分段涂装作业前,首先确认船体结构的完整性与预舾装工作的完成情况,然后安装好脚手架、通风、照明等作业必须的装置。

④分段涂装作业前，对分段的大接缝(船体分段涂装时大接头处需留 50~100 mm 宽的区域暂不涂装。)、尚未进行密性试验的焊缝以及不该涂漆的部位与构件，应用胶带或其他包覆材料进行遮蔽。

⑤分段涂装结束后，涂层充分干燥之后才能启运。对分段中非完全敞开的舱室，应测定溶剂气体的浓度，在确认达到规定的合格范围内以后，才能启运。

⑥分段上船台时，墩木必须垫上一层耐溶剂性能好的聚乙烯或聚酯薄膜(厚度 0.1 mm 左右)，以免墩木擦伤涂层。

(3)船上涂装

①船台涂装。

船台涂装是指分段在船台上合龙以后直至船舶下水前这一建造过程中的涂装作业。该阶段涂装主要工作内容为：分段间大接缝修补涂装，分段涂装后由于机械原因或焊接、火工原因引起的涂层损伤部位的修补，以及船舶下水前必须涂装到一定阶段或需全部结束之部位的涂装。

船台涂装的重点是船壳外板的涂装，船台涂装应特别注意以下问题：

a. 船台涂装为露天作业，要严格做好环境的温度和湿度管理。

b. 分段间的大接缝及分段阶段未做涂装的密性焊缝，应在密性试验结束后进行修补涂装。修补涂装时，修补区域的涂料品种、层数、每层的膜厚要与周围涂层一致，并按顺序涂装。修补区域的周围涂层，要事先打磨成坡度，叠加处要注意平滑，避免高低不平。

c. 脚手架、下水架等和船体直接接触和焊接的部分，拆除时要进行切割、补焊、磨平等处理后再进行涂装。如船舶下水后直到交船将不再进坞，则水线以下的部位(包括水线、水尺)应涂装完整。船底与船台墩木或支柱接触的部位要进行移墩涂装，以保证这些部位的涂层完整。涂装时，对牺牲阳极、声呐探测器、螺旋桨、外加电流保护用的电极等不需涂装的部位，应做好遮蔽，避免被涂料玷污。

②码头涂装。

码头涂装是船舶下水到交船前停靠在码头边进行舾装作业阶段的涂装。除了必须在坞内进行的涂装作业外，该阶段应该对全船各个部位做好完整性涂装。

③坞内涂装。

坞内涂装主要是对船体水线以下区域进行完整性涂装及码头舾装阶段来不及进行的涂装工作。船舶下水时因为离交船期还有一段较长的时间，故一般在进坞时往往还需涂装 2~3 道船底防污漆。

坞内涂装需注意以下事项：船舶进坞后，要塞住舷旁排水孔，并将压载水放尽，避免外板凝露，在对船体外板认真清理后，方可涂装船底防污漆。外板与墩木接触的部位，应在整体涂层施工结束后，做移墩处理，逐层修补涂装。

(4)完工涂装

交船前的涂装作业称为完工涂装。完工涂装一般在试航结束到交船之前这一短时间内完成，以便让船舶面目一新地交给船东。但是，只要船东同意，完工涂装作业也可以提前进行。完工涂装作业包括上层建筑外围壁、甲板、甲板机械等表面的清理、补漆，以及船体外表面末道面漆的喷涂。施涂前先用清水冲洗船底部，除去盐分和泥土，干燥后先进行补漆(如艏部漆膜，常因抛锚试验而受损)，然后再喷涂最后一道面漆。

(5)舾装件涂装

船舶涂装还包括对舾装件的涂装。船舶舾装件种类很多，其涂装工作分别由设备制造厂和造船厂来完成。

由造船厂来做的大型舾装件,如桅杆、舱口盖、吊货杆等,往往采用经过预处理并涂有车间底漆的钢材制成,其涂装往往与船体涂装相似,经过二次除锈,然后逐层涂装。小型舾装件,如管系附件、电缆导架、扶手、栏杆等,往往采用酸洗除锈后,镀锌、镀铬、镀铜或直接涂防锈底漆。

舾装件的涂装应注意以下事项:

①外购设备或一般舾装件,应在订购前向制造厂提供表面处理和涂漆的技术要求。

②除规定不必涂漆的外(如不锈钢制品、有色金属制品、镀锌件等),舾装件上船安装前,都必须事先经过表面处理和涂好防锈底漆。

③舾装件上船安装前所涂的底漆,原则上应和其所安装的部位的底漆相同。对于在上船前难以确定安装部位的,应涂装车间底漆或通用环氧类底漆,确保安装后底面漆配套。

④除图纸上有规定的颜色和标志要求外,舾装件的面漆应与周围环境面漆相同,与周围一起涂装面漆时,要注意保护好不该涂漆的部位(如机械活动面、铭牌等)。

⑤舾装件上船安装后,会发生局部涂层破坏,应采用同类型的涂料逐层做好修补。

4. 船舶常用涂料

船舶涂料涂装于船舶内外各部位,以延长船舶使用寿命和满足船舶的特种要求。船舶涂料与普通涂料相比具备一定的特性,如船舶涂料应能在常温下干燥,并适合于高压无气喷涂作业以提高效率;用于船体水下部位的涂料需要有较好的耐电位性、耐碱性;从防火安全出发,要求机舱内部、上层建筑内部的涂料不易燃烧,且燃烧时不会放出过量的烟。

船舶涂料的分类有许多种,主要介绍以下分类方式。

(1)按使用部位分类

船体表面按其接触介质的区别通常可分为以下几个部位:船底部、水线部、外舷部、甲板部、上层建筑部和船舱部。根据船舶各个部位对涂料的不同要求,船舶涂料可分为船用防锈漆、船底防锈漆、防污漆、水线漆、船壳漆、甲板漆、货舱漆、舱室面漆、压载水舱涂料、饮水舱涂料、油舱漆等。

船底部涂层通常由耐水性强的防蚀漆和能毒杀海洋生物的防污漆组成;水线部涂层通常由耐水性较好的防蚀漆和漆膜机械性能较好的水线漆组成;外舷部涂层由耐水性较好的防锈漆和颜色、光泽都较好的船壳漆组成;甲板部涂层通常由防锈漆和甲板漆构成;上层建筑部涂层由防锈漆和桅杆漆两部分构成;船舱部涂层通常由防锈漆和船舱漆两部分构成。

(2)按涂料的主要成膜物质分类

船舶涂料的组成材料主要包括漆料(主要成膜物质)、颜料(次要成膜物质)和稀料(溶剂)。有时也需要加入其他成分,如增塑剂、催干剂、毒料等辅助材料,以满足涂装工艺和涂料的使用要求。涂料的性能取决于构成涂料的原材料,而在诸多原材料中,主要成膜物质(基料)的影响最大。现代船舶涂料按涂料的主要成膜物质可分为天然树脂类、醇酸树脂类、乙烯树脂类、环氧树脂类、氯化橡胶类、聚氨酯树脂类和丙烯酸树脂类等。

5. 涂装的质量控制

船舶涂装质量控制主要内容包括涂层厚度控制及涂层外观控制。

(1)涂层厚度控制

涂层厚度控制要分别控制湿膜和干膜的厚度,以保证整个涂层保护体系的总厚度。

①湿膜厚度现场检测:涂装作业人员在施工时应利用湿膜厚度计边检测、边施工,随时

调整湿膜厚度。施工中，湿膜厚度的检测频数可以是任意的。在涂喷大而平整的表面，操作比较熟练时，检测频数可以小些，反之，被涂表面构造复杂，或操作不很熟的话，检测频数应当大些。通过不断检测湿膜厚度，随时调整喷涂量，则可花较少的涂料，获得较均匀的符合规定膜厚要求的涂层。

常用的湿膜厚度检测设备有滚轮式湿膜厚度仪和梳齿式湿膜厚度仪两种。

②干膜厚度现场检测：必须是在涂层完全干燥后测定。对于船体涂层配套中的涂层，可利用干膜测厚仪在涂层上直接测量，检测频数根据被涂装表面的具体情况灵活决定。原则上，船体的平直表面(如船体外板、上层建筑外表面、甲板等)可每 20 m^2 随机测一点；船体结构复杂的表面(如液舱内部、双层底内部等)，可每 10 m^2 随机检测一点；对于狭小舱室、小型舾装件等面积较小的区域或部位，要保证每一表面有 3 个以上检测点；焊缝表面、距自由边 30 mm 范围内和检测困难处可不必检测。

不同船东对于干膜厚度分布的要求各不相同。常见的要求是：两个“90%(或 85%)”原则，即要求 90%(或 85%)以上的检测点干膜厚度不小于规定膜厚，其余检测点的干膜厚度不小于规定膜厚的 90%(或 85%)。如果没有达到这样的要求，则必须根据具体情况做局部或全面补涂。

常用的干膜厚度检测设备有磁力型杠杆测厚仪、磁力型旋转式测厚仪和磁阻型电磁式测厚仪等。

(2)涂层外观控制

船舶涂装的另一个作用是对船舶的装饰作用。一般对船舶外表面的装饰要求要高于对内部不显眼的区域或看不见的区域的要求。

对船舶各部位涂层的表面质量要求，可参考中国船舶行业标准 CB/T 3513—1993《船舶除锈涂装质量验收技术要求》的有关规定。

三、船舶的电化学保护

船舶仅靠涂料来防止腐蚀是不够的。例如，铜质螺旋桨裸露在水中，又与裸露的桨轴、艉柱等船体钢结构件接触，会产生原电池作用而使艉部钢质部件受到腐蚀。为了弥补防腐的不足，通常采用阴极保护方法作为船体防腐的辅助手段。

1. 电化学腐蚀

船舶的腐蚀主要是电化学腐蚀。电化学腐蚀是指金属表面与离子导电的介质因发生电化学作用而产生金属材料的破坏。其特点在于它的腐蚀历程可分为两个相对独立并且同时进行的阳极反应和阴极反应的过程。阳极反应是金属离子从金属转移到介质中和放出电子的过程，即阳极氧化过程；相对应的阴极反应则是介质中氧化剂组分接受来自阳极的电子的还原过程。由于这两个过程在被腐蚀的金属表面上一般具有分离的阳极区和阴极区，使腐蚀反应过程中电子的传递可通过金属从阳极区流向阴极区，其结果必有电流产生。

金属失去电子和氧化剂得到电子这两个过程一般不在同部位发生，同时在反应过程中有电流产生，故称电化学腐蚀。如图 10-6 所示为伏特电池。

2. 电化学保护

船舶的电化学保护是利用电化学原理对船舶进行保护的一种方法，它的基本原理是使腐蚀原电池的电位差减小或消失，可分为阳极保护和阴极保护两大类。在实际应用中，船舶的电化学保护以阴极保护为主，主要有牺牲阳极阴极保护法和外加电流阴极保护法两种。

(1)牺牲阳极阴极保护法

牺牲阳极阴极保护法是将一种比船体的钢铁电位更负的金属或合金与船体电性连接后,依靠其自身不断腐蚀溶解(牺牲),产生与腐蚀电流方向相反的直流电使船体获得阴极极化而受到保护。对于常规船舶,这种方法主要应用在对船体水下外板与压载水舱的电化学保护,而对于油船一类的液货船,也用于对液货舱进行电化学保护。

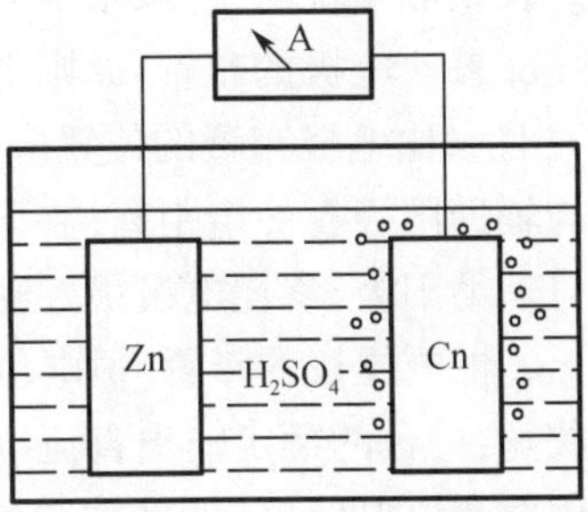

图 10-6 伏特电池

①船用牺牲阳极的材料。

船用牺牲阳极有锌合金和铝合金两大种类。锌合金阳极和铝合金阳极都具有广泛的应用。锌阳极电流效率高,活化性能好,在船舶各部位应用没有限制。铝阳极电化当量小、把质量小,比锌阳极经济,但活化性能不如锌阳极,在油舱中应用有一定限制。

②牺牲阳极的布置。

船体外板牺牲阳极可根据建造说明书的要求在全船布置,也可以仅在艉部布置,船体外板所需的牺牲阳极通常沿舭龙骨和舭龙骨前后流线均匀对称地布置。

螺旋桨和舵所需要的牺牲阳极应均匀地布置在艉部船壳板及舵上。由于牺牲阳极会对螺旋桨产生空泡腐蚀,因此距螺旋桨叶稍 300 mm 范围内的船壳板上和单螺旋桨船的无阳极区不得布置牺牲阳极。

海底阀箱所需的牺牲阳极要布置在箱体内部。

压载水舱或其他液货/压载舱的牺牲阳极布置要注意:铝合金阳极的布置要遵循有关标准与规范要求;阳极固定在舱内扶强材或水平构件上,长条形阳极的走向与扶强材走向一致;阳极不能固定在船壳板上,一根阳极也不能跨越安装在两根扶强材上;在液舱的垂直方向上,阳极由下至上均匀递减布置,同一水平方向上,要对称均匀分布;阳极的位置要方便安装,人孔及舱梯周围不宜布置阳极。

(2)外加电流阴极保护法

外加电流阴极保护法是以直流电源通过辅助阳极对船体施加保护电流,使船体成为阴极并获得极化、免受腐蚀的一种保护技术。外加电流阴极保护在船舶上目前尚局限于船体外板。与牺牲阳极保护相比、外加电流保护的一次投资较高、安装较复杂,但其使用寿命长、保护效果好、能自动控制。因此,从长期保护的角度来看,比牺牲阳极保护更有利。

①船舶外加电流阴极保护系统装置组成。

系统装置组成:输出防蚀电流的辅助阳极;连续测定电位的参比电极;提供并能自动控制调节低压直流电的恒电位仪;为扩大保护范围而采用的阳极屏蔽层;推进器轴及舵的接地装置。

②外加电流阴极保护系统主要装置的布置。

a. 辅助阳极的布置:在船舶的外加电流阴极保护系统中,辅助阳极的布置应该左右舷对称,因此阳极数量应为双数。一般船舶以 4~6 个为宜,超大型船舶(如 20 万吨级以上)可适当增加,但不宜超过 10 个。

辅助阳极通常布置在船尾机舱区域外板上,尽量不布置在舯部。船长超过 200 m 的大型船舶,一般在艏部设置一对阳极(超大型船可设置两对阳极),以使电流均匀分布。

安装在艉部的辅助阳极多采用长条形,艏部多采用圆盘形。无论在艏部还是在艉部,都应安装在船舶轻载水线以下靠近轻载水线的位置,以保证船舶在轻载状态时也能得到保护。长条形布置时,应取水平方向。艉部若安装两对或更多阳极时,阳极间距要尽可能远。

b. 参比电极的布置:原则上应给每台恒电位仪各配备两只参比电极(分别安装在左右舷),且参比电极布置的位置应是船体电位处于平均值的位置。参比电极的安装位置通常要与辅助阳极有一定距离(在阳极屏以外),并与辅助阳极在同一水平高度上。若艉部安装两对辅助阳极,参比电极最好安装在两对阳极的中间位置。

c. 恒电位仪的布置:恒电位仪的额定输出直流电流量根据保护总电流的大小并适当有所放宽,一台的额定输出直流电流量不够大,可选用两台。艏艉都设有辅助阳极的,至少要选用两台恒电位仪,艉部的一般安装在机舱内,艏部的安装在船艏舱室或艏楼甲板室内。一般恒电位仪安装在干燥、通风、振动较小的地方,环境温度为-25~55 ℃。图 10-7 所示为船体外加电流阴极保护布置示意图。

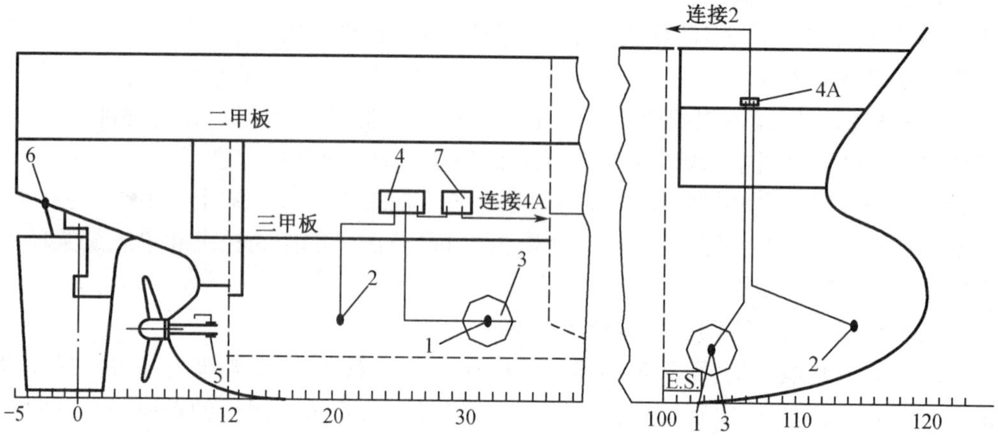

1—辅助阳极;2—参比电极;3—阳极屏蔽层;4—恒电位仪;4A—恒电位仪;
5—推时器轴接地装置;6—舵接地装置;7—遥控监视器。

图 10-7　船体外加电流阴极保护布置示意图

四、海洋工程结构物的防腐与涂装

海洋油气资源的开发已从浅水向深水及超深水发展,控制海洋工程结构物的腐蚀,对于维持油生产、提供安全的工作和生活区域,以及避免对环境的潜在威胁都是十分必要的。为此,美国腐蚀工程师协会(NACE)制定了相关的海上结构物防腐蚀标准。

海洋工程结构物的腐蚀可分为四个区域:大气区、飞溅区、全浸区(外部)和压载水舱(内部被浸没)。不同部位的腐蚀环境条件不同,所采用的防腐蚀方法也不相同。一般来说,大气区的结构应采用涂层保护;飞溅区结构可采用涂层保护或包覆层保护;全浸区和压载水舱结构通常采用阴极保护与涂层联合保护。

1. 涂层保护

NACE 为"海上结构物防用保护涂层实施腐蚀控制"制定了标准 NACESP0108—2008,列有对海洋工程新建钢结构大气区、飞溅区、全浸区和压载水舱表面的保护涂层系统。对于海洋工程结构物的保护涂层系统,该标准规定还必须进行合格性试验,并通过相应的验收标准。

海洋工程结构物的涂装,包括表面处理和涂装施工,其施工方法、技术要求、环境条件控制以及质量管理等方面与船舶涂装基本相同。但是 NACESP0108—2008 标准指出,表面上残留盐,特别是氯离子污染的程度对浸水部位涂层系统的使用寿命有非常重要的影响。因此,标准规定飞溅区、全浸区外部表面和压载水舱表面上可溶性氯离子最大容许总含量为 20 mg/m^2,即相当于 NaCl 含量 33 mg/m^2。

2. 包覆层保护

由于飞溅区结构表面不但受到潮汐、风浪作用,而且还会受到冰、漂浮物体以及船舶等机械冲击,因此常规的涂层在这一区域很快就会损坏;阴极保护虽然对平均中潮位以下的构件有一定的保护作用,但对平均中潮位以上的结构防护效果降低。因此,这个区域的平台结构常常采用包覆层进行保护。包覆层保护主要是指在构件表面包裹一层耐蚀合金、非金属材料或牺牲钢板。目前,船舶及海洋工程装备制造产品的牺牲阳极消耗率主要依据 DNV-GL 的相关规范经过计算确定。

①包覆耐蚀合金。蒙乃尔 400 合金是平台飞溅区包覆层保护中使用较多的一种材料,具有长期的保护效果,但是材料价格昂贵。此外,铜镍合金、不锈钢也用作平台飞溅区包覆材料。这些材料通常用绑扎或焊接的方式包覆。

②包覆非金属材料。用来包覆的非金属材料有硫化氯丁橡胶、玻璃钢、环氧砂浆、聚氯乙烯包扎带等。

③包覆牺牲钢板。为了补偿平台在飞溅区的预期腐蚀和磨损,也可在平台飞溅区部位加覆一层具有一定厚度的普通钢板作牺牲钢,然后在其表面再涂装合适的涂料加以保护。这种方法的优点是钢材料价廉易得,除了防腐作用外,还增加了构件刚性和强度。但是,牺牲钢也给平台增加了可观的自重荷载。

3. 阴极保护

阴极保护是防止海洋工程结构物全浸区构件(包括海泥区)腐蚀的主要措施。为此,NACE 制订了标准 NACESP0176—2007《固定式海上钢质石油生产结构物全浸区的腐蚀控制》。该标准对全浸区构件阴极保护的标准、阴极保护系统的设计、安装、操作和维护等做出了规定。并对世界上主要海上石油生产海区的阴极保护系统设计参数、各种牺牲阳极的电容量和消耗率、各种外加电流阳极材料在海水中典型阳极电流密度和消耗率等提供了参考数据。

与船舶阴极保护一样,海洋平台阴极保护也有牺牲阳极保护和外加电流阴极保护两种方式。两者比较起来,牺牲阳极保护系统具有长期保护的可靠性,外加电流保护系统也可以提供长期的保护,但是在设计、安装和维护等方面则比牺牲阳极系统要求严格得多。随着海上作业向深海发展,平台的尺度越来越大,需要大量的阳极块,而每块质量通常在 50~200 kg,牺牲阳极本身的质量将成为一个严重的问题,因此外加电流阴极保护系统也得到了较多的应用。

与船体阴极保护不同,海洋平台牺牲阳极的安装多采用离开式固定法,即牺牲阳极与平台构件之间的距离一般不小于 30 cm,以改善电流分布状况,如图 10-8 所示为导管架常用牺牲阳极形状。海洋平台外加电流保护系统的辅助阳极安装一般有近阳极和远阳极两种形式。前者是将阳极分散安装于平台导管架上,后者是将较少的阳极放置在离平台较远的海床上的混凝土底座上,通过悬浮的电缆与恒电位仪或整流器连接。如图 10-9 所示为辅助阳极安装形式。

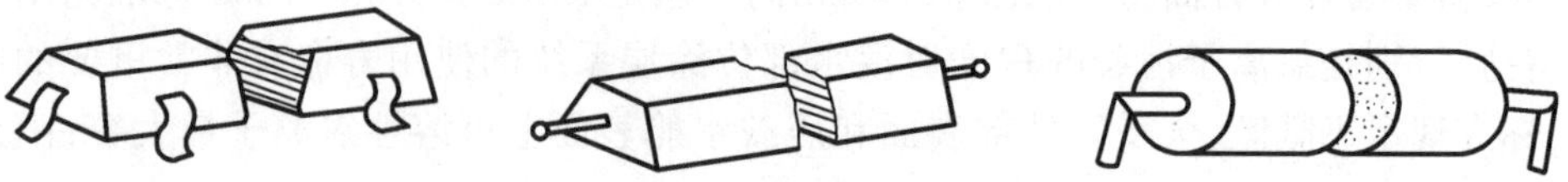

图 10-8　导管架常用牺牲阳极形状

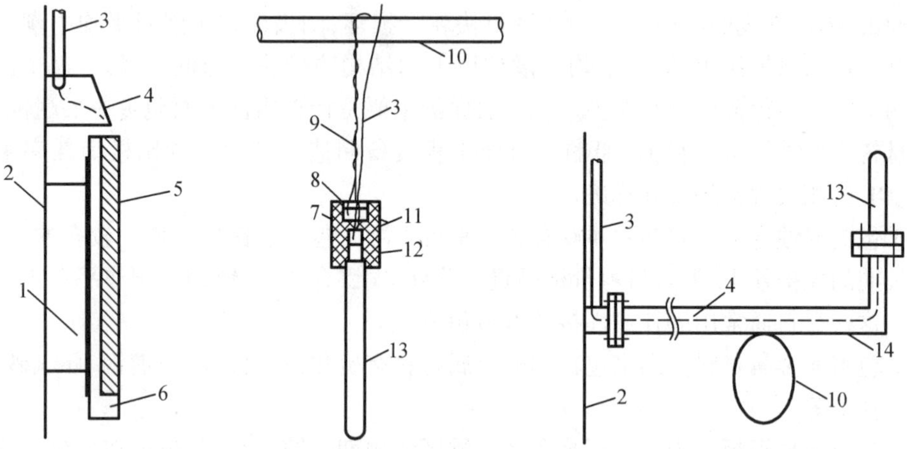

(a) 安装在导管架上的阳极　(b) 悬挂式阳极　(c) 悬臂式阳极

1—阳极座;2—结构构件;3—电缆管;4—电缆;5—Pb-Ag 合金;6—PVC 硬板;7—填料;8—压盖;9—吊绳;10—导管架水平撑杆;11—环氧;12—接头套;13—Pb-Ag-Pt 合金;14—悬臂。

图 10-9　辅助阳极安装形式

任务训练

训练名称:确定涂装方法及选择涂料、涂装设施。

训练内容:

某船舶船体外板进行船上涂装,确定涂装方法,并选择涂料和涂装工具。

任务 10.3　壳舾涂一体化造船法认知

PPT

任务解析

过去传统的造船方法是采用分段建造法,舾装和涂装是排列在分段制造完成后才进行的,也就是在船体建造基本完成之后,才进行大量的舾装作业,导致生产效率很低。现代造船方法是分道和壳舾涂一体化,尽可能使舾装和涂装在良好的环境中进行,从而缩短造船周期,降低成本,提高产品质量。壳舾涂一体化的核心问题是,如何使壳舾涂三种不同类型的作业,做到空间分道、时间有序、互不干扰、相辅相成。现在,国内外许多船厂已经以船体、舾装和涂装一体化的造船方法替代了传统的造船方法。

本任务主要学习壳舾涂一体化主要特征和作业流程。通过本任务的学习和训练，学习者能够掌握壳舾涂一体化基本概念，能够在船舶与海洋平台设计建造中运用壳舾涂一体化造船法，进行壳舾涂一体化工艺流程设计。

背景知识

目前，现代造船模式已采用壳舾涂一体化(IHOP)的区域造船法。

一、壳舾涂一体化造船的定义

壳舾涂一体化造船法是以船壳(船体)为基础，以舾装为中心，以涂装为重点，按区域进行设计、物质配套、生产管理的一种先进造船法。

在实施并完善船体分道建造、区域舾装、区域涂装和管件族加工等技术的基础上，运用系统工程技术的统筹优化理论分析生产过程。按区域组织综合性生产，船体以分道作业形成中间产品(分段)，舾装以不按船舶系统分类的中间产品为导向(托盘)，船体建造和舾装作业起先各自分流，从分段阶段起合二为一，涂装作业渗透到船体和舾装作业各阶段。即各类造船作业实现空间分道、时间有序、责任明确、相互协调的作业优化排序。同时造船系统的设计、生产、管理和采购各部门的任务和计划，都围绕中间产品的制造予以明确规定，使得船厂的一切工作相互协调，极富节奏。

二、壳舾涂一体化造船的要点

①壳舾涂一体化必须建立在分道建造、区域涂装和管件族制造的基础上，即首先要使所有的造船作业都按统一的中间产品专业生产为导向组织生产。

②实现壳舾涂一体化的明显表征是施工现场井井有条，达到空间上分道，时间上有序，不同类型作业和谐进行，互不干扰。

空间上分道，就是为每个中间产品建立顺畅、无迂回的单向分道生产流程，同时把船厂的空间按中间产品进行划分，在组织和安排生产时，使生产保持平衡。船体建造和舾装的分道生产体制的建立，使流通量控制的生产管理得以实现。

时间上有序，即船体、舾装、涂装三种作业并不是一起进行，而是在一体化计划的安排下有序地进行和有机地结合。尤其是在分段、总段和船上施工阶段，壳、舾、涂作业在同一空间(即同一分道上)进行时，通过运用统筹兼顾的原理，合理分配时间，做到互不干扰，全厂生产有条不紊，职责分明，整个生产过程极富节奏，犹如一体。生产过程中所有信息、物资和人员都能适时到位，一应俱全。

③实现壳舾涂一体化的条件是信息和物资按中间产品导向调集，并适时为现场作业服务。

三、壳舾涂一体化造船的主要特征

①船体分道建造。根据成组技术族制造的原理制造船体零件、部件和分段，按工艺流程组建生产线。

②抛弃了舾装是船体建造后续作业这一旧概念，以精确划分的区域和阶段来控制舾装。新方法有三个基本阶段，即单元舾装、分段舾装和船上舾装。此外，还有一个分段舾装

中的次阶段,即当分段倒置时,以俯向来完成本来必须仰面完成的作业。

③族制造。如管件族制造,它以成组技术原理代替作坊时代的思想方法,以最有效的手段制造多品种、小批量产品,可获得流水线生产方法的效益。

④采用产品导向型工程分解。它通过强调专业内容,把船舶创造性地划分为许多理想化的中间产品,例如,零件和部件,使之能协调地分道生产,从而大大简化了前面提到的不同类型作业的一体化。

四、壳舾涂一体化的作业流程

我国船厂在推进建立现代造船模式的过程中,基本上都建立了“船体为基础,舾装为中心,涂装为重点”,船体分道建造,区域舾装和区域涂装的壳舾涂一体化作业流程。

壳舾涂一体化的工艺流程具有以下特点:

①船体和舾装件、舾装单元等先各自分道制造,工艺路线起先各自前进后来合流,从分段阶段起合二为一。

②涂装作业可安排在各种分道生产线的两个小阶段之间(例如,在分段装配和分段舾装之间),实现壳舾涂三大不同性质的作业类型在空间上分道、时间上有序,形成立体优化排序。

③各类中间产品固定在各自的施工区域内进行封闭作业;每条分道作业线划分为若干阶段,配置专用设备,以生产某一制造族(某一问题类型)的中间产品。按区域、问题类型和施工阶段分类成组的信息(即作业指令或阶段施工图表)可为分道作业线中某一阶段加工中间产品所用。

④各作业单元内的生产作业实施流水定位或流水定员作业。

上述生产特点中,以中间产品按区域作业为主要特征。可以认为,现代造船的设计、生产和管理均体现了这一主要特征,并且是通过建立相互适应的生产管理体制和生产管理方式加以实现的。

如图 10-10 所示为壳舾涂一体化的作业流程。

五、壳舾涂一体化分段的作业流程

根据现代造船模式的要求,分段的完工状态应该体现壳舾涂一体的完整状态。壳舾涂一体化分段,其内涵是指分段在制作过程中壳舾涂作业具有最佳的结合,最大限度地完成一节可以在分段内完成的舾装,并完成了分段的涂装,使之成为一个成品化的分段,可作为在船台(船坞)快速搭载进行总装造船的中间产品。

壳舾涂一体化分段的作业流程如图 10-11 所示。图中清楚地描述了船体建造、舾装、涂装作业从原材料处理、加工、集配、组装、制作直到完成各个阶段的舾装、涂装,成品化分段检验的整个作业流程以及在作业过程中壳舾涂作业相互结合的关系。

现在,国内各大船舶企业都已采用壳舾涂一体化区域造船法,来替代传统的造船模式。而造船模式改变的突破口在于推行、深化区域设计,这是实现壳舾涂一体化区域造船法的关键。区域设计最终要通过区域建造来实现。区域建造应尽量扩大中间产品外扩、外协,这样可保证质量,也能缓解工厂生产线上的场地、劳动力等的压力。不能外扩、外协的区域或中间产品,必须按图纸要求进行材料、设备的托盘配套。为此工厂要建立设备、资料的综合集配中心,按施工阶段进行托盘配套后,按时按量送到区域建造的现场。尽可能地提高区域的预舾装率和设备的吊装率,区域预舾装的扩大,可以大量减少船壳和舾装件的二次除锈、涂装工作量和涂料的浪费。掌握一体化建造法的船厂通常在船舶下水时舾装完成率超过 90%,要控制好分段上船台前的舾装完成率和总装阶段的舾装完成率,这两个完成率分别达到 35%和 85%是很平常的。

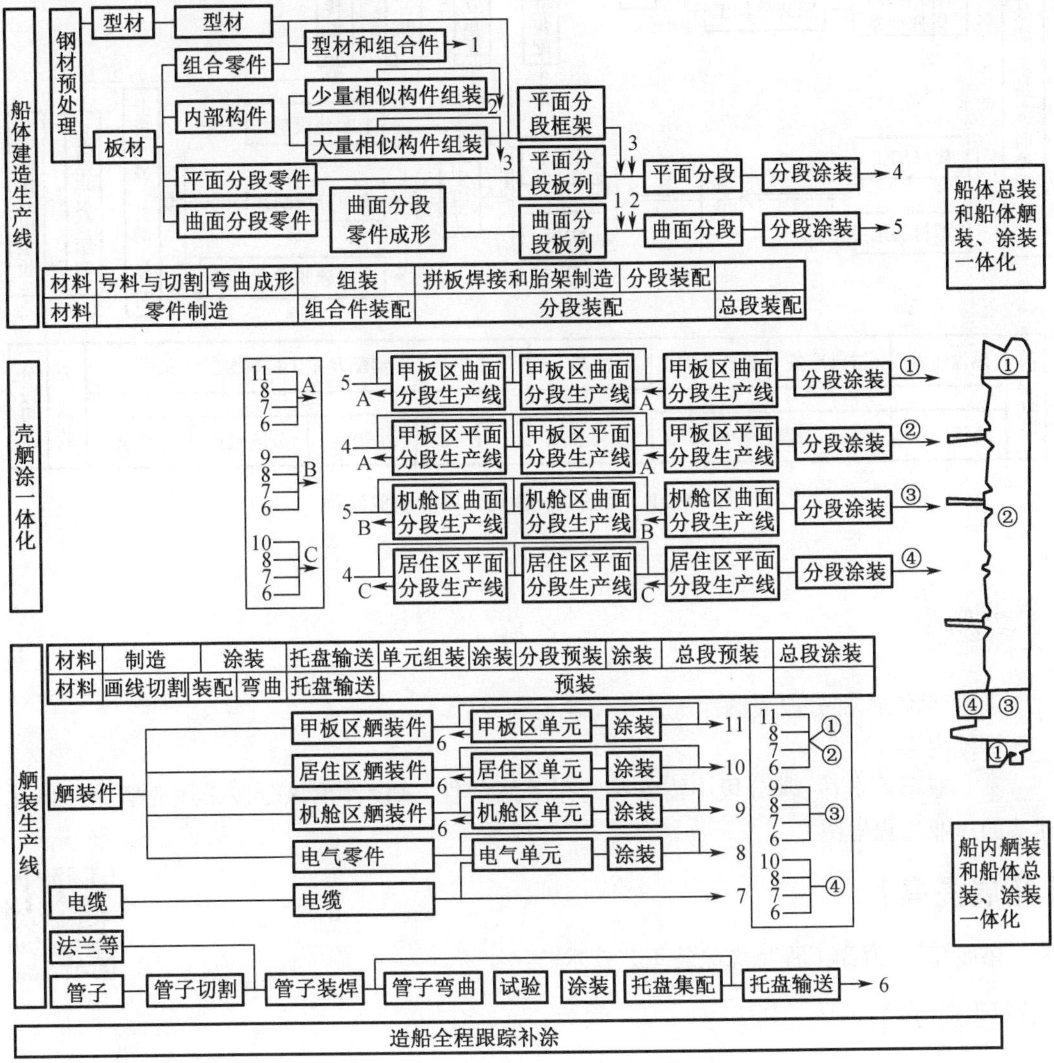

图 10-10 壳舾涂一体化的作业流程

壳舾涂一体化是现代建造模式的重要理念。实施壳舾涂一体化造船法可扩大分段的预舾装率,提高分段的舾装完整性,把大量的船台作业内容甚至码头作业内容前移到分段上来完成,实现“船台作业地上做,露天作业内场做”,实现快速搭载,缩短船台和码头周期,提高生产效率,降低建造成本,提高产品质量和保证安全生产。

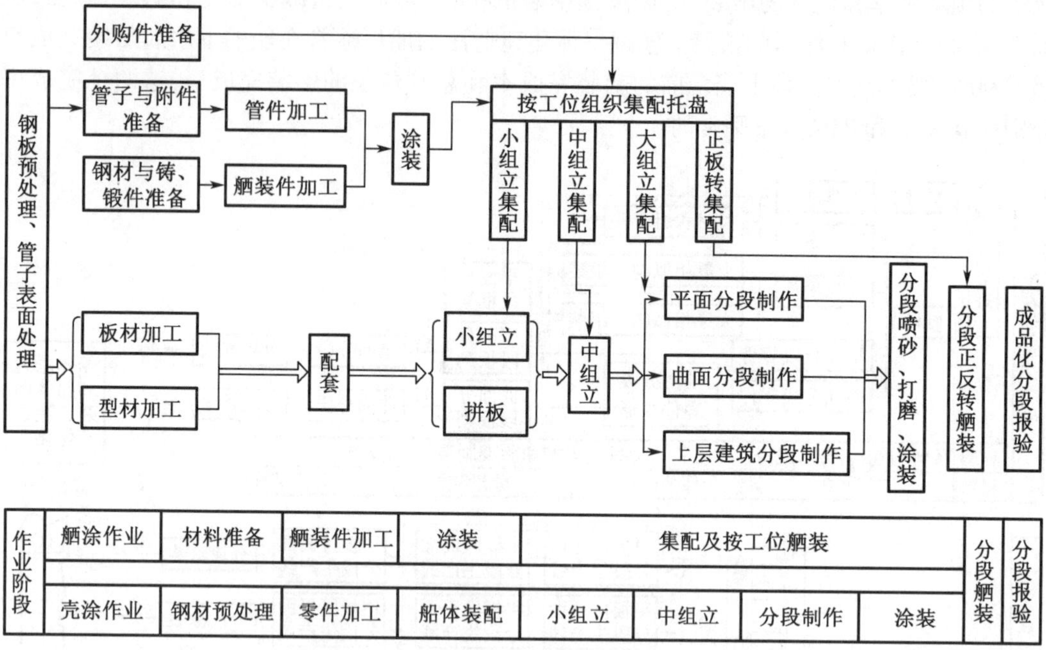

图 10-11　壳舾涂一体化分段的作业流程

任务训练

训练名称：底部分段壳舾涂一体化作业流程设计。

训练内容：

某一双层底分段，其分段中需安装管子等舾装件，试设计出该分段采用壳舾涂一体化建造的作业流程框图。

【拓展提高】

拓展知识：海洋工程特殊涂装工艺技术。

【项目自测】

一、填空题

1. 壳舾涂一体化的核心问题是，如何使壳、舾、涂三种不同类型的作业，做到空间分道、(　　)、(　　)、相辅相成。

2. 船舶舾装内容包括机舱内各种装置、(　　)和(　　)，船上控制船舶运动方向、保证航行安全和营运作业所需要的各种设备和用具等。

3. 舾装区域的大区分为甲板、(　　)和(　　)三大区域。

4. 根据专业类别将船舶舾装分为(　　)、(　　)和(　　)三大类。

5. 现代造船已普遍采用(　　)建造船体，采用(　　)进行船舶舾装，即按照单元—分段—船上的方式进行船舶设备、系统的安装。

6. 托盘管理是船舶舾装的一种科学管理方法,它包括(　　)、(　　)和(　　)三个方面的工作。

7. 机舱舾装作业大体上可以分为(　　)和(　　)两类。

8. 船舶涂装前的表面处理主要有抛丸流水线预处理、(　　)、(　　)和喷射磨料处理四种方式。

9. 船舶与海洋工程涂装的方式主要有刷涂、(　　)、压缩空气喷涂、(　　)四种。

10. 一般船舶的涂装过程可分为钢材预处理车间底漆涂装、(　　)、(　　)、完工涂装等几个工艺阶段。

11. 国际标准 ISO 8501-1:1988 将钢材表面分成(　　)四个锈蚀等级,并对喷射清理与动力工具清理后的钢板分别以字母“(　　)”“St”表示其除锈等级。

12. 分段涂装前,对分段的大接缝、尚未进行密性试验的焊缝等,应用(　　)或(　　)进行遮蔽。

13. 海洋平台牺牲阳极的安装多采用(　　)式固定法,即牺牲阳极与平台构件之间的距离一船不小于(　　)cm。

二、判断(对的打“√”,错的打“×”)

1. 船舶舾装是将各种船用设备、系统、装置和设施等安装到船上的生产过程。(　　)
2. 船装、机装和电装作业仅在外场(即在分段或船上)进行安装、调整与试验。(　　)
3. 分段舾装以船体分段为舾装区域,可以在室内或室外平台上进行安装。(　　)
4. 机舱区域的舾装在船体总装形成机舱敞开区域时就开始船上舾装作业。(　　)
5. 平台的单元舾装是与平台结构相脱离的基本舾装区域。(　　)
6. 船体分段涂装时大接头处需留 50~100 mm 宽的区域暂不涂装。(　　)
7. 涂装的方式主要有刷涂、辊涂、压缩空气喷涂三种。(　　)
8. 涂料的性能取决于构成涂料的原材料,其中,主要成膜物质(基料)的影响最大。(　　)
9. 表面粗糙度的评定方法有基准比较样块法、触摸法两种方法。(　　)
10. 舾装件上船安装前所涂的底漆,原则上应和其所安装的部位的底漆相同。(　　)
11. 距螺旋桨叶稍 100 mm 范围内的船壳板上不得布置牺牲阳极。(　　)
12. 全浸区和压载水舱结构通常采用阴极保护与涂层联合保护。(　　)
13. 涂装作业可安排在各种分道生产线的两个小阶段之间。(　　)

三、名词解释

1. 船舶舾装
2. 分段预舾装
3. 单元组装
4. 托盘
5. 船舶涂装
6. 牺牲阳极阴极保护法

四、简答题

1. 船舶舾装设备包括哪些类?
2. 典型舾装有哪几个工艺阶段?
3. 甲板舾装的内容有哪些?
4. 船舶涂装有哪几个工艺阶段?
5. 船舶常用漆的种类及用途?
6. 船体的船底、水线和舷侧各自对涂料有哪些技术要求,为什么?
7. 在船舶上已经进行了技术要求相当高的船舶涂装以后,为什么还要求对船体采用阴极保护?
8. 舾装件的涂装应注意的事项有哪些?
9. 海洋工程结构物的防腐采用哪几种保护?
10. 什么是壳舾涂一体化造船法?其主要特征有哪些?

五、拓展思考题

1. 船舶企业如何进行舾装托盘管理的?
2. 海洋平台涂装时,对涂料和涂装方式有什么要求?

项目 11　下水与试验

【项目描述】

船舶及海洋平台在建造到一定阶段,需要从陆上移到水域。船舶的建造区域是船台或者船坞,船舶下水是泛指船舶由船台或船坞移向水域的工艺过程。通常前者称为下水,后者称为出坞。船舶下水设施不仅用于船舶的上墩、下水,而且是船舶的总装场所,是船厂的核心资源和组织生产的重要物质基础。海洋平台因其结构、布置及总装方式不同,其下水方法和下水设施有一些特点,导管架及自升式钻井平台各部分建造好下水后,还要到工作海域进行海上安装。船舶及海洋平台下水后要进行系泊试验和航行试验,对各种机械、装置、系统和设备进行验收,试验结束后要进行设备拆检,并消除检查中发现的所有缺陷。在确认船舶各项性能指标基本满足合同要求以后,即可举行交船仪式。

本项目包括船舶下水方式选择、船舶纵向滑道下水、船舶纵向倾斜滑道下水过程分析、海洋平台下水、船舶试验与交船五个任务。通过本项目的学习,学习者能够熟悉船舶下水的主要方式和特点,掌握船舶及海洋平台主要下水方式的下水设施和工艺。

知识要求

1. 熟悉船舶下水的主要方式及各自特点;
2. 了解纵向重力式下水的过程和可能发生的危险;
3. 掌握主要下水方式的设施和工艺;
4. 熟悉海洋平台下水主要方式;
5. 了解船舶试验方法与交船流程。

能力要求

1. 能根据不同船型正确选择不同的下水方式和下水设施;
2. 能对纵向重力式下水过程进行分析,能采取正确措施来避免可能发生危险;
3. 能够制订一般船舶常规下水工艺;
4. 能够制定海洋平台下水工艺方案;
5. 能够明确船舶试验主要内容。

思政和素质要求

1. 能够遵守职业规范和社会规范,认知和履行相应的责任;
2. 具有勇于创新、不懈探索的开拓精神;
3. 具有严谨的工作态度和踏实的工作作风;
4. 具有较强的自主学习能力、新知识掌握能力和语言表达能力。

【项目实施】

任务 11.1　船舶下水方式选择

PPT

任务解析

船舶下水设施是修造船厂的主要生产组成部分,也是修造船厂生产能力的体现。船舶下水设施与下水方式有很大关系,下水方式不同,下水设施就不同。下水方式与船舶尺度和质量也有很大关系,如果下水设施一经按既定的规模与尺度建成,以后产品的尺度和质量要增大就往往难以适应。

本任务主要学习船舶下水的主要方法和下水设施。通过本任务的学习和训练,能够根据船厂设施条件及船舶情况进行船舶下水方法选择。

背景知识

船舶下水可以采用不同的方式,按下水设施分为船台滑道下水、升船机下水、船坞下水、浮船坞下水和平地造船的驳船下水五大类,如图 11-1 所示;按船舶下水原理分为重力式下水、漂浮式下水和机械化下水三种。这里按后者进行介绍下水方式。

一、重力式下水

重力式下水是船舶在本身重力的作用下沿船台倾斜滑道进入水中的下水方法。重力下水的方式有纵向及横向两种,纵向重力式下水时船体的中纵剖面平行于滑道运动,船尾先入水;横向重力式下水时船体的中横剖面平行于滑道运动,船舶一侧先入水。

1. 纵向重力式下水

(1)纵向涂油滑道下水

纵向涂油滑道是船台和滑道合一的下水设施。纵向下水的设备由固定部分和运动部分组成。固定部分为在船台上由方木铺成的滑道,称为底滑道;运动部分在下水过程中与船舶一起滑入水中,称为下水架。下水架的底板称为滑板,在滑板与滑道之间敷有润滑油脂,使滑板易于滑动。下水架的两端建造比较坚固,以支持船体首尾两端的尖削部分,分别称为前支架及后支架。除上述主要设备外,还有若干辅助设备,诸如:防止船在开始下水之前滑板可能滑动的牵牢设备;防止船在下水过程中滑板发生偏斜的导向挡板;使船在下水后能迅速停止于预定位置的制动装置;使船在开始下水时能迅速滑动的驱动装置等。图 11-2 为纵向重力式下水示意图,船舶纵向下水时,尾部先入水,因为这样可以获得比较大的浮力。下水时,制动装置打开后,在重力作用下通过滑板和滑道的相对运动将船舶缓缓送入水中。

(2)纵向钢珠滑道下水

纵向钢珠滑道下水是用钢珠代替下水油脂,变滑动摩擦为滚动摩擦的一种纵向重力下水方式,减少了滑板与滑道之间的摩擦力,钢珠还可以重复使用。

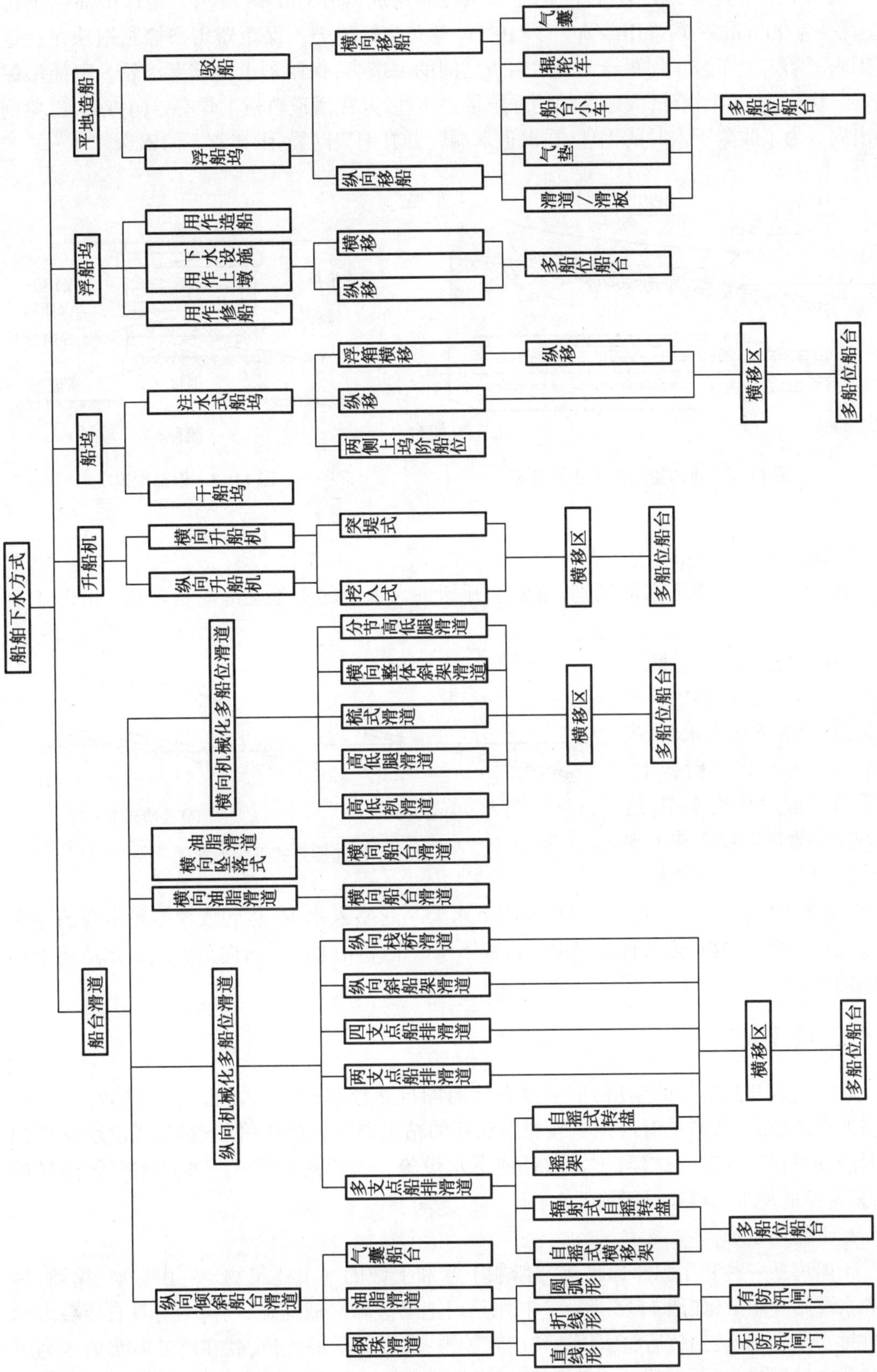

图 11-1　船舶下水方式分类

钢珠下水装置主要由钢珠、保距器和轨板等构成，如图 11-3 所示。钢珠由高铬钢构成，直径为 90 mm，平均许用载荷为 3×10^4 N，具有防锈能力。保距器用来控制钢珠在一定范围内滚动。为了减少保距器与滑道轨板之间的摩擦力，保距器上安装有滚轮。普通形保距器每块可放 12 个钢珠，大型船舶钢珠数量要多些，并在滑道轨板上焊有导向方钢，以免钢珠出列。为了收集下水时的钢珠，在滑道末端设置有钢架网袋，承接落下的钢珠。

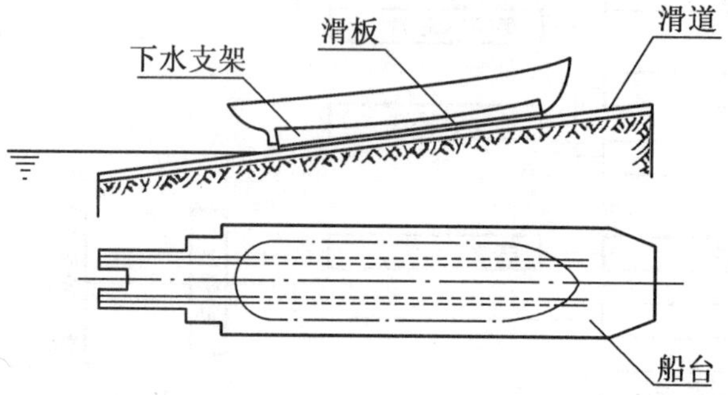

图 11-2　纵向重力式下水示意图

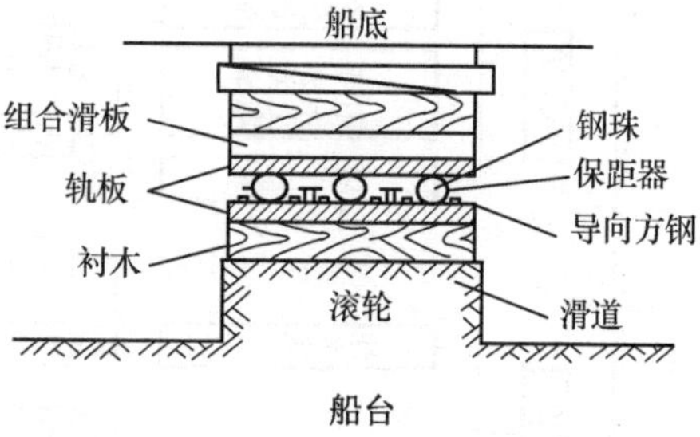

图 11-3　钢珠滑道

2. 横向重力式下水

其与纵向重力式下水的区别，是船舶开始进入水中的不是尾部而是一舷，如图 11-4 所示。

根据滑道的长短，横向下水一般可分为两种。一种是长滑道，滑道伸入水中，先将船舶拖曳到楔形滑板上，然后沿滑道滑移到水中，这种方式称为横向浮起式下水（图 11-4(a)）；另一种是短滑道，滑道不伸入水中，船舶下水时，连同下水架一起坠入水中，然后依靠船舶本身的浮力和稳性趋于平衡，这种方式称为横向坠落式下水（图 11-4(b)）。横向重力式下水适用于小型船舶下水。

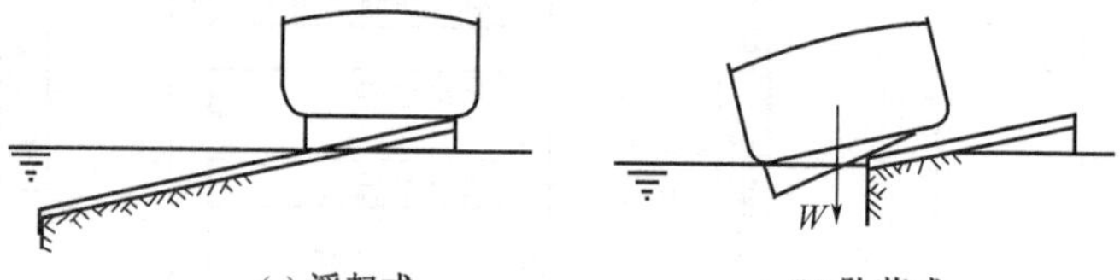

图 11-4　横向重力式下水示意图

二、漂浮式下水

将水注入建造船舶的场所，依靠浮力使船舶自然浮起的下水方法，叫作漂浮式下水。该法的原始形式，我国早有应用——利用江河的枯水季节在滩头将船造好，当洪水季节到来时船即可自行浮起。这样，不需要任何下水设施。现代的漂浮式下水的主要设施是船坞，最常见的是干船坞和浮船坞下水。

1. 干船坞下水

干船坞是一种利用漂浮原理进行船舶下水和上墩的水工建筑物。它由坞底、坞墙、坞门和水泵站等组成，如图 11-5 所示。利用坞门把坞室和水域隔开，坞门本身具有压载水舱和进排水系统，安装到位后将水压入坞门水舱内，坞门会下沉就位，就在坞外海水的压力下紧紧压在坞门口，将坞内的水抽干后，即可在坞内造船或修船。船舶建造完成后，通过进排水系统将坞外水域的水引入坞内,船舶依靠浮力起浮,待坞内水面和坞外一致时就可以排出坞门内的压载水起浮坞门并脱开坞门,然后将船舶用拖船拖出船坞,坞门复位进入下一轮造船。

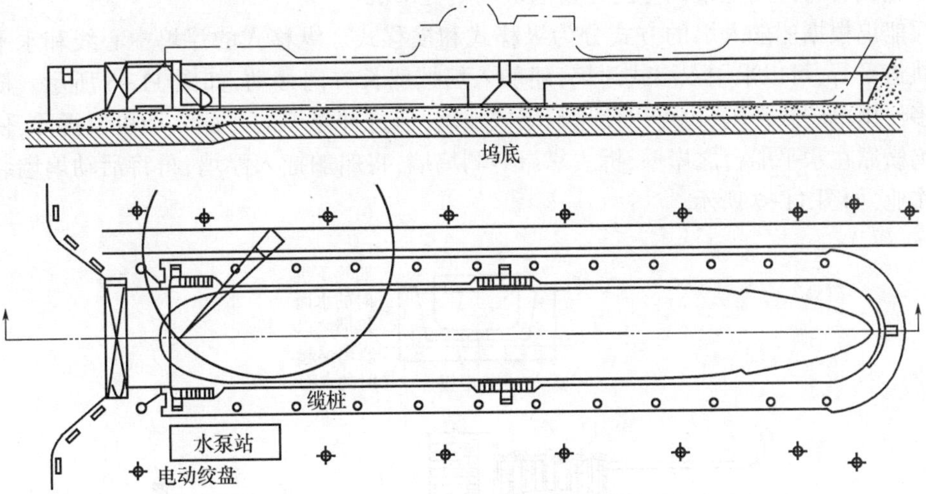

图 11-5 干船坞

利用干船坞下水,船舶始终平稳地处于自然浮起的状态。所以它是一种简易而又安全的下水方法。但是,由于干船坞的建筑工程量大,投资费用高昂,故主要被沿海船厂用来修理船舶。

专门用于造船的干船坞一般坞深造得较浅,称为造船浅坞(简称造船坞),如图 6-3 所示。新造船舶的空船质量比修船时的船舶质量小,如果只需要满足新造船舶浮起的要求,就可以把坞深造得浅一些,以便节省大量的基本建设投资。造船浅坞就是根据这个原则建成的干船坞。船舶下水时,首先将水注入坞室,船舶依靠水的浮力浮起,当坞内水面与坞外水域平齐时,即可移开坞门,将船舶拖曳出坞。

随着船舶大型化,新造船的主尺度和质量不断增大,如果仍然采用纵向涂油滑道的倾斜船台或半坞式船台造船,势必要增加船台前端标高和船台起重设备的起吊高度,从而大大增加船台和起重设备的投资,增加分段吊装工艺的复杂性。如果采用造船坞建造大型船舶,不仅可以克服倾斜船台和半坞式船台前端过高、纵向涂油滑道下水工艺复杂、水域宽度不易满足等缺点,而且还具有以下优点:船舶建造时处于水平状态,使施工操作方便;起吊高度降低,便于采用大起重能力、大跨距的起重设备;设置中间分隔坞门以后,可以采用串联建造法造船;可以利用坞墙设置各种造船机械化装置,提高船体建造的机械化程度;漂浮式下水操作简单、安全。

鉴于以上所述,即使造船坞的建造费用较高,也仍然是建造大型船舶时船体总装和下水的主要设施。现代造船工艺要求尽量提高船舶出坞前的舾装完成量,自升式平台、超大型集装箱船、LNG 船和 PCC 船的出坞吃水也较传统的产品大,这些因素使造船坞深度有增加的趋势。

2. 浮船坞下水

浮船坞原来主要用于船舶修理,作为船队或工厂的浮动修船基地。浮船坞如与水平船台联合使用,亦可作为船舶下水设施。利用浮船坞做下水作业,首先使浮船坞就位,坞底板上的轨道和岸上水平船台的轨道对准,将用船台小车承载的船舶移入浮坞,然后将浮坞脱离与岸壁的连接,如果坞下水深足够的情况下浮坞就地下沉,船舶即可自浮出坞;如果坞下水深不足就要将浮坞拖带到专门建造的沉坞坑处下沉。

浮船坞根据船舶入坞的方式分为纵移式和横移式。纵移式的浮坞中心线和水平船台移船轨道平行,可以采用双墙式浮坞,船舶入坞按船长方向移动,如图 11-6 所示。横移式浮坞多使用单墙式浮坞,也可以使用双墙式浮坞,但这种浮坞的一侧坞墙可以拆除,使用时将浮坞横靠在水平船台之岸壁,拆去靠岸一侧坞墙,将船舶拖入浮坞,再将活动坞墙装复做下水作业,如图 11-7 所示。

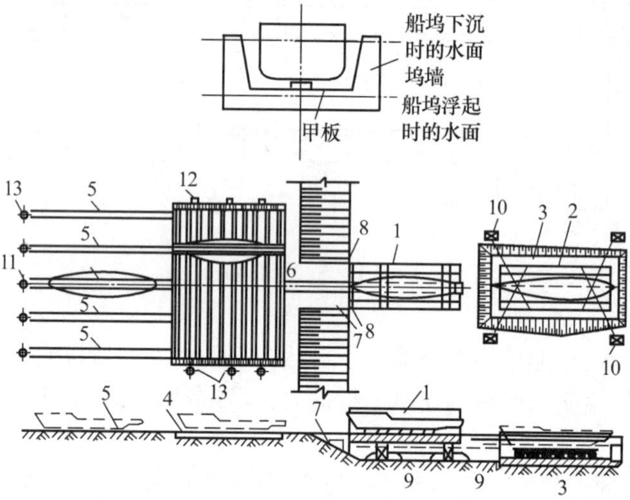

1—浮船坞;2—沉坞坑上的浮船坞位置;3—沉坞坑;4—横移车;5—船台;6—通往浮船坞的轨道;7—突码头;8—定位装置;9—支墩;10—固定浮船坞用的锚;11—电动绞盘;12—电绞车;13—地牛。

图 11-6　纵移式浮船坞下水

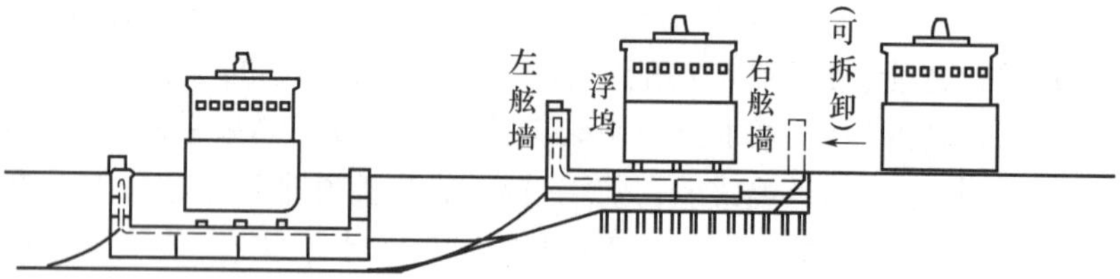

图 11-7　水平船台与浮船坞横向下水

浮坞下水设施具有能与多船位水平船台对接的能力,造价较低,建造周期亦短,下水作业平稳安全,但作业复杂,多数时候要配备深水沉坞坑。

三、机械化下水

运用机械化设施完成船舶下水的工艺过程,叫作机械化下水。随着造船技术的发展,下水操作的机械化程度不断提高,出现了名目繁多的机械化下水设施和下水方法,有纵向船排滑道机械化下水、双支点纵向滑道机械化下水、变坡度横移区纵向滑道机械化下水、楔形下水车纵向滑道下水、纵向栈桥滑道下水、梳式滑道机械化下水、高低轨横向滑道下水、横向整体斜船架滑道下水以及升船机下水等。

下面介绍其中几种常见的机械化下水方式。

1. 纵向船排滑道机械化下水

其是船舶在带有滚轮的整体船排或分节船排上建造，下水时用绞车牵引船排沿着倾斜船台上的轨道将船舶送入水中，使船舶全浮的一种下水方式，如图 11-8 所示。

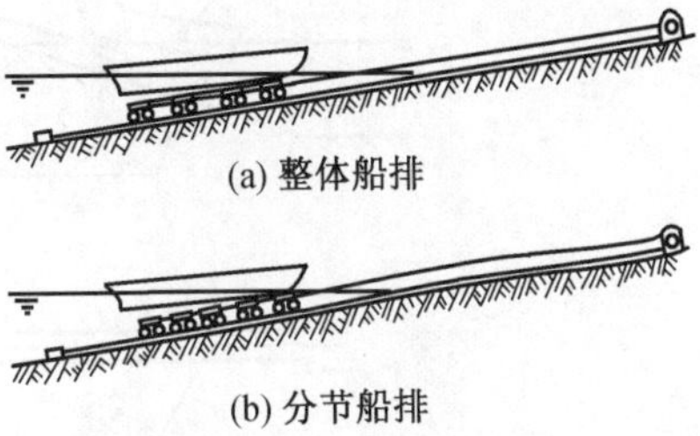

图 11-8　纵向船排滑道

分节式船排每节长度是 3~4 m，宽度是典型产品船宽的 80%，高度在 0.4~0.8 m。由于位于船首的那节船排要承受较大的首端压力，因此要特别加强其结构，因此分为首节船排和普通船排两种。由于船排顶面与滑道平行，而且高度只有 0.4~0.8 m，因此其滑道水下部分较短，滑道末端水深较小，采用挠性连接的分节船排时由于船排可以在船舶起浮后在滑道末端靠拢，则可以进一步降低滑道水下部分长度和降低末端水深。这种滑道技术要求较低，水工施工较简单，投资也较小，而且下水操作平稳安全，主要适用于小型船厂。但由于船排高度小，船底作业很不方便，一般仅适用小型船舶的下水作业。

为提高船排滑道的利用率，适应批量造船的需要，出现了带有横移坑和多船位水平船台的纵向船排滑道，如图 11-9 所示是一种带液压摇架和横移区的纵向船排滑道布置图。下水时，首先将船舶从水平船台移至横移车上，拉曳横移车将船舶移至滑道区与液压摇架对准（此时的液压摇架成水平状态），将船移到液压摇架上，然后调整摇架两端的液压千斤顶，使摇架倾斜成与滑道相同的坡度，即可将船移入水中。

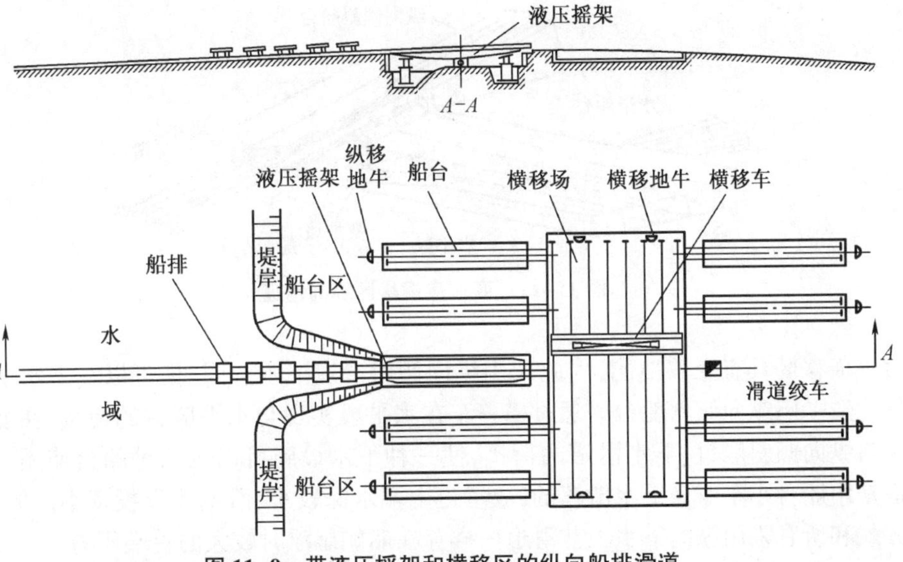

图 11-9　带液压摇架和横移区的纵向船排滑道

2. 双支点纵向滑道机械化下水

这种下水使用两辆分开的下水车支撑下水船舶，它可以直接将船舶从水平船台拖曳到倾斜滑道上从而使船舶下水。

这种滑道是用一段圆弧将水平船台和倾斜滑道连接起来，以便移船时可以平滑过渡。其具有结构简单、施工方便、操作容易的优点；缺点是由于只有两辆下水车支撑船舶首尾，对船舶纵向强度要求很高，在尾浮时会产生很大的艏端压力，因此只适用纵向强度很大的船舶，如图 11-10 所示。

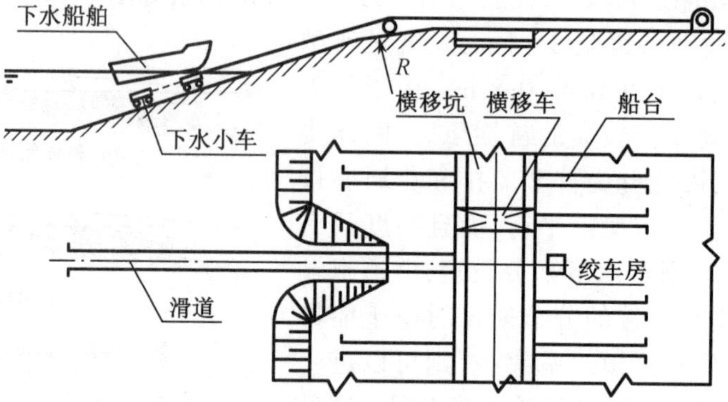

图 11-10　双支点纵向滑道

3. 变坡度横移区纵向滑道机械化下水

这种下水方式的横移区由水平段和变坡段两部分组成，如图 11-11 所示。侧翼布置有多船位水平船台的横移区，因移船的需要使横移车轨道呈水平状态，故称水平段；变坡度的横移区其轨道只有一组仍为水平，其他各组均带有坡度，这些轨道的坡度能使横移车在横移过程中逐步改变其纵向坡度，最后获得与纵向滑道相同的坡度，故称为变坡段。同时，为使横移车在变坡段仍保持横向水平，带坡度轨道均采用高低两层轨道的方式。

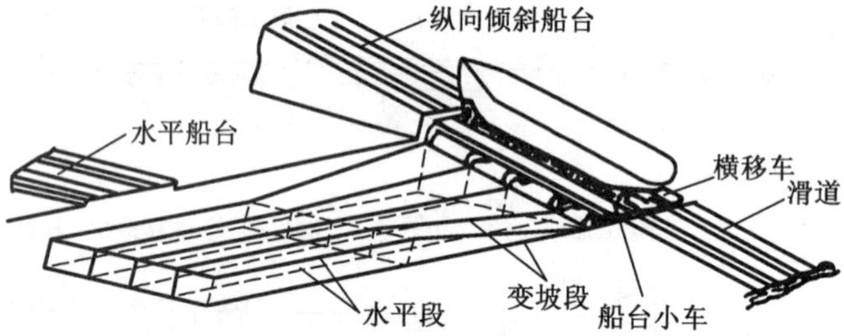

图 11-11　变坡度横移区纵向滑道

由于横移区具有变坡功能，因此采用纵向倾斜滑道下水。同时，可以在下水滑道纵向轴线处建造一座纵向倾斜船台。通过横移车在水平段实现与水平船台的衔接；在变坡段末端实现与纵向倾斜船台、下水滑道的衔接，使一种下水设施可以供两种船台使用。而且这种滑道是用船台小车兼做下水滑车的，故滑道末端水深较小，滑道建设投资小。但是，这种下水方式和所有采用纵向下水工艺滑道一样存在船舶尾浮时较大的首端压力。

一般这种方式多用于国内码头岸线紧张而腹地广大的渔船修造厂和中小型船厂，修造船可以在内场水平船台进行，只设一条下水滑道，减少滑道水下部分的养护工作量。

4. 梳式滑道机械化下水

其由斜坡滑道和水平横移区组成，而且和横移区侧翼的多船位水平船台连接，船台小车和下水车式分别单独使用。

在斜坡滑道部分铺设若干组轨道，每组轨道上有一辆单层楔形下水车，每辆下水车有单独的电动绞车控制。斜坡滑道部分和横移区的轨道交错排列，位于轨道错开地区处于同一水平处的连线称为零轴线，水平轨道和斜坡滑道互相伸过零轴线一定长度，形成高低交错的梳齿，所以称为梳式滑道，如图 11-12 所示，其作用是将水平船台上的待下水船舶转载到楔形下水车上。

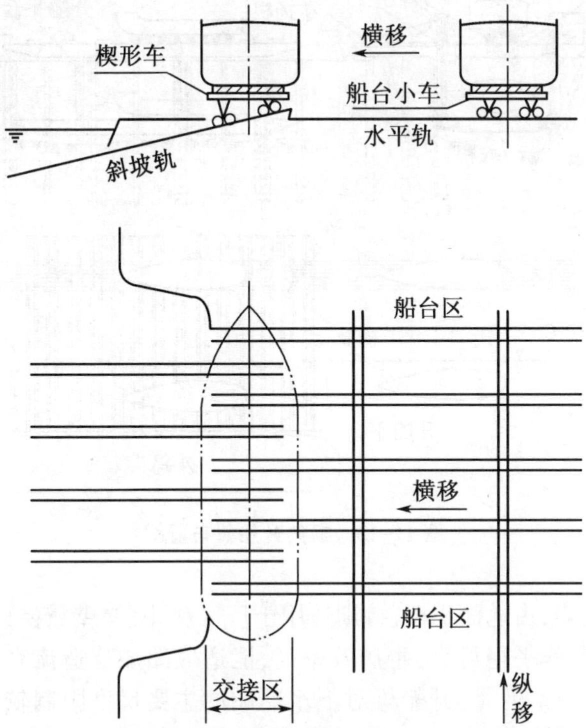

图 11-12　梳式滑道鸟瞰图

具体操作时，将船舶置于船台小车上，开动船台小车做纵向运动，待船舶移到横移区的纵向轨道和横向轨道交错处时启动小车下部的液压提升装置提升船台小车的走轮，将车架旋转 90°后落下走轮到横移轨道上，开动船台小车将船舶运动到零轴线处，再次启动船台小车上的提升装置将船舶略为升高，此时用电动小车将楔形下水车托住船舶，降下船台小车的提升装置并移开船台小车，船舶即坐落在下水车上，最后开动下水车上的电动绞车将船舶送入水中完成下水作业。

船台小车和下水车各自有单独的电动绞车，免去穿换钢丝的麻烦，提高了作业的安全性和作业效率；下水车的轮压较低，对斜坡滑道的施工精度要求较低；各个区域的建设独立性较强，可以分期施工。但由于自备牵引设备，船台小车结构复杂，维修烦琐；船台小车走轮转向和零轴线处换车作业麻烦。梳式滑道适用于中、小型内河平底船舶的下水和上墩。

5. 升船机下水

升船机就是紧靠下水岸壁设置的一个承载船舶的升船平台。升船机下水是在船厂岸边使用液压或卷扬式绞缆机，操纵升船平台做垂直升降，以完成船舶下水作业。根据升船平台与船台轨道的相对位置,可分为纵向和横向两种类型。

如图 11-13 所示为横向升船机的布置图。船舶下水时,首先借助绞缆机使升船平台与横移轨道对准,并用定位闩固定,再将船舶移至升船平台上,解除定位闩,然后开动绞缆机,将升船平台连同下水船舶降入水中,船舶即自行浮起。反之,亦可使船舶上墩。

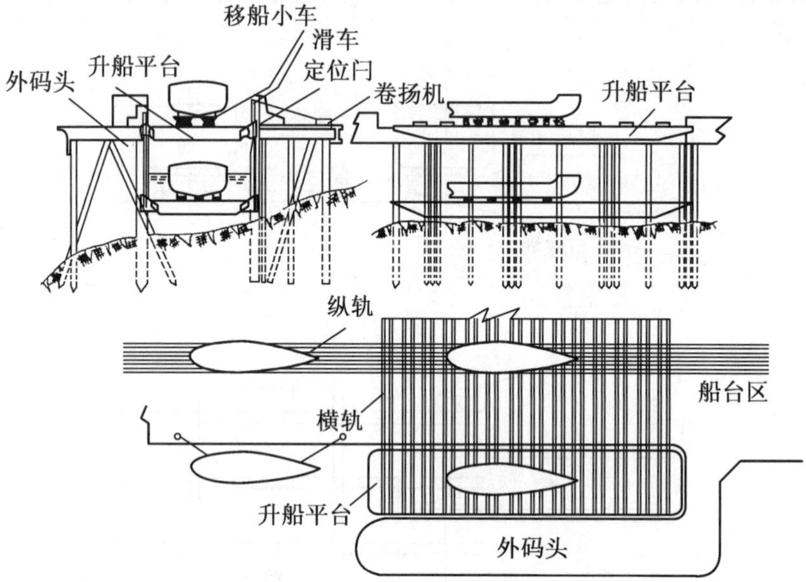

图 11-13　横向升船机布置图

升船机的结构紧凑,占地面积小,特别适用于厂区狭小、岸壁较陡、水域受限制的船厂。此外,升船机还具有操作平稳可靠,生产效率高,能适应船舶建造流水作业的工艺要求,适合定型批量生产等优点。但是,升船机对下水船舶的主要尺度限制较大,不适用于水位差较大的船厂。对于定型批量生产的、具有垂直岸壁的沿海中、小型船厂,是一种比较理想的机械化下水方法。

四、其他下水方式

除上述下水方法以外,一些船厂结合本厂的实际情况,采用一些其他下水方式。

1. 气囊下水

船舶下水时,先用若干直径较大的支承气囊将船舶抬高,拆除船舶建造时所用的龙骨墩和边墩,再置入滚动气囊,并将支承气囊中的空气放掉,然后利用绞车使承载在滚动气囊上的船舶移向水域。移动船舶过程中,需不断地在船的前进方向铺放气囊,直到船舶移至接近水边为止,这时放入最后一只气囊,一旦潮位适当,就可以解除船首牵引钢缆,让船舶依靠重力自行下水。

这种方法适用于小型船舶的下水,或将船舶从水域拖上船台。有些船厂还用于大型船舶的总段下水,然后将总段拖进船坞进行合龙。由于在下水过程中,可以很方便地调整船舶移动方向和移动速度,因此对水域狭窄、水位变化较大的船厂较为适用。

2. 水垫下水

这种下水设施主要是设有水垫装置的墩木,水垫装置与高压水管相连。下水时,水垫装置通入高压水,使喷射出来的高压水流在装置与地面之间形成水垫,将船舶微微托起,再将船舶拖曳入水。此法要求岸边滩地有足够的承压能力,以防水压耗损过大、过快。此方法目前国外采用较多,国内船厂还不具备使用条件。

任务训练

训练名称:选择船舶下水方式。

训练内容:

已知某船厂设施:10 万吨级纵向下水倾斜船台(船台长 290 m,宽 50 m,滑道长 280 m,滑道坡度 1/24)和 20 万吨级干船坞(坞长 365 m,坞宽 80 m,坞深 13 m,坞区作业平台总面积 50 600 m);建造船舶为 46 000 吨油轮,其主尺度为:总长 193 m,垂线间长 185 m,型宽 32 m,型深 17 m,设计吃水 10 m。

(1)了解船厂下水设施及船舶类型和尺寸,分析比较各种下水方式优缺点。

(2)根据某船厂下水设施及船舶类型和尺度选择船舶总装场地及下水的方法。船舶下水方法选择应保证下水安全及降低下水费用,船舶下水方法选择要提出两种方法进行比较,选择最佳方式。

任务 11.2 船舶纵向倾斜滑道下水

PPT

任务解析

纵向重力式下水有纵向涂油滑道下水和纵向钢珠滑道下水。重力式下水中较常用的是纵向涂油滑道下水,适用于不同的下水质量和船型的船舶,国内主要用于建造载重量 1~10 万吨船舶。船舶纵向涂油滑道下水方式具有设备简单、建造费用少和维护管理方便等优点。但是由于通过在滑道上浇注油脂来减少摩擦力,这些油脂往往很难重复利用,并且会污染作业环境和周围水域,此外,浇注的油脂受环境温度的影响较大,从而使其润滑能力受到影响。随着环境保护意识的不断加强和政策的改变,这种下水方式有逐渐淘汰的趋势。

钢珠滑道下水与涂油滑道下水一样,适用于各种类型的船舶的下水。船台钢珠下水模式是在传统的船台滑油下水模式基础上的一项技术改造和革新。它不仅从根本上解决了滑油下水使用滑油、石蜡、火碱、木炭材料对海洋、大气造成的污染的源头治理,而且简化了下水准备过程中的操作程序,克服了滑油下水因船体主尺度交验、船下油漆完整性、滑道蜡油承压时间及天气、环境气温等对下水准备的多方面影响而形成短期突击的作业困难,控制了下水准备中因滑板、滑道炭火处理及船只建造焊接动火与船只下水准备交叉作业引发的火灾,减小了繁杂操作发生事故的可能性。

本任务主要介绍纵向涂油滑道和纵向钢珠下水主要设施及工艺。通过本任务的学习和训练,学习者生能够确定船舶纵向下水方法、所用设施及工作流程。

背景知识

一、纵向涂油滑道下水设施和工艺

如果保证船舶下水顺利实施，就必须有相应的下水设施和工艺。纵向涂油滑道下水设施如图 11-14 所示，油脂滑道主要由木质的滑道和滑板组成。船舶支承在下水架上，而下水架则由置于滑道上的滑板来承托。滑道与滑板接触间涂以油脂。防止船在开始下水之前滑板可能滑动的牵牢设备一般是滑道两侧的止滑器。船舶下水时，首先拆除下水墩木，使船舶质量落在下水架上，再松开止滑器，滑板便连带船舶和下水架沿滑道滑入水中。

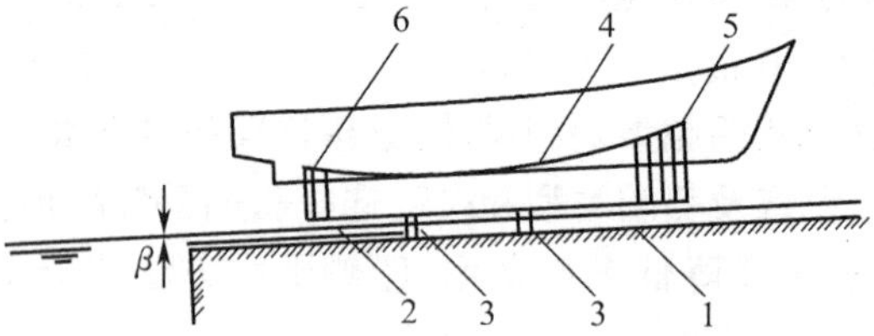

1—滑道；2—滑板；3—止滑器；4—中间支架；5—首支架；6—尾支架。

图 11-14　下水装置示意图

1. 纵向涂油滑道下水设施

(1) 下水墩木

船舶下水前，需将船舶从建造墩木移至下水墩木上，并对建造墩木处的船底板补涂油漆。下水墩木既能临时支撑下水船舶的重量，又能方便迅速拆除，这样才能保证船舶安全迅速地坐落到下水架上。常见的下水墩木有砂箱下水墩木和活络铁墩。砂箱下水墩木由一个侧面开有插门的凸底铁箱组成，箱内装满砂石，拆墩时，只要打开插门，砂石即自行外流，砂箱上方的墩木随之下降，船舶安全迅速地坐落到下水架上。活络铁墩的构造与组成如图 11-15 所示。拆墩时，只要将安全插销拉开，并用手锤将止动闸刀向上击落，解脱拉力铰链的约束，滑箱即沿箱体座上的斜面滑下，使墩木高度降低 100 mm 左右。这种活络铁墩的特点是不需装碎石，拆卸方便，可同时作为建造墩木实现一次排墩，缩短下水准备和下水操作时间，而且还可避免沙尘飞扬和减轻船台清理工作量。

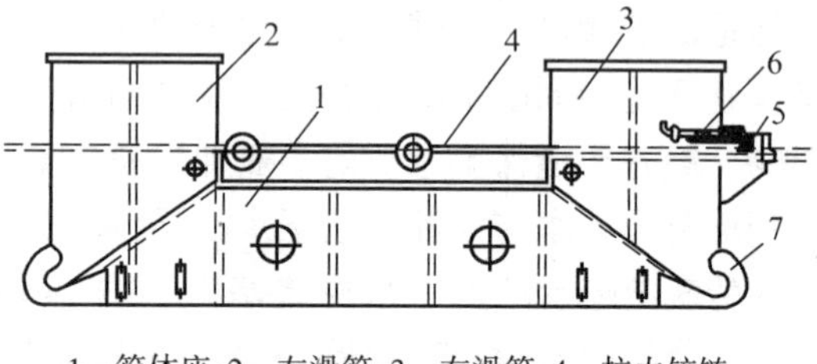

1—箱体座；2—左滑箱；3—右滑箱；4—拉力铰链；5—止动闸刀；6—安全插销；7—安全钩。

图 11-15　活络铁墩

(2) 滑道

滑道通常采用两条，其中心线之间的距离约为船宽的 1/3。滑道坡度 β 一般取为 1/24～1/12，其具体数值视船的大小而定。概括来说，小型船舶（100 m 以下）的 β 为 1/15～1/12；中型船舶（100～200 m）的 β 为 1/20～1/15；大型船舶（200 m 以上）的 β 为 1/24～1/20。对于大船，滑道坡度一般较小，使船首部分离地不至于过高，可以节省很多垫料支柱和台架，同时又便于施工。但滑道坡度也不宜过小，否则船将不易滑动。

(3)滑板

滑板是船舶下水时承载船舶和下水架的下水装置，它由 200 mm×200 mm 或 300 mm×300 mm 的松方木用螺栓连接而成，每块滑板的长度为 6~8 m 或 3~4 m，其端部下缘都加工成圆角，以免在下滑时被滑道卡住。

使用时，可以根据需要的长度把一块块滑板用连接件连接起来，为了防止滑板从滑道滑出，在两块滑板之间要求装设适当数量的撑木或松紧螺栓扣，以保持两块滑板之间的距离。

滑板的总长度(包括各块滑板之间的间隙在内)应略大于全部下水架的长度，通常取船舶垂线间长的 80%~90%。

(4)下水油脂

从下水过程的第一阶段分析可知，下水油脂的静摩擦系数是决定船舶能否自行下滑的重要条件。一般要求下水油脂在各种压力情况下的静摩擦系数不得大于 0.035。此外，下水油脂还应满足下列技术要求：具有足够的承压强度；油脂对滑道和滑板的附着力强；与海水接触时不起化学反应；配制时对杂质的敏感性不大。

下水油脂一般分承压和润滑两层，也有分为承压、过渡和润滑三层的。承压层的作用是承受船舶下水时的压力，并保持表面平整，有助于润滑，承压层一般用不同比例的石蜡、松香、硬脂酸等调制而成；润滑层的作用是保证滑板与滑道间的润滑，减小它们之间的摩擦力，常用润滑剂有 3 号、4 号工业钙基酸，松香基润滑油，水肥皂和机油等。

(5)下水支架

下水架是支承下水船舶，并保持船舶平稳下滑的重要下水装置，它的长约为船长的 80%，船体首尾两端各有 10%左右的长度悬空于下水架之外。下水支架按其所在位置分为首支架(用普通墩木)、中间支架和尾支架三部分。如图 11-16 所示为首支架示意图，图 11-17 为尾支架示意图。

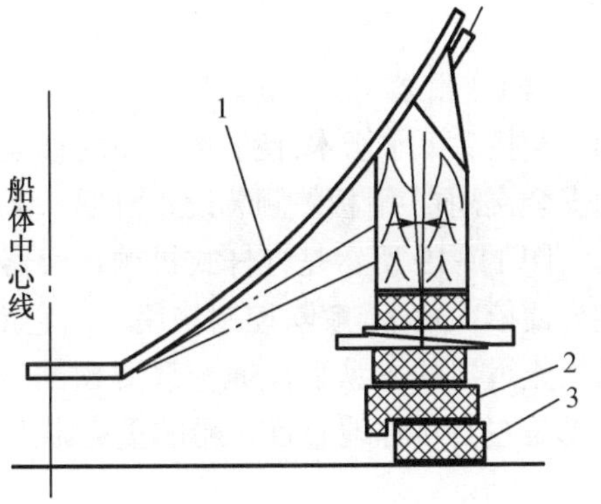

1—外板；2—滑板；3—滑道。

图 11-16 首支架

船尾部开始上浮时，因滑道反力集中作用于下水架前支点处，可能损坏下水设备及船体结构，所以要求首支架结构特别坚固，并且要求布置在船体结构横向刚度较大处，如图 11-18(a)所示。图 11-18(b)所示是一种钢质箱形圆凹槽受力铰点结构的回转支架，此支架在船舶尾浮时，上半部自由支承在下半部的凹槽中并做相对滚动，这种支架的使用效果良好，安全可靠，维护保养要求也不高。

现在国内推广使用的方法是取消首支架的下水工艺，即在滑板与船体之间的相当长度内只需添入普通墩木，这些墩木随船体及滑板一起下水。当船尾上浮时，可以使首端尾浮压力分布在相当长度内，因而大大降低局部受力，船体内部也不必采用临时加强。

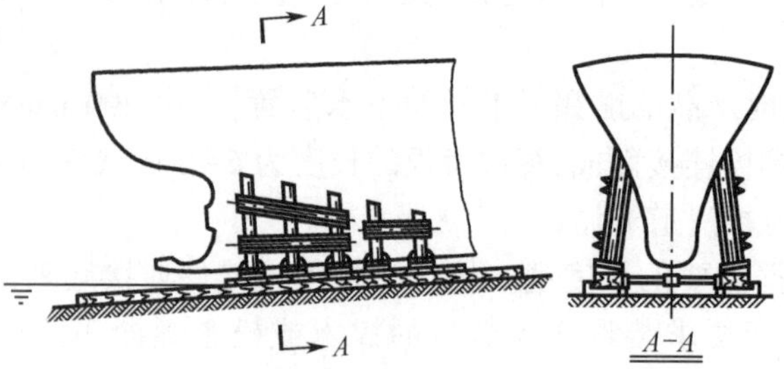

图 11-17　尾支架

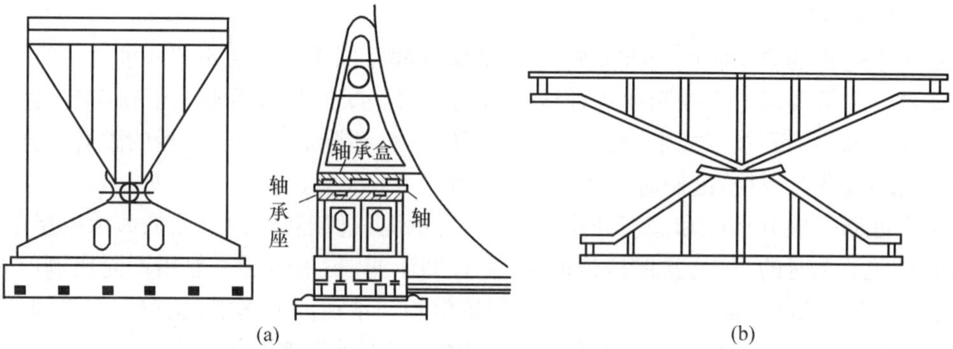

图 11-18　钢质回转支架

(6) 止滑器

当拆除下水墩木，使船舶质量转移至滑板上时，为了对船舶下水进行有效控制，保证下水的安全，必须在滑板外侧装设止滑器。常见的有手动止滑器、机械止滑器和液压止滑器。

图 11-19 所示是杠杆式机械止滑器的结构示意图。下水时只要松开操纵钢丝绳，各级杠杆便依次落下，解除控制作用。因它由四级杠杆组成，钢丝绳拉力较小，可以用麻绳连接两组止滑器的操纵钢丝绳。只要砍断麻绳，止滑器便解锁，船舶即可下滑入水。止滑器通常都是左右对称地布置在船舶重心附近。

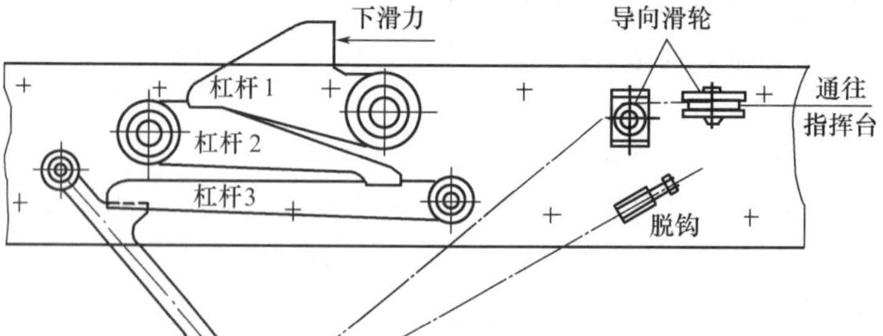

图 11-19　机械止滑器示意图

(7)制动装置

为避免船舶下水后由于继续滑行而冲撞对岸，可采取一定的制动措施，为此而设的专用装置，称为制动装置。常用的制动装置有盾板制动、缆索制动、阻荷制动及锚制动等，如图 11-20 所示。

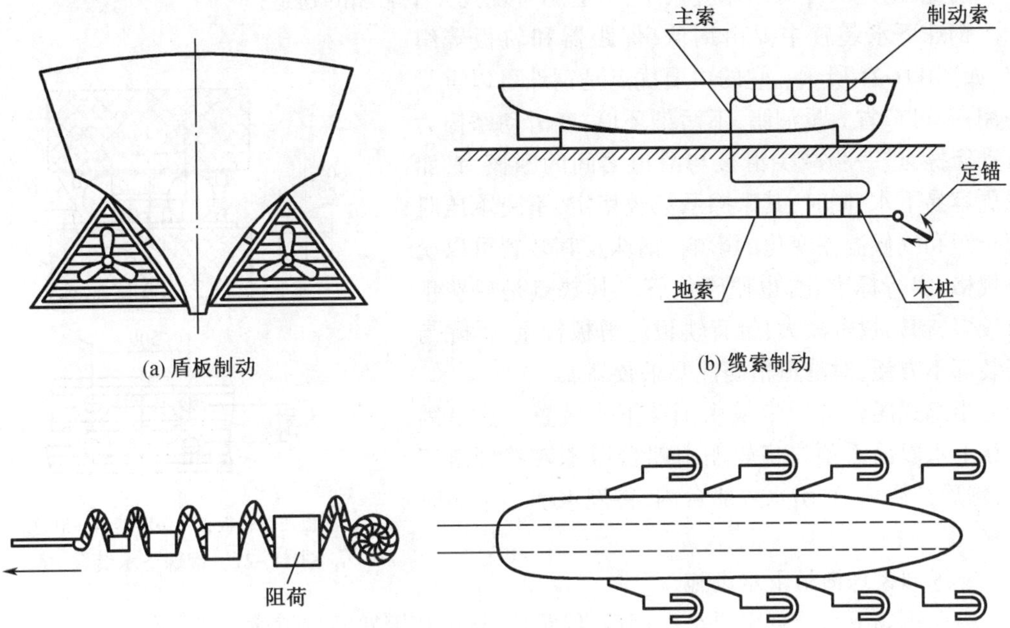

(a) 盾板制动　(b) 缆索制动

(c) 阻荷制动（串、并联）

图 11-20　制动装置

2. 纵向涂油滑道下水工艺

(1)纵向涂油滑道下水前的检查工作

①检查下水前的安全准备工作是否按规定进行；

②检查首、尾支架是否牢固，墩位是否与船身紧贴；

③检查滑道中心距是否正确；

④检查止滑器安装是否可靠，连接是否良好；

⑤检查艏端滑板千斤顶是否装妥；

⑥检查滑道油脂的浇涂是否符合要求；

⑦检查下水压载的数量和位置是否符合要求；

⑧检查拆除下水墩位后的船体补漆是否完好；

⑨检查下水水位是否正确。

(2)纵向涂油滑道下水操作程序

①打紧全船滑板面的木楔；

②拆除下水龙骨墩(中墩)；

③拆除下水龙骨墩(边墩)(若有数列边墩时，由中向外依次拆除)；

④压紧滑板前端千斤顶；

⑤拆除辅助止滑器(一般中小型船舶不设)；

⑥拆除主止滑器，船舶下滑入水。

二、纵向钢珠滑道下水设施和工艺

纵向钢珠滑道下水与纵向涂油滑道下水的区别，仅在于以钢珠代替油脂而使滑动摩擦变为滚动摩擦。由于钢珠的滚动摩擦系数比油脂的滑动摩擦系数小得多，下水时容易启动。因此，滑道坡度可以相应减小，更适用于现代大型船舶的建造。

钢珠下水装置主要由钢珠、保距器和轨板等组成，如图 11-21 所示。它的主要优点是钢珠可以重复使用，并可节省大量油脂，不污染环境；变滑动摩擦为滚动摩擦，进一步减少滑板与滑道之间的摩擦力，船舶更容易下水，同时，其摩擦系数较稳定，不受承压时间长短和气候温差变化的影响；钢珠及其装置可以统一规格，实行标准化，也便于保管。其缺点是耗费钢材较多，初始投资较大；带有轨板的滑板较重，拆除与安装都不方便；对滑道精确性要求较高。

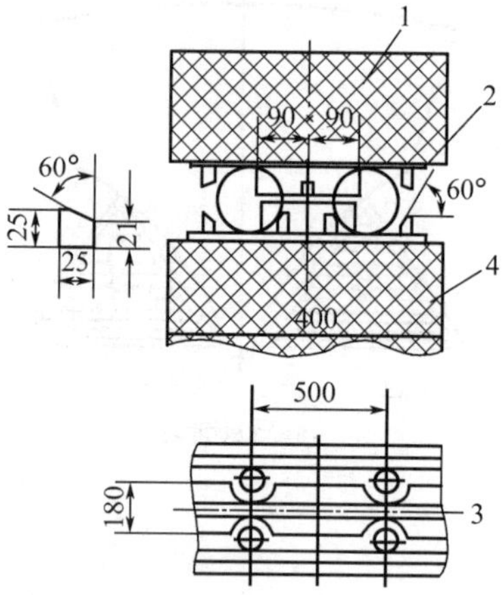

1—滑板；2—轨板；3—保距器；4—滑道。

图 11-21　钢珠下水装置

半坞式船台滑道常采用钢珠下水装置。这是因为在下水以前需预先将船舶由船台墩木转移到滑道上，然后开启坞门，引水入船台内，待潮水涨至平潮时下水。

1. 纵向钢珠滑道下水设施

纵向钢珠下水装置主要是由钢珠、保距器、轨板和钢架网袋组成。

(1) 钢珠

钢珠直径大小与承受压力的大小有关。钢珠的许用负荷，按统计资料如下：

$$P = 125d$$

式中　P——钢珠许用负荷，kg；

　　d——钢珠直径，cm。

钢珠直径常取 85~100mm，试验的极限载荷为 40~50 t。考虑下水时的运动状态，每个钢珠的平均承压力取 2.5~3.5 t。在滑道的尾浮加强区段，因承受首支架压力，故应加密钢珠，以免钢珠超载。同时认为首支架压力系瞬时载荷，钢珠承载能力常取 18~25 t。

钢珠应具有防锈蚀性能和一定的韧性，能够承受船舶滑行时的冲击力。一般用高铬钢制作钢珠或 35 号优质碳素钢。钢珠制成后，不经热处理而能达到一定的硬度，以及在 −5 ℃ 左右，能保持一定的韧性。钢珠防锈需从维护保养方面来防止锈斑。

钢珠的精密度要求较高，车制钢珠直径的误差应在±0.5 mm 以内。钢珠表面由于锈蚀斑点的凹痕，只允许在 1.5 mm 以内。钢珠卸载后应没有永久变形、裂纹、压痕及其他机械损伤。对钢珠精确度要求较高的主要原因是在于减少摩擦阻力及避免个别钢珠因承压过大而损坏。钢珠阻力与钢珠的滚动摩擦、位移摩擦、钢珠与保距器的摩擦及保距器位移的摩擦阻力有关。同时，它也与接触钢珠的钢板硬度和滑道面的平整度有关，特别是在滑道与滑道的接头处，应避免不均匀沉陷，否则，将阻碍钢珠滚动。在钢珠和滑道符合技术条件的情况下，按国内外的试验资料，其静摩擦系数一般可取 0.01，动摩擦系数可取 0.025。

滑道上所布置的钢珠列数，按船舶质量大小可分成两列、三列或四列等。图 11-22 所示为三列钢珠布置。一般船舶下水质量在 3 000 t 以下者，取两列钢珠；在 3 000~8 000 t

者,取三列钢珠;在 8 000 t 以上者,取 4~6 列钢珠。在尾浮时的道端加强区,可适当地增加钢珠列数。

(2)保距器

由于滑道在接缝处的不平度以及制作钢珠的误差,船舶在滑行过程中,有很多因素会引起某些钢珠负荷不均,相差很大,甚至无负荷现象,使其滚动混乱,从而失去应有的相对位置。保距器就是为了防止钢珠发生混乱滚动,而用来保持各钢珠的相对位置。保距器与轨板如图 11-23 所示。

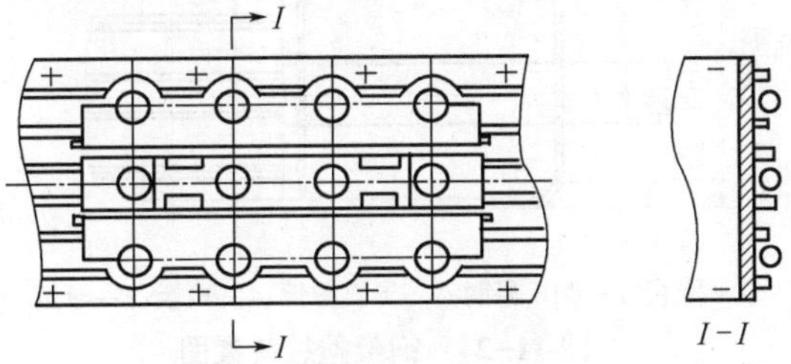

图 11-22　三列钢珠布置图

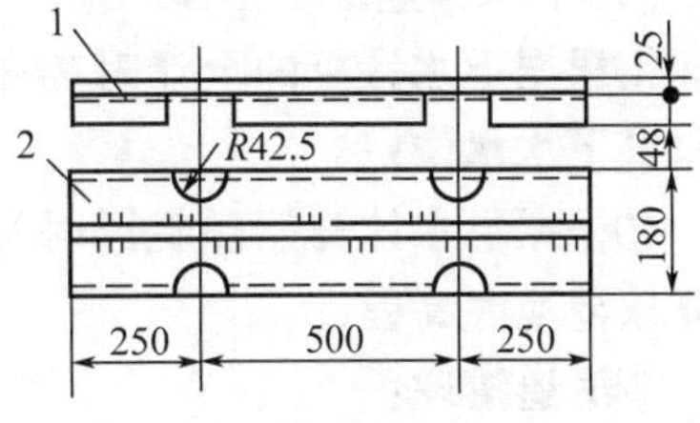

1—轨板;2—保距器。

图 11-23　保距器与轨板

船舶滑行时,保距器与钢珠随着船体以较慢的速度移动,其移动速度为 2/5~1/2 的船体滑行速度。为了减少保距器与轨板之间的移动阻力,有的在保距器上还装了滚柱。滑道上按负荷大小区段应布置钢珠列数不同的保距器,或调节保距器之间的间距,如在承受首支架压力的范围内,保距器就应该加密。

在下水过程中,保距器虽然不会受到船舶重力的作用力,但为了以其自重来减小其上下方向的跳动,还是应该采用较大的槽钢来制作保距器。

(3)轨板

保距器内排列钢珠,钢珠分别与滑道和滑板的接触面上还有钢板,该钢板称为轨板,如图 11-23 所示。

轨板可用螺栓固定在滑道和滑板上。在滑道轨板接头处,应预留伸缩缝,以适应不同季节的温差变化。在轨板接头处,还应安装钢质垫板,以免滑道在轨板接头处因承受钢珠载荷,产生不均匀压缩变形而阻碍钢珠滚动。在轨板上还需焊接导轨方钢,以防止钢珠横向移动。在滑道轨板上,每列钢珠有两条导轨方钢,即两列钢珠则焊接 4 条方钢,依此类推。在滑板的轨板上,则仅在轨板的两侧,各焊接 1 条导轨方钢,为了减小摩擦阻力及避免钢珠受到损伤,导轨方钢与钢珠之间,需预留间隙 10 mm,并将钢珠与方钢相邻近的边角切成 45°~60° 度斜角。有了导轨方钢,就不会发生钢珠脱轨现象。

轨板中钢板厚度与钢珠平均压力和滑道材料性质有关,应合理选择。滑道尾浮时的首端加强区段的轨板应适当地加厚,一般为 16~20 mm,最厚的甚至有 30 mm。滑道其余区段的轨板厚度,一般为 12~14 mm,也有的用 16 mm。在滑道的潮差段,特别是海水对钢铁有较强的锈蚀作用时,以设置防锈钢板为宜。

(4)钢架网袋

船舶滑行时,由于钢珠的回转移动,在滑道末端区段钢珠较密集,并约有 2/5 的钢珠装置会从滑道末端落下。为了防止钢珠在水中滚失,故在滑道末端设置钢架网袋,如图 11-24 所示,以承接下落的钢珠。钢架网袋应在滑道向下的延伸面以下,以免滑板碰撞钢架网袋。

滑道开端设置钢架网袋处的河床水深应满足承接钢珠装置的要求,决不能阻碍船舶滑行。船舶下水以后,待退潮时取出钢珠网袋装置。

2. 纵向钢珠滑道下水工艺

以半坞式船台钢珠下水滑道下水为例,其典型操作程序如下。

(1)下水作业准备工作

①根据下水计算的全浮时船舶艏吃水复核下水水位;

②根据下水计算船舶艉浮时最大吃水复核港池底高程;

③滑道清理;

④根据下水计算安放保距器和钢珠;

⑤沿着导轨方钢输送滑板;

⑥以止滑器为基准安装滑板;

⑦安放滑板与船体之间楞木和楔木;

⑧安放艉部下水横梁与滑板间楞木和楔木;

⑨安放砂箱墩;

⑩敲紧楔木,使滑道承受船舶荷载;

⑪将滑板、楞木、楔木、垫木、下水横梁用钢丝绳穿牢,引到船舶上甲板并系牢;

⑫止滑器保险装置拉紧,打开机构用锁锁住;

⑬安装钢珠回收箱和保距器溜槽;

⑭清理滑道末端至闸门区域内的船台,全船台清扫。

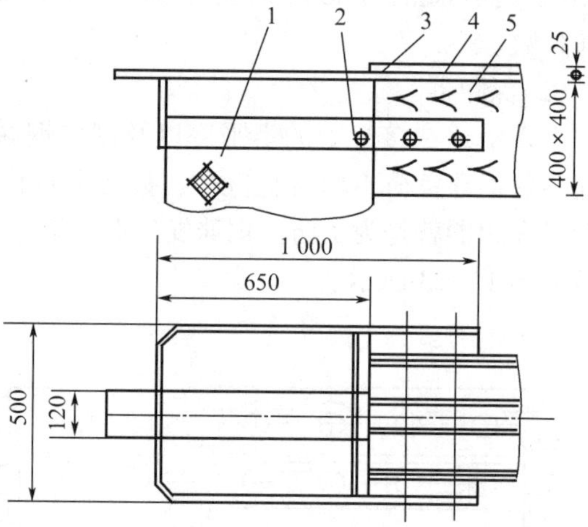

1—网袋;2—ϕ16 圆钢;3—导轨方钢;4—轨板;5—滑道。

图 11-24 钢架网袋装置图

(2)下水作业

下水前两天作业:

①拆除双中墩;

②补刷油漆。

下水前一天作业:

①拆除边墩;

②补刷油漆;

③安装顶推装置;

④止滑器承受载荷,安装 24 小时值班。

下水当天作业:

①开启闸门上灌水阀门,向船台灌水;

②在灌水同时,自船尾起向船首拆除舭部边墩;

③补刷油漆;

④打开止滑器保险装置和止滑器打开机构锁住装置;

⑤待船台闸门内外水位齐平时,起吊闸门;

⑥待水位达到下水水位时,打开止滑器,船舶下水。

任务训练

训练名称：确定船舶纵向下水方法、设施及工作流程。

训练内容：

已知：某船厂设施：十万吨级纵向下水倾斜船台（船台长 290 m，宽 50 m，滑道长 280 m，滑道坡度 1/24），钢珠滑道；建造船舶为 46 000 t 油轮，其主尺度为：总长 193 m，垂线间长 185 m，型宽 32 m，型深 17 m，设计吃水 10 m。

（1）根据船厂船台情况和船舶情况确定下水方法；

（2）根据下水方式，确定该方法所用的下水设施；

（3）确定船舶下水主要工作内容及工作流程。

任务 11.3　船舶纵向倾斜滑道下水过程分析

PPT

任务解析

采用纵向重力式下水时，因为船体尾部型线较丰满，可以获得较大的浮力而易于浮起，而且因船体尾部在前阻力较大，可以缩短船的冲程，所以一般是船尾先入水。

船舶从船台上下水所涉及的问题很多，为了防止下水过程可能发生的事故，在船舶下水前要进行下水计算，以了解下水过程中的受力和运动状态、船舶浮性、稳性、冲程和船台受力等，这不仅是船台工艺设计的重要依据，也是船舶下水时采取相应工艺措施的依据。

本任务主要学习纵向滑道下水过程分析和采取的安全措施。通过本任务的学习和训练，学习者能够了解船舶纵向滑道下水过程中易出现的危险，能够制定船舶下水过程中各阶段的安全措施。

背景知识

船舶从船台上下水所涉及的问题，既与船舶静力学有关，又与船舶动力学有关，但是，由船舶静力学观点来讨论船舶下水比较简单，而且所得到的结论与实际情况也相差不大，所以，这里着重讨论下水的静力学问题。

船舶在滑行过程中，船尾先浸水，继之尾浮，然后全浮。船舶在离开滑道后，由于具有滑行速度，故仍能在水中继续滑行。

根据船舶下水过程中运动的特点、作用力变化以及可能发生的危险情况，通常把纵向下水分为四个阶段进行分析研究，现分述如下。

一、第一阶段

自船舶开始下滑至船体尾端接触水面为止。在这一阶段中，船的运动平行于滑道。

如图 11-25 所示，设滑道的坡度为 β，下水重力为 D_C，重心在 G 点。在这一阶段中的作用力有：

①下水重力 D_C，其中包括船体重力及下水架重力。重力 D_C 沿滑道方向的分力 $T=D_C\sin\beta$ 即为下滑力，垂直于滑道的分力为 $N=D_C\cos\beta$。

②滑道的反作用力 R，R 与 D_C 在同一作用线上，两者大小相等，方向相反。

③阻止船体下滑的摩擦力 $F=fD_C\cos\beta$，f 为摩擦系数，其数值与润滑油脂的性质及温度有关。f 又可以分为静摩擦系数 f_S（船在开始滑动时）和动摩擦系数 f_D（船在滑道上运动时），根据上述分析，船舶在本身重力作用下沿滑道滑动的条件是

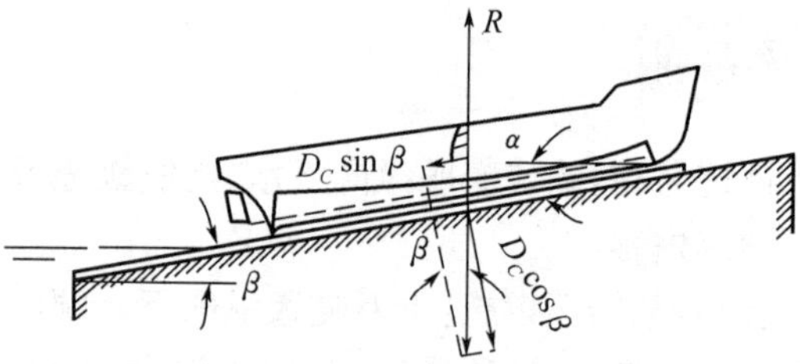

图 11-25　下水第一阶段示意图

$$D_C\sin\beta>f_SD_C\cos\beta$$

即

$$\tan\beta>f_S$$

由上式可见，船舶沿滑道向下开始滑动的必要条件是，滑道坡度 $\tan\beta$ 必须大于静摩擦系数，否则船不能滑动。

船开始滑动后，摩擦系数之数值急剧下降为动摩擦系数。

在第一阶段中，可能出现的问题是船舶能否滑动。其中的关键是润滑油脂的摩擦系数 f_S 和承压能力，若润滑剂的摩擦系数过大或承压能力过低，则船舶不能自动下滑，使下水工作遇到故障。这时通常采用机械驱动，顶推滑板前端使船舶沿滑道滑动。

二、第二阶段

自船体尾端接触水面至船尾开始上浮为止。在这一阶段中，船的运动仍平行于滑道，作用力有：

①下水重力 D_C。

②浮力 γgV（其中 γ 为水的密度，V 为船舶入水部分的排水体积）。

③滑道的反作用力 R。

设下水重力 D_C、浮力 γgV 及反作用力 R 的作用点至前支架前端 A 的距离分别为 l_G、l_C 及 l_R，如图 11-26 所示。

则在该阶段中力及力矩的平衡方程式为

$$D_C=\gamma gV+R$$

$$D_C\cdot l_G=\gamma gV\cdot l_C+R\cdot l_R$$

即

$$l_R=\frac{D_Cl_G-\gamma gVl_C}{R}=\frac{D_Cl_G-\gamma gV_C}{D_C-\gamma gV}$$

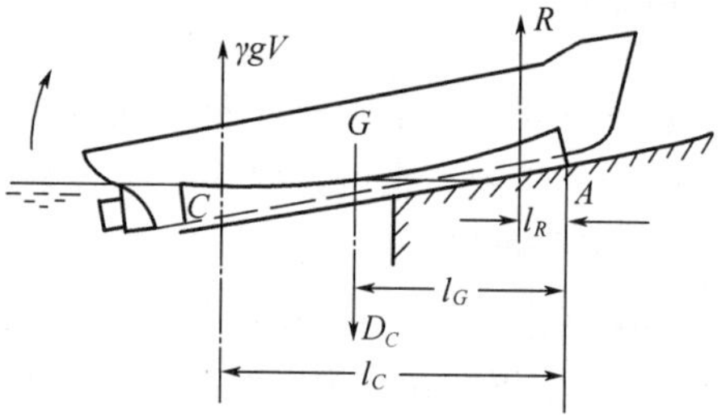

图 11-26　下水第二阶段示意图

在船舶下滑过程中，浮力力矩的不断增加，可能产生以下两种运动状态：

①船尾上浮，也称为艉浮。这是因为随着船舶的下滑，浮力将不断增加，当船舶滑程达到某一数值时，将出现浮力和重力对端点 A 的力矩相等的情况，这时船尾开始上浮，假设船体是一个刚体，船尾就逐渐绕着支架端点 A 旋转上浮。这是船舶纵向重力式下水所希望出

现的正常艉浮现象。

在船舶开始艉浮的瞬间，反力（艏端压力）R 将集中作用在首支架端点 A 处。这种作用力是一个相当大的瞬时动载荷，如果处理不当，有可能发生损坏支架或船体局部结构等不良后果。因此，纵向滑道下水时，必须计算首端压力并采取相应措施。一般认为，艉浮时首端压力 R 值是下水重力 D_C 的 18%～30%。

②船舶仰倾（俗称艉落或艉弯）。当船舶重心 G 经过滑道末端之后，浮力增加较慢，船尾尚未浮起时，重力对滑道末端的力矩 $D_C S_G$ 大于浮力对滑道末端的力矩 $\gamma g V S_C$。则船舶将以滑道末端为支点发生仰倾现象，如图 11-27 所示。

船舶仰倾是一种很危险的现象，船舶在下水过程中不允许发生此种情况。如果根据计算结果发现可能产生艉落时，则应采用措施避免发生这种情况。通常采用的方法有：增加滑道水下部分的长度；在船首部分加压载重力；增加滑道坡度；等待潮水更高时下水，即增加滑道水下部分的长度。

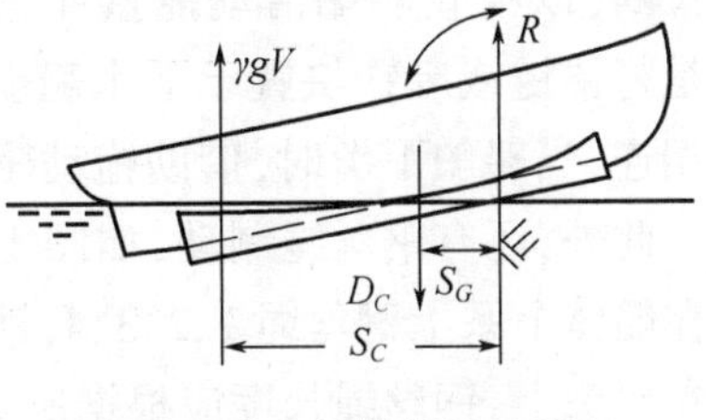

图 11-27　船舶仰倾示意图

三、第三阶段

自船尾开始上浮到船舶完全漂浮。在这一阶段中，可能有两种情况：

①船舶已完全浮起，顺利地在水中滑行。这是所希望的正常现象。

②在首支架离开滑道末端的瞬间，船舶的下水重力仍大于浮力，则将发生船首猛然跌落的现象，称之为艏跌落。

船舶产生艏跌落时，由于动力作用，船首将突然下沉，其下沉深度将达到艏吃水的 1.5～2 倍，它可能引起艏部结构或下水架与滑道末端相碰撞，导致毁坏艏部结构和滑道末端。因此，在下水过程中必须避免此类现象发生。通常可采用的措施有：增加滑道入水部分的长度，等待潮水更高时下水，船台末端水下部分做出中心凹槽，但是这种凹槽在水工建筑处理上比较复杂，如图 11-28 所示。

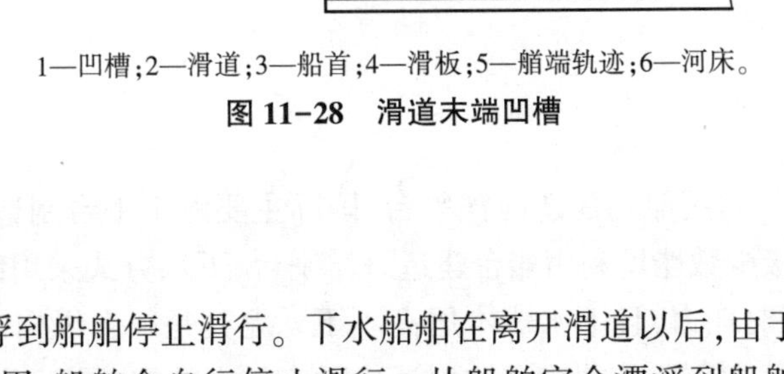

1—凹槽；2—滑道；3—船首；4—滑板；5—艏端轨迹；6—河床。

图 11-28　滑道末端凹槽

四、第四阶段

从船舶完全漂浮到船舶停止滑行。下水船舶在离开滑道以后，由于惯性作用将继续向前运动，由于阻力作用，船舶会自行停止滑行。从船舶完全漂浮到船舶停止滑行这段距离称为船舶自由冲程，实践统计证明，船舶自由冲程为船长的 2～3 倍。

若船厂水域宽度不能满足船舶自由冲程的要求，需采取适当措施使船停止运动。在水域宽阔的情况下，大多数船舶借抛锚以停止运动。在水域狭窄的情况下，船舶可能冲至对岸，发生搁浅或撞伤等事故，因而需要采用专门的制动措施。一般有缆索制动和阻荷制动（图11-20）。缆索制动是将主索（锚链或钢丝绳）的一端固定在岸上，另一端固定船首，在主索上隔一段距离用麻质制动索将其与甲板或地上的木桩相连，船舶下滑时，制动索依次被拉断，以吸收船舶滑动能量而达到制动目的。阻荷制动是将锚链或废铁块置于下水船舶两侧的地面上并与船体相连，当船舶下滑时，借助拖动阻荷的阻力而起制动作用。此外，还有钢丝绳制动，如图11-29所示。下水前事先在船体上系上钢丝绳1、2、3、4，钢丝绳1的另一端固定在水下，钢丝绳2、3、4的另一端固定在码头上，钢丝绳长度应根据所要求的船舶滑行轨迹来确定。船舶下水后依次拉紧钢丝绳，使船舶沿着由钢丝绳所控制的方向滑行，最终到达与拉紧钢丝绳成直角的位轩，船舶滑行终止。

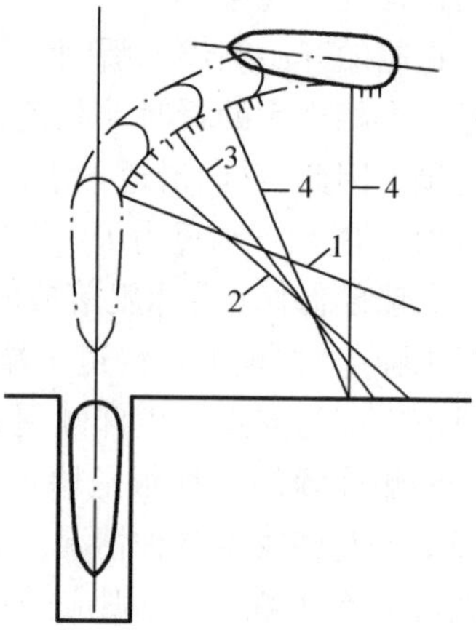

图11-29　钢丝绳制动

任务训练

训练名称：制定船舶纵向涂油滑道下水各阶段安全措施。

训练内容：

已知某船厂设施十万吨级纵向（涂油滑道）下水倾斜船台（船台长290 m，宽50 m，滑道长280 m，滑道坡度1/24）；建造船舶为3 000 t货轮。其主尺度为：总长 102 m，垂线间长94 m，型宽13 m，型深7.7 m，设计吃水5.5 m。

（1）根据某船厂纵向倾斜船台下水设施及船舶类型分析船舶下水过程；分析纵向倾斜船台船舶下水各阶段可能出现的危险状况，并与其他下水方式比较。

（2）明确船舶下水各阶段的主要危险，并制定相应的安全措施。船舶下水安全措施选择要提出针对的危险情况来说明。

任务11.4　海洋平台下水

PPT

任务解析

目前，大部分船厂利用船坞建造海洋平台，国际主要海工平台制造厂通用下水方式采用船坞起浮式下水，极少数船厂利用船台建造海洋平台，下水方式采用纵向滑道滑板下水。该两种工艺方法均耗时耗力，且下水成本居高不下。尤其是船台纵向滑道下水，由于平台长宽比小，总体长度相对较短，在纵向下水过程中具有较大的首、尾跌落的风险，容易导致平台安全事故。通常需要较高的潮汐水位才能保证下水安全性，这对下水时间的控制要求很高。

目前海洋平台下水出现了很多创新下水方式：水上半潜驳接载、重载运输车滑移平行下水、云轨重载小车下水、气囊下水等。

本任务主要学习导管架平台下水、半潜式平台下水和自升式平台的下水方式。通过本任务的学习和训练，学习者能够熟悉海洋平台的主要下水工艺，并且能够制订常规海洋平台下水方案。

背景知识

一、导管架平台下水

导管架平台三大部分（导管架、导管帽和甲板模块）在陆上分别预制完后，要将它们运送到海上指定井位进行安装。一般是采用起重船、驳船或半潜驳等将它们运送到海上进行安装合龙，因此需将各部分结构下水装至运送的驳船上，目前常用半潜驳船运输。

装船方法有：

①吊装装船——需考虑平台尺度、质量，可用起重船的技术性能；

②滑移装船——需考虑牵引装置能力、驳船调载能力、甲板承载能力。

1. 导管架下水、运输和海上安装

(1)浅水导管架的装载运输和下水方式

①用起重船运载和下水。

当导管架尺度、质量较小时，全部工作均可由起重船来完成。导管架总装结束后，由承载小车和绞车配合，将其拖到码头，由起重船将导管架吊到船上，用系紧杆将其与起重船的甲板固定，然后直接拖航运至指定海域之井位上方，再由起重船将导管架吊放到海上定位。

②采用驳船运输、浮吊下水。

利用浮吊将导管架从码头吊上大型驳船，然后拖航运往指定井位，再由大型浮吊将导管架吊到海上定位，这种方式主要解决第一种方式中起重船装载能力不足的矛盾。

③采用专用下水驳装载运输和下水。

如果导管架本身的质量超过了起重船的起吊能力，则必须使用专用下水驳进行导管架的装载运输和下水。下水驳必须具有独立将导管架从预制场地移上驳船，并且在井位使其安全下水的功能。采用专用下水驳进行导管架的装载运输和下水工艺过程大致分为三个阶段：导管架上驳、拖航、导管架下水和就位。

(2)深水导管架的运输就位。

随着工作水深的增加，导管架的质量急剧增加。当没有合适的专用下水驳时，可采用自浮或分段运输法将导管架送往指定井位。

①自浮法。自浮法又分为以下两种：

a. 采用浮筒（或浮箱）辅助下水和拖航。将导管架在船坞中总装完毕，并在其适当位置增设临时性浮筒，坞内灌水后，导管架与浮筒一起浮起，然后拖航到指定井位，有步骤地拆除浮筒，使导管架竖立定位。

b. 自浮拖航。待导管架在船坞内总装完毕后，将各导管进行密封，然后向坞内放水使导管架自己浮起，用拖船将其拖到井位，再按预先编好的压载程序自下而上注入海水，使导管架翻转,竖立、就位。

②分段运输法。

分段运输法是将整个导管架沿高度方向分为二段或三段,各段分别总装后运至海域指定井位,或采用水平对接或采用垂直对接,将各段总装在一起,并坐落海底定位。各分段的装载运输方法与浅水导管架的装载运输方式完全相同。分段运输法的海上安装难度相当大,采用水平对接或直立对接。

(3)导管架海上下水安装

导管架海上下水安装主要有三种方法:提升法、滑入法和浮运法。

①提升法。主要依靠起重船进行吊装,受起重能力和起重高度的限制。导管架不能太重,也不能太高。如果太重,则要将它分成几块预制,分别吊放入海后在海上安装。增加了海上施工的困难。

②滑入法。把导管架的导管先密封,再用有下水滑道的驳船运到海上安装现场。到现场后,驳船倾斜,导管架沿滑道下滑入水并浮在水面上。这时向导管架内灌水,再用一艘不大的起重船帮助,就能把导管架平稳地置于海底(图 11-30)。

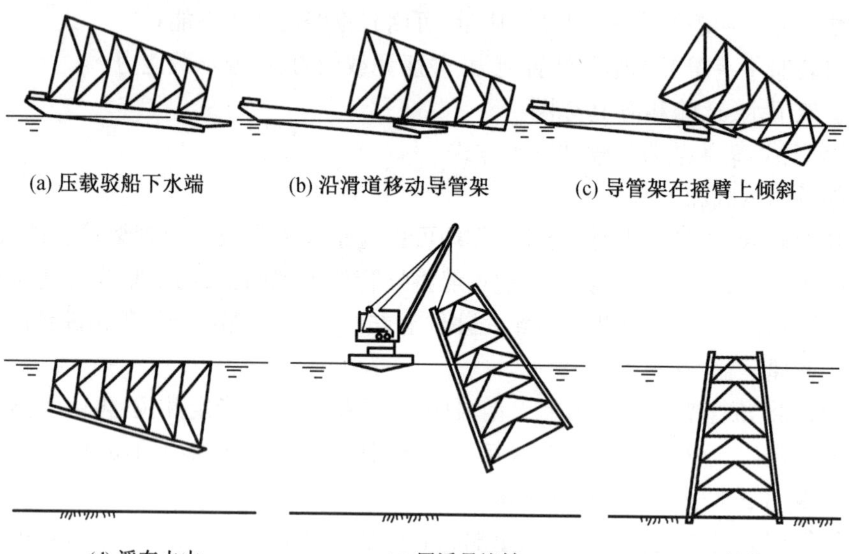

(a) 压载驳船下水端　(b) 沿滑道移动导管架　(c) 导管架在摇臂上倾斜

(d) 浮在水中　(e) 用浮吊旋转　(f) 就位

图 11-30　利用下水驳进行导管架在井区下水就位示意图

③浮运法。把导管架的两端密封后,靠它自身的浮力浮在水面上,用拖船把它拖到井位后,先向导管一侧内充水使它下沉,再在另一侧充水,最终立在海底(图 11-31)。

2. 上部结构下水、装船和海上安装

(1)上部结构的下水、装船

上部结构建造完成后,下水一般为滑移下水方式,即上部结构的每根桩腿柱上设有滑靴,滑靴面积视上部结构大小而定。滑靴通过钢板和混凝土垫块接触,混凝土垫块铺设在两条滑道上,在滑靴和混凝土垫块之间涂抹牛油。上部结构装船时,采用牵引滑移装船方式,利用固定在驳船上的绞车将上部结构牵引到驳船上。并随着上船的上部结构重心转移及潮位的变化对驳船进行适时压载调整,待整个上部结构安全滑移到驳船上之后,再对结构进行适当稳固,最后经海上运输到目的地。

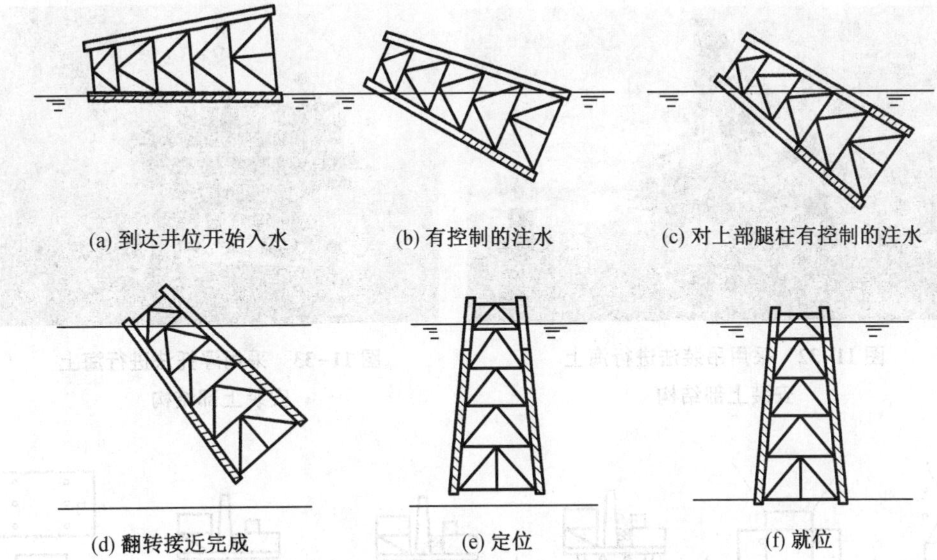

图 11-31　导管架浮运法海上安装就位示意图

此外,上部结构的装船方式还有液压轨道小车载运上船、液压电动平板车拖运上船等方式,也有用重型浮吊装船的方法。

(2)上部结构(模块)的海上安装

上部结构运到海上安装场地后,要将其安装到导管架上。安装可采用以下两种方法:吊装(浮吊)法和浮托法。

①吊装(浮吊)法。

吊装法又分为分块吊装、分层吊装和整体吊装(双浮吊、单浮吊),过去传统的方法是分块吊装,即将平台上部结构分成几部分,分别吊装到下部基础上焊接固定,这种吊装方法简单、安全,对起重能力要求不高,但安装作业时间长,增加额外钢材成本。为缩短作业时间,降低施工难度和节省施工费用,现在多采用整体模块安装法。浮吊法是使用大型起重船,将上部模块整个吊起放到平台下部结构上,在中小型平台(3 000 t 以下)安装中广泛使用。但因受到起吊能力、结构强度和结构物尺寸、大型浮吊数量少、费用高等限制,使得安装大型平台和组块难度与成本增加。如图 11-32 所示为采用吊装法进行海上安装上部结构。

②浮托法。

浮托法只需要使用普通的运输驳船,配合必要的定位装置和对接装置,相比其他安装方法,浮托法成本更低、耗时更短,受其他因素制约更少,且起重能力较大,非常适合大中型平台的海上安装。如图 11-33 所示为采用浮托法进行海上安装上部结构。

单船浮托导管架平台安装基本流程分为进船、位置调整、准备加载、荷载转移、继续加载、退船几个部分,如图 11-34 所示。

图 11-32　采用吊装法进行海上安装上部结构

图 11-33　采用浮托法进行海上安装上部结构

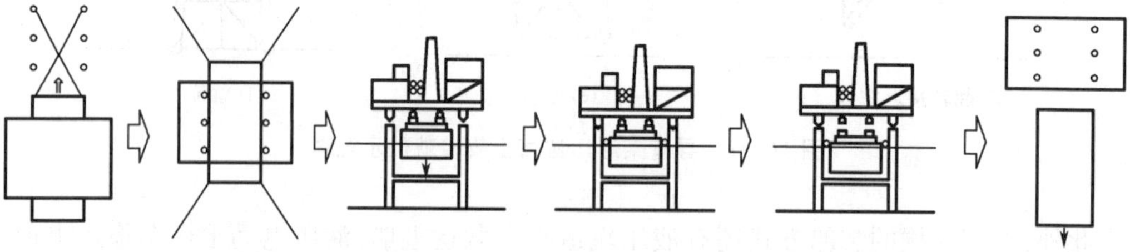

图 11-34　浮托安装的一般流程

二、半潜式平台下水

半潜式平台总装有吊装法、下沉法和顶升法。

采用吊装法总装时，半潜平台可在船台或船坞总装完成并下水。也可以在特殊的船台或船坞中装好下浮体和立柱，然后下水，在水上安装上部模块。

采用下沉法和顶升法时，在进行半潜式平台总装时，也是需先在特殊船台或船坞上将下浮体、立柱和支撑合龙下水，然后在水上分块或整体安装上部模块。

这里介绍一种半潜式平台船坞建造整体下水实例。

该下水方式是采用能整体托起平台的浮驳将半潜平台举起，并拖至船坞口，由拖船拖出船坞来完成。其中举力驳上方安装有支撑工装，支撑工装由箱梁模块、高塔架模块、箱梁立柱模块和枕木组成，如图 11-35 所示。

下水用的施工工具和设备包括：船舶牵引钢丝绳和缆绳，压载泵，船坞两边的立绞车，坞壁牵引小车，坞侧牵引小车，对讲机及其他辅助工具和设备等。

针对部分海工平台其下水总重量超出了其制造船坞所能提供的最大浮力，为使平台正常起浮并顺利出坞，可以由举力驳提供附加的上浮浮力，帮助平台顺利正浮出坞以达到下水目的。

下水过程大致如下：

①首先在做好下水准备工作后进行坞内放水，放水至一定深度检查舱室及通海口密性，当坞内水深达到一定深度时，要进行防起浮压载。

②然后开坞门，使用拖轮将举力驳拖到坞内，对其带缆定位后，将举力驳绞车与中间坞门相连。

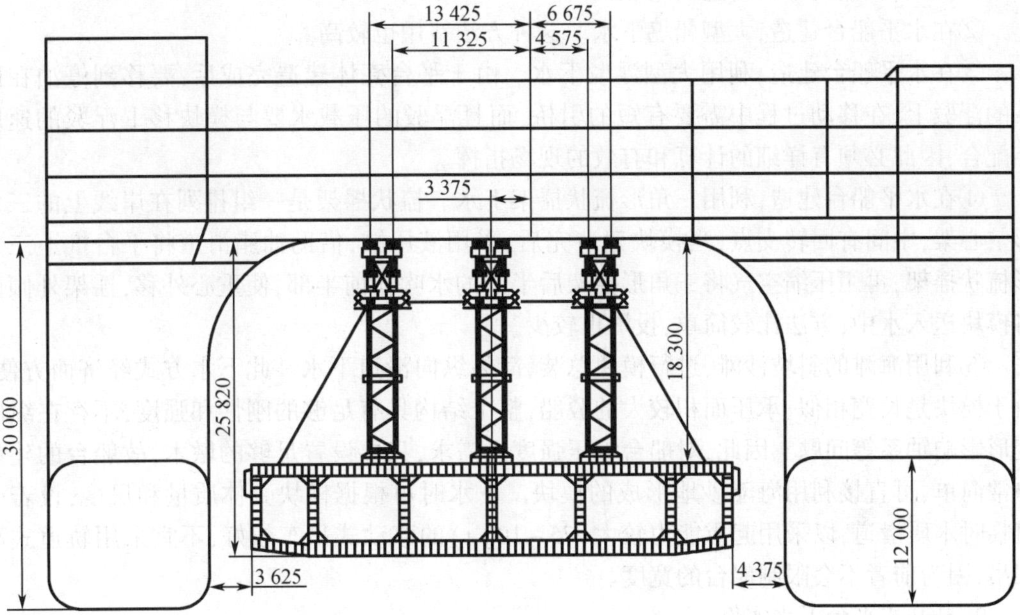

图 11-35 举力驳位置横剖面图

③再关闭坞门,将坞内水深排至举力驳枕木顶部距半潜平台双层底约 0.78 m,排水过程中注意放松举力驳缆绳,防止缆绳绷得太紧。

④使用举力驳绞车牵引举力驳到半潜平台甲板下部指定位置,在牵引过程中,使用坞侧绞车进行定位,绞车的收紧和放松需要同步,避免受力不均产生的风险。

⑤举力驳到位后,打开坞门通海阀往坞内注水,直到枕木顶面与底板开始接触,在距离接触位置 0.5 m 位置时需要进行左右、前后方向精确定位,敲紧木楔,继续放水让枕木压实;将平台两侧缆绳带好,防止起伏后产生过大的晃动,将平台和举力驳也带好缆,并注意防止两者在拖带过程中产生相对移动。

⑥半潜平台开始起浮,确认平台完全起浮并调平后,使用坞边小车将平台拖往坞门口处,并靠在坞一侧临时带缆。

⑦将拖轮绑到平台上,同时开坞门,由等待在坞门口处的拖轮将半潜平台拖出船坞,拖至码头。

三、自升式平台下水

目前自升式平台基本上都是采用桩腿下端带桩靴的支撑形式。平台下水前,桩靴及桩腿下段部分装到平台主体上,并且一起下水,其余桩腿等下水后在水上进行对接安装。平台模块下水方式与总装场地有很大关系。

1. 平台模块的总装场地和下水方式

平台模块实际上是一个三角形或矩形的箱体式结构,内部装满了以钻井设施为主的各种设备,外形短而宽。因此,建造场地和下水方法对一般船厂往往较困难,目前主要采用以下总装场地和下水方法。

①在大型船坞中总装,然后下水。这种下水方法简便安全,但一次性投资很大,一般船

厂难以做到，在船坞中的建造费用也很高。

②在水平船台建造，大型船坞下水。这种方法费用也较高。

③在水平船台建造，利用大型浮驳下水。由于平台壳体建造完成后，要移到停泊在码头的浮驳上，在移动过程中需要有短的引桥，而且浮驳的压载水要与模块移上浮驳的速度相配合，因此必须有详细的计算和有效的现场指挥。

④在水平船台建造，利用三角形梳状摇架下水。梳状摇架是一组排列在岸线上的三角形空心架，中间有回转支点，当模块建造完后，采用液压缸，借助油脂滑道将平台推上三角形梳状摇架，再用压缩空气将三角形摇架后半部的水吹向前半部，使重心外移，摇架外倾而将模块送入水中，方法比较简单，投资也较少。

⑤利用海滩的斜坡沙滩，进行模块总装，简易纵向滑道下水。此下水方式经济而方便。由于模块是长宽相似、承压面积较大的驳船，整个结构具有足够的刚性和强度，不存在纵向变形影响轴系等问题。因此，对船台承压强度无需求，只要设置足够的墩木，故船台的建设非常简单，可直接利用海滩砂地形成的模块。下水时可根据模块壳体质量和尺度，设若干道临时木质滑道，以采用起重能力较大(75～100 t)的移动式吊车较好，不宜采用轨道式高架吊，因为前者不会限制船台的宽度。

2. 自升式平台下水实例

图 11-36 所示为南通中远船务设计建造的“凯旋 1 号”自升式钻井平台，在绞机的牵引下，离开船台滑道拖拉至半潜驳下水。

图 11-36　自升式平台移至半潜驳下水

图 11-37 所示为青岛海西重机有限责任公司采用 1 600 t 龙门吊整体吊装自升式海上勘探平台下水，该平台吊装下水质量接近 1 440 t。

图 11-37　整体吊装自升式海上勘探平台下水

图 11-38 所示为利用斜坡纵向滑道进行自升式平台总装及下水。

图 11-38　斜坡纵向滑道自升式平台下水

任务训练

训练名称:导管架平台、自升式平台和半潜式平台下水方案及下水设施确定。

训练内容:根据表 11-1 所列海洋平台,设计其下水设施和下水方式。

表 11-1　任务训练表

海洋平台	主要组成	整体或分别下水	具体下水方式	下水主要设施
导管架平台	上部平台模块			
	导管架			
自升式平台	上部平台主体			
	桩腿			
半潜式平台	上部平台主体			
	下浮体及立柱			

任务 11.5　船舶试验与交船

PPT

任务解析

船舶及海洋平台在整个建造过程中,除经常性地对各个工程项目进行严格的检验与验收外,随着舾装工作接近尾声,还要对各种设备与系统进行严格的、全面的试验,以考核产品的质量是否符合设计要求和有关规范的规定。

船舶试验的主要目的是检查、评价和调整设备与系统的安装质量和工作状况,尤其是工作的可靠性,将直接关系到船舶的安全性,必须得到船级社和船东的认可。因此,船舶试验是船级社、船东和船厂三方共同关心的问题。规定的试验项目必须请验船师和船东代表到场验收,以便签发有关证书作为交船文件。在确认船舶各项性能指标基本满足合同要求以后,即可举行交船仪式。在通常情况下,交船并不是合同的结束,船厂在交船后的规定期限内仍负有保用责任。

本任务主要学习船舶试验与交船的组织与要求、船舶系泊试验、航行试验内容与交船知识。通过本任务的学习和训练,学习者能够熟悉船舶试验主要内容和方法,了解交船基本流程和内容,能够进行船舶系泊试验的主要工作任务设计。

背景知识

与船体建造和船舶舾装相比,交船与接船的试验周期较短。因此,必须在试验前做好充分准备,精心组织,以确保顺利交船。为了减少后期试验项目,应该根据船体建造和船舶舾装的工艺阶段将试验工作分阶段及时进行。

一、船舶试验与交船的组织和试验阶段

1. 检验组织

船舶交接试验工作通常涉及船级社、船东和船厂三方,三方代表共同领导并全面负责船舶的试验与验收工作。

(1)船级社

船级社是制定规章制度、执行监督检查和签发船舶证书的组织机构。世界上一些主要的航运国家都设有船舶检验和技术监督机构,以对法定范围内的船舶执行监督检验,并办理船舶入级业务。主要船级社有英国劳氏船级社(LR)、法国船级社(BV)、意大利船级社(RIN)、美国船舶局(ABS)、挪威船级社 NV(DNV)、德意志劳氏船级社(GL)、日本海事协会(NK)等。根据工作需要,中国船级社(CCS)在主要港口及船舶和船用产品制造厂设置办事机构或派驻验船师,并对下属验船机构进行业务指导。

(2)船东代表

为了使船舶符合某种技术等级,船东自愿申请接受某个船级社或验船机构规定的检验,并要求获得有关证书。这是船舶买卖、出租和招徕客户的需要,也是船舶保险和船运货物保险的需要。

各类航运公司或用船单位通常派出自己的技术人员到船厂负责合同船舶的检验、认可工作。在航行试验阶段,船东还会派出接船队到船厂参加试航验收工作;在交船后将船舶驶离船厂,投入运营。

(3)船厂交验组织

船厂检验部门是直属厂长领导的工作部门,与生产部门并列。它根据国家、专业和企业标准进行产品质量检验。它参与制定试验大纲和检验项目,代表船厂向船级社和船东代表提交检验项目,并负责向船级社申请船舶入级检验、法定检验和认可工作。

在航行试验阶段,船厂从有关车间和部门抽出一些技术人员和工人组成交船队,负责最后阶段的试验工作。交船队的主要负责人有交船队长、交船轮机员、试验组长和交船船长等。交船船长可由船厂厂长任命,也可由船东一方的接船队船长担任。

2. 船舶试验阶段

船舶的交接试验通常分以下几个主要阶段来实施:试验准备,系泊试验,航行试验,设备拆检与检查性航行试验。

(1) 试验准备

试验准备包括仪器、设备的调试工作。该阶段的主要任务是进行船用设备的启封、清洗,检查管路和系统,电路通电,以及动车、调试等。随着船用电器的增加,试验准备的工作量也越来越大。

(2) 系泊试验

系泊试验通常是船舶停靠在舾装码头旁进行。系泊试验的目的是检查船体、机械设备、电气装置及动力装置的制造和安装情况,并鉴定其质量,使船舶具备试航条件。试验开始前,试验组长代表船厂向船级社和船东代表提交系泊试验大纲及有关文件。

船舶系泊试验应符合规范、规程规定的试验大纲,并应遵守标准规定的试验方法。对无上述规定的新设备,应按产品技术条件进行试验。此阶段中,对在航行试验中无特殊工况要求的设备,如系泊装置等,应作为最后试验并交接。对有的设备,如主动力装置等,在系泊试验中无法全面检查其规定的各种参数,应在航行试验中进行试验。

试验中,应随时将船用设备的各种参数、缺陷和意见记录在试验登记表内,作为以后办理证明书的原始材料。

(3) 航行试验

航行试验通常在海上或江河中进行。在那里有必要的水深和可供各种船用设备进行专门检查的技术保障。航行试验的目的是根据协议书和批准的技术设计,对建造船舶的技术性能实行全面考核。

试验开始前,试验组长应代表船厂确认航行试验一切准备就绪,并向船级社和船东提交航行试验大纲及有关文件。

航行试验中,各种机械、装置、系统和设备的验收工作必须严格按照试验大纲和航行试验履历簿规定的内容进行。航行试验履历簿为航行试验阶段的完工文件,故各种试验结果应整理成图表形式的证明书,并达到试验规程要求。

船舶扩大航行试验一般仅在首制船上进行。其目的是通过扩大试验全面检查新设计船的快速性、操纵性、适航性及其他特殊性能。

综合航行试验主要在首制的特种舰船上进行,如医疗船、渔业加工船、航空母舰、供应船等,目的是考核设备作业能力、与飞机和其他舰船配合能力、风浪对作业的影响程度及在各种环境条件下维护、修理、设备应急更换的方便程度。

(4) 设备拆检

船用设备拆检通常于系泊或航行试验结束之后在船厂内进行。检查和抽查的内容由船东代表或船舶检验局的代表确定,通常为有问题或有疑问的设备部分。

拆检是对各种船用设备进行检查性的拆卸,进一步了解其内部状况和有无隐患,而且还需对个别零部件进行分解检查。在拆检的同时,还应抓紧消除检查中发现的所有缺陷,完成舱室和全船的最后装饰和油漆。

(5) 检查性航行试验

检查性航行试验必须在完成上述各项工作之后进行。它是一种海上或江河中的航行检查,也可在船厂内采用模拟的方法进行检查,其目的是检查拆检后的设备运转情况,并使接船人员进一步熟悉船上各种设备,以增强他们的操纵和维护技能。

检查性航行试验为交接试验的最后阶段,它的完成标志着船舶建造过程的结束。

二、系泊试验

系泊试验是船舶在停靠码头的静止状态下进行的试验。船舶开始进行系泊试验应该具备下列条件:管路、电路接通;燃油、滑油、液压等系统已经清理,主配电板已经完工等。在这个基础上,首先对管路和电缆进行试验。管路的试验压力通常为工作压力的150%;电路的绝缘电阻必须符合有关规定,工作电压在100 V以上的设备,其绝缘电阻一般要求大于1 MΩ。然后,在油、水、气、电均接通的情况下,就可以对多种设备进行试验。有待试验的设备很多,其中比较重要的是通常所说的"四机一炉",即主机、发电机、舵机、锚机和锅炉。

1. 主机码头试车

主机是船舶推进器的动力源,是系泊试验和以后航行试验时主要的考验对象。主机码头试车的目的是检查主机的安装质量,为航行试验奠定基础。

主机动车后,首先应校正各缸的平衡,各缸平衡后即可进行负荷试验,一般规定需做25%、50%、75%、100%等不同工况的负荷试验。

2. 发电机组的试验

发电机组为全船提供电源,分主发电机(常用)和应急发电机(备用)两组。发电机组由原动机(如柴油机)和发电机两部分组成。试验时,首先对柴油机在额定负荷下做各缸平衡调节。这一工作主要是高速时各气缸的负荷,使它们基本相等。

当柴油机调试结束后,要按柴油机的功率对发电机组做各种工况的负荷试验,以考验机组工作的可靠性。

3. 舵机的检查与试验

舵机的作用是通过对舵进行操纵来控制船舶运动方向。舵机检查与试验的目的是确保舵机工作的可靠性和操舵的灵活性与轻便性。

舵机试验前,首先应检查舵机、传动装置及各零件安装位置的正确性。然后进行舵机运转试验,使舵机连续左右转动一定时间(1~2 h),以检查舵机的安装质量和工作可靠性。

试验中需要测定舵从左满舵到右满舵或从右满舵到左满舵所需的转舵时间,还要对舵角刻度校对。此外,为了确保航行安全,船上通常还备有人力应急操舵装置,也要进行检查。

4. 起锚设备试验

起锚设备试验应包括锚和锚链的检查与试验,这些试验应该在上船安装前完成。当锚和锚链安装完工以后,可通过试验检查整个系统的安装质量及其工作可靠性。

首先做锚机运转试验,让起锚机全速空转(正车与倒车)1~2 h,以检查锚机的安装质量和工作可靠性。同时要检查电机的发热情况,调整过载保护装置、试验制动器,以及测定冷热绝缘电阻等。此外还要做防水性能试验。然后进行抛锚试验。通常抛锚分机械抛锚和自动抛锚两种,并分别做单抛单起及双抛双起试验。

5. 锅炉点火

以柴油机为主机的船舶,其锅炉的作用是产生蒸汽以供船上人员生活用热以及供主机用燃油加热等用。锅炉点火试验的主要内容是测定蒸发量和检验蒸汽安全阀的可靠性等。

锅炉的蒸发量若符合设计与使用要求,则认为合格。大型船舶的锅炉采用自动化程度很高,因此必须对自动控制系统进行全面检查与试验,以保证其工作的可靠性。

6. 其他试验

系泊试验内容很多,除上述“四机一炉”外,还有很多设备与系统有待检查与试验。例如,航海食品的检查与试验;居住设备的检查与试验;救生设备的检查与试验;起货设备的检查与试验;系泊和拖曳设备的检查与试验;通道装置的检查与试验;关闭装置的检查与试验;声、光信号设备的检查与试验;杂用辅机及其系统的检查与试验等。

只有当船体各部分以及所有机、电设备都做了仔细的检查和试验,并对发现的缺陷做了修正之后,船舶才具备出航条件。由于航行试验费用巨大,时间紧迫,因此船舶的试验工作应尽量在系泊试验阶段完成,以便集中精力完成按规定要在试航阶段进行的各项试验任务。

7. 倾斜试验

系泊试验时还必须做倾斜试验,以确定船舶质量和重心的正确位置,计算船舶在不同装载情况下的稳性。

倾斜试验是测量船舶倾斜角度,所用移动质量,应足以使船舶每舷产生 2°~4°横倾角,对于大型船舶每舷横倾角应不小于 1°。

倾斜试验的方法有:移动重物和移动压载水(大型船)。

采用移动重物倾斜试验时,重物对称地布置在甲板的两侧,重物应是形状规则、重心一致、质量小而均等,且易于搬动的生铁块、钢锭等,如图 11-39 所示。采用移动压载水的方法进行倾斜试验时,首先,通过计算得出需要移动的压载水的质量,然后,根据压载水的质量得出需要作为移动压载水的压载舱的数量。在这些压载舱内划上标尺,用来计算每次移动压载水的质量,压载水用压载泵通过压载管系直接从船舶一舷倒至另一舷,倒水的次数为 8 次。

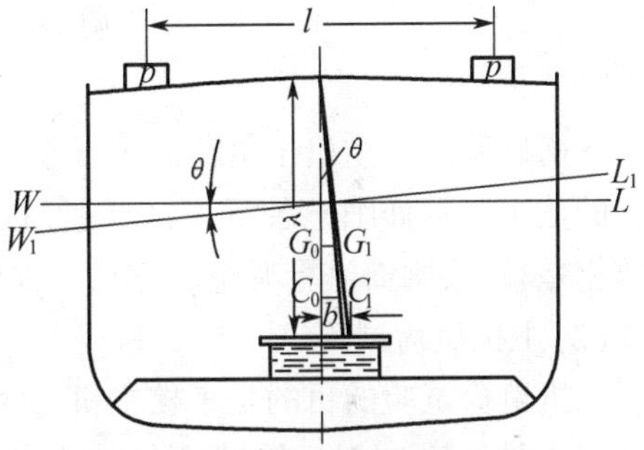

图 11-39　船舶倾斜试验

倾斜试验主要是测量船舶的倾斜角度 $\tan\theta$, 然后根据船舶倾斜时力矩平衡条件求取横稳性高度 h($h=Pl/D\tan\theta$,D 为排水量),并根据所求得的横稳性高度值 h、已知排水量之浮心高度值 Z_C 以及横稳性半径 r(Z_C 及 r 由静水力曲线查得),即可求得船舶重心高度 Z_G($Z_G=Z_C+r-h$)。

倾角测量采用悬锤测量法和 U 形管法,如图 11-40 所示。

三、航行试验

船舶航行试验的项目、内容、方法、程序和试航计划应该会同船东和船级社等有关方面预先商定,并由船厂、船东和验船机构三方代表组成领导小组,负责实施。对于首制船舶,船厂通常还要邀请设计单位参加试航,以便考核设计指标,取得第一手资料,作为今后完善和改进设计的依据。船舶出航前应带足燃料、滑油和淡水,掌握气象变化情况,准备好测试仪器。试验一般在指定的航区内进行。

1. 主机航行试验

(1)主机平衡试验及其调整

主机平衡试验,就是将主机各缸进行调整,使各缸功率接近相等,一般通过调整各缸的热工参数来实现。

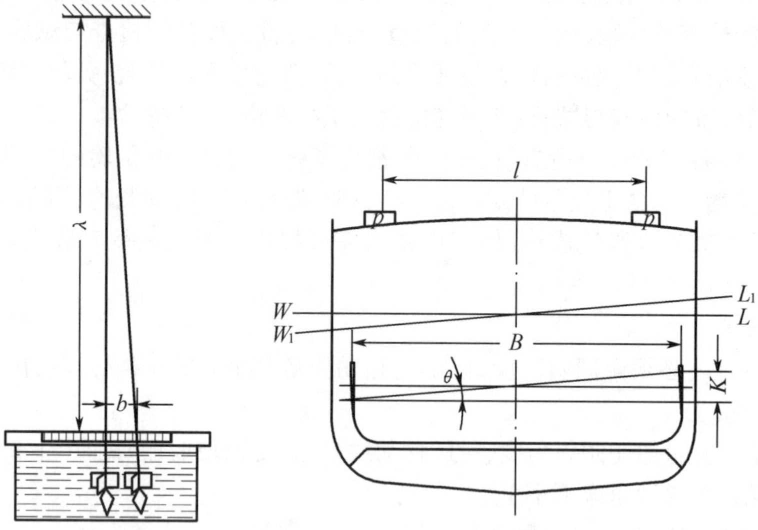

图 11-40　倾角测量方法

平衡试验是在主机全负荷的工况下进行的，经过 0.5 h 左右后即停车，在停车前将主机各缸的热工参数详细记录下来，以便各缸间进行相互比较，并与原设计数据对照。如各缸参数相差较大，则需进行调整。方法是提前喷油或滞后喷油。

(2) 主机负荷试验

主机负荷试验的目的是考核主机持续运转的可靠性，确保船舶有良好的续航能力。

在全负荷的 20 h 运转试验中，如果出现大的故障，则待修复后再重新进行 20 h 的运转试验；若故障较小，则累计 20 h 即可。

(3) 主机性能试验

主机性能试验包括以下三个方面：

①操纵性能试验：有启动、换向、调速、限速等试验项目；

②使用性能试验：有最低稳定转速、临界转速、停缸等试验项目；

③可靠性能试验：有超速、倒车等试验项目。

主机航行试验后还需进行拆验。一般至少拆验 1~2 个气缸，并对缸套、活塞、活塞销轴承、主轴承、推力轴承等零件进行仔细检查，如有破损应调换或修复。当主机拆验装复后，还需在码头上进行 2~3 h 的全负荷检查，必要时再进行一次航行试验。

2. 测速试验

测速试验的目的是为了确知船舶处于不同载荷状况和不同螺旋桨转数下的航速及其相应的主机功率、螺旋桨推力，从而求得转数、航速、功率和推力间的关系。船舶测速试验通常是使主机处于 25%、50%、75%、100%、110%的工况下进行。

船舶测速试验是在规定的测速区域进行。我国沿海测速区大致分布在上海、舟山、青岛、大连和广州等地。测速区域的岸边装有标杆，标杆之间的距离是人为确定的，可根据不同的船舶速率选择不同的测速区。通常速率在 20 kn 以下的船舶选择测量里程 1 n mile 的标杆。

在测速时，由于受到水流、风力等因素的影响，因此不可能以单次行程来决定船舶的实际速率，为使测速结果具有一定的正确性，要求在同一螺旋桨转数和同一主机功率下做多次往复的测速试航，最好是4至6个航次，一般都按3个航次来决定船舶的速率。

3. 操舵试验

操舵试验的目的是为了鉴定舵操纵的轻便性、灵活性及其工作可靠性，并为驾驶人员掌握船舶的航行、回转、入港和启碇等操纵性能提供切实可靠的依据。

(1)主用操舵装置的操舵试验

在试航中进行正车和倒车的操舵试验，并测定在下列各种操舵情况下的时间周期：正舵→左满舵；左满舵→正舵；左满舵→右满舵；右满舵→左满舵；正舵→右满舵；右满舵→正舵。

试验时要求在最大正车航速和最大吃水条件下，对于平板舵从一舷的35°转到另一舷的35°，对流线型舵则从一舷的32°转到另一舷的32°，所需时间不应超过30 s；对内河船舶的要求更高，所需时间不应超过15 s。此外，对舵机装置及其附件也需做再一次的检验。

为使船舶适应不同航道的航行，应做前进"Z"形操舵试验，试验以不同航速和不同舵角分别进行，并测定舵偏转至一定舵位时，以及首方位每偏转2°时所需的时间，为驾驶人员提供操舵数据。

倒车操舵试验时，一般以半速倒行，先操左舵回转一圈后，再转右舵也回转一圈，然后将舵转至正中，再做相反方向的试验，分别测定其回转轨迹。

(2)备用操舵装置的操舵试验

船舶一般均具有双重操舵装置，故需进行主用操舵装置转换为备用操舵装置的应急转换试验，即设主用操舵装置在某一假定舵位失灵，操舵人员立即将备用操舵装置的舵轮急转至相应舵位，继以敏捷动作啮合离合器，将备用操舵传动轴接合，然后回舵至零位。自主用操舵装置失灵至备用操舵装置可用的转换时间应不超过2 min。

备用操舵装置试验时，船舶以最大正常航速一半的速率正车前进，然后进行：正舵→左舵(20°)→右舵(20°)→正舵；正舵→右舵(20°)→左舵(20°)→正舵。

舵由一舷20°转至另一舷20°所需的时间应不超过1 min。

4. 抛锚试验

抛锚、起锚及锚泊设备在系泊试验时，因码头水深的限制不能实地显示其起锚速度和最大起锚能力，故须到足够深的水域进行试验。

(1)首锚抛锚试验

①抛锚试验。分别对左、右锚进行抛起试验，试验时先做机械抛锚再行自由抛锚。另外，需测定起锚速度及锚机原动机工作参数。对于电动起锚机，除测量电动机在各挡速度下的电流、电压和转速外，还应进行制动器和过负荷保护装置的调整，并测量在热、冷状态下的绝缘电阻及各部分温度。在抛锚和起锚过程中，还应观察运动机构的运转情况和船身的振动与磨损情况。此外，还需进行刹车效能试验。

②止链器强度试验。抛锚入土后止链器将锚链止牢，船则倒车慢行来检查止链器强度、止链作用及甲板的局部强度，不合格处进行调整、修复或加强。

③人力应急起锚试验。抛锚入土后，用人力应急起锚装置起锚，一般起1/2节锚链即可，主要检查人力起锚的轻便性、可靠性以及起锚速度和操纵人数。

(2)尾锚抛锚试验

尾锚的抛锚方法同样有两种:机械抛锚和自由抛锚。试验内容基本上和首锚相同,主要测定绞缆机的速度和绞缆原动机的工作参数。还需检查尾部振动情况、钢缆或锚链绕系情况、止动爪的止动作用和制索器的制动效能。另外,抛锚时绞缆机应急刹车 2~3 次,以检查制动带的制动效能。当起尾锚至接近船体,应转换成 3~4 m/min 的低速度,使锚缓慢地贴紧船壳或收起到甲板上。

5. 回转试验

回转试验主要是了解船舶在转弯时需要多大的圆弧,以回转半径或直径来衡量。试航时提供的回转数据可供航船在港湾或狭窄江面上回转、避让用,以防止碰撞事故。回转试验要求在天气晴朗、风力和缓、潮流平稳、来往船少、足够水深的水域进行。通常是以全速或常用车速做左满舵、右满舵回旋一周的试验,以测定其回转直径的大小。对于双桨船舶还应测定其一桨正车一桨倒车时就地回转圆的大小。

回转直径的大小一般均以船长的倍数表示。不同类型的船舶,其回转直径为 3~7 倍船长不等。内河船舶比海洋船舶的回转直径小,双桨船舶比单桨船舶的回转直径小。

6. 惯性试验

主机停止运转后,船舶自由滑行的距离就是船舶的惯性冲程。船舶惯性冲程对其避碰、启碇、靠岸有密切关系,只有熟知船舶惯性冲程的大小才能确定何时停车、倒车或改变主机转速以及采用何种舵角方能稳定而安全的靠上码头。惯性试验一般做 4 种,即全速正车→停车;全速倒车→停车;全速正车→全速倒车;全速倒车→全速正车。惯性冲程通常以船长倍数来表示。一般来说,全速正车→停车船舶滑行距离为 5~7 倍船长,全速正车→全速倒车则为 4~5 倍船长。

目前,回转试验、惯性试验、救生回转试验已采用了 DGPS 系统(差分全球定位系统)进行。

7. 常用导航设备的试验

导航设备试验是在试航时对各类导航设备如磁罗经、电罗经、测向仪、测深仪及计程仪等的设备的误差进行校正和消除,以保证其正常使用功能。

8. 声光信号设备试验

在航行试验时,应检查汽笛、雾角等音响信号设备的可闻距离。声信号设备的检验应在宽阔的海面上和无风的情况下进行。航行试验中还应检查灯光信号的可见距离。灯光信号设备的检验应在晴朗的夜间进行。进行声、光设备试验时,船舶可停泊在锚地,检查人员乘随航拖轮远离视听,试验中可用步话机联络。

9. 其他试验

对于某些船舶来说,除了上述的常规试验以外,根据船东和建造规范的要求还应做其他的试验。例如,对于沿海交通艇的首制船应做适航性试验,以考验其抗风浪能力;各类拖轮要求做动力拖载试验,以测定其拖力、拖速、拖曳功率和拖曳效率等。《我国钢质海洋渔船建造规范》要求对首制渔船或第一对渔船进行捕捞试验,以评价其技术性能。另外,货船还常做重载试验,以考验起货设备和进行有关试验。

四、交船

船舶建造完工的最终阶段是交船。交船是一项程序性工作,即通过一些移交手续,船厂把船舶交给船东使用。因此，交船是船舶建造合同的总结，具有合同的法律效力，必须维护双方的正当权利。

1. 不完善项目

在船舶建造过程中，特别是在船舶试验和住舱完工与检验的后期阶段，船东和验船部门应该对不合格或不满意的合同项目编制清单，及时向船厂提出；船厂应当对提出的不完善项目及时进行处理，以便使问题减至最少。不完善项目改正后，验船部门和船东应及时检查，如果已合乎要求，就应签字认可。

2. 备件清单

为了便于船东认可，通常规定船厂准备一份完整的备件清单。备件清单不仅包括备件和工具，而且还包括交船时船上所有的便携式和可移动的设备。由于清单内容庞大，为了在交船前使清单编制完成，通常在交船前三个月就开始编制。

一般要求备件放置在船上带锁的特制箱柜里，箱柜位于设备附近的方便处。不便安全存放的便携式和散放船具，应该推迟到交船前安置。交船前，所有的油舱应做测量，各种油、脂等桶器应共同盘点。

3. 交船日期

在计划交船日期前一周，船东代表和船厂应该联合对船舶进行检查，查明遗留的未完成工作和不完善项目的状况。根据实际条件，在正常的情况下可达成一个确定的交船日期。但如果船东不急需用船，那么每一个不完善项目都可能成为其拒绝接船的正当理由。对于此类事件，大多数合同条款中会做如下叙述：当船舶完工或基本完工，且所需的试验都已通过时，船厂至少应在五天之前向船东发出书面通知要求交船。“基本完工”可具体解释为：除少数不影响船舶营运使用的项目之外，其余都已完工。

4. 交船文件

典型的建造合同应当包括这样的条款，即所交的船舶应该符合指定国家的有关法令和各章节中指定的各种法规；并且还进一步要求船厂必须获得各种必要的证书和文件，用以证明建造过程实属认可。交船文件的种类和签发单位，各国都有规定。在交船的时候，船东总希望能无条件、无例外地获得所有文件。实际上，由于主管部门的行政手续等多种原因，不太有可能在交船的同时递交一套完整的证书。为此，在接到正式的文件之前，习惯上由临时发信来取代。在这种情况下，船厂必须向船东提供适当的文件以证明不会影响船舶的运营与保险。

5. 交船前会议

交船前一两天，应该召开由船厂、船东和验船机关代表参加的工作会议，为最终交船创造条件。对交船与完工证书的内容进行审议并取得一致意见之后，便可以确定交船日期，举行交船仪式。

6. 交船仪式

交船仪式通常包括下列内容：船厂向船东提交规定的各种证书和文件，经核对之后，双方在文件提交凭据上签字，证明可供使用的文件都已提交；船东签收随船图纸；船东签收随船说明书；船长签收船舶钥匙和保险柜密码；船厂和船东在交船与完工证书及其异议附件上签字。附件的定稿复本应事先提交船厂，以便有时间确认厂方对所有列入的不完善项目能承担的责任。

交船仪式结束后，船舶就归船东使用或处理。作为船舶的建造工作虽然已经结束，但是作为船舶的建造合同还没有终止。

7. 保证期

保证期就是合同船舶在交船以后船厂承担质量保证义务的一定时间。保证期的长短由建造合同规定，如交船后六个月。现在比较普遍的做法是对整条船舶规定一年保证期。

在保证期内，船厂对交船与完工证书附件中有异议的项目承担改正责任，并且对船舶在正常使用过程中所产生的故障也承担修理责任。合同可以规定船舶返回承造厂修理；也可以请就近的船厂修理，但承造厂应派代表到场。在保证期结束之后的第一个航运间隙，通常应安排一次保证期检验、解决建造合同中所有悬而未决的问题，并就检验单上所有项目的责任问题达成协议。协议以保证期检验报告为文件初稿。双方代表签字以后，保证期检验报告便成了记载合同中保证条款所规定的厂方未尽义务的正式文件。若无申诉或诉讼，船厂一旦尽到了这些义务并使船东满意，船舶建造合同便告完成。

任务训练

训练名称：设计船舶试验的主要工作任务。

训练内容：

针对中型货船，制定船舶系泊试验和航行试桑拿主要工作任务内容及流程。

训练步骤：

(1)查阅总布置图图纸，了解船舶主要设备和系统；

(2)确定船舶系泊试验和航行试验主要工作任务；

(3)制定船舶系泊试验和航行试验主要工作流程。

【拓展提高】

拓展知识：平地造船及下水。

【项目自测】

一、填空题

1. 船舶下水方式主要有(　　)、(　　)和机械化下水。

2. 纵向涂油滑道下水装置主要由下水墩木、滑道、(　　)、下水油脂和(　　)等组成。

3. 纵向钢珠滑道下水装置主要由钢珠、(　　)、轨板和(　　)等组成。

4. 纵向钢珠滑道下水与纵向涂油滑道下水的区别是以钢珠代替(　　)而使滑动摩擦变(　　)。

5. 船舶沿滑道向下开始滑动的必要条件是(　　)tan β 必须(　　)静摩擦系数。

6. 船舶重心 G 经过滑道末端后，(　　)对滑道末端的力矩大于(　　)对滑道末端的力矩，则发生仰倾现象。

7. 首支架离开滑道末端的瞬间，船舶的(　　)仍大于(　　)，则将发生艏跌落。

8. 常见的下水墩木有(　　)下水墩木和(　　)。

9. 保距器作用是为了防止(　　)发生混乱滚动，用来保持各钢珠的(　　)。

10. 采用吊装法总装时，半潜平台可在(　　)或船坞(　　)完成并下水。

11. 船舶下水后的试验主要包括(　　)试验和(　　)试验。
12. 系泊试验时船舶在停靠码头的(　　)状态下进行的试验。
13. 系泊试验的"四机一炉"指主机、发电机、(　　)、(　　)和锅炉。
14. 备用操舵装置试验时,舵由一舷转至另一舷20°所需的时间不超过(　　)。
15. 惯性冲程通常以船长(　　)表示,一般全速正车→停车船舶滑行距离为(　　)倍船长。
16. 倾斜试验目的是确定船舶(　　)和(　　)的正确位置。
17. 倾斜试验时小船靠移动(　　)、大船靠移动(　　)使船舶倾斜。
18. 倾斜试验倾角测量方法有(　　)和(　　)。

二、判断(对的打"√",错的打"×")

1. 纵向重力式下水时,船开始滑动后,摩擦系数之数值急剧下降为动摩擦系数。(　　)
2. 下水架是支承下水船舶,并保持船舶平稳下滑的重要下水装置。(　　)
3. 纵向重力式下水在水域狭窄情况时船舶可能冲至对岸、搁浅或撞伤等事故。(　　)
4. 机械化下水主要用于大中型船舶下水。(　　)
5. 干船坞造船并下水使起吊高度降低,便于采用大起重能力、大跨距的起重设备。(　　)
6. 在首支架离开滑道末端的瞬间,船舶的下水重力仍大于浮力,将发生艏跌落。(　　)
7. 纵向重力式下水时,船舶的自由冲程为船长的2~3倍。(　　)
8. 为防止钢珠发生混乱滚动,在滑道末端设置钢架网袋。(　　)
9. 轨板可用螺栓固定在滑板和滑板上。(　　)
10. 保距器就是为了防止钢珠发生混乱滚动,而用来保持各钢珠的相对位置。(　　)
11. 船厂检验部门根据国家、专业和企业标准进行产品质量检验。(　　)
12. 系泊试验的"四机一炉"指主机、发电机、舵机、锚机和锅炉。(　　)
13. 倾斜试验是对完工船舶重心位置的测定,要求在波浪区域进行。(　　)
14. 船舶出航前应带足燃料、滑油和淡水,掌握气象变化情况,准备好测试仪器。(　　)
15. 航行试验可在任何航区内进行。(　　)

三、名词解释

1. 重力式下水
2. 漂浮式下水
3. 船舶仰倾
4. 艏跌落
5. 船级社
6. 系泊试验
7. 航行试验
8. 浮托法

四、简答题

1. 船舶下水有哪几种方法？各适用于什么船？

2. 纵向涂油滑道下水和纵向钢珠滑道下水分别有哪几种下水设施？

3. 纵向滑道下水可分为哪几个阶段？各阶段可能出现什么问题？

4. 纵向重力式下水过程中什么时候、为什么会产生艏端压力？怎样防止艏端压力造成船体和船台的损坏？

5. 如何防止纵向重力式下水过程中产生船舶仰倾？

6. 如何防止纵向重力式下水过程中发生艏跌落？

7. 机械化下水主要用于什么样的船厂，举例说明一种常见机械化下水方法及设施。

8. 浅水导管架的装载运输和下水方式有哪些？

9. 自升式平台模块的总装场地和下水方式有哪些？

10. 船舶试验的目的是什么？

11. 系泊试验项目主要有哪些？

12. 航行试验项目有哪些？

13. 交船需要哪些程序？

五、拓展思考题

1. 船舶下水时如何选择合适的方式和设施，对总装建造有什么影响？

2. 海洋平台下水的方式选择主要考虑哪些因素？

参 考 文 献

[1] 应长春. 船舶工艺技术[M]. 上海:上海交通大学出版社,2013.

[2] 施克非. 船体装配工[M]. 北京:国防工业出版社,2008.

[3] 魏莉洁,何志标. 船舶建造工艺[M]. 哈尔滨:哈尔滨工程大学出版社,2010.

[4] 王云梯. 船体装配工艺[M]. 哈尔滨:哈尔滨工程大学出版社,1994.

[5] 周宏,蒋志勇,王岳. 船舶先进制造技术[M]. 北京:人民交通出版社,2012.

[6] 华乃导. 船体建造与修理工艺(船体建造与修建专业)[M]. 北京:人民交通出版社,2002.

[7] 孔祥鼎,夏炳仁. 海洋平台建造工艺[M]. 北京:人民交通出版社,1993.

[8] 孙庭秀,齐蕴思,李延辉. 海洋钻井平台建造工艺[M]. 哈尔滨:哈尔滨工程大学出版社,2015.

[9] 徐兆康. 船舶建造工艺学[M]. 北京:人民交通出版社,2000.

[10] 陆伟东,危行三,王笃其. 船舶建造工艺[M]. 上海:上海交通大学出版社,1991.

[11] 陈彬. 造船成组技术[M]. 哈尔滨:哈尔滨工程大学出版社,2007.

[12] 编写组. 船舶修造安全基础知识[M]. 哈尔滨:哈尔滨工程大学出版社,2007.

[13] 刘玉君,汪骥. 船舶建造工艺学[M]. 大连:大连理工大学出版社,2011.

[14] 曹峰. 船体装配操作技能[M]. 哈尔滨:哈尔滨工程大学出版社,1994.

[15] 金仲达. 中级船体装配工工艺学[M]. 哈尔滨:哈尔滨工程大学出版社,2007.

[16] 金仲达. 初级船体装配工工艺学[M]. 哈尔滨:哈尔滨工程大学出版社,2006.

[17] 李沁溢,张宜群,宋友良. 海工建造总装厂的作业主流程分析[J]. 中国海洋平台,2016,31(2):1-6.

[18] 黄俊宠. 自升式平台桩腿的建造原则工艺分析[J]. 船舶工程,2010(S1):15-17.

[19] 许鑫,杨建民,李欣. 浮托法安装的发展及其关键技术[J]. 中国海洋平台,2012(1):52-57,61.

参考文献